"十二五"普通高等教育本科国家级规划教材

中 国 地 理

（第三版）

主　编　吕拉昌

副主编　李文翎

科学出版社

北　京

内 容 简 介

本书以人地关系地域系统为理论基础，将中国置于世界系统以及全球化、全球变化过程之中，详细分析了中国自然地理系统、中国人文-经济系统、中国人地关系地域系统的特征及空间规律，注重理论与应用、传统与前沿、知识与技能紧密结合，是学习中国地理知识的一把"钥匙"。

本书可作为地理科学类及相关专业的本科生专业课教材，同时，也可供相关研究机构和业务部门工作人员参阅。

审图号：GS（2022）525 号

图书在版编目（CIP）数据

中国地理/吕拉昌主编. —3 版. —北京：科学出版社，2022.4

"十二五"普通高等教育本科国家级规划教材

ISBN 978-7-03-072114-3

Ⅰ. ①中… Ⅱ. ①吕… Ⅲ. ①地理-中国-高等学校-教材 Ⅳ. ①K92

中国版本图书馆 CIP 数据核字（2022）第 065674 号

责任编辑：文 杨 / 责任校对：杨 赛
责任印制：赵 博 / 封面设计：迷底书装

科 学 出 版 社 出版

北京东黄城根北街 16 号
邮政编码：100717
http://www.sciencep.com

保定市中画美凯印刷有限公司印刷

科学出版社发行 各地新华书店经销

*

2012 年 9 月第 一 版 开本：787×1092 1/16
2016 年 3 月第 二 版 印张：34
2022 年 4 月第 三 版 字数：864 000
2025 年 7 月第二十四次印刷

定价：98.00 元

（如有印装质量问题，我社负责调换）

前　言

　　近年来，随着全球化的发展，中国的地理系统与整个世界密切联系在一起，全球化对中国地理系统的要素、结构及功能产生重大影响。中国地理学者在中国地理系统的研究中也取得了不少进展。为了让学生充分地了解这种新变化与新发展，站在更高的视点，认识中国的国情与发展，必须对现有教材的内容体系进行改革与创新。

　　"中国地理"是地理科学专业重要的专业课程之一。自从"中国自然地理"与"中国经济地理"统一为一门课程以来，各校的处理方式不尽相同，有的学校是将现有的课时压缩，但仍按原有两门课的内容去完成这一门课程的教学；有的学校虽然采用《中国地理》教材，但侧重点有所不同，有的侧重中国自然地理，有的侧重中国经济地理。我们认为，"中国地理"经过广大地理学者多年的研究，以中国人地关系地域系统的研究对象已得到普遍认同，因此需要一本更系统的教材能把中国自然地理、中国人文-经济地理有机地结合起来，以更充分体现"中国地理"的系统性，培养学生充分认识中国自然地理、中国人文-经济规律，以及人地关系地域系统规律的能力，同时，提高学生综合分析问题及解决问题的能力。

　　基于以上考虑，2010 年，国内高校从事"中国地理"研究与教学的教师在广州召开了"中国地理"教材研讨会，在充分讨论及对中国地理教学反思的基础上，大家认为需要结合最新的研究，进行教材的改革与创新，于是决定共同编写"中国地理"教材。

　　本书与同类书相比较具有如下特点。

　　（1）注重体系完备性。从整体到局部，先分析中国作为整体在世界上的位置及经济地位，再强调整体对部分的影响，阐述全球变化、全球化对中国的影响；在分析中国自然地理系统、中国文化地理系统、中国经济地理系统的基础上，揭示其相互联系的系统——中国人地关系地域系统演化规律，进而通过区划认识人地关系的地域分异规律。

　　（2）及时更新内容和数据。教材编写尽可能使用最新的研究成果及资料。例如，教材增加了全球变化、经济全球化、"一带一路"、知识经济、流域治理、综合地理区划、主体功能区划、城乡统筹等较为前沿的研究内容，并在各个部分体现最新的研究进展，数据尽可能采用最新的统计资料。

　　（3）充分反映学科特色。充分体现学科的综合性、区域性、实践性特点，以中国人地关系地域系统为研究对象，强调中国经济、文化、生态系统的结合与联系，区域过程与区域分异；反映"中国地理"解决实际问题的特色与作用。

　　（4）理论与实践相结合。将地理学理论与中国实际充分结合，使学生在学习中能有效地运用已学的理论，并掌握"中国地理"的理论，避免将"中国地理"变成纯粹知识性的资料堆砌。

　　本教材由吕拉昌总体设计，负责编写框架和编写大纲的拟定，对全书进行统稿。参加本教材编写的单位有：首都师范大学、广州大学、华南师范大学、湖北大学、忻州师范学院、邢台学院、曲阜师范大学、韩山师范学院、韶关学院、岭南师范学院等高校。本教材具体分工为：吕拉昌（绪论、第一章第二节和第三节、第十七章），千庆兰、马铭晨（第三章），李文翎（第四章、第五章、第九章、第二十三章），千庆兰、辛晓华（第十三章），李坚诚（第一章第一节、第六章、第二十六章），庞静（第二章），李江涛、林淑玲（第七章），王大鹏（第八章、第二十九章），王义山（第十章），李娟文（第十一章、第二十五章），张学波（第十二章、第二十四章），李航飞（第十四章、第十五章、第二十章），朱俊林（第十六章、第二十八章），尚志海（第十九章、第二十二章），刘洪杰（第二十一章），吴攀升（第二十七章），黄茹、马铭晨（第十八章）。研究生梁政骥、杜志威、孙莉、潘建海、何爱、梁绮君、陈博群、郭梅、林康子、刘珊、黄竞、林树君、李杏筠、何佳伟、冯利萍、孙海娜、苗潇艺等收集资料并绘制部分图件，朱俊林、赵彩云、辛晓华、冉丹、赵雅楠、马铭晨等参与了本次修订工作，在此对各位作者及同学表示衷心的感谢。

　　本书先后于 2012 年、2016 年推出第一版和第二版，深受读者欢迎，先后被评为"十二五"普通高等教育本科国家级规划教材、北京市精品教材。本次修订对经济相关的数据及图表作了更新，增加了与中国经济发展关系密切的内容，如"一带一路"倡议、中国对外投资等，同时，也更新了各地理区域的数据，还增加了一些新区域，如粤港澳大湾区、雄安新区、长江流域经济带、黄河流域经济带等内容，以反映中国经济地理的最新发展。为强化"三全育人"和课程思政建设，本次修订在每篇开头都设定了思政目标，以充分体现课程、教材在学生价值观塑造方面的引导作用。本书附有电子教案，使用本书的教师可与科学出版社联系。

　　由于编者水平有限，书中不妥之处在所难免，恳请同行专家、学者及读者朋友批评指正。

编　者

2022 年 2 月 28 日

目　　录

第一篇　全球系统与中国

第二篇　中国自然地理系统

第三篇　中国文化地理系统

第四篇　中国经济地理系统

第五篇　中国人地关系地域系统

第六篇　中国地理区域划分

第七篇　中国地理区域

绪　　论

第一节　中国地理的研究对象与学科特点

一、中国地理的研究对象及学科性质

中国地理的研究对象是中国人地关系地域综合体。这一系统的边界：水平尺度是中华人民共和国的领土范围内，垂直范围是地球表层范围。中国地理研究中国区域地球表层自然要素、经济要素、人文要素发展演变规律、空间规律及其相互作用，研究如何利用这些规律为中国的社会经济建设服务。

随着现代科学技术的发展及社会生产水平的提高，人类活动对自然环境的认识、利用和改造越来越广泛与深入，经济环境与自然环境相互叠加、交错、相互作用和相互影响。因此，现代中国地理的研究，必须以人地关系为主旨，探讨中国区域以及各分区的自然地理环境与人文地理现象的空间分布，阐明其布局的形成原因、条件、特点及发展规律和相互关系，既要研究地表自然要素时空变化，揭示自然环境对人类活动的影响，又要研究人类活动所创造的人文现象的时空变化，揭示人类活动对自然环境的影响，更要研究这两种系统的作用机制，为中国自然资源开发、利用与保护，自然环境的改造与优化，自然灾害的预测、预报和预警，产业空间发展规划、区域发展，人地关系优化等提供科学基础。

作为区域地理学的一部分，中国地理是一门以中国为特定区域，并以这一区域的人地关系地域系统作为研究对象，涉及中国的自然地理、社会经济地理，是中国自然地理，经济、人文地理的有机整合，是一门区域性综合学科。中国地理是高等师范院校在专业基础课的基础上开设的主要专业课程之一。

二、中国地理的学科特点

中国地理具有三个最突出的学科特点——区域性、综合性和实践性。区域性是建立在综合性的基础上，而综合性又是在不同区域等级上的综合。每个地理区域的区域特点和综合优势是区域差异的反映，对地区经济发展有着深刻的影响。

（一）区域性

区域性是地区因地制宜发展经济的地理基础。每一个地理区域都是由复杂的数量与质量各异的环境要素组成，这些要素在特定的空间里相互联系、相互渗透、相互影响、相互制约，构成了特定的地理环境，显示出明显的区域性特征。

各区域的区域性不同，这就构成了区域的差异。区域性与区域差异性共同存在，反映了区域要素内部联系的一致性，也反映出区域之间的差异性。中国地理研究的重要任务就是充分认识区域要素的独特性，紧紧抓住各地区的区域特性，充分认识区域分异的

客观规律。

（二）综合性

中国地理是一门综合性的学科，研究范围包括自然、经济和社会文化各个方面。每个地理区域都是地理环境要素相互联系着的一个综合体，各区域又包括了次一级的综合体，因此中国地理的综合性是要素的综合、区域的综合，也是要素联系的整体。在中国地理的学习过程中，对地理现象及原因分析，必须从要素联系、区域联系以及整体上进行系统的考虑，只有这样，才可能揭示自然、经济与社会的本质规律。

（三）实践性

中国地理也是一门应用科学，在我国社会经济发展与国家建设实践中发挥着重要的作用。地理学者在认识中国人地关系地域系统规律的基础上，提出和解决国家面临的一系列重大科学问题和实践问题，积极为我国的社会经济建设服务。中国地理把自然和人文统一起来，运用综合分析法和区域比较法，开展中国的区域问题研究，在我国农业区划、工业布局、生态建设、主体功能区规划等许多领域为我国的社会经济发展做出了巨大的贡献。同时，中国地理学者经过多年的研究，根据我国自然资源的利用和经济发展的需要，通过应用航空遥感、模型建立、空间分析和地理信息系统等技术，已经建立起相当完整的学科体系，一批地理教材和专业理论著作问世，同时在国际、国内发表了大量有影响力的论文，大大推动了中国地理学的发展与学科建设。

三、中国地理的学科任务

我国是世界上最大的发展中国家，目前正处于建设社会主义现代化国家的关键时期，需要更好地了解国情，科学认识我国自然环境以及社会经济发展的规律，进一步协调中国自然环境与人类活动的关系，既充分利用自然环境及资源，满足人类对自身发展的需要，又能保证自然环境与人类的和谐发展，这就需要高度综合的认识中国的人地关系地域系统，由此出发，中国地理的学科任务主要有两大项。

（一）从地理学科理论体系中认识规律

中国地理最重要的任务是揭示和预测中国和各地理分区自然环境、社会环境发展变化以及人地系统的变化规律。中国地理通过研究中国地理中自然环境与经济环境各个要素的性质、形成机制和发展规律，揭示各要素之间的相互关系、彼此间的联系与相互作用，在动态研究过程中，阐明变化规律并预测演变趋势，通过分级、分类和区划等，研究不同等级的自然-人文综合体，以确定其未来开发利用的方向。

中国地理通过对中国这一特定区域的自然环境与社会环境进行系统的、综合的阐述，以综合的观点和学科交叉的方式向学生介绍地表系统的演变及动态机制，从系统的角度阐明人地关系地域系统的理论、原则与识别及人地关系地域系统演化过程中人类对环境变化的影响、适应、调整与改造。引导学生在学习过程中寻找规律、发现规律、认识规律、掌握规律和运用规律，并通过自主学习的总结，对学科知识体系有更深刻的认识，以利于鼓励学生积极参与实践，增强学科的理论与实践基础。

（二）利用学科理论在社会实践中解决问题

中国地理的理论来源于对实践经验的总结，在中国地理的学习中，除了掌握理论知识外，更要将其应用到具体实践。

21世纪的今天，世界人口激增、资源耗竭、环境恶化、生态失衡等一系列严重的问题摆在我们面前，特别是中国作为世界最大的发展中国家，在发展中面临众多复杂的问题，更需要理论的指导。

第一，作为一个农业大国，中国地理长期以来注重农业资源的调查、农业区划的研究、全国和省、县级的农业区划、宜农荒地和热带作物宜林地资源的调查、边远地区的自然资源综合考察等，围绕一些重大农业自然灾害防治、土地及耕地资源保护、商品粮基地及粮食安全、经济作物布局等诸多问题进行研究，并取得了较大进展，对我国的农业发展与决策咨询起了重要的指导作用。

第二，重视我国的国土资源调查及规划，对我国的土地资源、矿产资源、水资源、气候资源和生物资源等进行调查，并根据国民经济发展进行有效的规划研究，近年来重视海洋国土资源的调查研究，并对我国的国土安全进行研究，为我国国土开发利用提供指导。

第三，在工业发展方面，开展了以重点项目布局和联合选厂为中心的区域规划、工业发展资源基础的区域综合考察、地区工业布局、城市工业开发区和科技园区布局、经济开发区发展战略和产业集群等研究，对我国的工业发展产生重要的影响。

第四，中国地理学者通过总结各类交通运输的空间格局形成的原理、特征和发展方向，对我国交通运输网络、结点、货流和人流的分析，以及对交通运输在其他经济活动中地理变化作用的分析，针对铁路干线、主干道选线的调查，不断提出优化我国运输网络的方案。

第五，中国地理学者在第三产业的研究方面也取得了不少研究成果，如服务业地理、信息产业发展、中国旅游地理的研究及中国金融地理的研究都为我国第三产业发展做出了重要的贡献。

第六，中国地理学家为协调人口与环境、资源和发展的关系，不断探索中国环境和资源的持续利用途径，近年来在自然灾害防治、中国环境问题、低碳化等方面取得了较大的研究进展。

第七，中国地理为解决区域发展不均衡的问题，作了大量的研究，在解决我国东西部地区区域差异等方面提出了许多建设性方案。

第八，中国地理研究在自然区划的基础上，结合地理学人地关系的新发展，提出地理综合区划、生态区划、主体功能区规划，使"区划"的传统方法，继续在新的形势下，为我国的国土优化利用发挥重要作用。

第九，中国地理近年来对我国的全球化问题进行研究，包括中国经济地理研究中外资对中国经济发展的影响、中国高新技术开发区、中国加入WTO、"一带一路"等。中国地理学立足于本国实际，在经济、信息和知识全球化的作用下放眼国际，对中国与全球尺度与大范围自然环境、人文环境的变化作研究，这些研究对我国的经济、生态建设都发挥了重要作用。

我们希望通过中国地理课程的学习，学生能够：①从辩证唯物主义和历史唯物主义的角度出发，系统地掌握全国以及各地理分区的地理环境结构的基本特征、自然和人文条件与资源分布的规律及其对经济发展的影响；②认识中国人地关系的基本规律，从规律中系统分析发展生产的基本特点与布局规划以及发展生产的基本方向和途径。

第二节　中国地理研究的演变及其发展趋势

一、中国地理研究的演变

中国地理研究历史久远，可划分为古代、近代与现代三个发展阶段。在古代，中国地理研究基本上以地理现象和地区的描述为主；近代的中国地理研究，出现了对中国人文地理、自然地理专门研究的著作，并对地理现象进行分析与解释；新中国成立以后，中国地理无论在研究范畴、研究的深度以及在为社会经济服务方面都取得了较大进展，随着科学技术进步与社会经济的发展，人口、资源、环境与发展问题日益突出，促进了中国地理学科的交叉、渗透与融合，加强了中国自然地理学与中国人文地理学的联系和综合研究。

（一）古代中国地理的研究（1840 年以前）

"我国地理学的发展，历史悠久，古代地理名著，代有其作"。公元前 5 世纪第一部关于中国地理系统研究的著作《禹贡》，以自然地理实体为标志，将全国划分为 9 个区，并对每区（州）的自然和人文地理现象作了简要的描述；公元 6 世纪北魏郦道元发表了第一部水文地理名著《水经注》，全面而系统地介绍了我国主要河道水系所流经地区的自然地理和经济地理等内容；公元 11 世纪北宋沈括所著《梦溪笔谈》，记述了他对流水地貌和海岸变迁的考察过程，明确提出了流水侵蚀作用说；17 世纪徐霞客的《徐霞客游记》对我国喀斯特地貌的类型、分布和差异进行考察，尤其对喀斯特洞穴的特征、类型及成因有详细的考察和科学的记述，同时观察记述了很多植物类型，明确提出了地形、气温、风速对植物分布和开花早晚的各种影响。到 17 世纪，中国地理的研究内容和范围仅仅限定在对地球表层的研究。

古代中国地理学的研究走的是"读万卷书，行万里路"的道路，既注重书斋式的资料查阅，又结合实践探索和考察。大量的游记资料，以描述为主的地方志资料，以及描述各级行政区划的历史沿革、地理面貌以及人文经济等综合情况的地理著作，是中国地理不可缺少的研究资料。

（二）近代中国地理的研究（1840～1949 年）

这一阶段，我国处于内忧外患中，中国地理研究发展虽然不尽如人意，但取得了一定的发展。鸦片战争以后，近代中国地理学开始在中国传播和发展，揭开了中国地理学发展的新篇章，一方面是旧的地理学逐渐被淘汰，另一方面是探寻地理现象因果规律的新地理学正在成长，产生了一批卓越的地理学家和涉及地理学各分支的地理学论著。清朝末年开始，各种公私地理学研究机构也随之建立起来，运用西方地理学的原理方法探讨中国地理的规律，为近代中国地理学的发展奠定了基础。1908 年张相文著的《地文学》内容包括星界、陆界、水界、气界、生物界五篇，把无机自然界和有机自然界结合起来，填补了地学史上的空白；胡焕庸致力于人口地理和农业区划研究，著有《论中国人口之分布》（1935 年），提出我国一条重要的人口地理界线：瑷珲-腾冲线，被学者称为"胡焕庸线"，真实地揭示了中国人口分布的最基本地区差异；张相文和竺可桢分别创办了初、高等地理教育，开创了中国地理教育先河，培养了地理学有生力量，扩大了地理学的社会影响，他们创办的《地学杂志》和《地理学报》成为中国地理研究的主阵地。

近代中国地理学以人口的土地承载力和资源开发作为主要的研究方向，以人口地理、农业区划、资源调查作为研究重点。基于中国人口众多，资源不足、环境空间有限，经济社会发展极端落后的国情，力求地理学以国富民强、经济社会发展为宗旨，使中国地理学在困难的条件下，得到迅速发展。本阶段研究方向主要有：在自然地理方面，从地貌发育的内外动力、地质构造等着手，研究我国山脉、河流、海岸、沙漠和土壤等形成与分布规律，竺可桢关于中国季风与雨量及水旱灾害关系的科学分析是气候学上的一大发明；经济地理方面，以农业、矿产、聚落分布研究较多，胡焕庸首次将全国划分为九大农业区，对认识全国农业分布差异，指导农业生产起了很大作用；城市地理方面，开始对各类聚落和城市的形成、发展条件、类型、特征和分布等进行研究；文化地理方面，主要着重于人地关系探讨，包括中国文明起源、传播等。

（三）现代中国地理的研究（1949 年至今）

现代中国地理的研究可划分两个阶段，第一阶段是新中国成立后至改革开放前（1949～1978 年），第二阶段是改革开放后至今（1978 年以后）。

1. 第一阶段：新中国成立后至改革开放前

新中国成立以后，中国地理发展始终与我国社会主义建设事业相结合，走科学与实践相结合的道路，在国家经济建设中发挥了巨大作用，同时推动学科建设和地理教育事业的进步。主要的研究有：①在基础理论和应用研究方面取得新进展。20 世纪 50 年代，提出了中国地理研究的三个方向：水热平衡、化学元素地表迁移和生物地理群落；竺可桢倡导为广义农业服务的方向，为地理学发展开拓了广阔的空间；黄秉维主持的"中国自然区划"研究揭示出中国自然地域分异的特点和地带性规律，成为各部门因地制宜开发建设和经济决策的重要依据。②在研究手段上得到了很大的改进。50～60 年代就开展了定位和实验室研究，从而使中国地理由定性的描述阶段开始转入定量阶段。1970 年以后又开始广泛应用各种数学模型进行研究，部署各类实验室和建立各类野外定位观测试验站，推动中国地理研究的深化。

20 世纪 50 年代苏联地理学思想的引入促进了中国地理的发展。此阶段中国地理学的研究方向以认识地表形态、格局的特点和静态结构的组成为主，研究尺度和描述方法多为区域尺度定性描述。主要从事与自然地理有关的研究与实践，包括全国农业区划与自然区划，地貌、气候、水文、土壤和动植物等部门的调查和利用，并在黄淮海地区旱涝碱综合治理、黄土高原水土保持、海南和云南热带地理环境和资源开发，西北干旱区和青藏高寒区的自然地理研究取得进展。经济地理同样在流域考察、铁路选线、河网规划和经济区划等方面开展了一系列应用研究：20 世纪 50～80 年代由中国科学院先后组织了 40 次地区资源综合考察以及区域规划工作；孙敬之主编的《经济地理总志》和《分区经济地理》堪称区域地理的巨著。1959年，为庆祝新中国成立十周年，地理工作者总结了地理学各方面的成就，编辑了《十年来的中国科学——地理学》，这对今后研究中国地理的发展提供了重要的参考。

2. 第二阶段：改革开放后至今

改革开放后，中国地理研究的社会经济背景发生很大改变，同时要求中国地理学为国民经济和社会发展服务，其固有的综合性和区域性特点得以充分发挥。从总体上看，中国地理学已经积累了丰富的资料，建立起相当完整的学科体系，中国地理学发展逐步进入一个新的阶段：由注重自然因素引发的环境变化正转变为由人类因素引发的环境变化，即转向自然过程、生物过程和人类活动相互作用方面。

1979 年李旭旦、吴传钧提出复兴人文地理学，使中国地理学及其分支学科得以加快发展，强调人地关系地域系统是地理学的研究核心。同时，与中国地理研究相关的应用地理、计量地理、旅游地理等学科建立，学科分支之间相互渗透。1980 年第一部中国地理教材——全日制十年制学校初中课本《中国地理》出版，标志着中国地理学有了完整的研究体系和学科体系，中国地理课程教学走上正规教学的轨道。20 世纪 80 年代中期，钱学森提出建立"地球表层学"，认为地理学是一门综合性学科，其研究的对象是地球内部和外部环境都有能量和物质交换的开放性巨系统，这标志着中国现代地理学发展新阶段的到来。进入 21 世纪，中国的地理学者将全球变化视为中国地理研究的国际前沿和重大基础研究领域，主要聚焦于全球变化对中国的影响、土地利用和土地覆被变化、碳循环和低碳城市等方面。

现代中国地理学继承和发展了近代地理学综合性、区域性的传统，已经形成了涵盖自然地理学、人文-经济地理学和地理信息科学的学科体系。本阶段主要的研究方向有：①国土整治研究，包括资源综合利用、优化能源结构、改善环境、生态安全等国家重大问题，如区域性的资源开发利用、生态环境退化的监控与治理，山地、湿地、干旱地区、黄土高原等的生态保育和资源利用等；②区域可持续发展研究，进一步开展对不同区域人口、资源、环境和发展内涵差异的研究，根据不同区域特点进行分析研究，因地制宜提出发展模式与途径，为实施可持续发展战略服务；③全球变化及其区域响应研究，全球尺度与大范围的环境变化是与长期以来人类活动影响的累积过程紧密联系的，中国地理学根据重要区域进行综合研究，深化对地域分异规律的认识，建立起与国际接轨、连接全球研究的桥梁；④地理信息应用的研究，地理信息系统、全球导航卫星系统和遥感等技术的应用，极大地加强了时空数据的采集和分析能力，实现了对地球表层现象的实时定位、定性、定量的动态监测，积累和储备各种尺度的地理信息，这些研究将为满足高技术产业、科技安全等国家重大需求做出贡献。随着新技术、新手段和数学方法贯通于中国地理学科之中，自然科学与社会科学联系日益紧密。

未来中国地理学将继续沿着两个基本方向发展：一是以国家需求为导向，以国家建设和经济发展的要求为蓝本；二是与国际地理学发展接轨，并将国际的发展趋势融合在中国地理学发展中。

二、中国地理的研究趋势

以面向中国区域内地球表层自然和人文要素为研究对象的中国地理学，正从单一过程的研究进入到自然过程和人文过程的综合集成研究，其研究尺度强调微观与宏观多尺度的结合。联系社会需求、学科发展现状，中国地理学未来发展趋势如下。

（一）新技术的引入和研究手段的现代化

技术支撑手段和基础理论是中国地理学持续创新研究的基础。新的技术和研究手段的发展主要有两个方面：一是随着复杂性科学的逐渐兴起，中国地理研究方法随之由定性描述发展到统计分析、地理建模等定量方法等动态研究。随着这些复杂系统理论的深入和模型的发展，中国地理学研究逐步走向模型化和数量化，理论研究也更加广泛和深入。数学模型可以表达经验概念和实验结果，揭示内在的关系和规律。二是由于遥感技术、全球定位系统、地理信息系统和计算机技术广泛应用，中国地理学研究在技术手段上开始转向高新技术应用。各类具有统一标准、多层次分布式的地理信息系统的设计和建立，风化作用、径流形成等模拟实验研究使我们对中国自然认识日益深化，大大地提高了中国地理学研究的效率和精度。未来随着地理信息科学的深化，将向着地理信息多维化和智能化、信息技术的网络化的方向发展，构建起信息及其技术共享的集成化平台，为分析地理综合体的性质结构、空间的动态变化提供更为强大的支撑。

（二）重视相邻学科理论和方法的借鉴与融合

现代科学发展的基本特点之一是从单一运动形态的研究走向多运动形态及其相互渗透、相互联系的综合研究，相邻学科之间横向交叉越来越明显。学科渗透和融合亦将成为中国地理未来明显的发展趋势，中国地理学与环境科学、系统工程学、经济学和社会学等的交叉、联系将更为密切。中国地理以中国的人地关系研究为主线，与相邻学科的交叉和融合是由中国地理研究内容的综合性和经济全球化趋势决定的。全球化驱动下全球区域间的联系增强，使得中国和国内区域的自然和经济发展日益受到其他国家或国内其他区域的影响。这些必然促进相邻学科之间的交叉和渗透，淡化传统的学科界线。

学科理论的融合和研究方法的借鉴，提高了中国地理的研究深度并不断开拓新的研究领域，形成新的边缘学科和交叉学科，产生不少新的研究课题。例如，新经济、新信息技术与中国城市空间研究的结合，提出中国信息城市、智慧城市以及中国城市创新地理等新的研究领域。

（三）研究内容强调综合性与整体性

随着人地关系的不断变化，中国地理的综合研究将成为学科发展的潮流和趋势。中国地理区位与特征、自然资源、人口与城市化、地理区划等领域的研究是相互联系、彼此交叉的，区域类型和发展综合研究是国家和区域可持续发展和全球变化的基础。

由于现代科技的发展，传统的学科分类已被突破，信息、生命、空间、新能源、新材料科学技术和软件科学技术等已构成新型高科技体系，这就要求中国地理紧跟时代步伐，与高科技加强联系，走多元化道路。现代中国地理以多方面知识有机融合的知识结构体系和认识解决问题的理论见长，进一步向微观深化和宏观综合两个方向发展。随着专业方向分化，出现了越来越多的分支学科，同时也正在走向更高层次的综合。分层次、分内容的单项研究已不适应知识经济时代的要求。系统研究在综合指导下分析，在分析的基础上综合，有利于各研究分支成果的重新组装，获得最优化组合，在自然资源和开发利用、工业化与经济布局等方面更好地为中国的经济和国民美好未来做出积极的贡献。

（四）中国地理学科体系的不断发展与完善

在学科体系上，中国地理的基础理论和分支学科在不断地发展和完善。"中国地理"是教育部高等学校地理科学类专业教学指导委员会制定的地理科学本科专业核心课程，是区域地理学的重要组成部分，处在部门地理学与综合地理学之间的"枢纽"地位。中国地理以"格局—结构—过程—机理"的研究思路始终贯穿其中。同时，随着新技术、新方法的使用以及观测资料的不断积累，实验测试数据质量的提高，中国地理未来研究在空间尺度上同时向微观、宏观两个方向扩展，并强调多尺度研究的结合，模型研究不断科学化。经过多年深化改革和不断创新，中国地理学已经形成了一个跨自然、社会、技术科学领域相当完整的学科体系，已具有了比较齐全的综合特色。

第三节　编写思想、结构及篇章安排

一、编写思想

《中国地理》教材编写的核心思想是充分体现中国人地关系地域系统的时间与空间规律，既分析中国自然地理的特征及规律，又分析中国经济地理、中国文化地理的特征与规律，强调中国经济、文化、生态系统的结合与联系，分析中国人地关系的规律，并把人地关系调控作为重要的研究内容。

《中国地理》教材以开放的思维，把中国放在世界系统中研究，强调全球化、全球变化对区域发展的影响，先论述整体，再分析局部，体现中国作为世界重要组成部分以及世界与中国的互动关系。

《中国地理》教材在空间层面，强调空间尺度以及空间尺度的整合，从全球发展出发，到国家的人地关系规律，再分析中国三大地带的联系，再到各个区域，在区域层面体现"全球—国家—地带—区域—地区"的结合，并在各层面综合考虑中国自然、经济、文化的结合。这样，就避免了区域层面主要是纯粹知识性的资料，而忽视空间规律的误区。

教材编写尽可能使用最新的资料。一些数据尽可能采用最新的统计资料，并体现中国地理最新的研究成果。例如，全球变化、经济全球化、知识经济、主体功能区规划、"一带一路"等较为前沿的研究内容，并在各个部分体现最新的研究进展。

二、结构与章节安排

《中国地理》分为七篇。

第一篇（第一章～第三章）：全球系统与中国，整体介绍了中国地理区位和特征、全球变化对中国的影响以及经济全球化与中国经济发展的关系。

第二篇（第四章～第八章）：分别介绍中国自然地理各要素的特征及自然环境特点和分异规律。

第三篇（第九章～第十章）：从中国文化的起源与发展、人口和民族的视角介绍了中国文化地理系统。

第四篇（第十一章～第十五章）：系统介绍中国区域经济系统的发展历程，并分别说明中国第一产业、第二产业、第三产业和高新技术产业的发展与布局。

第五篇（第十六章～第十八章）：从中国人地关系、中国地域结构、中国东西部的区域过程分别阐述了中国人地关系地域系统。

第六篇（第十九章～第二十二章）：从自然、经济、文化、综合四个方面论述了中国地理区域的划分。

第七篇（第二十三章～第二十九章）：介绍地理区域的特征和规律，介绍中国东北、华北、华中、华南、西北、西南、青藏的区位、资源与环境以及经济发展与经济地域。

参 考 文 献

胡欣. 1989. 中国经济地理. 上海：立信会计出版社.

冷疏影，宋长青. 2005. 中国地理学面临的挑战与发展. 地理学报，4：553-558.

李涛. 1991. 中国地理. 3 版. 长春：东北师范大学出版社.

李小建. 2018. 经济地理学. 3 版. 北京：高等教育出版社.

刘南威. 2014. 自然地理学. 3 版. 北京：科学出版社.

陆大道. 2011. 中国地理学的发展与全球变化研究. 地理学报，2：147-156.

司徒尚纪. 1993. 简明中国地理学史. 广州：广东省地图出版社.

宋长青，冷疏影. 2005. 当代地理学特征、发展趋势及中国地理学研究进展. 地球科学进展，6：595-599.

孙金铸，陈可馨，陆心贤，等. 1998. 中国地理. 北京：高等教育出版社.

王静爱. 2007. 中国地理教程. 北京：高等教育出版社.

伍光和，蔡运龙. 2004. 综合自然地理学. 2 版. 北京：高等教育出版社.

许学强，周一星，宁越敏. 2009. 城市地理学. 2 版. 北京：高等教育出版社.

张理华，唐传岱. 1992. 中国地理. 合肥：安徽人民出版社.

赵济. 1995. 中国自然地理. 3 版. 北京：高等教育出版社.

赵济，陈传康. 1999. 中国地理. 北京：高等教育出版社.

郑度，杨勤业. 2010. 20 世纪的中国地理学. 科学，62：39-44.

思 考 题

1. 中国地理的研究对象是什么？学科性质是什么？
2. 中国地理的学科特点有哪些？
3. 中国地理发展分哪几个阶段？各阶段在哪些方面的研究取得进展？

第一篇　全球系统与中国

21世纪以来，经济全球化深入发展，国际政治经济格局加速演变，世界迎来大发展、大变革、大调整的百年未有之大变局。中国作为世界上最大的发展中国家和社会主义国家，正逐渐从区域性大国成长为全球性大国。"今日之中国，不仅是中国之中国，而且是亚洲之中国、世界之中国"。

本篇以百年未有之大变局中的中国发展为背景，首先介绍了中国地理区位及中国在世界中的经济地位，围绕我国区位、疆界、面积、资源、环境、人口、经济等方面展开论述；其次，分析了全球变化对中国自然生态系统和国民经济的影响，围绕全球人口增长、大气成分变化、生物地球化学循环变化、气候变化、土地利用和覆盖的改变及生物多样性的丧失等方面展开论述；最后探讨了中国在全球的分工、外资、全球城市体系中的中国、中国对外投资及"一带一路"倡议，全面揭示全球化与中国经济发展的关系。

本篇思政课程的目标：通过比较改革开放40多年来，中国在世界中经济地位的变化，凸显中国特色社会主义的独特制度优势，引导学生认识国家走向富强的道路选择，深刻认识"富强、民主、文明、和谐、美丽"的社会主义价值观的内涵；通过学习全球人口、气候、生态环境变化及其对中国的影响，认识推进中国特色社会主义事业建设"五位一体"（经济建设、政治建设、文化建设、社会建设、生态文明建设）总体布局的必然性，引导学生全面客观地认识气候变化的事实，树立正确的自然观、人地观、可持续发展观，树立"中国公民"与"地球公民"的意识；通过对中国基本地理国情的学习，了解国家疆域版图和发展历程，充分激发学生爱国热情和民族自豪感，进一步提升全球意识、国际意识、环境意识以及对国家疆域的认知、认同和自觉维护的意识，自觉把"爱国情，强国志，报国行"融入新时代追梦征程。

第一章 世界中的中国——地理区位与经济地位

第一节 中国地理区位

一、自然地理区位

（一）中国的绝对位置及其意义

中国位于北半球的东部，是世界上跨纬度最广的国家之一，最北端在黑龙江省漠河附近的黑龙江江心，即 53°33′N；最南端在南海的曾母暗沙，即 3°52′N；二者之间跨越约 50 个纬度，相距 5500 多公里。南北之间，太阳入射角大小和昼夜差别很大，海南岛南部一年内最短白昼为 11 小时 2 分，最长为 13 小时 14 分，差值约 2 小时；漠河一年内最短白昼为 7 小时左右，最长达 17 小时，差值约 10 小时。由于太阳入射角不同，气温随纬度变化有较大差异。北回归线横穿中国南部，约 98% 的陆地位于 20°～50°N；亚热带和温带所占国土面积较大，分别占全国陆地面积的 26.1% 和 45.1%。中国南北跨度大，跨越了温带、亚热带和热带，大部分地区热量充足，自然景观和农业带以及生产与生活方式丰富多样。

中国最东端位于黑龙江省抚远县以东乌苏里江汇入黑龙江的交汇处，即 135°5′E 附近；最西端位于新疆维吾尔自治区帕米尔高原东缘的乌孜别里山口，即 73°40′E 附近；两者之间相差约 62 个经度，相距 5200 多公里。中国从东到西，共跨了 5 个时区，东西时差达 4 个多小时，当最东端的乌苏里江迎来一天的第一缕阳光之时，最西端的帕米尔高原还是满天繁星。

（二）中国的相对位置及其意义

中国位于亚欧大陆东部，太平洋西岸，西南临近印度洋，西部和北部深入内陆，远离海洋。中国位于全球最大的大陆与最大的大洋之间，海陆热力对比强烈，东部地区盛行东南风，加上青藏高原季风和来自印度洋的西南季风，使中国成为世界上季风气候最典型的国家。与世界同纬度地区相比，中国北回归线附近并没有出现荒漠景观，而成为世界上亚热带生态环境最优越的地区之一；中国西部深入内陆，且高山盘踞，受海洋影响微弱，降水自东南至西北，由湿润、半湿润向半干旱、干旱气候逐渐更替，自然景观呈现出明显的海陆分布地带性差异，为多样的生存环境和经济发展类型以及文化差异提供了自然基础。海陆位置与中国西高东低的地势配合，使许多大江、大河东流注入太平洋，沟通了东、中、西部地区，同时形成丰富的水力资源，流域经济成为中国重要的经济现象。

从大地构造方面看，中国处在亚欧板块与太平洋板块、印度洋板块相交汇的位置。中国所处的这一全球大地构造位置，对中国的地形走势、山脉走向以及自然景观都产生了重要的影响。

二、经济地理区位

（一）国土与疆界

中国陆地面积约 960 万 km²，约占世界陆地面积的 6.4%，仅次于俄罗斯和加拿大，居世界第三位。中国领海海域面积 473 万 km^2，专属经济区和大陆架面积约 300 万 km^2。

陆地疆界约 22230km，与 14 个国家邻接。自东北起以逆时针方向依次为朝鲜、俄罗斯、蒙古、哈萨克斯坦、吉尔吉斯斯坦、塔吉克斯坦、阿富汗、巴基斯坦、印度、尼泊尔、不丹、缅甸、老挝和越南。中国陆疆邻边的省级行政区有辽宁、吉林、黑龙江、内蒙古、甘肃、新疆、西藏、云南、广西九省（区）。

中国是世界上陆地边界线最长和邻国最多的国家，也是边界情况最复杂的国家之一。陆地边界大部分为山地，或为荒漠、草原。改革开放以来，中国与周边国家关系进一步发展，口岸建设及边境贸易有较大发展。同时中国边境地区的安全问题也日益受到关注。

中国陆地边境有 15 条国际性河流，包括东北边境的鸭绿江、图们江、乌苏里江、黑龙江，新疆的额尔齐斯河、伊犁河、阿克苏河等，西藏的森格藏布—印度河、雅鲁藏布江等，云南的怒江—萨尔温江、澜沧江—湄公河、元江—红河以及广西的左江、北仑河等。国际性河流的开发、管理、水资源的合理分配以及生态环境保护、涉及与相邻国家的共同利益，这些河流的合理利用对边境地区的经济发展和对外开放意义重大。

中国的大陆海岸线北起中朝边界的鸭绿江口，南抵中越边界的北仑河口，长 18000km，岛屿海岸线总长 14000km。与中国隔海相望的国家有韩国、日本、菲律宾、文莱、印度尼西亚和马来西亚。

从海域的区位、面积、资源、环境和沿海经济、文化等各种因素考虑，海洋对中国政治、经济、安全等方面具有巨大的作用，必须增强海洋观念，保卫海洋国土，维护海洋权益，发展海洋事业。

（二）中国的经济地理区位特点

经济地理位置是指一个国家、区域、城镇或乡村在与外围地区的经济联系中所形成的空间关系。中国处在亚洲东部、太平洋西岸，西连中亚、西亚，东北接东北亚，东南为东南亚，南接南亚，具有交通和区域协作的地缘优势。

首先，中国处在亚太地区。随着世界经济发展重心由大西洋转向环太平洋，为中国经济发展提供了历史性的机遇，同时，作为经济迅速崛起的发展中大国，中国日益成为亚太地区和世界经济增长的重要力量。

其次，中国是世界第一人口大国，同时也处于世界人口最密集地带之中，中国是当今全球化经济中的最大市场之一。

第三，中国处在太平洋至印度洋的海上交通要道，是北亚、西北亚与太平洋沿岸各国南下印度洋与大洋洲的陆上、海上交通经过之地。中国位于东亚、中亚与欧洲的主要铁路线——亚欧大陆桥的东部地区，第二条亚欧大陆桥东起中国的连云港、西至荷兰的鹿特丹。中国处于亚欧交通要道和海上门户的主要地理位置，在世界发展格局中具有重要的经济、政治和军事意义。

第二节　中国在世界中的经济地位

改革开放 40 多年来，中国经济发展取得了举世瞩目的成就：国民经济持续快速增长，经济总量不断跃上新台阶，经济实力不断增强，国家的经济实力、政治实力、文化实力、国防实力、民族凝聚力等综合国力有了显著提高。当代中国在经济社会发展取得巨大成就的同时，还成功地创立了以发展社会主义市场经济、积极参与经济全球化、推行自由贸易政策等为主要内容的经济社会发展的"中国模式"，人民生活总体上达到了小康水平，中国在世界上的地位日益提高。

一、经济总量不断提升

中国经济的国际经济地位和国际经济影响力首先体现在中国不断提升的经济总量和经济规模上。中国经济总量与主要发达国家之间的差距正在逐步缩小，21 世纪以来，中国经济总量不断实现超越。2000 年，中国 GDP 超过意大利，居世界第 6 位；2005 年超过法国，居世界第 5 位；2006 年超过英国，居世界第 4 位；2007 年超过德国，跃居世界第 3 位；2010 年中国的 GDP 为 57451.3 亿美元，首次超过日本，成为全球第二大经济体。2019 年，中国 GDP 是美国的 66.93%，是日本的 2.82 倍、德国的 3.73 倍、印度的 4.99 倍（表 1-1）。

表1-1　1978 年和 2019 年国内生产总值（GDP）居世界前十位国家比较

位次	1978 年			2019 年		
	国家	国内生产总值/亿美元	占世界比重/%	国家	国内生产总值/亿美元	占世界比重/%
1	美国	23515.99	27.39	美国	214277.00	24.42
2	日本	10136.12	11.81	中国	143429.03	16.34
3	德国	7404.70	8.63	日本	50817.70	5.79
4	法国	5067.08	5.90	德国	38456.30	4.38
5	英国	3358.83	3.91	印度	28751.42	3.28
6	意大利	3150.58	3.67	英国	28271.13	3.22
7	加拿大	2186.33	2.55	法国	27155.18	3.09
8	巴西	2008.01	2.34	意大利	20012.44	2.28
9	西班牙	1606.00	1.87	巴西	18397.58	2.10
10	荷兰	1558.60	1.82	加拿大	17364.26	1.98
	世界总计	85844.97	100	世界总计	877515.41	100

资料来源：国际货币基金组织数据库。

对比中国和美国 GDP 占世界总量比重的走势（图 1-1），中国 GDP 占世界总量的比重先降后升，1960 年中国 GDP 仅占世界总量的 4.36%，1970 年为 3.13%，1981 年曾一度跌至 1.69%，1990 年以后呈持续上升趋势，2019 年达 16.34%。美国 GDP 占世界总量的比重则从 1970 年的 31.33% 下降到了 2011 年的 21.5%，除 1980～1985 年和 1995～2001 年有过两次较大幅度的回升外，总体呈现不断下滑的趋势。从变化趋势看，虽然中国与美国的 GDP 相差还很多，但两者的规模差距正在不断缩小。

图 1-1　1960~2019 年中国和美国现价 GDP 占世界总量的比重（国际货币基金组织数据库）

二、全球经济增长的重要引擎

改革开放以来，中国经济长期保持高速增长，对世界经济的增量贡献不断增大。1979~2019 年中国 GDP 年均增长率为 9.40%，增长速度远远高于世界平均水平，已经成为拉动世界经济增长的主要引擎。

伴随经济的快速增长，中国对外贸易的增长速度十分迅猛，对世界贸易的发展做出了重要贡献，占世界货物进出口贸易总额的比重不断增大，居世界位次不断上升（图 1-2）。1980 年，中国进出口贸易总额占世界贸易总额的比重为 0.9%，居世界第 26 位；1990 年，比重提高到 1.7%，居世界第 15 位；2000 年，比重上升到 3.6%，居世界第 8 位；2005 年，比重进一步提高到 6.7%，居世界位次上升到第 3 位；2009 年和 2010 年，中国连续两年成为世界货物贸易第一出口大国和第二进口大国。2009 年，中国进口总额占世界的比重为 8.0%，出口总额占世界的比重上升到 9.75%，进出口总额增量贡献率达到 14.53%；2010 年，中国货物进出口总额达到 29740 亿美元，年均增长 16.8%。其中，出口总额 15778 亿美元，进口总额 13962 亿美元，分别占世界货物出口和进口总额的 10.4% 和 9.1%；据世界银行的报告数据，2017 年和 2018 年，中国进出口总额位列世界第一，2017 年达 41071 亿美元，占全球贸易总额的 11.5%，2018 年达 46230 亿美元，占全球贸易总额的 11.8%，中国已成为一个世界级的贸易大国，是世界贸易增长的最大动力，中国经济对世界经济的影响进一步加深。

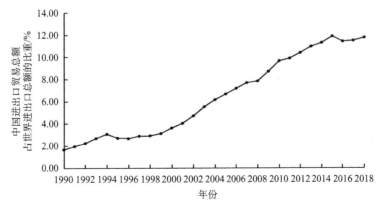

图 1-2　1990~2018 年中国进出口贸易总额占世界进出口总额的比重

三、日益增强的经济影响力

（一）中国经济快速增长带来的市场影响力

按GDP总量来计算，2018年中国的GDP约占全球总量的16%，达到美国的66%，成为全球第二大经济体。随着中国经济的快速增长，中国经济对外部的市场影响力逐步增强。一方面，世界各国的经济发展为中国商品创造了巨大的外部市场，使中国经济得以持续快速增长；另一方面，随着中国经济的快速发展，中国国内的购买力也逐渐增强，从而为世界各国的商品和资金提供了广阔的市场。

在全球贸易中，中国既是重要的供应方，也是重要的消费市场。中国在2009年成为了全球最大的商品出口国，2013年又成为全球最大的商品贸易国，在全球商品贸易总额中的占比从2000年的1.9%增长到2017年的11.4%。2017年，中国以2270亿美元的出口额成为全球第五大服务出口国，相当于2005年的3倍，并以4680亿美元服务进口额跃居全球第二大服务进口国。根据中国商务部的数据，自2010年以来，中国企业以16%的年增速在全球范围内快速增长，总数从10167家增长到37164家，其中一些已成长为全球性企业。2018年，《财富》世界500强上榜企业中有110家来自中国大陆和中国香港，接近美国的126家。

（二）中国与世界的相互依存关系

麦肯锡全球研究院从贸易、资本和技术方面审视了中国与世界在经济上的相互依存度之后发现：中国对世界经济的依存度在相对下降，世界对中国经济的依存度却在相对上升，中国与世界之间的经济联系正在悄然改变（图1-3）。一方面，中国对世界的依存度下降，在一定程度上反映了中国经济的重点已逐步转回国内消费市场。由于中国内需的增长以及国内价值链的发展，中国正在消费更多其生产的产品。2017~2018 年间，中国约有76%的 GDP 增长来自国内消费，而净贸易额对 GDP 增长的贡献实际为负。另一方面，中国对世界经济依存度的下降也反映出中国相比发达经济体，经济的开放度仍有提高的空间。此外，世界对中国经济的依存度上升，则表明中国作为消费市场、供应方和资本提供方的重要性日益凸显。

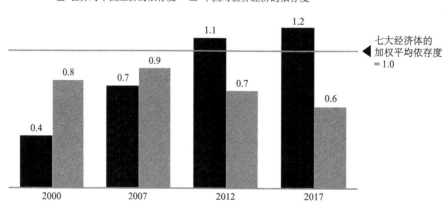

图1-3　中国-世界经济依存度指数

资料来源：麦肯锡全球研究院，七大经济体分别为中国、法国、德国、印度、日本、英国和美国

世界银行的数据显示，2010～2017 年，中国贡献了 31%的全球家庭消费增长额。另外，在汽车、酒类、奢侈品、手机等许多品类中，中国都是全球第一大市场，约占全球消费总额的 30%。2015～2017 年，中国是全球第二大外商直接投资的来源地和目的地。

（三）中国与主要贸易伙伴的相互依存关系增强

在经济全球化条件下，中国经济与世界各国的依存程度越来越大，中国与主要贸易伙伴相互依存关系的变化是中国国际经济地位和影响力的重要体现。其中地理位置邻近中国、资源贸易占比较高，并且参与跨境资本流动的国家与中国经济的相互依存关系最高。

全球价值链呈现出区域化属性加强、全球化属性减弱的态势，这种情况在亚洲尤为显著。亚洲国家尤其是那些对华出口比重较大的国家通过全球价值链与中国建立了紧密的联系，对华贸易在国内产值中占比很高。马来西亚、新加坡、菲律宾这三个国家的最大贸易伙伴都是中国。2007年以来，新加坡的对华贸易额（包括进口和出口）几乎占到了国内产值的30%。2013～2017年间，马来西亚从中国获得的外商直接投资相当于其国内投资总额的6%，新加坡则为5%。

资源丰富的国家尤其是对外出口自然资源的国家显著依赖中国的需求。以南非为例，对华出口目前已占到其国内总产值的15%，而2003～2007年间这一比率仅为2%。与之相似，对华出口目前已占到澳大利亚总产值的16%，先前这一比率仅为4%。仅铁矿石出口一项就占到了澳大利亚对华总出口的48%（矿产和金属共计占到出口总额的84%），澳大利亚采掘业21%的产出都流向了中国。

一些新兴经济体和体量较小的成熟经济体也高度依赖中国的投资。2013～2017年间，埃及从中国获得的外商直接投资相当于其国内投资总额的13%，巴基斯坦则为8%。麦肯锡全球研究院2017年的一项研究发现，中国不只是非洲最大的贸易伙伴，也是其最大的基础设施融资来源和第三大国外援助来源。来自中国的外商直接投资有很大一部分流入了非洲的房地产、能源以及交通基础设施领域。

相比之下，大型发达经济体对中国经济的依存度较低。从国内经济体量的角度考虑，发达经济体（尤其是西欧和北美各国）在贸易和投资方面对中国的依存度相对较低。对华出口额通常在其总产出中占比不足 5%，对华进口额在其国内消费中的占比也不足 5%。另外，来自中国的外商直接投资占其国内投资的比例更低于 1%。

（四）中国经济增长对发展中国家经济发展起着重要带头作用

中国经济增长是在"双赢"条件下促进全球共同进步、共同繁荣。这种模式不仅有利于中国经济增长，而且有利于全球经济增长。中国充分利用国内低廉的劳动力与低价的土地资源，吸引跨国公司的雄厚资金、技术、管理、销售渠道等，实现现有资源的全球优化配置，这不仅为中国增加了税收，提高闲置要素的使用率，而且外资也从中获取利润，为我国的经济发展注入活力。中国为促进经济增长实施比较优势战略、有效控制人口过快增长等措施对许多发展中国家都具有借鉴意义，朝鲜、越南、印度等不少国家纷纷学习中国经验，也更加积极地参与全球多边贸易，为本国谋求发展。

作为拥有世界 1/5 以上人口的最大的发展中国家，中国的经济崛起有利于缓解世界贫困问题、优化世界经济格局和稳定世界经济增长，这本身就是对人类的重大贡献。今后，随着中国经济的继续向前发展，中国对世界经济的贡献将会越来越突出。

参 考 文 献

安格斯·麦迪森. 2008. 中国经济的长期表现. 2版. 伍晓鹰, 马德斌译. 上海: 上海人民出版社.

陈江生. 2009. 金融危机后中国在世界经济中的地位浅析. 中国浦东干部学院学报, 3: 4-89.

路紫. 2010. 中国经济地理. 北京: 高等教育出版社.

麦肯锡. 2019. 麦肯锡报告《中国与世界》. 麦肯锡全球研究院.

任小燕. 2007-10-12. 我国对世界经济影响力进一步提高. 中国信息报, 第一版.

汪文件, 王鹏. 2010. 浅析"中国市场经济地位". 劳动保障世界, 3: 78-81.

王发兴. 2006. 中国国际经济地位提升及其动力支撑. 韶关学院学报·社会科学, 31: 11-16.

王静爱. 2007. 中国地理教程. 北京: 高等教育出版社.

吴雪明. 2010. 中国国际经济地位和国际经济影响力的综合分析. 世界经济研究, 12: 18-23.

许宪春. 2002. 中国未来经济增长及其国际经济地位展望. 经济研究, 3: 27-35.

张幼文. 2006. 中国发展对世界经济体系的影响. 世界经济研究, 10: 5-6.

赵济. 1995. 中国自然地理. 3版. 北京: 高等教育出版社.

赵济, 陈传康. 1999. 中国地理. 北京: 高等教育出版社.

思 考 题

1. 从经纬度、海陆位置和经济地理位置分析中国地理位置的意义。
2. 中国在世界经济中的地位如何?

第二章　全球变化对中国的影响

第一节　全球变化概述

当前，全球化已成为一种趋势，这既包括全球经济的全球化，也包括生态环境问题的全球化。伴随着人类社会的飞速发展，大量的化石燃料燃烧释放的温室气体和污染物进入大气、水体、土壤和生物体中。这些变化会伴随着全球化进程被逐渐扩展到更大的空间，并可能诱发全球范围内的大气组成变化、气候变化和土地利用变化等方面的正反馈效应。

一、全球变化的事实

全球变化（global change）是概述地球环境中与自然和人类活动引起的变化有关的一系列全球问题和相互作用的一个术语，其实质是指全球系统的演变，更多的是对人类活动使地球系统正常运转产生的偏离的关注。在相当长一段时间内，全球变化指全球气候变化（global climate change）。近年来，随着对全球变化研究的深入，其内容已扩展到全球人口增长、大气组成变化、生物地球化学循环变化、土地利用和覆盖的改变、气候变化及生物多样性的丧失等方面。这些变化既相互独立，又相互影响。

（一）全球人口增长

在全球变化中，人口增长是最重要的一个方面，因为人类的工农业活动及对自然资源的消耗决定着其他所有的全球环境变化。从 1850 年到现在的 150 年里，世界人口由 10 亿增加到 50 多亿，而且人均利用能量和资源也以相近的速度增长。20 世纪后半叶，随着全球人口增加了一倍有余，谷物生产增至 3 倍，能源消费增至 4 倍，经济活动增至 5 倍。据预测，全世界人口在 21 世纪末将再增加一倍。

（二）大气组成变化

大气组分的含量取决于地球系统中地-气系统与水-气系统的物质通量与物质循环。近现代人类活动干扰了上述过程，从而导致若干大气组分在大气中的含量发生显著变化。

1. 温室气体

1750 年以来，随着全球人口数量剧增和城市化进程的加快，全球大气中稳定温室气体如二氧化碳、甲烷、一氧化氮的浓度已分别由工业革命前的约 280ppm[①]、715ppb[②]、270ppb 迅速增加至 2005 年的 379ppm、1774ppb、319ppb，2005 年大气 CO_2 浓度远远超过了过去 65 万年来自然因素引起的变化范围 180～300ppm。

---

① 1ppm＝10^{-6}。
② 1ppb＝10^{-9}。

2. 臭氧

大气成分变化的另一方面是臭氧的变化，由于氮氧化合物、碳氢化合物、CO_2 的排放增加，大气对流层中臭氧浓度不断增加，而在平流层却因 CFC-11（氟利昂）的影响而降低。20 世纪 70 年代以来，南极上空平流层的臭氧急剧减少，形成了大家熟知的臭氧洞。南极臭氧洞的面积约为 900 万 km^2。

在臭氧强烈衰减的同时，观测到紫外辐射（UV）的显著增加。南极上空的臭氧空洞（1993 年出现了地球上自有记录以来的臭氧最低值）也使到达南极大陆的紫外辐射达到创纪录的水平。据估算，在受臭氧空洞影响的地区海洋浮游植物生产力降低率达 6%～12%。

3. 大气气溶胶增加，重金属污染

机动车尾气的排放、化石燃料的燃烧、金属的冶炼、矿山的开采、石材的加工、沙尘暴的发生等过程均能产生大量的大气颗粒物，对环境质量和人类健康造成很大的影响。由于颗粒物来源和形成条件的差异以及颗粒物特殊的载体效应，颗粒物的成分也会表现出很大的差别，而重金属是大气颗粒物的重要成分之一。

（三）生物地球化学循环变化

过去 100 多年来，一些养分氮、磷、硫等的生物地球化学循环（biogeochemical cycle）由于人类的干扰和气候变化产生显著变化。当前被复合固定并作为肥料用于农业中的氮，要比所有陆地生态系统自然固定的氮还要多；而诸如矿物燃料的燃烧、含氮化肥的生产使用、畜牧业等人类活动日益扩展，使得向大气中排放的含氮化合物迅速增加，大气氮沉降的强度也由此剧增。据估计，全球每年沉降到各类陆地生态系统的活性氮为 43.7Tg/a，沉降到海洋表面的活性氮有 27Tg/a。中国已成为继北美、欧洲之后的第 3 个氮沉降集中区，1961～2000 年，活性氮的排放从 140 亿 kg/a 升至 680 亿 kg/a，预计在 2030 年将上升至 1050 亿 kg/a。

同样地，人类活动明显改变了磷、硫等的生物地球化学循环，如由于化石燃烧所释放二氧化硫已造成严重的酸雨问题。人类活动也加快了一些矿物质特别是磷的矿化作用。

（四）气候变化

气候变化（climate change）是长期大气状态变化的一种反映，主要表现为不同时间尺度的冷暖、干湿变化。距今 1 万年以上发生的为地质时期的气候变化，表现为大冰期、大间冰期和亚冰期、亚间冰期交替出现，其温度变化幅度达 10℃以上；距今 1 万年以来发生的为历史时期的气候变化，表现为副冰期、副间冰期和小冰期、小间冰期交替出现，其变化幅度一般在 5～10℃；有气象观测记录以来发生的为近代气候变化，时间跨度为几十年至上百年，温度变化幅度小于 1℃。

近 100 多年来的气候变化则以全球加速变暖为最主要特征，1950～2004 年，全球日最低温和最高温分别上升了 0.204℃/10a 和 0.141℃/10a，并伴随温度日较差显著降低（－0.066℃/10a）。而且到目前为止，没有任何迹象表明人类引起气候变暖趋势减慢或停顿，大多数的预测结果指出，在未来 20 年中，气温大约以 0.2℃/10a 的速度升高，即使所有温室气体和气溶胶

浓度稳定在 2000 年的水平，每 10 年也将增暖 0.1℃（图 2-1）。在不同人类经济活动的温室气体排放情景下，2007 年 IPCC 报告多模式集合预测 2090～2099 年相对于 1980～1999 年的全球平均气温增加 1.1～6.4℃。全球变暖的趋势还存在空间差异。陆地和冬季北半球大部分高纬度地区的温度变化最大，从沿海扩大到内陆。干旱地区的变暖幅度比湿润地区大，南部海洋和部分北大西洋地区变暖幅度最小。另外，全球变暖，大气能量增大，一方面会改变空气的大循环，引起风、降水和温度场的变化；另一方面，会导致气候不稳定性增加，极端的自然现象将更加频繁和不可预测。洪水和水灾比过去增多，厄尔尼诺现象更加频繁、强烈和持久。极热事件、热浪和强降水事件的发生频率很可能将会持续上升。

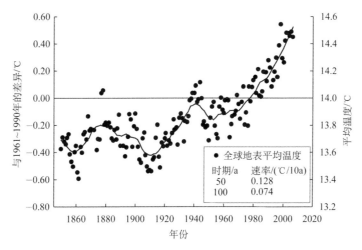

图 2-1　有观测记录以来的全球地表平均温度的变化趋势（IPCC，2007）

（五）土地利用/覆盖变化

土地覆盖（land cover）变化是指某一土地物理或生物特性的改变；而土地利用（land use）变化是指人为土地利用方式的改变。地球上陆地表面将近有 30%～50% 已经被人类所改变。土地利用变化本身常常是一个复杂的现象。起初，通常是自然生态系统（如森林）转变为管理的农业系统。紧随而至的影响是明显的，如砍伐迹地燃烧向大气释放了大量的碳。但是，在最初的砍伐事件发生若干年后，其他影响才会通过环境在区域甚至全球尺度上发生级联效应。

（六）生物多样性丧失

生物多样性（biodiversity）在维持生态系统发展中起着重要作用。群落内和群落间物种均具有不同特性，这些特性影响到生态学过程如生产力、营养循环、生态系统和大气圈之间碳、水、能量和稀有气体的循环和转化。随着人口的增长，人类活动加剧，作为人类生存最重要基础的生物多样性受到了严重威胁。现在物种灭绝的速度是人类出现之前的 1000 倍以上。热带雨林中生物消失的速度增长达几千倍之多，沿海的海洋生物也已经被掠夺了 25%～35%。另外，生物多样性的丧失是不可逆转的。

二、全球变化的研究、原因及应对策略

全球变化是一个跨界、多尺度问题，为了科学应对这个问题，各国政府和科学家纷纷呼吁采取全球性的合作。全球变化研究从 20 世纪 80 年代初开始提出、规划，并从 80 年代中、后期陆续实施。目前，正在进行全球变化研究的 4 个国际科学计划，即世界气候研究计划（WCRP）、国际地圈生物圈计划（IGBP）、国际全球环境变化人文因素计划（IHDP）和国际生物多样性计划（DIVERSITAS），正是国际科学界努力的结果。在过去的近 40 年中，各国政府间签署了多项多边环境协议，以保护人类的生存和居住的环境。譬如，1971 年通过的《拉姆萨尔公约》，1992 年通过的《生物多样性公约》。为了控制温室气体排放和气候变化危害，联合国于 1992 年通过了《联合国气候变化框架公约》，提出到 90 年代末使发达国家温室气体的年排放量控制在 1990 年的水平；1997 年，在日本京都召开的该公约缔约国第二次大会，通过了《京都议定书》，规定了 6 种受控温室气体以及相关国家的减排指标。全球变化问题已不仅仅是科学研究的问题，而且已经涉及经济和政治领域，关乎人类社会的可持续发展。

在地球演化史上，全球变化主要有两种形式，即渐变和突变。与渐变相比，突变在系统演化中更为明显和重要。全球变化的原因有自然方面的原因，也有人类活动的原因。冰期和间冰期的更替，全球系统的季节变换等都取决于自然因素。然而，对于人们目前特别关注的以十年或百年为时间尺度的全球变化来说，自然因素是相对稳定的，其原因主要来自人类圈，即主要由于较低水平人类圈的迅速膨胀，并在全球系统变化中占主导地位。人类圈的较低水平主要表现在：①人口数量剧增；②健康不佳和文化水平低的人口所占比重大；③掠夺式的地球观在很大程度上支配着人们的行动；④决策常有重大失误（造成的损失甚至比自然灾害还大）；⑤高消耗资源和高消费的经济模式等。在当今全球系统的变化中，人类圈的主导作用是明显的，全球系统的结构畸变和循环功能的严重失调都根源于较低水平人类圈的迅速膨胀。

全球系统的新突变期是一个高度不稳定的时期，对内外扰动异常敏感。它既是一种灾难，也是将其推向更高发展阶段的机遇，其前景主要取决于人类圈的行动。为此，可采取以下措施促进社会经济的持续发展和各地球圈层的协同共进：①树立协同共进的地球观，发展科学技术，提高决策的科学水平；②严格控制人口数量，大力提高人口素质；③恢复、强化和增加再生资源的循环形式；④有计划地开采和综合利用非再生资源，并设计一些人工循环形式，以保持一些重要的难以替代的非再生资源；⑤兴建环境工程，改变不适宜的自然环境，构建人口、资源与环境的良性循环。

第二节　全球变化对中国的影响

全球变化对中国的影响主要集中在农业、水资源、自然生态系统和海岸带等方面，可能导致农业生产不稳定性增加、南方地区洪涝灾害加重、北方地区水资源供需矛盾加剧、森林和草原等生态系统退化、生物灾害频发、生物多样性锐减、台风和风暴潮频发、沿海地带灾害加剧、有关重大工程建设和运营安全受到影响。在所有引起全球变化的因素中，气候变化起核心作用。

一、中国气候变化的现状与趋势

（一）现状

1. 气温的变化

近 2000 年来，中国气候总体上处于大暖期后的降温过程中，但仍有较大的气候波动。近百年来，在全球气候变暖的大背景下，中国的年平均气温波动上升趋势基本与北半球一致，增幅为 0.78±0.27℃，略高于全球同期平均值。增温主要发生在冬季和春季，夏季气温变化不明显；与变暖趋势相对应，四季开始的日期也逐渐偏移，在 21 世纪初表现为明显的春、夏季偏早，秋、冬季偏晚。与全球变化不同的是，除了 20 世纪 80 年代以后，中国在 20 世纪 20～40 年代增温也十分显著，但其原因尚不清楚（图 2-2）。

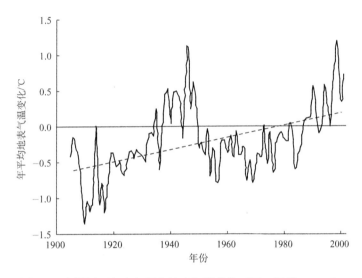

图 2-2　中国近百年来年平均地表气温变化（丁一汇等，2006）

从空间上看，西北、华北和东北地区是温度上升比较明显的地区。尤其是近 50 年来，平均气温升高以北方为主，东北北部、内蒙古及西部盆地升温速率达 0.8℃/10a 以上。从季节上分析，近 40～50 年中国极端最低气温和平均气温都出现了增高的趋势，尤以北方冬季最为突出；同时寒潮频率趋于降低，低温日数趋于减少，日较差逐渐降低；中国北方日较差的降低可归因于最低气温比最高气温更强的升高，但是在中国南方，日较差的降低是由于最高气温的降低，却伴随最低气温的轻微升高。

2. 降水量的变化

近 100 年和近 50 年中国年降水量变化趋势不显著，但年代际波动较大。20 世纪初期和 30～50 年代年降水量偏多，20 年代和 60～80 年代偏少，近 20 年降水呈增加趋势。1990 年以来，多数年份全国年降水量均高于常年。从季节上看，近 100 年中国秋季降水量略为减少，而春季降水量稍有增加。近 47 年（1956～2002 年）全国平均的年降水量呈现增加趋势（图 2-3）。

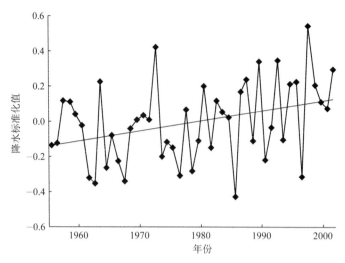

图 2-3 1956～2002 年全国平均的逐年降水标准化距平值（丁一汇等，2006）

中国年降水量变化呈现显著的区域差异。1956～2000 年，长江中下游和东南地区年降水量平均增加了 60～130mm，西部大部分地区的年降水量也有比较明显的增加，东北北部和内蒙古大部分地区的年降水量有一定程度的增加。但是，华北、西北东部、东北南部等地区年降水量出现下降趋势，其中黄河、海河、辽河和淮河流域平均年降水量 1956～2000 年减少了 50～120mm。

3. 极端天气、气候事件

气候变暖后，中国的极端降水事件趋多、趋强。极端降水平均强度和极端降水值都有增强的趋势，尤其在 20 世纪 90 年代，极端降水量比例趋于增大。与降水相关的极端气候事件变化具有明显的区域性。近 50 年来，长江中下游流域和东南丘陵地区夏季暴雨日数增多较明显，暴雨主要发生在 5～7 月，西北地区发生强降水事件的频率也有所增加。60 年代中期至 70 年代中后期，华北由湿润向干旱过渡，70 年代后期至今，中国西北东部、华北大部和东北南部干旱面积呈增加趋势。

夏季高温热浪增多。20 世纪 90 年代中期以后，最高温度高于 35℃ 的高温日数显著增多。从中国北方总体平均看，白天温度极端偏高的日数除华北南部地区趋于减少外，大部分地区趋于增多，西北一些地区增加趋势最为明显。

在全球变暖背景下，中国特别是北方地区气温显著升高，低温日数趋于减少，寒潮和霜冻呈明显减少趋势。但受明显增大的冬季降水的影响，西部地区尤其是青藏高原冬春季雪灾的发生概率增加。

（二）未来趋势

气候模式是进行未来气候变化预估的主要工具。近年来，中国科学家利用我国研制的全球海气耦合模式（NCC/ICP T36），根据未来大气中温室气体浓度和气溶胶含量的变化，对全球、东亚以及中国未来气候变化趋势进行了预估。表明 21 世纪中国气候将继续保持变暖趋势，尤以冬半年的北方地区最明显。据预测，到 20 世纪末，年平均温度将比 1961～1990 年的平均值升高 3.9～6.0℃。日最高和最低气温都将上升，但最低气温的增幅较最高气温的大，日较差减小。与此同时，年平均降水将增加 11%～17%，但地区差异较大，西北、东北和华南可能增加 10%～25%，而渤海沿岸和长江口地区可能会变干。北方降水日数增加，南方大雨日数增加，局地尺度强降水事件也可能增加，旱涝等极端气候灾害事件增多的可能性很大。

二、全球变化对中国的自然环境及国民经济的影响

（一）对自然环境的影响

1. 自然植被的地理分布

气候是影响植被过程的重要因素。气候变化对植被的影响表现在对其分布范围、植被生产力以及植被多样性等方面。

气温升高将改变许多局部地区植被分布格局。在我国表现为：东部森林植被带将北移，尤其是北方落叶针叶林有可能移出我国境内；华北地区和东北辽河流域未来可能荒漠化；西部沙漠和草原略有退缩，将被草原和灌丛取代；高寒草甸分布可能略有缩小，将被萨瓦纳和常绿针叶林取代。另外，广泛分布于高寒草原和高寒沼泽草甸植被将因干旱而退化，湿生草甸植被向中旱生植被演替。

植被生产力与光照、温度、二氧化碳浓度等密切相关。目前多数研究通过数学模型来估计气候变化对植被生产力产生的影响，其结果表明：如果温度平均升高 1.5℃ 且地表植被分布未发生变化，除华南沿海净初级生产力（NPP）略有下降外，中国大部分地区 NPP 将有所增加，平均增加 6.2%；森林植被增加量最大，荒漠地区 NPP 增加量最小。不同地域的植被生产力变化率不同，气候变化后中国森林第一性生产力（指森林植物在单位时间和空间所积累的干物质量）由东南向西北递减，而其变化率由东南向西北递增。

气候变化对生物多样性的影响，取决于气候变化后物种相互作用的变化，以及物种迁移后与环境之间的适应性平衡。这种变化的结果可能会滞后于气候变化几年、几十年，甚至几百年。

2. 冰川、冻土、湿地减少

由于全球变暖，一些冰川出现了减少和退缩现象。据资料推算，我国西北各山系冰川面积自"小冰期"以来减少了 24.7%，达 7000km² 左右。根据小冰期以来冰川退缩的规律和未来夏季气温和降水量变化的预测，到 2050 年中国西部冰川面积将减少 27.2%；青藏高原多年冻土空间分布格局将发生较大变化，80%～90% 的岛状冻土发生退化，季节融化深度增加，形成融化夹层和深埋藏冻土；表层冻土面积减少 10%～15%，冻土下界抬升 150～250m，亚稳定及稳定冻土温度将升高 0.5～0.7℃。

湿地面积也在萎缩。中国科学院遥感应用研究所研究发现，1990～2008 年，中国的湿地面积减少了 11.4%，如果扣除人工湿地的增加，天然湿地减少了 16.6%，湿地面积由 1990年的 36.6 万 km² 减少到 2008 年的 32.4 万 km²。

3. 海平面升高将影响海岸带和海洋生态系统

据国家测绘地理信息局估计，近 50 年来中国海平面总体上呈上升趋势，年平均变率约为 1.4mm/a，但各地区存在较大差别（表 2-1）。20 世纪 90 年代初，任美锷对最近 30～80

年来全国 32 个验潮站潮位记录的分析，其中，有 20 个站相对海平面上升，12 个站相对海平面下降，且速率不同。

表 2-1　1950～1990 年中国沿海相对海平面上升趋势估算

研究者及发表年份	平均上升速率/（mm/a）	资料依据
Emery 和 Aubrey（1986）	2.5（－1.9～11.5）	8 个验潮站，1950～1980 年
于道水（1986）	2.1（－3.0～10.8）	16 个验潮站，1960～1980 年
王志豪（1986）	3.5（－9.5～10.5）	20 个验潮站，1950～1980 年
周天华等（1992）	0.7（－2.9～2.6）	7 个验潮站，1950～1989 年
黄立人等（1992）	0.3（－3.3～2.2）	12 个验潮站，1953～1983 年
郑文振等（1993）	1.4～2.0	50 个验潮站
任美锷和张忍顺（1993）	1.0～4.0（－3.4～27.8）	32 个验潮站，1960～1989 年

注：表中上升速率栏括号内数值为依据各验潮站资料计算出的变化范围，其中负号表示相对海平面下降；资料依据栏中资料年限各站不一，表中所列为代表性年限。

资料来源：刘杜鹃，2004。

中国海岸侵蚀现象比较普遍，渤海、黄海、东海和南海沿岸侵蚀岸占岸线总长度的比例分别为 46%、49%、44% 和 21%。全球气候变暖导致的红树林和珊瑚礁等海洋生态系统退化已在发生，海南和广西海域已发现不同程度的珊瑚白化和死亡现象。中国近海及海岸带的生态与环境也发生了明显变化。20 世纪 70 年代以来，渤海和黄海北部冰情变化有减轻趋势，赤潮灾害 80 年代后趋于频繁。1990～1999 年海洋灾害造成的直接经济损失平均每年 119.5 亿元。基于此，如果到 21 世纪末中国海平面上升达到预测的 30～70cm，海岸侵蚀、海水入侵、近海生态系统退化的程度和严重性将进一步加大。

（二）对国民经济的影响

全球变化会程度不同地影响到全球和各地区社会经济的方方面面，如主要江河流域的水资源供需、主要农作物及畜牧业的生产、人类居住环境与人类健康以及能源需求等。人类社会系统对全球变化的敏感性和脆弱性，随其地理位置、时间、社会经济发展水平和环境条件而变化。

1. 水资源

我国水资源总量虽不小，居世界第 4 位，仅次于加拿大、巴西和俄罗斯，略多于美国和印度尼西亚，占世界水资源总量的 6%。但人均水资源量却只有世界平均水平的 31%，属于水资源紧缺的国家。全球变化对中国的水文水资源产生了重要影响，加剧了我国水问题的复杂性。

（1）河川径流量减少，水资源区域分布更为不均。近 50 年，中国主要江河实测径流量多呈下降趋势。其中，海河流域 1980 年以后减少了 40%～70%，黄河中下游地区的径流量显著减少，北方河流普遍断流。

（2）水资源的供需矛盾更为突出。4 种全球大气环流模式结果表明，气候变化产生的缺水量小于人口增长及经济发展引起的缺水量；但中等旱年及特枯水年，气候变化产生的缺水量将大大加剧海滦河流域、京津唐地区、黄河流域及淮河流域的缺水，并对社会经济产生严重影响。特别是对农业经济影响重大。研究表明，气候变暖对农业灌溉用水的影响，远远大于对工业用水和生活用水的影响，尤其是在降水趋于减少或蒸发的增加大于降水增加的地区。

（3）水质下降。国际经验证明，在人均国内生产总值达到 1000～2000 美元的时候，正是高污染、高耗水产业兴起的阶段。我国已进入这一阶段，正是污染趋势难以控制的根本原因。而且，随着气候变暖加剧，一些地区由于蒸发量加大，河水流量趋于减少，可能会加重河流原有的污染程度，特别是在枯水季节。同时，河水温度的上升，也会促进河流里污染物沉积、废弃物分解，从而使水质下降。当然，年平均流量明显增加的河流，水质可能会有所好转。

（4）旱涝灾害频发。全球气候变暖可能增加全球水文循环，使全球平均降水量趋于增加，但降水变率可能随着平均降水量的增加而发生变化，蒸发量也会因全球平均温度增加而增大，这可能意味着未来旱涝等灾害的出现频率会增加，同时也说明，在对气候变化的响应上，极端降水事件表现得更加明显。华北地区近 43 年来年平均干湿指数的主要演变特征是以旱为主，而且存在非常强的干旱化趋势，其旱涝变化有 64～72 个月的周期；华北干旱主要以夏、秋旱为主，而且多两季连续干旱，自 1999 年起的连续干旱是近 50 年以来最为严重的一次。

2. 土地资源

全球变化对土地资源影响有两个方面：①全球气温上升部分导致海平面上升，直接对沿海地区的土地资源造成威胁，海平面上升还会加剧风暴潮的发生，而且，伴随着海水入侵，有大量的沿海滩涂和湿地等宝贵的土地资源遭到侵蚀。据朱季文等 1993 年估计，若未来海平面上升 50cm，整个长江三角洲及杭州湾北岸和苏北滨海平原地区潮滩和湿地损失面积将分别达到 550km^2 和 246km^2，分别占现有面积的 11% 和 20%；而据夏东兴等估计，渤海湾西岸和天津市受海面上升和地面下沉的复合作用影响将更大。若海平面上升 30cm，则自然岸线将后退 50km，淹没土地约 10000km^2。若海面上升 100cm，海岸线将后退 70km，可能的影响面积约 16000km^2。②水热条件的改变也会影响土地资源（尤其是土壤）的质量。由于气候因子在成土作用中扮演了重要作用。随着气候的变化，土壤的理化性质和成分结构也会发生相应变化。已有研究表明，土壤有机碳储量随降水的增加而增加，随温度的增加而减少；而气温的上升所引起的土壤水分的下降将造成土地的干旱化。

3. 农业生产

中国是农业大国，全球变化将使中国未来农业生产面临以下三个突出问题。

（1）农业生产的不稳定性增加，产量波动大。《中国应对气候变化国家方案》指出，中国是世界上农业气象灾害多发地区，各类自然灾害连年不断，农业生产始终处于不稳定状态，并且人均耕地资源少，农业经济不发达，适应能力非常有限。气候变化对产量的影响可能主要来自于极端气候事件频率的变化，而不是平均气候状况的变化。受全球气候变暖影响，大范围持续性干旱成为农业生产的最严重威胁。中国每年因旱灾平均损失粮食 300 亿 kg，约占各种自然灾害损失总量的 60%。研究表明，在全球气候变暖背景下，已经持续 30 多年的华北地区干旱问题在未来 10 多年内仍不会有缓解迹象。同时，南方雨量丰沛地区的季节性干旱也日益凸现。另外，气温每升高 1℃，我国水稻生育期将平均缩短 7～8 天，冬小麦生育期将平均缩短 17 天，从而导致粮食减产。在现有的种植制度、种植品种和生产水平不变的前提下，到 2030 年，我国种植业生产潜力可能会下降 5%～10%，其中灌溉和雨养春小麦的产量将分别减少 17.7%和 31.4%；2071～2100 年，我国冬小麦生产潜力将下降 10%～30%，水稻生产潜力将下降 10%～20%，玉米生产潜力将下降 5%～10%。气候变化和极端气象灾害导致我国粮食生产的自然波动，将从过去的 10%增加到 20%，极端不利年景甚至达到 30%以上。

（2）农业生产布局和结构将出现变动。气候变暖使我国年平均气温上升、积温增加、生长期延长，导致种植区成片北移。当年平均温度增加 1℃时，大于或等于 10℃积温的持续日数全国平均可延长约 15 天。全国作物种植区将北移，华北目前推广的冬小麦品种（强冬性）将因冬季无法经历足够的寒冷期以满足春化作用对低温的要求而不得不被其他类型的冬小麦品种（如半冬性）所取代；比较耐高温的水稻品种将在南方占主导地位，而且还将逐渐向北方稻区发展；东北地区玉米的早熟品种将逐渐被中、晚熟品种取代。另外，一方面，随着气候变暖，热量资源增加，我国农业气候的热量资源有改善趋势，北方复种指数将会提高，多熟制将向北推移，多熟制面积比重也会加大。据估计，在温度上升 1.4℃、降水增加 4.2%的条件下，我国农作物每年一熟的种植面积由当前的 62.3%下降为 39.2%；每年两熟的种植面积由24.2%增加到 24.9%；每年三熟的种植面积由当前的 13.5%上升到 35.9%。但另一方面，温度升高导致作物生育期缩短、生长量减少，则可能抵消全年生长期延长的效果。此外，由于气候变暖导致土壤水分的蒸散量加大，一些作物可利用的水资源量将减少，这种热量资源增加的有利因素可能会由于水资源的匮乏而无法得到充分利用。同时，为提高对热量资源增加量的利用，短期内对水资源的恶性透支，也会对国家粮食的长期安全造成严重影响。气候变暖后，蒸发相应加大，如果降水量不明显增加，将会使我国农牧交错带南扩，东北与内蒙古相接地区农牧交错带的界限将南移 70km 左右，华北北部农牧交错带的界限将南移 150km 左右，西北部农牧交错带界线将南移 20km 左右。农牧过渡带的南移虽然可增加草原的面积，但由于农牧过渡带是潜在的沙漠化地区，新的过渡带地区如不加保护，也有可能变成沙漠化地区。

（3）农业生产条件改变，农业成本增加。在全球变化的背景下，中国农业气象灾害、水资源短缺、农业病虫害的发生程度都呈加剧趋势。若多种灾害同时发生或连片发生，将造成粮食生产能力严重降低、减产幅度会进一步加大。气候变化增加了土壤水分、有机质和氮的流失量，加速了土壤退化和侵蚀，削弱了农业生态系统抵御自然灾害的能力。气温升高，还将导致干旱地区降水量减少，土壤风蚀严重，沿海地区土壤蒸发量增加，土壤盐渍化程度加重。在这样的情况下，为保障国家的粮食安全，农业投资将大幅度增加。

4. 人居环境与人类健康

全球变化可对人类健康产生多方面影响，主要包括日益增加的自然灾害（如热浪强度和持续时间的增加等）导致的疾病增加（如心脏和呼吸系统疾病）或死亡。间接影响表现更为复杂。一方面，在自然条件与人类活动加速全球变化的驱动下导致地球生态系统紊乱，传染病发生和传播的模式发生改变。自然因素尤其是气候变化将直接或间接影响许多传染病的暴发和传播。气温、降水、湿度和光照等气象要素通过影响病原体、宿主和疾病的传播媒介，从而改变传染病的发生和传播；极端气候事件引起的干旱、洪涝等气象灾害会直接对人类造成伤害并影响传染病的发生与传播；地表生态系统包括下垫面类型和植被分布也会间接对传染病的暴发产生影响。人类活动也是影响传染病传播的间接动力。其中，国际化、普遍化的旅行以及农村向城市的人口迁移所造成的人口流动是传染病大规模传播的根本原因；快速城市化伴随的城市基础设施滞后以及城市边缘传染病的高风险将改变传染病及其造成死亡的模式；农业侵占、森林砍伐等土地利用变化，已经引发了一系列疾病暴发并改变了许多地方病的传播方式；飞速发展的航空、公路和铁路交通运输，不但加快了疾病传播的速度，也扩大了疾病传播的范围。另外，频繁的经济贸易增加了传染病暴发的可能性，为病原体远距离扩散、新型病毒随牲畜贸易沿途扩散等提供了途径（图 2-4）。另一方面，极端气候事件（如干旱、水灾、暴风雨等）也使死亡率、伤残率上升，并增加社会心理压力（图 2-5）。总的看来，气候变化对人类健康的消极影响大于积极影响。

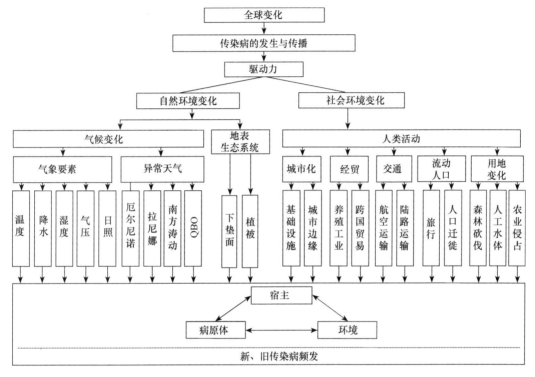

图 2-4　全球变化对人类传染病发生与传播的影响　（吴晓旭等，2013）

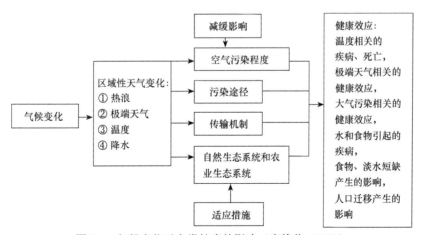

图 2-5　气候变化对人类健康的影响（廖静秋，2010）

　　人类居住环境目前正遭遇包括水和能源短缺、垃圾处理和交通不畅等环境问题，这些问题可能随气候变化而加剧。如海平面上升将导致许多沿海低洼地区被海水淹没，现有海防设施的防御能力将大大降低，沿海地区特别是珠江三角洲、长江三角洲和环渤海湾地区等人口密集且经济相对发达地区，遭受海啸、风暴潮影响的程度和严重性将加大，人居环境和经济建设也将面临更大的风险。

气候变化对人体健康的直接影响将越来越大。研究表明，随着全球变暖，热浪在世界各地频频发作，且强度越来越大。如2006年，重庆市7月10~15日气温达39~40℃，最高超过42℃，致9人中暑死亡；同年8月14~15日，2万人中暑。此外，气候变化加剧环境污染，利于某些病、虫、害的滋生和繁衍，对人体健康的负面间接影响也将进一步加重。如根据全国不同地区血吸虫病气候-传播模型的研究结果，中国血吸虫病流行区将明显北移，2050年血吸虫病潜在流行的敏感区域较2030年的明显扩大。

5. 能源的生产和消费

中国在世界上不但是名列第三的能源生产和消费大国，而且是世界上能源排放的第三大国。以1990年为例，中国一次能源生产总量1039Mtce（1Mtce＝100万吨标准煤），仅次于苏联和美国，一次能源消费987Mtce，仅次于美国和苏联。未来中国的经济将有大幅度的增长，从而要求能源有相应的增加。例如，美国国会技术评估办公室估计未来中国煤炭消费会有大幅度的增长，在2030年煤炭消费会达到30亿tce。为了避免使中国成为CO_2排放大国，中国必须改变能源结构，构建新的能源体系。

全球变化对中国能源的生产和消费的影响，具体可分为直接影响和间接影响两个方面。直接影响是指气候变化所引起的气象条件改变对能源活动（如我国北方地区的采暖需求等）造成的影响。间接影响包括应对全球变化而采取的各种政策措施对能源活动造成的影响，如节能措施、温室气体减限排措施对能源供应结构的影响等。

6. 自然灾害

中国是世界上自然灾害最频繁的国家之一，灾害损失严重，地域差异明显。随着全球变暖引发的气候极值的变化，将不同程度地加剧或减轻各种自然灾害的发生频率和强度，对国民经济和人民生活造成深刻的影响。

由于受气候变化影响，中国的降水量分布不均状况将进一步加大，从而使华北、西北东部、东北南部等水资源缺乏地区的干旱面积增大，沙尘暴、荒漠化加剧；而长江中下游和东南地区降水增加，易发生洪涝灾害，在地质不稳定地区则会引发滑坡和泥石流。据马国柱等2001年用1951~2000年中国629个站逐月降水资料分析，近51年来中国北方主要农业区的干旱面积在春夏秋冬四季都呈上升趋势，且表现出明显的阶段性（1950~1964年为第一阶段，1965~1982年为第二阶段，1983~1990年为第三阶段，1991~2000年为第四阶段）。据盛承禹1986年的研究，中国秦岭—淮河以南的广大南方地区夏季的洪涝范围有扩大趋势，但夏半年的洪涝范围却成减少趋势；而华南地区，由于受台风和低纬度天气系统带来的降水增多，洪涝灾害有增加趋势。

三、中国应对全球变化的主要措施

《哥本哈根协议》中标明了美国、欧盟、日本等提供的资金计划，以及升温控制目标，即确保全球平均温度的升幅不超过2℃。文件中并没有预测二氧化碳的峰值在哪一年出现。中国作为谋发展、促合作、负责任的发展中大国，主动承诺在1990~2005年单位国内生产

总值 CO_2 排放强度下降 46% 的基础上，到 2020 年单位国内生产总值 CO_2 排放比 2005 年下降 40%~45%。

中国应对全球变化的主要措施包括以下几点。

（1）充分利用气候变化带来的正面影响的一面，如热量资源的增加、水分分布格局的改变可能带来的益处等，在可能变化的气候条件下充分地利用水、热、风、光等气候资源，取得最大效益。

（2）适应全球变化所造成的影响。自 20 世纪 70 年代提出气候变化及其对人类社会可能产生的影响起，国际科学界就开始讨论人类社会应如何响应全球变化并采取相应的对策。具体研究方向也从 70 年代提出的预防和阻止转移到 80 年代提出的减缓，直至目前所普遍认同的适应。适应性已成为全球变化科学的核心概念之一。各行各业要适应气候变化和灾害日趋明显的特点。农业对气候变化及气象灾害的脆弱性强，因此，种植布局和引种一定要以当地多年气候资料为依据，同时通过加强水利设施建设、调整作物播栽期或品种、应用设施栽培等农艺配套技术，变"资源依存型"为"科技依存型"，提高作物抗低温、强降水、干旱等极端天气灾害能力。要努力增强区域防汛抗灾减灾、能源供应（供电、供水、供气）、交通运输等敏感行业对极端低温、高温、干旱、雷击、台风、浓雾、雨雪冰冻、渍涝灾害的适应能力，同时建立及时而准确的城市多灾种早期警报系统，便于相关部门提前启动和采取各种调整措施和对策，从而确保城市安全和有序运行。

（3）推行可持续发展的绿色经济，减缓气候变化。绿色经济是以效率、和谐、持续为发展目标，以生态农业、循环工业和持续服务产业为基本内容的经济结构、增长方式和社会形态。其含义应该包括：①节能、高效的经济，可大大减少能源使用强度；②清洁能源，包括协同治理污染和气候变化；③循环经济，可使能源利用最大化；④生态经济或生态文明，利用植树造林固碳以增加碳汇；⑤低碳经济，可改变生产和生活模式。此外，发展核能、水电、可再生能源、生物能源等也是有效办法，新技术的研发是其关键驱动力。最终实现控制二氧化碳排放总量，把大气中温室气体的浓度稳定在一定水平上。

参 考 文 献

曹福祥，徐庆军，曹受金，等. 2008. 全球变暖对物种分布的影响研究进展. 中南林业科技大学学报，28（6）：86-89.

陈重潘. 2010. 气候变化对植被和土壤的影响效应. 云南地理环境研究，22（2）：39-42.

陈之荣. 1993. 人类圈与全球变化. 地球科学进展，8（3）：63-69.

丁一汇. 2003. 气候变暖，我们面临的灾难与问题. 中国减灾，2：19-24.

丁一汇. 2008. 人类活动与全球气候变化及其对水资源的影响. 中国水利，2：20-27.

丁一汇. 2010. 我们该如何应对全球气候变化. 新湘评论，4：8-9.

丁一汇，任国玉，石广玉，等. 2006. 气候变化国家评估报告 I 中国气候变化的历史和未来趋势. 气候变化研究进展，2（1）：3-8.

顾品强. 2010. 积极应对气候变暖防御极端气象灾害. 生命与灾害，1：13-15.

海英，高志强. 2010. 中国百年气候变化及时空特征分析. 科技通报，26（1）：58-62.

黄立人，杨国华，胡惠民. 1991. 中国沿海海面变化的均衡基准. 地震地质，13（1）：1-7.

廖静秋. 2010. 全球气候变化及其对人类生存的影响. 西华师范大学学报（自然科学版），3（3）：284-291.

刘杜鹃. 2004. 相对海平面上升对中国沿海地区的可能影响. 海洋预报，21（2）：22-23.

刘彦随，刘玉，郭丽英. 2010. 气候变化对中国农业生产的影响及应对策略. 中国生态农业学报，18（4）：905-910.

马龙，石敬. 2011. 全球变化背景下的 ALOS 对地观测计划. 国土资源遥感，89：10-14.

闵庆文，成升魁. 2002. 全球化背景下的中国水资源安全与对策. 资源科学，24（4）：49-55.

秦大河，陈振林，罗勇，等. 2007. 气候变化科学的最新认知. 气候变化研究进展，3（2）：63-73.

秦大河，丁一汇，苏纪兰，等. 2005. 中国气候与环境演变评估（I）中国气候与环境变化及未来趋势. 气候变化研究进展，1（1）：4-9.

秦海英, 顾华详. 2010. 我国应对全球气候变化的对策探讨. 经济研究参考, 26: 43-49.

任美锷, 张忍顺. 1993. 最近80年来中国的相对海平面变化. 海洋学报, 5 (5): 87-96.

石龙宇, 崔胜辉. 2010. 气候变化对城市生态系统的影响研究进展. 环境科学与技术, 33 (6E): 193-197.

斯蒂芬·施奈德. 2001. 地球, 我们输不起的实验室. 上海: 上海科学技术出版社.

王国庆. 2010. 中国水利面临全球气候变化带来的新挑战. 中国水利, (1): 4.

王亚民, 李微, 陈巧媛. 2009. 全球气候变化对渔业和水生生物的影响与应对. 中国水产, (1): 21-24.

王志豪. 1986. 二十世纪的海平面与中国海平面变化. 北京: 海洋出版社.

郁珍艳, 范广洲, 华维, 等. 2010. 气温突变对我国四季开始日期的影响. 气象, 36 (11): 32-37.

张德二. 2010. 全球变暖和极端气候事件之我见. 自然杂志, 4: 213-216.

张强, 韩永翔, 宋连春. 2005. 全球气候变化及其影响因素研究进展综述. 地球科学进展, 20 (9): 990-998.

郑国光. 2009. 科学应对全球气候变暖, 提高粮食安全保障能力. 求是, 23: 47-49.

郑文振, 吴乃华, 金承钟, 等. 1993. 世界和中国的海平面变化. 海洋通报, 2 (4): 95-100.

周天华, 陈宗镛, 田晖, 等. 1992. 近几十年来中国沿岸海面变化趋势的研究. 海洋学报, 14 (2): 1-8.

Steffen W. 2010. 全球变化与地球系统: 一颗重负之下的行星. 符淙斌, 延晓冬, 马柱国, 等译. 北京: 气象出版社.

Easterling R, Horton B, Petal J. 1997. Maximum and minimum temperature trends for the globe. Science, 277: 364-367.

Emery K O, Aubrey D G. 1986.Relative sea level changes from tide gauge records of eastern Asia mainland. Geology, 72: 33-45.

Galloway J N, Cowling E B. 2002. Reactive nitrogen and the world: 200 years of change. Ambio, 31 (2): 64-71.

Holland E A, Dentener F J, Braswell E H, et al. 1999. Contemporary and pre-industrial global reactive nitrogen budgets. Biogeochemistry, 46: 7-43.

IGBP. 2001. Reverberation of change. IGBP Science Series, 4: 15-18.

IPCC. 2007. Summary for Policymakers of Climate Change 2007: The Physical Science Basis.

Les Blumenthal. 2010. Report Oceans deteriorating health nearing 'irreversible'. http://www. physorg. com/new s197521399. html.

Petit J R, Jouzel J, Raynaud D, et al. 1999. Climate and atmospheric history of the past 420, 000 years from the Vostok ice core, Antarctica. Nature, 3: 429-436.

Solomon S, Qin M, Chen M. 2007. Contribution of Working Group I to the Fourth Assessment Report of the Intergovernmental Panel on Climate Change. Cambridge: Cambridge University Press.

Zheng X H, Fu C B, Xu X K, et al. 2002. The Asian nitrogen case study. Ambio, 31 (2): 79-87.

思 考 题

1. 辨析全球变化的狭义和广义的概念内涵。

2. 全球变化的研究涉及哪些方面, 有什么特点?

3. 从不同时间尺度上看, 什么是导致全球变化的原因?

4. 试述中国气候变化的现状与趋势。

5. 结合自身的观察, 谈谈近百年来全球变化对人类的影响。思考作为全球社会中的一个个体, 应如何应对这种影响?

第三章 全球化与中国的经济发展

在全球化的背景下，世界经济的地域分布及其构成正在发生复杂而深刻的变化。特别是20世纪末期，跨国公司的发展、新的国际劳动分工的出现及区域集团化等，这些变化使世界经济结合为前所未有的紧密体系，而其中枢就是对世界政治、经济事务具有广泛影响力的世界城市。新国际劳动分工本质上是跨国公司凭借资本优势将企业内部分工扩展到发展中国家的一种尝试，跨国资本则是实现这一战略目标和生产布局的主要手段。20世纪80年代以后，外商直接投资主要流向的服务业、金融业和高级生产者服务业，也在世界主要城市趋于集中，全球城市体系由此形成。在此过程中，全球城市逐渐成为世界经济活动的主要单元，民族国家的力量则受到削弱，国际形势也发生了重大的改变，中国作为新型崛起的最大的发展中国家，成为新国际劳动分工和引进外资的热门之地，在全球城市体系中的角色也日渐提升，这在很大程度上取决于中国一系列的经济政策和知识经济的发展。本章就全球化这一国际热点现象以及中国在其中扮演的角色做出探讨。

第一节 新国际劳动地域分工与中国的角色转换

一、新国际劳动分工的含义及其内容

随着对全球化和资本主义生产方式转型研究的展开，新国际劳动分工（new international divisions of labor）在20世纪80年代后逐渐成为研究者关注的焦点。新的国际劳动分工，实际上是第二次世界大战后出现的新的劳动分工的空间表现形式，它与若干发达国家中出现的国家内部的新的劳动分工相对应。与受新古典经济学影响的传统区位论相比，新理论突出劳动在区位因素中的决定性作用，重点研究劳动力的商品属性、现代生产中的劳动过程及社会与经济背景等。

斯科特（Scott，1985）探讨了新的国际劳动分工形成的过程。企业在生产过程中，为了节约成本和取得规模效益，若干个企业或部门会产生向中心企业集聚的现象即空间极化，形成横向联合，取得配套的基础设施和运输成本下降，兴建集体消费项目等规模经济，进而相关联的企业和产业集聚，形成产业集群。由于集聚效应的作用，企业通常和城市连在一起，并形成多重的生产体系，而不是形成独立的高度专门化的工业综合体。自20世纪50年代以后，产业区位出现了非中心化的趋势，这是由于生产的标准化、自动化和交通通信成本的降低和产业组织的变化所造成的。特别是由于跨国公司的出现，使公司可以在全球范围内寻求最佳生产区位，从而出现制造业的国际扩散。随着公司规模的扩大，公司内部各功能之间的空间分工也开始出现，即蓝领与白领工作的空间分离，前者向边缘地带转移，后者向大城市集中，这就是新的劳动空间分工。

二、新国际劳动分工与传统劳动分工的比较和转换

传统的国际劳动分工体制建立在李嘉图的比较优势理论基础上，认为国家之间资源禀赋

的差异是形成国际劳动分工的基础，产品的生产在一个国家内完成，并在国家间进行贸易。

20世纪50年代以来的新国际劳动分工，其特征表现为以跨国公司为主体的全球生产网络主导的产品内分工，通过跨国公司不断将国内市场、国际市场内部化。在此过程中，跨国公司内部的分工得以突破国家边界的限制成为国际分工的重要部分，其生产网络将分散于全球各地的生产单位纳入同一产品的生产中，并扩展到包括发展中国家在内的所有国家。

新国际劳动分工与传统国际劳动分工相比，最大的差别就在于产品的生产突破国家界限，成为全球生产的一部分，而跨国公司则是促成这一转变的行为主体。新国际劳动分工以劳动密集型生产从工业化国家向发展中国家的转移为特征，通过这种转移使得欠发达国家涌现出越来越多地与世界经济体系相关联的生产部门，并使世界不同区域之间的联系发生重大改变。虽然这种生产的转移仍然以国家间的比较优势为依据，但世界经济体系的联系已经从旧国际劳动分工体制下注重"贸易"转向新国际劳动分工体制下更加注重"生产"。

新国际劳动分工是跨国公司将产品制造的企业内分工向发展中国家转移的结果。跨国公司对企业内部的劳动分工进行全球布局，除了对国际贸易带来影响外，在其他方面也带来新的变化，如组织形式上实行的垂直一体化管理，生产形式中实行的订单生产以及延伸全球商品链长度等（Cohen，1981）。在此过程中，新国际劳动分工形成了一种全球化发展的关系网络体系，包括"时间、空间两个维度上的企业间、企业内部，部门间、部门内部，区域间、区域内部，国家间、国家内部的以及企业、部门、区域和国家相互之间形成的以生产为主导的社会、经济、文化、科技制度等不同范畴内部及相互交叉的互动网络体系"。

三、新国际劳动分工带来的后果

新的国际劳动分工已产生深刻的地理后果。一方面，英美等发达国家的传统工业急剧衰落，出现产业"空心化"的现象，如伦敦制造业职工数从1961年的131.6万人下降到1983年的58.6万人。另一方面，东亚及东南亚出现一系列新兴工业化国家和地区，这些地区由于新国际劳动分工而受益，具体表现如下。

第一，跨国公司追求到了更大的市场和利润。为了避开贸易保护主义和许多国家对商品进口的种种限制，跨国公司到当地设厂，绕过贸易壁垒，甚至向第三国出口。在追求更大市场利润动机支配下，某些技术先进的工业部门也可能向发展中国家和地区扩散，扩大了其市场范围。第二，发展中国家和地区吸引了一定的外资和人才。发展中国家为鼓励国际资本，纷纷采取各种措施，如开辟经济特区、自由贸易区、减免税等。发展中国家吸引大量外资，兴建基础设施建设，加大了城市化的步伐，培养了一大批先进的企业家和高技术人才。第三，发展中国家的生态环境遭到一定破坏。发展中国家的廉价劳动力并不是发达国家资本输出时考虑的唯一因素，发展中国家还通过廉价的土地资源吸引外国投资，土地资源被贬值甚至浪费，而且引进了很多污染性的初级企业，这些以原材料为主的加工制造业对发展中国家的生态环境造成了不可恢复的破坏。就这一点而言，新国际劳动分工还有一定的局限性。

四、新国际劳动分工中的格局以及中国的角色

跨国公司主导的国际分工在全球范围内展开，跨国公司将传统的劳动密集产业和低技术产业向发展中国家转移。在这种国际生产链变化过程中，不同国家在工序上所处的位置是不同的，这种新国际劳动分工的格局，同以往相同的是仍然根据比较优势原则来进行分工。发达国家拥有较高的人力资本水平和技术开发能力，因此从事技术资金密集型生产；发展中国家拥有丰富

的劳动力资源，而且平均人力资本水平并不高，从事劳动密集型生产，再加上自然资源丰富，成为发达国家的原材料产地，适合资源密集型生产；新兴工业化国家介于发达国家和发展中国家之间，技术水平没有发达国家高，劳动力价格不比发展中国家便宜，但人力资本具有一定的比较优势，又有相对较完善的市场机制和稳定的投资环境，适合从事具有一定技术要求的资本密集型生产。因此，发达国家、发展中国家、新兴工业国家在国际劳动分工中依据其自身的资源禀赋扮演不同的角色，而且这种角色是相对固定的，偶尔有角色的升级，但一般不会发生互换或交替（保罗·克鲁格曼和茅瑞斯·奥伯斯法尔德，1998）。

而在三种不同类型国家内部也存在国际分工，这种分工更多基于克鲁格曼所说的规模经济原则进行。发达国家之间的分工格局是研究开发部门内分工的基础上形成的，是依据各自的技术开发优势而开展的分工；发展中国家的分工集中在生产领域，由于许多发展中国家在资源优势和发展水平上差异巨大，因此既有产业的分工、产品的分工、也有生产环节上的分工（Frobel et al.，1980），如亚洲一些新兴工业化国家的电子、信息部门具有优势，中国、南亚在纺织、传统产业上具有优势；新兴工业化国家也将一些劳动密集型生产环节转移到劳动力相对便宜的国家。

但总体上来说，相对于发达国家而言，发展中国家具有劳动成本低和资源丰富的共同优势，因此发展中国家的内部分工很大程度上是基于发达国家和跨国公司的全球扩张的需要，是发达国家在全球范围内寻找最佳产业布局而非发展中国家自主选择的结果。

中国在新国家劳动分工中既面临巨大的机遇，更面临巨大的挑战。中国的自然资源和劳动力优势突出，在国际产业转移和分工中处于优先的位置，中国通过吸引外资，引进先进技术，大力发展经济，进行基础设施建设，综合实力得到很大增强，目前已超越日本成为世界第二大经济体，中国在新的国际分工的浪潮中面临巨大的机遇。但是发达国家技术垄断，将研发部门和高端金融服务业留在国内，不仅垄断了研发部门和新技术成果，进而影响了全球生产，决定着产业布局，控制影响着发展中国家的实力增长（卢锋，2004）。

同时，发展中国家由于产业结构和出口结构的雷同，竞争非常激烈，甚至恶性竞争，这造成了资源的巨大浪费和生态环境的恶化，同时强化了对发达国家资金、技术的依赖，加强了发达国家对发展中国家的剥削，使发展中国家的利益受损。

中国面对新国际劳动分工的产业转移的机遇以及国外的压力，需要审时度势，自主创新，大力发展高新技术，培养沿海新兴的城市，使自己逐步摆脱低技术劳动密集型生产，成为研发和第三产业主导的新兴国家，同时注重资源的可持续利用，保护生态环境，与发展中国家互利合作，共同发展（孟庆民等，2000）。

第二节　外资与中国的经济发展

一、改革开放以来中国利用外资的主要特征

（一）利用外资规模扩大，并保持较快增长

从改革开放至今 40 年来，中国利用外资大致经历了五个阶段。第一阶段为起步阶段（从 1979～1986 年），资本主要来自港澳，投资主要集中分布在沿海地区，产业集中在劳动密集型产业和服务业；第二阶段是 1987～1991 年，为稳步发展阶段，与第一阶段相比，中国台湾地区的投资增加，投资区域向东部地区扩展，投资产业集中于出口型生产项目；第三阶段

是从 1992~1993 年，为高速发展阶段；1994~2000 年是调整发展的第四阶段，欧美、日本等跨国公司较多进入，更多行业开始利用外资；2001 年以来就进入了成熟稳定的第五阶段，初步估算，2019 年末，全球已有 180 多个国家和地区的外商到中国投资，累计金额超过 2 万亿美元，存续的外资企业(含中国港澳台投资)约 100 万家，对我国工业总产值的贡献度超过 20%，税收的贡献度约 20%，外资企业进出口贸易额 12.57 万亿元人民币，占我国进出口贸易的 39.9%。外资企业已成为中国经济增长的重要动力、税收增长的重要来源和国际贸易主要的承载者之一（图 3-1）。

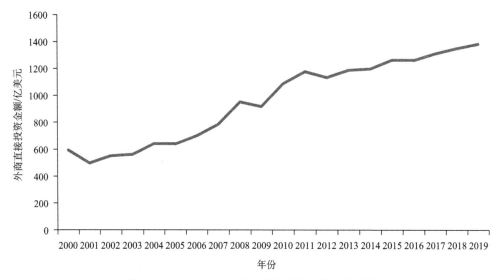

图 3-1　2000~2019 年外商直接投资金额变化情况

（二）外资投资的产业结构中服务业增长迅速，高技术产业表现突出

我国利用外资的产业结构，由制造业向服务业转变，外资向高技术产业集聚愈发明显。21 世纪以来，随着中国对外开放领域的不断扩大，外商对第三产业的直接投资迅速发展。中国加入 WTO 后，有步骤地向外资推行服务业的开放，金融业、流通业、电信服务业以及专业咨询业等成为跨国公司进入的热点，推动了外商直接投资在第三产业的比重不断提高。2019 年利用外资规模突破 1000 亿美元，同比增长 8.9%，增速较上年同期明显提升，服务业利用外资的比重升至 72.4%，较上年同期上升 4.4 个百分点，成为推动利用外资增长的重要因素。

近年来，外资以医药制造业、仪器仪表制造业等为主的高技术制造业增长强劲，成为支撑制造业利用外资的主要动力。信息服务、研发与设计服务等行业的快速发展对高技术服务业增长形成有力支撑。高技术产业已成为外资集聚的主要领域之一，占我国利用外资的比重接近三分之一，成为推动我国产业升级的重要力量。

（三）外商独资和控股投资是外资进入的主要方式

20 世纪 90 年代中期前，跨国公司大多以合资方式进入中国。截至 1985 年底，我国累计签订外商直接投资协议 6300 多项，其中中外合资经营企业 2300 多家，中外合作经营企业 3800 多家。外商直接投资协议金额 160 多亿美元，投资的企业来自 33 个国家和地区。20 世纪 90 年代以后，随着中国外资政策的进一步开放和跨国公司在华的经验积累，选择独资或控股合资形式的投资得到迅速发展。外商独资和控股投资仍是主要方式，并购的比重略有下降。2000 年之后，外商独资企业在实际利用外商直接投资中项目数占比和金额占比双双超过 50%，到 2008 年，已达到 80%左右，并趋于稳定。尽管 2012 年以来，中国 FDI 增长放缓，但中国仍然是世界最具吸引力的 FDI 投资地之一。根据中国商务部数据，2018 年，全国新设立外商投资企业 60533 家，同比增长 69.8%；合同外资额达 5000 万美元以上的大项目近 1700 个，同比增长 23.3%，说明外商对华投资信心仍然强劲。外商千方百计取得企业的控制权主要是因为：一方面，随着国内体制改革不断推进，中国市场经济体制环境进一步优化，外商在华独资经营的环境明显改善，外商不再依赖中方投资者与其合作以求适应传统计划经济的许多特点；另一方面，为了保守其技术秘密以保持其更加持久的竞争优势，外商采取独资经营方式的更重要目的在于更大程度地控制投资所在地的产业和垄断市场。

（四）外资投资区域结构持续改善，中西部地区利用外资比重稳步提升

从利用外资的区域结构看，虽然东部地区利用外资稳步增长，仍是外资流向的主要地区，但中西部地区对外资的吸引力不断增强，已成为我国利用外资的重要着力点。1992 年之前，中国对外开放的区域是按照"经济特区和沿海地区—沿海港口城市—沿海经济开放区"这一顺序展开的。在 1992 年 1 月中央民族会议之后，沿边开放战略被确定下来，黑龙江、内蒙古、新疆、云南和广西的 13 个市、镇被确定为开放地区，形成了以边贸为导向、以技术合作为重点的沿边开放新格局。随着长江沿岸城市和一些沿边和内陆省会城市的开放，中国对外开放区域已推进到内陆腹地。在 2006 年之前，中部地区利用外资多数年份保持了 8%～10%的比重，西部利用外资占比则很低，2006 年之后，西部地区份额开始上升，直至 2011 年达到历史最高点 10%，而中部地区份额却有所下降，2014 年，中西部利用外资之和占全国比重达最高点 18.1%，之后有轻微下降。随着营商环境的优化、产业配套设施的完善以及对外开放水平的提高，中西部地区利用外资仍将保持较快增长，我国利用外资区域不平衡的状况将会逐步改善。

（五）亚洲是主要的外商投资来源地，"一带一路"沿线国家增长势头明显

由于文化渊源等方面的原因，我国利用外资的来源地以亚洲为主，包括中国港澳台、日本、韩国及新加坡等地区和国家，欧美等国家所占比例并不大。亚洲国家在我国投资具有一定的优势，空间上距离我国较近；与我国文化差异相对较小；具有更加便利、成本更低的交通条件。但近年来随着我国对外开放程度不断加深，发达国家来华投资越来越多。根据 2015～2019 年中国统计年鉴，从洲际分布来看，亚洲地区仍是中国吸引外资的主要来源地，其外商直接投资平均占比高达 80%左右。其他各洲中，欧洲、拉丁美洲、北美洲和大洋洲及太平洋岛屿国家或地区每年来华投资占比在 1%～10%之间；非洲在华直接投资占比最低，不超过 1%。根据中国商务部数据，2016 年，美国、欧盟 28 国对华实际投资同比分别增长 52.6%和 41.3%。欧盟 28 国中，英、德、卢森堡、瑞典对华实际投资同比分别增长 113.9%、80.9%、125%和 43.8%。亚洲投资来源地中，中国澳门、韩国实际投资金额同比分别增长 290.3%和 23.8%；日本全年实际投资同比增长 1.7%，逆转了连续两年大幅下跌态势；2017 年，中国香港、中国台湾、欧盟 28 国实际投资金额同比增长 6.6%、41.2%和 5.4%；2018 年，新加坡、韩国、日本、英国、德国、美国实际投资金额同比分别增长 8.1%、24.1%、13.6%、150.1%、

79.3%和7.7%，"一带一路"沿线国家、欧盟28国、东盟实际投资金额同比分别增长13.2%、22.6%和13.8%；2019年，中国香港、中国澳门、新加坡、韩国、日本投资同比分别增长8.7%、51.4%、27.8%、28.7%和4%，"一带一路"沿线国家、东盟实际投资金额同比分别增长14.9%和17.5%。

二、外资对中国经济发展的影响

（一）积极影响

1. 促进经济持续快速增长和财政收入增加

改革开放40多年来，我国经济建设取得了重大成就，无论是经济总量还是人均可支配收入都实现了快速增长，国内生产总值稳居世界第二，人民生活水平不断改善，对世界经济增长贡献率超过30%。其中，外商直接投资的迅速增长为中国经济发展做出了巨大贡献。中国的资本和技术等生产要素相对短缺，外商直接投资满足了中国经济建设对资金的大量需求。据统计，1979～2019年，中国实际利用外商直接投资总额已达2万亿美元，对我国经济的快速增长以及财政收入的增加具有重要的贡献。

2. 带动产业结构优化和升级

外商直接投资有利于产业结构调整，催生并推动新兴产业快速增长。我国外商投资产业重点是以制造业为主。90年代初利用外资由第一、二产业向第三产业转化，利用外资合同金额第一、二产业所占比例由1990年的89.04%下降到2019年的26%，相反，第三产业的比重由1990年的10.90%上升到2019年的74%。目前，我国吸收外资的主力军依然是制造业和传统服务业。截至2019年底，我国累计实际利用外资前四位分别为制造业、房地产业、租赁和商务服务业、批发零售业，占全国比例约为八成，而诸如信息技术、科学研发等产业则仅占6%左右。

3. 推动中国对外投资的迅速发展

20世纪90年代以来，随着国家对外开放的进一步扩大和深入，对外直接投资的增速逐渐加快。2004年后，中国对外直接投资就进入了快速增长的态势，2005～2014年的10年间，对外直接投资额年均620.6亿美元，年均增长率达35.7%，远远高于4.7%的世界水平。截至2018年末，中国境内2.7万家投资企业共在全球188个国家(地区)设立了4.3万家海外企业，资产总额6万亿美元。外贸效应的分析表明，外商直接投资与中国进出口贸易总额之间存在长期均衡关系。外商直接投资的自然对数每变动一个百分点，会带动进出口贸易总额同方向变动0.475个百分点（图3-2）。

4. 提升中国产业的技术水平

外商直接投资直接或间接地促进了中国产业技术水平的提高。改革开放以来，外商直接投资给中国带来不少较为先进和适用的技术，促进了中国产品技术的升级换代。通过与外商的合资与合作，中国许多产品的技术水平也有明显提升。从间接效应看，外商直接投

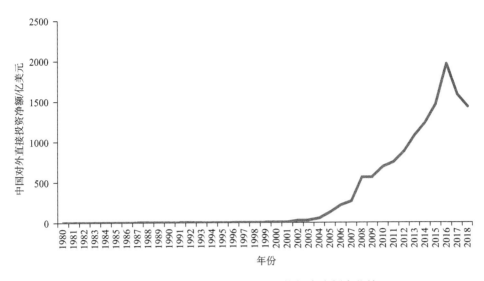

图 3-2　1980～2018 年中国对外直接投资净额变化情况

资企业通过示范作用，促使中国企业或通过技术贸易的形式从国外引进先进技术，或通过自主创新来采用较为先进的技术。外资企业在中国投资的产业项目，主要以一般贸易和加工贸易方式为主，为国际国内市场提供配套零部件和最终产品，整体技术工艺成熟。国产化合资项目和代加工项目，对中国产业链和供应链的研发、技术、工艺、装备、标准、管理等水平的提高，以及对相关产业带动，推动产业和市场体系加速完善，促进进出口贸易持续稳定增长，具有积极作用。外资企业在中国投资的金融、物流、咨询、信息、体育、文娱等现代服务项目，融合了国际发展趋势，促进了中国传统服务业转型与升级。

5. 增加就业总量

外商投资企业的投资及通过前后向的产业联系也创造了就业机会。就业效应的回归结果表明，外国直接投资每增加 1%，可以使外资投资企业的就业人数增加约 1.54%。1992～2019 年，外商直接投资企业职工人数由 221 万人猛增到 44500 万人。外资企业具有国际化的管理方式与机制，员工普遍受过职业教育和技能培训，管理人员普遍受过专业教育，对中国企业经营管理专业化、职业化、规范化产生了深远影响。

6. 推动中国现代企业制度的建立和完善

中国吸收和利用外商直接投资，特别是通过吸收欧盟、美、日等发达国家或地区大型跨国公司的投资，借鉴先进的管理方式和制度，推动了中国企业现代企业制度的建立和完善，推动了中国国有企业改制和健全公司治理结构。

（二）消极影响

1. 容易形成技术壁垒，阻碍我国经济协调发展

外商投资短时间内会带来大量的资本、资源、技术、优秀的管理经验以及管理人才，通过资本关联效应、产业关联效应、技术溢出等能促进我国经济快速发展。但是，由于跨国企业集团对于自己的技术以及知识产权的保护，为了避免核心技术被窃取的风险，会加

强技术层面高度防范，拒绝我国人员了解核心技术以及运营，容易形成技术壁垒，不利于我国企业的技术学习以及创新。再者，为了实现利益的最大化，外商投资领域容易集中在某些行业，垄断市场，不利于我国经济协调发展，从而阻碍产业结构优化。

2. 形成对某些行业和市场的垄断，造成大量民族品牌衰亡

外商在中国幼稚产业抢先建立大企业，使我国一些成长型企业失去发展机会。外商在中国某些盈利率高、市场前景广阔的支柱产业和战略产业实行垄断，凭借其品牌产品的质量和服务优势，与中国企业进行激烈竞争，将民族品牌淘汰出局，或通过合资收购中方的名牌商标，导致中方的名牌产品在市场上销声匿迹。

3. 通过不正当经营或转移定价，造成国有资产流失

外商在与国有企业进行合资或对国有企业进行并购的过程中，往往低估国有资产，特别是漏估国有企业的品牌、商誉等无形资产，从而使国有资产蒙受损失。而且一些外资企业不同程度地存在着偷、漏、逃、骗税问题。特别是不少外商投资企业通过在跨国公司内部转移价格方式偷逃税款，每年给中国造成大量税收损失。

4. 加剧资源短缺，破坏生态环境

一些外商在华设立高物耗、高能耗和高污染企业，实际上是将发达国家和新兴工业化国家和地区的某些高物耗、高能耗、高污染产业转移到中国，不仅加剧中国资源短缺状况，恶化了中国的生态和社会环境，而且也严重危害企业职工和附近居民的身体健康，不利于中国经济的可持续发展。

三、中国吸收和利用外资的政策建议

中国应坚持科学发展观，正视和利用较长时期内国际直接投资自由化的发展趋势，制定合理的外资战略、方针和政策。

1. 积极利用外资参与国有经济战略性重组

充分发挥外资在缓解中国经济发展中的资金紧张和弥补外汇缺口方面的作用，发挥外资并购在优化资源配置方面的积极作用。应加大外资参与国有企业资产重组的力度，推动国内企业与国外企业的对接，以提高中国在国际分工中的地位。

2. 培育和发展具有自主知识产权的高新技术企业

在充分利用国外技术资源的同时，更应通过自主开发和科技创新，加快发展具有自主知识产权的高新技术企业，增强中国企业的国际竞争力。只有这样，才能打破国际技术垄断，提高国际分工地位，掌握发展的主动权，把技术进步的主要立足点由依赖国外技术逐步转移到自主创新上来。

3. 积极发展第三产业，增强服务企业的竞争力

随着中国电信、金融保险、商业贸易、零售业等服务行业进一步向外资开放，大量外资进入这些行业已成为必然的趋势。所以，应加快调整产业发展战略，打破政府对金融、电信、

供电、交通运输业等行业高度垄断的格局，积极把服务业向民营化和地方化方向拓展，形成充分竞争的格局；对其他竞争性行业要积极鼓励非公有制企业参与，推动第三产业的繁荣发展；通过大力发展以信息产业为代表的高科技产业、保险金融服务业和旅游业，促进传统产业结构调整和优化升级。

4. 加大西部地区引资力度

对于经济欠发达的西部地区而言，以资源换资金、换技术是重要的选择。中国西部地区资源丰富、市场潜力巨大，对国外资本有很强的吸引力。美国宝洁、微软等近 40 家跨国公司已在四川投资设厂，世界 500 强中已有 32 家在西安设立分公司、合资公司或代表机构等。西部地区吸引外资的速度将不断加快，成为新一轮外商投资的热点地区。因此，要放宽西部地区在一些领域对外商投资的限制，积极吸引外商参与西部地区的基础设施建设、特色农业和生态工程建设，创造有利的外部环境，通过引资，开发优势资源，增强区域经济竞争力。

5. 提高利用外资的质量和水平，切实维护国家经济安全

应合理调控外商直接投资规模，着力提高利用外资的质量和水平，将外资规模控制在经济建设需要与维护国家经济安全的合理区间。实施由"招商引资"向"招商选资"的转变；重视考核外商直接投资的技术含量、就业贡献、资源消耗、环境保护等项指标，克服片面追求引资数量的倾向；根据中国国情和国际法制以及国际惯例，进一步修订《中外合资经营企业法》和《外资企业法》。可制定《反垄断法》和《并购法》，对外商直接投资在投资流向、企业股权比重等方面进行必要的控制，通过法律措施来维护国家经济安全。

6. 大力培育和发展具有国际竞争力的跨国公司

加快实施"走出去"战略，实现"引进来"与"走出去"相结合的战略，不断提升中国企业的国际竞争力。中国要大力实施"走出去"战略，正确选择国际投资进入方式，在国际竞争中培养一大批具有国际竞争力的中国跨国公司和民族工业的"航母"。加快建立和完善现代企业制度，培育具有自主知识产权的名牌，建立跨国战略联盟，培养国际化高级经营管理人才，制定支持企业跨国经营的优惠政策，为企业跨国经营争取比较好的待遇和条件。应积极推进国家间的经济和文化交流，搭建良好的国际关系平台，为企业跨国经营创造良好的国际环境，从而提供强有力的保障。

7. 营造吸引外资的环境

进一步减少审批事项，调整审批内容，大力转变政府职能，加强和改进对外商投资企业的服务，推动对外商投资实行国民待遇，营造外商投资的良好环境。不断地创新吸引外资的方式，通过支持在华外商投资企业实现境内上市，促进外商投资企业的本地化，鼓励引导外商投资的创业投资和私募股权投资基金，充分利用创业板完善退出机制，推动自主创新和中小企业的成长。促进外商投资的并购，规范发展。加强载体和平台建设，充分发挥各类开发园区产业集聚，外资集中的示范带头作用，推动建设生态示范园区，进一步加大对各类新型产业园区的支持力度。

第三节　全球城市体系与中国城市化

一、全球城市体系

（一）全球城市体系研究的几大流派

1. 弗里德曼的核心边缘世界城市等级体系

世界经济体系论认为一国经济发展总是处在世界经济体系之中，由于世界经济体系以非均衡发展和相互联系为特征，由此产生了国际劳动分工的等级体系，相应形成了核心国家、半边缘国家和边缘国家。核心国家以发达国家为代表，半边缘国家以新兴工业化经济体为代表，边缘国家则为发展中国家。弗里德曼和沃尔夫据此构建了世界城市的等级体系（表3-1）。

表 3-1　弗里德曼对世界城市等级的划分（1986 年）

等级	城市
核心世界城市	纽约、伦敦、东京、巴黎、洛杉矶、芝加哥
半边缘世界城市	里约热内卢、圣保罗、新加坡
次级核心世界城市	旧金山、休斯敦、迈阿密、多伦多、马德里、米兰、维也纳、悉尼、约翰内斯堡
次级核心城市	墨西哥城、加拉加斯、布宜诺斯艾利斯、汉城、台北、香港、曼谷、马尼拉

资料来源：李平华和于波，2006。

1995 年弗里德曼重新进行了排序，温哥华、西雅图、杜塞尔多夫、慕尼黑等新面孔出现在了世界城市的名单中，而里约热内卢和布宜诺斯艾利斯的名字却消失了，还有一些城市，如约翰内斯堡和维也纳，其地位岌岌可危。因此，世界城市的等级结构并不是一成不变的。

2. GaWC 的世界城市等级体系

全球化与世界城市研究网络组织（Globalization and World Cities Study Group and Network，GaWC）详细研究了当前全球化背景下城市间的相互关系，选取四个独立的生产性服务业部门的数据，即会计业、金融业、广告业、法律业。将每一行业在城市内的等级分为一流的、主要的、次要的三个等级（得分分别为 3 分、2 分、1 分），由此计算出各个城市中这四个行业的总得分，由此划分了世界城市等级体系。自 2000 年起，GaWC 不定期发布《世界城市名册》。GaWC 将全球 361 个主要城市分为四个大的等级——Alpha（世界一线城市）、Beta（世界二线城市）、Gamma（世界三线城市）、Sufficiency（自给型城市，也可理解为世界四线城市），每个等级内部又会用加减号来标记该等级内的次级别，以表明城市在全球化经济中的位置及融入度。

GaWC 最近发布的 2020 年世界级城市名册显示，全球共有 361 个城市入选（图 3-3）。根据这份榜单，世界一线城市包括了 50 个城市。其中第一档是 Alpha++，只有两个城市上榜，分别是伦敦、纽约；第二档是 Alpha+，有 7 个城市上榜，分别是香港、新加坡、上海、北京、迪拜、巴黎、东京；第三档是 Alpha，包括悉尼、洛杉矶、多伦多、孟买、阿姆斯特丹、米兰等 15 个城市；第四档是 Alpha–，包括了华沙、首尔、约翰内斯堡、苏黎世、墨尔本、伊斯坦布尔、广州等 26 个城市。深圳成为我国第五个晋升 Alpha 级水平的城市，在国内的排名仅次于香港、上海、北京和广州。

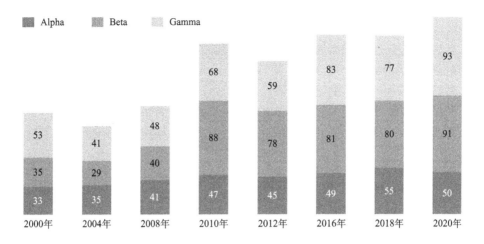

图 3-3　2000～2020 年世界城市数量变化图

（二）全球城市体系与区域角色

在全球经济中，存在着由主要世界城市所构成的区域经济体系，从而体现了世界城市网络的形成。Taylor（2002）的研究证实了九个世界城市具有这样的跨区域影响力，将世界城市的空间格局划分为美洲、欧洲非洲中东、亚洲和大洋洲三大组团。其中，伦敦和纽约分别是欧洲和北美洲的中心，香港和新加坡是东南亚和南亚的中心，而东京的区域影响力主要局限于日本国内（图 3-4）。

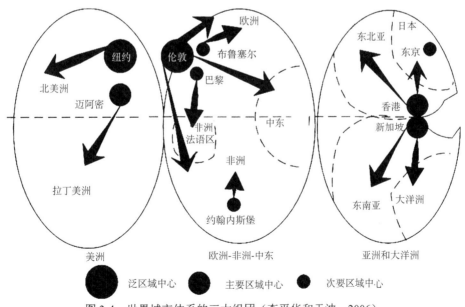

图 3-4　世界城市体系的三大组团（李平华和于波，2006）

1. 全球经济中心转移至亚太地区

追溯世界城市的形成发展历史，世界城市总是产生于全球经济的重心地区。从最初的纽约、伦敦等一批世界城市，到亚太地区东京的崛起，这一世界城市形成的时间顺序体现了全球经济重心的转移（丝维奇·萨森，2005）。20 世纪 50 年代以后，中国香港、中国台湾、新加坡、韩国经济迅猛发展，进一步将亚太地区推到了世界经济的前沿重心，日本在区内的影响始终居于首位。随着比较优势的转移，"亚洲四小龙"作为亚太地区的第二代工业化经济体已经明显失去在劳动力密集和轻工业出口上的区位优势，让位于中国、印度尼西亚、马来西亚、菲律宾和泰国等处于工业化初期活跃阶段的第三代国家。其中，中国成为外商直接投资的第一输入国。城市是引领国家和区域经济的龙头，全球经济增长中心的转移为中国经济发展带来了机遇。

2. 一批国际性城市群开始崛起

在中国，包括江苏、浙江的 15 个城市、以上海为首的长江三角洲城市体系已经形成，该城市群是中国经济发展强有力的引擎之一。长江三角洲城市群被公认为世界上继纽约城市群、北美五大湖城市群、东京城市群、巴黎城市群、伦敦城市群之后出现的第六大世界级城市群。在中国内地，上海作为国际化程度最高、GDP 产值最大的城市，正在享受着中国东亚的崛起带来建设世界城市的巨大机遇。同样，在中国内地，其他城市如北京、广州等同样也在积极准备进入世界城市的行列。

3. 全球化和信息化与全球城市体系变革

全球化与信息化使越来越多的城市卷入全球经济体系中，成为基于网络结构的全球化城市，从而引发全球城市体系的根本性变革。在全球化进程中，许多城市通过资金流、劳动力流、商品流、服务流而与全球城市网络发生关系。这些要素流和商品服务流的发生，可能是公司的技术和组织创新、应对非均衡市场力量和超国家、国家、地区和当地不同层面政策的战略行为的结果。同样，在信息化进程中，城市之间的信息交流也导致了一种更复杂的城市系统。从全球化与信息化交汇作用的结果来看：一是不断增强全球与地方的经济、文化和政治的联系、并形成了不断体现一体化的全球生产和服务网络；二是国家要素的作用趋减，而城市日益成为全球生产和服务网络的空间载体，在全球经济中凸显重要地位，这双重结果则共同决定了一种新的城市形态逐渐形成，即全球化城市。并且全球城市之间并不像传统的等级结构进行联系，而是以"全球—地方"垂直联系为原则的全球城市网络关系，彻底改变了以中心地等级体系为主要构架的旧全球城市体系。在新的全球城市体系中，这些全球化城市均为这一全球城市网络中的节点，但其节点的地位又具有差异性，全球城市是全球城市网络中的中间节点，其他全球化城市是一般节点。

二、中国的城市化

（一）城市化的内涵

在一国或某地域范围内，城市化是指：①是城市对农村影响的传播过程；②是全社会人口接受城市文化的过程；③是人口集中的过程，包括集中点的增加和每个集中点的扩大；④是城市人口占全社会人口比例提高的过程。事实上，国家和地区并非是一个封闭的系统，尤其是当今社会面对着全球经济信息化、一体化、世界各国交流扩散不断增多的情况下。因此，国家和地区的城市化必须有全球视野，从全球视野来考虑中国的城市化，就是中国的国际城市化。它包括三个方面内容：①我国人口接受并受到世界文化影响的过程；②国际人口、资金、技术等向中国城市集中的过程；③外国人加入中国国籍的比重及外国人活动在城市中的比例提高的过程。

（二）中国城市化的现状

1. 城市化进程与世界规律基本相同

世界城市化发展的规律表现为：一是城市化发展的进程具有阶段性，全过程呈现"S"形状态，即初期发展缓慢，当城市化水平超过20%后则加速发展，接近70%后发展又趋缓；二是大城市超先发展，不仅大城市人口增长，大城市数量增加，并逐渐形成以大都市为核心的城市群；三是城市化发展水平与经济发展相互促进；四是工业化水平越高，城市化水平也越高；城市化水平提高，可提高资源配置效率，同时也促进产业结构的升级。

中国城市化进程与世界城市化发展的规律基本相同，有力地吸引了生产要素向城市聚集，促进了产业结构的调整和资源的优化配置，成为解决就业、实现市场扩展、推进新型工业化的重要途径；城市承接了大量的农村富余劳动力，在带动农民增收的同时，也在很大程度上缓解了农村人地紧张的突出矛盾。目前，中国的城镇化水平与经济发展水平在总体上基本相适应。中国以大城市为中心、中小城市为骨干、小城镇为基础的多层次的城镇体系已经形成，特别是城市群发展取得了积极成效。

2. 城镇化建设取得举世瞩目的成就

联合国发布报告称，目前全球超过50万人的城市中，有1/4在中国。《中国城市发展报告》显示，1949年，我国只有132个城市，城镇化水平仅为10.6%。改革开放以来，中国城镇化进程加快，城镇化率从1978年的17.92%上升至2000年的36.22%。2010年中国的城镇化率达到了50.27%。城镇化率超过50%是城镇化进程中的一大里程碑，过去10年来，我国城镇化率每年约提升1个百分点。到2019年末，我国城镇常住人口84843万人，占总人口比重为60.60%，比上年末提高1.02个百分点，这是我国常住人口城镇化率首次超过60%。

3. 中国城市化进程中面临的主要问题

当前和今后一段时期是中国城镇化转型发展的关键时期。改革开放40多年来，中国城镇经济实力不断增强的同时，也出现以下问题：①城镇化建设存在导向偏差、财权事权不对称；②基础设施水平发展滞后、区域间发展不平衡，中西部地区城镇化水平偏低，城镇化发展比较滞后，这在一定程度上拉大了区域间的发展差距；③各城市发展缺乏协调性，即重复建设、结构趋同，城际竞争和行政分割导致市场分割等；④城镇化的发展偏重于沿海发达地区的大城市、特大和超大城市的发展，忽视了中小城市和小城镇的发展，小城镇缺乏活力；⑤在城镇化过程中比较注重城市规模的扩张、硬件设施建设、房屋道路广场的建设等，这种方式虽然迅速拉动了城市建设和经济增长，城镇人口和消费当然也在增加，但城乡二元结构尚未解决，城乡差距仍在不断扩大，没有为农民真正转为市民提供更多的机会，即中国城镇化未能完成农村人口的彻底转变，大量农民工进城却不能落户定居，建设城市却不能享受城市福利，不能享受市民待遇。

4. 影响中国城市化的主要因素

20 世纪末,中国就开始进入城市化的快速发展阶段。但是与国际上工业化水平相近的国家相比,中国的城市化水平又显得比较滞后,其原因主要表现在如下几方面:①中国有过于庞大的人口基数,人地矛盾突出,农村存在大量的剩余劳动力;②历史因素,在当时的技术经济条件下,通过户口政策强制的将农村剩余劳动力锁定在有限的土地上,阻止了农村剩余劳动力向城市转移,违背了经济发展的市场需求;③中国长期形成的二元经济结构,在国家主导资源的统筹与整合前提下,利用工农业价格剪刀差重点扶植重工业发展,导致工业化水平大大高于城市化进程。但随着改革开放的深化,中国城市化面临新的局面,尤其是受到信息化和经济全球化的巨大影响,这些都深刻影响着中国的城市化进程。

(1)信息化与中国的城市化。20 世纪 90 年代以后,以信息技术为核心将经济发展带入了知识经济的时代。信息化改变了经济发展的固有模式,对城市化也产生了深刻的影响,城市化的发展模式、城市化的空间结构和城市化的内涵都将发生重大的变化。信息化与发展中国家的工业化相结合,将走出与发达国家工业化所不同的城市化道路。在技术层面上,信息化对城市化的影响主要体现在交易与运输成本的降低上,城市对外联系的成本将主要取决于软性商务成本的下降,这些都使区位变得更加具有弹性,一些新兴的区域得以在全球化中崭露头角,通过贸易增长确立自己的竞争优势地位。信息化带来的不仅是技术领域的变化,更重要的是全新的社会与经济形态的导入。尤其是对发展中国家的影响尤为深刻,体现在信息化对工业化与城市化的双重影响上(周振华,2008)。

(2)经济全球化与城市化。经济全球化为城市化的发展提供了跨国性的影响,而这种影响不是通过单纯的要素流动实现的,而是以创造新增长空间形式体现的。这种空间结构的重组给发展中国家的工业化与城市化带来了难得的机遇,尤其是那些能够满足跨国低成本的生产需求的劳动密集型产业的国家,在这一过程中率先发展。亚太地区的一些发展中国家都通过引进外资带动经济增长,使本国的城市化人口得到显著的增长。菲律宾、马来西亚、印度尼西亚、巴基斯坦、中国和印度在 1975～2000 年的城市化率分别提高了 23.4%、19.8%、20.9%、11.5%、17.2%、7.3%。中国的城市化率从 1978 年的 17.92%增长到 2019 年的 60.60%。

第四节　中国对外直接投资与"一带一路"倡议

一、中国对外直接投资的演变与现状

(一)中国对外直接投资的演变

1979 年中国提出"允许出国办企业"的政策,由此开始了对外直接投资的尝试。改革开放以来中国对外直接投资逐步提升,中国对外直接投资的发展大体经历了以下四个阶段:①缓慢起步阶段(1979～1991 年),中国的对外投资规模小、水平低、增长缓慢。1979～1985 年的 7 年间里,中国对外直接投资总额为 2.98 亿美元,平均每年投资额仅为 0.43 亿美元,分布在全球 106 个国家和地区。②不稳定发展阶段(1992～2001 年),中国对外直接投资额的变化在"三落三起"中稳步上升,1992 年中国掀起国内经济建设的高潮,1993、1994 年国内经济出现通货膨胀,国际环境复杂多变,导致了第一次对外直接投资额的相对减少。第二次"落"主要是由于 1997 年亚洲金融危机的爆发，对外直接投资环境恶化，我国对亚洲地区的投资额减少。第三次"落"是世纪之交的 2000 年出现了对中国不太友好的国际环境。10 年间每年中方批准企业海外投资额基本都在 1 亿美元以上（除 1993 年 0.96 亿美元，1994 年 0.71 亿美元）。③显著变化阶段（2002~2007 年），加入世界贸易组织后的 2002~2007 年间，我国的对外直接投资从 27 亿美元增至 265 亿美元，5 年猛增近 881.5%。中国对外直接投资稳步扩大，对外直接投资的净额呈直线上升的趋势，2005 年对外直接投资净额突破 100 亿美元。④持续增长阶段（2008~2012 年），在全球金融危机爆发、欧债危机蔓延的背景下，中国对外直接投资增速明显加快。至 2012 年底，对外直接投资累计净额达 4717.7 亿美元。⑤高质量发展阶段（2013 年至今），2013 年"一带一路"倡议提出后，中国对外直接投资净额连年增长，创下了新的纪录。2013~2016 年间中国对外直接投资由 1078.4 亿美元增长到 1961.5 亿美元，年均增长速度高达 26.3%，2016 年以来，中国对外直接投资下降幅度较大，2019 年投资总额下降 22.6%，但是中国对外直接投资占全球对外投资总额的比例逐步上升，其占比由 2016 年的 7.82%上升至 2019 年的 13.5%。由此可知，中国对"一带一路"国家的投资成为中国对外投资进程中的黑马（图 3-5、表 3-2）。

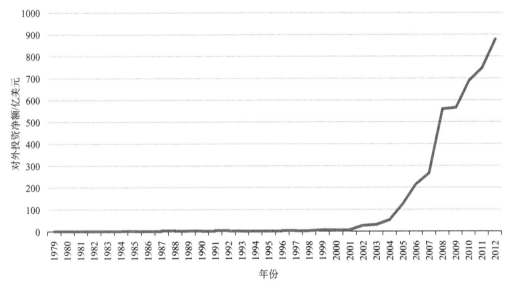

图 3-5　　1979~2012 年中国对外直接投资净额变化

表 3-2　　2013~2019 年中国对外直接投资额　　（单位：亿美元）

年份	中国对"一带一路"国家直接投资额	中国对外直接投资总额	对"一带一路"国家直接投资占比
2013	126.3	1078.4	11.72%
2014	136.6	1231.2	7.82%
2015	189.3	1456.7	12.99%
2016	153.4	1961.5	7.82%
2017	201.7	1582.9	12.70%
2018	178.9	1430.4	12.50%
2019	150.0	1106	13.5%

（二）中国对外直接投资的现状

1. 中国对外直接投资规模

对外直接投资净额指境内投资主体对外直接投资额中扣除反向投资额后的净额，将对外直接投资净额简称流量，对外直接投资累计净额简称存量。截至 2018 年，我国对外直接投资净额已连续四年超过 1400 亿美元。2013 年开始，中国对外非金融类直接投资大幅上升，尤其是"一带一路"的实施带动沿线投资热点的增加，2016 年达到 1961.5 亿美元的峰值，2017 年开始有所下滑，但仍保持高位（图 3-6）。

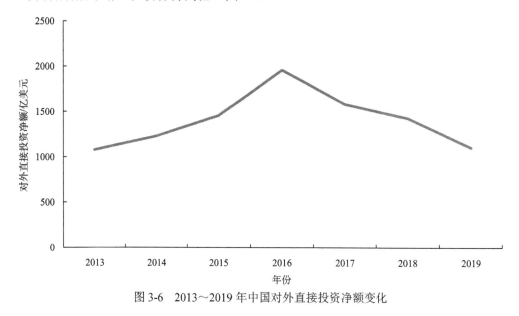

图 3-6　2013～2019 年中国对外直接投资净额变化

2. 中国对外直接投资行业分布

中国目前对外投资行业分布广泛，门类齐全，涵盖了国民经济的 19 个行业大类。根据《2018 年度中国对外直接投资统计公报》，按三次产业划分，第一产业、第二产业、第三产业投资净额分别为 26 亿美元、284 亿美元和 1120 亿美元，占比分别为 1.8%、19.9% 和 78.3%，第三产业成为对外投资最重要的组成部分。

从具体行业投资流量来看，2018 年我国对外直接投资净额超过 150 亿美元的行业有 3 个，依次分别为租赁和商务服务业、金融业和制造业。其中租赁和商务服务业占比最大，投资净额为 508 亿美元，占全年投资净额总额的 25.4%（图 3-7）。

3. 中国对外直接投资区域分布

中国对外直接投资区域分布高度集中，超过 80% 的投资净值分布于发展中经济体。从地区分布情况看，2018 年我国对外直接投资主要集中在以下地区：亚洲 1055 亿美元，占 74%，主要流向中国香港、韩国、泰国、柬埔寨、日本、蒙古、越南、也门、印度尼西亚等国家或地区；拉丁美洲 146 亿美元，占 10%，主要流向开曼群岛、英属维尔京群岛、委内瑞拉等国家或地区；非洲 53 亿美元，占 4%，主要流向苏丹、阿尔及利亚、尼日利亚、南非、赞比亚等国家；北美洲 87 亿美元，占 6%，主要流向美国和加拿大；欧洲 66 亿美元，占 5%，主要流向俄罗斯、德国、英国、哈萨克斯坦等国家；大洋洲 22 亿美元，占 1%，主要流向澳大利亚和新西兰（图 3-8、表 3-3）。

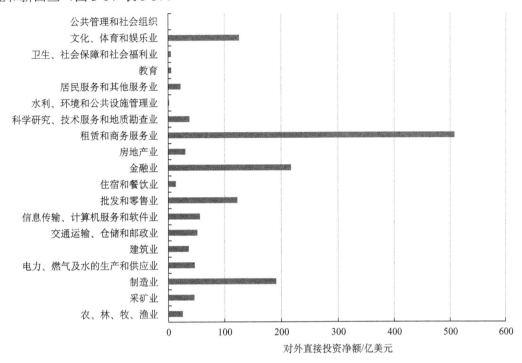

图 3-7　2018 年中国对外直接投资净额行业分布

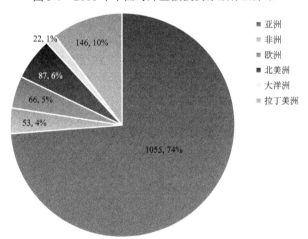

图 3-8　中国对外直接投资净额地区分布情况

表 3-3　2018 年中国对外直接投资净额前二十位的国家或地区

名次	国家或地区	净额/亿美元	名次	国家或地区	净额/亿美元
1	中国香港	868.7	6	印度尼西亚	18.6
2	美国	74.8	7	加拿大	15.6
3	英属维尔京群岛	71.5	8	德国	14.7
4	新加坡	64.1	9	越南	11.5
5	开曼群岛	54.7	10	韩国	10.34

名次	国家或地区	净额/亿美元	名次	国家或地区	净额/亿美元
11	英国	10.27	16	墨西哥	3.8
12	中国澳门	8.1	17	新西兰	2.6
13	泰国	7.4	18	几内亚	2.0
14	俄罗斯	7.3	19	尼日利亚	1.9
15	日本	4.7	20	阿尔及利亚	1.8

二、中国"一带一路"倡议

(一)"一带一路"倡议的提出与意义

"一带一路"倡议源自习近平总书记 2013 年 9 月和 10 月出访中亚和东南亚国家期间提出的两个重大倡议"丝绸之路经济带"和"21 世纪海上丝绸之路"。这是中国为推动经济全球化深入发展而提出的国际区域经济合作新模式,旨在促进经济要素有序自由流动、资源高效配置和市场深度融合,推动沿线各国实现经济政策协调,开展更大范围、更高水平、更深层次的区域合作。"一带一路"正在塑造中国全方位对外开放的新格局,并建立与沿线国家互联互通、联手发展的新格局。

"一带一路"倡议的建设重点是我国与沿线国家的合作关系,以及大量的跨境和海外投资项目。"一带一路"是我国首个真正具有全球视野的国家战略,具有多重空间内涵和跨尺度的特点,贯穿亚欧非大陆,它不是一个封闭的区域体系,而是一个全球性概念。"一带一路"不是简单的"带"状结构,而是一个网络结构,是一个开放包容的国际区域经济合作网络,从上到下包含了国际区域合作网络、重要经济走廊、节点城市乃至产业集聚区。"一带一路"既包括各国之间的经贸合作、基础设施互联互通,也包括人文合作与交流、金融、外交、合作机制建设等诸多领域。

(二)"一带一路"倡议的发展现状与前景

"一带一路"倡议是我国与中亚、东欧、东南亚周边国家的新商贸通道和经贸合作网络。近 7 年来,"一带一路"建设成绩斐然,硕果累累,已经成为当今世界广泛参与国际合作的平台和普受欢迎的国际公共产品。六廊、六路、多国、多港合作格局基本形成。一大批互联互通项目成功落地,在"五通"等方面取得了丰硕成果。

在政策沟通方面,中国与 126 个国家和 29 个国际组织签署了 174 份"一带一路"合作文件。"一带一路"倡议与东盟互联互通总体规划、非盟 2063 年议程、欧亚经济联盟、欧盟欧亚互联互通战略等区域发展规划和合作倡议有效对接。

在设施联通方面,一大批铁路、公路、航空和油气运输线路联通,提升了中国与沿线国家互联互通和便利化水平。如亚吉铁路开通运营、雅万高铁开工建设,中俄合作的亚马尔液化天然气项目进展顺利,冰上丝路将穿越北极。中巴经济走廊建设顺利,马来西亚关丹深水港码头正式开港,中欧班列累计开行数量突破 1.4 万列。

在贸易畅通方面,我国与"一带一路"沿线国家货物贸易总额超过 6 万亿美元,对外直接投资超过 800 亿美元。中国与 83 个国家签署了贸易畅通协议，与沿线 54 个国家和地区签署了税收协定，促进中国与沿线国家的贸易投资便利化水平不断提高。

在资金融通方面，中国通过亚投行、丝路基金、产业基金等带动了一些国际基金"跟投"，呈现"一带一路"多方共建的特点。亚投行成员数从 57 个创始国增加到 93 个成员国。亚投行共批准 18 个国家的 39 个项目，总投资达 79.4 亿美元。丝路基金已经决策投资 28 个项目，承诺投资 110 亿美元，支持的项目涉及总金额达 800 亿美元。中国与 20 个沿线国家建立双边本币互换安排，与 7 个国家建立人民币清算安排，人民币跨境支付系统覆盖 40 个沿线国家、165 家银行。

在民心相通方面，我国与 103 个"一带一路"国家建立了 1290 对友好城市，我国在 94 个国家设立了 244 所孔子学院和 242 个孔子课堂。中国与 52 个国家实现公民免签和落地签，中国与沿线国家双向旅游交流超过 6000 万人次。

在产能合作方面，中国在沿线国家工程承包额不断增加，促进工程承包模式创新。2018 年中国在沿线国家新签工程承包合同额达 1257.8 亿美元，占同期我国对外承包额的 52%。中国与沿线国家共建境外合作区已经成为"一带一路"合作新的经济"增长点"。中国在沿线国家建立了 80 多个境外园区，累计投资超过 300 亿美元，为东道国增加了近 30 万个就业岗位。

（三）当前"一带一路"倡议实施中面临的问题与挑战

"一带一路"倡议目前仍处于初始阶段，尽管开局良好，进展顺利，但仍然面临着许多困难和挑战，需要着力予以应对和解决。

1. 经济发展水平不平衡，市场开放难度大

"一带一路"联通亚欧非三大陆，联结太平洋和印度洋，包含了老牌欧洲发达国家和新兴发展中经济体，不同国家的经济发展水平和市场发育程度极为不同。有些国家法律法规比较健全，市场发育程度较高，经济环境相对稳定，为企业投资创造了便利条件；也有一些国家市场封闭，进入难度大，增加了企业投资评估的复杂性，制约了建设成果的合作共享。"一带一路"从满足沿线国家的发展需求出发，降低了经济合作的门槛，一方面有利于沿线国家和企业的广泛参与；另一方面也可能造成参与国和企业主体在合作规则认知与收益分配方面的矛盾。此外，中国尽管在"一带一路"实施中扮演着主要角色，利用自身在资金、技术、人员等方面的优势，以优惠政策大力支持沿线有关项目建设，但中国单方面毕竟实力资源有限，也面临着摊子大、后劲不足等风险。

2. "一带一路"倡议实施过程中在传播方面遭遇被污名化的挑战

"一带一路"倡议遭遇所在国民众和媒体的误解、疑惧以及少数西方媒体的过度解读、抹黑诋毁等传播黑洞，存在着不同程度的污名化现象。随着中国经济的崛起，以美国为首的西方国家不断制造和宣传"中国威胁论"。受到西方媒体舆论的影响，"中国威胁论"也在部分"一带一路"沿线国家中蔓延。例如，印度学者切拉尼认为，近年来随着中国经济的快速发展，中国对能源的需求在不断增加，进口量逐年扩大，然而，能源与安全的关系已难分开，未来中印为争夺石油发生冲突的概率无法消除；中蒙经济合作高度单一，蒙古国对中国出口产品主要以原材料和初级产品为主，因此，蒙方认为过度依赖中国可能导致蒙古国成为中国

经济发展的附庸。由于部分国家存在"中国威胁论"的错误认识,在与中国的贸易往来中存在戒备之心,不利于中国扩大与这些国家的进口贸易,特别是粮食、能源与矿产方面的进口贸易。

3. 部分"一带一路"沿线国家和地区不稳定不安全的挑战

部分"一带一路"项目实施地位于地缘政治冲突热点地区,所在国国内的地缘冲突和地区冲突、恐怖主义、游行示威、政治冲突等往往对项目建设的可持续性、施工人员安全等产生影响,影响项目安全和持续稳定实施。有关统计数据显示,2000~2019 年间,全球发生近百场武装冲突,其中 24 场武装冲突发生在"一带一路"沿线国家,如印度、印度尼西亚、阿富汗、泰国、伊拉克、沙特阿拉伯、也门、巴基斯坦、以色列、黎巴嫩、吉尔吉斯斯坦等 17 个国家。

4. 部分"一带一路"沿线国家交通基础设施不发达,贸易便利水平低

交通基础设施条件是中国在"一带一路"沿线国家从事进出口贸易、文化交流与传播等活动的重要限制条件之一。根据世界银行企业调查数据显示,14 个"一带一路"沿线国家超过 15%的企业认为交通严重制约中外合作;截至 2015 年,世界每 100 人的互联网用户为 44 人,24 个"一带一路"沿线国家的每 100 人互联网用户低于世界平均值,如阿富汗仅为 8 人、东帝汶 13 人,孟加拉国 14 人。除此之外,部分"一带一路"沿线国家的贸易便利水平低。2016 年发布的《全球贸易便利化报告》对 136 个国家的贸易便利化水平进行评分和排名。数据显示,136 个国家中包括 54 个"一带一路"沿线国家,其中,19 个国家排名前50,23 个国家排名 50~100,12 个国家排名 100 以后,如塔吉克斯坦、巴基斯坦、伊朗、也门等。交通基础设施不发达,贸易便利水平低无疑给中国实施"一带一路"倡议增添了重重阻碍。

(四)中国对外直接投资与"一带一路"倡议的关系

1. "一带一路"倡议是我国对外投资的重要机遇

（1）提高我国对外投资的资产收益率

"一带一路"倡议所连接的沿线国家大多属于发展中国家或者欠发达国家,这些国家的发展水平较低,发展潜力大,其经济发展较发达国家相比有着更广阔的发展空间,因此我国对这些国家和地区的投资将获得更高的回报率,有利于我国资本结构的优化升级。

（2）为我国对外直接投资创造新空间

金融危机使得国际市场深度调整,从而为我国海外投资提供了一定的新机遇,尤其是优秀金融人才的获得更为容易。"一带一路"倡议的提出使国际能源市场发生了变化,"丝绸之路经济带"开辟了我国能源进口新方向,获得了稳定的能源市场,也为我国与中东的陆上油气合作打开了突破口。

（3）推动以投资项目为依托的技术交流

我国对外投资最主要的形式就是建立新企业,或者是兼并收购和购买股权。在我国企业与被投资国企业的交流中会产生两种效应,一是能够推动东道主企业的技术发展和创新的技术溢出性交流效应;二是为东道主企业在接受我们国家投资的过程中,能够产生反哺式交流

的逆向技术溢出性交流效应。在"一带一路"倡议的影响下,我国对外投资企业的研发机构越来越多,逆向技术溢出性交流效应越来越显著,在一定程度上提高了我国对外投资的科技含量。

(4)为我国对外直接投资创造新的空间区位优势

对外投资的有效性取决于区位选择的有效性,投资区位不同决定了投资环境的差异,只有这些差异与投资主体自身特征以及比较优势相吻合时,才能产生区位优势和有利的资本增值因素。"一带一路"以我国东部为起点,途经东南亚、南亚、中亚、西亚北非、中东欧、西欧等地区的 64 个国家。其中沿途多数国家为发展中国家,市场广阔,在基础设施领域有较大的投资需求,而针对这些国家增加政府开支以改善本国基础设施落后状况而产生的资金缺口,可由中国庞大的外汇储备和成熟的基础建设技术得以弥补,因此双方可通过多方合作,各取所需,优势互补,实现资源的合理配置。

2. "一带一路"倡议给我国对外投资带来的挑战

(1)"中国威胁论"造成的负面影响

一些国家认为中国的经济实现快速增长之后,将凭着自身的实力实行对外扩张并控制他国的命脉,走上殖民侵略的道路,即"中国威胁论"。部分接受该言论的国家会对中国的对外投资产生抵制心理,使中国企业对外投资遇到很多阻碍,降低了中国企业与国外企业之间的合作程度。

(2)对外投资环境风险

"一带一路"沿线政治、经济情况比较复杂,如果投资主体对东道国经济制度没有充分的把握,对东道国的投资法规、资本流动管理措施等相关信息了解不充分,在投资过程中就容易面临不同形式的经营风险或资金风险。同时,投资东道国的经济政策变动也会造成一定的不确定性,我国企业如果没有针对东道国经济政策变动的应对预案,也可能造成经营上的损失。如果这些国家的政局发生变动或政策进行调整,也会直接影响到投资企业的经济状况。

(3)企业内部经营风险

当前我国针对"一带一路"沿线国家和地区的投资项目多以基础设施建设为主,而这些建设普遍存在投入资金巨大、建设周期长、投资回报风险高的问题,再加上不熟悉国外的商业习惯、人文环境、法律制度等信息导致企业在进行投资决策的过程中对投资环境的综合考量并不充分,由此增加了企业的风险。

(五)"一带一路"倡议下我国对外直接投资实施机制

1. 做好国际市场调研与分析工作,建立风险识别与评估体系

"一带一路"沿线的对外投资风险主要来自于外部投资环境风险和企业内部经营风险两方面。我国投资企业在前期准备时要做好市场调研工作,对东道国的各种政策法规进行深入了解,把握东道国的经济发展动态与预期情况,充分了解东道国的文化差异,最大化的避免双方冲突,并要建设高级别、权威性、可共享的信息库,从而实现决策部门和投资主体之间的有效信息共享,这样才可以更好地防范和化解这些风险。

2. 注重投资方式与投资伙伴的选择

对"一带一路"沿线国家进行投资，应该首先考虑那些和我国一直都维持密切政治经济关系的国家，优先考虑和选择对这些国家进行对外投资，帮助企业规避一些不必要的风险或损失。同时，要对沿线国家有深入的研究，充分考虑不同国家的发展水平和承受力，结合东道国优势并给东道国带来就业、税收和适用技术。可以充分依靠"一带一路"沿线国家的华商力量，降低交易成本，寻求更多的投资机会，确保投资的安全性。

3. 完善对外投资法律体系，建立多元化国际投资争端解决途径

建立促进和保障对外直接投资的法律体系是扩大我国对外直接投资新空间的基础保障。在处理国际投资争端问题时，除了依靠国际投资争端解决中心、多边投资协定以及 WTO 的调解和仲裁外，还要综合运用各种谈判、协商、斡旋、调停等政治手段和国际法等司法手段，充分发挥律师、会计事务所在海外投资中的作用，加强与国外中介组织的合作。

4. 开展集群式对外直接投资

采取集群投资能降低交易成本、共享品牌、学习和创新效应等，形成投资的产业链优势，对应对风险有重要作用，可以以这种方式开展对外投资。

5. 加强对外投资人才培养，完善共享信息服务系统

在人才培养方面，要广纳人才，各投资主体在管理、财务、法律等方面必须有充足的人才和知识准备，特别是吸引在基础设施项目管理、跨国法律事务、国际资本运作、国际事务协调等诸多领域有丰富实践经验的高端人才，充分把控项目投资风险。要实现信息共享和知识共享，国家和地区应积极构建和完善对外投资的信息服务系统来降低"一带一路"倡议对外直接投资中由于信息不对称导致的投资阻碍。

6. 加强政府在对外投资中的作用，建设多边投资安全保障机制

在"一带一路"的建设中，中国要和沿线国家建立良好的外交关系并建立相关社情分析系统，这样企业才能拥有健康的投资环境，在一定程度上帮助企业化解风险，保护对外投资者的合法权益。既要强化已有多边合作机制的积极作用，如丝路基金和上海合作组织等，继续发挥沿线各国的建设性作用，同时更要继续探索建立专门的"一带一路"多边风险预警、分担和补偿机制。

参 考 文 献

保罗·克鲁格曼，茅瑞斯·奥伯斯法尔德. 1998. 国际经济学（第4版）. 海闻，刘伟，秦琦，等译. 北京: 中国人民大学出版社.

陈明星，等. 2016. "一带一路"对我国城镇化发展格局的影响. 山地学报，5: 637-638.

储诚诚，鞠娟. 2009. 中国利用外资的形势与新趋势. 经济研究导刊，(2): 51-52.

樊大江. 2007. 中国对外直接投资:现状、动因及地区差异分析. 南京工业大学博士学位论文: 9-37.

范思立，刘卫东. 2019. "一带一路"亟须探索更加有效的建设模式. 中国经济时报，1-2.

郭熙保，罗知. 2009. 外资对中国经济发展的影响及对策. 经济研究，(5): 52-65.

侯晓宇. 2018. 中国对外直接投资现状、问题及对策研究. 现代商业，(35): 1-2.

李国学. 2016. "一带一路"倡议下中国对外直接投资促进国际竞争力提升的路径选择. 学海，1-7.

李建平. 2010. 2010年中国省域竞争力蓝皮书《中国省域经济竞争力发展报告（2008～2009）》. 北京: 社会科学文献出版社.

李培林，陈光金，张翼．2013．社会蓝皮书：2014 年中国社会形势分析与预测．北京：社会科学文献出版社．

李平华，于波．2006．经济全球化中的世界城市体系与上海城市发展方向．南京财经大学学报，(6)：14-18．

廖建华．2007．浅论中国知识经济的发展．经济师，(5)：61．

刘宏．2017．中国对外直接投资现状、特征及存在问题．研究探索，1-5．

刘慧．2017．"一带一路"建设与我国区域发展战略的关系研究．中国科学院院刊，341-345．

刘娟，路威．2013．城市发展与规划趋同的制度性研究——以长三角 16 市为例．城市发展研究，01：30-35．

刘娟娟．2016．我国对外直接投资现状及对策研究．现代商贸工业，(8)：1-2．

刘卫东．2015．"一带一路"战略的科学内涵与科学问题．地理科学进展，34 (5)：538-544．

刘卫东．2016．"一带一路"战略的认识误区．国家行政学院学报，30-34．

刘卫东．2017a．"一带一路"引领包容性全球化．中国科学院院刊，331-334．

刘卫东．2017b．如何正确理解和认识"一带一路"倡议．丝路时评，39-41．

卢锋．2004．产品内分工．经济学，4 (1)：55-82．

吕拉昌．2000．世界城市体系的形成与中国国际城市化．世界地理研究，(1)：57-60．

孟庆民，李国平，杨开忠．2000．新国际劳动分工的动态：概念与机制．中国软科学，(9)：112-116．

聂娜．2016．中国参与共建"一带一路"的对外投资风险来源及防范机制．当代经济管理，(8)：85-86．

牛凤瑞，吕伟华．2014．中国城市外资吸引力研究报告 2014．北京：人民日报出版社．

丝维奇·萨森．2005．全球城市——纽约、伦敦、东京．上海：上海社会科学院出版社．

田泽．2007．外资对中国经济发展的影响及对策．经济纵横，(7)：25-34．

万顿珂．2015．"一带一路"背景下中国对外直接投资的影响研究．现代营销，(9)：3-4．

王凡一．2016．"一带一路"战略下我国对外投资的前景与风险防范．经济纵横，(5)：33-36．

王炜．2010．我国外资结构与经济增长相关性的实证分析．财经视线，(25)：12-16．

王文，杨凡欣．2019"一带一路"与中国对外直接投资的绿色化进程．中国人民大学学报，(4)：11-13．

吴季松．2007．知识经济学．北京：首都经济贸易大学出版社．

杨飞虎，晏朝飞．2015．"一带一路"战略下我国对外直接投资实施机制研究．理论探讨，(5)：80-83．

赵晓雷，胡斌，王昉．2009．城市经济与城市群．上海：上海人民出版社．

赵晓敏．2013．中国对外直接投资的现状与问题研究．首都经济贸易大学博士学位论文：18-40．

郑小霞．2018．中国对外直接投资的风险评估与策略应对——基于"一带一路"背景．河北大学博士学位论文：1-6．

中国社会科学院．2014．中国工业发展报告 2014．北京：经济管理出版社．

中国社会科学院．2015．中国省域经济竞争力发展报告（2013～2014 年）．北京：社会科学文献出版社．

中华人民共和国统计局．2014．国民经济和社会发展统计公报．北京：中国统计出版社．

周振华．2008．崛起中的全球城市——理论框架及中国模式研究．上海：上海人民出版社．

朱华．2011．中国对外直接投资:发展阶段、决定因素与对策研究．东北财经大学博士学位论文：119-129．

朱强，周应恒，范金．2009．中国知识经济效率的区域比较研究．上海经济研究，(5)：24-30．

朱为存．2010．改革开放以来的中国对外直接投资研究．中共中央党校博士学位论文：21-62．

Frobel F, Heinrichs J, Kreye O. 1980. The New International Division of Labor: Structural Unemployment in Industrialized Countries and Industrialization in Developing Countries. Cambridge: Cambridge University Press.

Scott A. 1985. Location process, urbanization and territorial development. Environment and Planning A, 17 (1)：25-34.

Taylor P J, Walker D R F. 2002. Diversity and power in the world city network. Cities, 19 (4)：231-241.

思 考 题

1. 简述新国际劳动分工的含义及其主要内容。
2. 简述改革开放以来中国利用外资主要特征。
3. 外资对于中国经济发展带来哪些影响？
4. 中国城市化进程中面临哪些主要问题？
5. 什么是全球城市体系？
6. 影响中国城市化的国际性因素有哪些？

第二篇 中国自然地理系统

　　中国自然地理系统是中华民族赖以生存与发展的地球表层，又称自然地理环境，由地质、地貌、气候、水文、土壤和植被等自然地理要素组成，这些要素相互作用、相互影响、相互制约，共同形成一个独特的有机系统。本篇主要介绍中国自然地理系统各要素的分布特征、形成机制、发展和演变规律，以及它们之间的整体性和地域分异特征与规律。

　　本篇思政教学的课程目标是：通过地质与地貌自然要素的发展演化及空间规律的认识，理解祖国山川秀美及多样性，强化爱国主义思想，认识我国自然矿产的多样性与丰富性，一些矿产资源的有限性，培养资源节约集约利用意识；通过对中国气候特征与变化规律的认识，理解气候灾害的形成与发生特点，培养危机意识、避险意识和互助精神；科学地认识我国自然环境的差异和联系，深刻领悟国家制定的重大发展战略（如西气东输、南水北调等）。同时，在遇到一些实际问题时，能从自然地理系统整体、要素联系、要素综合辩证地思考解决问题。培养尊重自然规律意识，将人类活动置于自然规律之下，树立正确的资源观、环境观、科学发展观。

第四章　地质与地貌

第一节　中国地貌的基本特征

一、地势西高东低、呈阶梯状分布

中国位于亚欧大陆东部，面向太平洋，地势西高东低，自西向东逐级下降。若沿32°N 纬线作一地形剖面，阶梯状的地势特点一目了然，阶梯状斜面主要由三级阶梯构成（图 4-1）。昆仑山、祁连山以南，岷山、邛崃山、横断山脉以西的青藏高原属第一级阶梯，平均海拔 4500m，高原上横亘着一系列巨大的山脉，山峰间镶嵌着辽阔的高原和盆地。青藏高原的外缘至大兴安岭、太行山、巫山、雪峰山之间，是第二级阶梯，主要由广阔的高原和盆地组成，平均海拔 1000~2000m，主要地形单元包括内蒙古高原、黄土高原、云贵高原和塔里木盆地、准噶尔盆地、四川盆地。第二级阶梯以东，地势降到 500m 以下，主要由宽广的平原与丘陵组成，为第三级阶梯。主要的平原有东北平原、华北平原和长江中下游平原，海拔大多在 200m 以下；长江中下游平原以南为低山丘陵。大陆向海洋延伸，是宽阔的大陆架浅海，水深 100~200m。大陆架上岛屿星罗棋布，以台湾岛和海南岛最为出名。

阶梯状分布的地势，一方面加强了中国东部地区季风的强度，另一方面，抑制了西部地区南北冷暖气流的交换，从而加剧了气候的地域差异。此外，由于中国著名的江河大都发源于第一、二级阶梯，使河水大多自西向东流动，沟通了东西之间的交通，加强了沿海与内陆的联系。在地势呈阶梯状急剧下降的地段，河流深切，坡大流急，水力资源蕴藏量大，适合于大型水利枢纽工程的梯级开发。

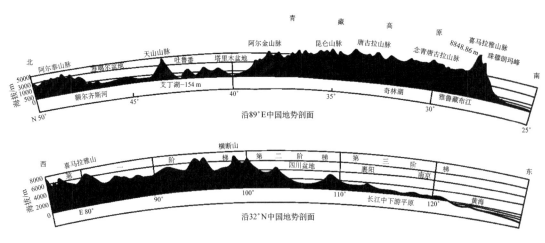

图 4-1　中国地势（中国科学院《中国自然地理》编辑委员会，1985）

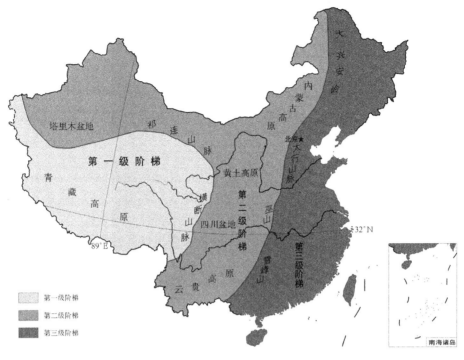

图 4-1（续）

二、山地面积广，地势高差大

中国地域辽阔，是个多山的国家，山地占全国陆地总面积的 1/3。如果把切割的高原和起伏的丘陵包括在内，广义的山地约占全国陆地总面积的 65%。中国山地面积不仅广大，而且地势高峻。以海拔计算，超过 1000m 的山地和高原占全国总面积的 65%。其中，海拔 5000m 以上的占 19%，2000～5000m 的占 18%，1000～2000m 的占 28%。

众多的山脉在地区分布上有一定的规律性。在兰州—昆明一线以西的山地，多为海拔超过 3500m 的高山和超过 5000m 以上的极高山。青藏高原及其周围的山脉，很多山峰的高度都超过 6000m，全世界 8000m 以上的 14 座高峰，全部坐落在青藏高原的喜马拉雅山和喀喇昆仑山上。世界第一高峰珠穆朗玛峰和第二高峰乔戈里峰就位于喜马拉雅山中尼边境和喀喇昆仑山中巴边境上。在雪线以上的山地现代冰川发育，冰川覆盖总面积达到 57000 多平方公里，冰雪储水量约为 29640 亿 m³，年消融总水量为 490 亿 m³，是西部地区河流水源补给的重要基地。兰州—昆明一线以东的山地，多为 2000m 以下的中山和低山，但神农架、太白山、五台山、玉山等都超过 3000m，其中玉山主峰达 3997m，是中国东部的最高峰。

中国地势高差的悬殊也很大。不仅有高达 8848.86m 的珠穆朗玛峰，又有低于海平面以下 154m 的艾丁湖，地势高差之大，为世界其他国家所罕见。即便近在咫尺，不少地方也存在巨大的高差。例如，青藏高原平均海拔 4500m，其东侧的四川盆地海拔为 500m 左右；昆仑山南面为海拔 5000m 的藏北高原，但北面的塔里木盆地海拔在 1000m 上下；喜马拉雅山东端的南迦巴瓦峰，海拔高达 7756m，但雅鲁藏布江谷地内的墨脱一带海拔只有 700m；川西贡嘎山高达 7556m，但邻近的大渡河谷地海拔 1600m；即使在东部的台湾，也可见到海拔

3997m 的玉山和海拔低于 100m 的台南平原之间巨大的高度差别。起伏显著的地表，在各地形成不同类型的山地垂直景观，使中国的自然地理环境更加复杂多样。

三、地貌类型丰富多样

中国的地质条件复杂，地面组成物质的地区差异非常显著。在漫长的地质历史演化过程中，内外营力相互作用下塑造的地貌类型多种多样。首先表现为地貌类型齐全。按形态特征划分的五种常态地貌类型：山地、高原、盆地、平原和丘陵都有，其中山地约占全国土地总面积的 33%，高原约占 26%，盆地约占 19%，平原约占 12%，丘陵约占 10%。

常态地貌类型的次一级类型也具有多样性。例如，山地中就有极高山、高山、中山和低山之不同；高原类型中也有各种不同的类型，如冰雪融冻的高原、崎岖的喀斯特高原、千沟万壑的高原和风化剥蚀的高原；盆地类型中有内陆盆地和外流盆地之别；丘陵类型中也因岩性不同而有花岗岩丘陵、红层丘陵和岩溶丘陵；平原类型中也可按其形态的差异和成因上的差别分出次一级类型等。

此外，中国地貌的多种多样的特点，还表现在多种特殊地貌类型并存。按外营力的不同，可有山岳冰川地貌、冻土地貌、风沙地貌和流水地貌等；按岩性的差异又有黄土地貌、花岗岩地貌、岩溶地貌、火山地貌和红层地貌等；按构造的不同又有断层地貌和褶皱地貌等（图 4-2）。

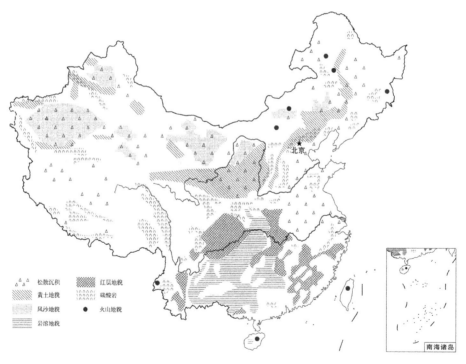

图 4-2 中国部分特殊地貌的分布（王静爱，2007）

这些多种多样的地貌类型并非杂乱无章，而是分布极有规律的。总的特点是：地貌组合复杂，镶嵌分布突出。大致以山脉为骨架，纵横交错，构成一个巨大的网格，其他的类型，如高原、盆地、平原和丘陵镶嵌其中。而山脉的走向主要受北东至北北东和北西至北北西两组构造线控制，所以，构成的网格大都是南北向压缩、东西向拉伸，呈长轴东西向的菱形或长边为东西向的不等边三角形。自然镶嵌其中的地貌单元，总是具有与之相适应的平面形状。

众多的地貌类型，构成中国复杂的自然环境的基础，复杂多样的地貌类型，又为中国提供了丰富多彩的自然资源。

第二节　主要地貌类型

按地貌形态分类，中国的陆地地形可分为山地、高原、盆地、丘陵和平原五大类。

一、山地

中国山地分布广泛，众多的山脉纵横交错，不仅构成地貌格局的骨架，而且形成地理上的重要分界线。而且，这些山脉的分布有一定的规律，根据山文走向，可以分为东西走向、南北走向、北东走向和北西走向四种主要类型（图4-3）。

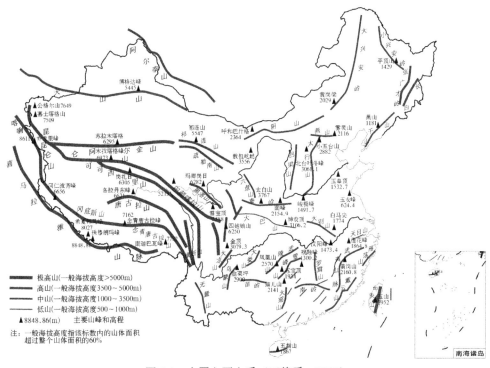

图 4-3　中国主要山系（王静爱，2007）

（一）东西走向的山脉

主要有三列：最北的一列是天山—阴山，大致展布于 40°～43°N。天山是横亘于亚洲中部的巨大山系，西段延伸到哈萨克斯坦、吉尔吉斯斯坦、塔吉克斯坦、乌兹别克斯坦境内，东部位于新疆中部，延绵 2500 多公里，其中中国境内长 1500km。天山由数列近东西走向的山脉构成，分为北天山、中天山和南天山，南北宽约 250～300km。天山向东延续，与河西走廊北侧的北山（合黎山、龙首山）相连，再向东延即为阴山山脉。

中间一列包括昆仑山—秦岭，大致位于 32.5°～35°N。昆仑山是中国最长的山脉，西起帕米尔高原，向东延伸到四川盆地西北边缘。84°E 以西为西昆仑，其特点高且狭，海拔 6000m

以上；以东为东昆仑，较低且宽，由数列平行的山脉构成，北支有祁漫塔格山—布尔汗布达山—阿尼玛卿山，中支为阿尔格山—巴颜喀拉山，南支为可可西里山。秦岭处于黄河、渭河、嘉陵江河源段与汉江之间，向东延至淮阳山地。其北坡发育大断层，因此具有北坡陡、南坡缓的不对称特点。

南列南岭位于 24°～25.5°N，是一条隐伏的近东西向构造带，它由一系列北东走向的山地组成，自东向西依次为大庾岭、骑田岭、萌渚岭、都庞岭、越城岭，故又称五岭。

这三列东西走向的山脉相距约 8 个纬度，具有明显的等距性，并成为中国地理上的重要分界线。例如，阴山构成了内蒙古高原的边缘，是中国内、外流域的分界线，又是半湿润与半干旱气候区域的分界线；秦岭的分界意义更为明显，是中国东部亚热带与暖温带的分界线，湿润地区与半湿润地区的分界线，黄河与长江的分水岭等；南岭则是长江与珠江的分水岭。

（二）南北走向的山脉

位于中国大陆的中部，自北而南有贺兰山、六盘山、横断山脉等。横断山脉由一系列平行的岭谷相间的高山和深谷所组成，主要有邛崃山、大雪山、沙鲁里山、宁静山、怒山、高黎贡山等，海拔大多在 4000m 以上，山脉之间夹峙着大渡河、雅砻江、金沙江、澜沧江、怒江等大河。

这一南北纵列的山脉，把全国分成东、西两大部分。西部多为海拔超过 3500m 的高山和高逾 5000m 的极高山，且山脉主要为北西、北北西走向；东部多为海拔低于 3500m 的中山和低山，仅台湾玉山主峰和秦岭太白山海拔超过 3500m，且以北东、北北东走向的山脉为主。

（三）北东走向的山脉

主要分布在东部，自西向东大致分为三列。西列包括大兴安岭—太行山—巫山—武陵山—雪峰山等；中列北起长白山，经千山、鲁中低山丘陵到武夷山；最东一列是台湾山脉。台湾山脉位于大陆外侧的台湾岛上，由四列平行山岭组成，自西而东为阿里山脉、玉山山脉、中央山脉和台东山脉。山地占全岛面积的 2/3，3000m 以上的山峰有 62 座，主峰玉山海拔 3997m，不仅是台湾第一高峰，也是中国东部最高的山峰。

这三列北东走向的山脉之间都有一系列北东向的相对沉降带相隔，在中国东部形成"三凹三隆"的构造形态。

（四）北西走向的山脉

主要分布在西部，自北而南有阿尔泰山、祁连山、喀喇昆仑山、冈底斯山等。喜马拉雅山在西段也为北西走向，向东逐渐转为东西向，表现为向南突出的弧形山脉。这些山脉大都山势高峻，气候严寒，普遍有现代冰川发育。

二、高原

中国有四大高原。青藏高原位于北侧昆仑山、阿尔金山、祁连山和南侧的喜马拉雅山之间以及岷山—邛崃山—横断山脉以西的大网格中，相当于第一级阶梯地形面，面积约 200 万 km²，平均海拔 4500m，形成于地球最新的一次造山运动——喜马拉雅运动，是全国面积最大、也是全国和全球最年青、地势最高的高原，有"世界屋脊"之称。高原以数列近东西走向的山脉为骨架,山脉之间分布着一系列断陷盆地,盆地中湖泊星罗棋布。此外,第四纪冰川遗迹普遍,现代冰川发育,冻土广泛分布,使青藏高原又具有冰雪融冻地貌广泛发育的特点。

在第二级阶梯地形面上,自北向南分布着内蒙古高原、黄土高原和云贵高原。由于地面组成物质和外营力因素的不同,高原地貌的差别非常明显。

内蒙古高原位于长城以北,大兴安岭以西,马鬃山以东的网格中,由于地处北部内陆,干燥少雨,流水作用弱,风化剥蚀强烈,地表坦荡开阔,地形起伏和缓,是中国高原形态表现明显、高原面保存比较完整的高原。

黄土高原位于秦岭与古长城、太行山与乌鞘岭之间,是第四纪冰期、间冰期的产物。冰期时,气候干寒,黄土堆积旺盛;间冰期,气候转为暖湿,质地疏松的黄土经流水强烈侵蚀,形成千沟万壑、墚峁遍布、地表十分破碎的景象。

云贵高原位于哀牢山以东、雪峰山以西、大娄山以南、广西北部山地以北。除滇中、滇东和黔西北尚保存着起伏较为和缓的高原面外,大部分地表被长江、珠江及沅江等支流分割得崎岖破碎、坎坷不平。广布的石灰岩在暖湿的亚热带环境下充分发育,形成类型丰富的典型喀斯特地貌。

三、盆地

中国著名的盆地有塔里木盆地、准噶尔盆地、柴达木盆地和四川盆地,它们都属于构造上的断陷区域。除四川盆地以外,其余均地处西北内陆干旱区,有大面积的戈壁和沙漠分布其间。

塔里木盆地位于天山、昆仑山和帕米尔高原之间,是中国最大的内陆盆地。由于深居内陆腹地,四周高山环抱,地形封闭,气候极端干旱。植被稀疏,干燥剥蚀和风蚀、风积作用特别旺盛,形成全国最大的沙漠——塔克拉玛干沙漠。盆地边缘受天山、昆仑山冰雪融水滋润,分布着荒漠中的沃野绿洲。

准噶尔盆地位于天山与阿尔泰山之间,是中国第二大盆地。盆地中分布着中国第二大沙漠——古尔班通古特沙漠。因盆地西部山地不高,又有许多缺口,属半封闭型盆地,水分条件较好,植被较密,主要为固定、半固定沙丘。草场广阔,畜牧业发达。盆地南缘受天山融水浇灌,绿洲农业发达。

柴达木盆地位于青藏高原北部,北为阿尔金山、祁连山,南为昆仑山,海拔2600~3000m,是中国海拔最高的内陆盆地。盆地气候干燥,风蚀和风积作用显著。盆地中分布着许多盐湖和盐沼,盐矿资源品种繁多,储量丰富。此外,有色金属、黑金属、稀有金属资源和石油资源等都非常丰富。盆地东南部农牧业条件良好,故有"聚宝盆"之称。

四川盆地位于青藏高原以东,巫山以西,南北介于云贵高原与大巴山之间,四周高山环抱,盆地形态完整。因中生界紫红色砂岩、页岩分布广泛,又称"红色盆地"或"紫色盆地",虽是四大盆地中最小的一个,但因地处亚热带,气候温暖湿润,水系稠密,土壤肥沃,物产富饶,有"天府之国"的美誉。

四、平原

中国的平原集中分布于东部第三级阶梯上,这些平原多是由江河湖海冲积而成。一般地势低平、坦荡,水网稠密,土壤肥沃,是全国主要商品粮生产基地。

东北平原位于燕山以北,大、小兴安岭与长白山之间,是中国最大的平原。整个平原又可分为三江平原、松嫩平原和辽河平原三部分。三江平原由黑龙江、松花江和乌苏里江合力冲积而成，地势最低平；松嫩平原由松花江和嫩江合力冲积而成，面积最大；辽河平原由辽河冲积而成。东北平原显著的特色是：黑土面积广大，沼泽分布广泛。

华北平原位于燕山以南，太行山、伏牛山以东、大别山以北，东至黄海、渤海和山东丘陵，是中国区第二大平原。因主要由黄河、淮河、海河冲积形成，所以也称黄淮海平原。地势低平，地面坡降很小，不少地段河床高于两岸平原，地上河与河间洼地相间分布，构成华北平原的特色。

长江中下游平原分布在三峡以东的长江中下游沿岸，主要包括梧桐山、大别山和江南丘陵、浙闽丘陵之间的两湖平原、鄱阳湖平原、苏皖沿江平原和长江三角洲平原，呈串珠状东西向分布。长江中下游平原最大的特色是地势低平，湖泊密布，河渠密如蛛网，水田连片，是著名的鱼米之乡。

此外，东南沿海还有许多面积较小的三角洲平原或滨海平原，其中以珠江三角洲平原最著名。

五、丘陵

中国的丘陵主要分布在东部第三级阶梯地形面上，主要有两片集中分布区，分布在雪峰山以东、长江以南的地区，统称东南丘陵；长江以北丘陵分布范围小，称胶辽丘陵。

东南丘陵有一系列北东走向的中、低山地分布，期间错落排列着大大小小的红岩盆地，盆地内主要是绝对高度低、相对起伏小的丘陵。长江以南、南岭以北的称江南丘陵；南岭以南、两广境内的称两广丘陵；武夷山以东、浙闽两省境内的称浙闽丘陵。由于各地岩性不同，江南丘陵分布着厚层红色砂岩和砾岩；浙闽丘陵花岗岩、流纹岩分布范围大；两广丘陵西部石灰岩分布面积广，喀斯特地貌发育，东部多花岗岩地貌。

胶辽丘陵包括了山东丘陵和辽东丘陵，坐落在山东半岛和辽东半岛上，由变质岩和花岗岩组成，久经流水分割侵蚀，地形低缓破碎，海岸曲折，多港湾和岛屿。

第三节　中国地质构造基础

地貌的特点与地质构造有密切的关系，大型地质构造对地表地貌格局产生决定性的影响。

一、中国区域大地构造的基本轮廓

在中国大地构造的发展中，有两个重要的因素：其一是中国夹峙在西伯利亚地台与印度地台两大稳定单元之间。北边的西伯利亚地台与俄罗斯地台，甚至北美地台大致在同一纬度上；而南边的印度地台与非洲地台、南美地台构成冈瓦纳古陆。因此可以说，中国大地构造位置是夹在南北两大稳定大陆之间，呈东西向延伸的相对活动地带。其二是东临太平洋。太平洋在地质构造发展中有显著的特征，尤其是中生代、新生代以来，其洋壳形成与大洋演化的规律非常清晰。中国恰处于太平洋洋壳和陆壳交接与转化的地带，这对中国大地构造演化起着特殊的作用。由于陆壳和洋壳的交接线呈北北东方向展布，所以中国北北东向构造特别强烈，与上述东西向构造成交叉的形势，使中国大地构造具有近东西向及北北东向分异的特点。

按照板块构造观点，中国大地构造位置位于印度板块与亚洲板块碰撞带和亚洲板块与太平洋板块俯冲带附近，致使中国大地构造的发展与板块的碰撞和俯冲关系至为密切。

中国大地构造单位划分，主要由以下几个板块构成：塔里木—中朝板块、扬子板块、青藏板块和印度板块。板块与板块之间，由于在漂移和彼此拼合（碰撞）过程中，又形成了相对活动的区域：塔里木—中朝板块与西伯利亚板块之间的构造活动带，天山—蒙古—大兴安岭褶皱区；塔里木—中朝板块与青藏板块、扬子板块之间的秦祁昆褶皱区；青藏板块与印度板块之间的特提斯褶皱区；扬子板块与菲律宾板块之间的东南褶皱区等（图4-4）。

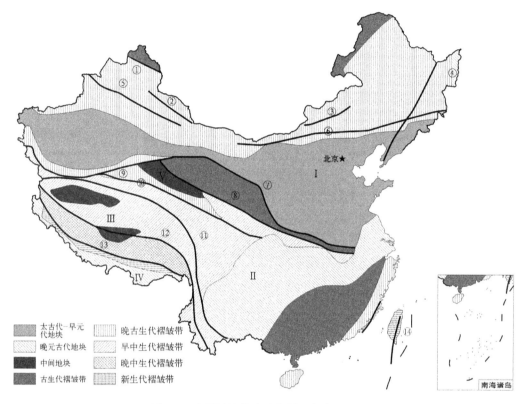

图4-4　中国板块构造示意图（李涛，1991）

板块或中间地块：Ⅰ.塔里木—中朝板块；Ⅱ.扬子板块；Ⅲ.青藏板块；Ⅳ.印度板块；Ⅴ.柴达木中间板块俯冲带和缝合线；①阿尔泰早古生代板块俯冲带；②东准噶尔晚生代板块缝合线；③索伦山—贺根山晚古生代板块缝合线；④那丹哈达岭晚中生代板块俯冲带；⑤天山晚生代板块俯冲带；⑥阴山—图们晚生代板块俯冲带；⑦祁连山—秦岭早古生代板块俯冲带；⑧青海—秦岭早中生代板块俯冲带；⑨阿尔金山深断裂；⑩昆仑山晚古生代板块俯冲带；⑪可可西里—金沙江早中生代板块俯冲带；⑫藏北—漠西晚中生代板块俯冲带；⑬雅鲁藏布江—印度河新生代板块缝合线；⑭台湾新生代板块缝合线

二、中国大地构造的演化

中国大地构造的发展与演化，经历了一个漫长的地史发展过程，与构造旋回息息相关。虽然中生代以前的地壳运动与现代地貌没有直接关系，但是，大陆地壳却是在古生代及其以前的多次构造运动的基础上逐步扩展演化而来。

中国板块构造的演化，大致以塔里木—中朝板块和扬子板块为核心，逐渐向外扩展。其扩展方式大体有两种，即俯冲后退式和碰撞相接式。前者指大陆边缘沉积物在俯冲作用下不断褶皱隆起，归并于大陆，加上岩浆活动使大陆增生，海沟与俯冲带逐渐向大洋方向迁移后退；后者指散处于大洋中的微型陆块与中国地块碰撞，镶接于大陆边缘，从而扩展了大陆的范围，使大洋退缩（图4-5）。

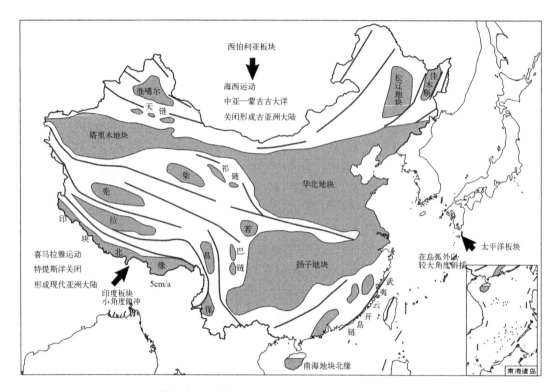

图4-5　板块构造与地貌轮廓（张治勋，1990）

柴为柴达木地块；羌为羌塘地块；拉为拉萨地块；若为若尔盖地块；昌为昌都地块；
保为保山地块；天链为中天山岛链；祁链为中祁连岛链；巴链为巴塘—得荣岛链

（一）太平洋板块与亚洲板块相互关系及其对中国大陆的影响

太平洋板块与亚洲板块之间最基本的特征是形成板块俯冲，即太平洋板块俯冲至亚洲板块之下。太平洋板块是由于中生代以来海底扩张而产生的，为典型洋壳结构。而太平洋板块俯冲至亚洲板块之下，其过程则极为复杂。新生代以来，太平洋板块与亚洲板块接触的关系，大致沿现代深海沟为俯冲带；台湾为其岛弧，向北与琉球、日本相连，向南与菲律宾相接；日本海为典型的边缘海，冲绳海槽拗陷具有弧后扩张的特征。这些均为地震、火山、地热、变质带等资料所证实。

太平洋板块的活动，一方面使中国大陆受到强烈挤压；另一方面引起大陆下面上地幔物质的运动。其结果，形成中国东部总体隆起的构造背景，并使中国东部自元古代和古生代以来南北分异的构造格局，转变为与板块俯冲带基本平行的北北东—北东构造为主导。当然，早期存在的近东西向构造仍穿插在北北东—北东构造之间，其相当明显的分割作用和复合作用。这种构造格局具体表现在断裂构造、岩浆活动和盆地构造三个方面。

（二）印度板块与亚洲板块相互关系及其对中国大陆的影响

印度板块与亚洲板块的碰撞代表了冈瓦纳大陆和亚欧大陆的碰撞。这两大板块的碰撞是一个非常复杂的过程，它形成的不是一条缝合线，而是一个宽广的碰撞接触带。碰撞接触带本身为一高原隆起，包括了青藏高原，以及往西的帕米尔高原和波斯高原。在这个宽广的碰撞接触带中，有三条明显的界线：第一条为可可西里—金沙江—红河印支期碰撞带；第二条为班公湖—怒江中生代板块碰撞带；第三条为雅鲁藏布江新生代板块碰撞带。这三条构造带之间的块体可以看成是微型板块，其构造线方向与三条构造带一样围绕印度板块向北西凸出呈弧形分布，共同构成青藏高原的主体。而且它们的褶皱、断裂和变质的时间有向着印度板块方向逐渐变新的趋势。碰撞接触带以南划分了三个带：一是碰撞造山带，为印度板块的前锋，形成雄伟的喜马拉雅山脉，向东为那加山和阿拉干山，往西有苏莱曼山脉、莫克兰海岸山脉、扎格罗斯山脉和比特里斯山脉。二是山后拗陷带，发育了一条连续性很好的深拗陷带，从底格里斯河—幼发拉底河拗陷、波斯湾—恒河拗陷，均属中、新生代拗陷带。三是古地台区，阿拉伯板块西部和印度板块的德干高原属古陆台，其上广泛发育了晚白垩纪—新近纪的玄武岩。碰撞带北侧则是盆地拗陷带，从东往西有塔里木盆地、卡拉库姆盆地和里海盆地。

由于碰撞造成了自南南西—北北东向的纵向挤压，在中国西部广大地区形成了北西西向山地和内陆盆地相间的构造景观。而且，这一强大的北北东方向的压应力促使青藏高原块体整体抬升，位于其北部的昆仑山也相应升起。塔里木地台是一稳定刚体，它没有发生明显的抬升，而只是把压力传导到天山，使后者也相应升起。

总的来说，俯冲的影响从东往西变弱，而碰撞的影响则相反，因而使中部地区既受东部板块俯冲的控制，又受西部板块碰撞的影响，但它们的影响强度都较弱，所以使这里成为相对稳定区，其特点表现为以下三方面。

（1）由于其东侧在板块运动的影响下隆起，所以这里总体属于拗陷的构造背景，发育了四川盆地、鄂尔多斯盆地等大型盆地。由于盆地大面积沉降，遭遇古生代温湿气候，生物繁殖，加上持续沉降，保持了相对稳定的沉积条件，沉积了巨厚的红层和油页岩，除发育良好的储油构造油气外，还是重要的聚煤盆地。

（2）由于东面板块俯冲遭受自东向西的挤压；西面板块碰撞，产生离开板块聚合带而向东作水平横向移动，产生自西向东的挤压力。在这双重力的作用下，本区的东、西两侧边缘都出现比较明显的偏南北向褶皱。

（3）岩浆活动极不发育，仅在鄂尔多斯盆地北缘发现有小型岩体。

三、大地构造体系的形成

构造体系是指许多不同形态、不同性质、不同级别和不同序次，但具有成生联系的各项构造形迹组合而成的、具有一定形态特征的总体。

（一）构造体系的类型

在漫长的地质发展过程中，中国地壳屡经剧烈构造变动，形成很多构造体系。这些构造体系都有各自的发展过程和分布规律，它们的发生、发展、转化和复合，不仅控制着地质发展和构造格架，而且决定了地质构造复杂多样和地貌形成的规律。就大陆地壳来讲，中国的构造体系大致可分为三类（表4-1），它们是巨型纬向构造体系、经向构造体系和扭动构造体系。

表 4-1   中国大地主要构造类型及特征

构造类型	构造特征
巨型纬向构造体系	（1）包括若干巨型复杂的东西构造带，每个复杂构造带自成一个体系 （2）主体是由走向东西的褶皱带和挤压性断裂带构成，有扭断裂与之斜交，张断裂与之垂直 （3）走向基本与纬线平行，向东西方向延伸
经向构造体系	（1）构造体系的主体是走向南北的挤压带，即单式和复式的剧烈褶皱带构成 （2）走向大致与经线平行，向南北方向延伸
扭动构造体系	（1）由于地壳组成的不均一性，导致局部地区发生扭动而形成 （2）把直线扭动形成的构造称为扭动构造体系，如"多"字形、"山"字形、棋盘式和"人"字形等构造 （3）把曲线扭动形成的构造称为旋扭构造体系，如"歹"字（"之"字）形、帚状、莲花状等构造

资料来源：聂树人等，1987。

（二）构造体系的特征

地壳上的构造形迹不是孤立或杂乱无章的，它们相互之间是有内在联系的，它们的分布和组合也是有规律的。

1. 构造的定向性

从中国大地构造体系的分布规律可以看出，许多巨型或大型的构造体系都具有其特定的方向性，即定向性（表 4-2），如巨型纬向构造体系与经向构造体系，走向与纬线或经线的方向是一致的。从山脉走向讲，纬向构造体系经常构成东西向山脉，经向构造体系构成南北向山脉。事实上，岩浆岩带的分布也是受构造体系控制的。

表 4-2   中国大地主要构造体系的走向

构造体系	主体走向	构造体系	主体走向
纬向构造体系	东西	经向构造体系	南北
新华夏构造体系	北北东	河西系	北北西
华夏系与华夏式构造体系	北东	西域系	北西

资料来源：聂树人等，1987。

构造体系是地壳运动的产物，是地应力作用的反映。因此，可以根据各种构造体系的特点和分布规律，推测地壳运动的方式和方向，并分析因此造成的地表形态特征以及矿产的分布。

2. 带（列）状分布显著

一切构造形迹都是成群发生的，每一构造形迹群和其他有成生联系的构造形迹群，往往形成构造带。地壳上的构造带，不论大小，其分布都有一定格局，如巨型纬向构造体系，在中国发育极为良好，从北向南明显分为三带，地貌上表现为东西走向山脉。

中国东部地区和东亚岛弧带属于新华夏构造体系，由三条北北东向的巨型隆起带和三条与之相辅而行的巨型沉降带所构成，隆起带和沉降带在排列上成带性非常显著，构成典型的"三凹三隆"构造（表 4-3）。

表 4-3 新华夏构造体系分布及特征

构造带	分布	构造特征
岛弧隆起带 （第一隆起带）	千岛群岛—日本群岛—台湾岛—菲律宾群岛等东亚岛弧	（1）是东亚大陆边缘濒临太平洋的强烈隆起带 （2）隆起带是由一串弧形岛屿构造组成 （3）隆起带东侧有一条深海沟
海盆沉降带 （第一沉降带）	鄂霍次克海—日本海—黄海—东海—南海	（1）是一条巨大的沉降褶皱带，发育以大陆型地壳为基底的浅海盆地 （2）轮廓多呈菱形，地势向东南缓倾
海岸隆起带 （第二隆起带）	锡霍特山—朝鲜半岛—武夷山等	（1）隆起带断断续续，断裂发育 （2）陆相火山岩和侵入岩广泛发育
平原沉降带 （第二沉降带）	松辽平原—华北平原—长江中下游平原—珠江三角洲平原	（1）是一条中、新生代的沉降带，以陆相沉积为主，沉降分成几个不连续单元 （2）沉降幅度西侧大于东侧，北部大于南部
西列隆起带 （第三隆起带）	大兴安岭—太行山—巫山—雪峰山等	（1）隆起带东陡西缓，隆起带东侧有深断裂存在 （2）隆起带有由北向南挨次相对向西错动形势
盆地沉降带 （第三沉降带）	呼伦贝尔盆地—陕甘宁盆地—四川盆地—滇中盆地	（1）属沉降构造盆地，长轴为北北东向 （2）沉降带受东西构造带干扰，分隔成几个单独的构造盆地

资料来源：聂树人等，1987。

3. 排列等距

各种构造体系同级的构造带，它们之间的排列往往是近似等距的。纬向构造体系在各个构造带之间，大致保持纬度 8°～9°的间距；新华夏构造体系的三列隆起带与三列相辅而行的沉降带之间，也是大致保持相隔经度 8°～9°的间距。

构造体系内部次一级的褶皱带，大体上也具有等距的趋势。张伯声认为秦岭构造带可分为北、中、南三个褶皱带，它们之间所占的宽度和间隔是近于等距；贺兰山构造带分为中间断陷带和东西断折带，它们的宽度和间距也基本相似。

4. 东西对称

多字形构造是地壳相邻部分相对直线扭动而形成大致相互平行的褶皱带及断裂带。根据其形成时代、构造方向和分布地区的不同，大致以 105°E 线为轴界，东部主要分布华夏系和新华夏系的一系列北东向和北北东向的褶皱带；西北地区主要是西域系和河西系形成的一系列北西及北北西的褶皱带。这两组构造体系，在平面图像上显示出东西对称的特征。

第四节　矿　产　资　源

一、成矿条件与矿产分布规律

（一）成矿条件

地质条件是矿产生成和分布的控制因素。地质条件越复杂，地质发展历史越长，矿产的种类和类型就越多。中国处在亚欧大陆板块、印度板块和太平洋板块的交汇处，所以地壳活动性大，地质条件极其复杂。中国境内已知有板块缝合线和俯冲带 14 条，都是地壳构造活动带，断裂活动强烈，岩浆活动也广泛而频繁。而且因俯冲、断裂的多期性，故有多期的岩浆侵入。因此，其内生成矿作用也具有多期性，形成丰富的有色金属和稀有金属矿产。

频繁的地壳活动，导致褶皱隆起带的两侧的低洼区产生多次的沉积旋回，形成多期的沉积矿产。煤、铁、锰、磷、铝、铜、盐等都是沉积矿产，都具有明显的多期性。如煤的形式，石炭纪、二叠纪、三叠纪、侏罗纪古近纪和新近纪都是中国重要的成煤时期。

成矿条件与大地构造的关系也十分密切，受大地构造的明显控制。按照板块构造学说的观点，在同一板块的不同部位，其成矿的条件不同。一般在板块消亡带有斑岩性铜、钼、铁、铅锌、金等矿生成；而在板块的仰冲带内侧生成钨、锡、稀土等矿产。在板块内相对稳定的地段，为沉积矿床的生成环境；但在板块内古裂谷有铜、镍、钒、钛等矿生成。在古俯冲带的洋壳碎片，一般有基性岩浆活动有关的金属矿，如铬、铜、镍及铂族金属的赋存或富集。火山岛弧和弧后盆地，一般为多种有色金属生成环境，如铅、锌、铜、银、金等。

（二）矿产分布规律

内生矿产和外生矿产的分布，均受地壳运动和地质构造控制。一般内生矿产多分布在较活动的构造带，或一个构造体系中相对稳定的部分；沉积矿产则大部分分布于地壳活动性不太强烈的地带，或一个构造体系中相对稳定的部位。按照槽台说的观点，地槽是相对活动的，是内生矿产富集的地段；而地台则相对稳定，多沉积矿产。根据板块学说，板块的离散边界（大陆裂谷、大洋中脊、边缘海）和汇聚带（岛弧、海沟、俯冲-碰撞带）都是构造活动带，所以是内生矿富集；而板块内部，则只有升降或微弱褶皱、断裂，一般多沉积矿产。

中国的三个纬向构造带均具有板块边缘的汇聚带的性质，因此是内生矿产的富集带，以铁矿、钒钛磁铁矿、铬铁矿、铜、钼、铅锌、金及其他贵金属较集聚；秦岭地区还有汞、锑和石棉；南岭则以锡、铜、铅、锌、锑、黄铁矿特别富集。

川滇经向构造带是扬子地块西缘古地槽褶皱系，中新生代又受青藏高原传递的挤压力，所以深断裂和岩浆活动都极为强烈，因此富集与基性、超基性岩有关的铁矿、铜矿、铜镍矿、钒钛磁铁矿、石棉以及铬、钴、铂等为特色，并有铅、锌、金、云母等矿产。矿床类型以岩浆型和热液型为主。

滇西—西藏弧形构造带是印度板块的一部分，因受板块的碰撞、挤压的影响，岩浆活动活跃，且以超基性和酸性、偏碱性岩体、岩带的广泛分布为特点。有丰富的铬、铂、铜、镍、铅、锌、金、稀有金属、云母以及钨、汞、铁等。

湘黔边境山地、太行山、大兴安岭、东北东部山地以及浙、闽、粤等地，是太平洋板块向亚欧大陆俯冲、挤压隆起的构造带，所以是环太平洋金属矿化带的组成部分，主要产与酸性侵入岩有关的矿床，如铜、铁、铅、锌、锑和汞；长白山地和东南沿海褶皱隆起带还有与火山喷发有关的明矾矿和铁矿等。

外生矿的分布也有明显的规律性。天山—阴山构造带以北是中生代以来的较稳定的相对拗陷地带，故以中、新生代生成的煤、石油、铁的沉积为主。天山—阴山与昆仑山—秦岭构造带之间的塔里木—中朝地块，是太古代至元古代褶皱为基底的古老地块，地壳运动比较和缓，故从前震旦纪到中、新生代都有沉积矿床生成，主要有铁、锰、磷、煤、铝、石油、盐等。昆仑山—秦岭构造带南面的扬子地块，为以元古代褶皱为基底的比较古老的地块，也比较稳定，故其中的凹陷地区多震旦纪到新生代的沉积矿，也主要有铁、锰、磷、煤、石油、盐等。

此外，大致以贺兰山—龙门山一线为界，东西部的构造条件不同，成矿条件也有差别。东部以地台型矿床为主，有元古代到古生代沉积的铁、锰、磷、铝、煤等沉积矿分布；中生代时，地壳活动强烈，岩浆活动广泛，成为中国有色金属和稀有金属矿的主要分布区。西部则以地槽型矿床为主，岩浆活动激烈，以基性、超基性岩占较大比重，是中国铬、镍、钴、钒、钛、铜、铁、铅、锌、金等矿床的重要分布区域。西部的一些稳定地块中，也有外生矿床生成，主要有中、新生代的煤、石油、盐等。

二、矿产资源的特点

（一）矿产资源的分布

中国矿产资源的分布，既有分布广泛，又有相对集中的特点。许多矿藏的分布很广，如煤分布于全国 28 个省（区、市），27 个省（区、市）有铁、铜的分布，24 个省（区、市）有磷的分布，19 个省（区、市）有钨的分布。但这些矿藏大部分储量却相对集中于少数省（区、市），如 61% 探明储量的煤炭集中于山西、内蒙古两省（区）；2/3 以上探明储量的铁集中于辽、川、冀、晋、皖、鄂、蒙、鲁、滇等九省（区）；82% 探明储量的铝土矿集中于晋、豫、黔、桂四省（区）。其他如湘、赣两省集中了全国钨的 65%，湘、桂两省（区）则集中了全国锑的 64%。此外，贵州汞的探明储量占全国的 71%，内蒙古的稀土占全国的 97%，辽宁的菱镁矿占全国的 84%，青海柴达木的钾盐占全国的 96.8%。

可见从区域角度看，中国东北、华北多煤炭、稀土，中南区和西南区以有色金属、化学矿为主，南方多有色金属和磷，华东有色金属较多，西北区产钾盐、有色金属等。矿藏相对的集中性，极有利于矿产资源的集中开发与生产。

（二）矿产资源的组合特点

1. 资源丰富，种类齐全

中国幅员辽阔，地质条件复杂，矿产资源十分丰富。截至 2004 年底，中国已查明资源储量的金属矿产 54 种，非金属矿产 91 种，其他水汽矿产 3 种。已探明的矿产资源总量较大，仅次于美国和俄罗斯，居世界第三位。

有不少矿种的储量居世界前列。例如，中国拥有世界上 70% 的钨储量、43% 的稀土、42% 的锑、21% 的重晶石、27% 的锡、34% 的钼、25% 的萤石。但石油、富铁矿、富锰矿、铬铁矿、铜、铝、钾盐等国内资源则明显不足。

2. 贫矿多、富矿少，共（伴）生矿多、独立矿少

中国的矿藏不论是金属还是非金属，多为低品位的。例如，铁的全国平均品位为 34%，比世界平均品位低 10 个百分点以上；锰矿平均品位为 22%，不及世界商品矿石标准工业品位 48% 的一半。铜矿中含铜在 1% 以上的矿占 37% 左右；品位大于 2% 的富矿只占 6%；品位大于 3% 的不到 1%。非金属矿的磷矿，富矿仅占总储量的 6% 左右。低品位的矿利用起来困难，经济效益不高。

而且，中国的许多大矿床都是共（伴）生矿。中国铅锌矿中共（伴）生有用元素达 50 多种；1/3 的铁矿和 1/4 的铜矿均为共（伴）生矿。内蒙古白云鄂博铌稀土铁矿、甘肃金川铜镍矿、四

川攀枝花钒钛磁铁矿、湖南柿竹园钨锡铋矿等，都是中国著名的、成分复杂的大型共（伴）生金属矿床。而且，中国许多对经济建设有重要意义的矿产资源，铁、锰、铝、铜、金、硫、磷等，组合条件都不佳。共（伴）生矿的分选和冶炼复杂、困难，生产成本高，易造成资源浪费。

3. 大矿少、中小型矿多，坑采矿多、露采矿少

中国已探明的 2 万多个矿床，多为中小型矿床，大型矿床只有 4%左右。而且，可露天开采的煤炭储量仅占 7%。70%的铝土矿、80%以上的铜矿和硫矿、90%以上的镍矿，都需要地下开采。

中国矿产资源这样的组合特点，使矿产资源的产出率、回收率、综合利用率低。综合利用率不到 20%，综合回收率只有 30%，与国外先进水平的差距分别为 30 个百分点和 20 个百分点。而且，对于矿产废弃物的回收和无害化处理才刚刚起步，矿山尾矿床的平均利用率只有 10%。这加快了资源的耗竭速度，同时加重了资源的紧缺程度。

（三）主要矿产及其分布

1. 化石能源

中国的煤炭资源丰富，种类齐全，并主要形成于石炭纪、二叠纪、侏罗纪、古近纪和新近纪。根据第三次全国煤田评价结果，埋藏垂深 2000m 以内的煤炭资源预测总量为 55697.49 亿 t。煤主要分布在地台区地壳断块被掀起的地带，煤层露出地面或距地面近，容易被发现，也易于开采。也就是说，煤集中分布在平原、高原、巨大盆地外缘的山麓地带。

从区域上看，中国的煤矿主要分布在北方，昆仑—秦岭—大别山一线以北地区的资源占90%，尤以华北及其周围地区最丰富，形成包括山西、陕西、内蒙古中南部、河南在内的富煤区。东北的平原和西北盆地里也有较丰富的煤炭资源。南方地区的煤炭资源相对集中于西南的黔西、滇东、川南一带，但其资源探明储量仅占全国总储量的 1.8%。

中国的石油资源探明储量为 1000 多亿 t，居世界第十位。石油资源主要分布在中生代、新生代沉陷带的沉积地层中。

中国东部新华夏构造体系的三个沉降带，即呼伦贝尔盆地—鄂尔多斯盆地—四川盆地沉降带、松辽平原—渤海与华北平原—江汉平原—北部湾沉降带和黄海—东海—南海海盆沉降带。由于自中、新生代以来，沉降幅度大，沉积巨厚，湖盆长期处于稳定发展期，生油条件良好。西部的五列沉陷拗陷带：准噶尔—内蒙古、伊犁—吐鲁番—哈密、河西走廊、塔里木—柴达木—民和，以及西藏拗陷带中，都有含油层的分布。

根据 1998 年第三次油气资源评价结果，中国天然气资源量约有 52.65 万亿 m^3，可采资源量为 13.85 万亿 m^3。天然气成因多样，包括油田气、气田气、煤层气、泥火山气和生物生成气等，所以其地质分布可能与石油、煤分布有关，也可形成独立气藏，有更广泛的分布和来源。时间分布上，古生代约占 50%，中生代和新生代约分别占 20%和 30%。地域分布上，油气资源的埋深大多在 2000~3500m，主要集中在几个大型盆地，包括渤海湾、四川、松辽、准噶尔、莺歌海—琼东南、柴达木、塔里木、渤海、鄂尔多斯。

中国化石能源的大型、特大型矿少，吐哈煤田、神府煤田、大庆油田、塔里木气田、陕北气田是屈指可数的几个世界级煤田和油气田，但 90%以上的煤矿和油气田为中小型矿。煤炭资源、石油资源集中于北方地区，天然气资源集中于西部地区（图 4-6）。

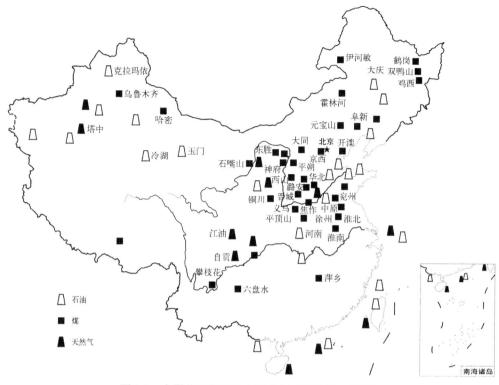

图 4-6　中国化石能源分布示意图（王静爱，2007）

2. 铁与有色金属

中国的铁矿具有储量丰富、品位低和类型众多的特点。已探明的铁矿石储量为217.6亿 t，但铁矿石品位平均只有34%，贫矿占95%以上，富矿不到5%。矿藏的类型既有内生的，也有外生的，还有是两种成因兼而有之的。总之，种类形式多样。

（1）内生铁矿：由于内营力作用，使地壳内部的岩浆上喷，含铁的热液气体上侵充填裂隙或围岩发生接触交代作用，而形成铁矿。中国目前工业开采的铁矿，大部分属于这一类型。按其成因，还可以分为三种：①岩浆矿床——与含铁量较高的超基性、基性岩浆活动有关，主要分布于地壳深大断裂带和各种构造体系交错区。例如，冀北山地、豫西山地、川西滇中南北构造带以及天山、昆仑山、喜马拉雅山、台东山脉等地都有这种矿床。这类铁矿多属钒钛磁铁矿，含铁量虽不高，属贫铁矿石，但富含钒、钛，还常伴生有铬、锰、镓和少量钴、镍等多种有用矿物，是一种综合性的矿床。四川攀枝花钒钛磁铁矿是这类矿床的代表。②热液矿床——属中性岩浆火山—侵入矿床，多直接产生于不同时代的火山岩及有关的侵入体中。主要分布在辽宁东南部、四川西部、云南中部以及长江中下游地区。内蒙古白云鄂博铁矿是这类矿床的代表。③接触交代矿床——含铁量不高的中、酸性岩浆在侵入活动中，含铁的汽化热液上侵，与围岩发生接触-热液交代作用，形成富铁矿，品位可超过45%。中国的中、酸性岩体侵入极为广泛，因此将有较广的远景区。湖北大冶铁矿就是接触交代型的著名铁矿。

（2）外生铁矿：在外营力的作用下，含铁成分的岩石风化，被流水侵蚀、搬运、堆积在浅海、湖盆、洼地中而成。①浅海沉积铁矿——在中国的许多古老地块，由于海水进退活动频繁，在浅海湾、半封闭的海湾、潟湖或海岛区，形成层位比较稳定、规模比较大的铁矿床。

· 73 ·

矿石以赤铁矿、菱铁矿为主。北方典型产地是河北宣化、龙关地区的宣龙式铁矿；南方则以宁乡式铁矿为代表。② 海陆交替相和湖相沉积铁矿——中国自古生代以后，基本处于海退过程，许多地区海陆交替变化频繁，形成不少海陆交替相沉积铁矿；中生代开始，海水基本退出大陆，陆地上出现众多的断陷盆地，湖相沉积铁矿相当广泛。矿石以菱铁矿为主，赤铁矿次之。如四川綦江式、威远式铁矿最为典型。

（3）多成因铁矿：铁矿床的形成不是单一的内生或外生作用，而是既有内生作用、又有外生作用参加形成的。例如，沉积变质铁矿，它是富含铁元素的沉积岩层受地壳运动的影响，深埋地下，在高温高压作用下，发生重结晶作用，使铁元素富集而成。鞍山式铁矿属于此种类型。这种铁矿一般品位较低，但分布广泛，储量大，中国一半以上的铁矿属这种类型。也有像石碌式铁矿，是原有沉积铁矿经后期变质和热液交替的改造，形成富铁矿。

有色金属是指铜、铅、锌、钨、锡、钼、汞、锑、铋等。有色金属矿的形成与中酸性岩浆活动关系密切。地质历史上各期造山构造旋回均有此类岩浆侵入，但以中生代的燕山运动最为强烈和广泛。所以，中生代是中国最重要的有色金属成矿时期。

中国东部，尤其是东南部地区，东西两边分别受太平洋板块和印度板块俯冲、碰撞，地壳活动特别强烈，岩浆活动普遍，所以这里成为有色金属矿最为集中的地区。而且分布也有明显的规律性。大致以四川盆地、贵州高原为中心，向东西两侧分别由低温成矿带，过渡到高温成矿带。即从汞、锑带，过渡到铜、铅、锌带，再过渡到钨、钼带（图4-7）。东南翼的汞、锑带大致在贵州、湘西和桂北地区；西南翼的汞、锑带在哀牢山以西的一条狭长

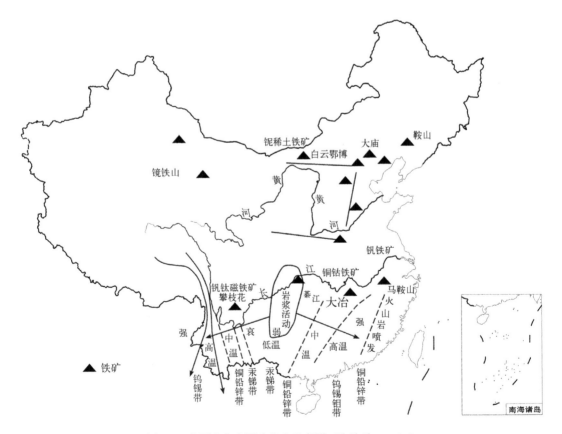

图 4-7　中国有色金属矿分布示意图（张治勋，1990）

地带。东南翼的铜、铅、锌带分布在桂、湘以及长江下游一带；西南翼的铜、铅、锌带是在云南丽江、大理、景东、墨江一带。东部的钨、锡、钼带主要分布在江西、闽西山地、广东、广西和湖南广大地区，其中钨以南岭地区最为集中；西部的钨、锡带分布在怒山和高黎贡山一带。在东部钨、锡带以东的福建、浙江一带，又出现一个铜、铅、锌带，此带还有储量很大的明矾矿床，这与流纹岩和凝灰岩火山喷发物有关。浙江省平阳的矾山，是中国最大的明矾产地。

高温的钨、锡、钼成矿带，似有东钨、西锡、北钼的分布规律。东部的江西大余、湖南的湘潭都是著名的钨产地。西部的云南、广西一带则以锡为主，云南的个旧、广西的富川、钟山、贺州等地都是著名的锡产地。钼在整个高温成矿带均有出现，但从全国的分布情况看，有从南向北矿化程度增强的趋势，秦岭，钼已得到很大的富集；到了晋北、冀北、辽南至吉林南部，则构成一个宽广的与铜矿共生的钼矿区。

中国有色金属矿藏的特点，一是种类齐全，包括有轻金属（铝、镁等）、重金属（铜、铅、锌、锡、锑、镍、汞、钴等）、贵金属（金、银、铂等）、稀有金属（钨、钼、钽、铌、钒、钛等）、放射性金属（铀等），共有70多种。二是储量大，其中钨、锑、锡、锌、钛、钽、钒、锂和稀土等均居世界首位，尤其是钨矿的储量为国外各国总储量的3倍多，仅白云鄂博的稀土矿就相当于国外稀土总储量的四倍，锑的储量占世界总储量的44%。铜、镍、银、钼、铌、铅、汞等储量也名列世界前茅。不过，铬、铂、金刚石、钾等矿藏较为稀缺。三是有色金属多是共生矿，如中国钒矿的储量居世界第一位，但有91%是分散在其他矿种中，使分选与冶炼困难，不过综合利用价值大。

参 考 文 献

葛肖虹，马文璞. 2007. 东北亚南区中-新生代大地构造轮廓. 中国地质，34（2）：212-228.

韩渊丰. 2000. 中国区域地理. 广州：广东高等教育出版社.

李涛. 1991. 中国地理. 长春：东北师范大学出版社.

聂树人，单树模，常剑崤. 1987. 中国自然地理教学参考书. 济南：山东教育出版社.

任美锷. 1985. 中国自然地理纲要. 北京：商务印书馆.

孙金铸. 1988. 中国地理. 北京：高等教育出版社.

万天丰，朱鸿. 2007. 古生代与三叠纪中国各陆块在全球古大陆再造中的位置与运动学特征. 现代地质，（1）：1-13.

王静爱. 2007. 中国地理教程. 北京：高等教育出版社.

杨景春. 1993. 中国地貌特征与演化. 北京：海洋出版社.

杨森楠，杨巍然. 1985. 中国区域大地构造学. 北京：地质出版社.

张治勋. 1990. 中国自然地理图解. 西安：陕西师范大学出版社.

赵济. 1995. 中国自然地理. 3版. 北京：高等教育出版社.

赵济，陈传康. 1999. 中国地理. 北京：高等教育出版社.

郑度. 2001. 青藏高原对中国西部自然环境地域分异的效应. 第四纪研究，21（1）：484-489.

中国科学院《中国自然地理》编辑委员会. 1980. 中国自然地理（地貌）. 北京：科学出版社.

中国科学院《中国自然地理》编辑委员会. 1984. 中国自然地理（古地理上册）. 北京：科学出版社.

中国科学院《中国自然地理》编辑委员会. 1985. 中国自然地理（总论）. 北京：科学出版社.

中国科学院《中国自然地理》编辑委员会. 1986. 中国自然地理（古地理下册）. 北京：科学出版社.

《中国自然地理》编写组. 1984. 中国自然地理. 2版. 北京：高等教育出版社.

思 考 题

1. 试分析中国的山纹走向对中国自然环境的影响。
2. 试分析中国的地势对中国自然环境的影响。
3. 简述构造运动对中国主要地形的影响。
4. 分析板块构造与矿产资源分布规律的关系。

第五章 气象与气候

第一节 气候的基本特征

一、季风气候显著

中国位于亚洲大陆的东部，太平洋的西岸，正处于最大的大陆和最大的大洋之间，强大的海陆热力差异，使季风气候相当显著。同世界各国相比，中国的季风气候具有典型性、多样性和广泛性的特点。

中国是世界上季风气候最典型的国家。与同是北半球中纬度大陆东岸的北美洲相比，季风现象要明显得多。就是著称于世界的南亚季风区中，也是夏季风强而冬季风弱，唯有中国冬夏季风都很显著。实际上，中国季风区也包括一部分的南亚季风区。从希克季风指数值看，四川及滇东一带是中国季风区中季风指数最小的区域，那里正是东亚季风区与南亚季风区的转换区域。其东部属于东亚季风区，冬夏季风都很盛行，甚至冬季风强于夏季风，季风雨属于极锋雨性质；西部是印度季风区，夏季风强于冬季风，降水主要在夏季风控制区内。

中国的季风不仅表现显著，而且结构复杂。在季风的成因上，中国东半部近地面层主要是由海陆热力差异的季节变化而引起的海陆季风；西部青藏高原近地面层则是由高原面与周围自由大气的热力差异而形成的高原季风；高层大气中，还有由于行星风带的季节位移所形成的季风现象，成为世界上独特的季风气候区。

中国受季风影响的区域范围很广，基本上在大兴安岭—阴山—贺兰山—乌鞘岭—巴颜喀拉山—唐古拉山—冈底斯山一线的东南部区域都是季风区。若包括高原季风，则季风影响区域包括整个青藏高原。

可见，季风现象虽然不是中国独有，但是季风类型和成因的多度、分布空间的广度和高度，却是唯有中国最显著。

二、气候的大陆性强

气候的大陆性是相对于海洋性而言，指受大陆热力变化大、水分少的性质所影响的气候。主要表现为气温年较差大，日较差也大，最热与最冷的月份紧跟在夏至与冬至之后出现，春温高于秋温，降水集中在夏半年等。

冬季严寒、夏季炎热的鲜明的气候特征，使中国气温的年较差远高于世界同纬度地区的平均值，且高纬明显高于低纬地区（表5-1）。气温的日较差也很大，全国平均6～14℃。内陆地区日较差更大，淮河、秦岭和川西、滇东以北以西地区，年平均日较差大于10℃，其中定日可达 18.2℃。"早穿棉袄午穿纱，抱着火炉吃西瓜"正是西北地区典型大陆性气候的真实写照。绝大多数地区最热月份为 7 月，最冷月份为 1 月。除东南部外，全国大部分区域春温高于秋温。多数地方 5～10 月的降水量占全年的 75%～98%，仅东南丘陵占55%～65%。

表 5-1　中国气温及年较差与同纬度地区的比较表　　　　（单位：℃）

纬度	地点	1月	7月	年较差
50°N	满洲里	−25.7	20.9	46.6
	全球平均	−7.2	17.9	25.1
40°N	北京	−4.8	26.1	30.9
	全球平均	5.5	24.0	18.5
30°N	汉口	3.7	28.8	25.1
	全球平均	14.7	27.3	12.6
20°N	临高	17.6	28.7	11.1
	全球平均	21.9	28.0	6.1

资料来源：李涛，1991。

　　气候大陆性的强弱，多用气温年较差计算的大陆度来表示。张家诚结合中国自身特点，在引用焦金斯基（W. Gorczynski）大陆度公式[①]计算的基础上，补充日较差10℃这一指标加以校正，对中国气候的大陆性和海洋性做区划，结果是中国气候的大陆性自东南向西北增强，淮河、秦岭、川西山地、喜马拉雅山连线是大陆性气候与海洋性气候的分界线（图5-1）。

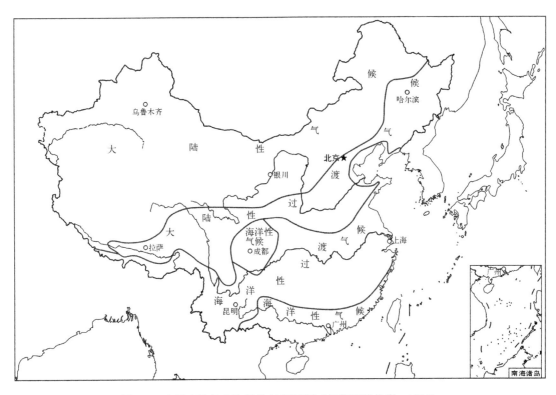

图 5-1　中国大陆性和海洋性气候区划（赵济和陈传康，1995）

---

　　① 焦金斯基大陆度公式

$$大陆度 = [(1.7 \times 气温年较差)/\sin\varphi] - 20.4$$

式中，φ 为纬度，大陆度取值0～100100 为最强的大陆性气候；0 为最强的海洋性气候；50 为大陆性气候与海洋性气候的分界线。

三、气候类型复杂多样，以亚热带、温带气候为主

中国幅员辽阔，经纬度跨度较广，海陆影响相差悬殊，地形复杂多样，使东西、南北之间和垂直方向上气候差异增大，热量和水分状况空间差异显著。按照气温的不同，从南到北包括南热带、中热带、北热带、南亚热带、中亚热带、北亚热带、南温带、中温带、北温带等9个气候带和1个高原气候区。按照水分条件，自东南向西北，又有湿润区、半湿润区、半干旱区和干旱气候区之别（图5-2）。按照海拔，各地山区气候垂直带谱又不尽相同。

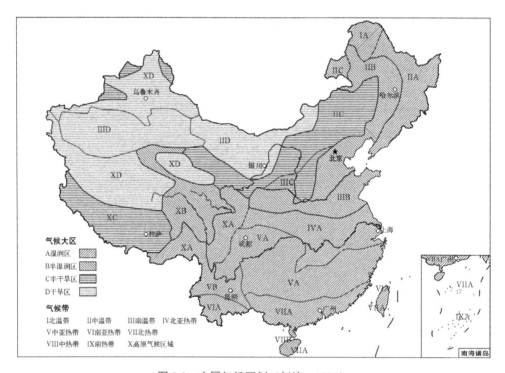

图 5-2　中国气候区划（赵济，1995）

从气候区划可以看出，中国绝大多数领土属亚热带和温带的区域，热带气候仅出现在南海诸岛、台湾南部、琼雷、滇南等少数地区。雷州半岛以北至秦岭—淮河一线的广阔亚热带气候区域，在世界气候上具有特殊地位。因为地球上大约与此相同的纬度带内，多为干燥的沙漠带，而中国这一地带却是终年湿润、四季常青的鱼米之乡。秦岭—淮河一线以北的温带气候区域，自南而北因气温递减而分成暖温带、温带和寒温带；自东向西因水分的递减又有湿润、半湿润、半干旱、干旱区之别。所以，温带气候类型较为齐全。

庞大的青藏高原的突起，不但自身形成世界上最特殊的气候单元，而且通过热力与动力的作用影响邻近地区的气候，使中国气候更加复杂。

第二节 气候形成因素

一、地理位置

(一) 纬度位置

纬度位置是决定太阳辐射和热量条件的重要因素，也是影响气候特征的基本因素。中国位于北纬 3°52′~53°31′N 的中低纬度位置，南北跨纬度 49°，距离有 5500km。由于南北各地的太阳高度角的不同，使气温分布有所不同，形成自热带、亚热带到温带的分布序列。加上北回归线穿过华南地区，若考虑太阳高度角与理论昼长的季节变化，使理论辐射量相应地发生季节变化。夏至时，太阳直射北回归线，南方北回归线一带的太阳高度角比北部地区大，而白昼时数却比北部地区短，结果两者的理论辐射量差别并不太大；冬至时，太阳直射南回归线，这时全国各地的太阳高度角和理论昼长都比夏至小且南方比北方大，结果理论辐射量普遍夏至少且南北差异大（表 5-2）。这种理论辐射量的季节差异，是造成中国夏季普遍高温且南北温差不大，冬季普遍低温且南北温差大的重要原因。

表 5-2　中国各纬度太阳高度角和昼长时间

纬度	春、秋分		夏至		冬至	
	正午太阳高度角	昼长时间	正午太阳高度角	昼长时间	正午太阳高度角	昼长时间
50°N	40°	12h	63°26′	16h 9min	16°34′	7h 51min
40°N	50°	12h	73°26′	14h 51min	26°34′	9h 9min
30°N	60°	12h	83°26′	13h 56min	36°34′	10h 4min
20°N	70°	12h	86°34′	13h 15min	46°34′	10h 45min
10°N	80°	12h	76°34′	12h 35min	56°34′	11h 25min

资料来源：李涛，1991。

从行星风系来看，中国所处的地理位置大致 35°N 以北为西风带，25°~35°N 为副热带高压带，25°N 以南为东北信风带。由于热赤道位置的季节变化，行星风带也有季节性的位移。从图 5-3 和图 5-4 可以看出，冬季气压带与风带位置南移，全国大陆都在西风带控制之下；夏季，则由于夏季气压带与风带位置北移，中部处于副热带高压带位置，北侧依然受中纬度西风带影响，而南侧是受低纬度东风带影响。其中，在东西风带交界处（25°~35°N），气流的季节变化最为明显，冬季受西风带控制，夏季则受东风带支配，形成明显的行星风系季风。

(二) 海陆位置

中国处于世界最大的大陆——亚欧大陆东部，最大的大洋——太平洋西岸，疆土西北半壁伸入亚洲大陆腹地，东南半壁濒临海洋。由于海洋与大陆的热容量不同，热力发生差异，形成不同的气压场。冬季，大陆较海洋冷却快，出现冷高压，风从大陆吹向海洋；夏季，大陆较海洋增温迅速，而出现热低压，风从海洋吹向陆地。从而在中国东部形成显著的季风气候。但在西北内陆地区，因距海遥远，夏季季风不能进入，则为大陆性气候。

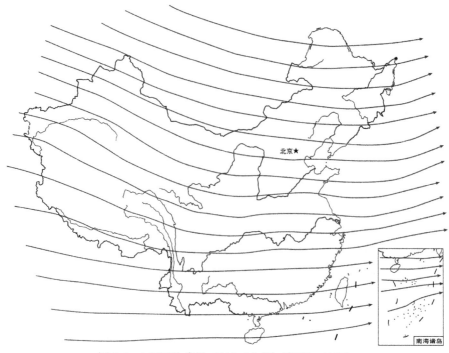

图 5-3　1 月平均流场（100mb）图（赵济，1995）

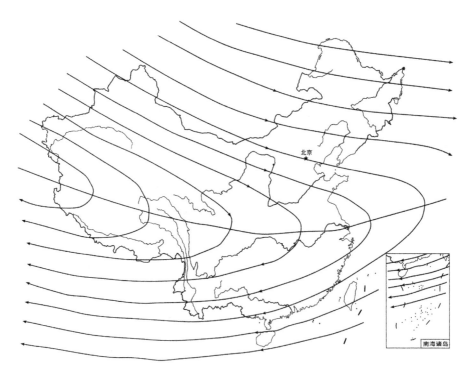

图 5-4　7 月平均流场（100mb）图（赵济，1995）

　　中国的沿岸流及台湾暖流（黑潮），对海陆温差没有起调节作用，反而加深了海陆之间的热力差异。因为，冬季风从大陆吹向海洋，无法将暖流的热量调剂给大陆；到夏季，风从海洋吹向大陆时，大陆已迅速增温了。不过，暖流对中国东部的水汽输送却起了一定的作用，如夏季东南季风带来的水汽及冬季回归气流对台北、东南沿海的等地的降水影响较明显。

二、下垫面

（一）地势与山脉对气候的影响

中国地势西高东低，使冬季风加强、夏季风阻滞，导致中国气候夏季风强，冬季风更强。此外，纵横交错的山脉，对气流起明显的影响作用。其中，东西向山脉常成为南北冷暖气流的屏障，助长了南北间的气候差异。例如，秦岭山脉就是暖温带与亚热带气候的重要分界线；南岭山地也常使锋面、气旋等天气系统移速减缓，甚至呈准静止状态。山地的迎风坡与背风坡，气候也有所不同。其中，东北-西南走向的山脉则对降水的阻滞作用明显，使中国的降水出现明显的自东南往西北减少的趋势。而且，山地自下而上，气候的垂直分异明显，使气候的地带性规律复杂化。特别是西北地区，由于高山的屏障，使塔里木盆地、准噶尔盆地和柴达木盆地等闭塞的盆地都十分干旱。而高山由于截取空中的大量水汽形成干旱区的湿岛，并成为干旱地区的水源，使干旱地区出现森林、草原和绿洲等景观。可见，起伏复杂的地表，使气候类型多样化。

（二）青藏高原对气候的影响

青藏高原面积广、海拔高，自身形成独特的气候和天气。这里气压低、大风多、日照强、年辐射强、年均温低，气候温凉，常年无夏，日较差大，年较差小，多对流性降水，降雪日多，具有与周围环境不同的气候特征。春季，高原迅速增热，气温上升，气压降低；盛夏高原的加热作用最强，热低压也最盛，相比之下，周围同一高度的自由大气为高压区。进入秋季以后，热源作用减弱，高原降温比周围大气快，逐渐成为冷源；到冬季，高原上形成冷高压，周围同高度自由大气则相对为低压区。这种由于高原与其周围自由大气之间冬夏冷热源差异所引起的特殊的气压场，形成了独特的高原季风现象。

青藏高原的动力作用，在冬季特别明显。它不仅阻挡高原南北两侧冷暖气流的交换，冬季使西北内陆地区冷空气集聚更快，冷高压势力更强，而且在高原的制约下，冷空气南下路径偏东，使东部地区冬季风更为猛烈。夏季的西南季风，在高原的阻挡下，不能深入北上，只能绕过高原，在它的东南边缘进入中国的西南、华南、华中和华北地区，加强了这些地区的降水过程；而西北地区，则发展成为干旱少雨的大陆气候。而且，青藏高原还使 500mb 以下的西风带发生分支、绕流、汇合，促使南支西风气流向南伸展到更远的地方（15°～20°N），扩大了西风带的影响范围。同时，冷空气由于受高原地形的阻挡和挤压，向东部地区伸展到更南的纬度；而高原东侧的西南地区，由于处在高原西风带的背风位置，风速小，出现"死水区"，气候别具一格。

高原冬季的冷高压叠加在蒙古高压之上，加强了蒙古高压系统，使蒙古高压影响范围扩大，从而使中国东部冬季风的势力更为强大。同样，夏季的高原低压叠加在印度低压之上，使其范围扩大，势力加强，印度低压大槽伸向蒙新一带，强烈地牵引着伸向大陆内部。因为青藏高原在夏季是一个巨大的热源，它直接加热于对流层中部的大气，造成高原面是热低压，在热低压之上则形成高压，加强了西藏副热带高压的发展，使四周空气向高原辐合，加强了中国夏季风的势力。

青藏高原冬夏季的冷热源作用,形成高原面与同高度周围大气之间的气压梯度差。夏季,气流从四周向高原面辐合,风向高原面上吹;冬季恰相反,风从高原向外吹,形成了青藏高原季风。高原季风加强了中国海陆间的季风环流,使近地面层的冬夏季风环流厚度增大,势力增强,冬季风南下、夏季风北上更远。冬季对中国西南地区和印度一带影响大,加强了哈得莱环流圈;夏季形成了反哈得莱环流圈(季风环流圈),影响了太平洋副热带高压脊的西伸,改变了高原地区副热带高压的性质,加强了夏季风的势力,从低纬度海洋上输送来的水汽也越多,并使西南季风爬上青藏高原。

此外,青藏高原的动力与热力综合作用,还可以扰动或抑制外来的天气系统,或产生天气系统东移(如西南低涡),扩大高原作用的有效范围。

三、季风环流

影响中国气候变化的大气环流,以季风环流为主。季风的强弱、出现的迟早,以及对天气气候的影响,都直接与大气活动中心、气团、锋面等活动密切相关。中国的季风主要是从冬夏气压场和流场的巨大差别反映出来。

(一)冬季环流

冬季风控制中国大陆的时间是 10 月至翌年 4 月,最强盛时期为 12 月至翌年 3 月,一般常用 1 月来代表冬季环流形势。

1. 冬季气压活动中心

影响中国冬季环流的主要气压活动中心有:蒙古高压、阿留申低压和赤道低压。其中,蒙古高压是亚欧大陆冬季最强大的冷高压,它 10 月开始出现,1 月最强,4 月消失。1 月中心位置在阿尔泰山东部、蒙古高原西北部中心强度可达 1050mb,它主宰着中国冬季冷空气的活动。阿留申低压是在北太平洋阿留申群岛附近形成的低压中心,它秋季开始出现,冬季最强(可达 996mb),夏季消失。赤道附近的印度尼西亚、巴布亚新几内亚和澳大利亚北部一带还有一个赤道低压中心,气压中心强度 1005mb,比阿留申低压稍弱。

冬季从蒙古高压散发的冷空气不断地流向阿留申低压和赤道低压,这就是冬季风。若阿留申低压势力强,则吸引冬季风东去,纬向环流盛行,因而冬季风南下势力减弱,中国大陆气温普遍升高;若阿留申低压势力弱,冬季风则被赤道低压吸引,经向环流盛行,冬季风南下势力增强,全国各地气温下降。

2. 冬季盛行气团与锋面活动

冬季控制中国近地面层的气团主要是极地大陆气团(Pc)。它以蒙古高压为源地,性质寒冷而干燥。极地大陆气团的移动,成为冬季风。它在向南移动时,因下垫面温湿条件的变化,原有的性质也逐渐发生变化,成为变性的极地大陆气团(NPc)。按其不同的路径,可分为陆上变性、冷海变性、暖海变性等三种变性气团。在其单独控制下的天气晴朗、干燥和严寒。

极地大陆气团南下途中与变性极地大陆气团相遇所形成的锋面,称寒潮冷锋,常出现在我国北部地区,以内蒙古、东北、华北等出现频率最高。寒潮冷锋所经之处,往往引起强烈的降温和大风,有时还伴有雨雪天气。若是陆变性极地大陆气团南下与海变性极地大陆气团相遇，则形成华南准静止锋，以南岭山地、武夷山和南海北部等地出现的频率最高，所停留地区常出现阴雨天气。变性极地大陆气团与西南暖流（热带高空气团）交绥则形成昆明准静止锋，出现在云贵高原一带。昆明准静止锋东西两侧天气不同，东侧贵州多阴雨，西侧云南多晴朗天气。此外，冬季极地大陆气团及冰洋气团受阻于天山北坡，常形成地形锋性质的天山准静止锋，造成阴雾或微雪天气。

（二）夏季环流

夏季风控制中国大陆的时间是 5～10 月，最强盛时期为 6～8 月，一般常用 7 月来代表夏季环流形势。

1. 夏季气压活动中心

影响中国夏季环流的主要气压活动中心有：印度低压、太平洋副热带高压（北半球副热带高压）和南半球副热带高压等。夏季大陆气温升高，蒙古高压势力衰弱，大陆的气压降低。热低压的中心在印度和巴基斯坦境内称印度低压，大陆的气压值可低至 995mb，是北半球最强盛的低压，一般是 5 月出现，7 月最强且范围最大，9 月消失。大陆上热低压的出现，促使气流向大陆辐合上升，控制着中国及整个亚洲大陆。此时海洋气压高于大陆，太平洋副热带高压移至 30°N 附近，也达到全年最盛时期，中心气压值达 1025mb。

印度低压强烈地吸引着来自南、北半球副热带高压的气流，形成夏季风。中国东部受太平洋副热带高压主宰，地面盛行东南风；南半球副热带高压位于澳大利亚和 25°S 附近的印度洋上，成为西南季风的主要源地。

2. 夏季盛行气团与锋面活动

夏季除了变性极地大陆气团仍影响中国北部地区外，中国的东部和南部地区主要受热带太平洋气团（Tm）和赤道海洋气团（Em）的影响。此外，东北北部受极地海洋气团（Pm）影响，西部地区受热带大陆气团（Tc）影响。

热带太平洋气团源于太平洋副热带高压，性质湿热而稳定。在太平洋副热带高压控制下，常是晴朗少雨天气。赤道海洋气团源于南半球的副热带高压，在源地时，气团温湿，特别是长途运行经赤道洋面以西南季风形式到达中国时，性质变为高温重湿和不稳定，即使是单一气团控制下，也是天气闷热，常发生对流性降水。气团如果与山地被迫抬升或因涡动的辐合作用，则可能形成暴雨。赤道海洋气团与热带太平洋气团交绥形成赤道锋，锋面性质不明显，属对流性不稳定，产生丰沛降水。赤道锋约于盛夏 7～8 月间登陆，但很少到长江以北，9月后南退，11 月到达赤道以南，常是台风或热带低压发生发展之地。

夏季对中国影响最主要的锋面是极锋。极锋发生在变性极地大陆气团和热带海洋气团之间。通常极锋 4 月在华南登陆，5 月到南岭，6～7 月到长江流域，7～8 月到华北、东北；9 月从北到南迅速退出大陆。极锋所到之处，往往出现一条降水较多的雨带，即锋面雨带，使中国东部自南向北先后进入雨季。极锋出现过早、过迟、过强、过弱，都会给不同的区域造成旱涝现象。

第三节　水　热　特　征

一、气温与温度带

中国版图纵跨赤道带、热带、亚热带和暖温带、中温带，直到寒温带，具有纬度地带性差别，特别是东部表现更为明显，温度基本上自南向北降低。季风的更替使这种温度变化表现更为复杂。

（一）冬寒冷夏暖热

中国冬季气温低，南北温度差异大。这主要是强大的冬季风把高纬度的极地寒冷气团输送到低纬度的结果，使中国成为世界上同纬度地区最冷的地方（表 5-1）。

1 月等温线大致与纬线平行（图 5-5），分布密集，纬度效应明显。黑龙江省最北部，1 月气温低于 -30℃，台湾南部和海南岛南部则在 20℃ 以上，平均每向北跨 1 个纬度，1 月气温降低 1.5℃。1 月平均 0℃ 等温线，在东部大致和淮河、汉水上游平行，到成都西侧后穿过横断山脉至藏东南。全国大约 3/4 陆地 1 月气温在 0℃ 以下。大兴安岭北部和阿尔泰山区 1 月平均气温可低至 -30℃，是全国冬季气温最低的地区。其中，漠河镇 1 月平均气温为 -32.4℃，绝对最低气温 -52.3℃（1969 年 2 月 13 日），为全国最低气温纪录，被称为中国的"北极村"。台湾和海南岛南部以及南海诸岛因远离冬季风源地，1 月平均气温可达 20～26℃，是中国冬季最暖的地区。从而也使中国冬季南北气温的差异加大，冬季南北极端气温温差超过 70℃。

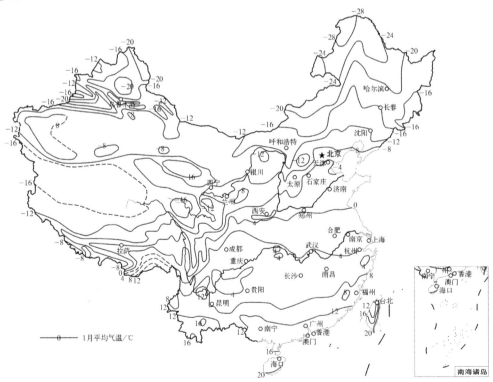

图 5-5　中国 1 月平均气温（王静爱，2007）

夏季全国气温普遍升高,南北之间的温度差远小于冬季。除了青藏高原、天山、大小兴安岭等地,7月平均气温低于20℃(藏北高原在10℃以下),全国广大地区,7月平均气温为20~28℃,南北气温差异不大(图5-6)。东部地区平均跨1纬度,气温差0.2℃左右。

中国夏热的特点还反映在极端最高温上。除青藏高原地区外,全国各地极端最高气温都在35℃以上。深居西北内陆的吐鲁番盆地,7月平均气温33℃,平均最高气温40℃以上,绝对最高气温47.8℃(1941年7月4日),为全国最高气温纪录。四川盆地东南的长江谷地、云南省南部的元江谷地、长江中游的湖区等,也都是全国著名的高温中心。与世界同纬度平均气温比较,中国7月平均气温偏高。

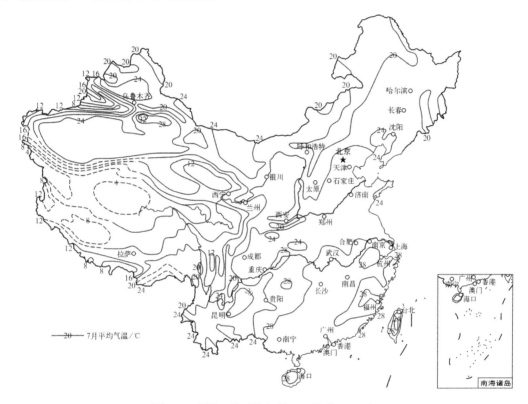

图5-6 中国7月平均气温(王静爱,2007)

(二)气温年较差大,但年平均气温偏低

中国由于冬季气温低,夏季气温高,所以气温年较差大。这也是大陆性气候的一个重要标志。气温的年变化幅度(年较差)随着纬度的增加由南往北加大(图5-7)。华南、云贵高原的年较差小,大致在10~20℃;长江中下游地区年较差约25℃;黄河中下游地区30℃左右;黑龙江和准噶尔盆地40℃以上。其中,气温年较差最大的出现在黑龙江嘉荫,达到49.2℃;最小的是在南海诸岛的西沙,仅6.1℃。青藏高原因纬度较低,地势高耸,高原面积广大,接受太阳辐射较多,冬季不太寒冷,夏季又很温凉,气温年较差不大。例如,拉萨、昌都、日喀则等地气温年较差仅18~20℃,比纬度相当的东部地区的汉口(26.2℃)、南京(26.3℃)还要小。藏北高原年较差多在26℃以下,也比东部同纬度地区小。与世界同纬度平均年较差相比较,中国各地年较差偏大(表5-1)。

中国全年平均气温分布(图5-8)有两个基本规律:一是北冷南热,由南向北逐渐

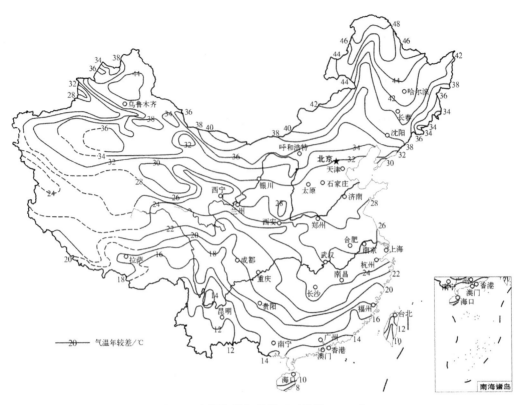

图 5-7　中国气温年较差（王静爱，2007）

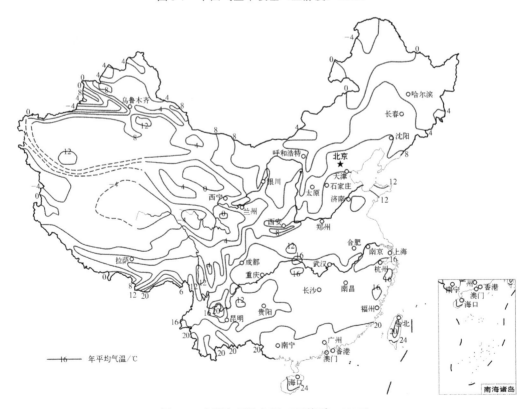

图 5-8　中国年平均气温（王静爱，2007）

降低。特别是东部地区，年平均等温线与纬线大致平行，呈现纬度地带性分布规律。例如，从黑龙江省北部约−5℃到南部南海诸岛的25℃以上，南北相差达30℃以上。二是平原暖，高原冷。特别是西部地区，由于地形影响，年平均等温线与等高线大致平行，呈现高度地带分布规律。例如，青藏高原年平均气温多在0℃以下，而其北侧的塔里木盆地等却多在5℃以上。全年平均气温0℃等温线特征值所围的区域，是常年冻土分布的区域。

同时，与世界同纬度平均的年平均气温值比较，中国的年平均气温水平也偏低。

（三）温度带与四季划分

根据温度差异，可以划分出不同的温度带。因为大多数农作物和植物在日均温稳定≥10℃期间生长得最活跃，故多采用植物活跃生长期的积温（简称活动积温）来表示温度条件。目前划分温度带比较通用的依据是与农作物生长关系较大的≥10℃积温数和日平均气温≥10℃的天数，同时参照自然景观及作物分布情况进行划分。中国除青藏高原外可划分为温带、亚热带和热带三大带。温带与亚热带的分界线大致在秦岭—淮河一线，亚热带和热带的分界线大致通过台湾南部、雷州半岛北端以及云南南部。根据各大带内温度条件的差异还可以把温带划分为寒温带、中温带和暖温带；把亚热带分为北亚热带、中亚热带和南亚热带；把热带分为北热带、中热带和南热带。另外，把气候独特的青藏高原划分为高原寒带、高原寒温带和高原温带（图5-9）。

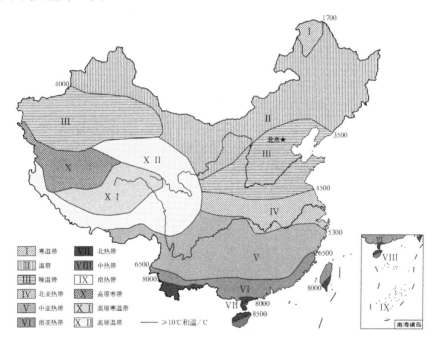

图5-9　中国的温度带（王静爱，2007）

在这种自然条件极其复杂的情况下，同一季节里各地温度的变化是极不一致的。民间历法与气候统计学等划分的四季，每季三个月，分配均匀，这与各地物候现象不完全一致。1934年，张宝堃用候平均气温10℃和22℃作为划分四季的标准。候平均气温10℃以下为冬季，22℃以上为夏季，介于10～22℃的时段为春季和秋季。这样划分出来的四季，与各地的物候现象大体相符。一年之中，候平均气温开始达到 10℃的初春，正是越冬作物返青、春播作物开始播种之时；候平均气温下降到 10℃以下，则是秋熟作物收割完毕，转入冬季。按这个标准，中国各地四季分配长短不一。大体是北方冬长夏短，南方冬短夏长。北温带基本上是长冬（8 个月）无夏，春秋相连；中温带、南温带、亚热带等广大地区，一年中寒来暑往，四季分明；热带地区是长夏无冬（表 5-3）。其中也不乏非典型区域，如藏北高原终年皆冬，南海诸岛四季皆夏，云南中部和贵州西南部四季如春。而长江中下游地区，冬季和夏季各 4 个月，春季和秋季各 2 个月，四季分配较均匀。

表 5-3　中国各气候带四季分配

气候带	冬长（月数）	夏长（月数）	春秋长（月数）
北温带	≥8	0	≤4
中温带	6~8	>0~2.5	3.5~5
南温带	4.5~6	1.5~5	3.5~5
北亚热带	3.5~4.5	3~5	3.5~4.5
中亚热带	>0~3.5	4.5~6	4.5~6.5
南亚热带	0	6~8	4~7
热带	0	8~12	0~4

资料来源：赵济，1995。

二、降水与干湿地带

（一）降水量由东南向西北减少

全国平均年降水量 650mm 左右，自东南沿海向西北内陆逐渐减少（图 5-10）。按正常年降水量，可划分为 5 个降水量带。

（1）年降水量大于 1600mm 带，主要分布在我国东南部。包括台、闽、粤、琼的大部分，浙、赣、湘、桂的一部分，以及藏东南喜马拉雅山东南坡等地。其中，台湾省大部分地区降水量超过 2000mm，基隆 2910mm，有"雨港"之称；火烧寮多年平均降水量 6557.8mm，最多的一年（1912 年）达 8409mm，是中国降水量最多的地方。藏东南雅鲁藏布江下游河谷的巴昔卡，多年平均降水量 4095mm，是大陆上多雨之地。

（2）年降水量 800~1600mm 带，在上述降水带之北，淮河、汉水之南，包括长江中下游和桂、黔、滇、川大部分地区。

（3）年降水量 400~800mm 带，一般指淮河、汉水以北的秦岭山地、黄土高原、华北平原、东北平原以及边缘山地丘陵，并包括青藏高原东南边缘地区。

（4）年降水量 200~400mm 带，在上述降水带之北，包括内蒙古高原和青藏高原东部草原带，以及西北内陆地区的天山、阿尔泰山迎风坡低山带。

（5）年降水量 200mm 以下地区，指上述降水带之西北或盆地中部。其中，塔里木盆地、柴达木盆地年降水量在 50mm 以下。吐鲁番盆地西缘的托克逊，年降水量 5.9mm，是中国年降水量最少的站点。

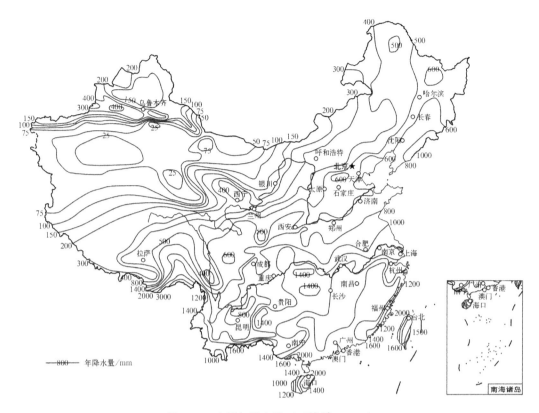

图 5-10　中国年降水量（王静爱，2007）

（二）降水季节分配不均

中国降水量的季节分配极不均匀，绝大多数地区降水集中在夏季风盛行的时期。一般来说，冬季干旱少雨，夏季雨量充沛。所以，夏雨冬干是中国降水季节分配的共同特征。而由于夏季风在各地进退的时间早晚不同，使降水的季节分配具有明显的地区差异性（图 5-11）。总的来说，东部地区由南向北，雨季出现的时间越来越晚，雨季结束的时间却越来越早，雨季持续的时间也就越来越短。其中，南方多春雨，北方多夏雨，华西多秋雨，台北多冬雨。

全国各地降水季节分配大致有如下 8 个表现。

（1）华南春、秋雨区。该区春夏之间为锋面气旋雨期，夏秋为热带气旋雨期。年降水曲线呈双峰型（5 月和 8 月），前峰高于后峰。

（2）江南丘陵年雨区。该区冬春夏三季多锋面气旋活动，秋季有短期晴好天气，年中各季有降水但以春夏比重大。

（3）北方夏雨区。该区年降水量不多，多在 800mm 以下，降水季节短，多集中于夏季。

（4）西北内陆盆地少雨区。该区月平均降水量不足 2mm，多集中在 6～8 月。由于该区降水量极少，偶然一次降水对多年记录影响很大。

（5）西北山地年雨区。该区常年受西风影响，虽年降水量不多，但季节分配较均匀。

（6）云南高原夏秋雨区。该区因西南季风势力强，撤退缓慢，年降水量比北方夏雨区略多，雨季结束略迟，年中干湿季分明。

图 5-11　中国降水季节分配（张治勋，1990）

（7）海南热带夏秋雨区。该区以热带气旋雨为主，加上秋季台风活动频繁，年中降水集中夏秋季。

（8）台湾东北部冬雨区。该区面迎海上来的东北季风，冬季多雨。

（三）降水变率大

降水量的年际变化大是季风气候的一个特点。每年季风进退时间的迟早和雨带在某一地区滞留时间的长短都使得每年的降水量差异较大。另外，台风的多少和移动路径的变化，以及寒潮暴发的强弱和次数也会引起各地降水量的变化。就全国来说，中国降水量的年际变化较大，但各地变化的情况不尽相同（图 5-12）。总的趋势是：降水量多的地方，降水量的年际变化小；降水量少的地方，降水量的年际变化大。因此，一般北方大于南方，内陆大于沿海，干旱区大于湿润区，背风坡大于迎风坡。

长江以南地区因距海近，受海洋气团影响，不仅雨水充足，且较为稳定，所以降水变率小，为 10%～15%，特别是云南南部，由于西南季风性质稳定，降水变率在 10% 以下，是全国最小的降水变率区。长江中下游和淮河流域受梅雨影响，降水变率为 20%～25%，华北地区夏季降水强度大，夏季以外的各季雨量较少，降水变率为 25%～30%。北京、天津、石家庄一带和山西南部，降水变率可达 30%～35%，成为中国东部的高变率区。东北地区因为接近海洋，水汽较多，气旋活动频繁，降水比较稳定，故降水变率较小，平原为 15%～20%，山地为 10%～15%。青藏高原的降水变率为 10%～20%。西北地区因降水少，且以阵雨为主，很不稳定，故降水变率较大，一般为 30%～50%，塔里木盆地、柴达木盆地都是少雨中心，降水变率都超过 50%，吐鲁番盆地超过 60%，为全国降水变率最高区。新疆西北部山地因受常年西风影响，降水较稳定，降水变率也较低，在 20%～25%。

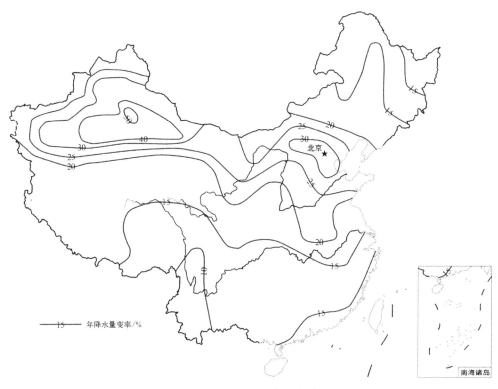

———15——— 年降水量变率/%

图 5-12　中国年降水变率（王静爱，2007）

（四）干燥度和干湿地带

干燥度是指可能蒸发量与降水量之比，用以表示一个地区的干湿程度。干燥度包括水分的收入量和支出量两个方面，它比降水量更能反映出一地的干湿状况。干燥度比值小于1，表示降水量有余，气候湿润；比值大于1，表示降水量不足，将出现不同程度的干旱。从全国干燥度与干湿地带分布图（图 5-13）可以看出，从东往西、从南到北，呈现出由湿润到干旱的变化规律。并依据干燥度，把全国分为湿润、半湿润、半干旱和干旱四个地带。

湿润地带的干燥度小于1.0，降水量大于当地的可能蒸发量，绝大部分地区年降水量在 800mm 以上。包括秦岭、淮河以南地区和东北北部、东部的湿润山区，是中国的农业和林业地区。

半湿润地带的干燥度1.0～1.5，可能蒸发量略大于降水量，年降水量 400～800mm。包括大兴安岭中段、东北平原大部、黄土高原、华北平原以及青藏高原的东南部，是森林向草原的过渡区，形成森林草原或草甸草原，是中国重要的农业区。

半干旱地带的干燥度1.5～4.0，年降水量少，介于 200～400mm，可能蒸发量与降水量的比值较大。包括东北平原西部、内蒙古高原东部、黄土高原北部和青藏高原中部、南部。天然植被为干草原和荒漠草原，是中国主要的牧区。

干旱地带的干燥度大于4.0，年降水量稀少，不足 200mm，可能蒸发量远远超过降水量。包括内蒙古高原西部、河西走廊、准噶尔盆地、昆仑山地以及羌塘高原北部与西部。其中阿拉善高原、塔里木盆地和柴达木盆地气候极为干旱，干燥度大于16，年降水量大部分在 50mm 以下，分布着大面积的沙漠与戈壁。干旱地带自然植被为半荒漠和荒漠，以牧业为主，有靠灌溉发展的绿洲农业。

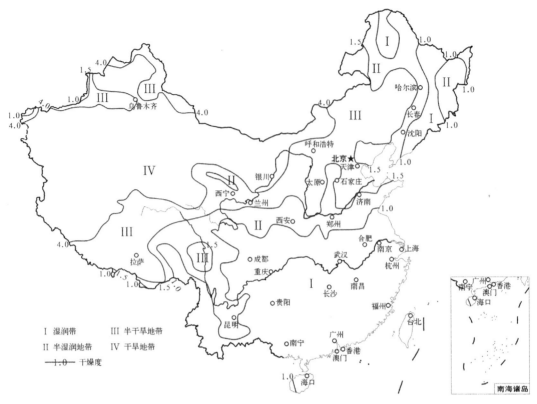

图 5-13　中国干燥度与干湿地带（王静爱，2007）

第四节　几种重要天气

一、寒潮

寒潮是中国大部分地区的冬季天气过程，是冷空气强烈爆发过程中所引起的天气现象，它规模大，势力强，降温剧烈。根据中央气象台的规定，一次冷空气活动使长江中下游及其以北地区在 48h 以内降温超过 10℃，长江中下游或春秋季的江淮地区的最低气温达到 4℃以下，陆上有大面积 5 级以上大风，而近海的海面上有 7 级以上大风，即为寒潮。如果降温在 48h 内达到 14℃以上，则称为强寒潮。

侵入中国的寒潮，大多数源于北冰洋，主要有三条路径（图 5-14）。西路：冷空气从喀拉海经西伯利亚，在乌拉尔山脉、鄂毕河上游一带滞留，当乌拉尔阻塞高压崩溃时，造成冷空气迅速南侵；或生成于北欧的地面冷高压，南下到里海后，随西风高空槽东移进入中国。这类寒潮由于向南爆发迟缓，江南地区的西南气流又比较湿润，因此，入侵时降温比较剧烈，并有大范围的雨雪天气，是侵入中国寒潮的主力，势力最猛，危害最大。中路（也称西北路）：从巴伦支海经中西伯利亚、蒙古侵入中国。一般多从河套地区南下，直达长江中下游和江南地区，有时还穿过南岭，影响华南地区。这路寒潮是影响中国次数最多、强度最大的一条。在长江以北，以大风降温为主，江南则往往为雨雪天气。东路（也称北路）：从西伯利亚经贝加尔湖以东向南侵入中国。冷空气多经东北、华北，南下进入长江中下游和两湖盆地，或沿中国东部沿海南下。

此路寒潮势力较弱、次数较少，因势力偏东，常使渤海、黄海出现东北向大风。

寒潮是中国冬季常见的一种灾害性天气，对农业生产影响很大。由于隆冬季节中国广大地区在蒙古高压控制之下，环流条件稳定，所以寒潮最多的季节不是隆冬1月，而是秋末和早春。寒潮造成的大风、降温常使华北和长江中下游晚秋作物和春播作物受冻而减产；越过南岭到达华南的强寒潮，使江南越冬作物和热带经济作物遭受不同程度的危害。伴随寒潮过境，有时出现强暴风雪，对草原地区的牧业危害很大。雪被覆盖草场，断绝畜群饲料来源，牲畜饥饿、受冻致死造成白灾。另外，寒潮对渔业生产和海运都会带来不利的影响。

然而，寒潮对人类的益处，似乎很少有人提起。地理学家的研究分析表明，寒潮有助于地球表面热量交换。随着纬度增高，地球接收太阳辐射能量逐渐减弱，因此地球形成不同热量带。寒潮携带大量冷空气向热带倾泻，使地面热量进行大规模交换，这非常有助于自然界的生态保持平衡，保持物种的繁茂。气象学家认为，寒潮是风调雨顺的保障。中国受季风影响，冬天气候干旱，为枯水期。但每当寒潮南侵时，常会带来大范围的雨雪天气，缓解了冬天的旱情，使农作物受益。大雪覆盖在越冬农作物上，就像棉被一样，可以起到抗寒保温作用。农作物病虫害防治专家认为，寒潮带来的低温，是目前最有效的天然"杀虫剂"，可大量杀死潜伏在土中过冬的害虫和病菌，或抑制其滋生，减轻来年的病虫害。寒潮还可带来风资源，举世瞩目的日本宫古岛风能发电站，寒潮期的发电效率是平时的1.5倍。

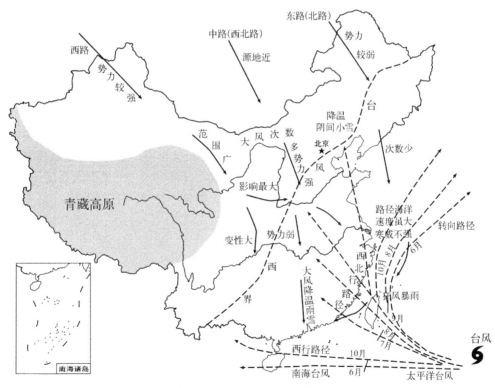

图 5-14　中国的寒潮台风路径（张治勋，1990）

二、梅雨

从中国江淮流域到日本东南部，每年初夏的6～7月，都有一段降水量较大、降水次数频繁的连续阴雨期。此时正值江南梅子成熟季节，故称为梅雨。其范围北至淮河，南至衡阳、福州一线，西至云贵高原东缘、三峡以东的广大地区。

梅雨主要是由势均力敌的冷暖气团，长期在江淮流域交锋，导致"梅雨锋"而形成的。初夏太平洋副热带高压逐渐加强，西风南支急流突然北移；同时大陆低压已加强，而且青藏高原高压也形成，但中纬的冷空气仍常常南下，使两气流交绥产生的极锋一跃而至江淮流域，且常受鄂霍次克海高压脊的阻塞作用，锋面较长时间滞留在江淮流域，形成持续的阴雨天气。

梅雨天气主要特征是雨量丰富，相对湿度大，风力较小，日照时间短，潮湿闷热，物品容易发霉，故又称"霉雨"。梅雨是大范围、大型降水的天气过程，随着梅雨来临，整个长江中下游阴云笼罩，出现绵绵细雨，有时降雨强度又很大，常出现暴雨中心。正常梅雨量占当地降水总量的40%左右。梅雨开始日期与夏季风在当地的开始日期相一致，大约是6月上、中旬。随着夏季蒙古高压的消失与东南季风的加强，7月上旬极锋西伸北跃，梅雨期结束。一般持续一个月。但每年的情况不同，由于太平洋副热带高压的强度和位置的变化，中国梅雨来去时间、雨期和降水量都会出现反常情况。入梅最早在5月下旬，最晚在7月上旬，前后相差40天。梅雨结束日期，最早在6月中旬，最晚在7月底到8月初，二者相差一个半月。有些年份（如1986年）梅雨早来晚走，雨期过长，最长为60天，降水过多称为"丰梅"；有的年份（如1904年、1958年、1965年）梅雨晚来早走，雨期过短，降水过少，梅雨不明显，甚至形不成梅雨，成为"少梅"或"空梅"。

梅雨时期的天气形势有几种不同的情况：第一种是梅雨形势稳定，雨量集中，易造成内涝和水灾，如1931年、1954年、1969年、1980年、1991年是江淮流域的多雨年份；第二种是梅雨很不稳定，天气系统变化快，雨区范围变动大，旱涝现象不突出；第三种是降水锋系很快北移，出现少梅或空梅，旱灾严重，如1934年、1958年、1965年、1978年即为空梅，1978年的梅雨期仅7天，降水量仅为梅雨期多年平均降水量的1/3。

江淮流域是中国重要的农业生产基地，梅雨期的早晚、长短和雨量的多寡，都与农业生产关系很大。梅雨期间，江淮流域正是夏收夏种季节。正常年份，梅雨适时适量使农田在获得充足雨水储备后，进入高温季节，作物可抵御伏旱，旺盛生长。如果梅雨期过长或过短，雨量过多或过少，不适时不适量则可能有旱涝发生。例如，1954年江淮流域5月中旬提早入梅，梅期持续了49天，造成江淮流域百年罕见的大洪水；1959年"空梅"后紧连伏旱，使江淮流域干旱成灾。

三、台风

台风是发生在热带海洋上的一种极为强大深厚的气旋性涡旋。在东亚叫台风，在北美称飓风，在印度洋地区叫气旋或风暴。

台风形成必须具备气流的低空辐合或上升运动，以及高空暖心的建立。辐合与上升的动力来自于三方面：①热带洋面上的大规模高温、高湿的垂直不稳定气流，对流旺盛发展；②南半球的东南信风过赤道转向的西南风，与北半球副热带高压南侧的东北信风相遇，形成的赤道辐合带，这个辐合带气压很低，有利于对流发展和涡旋的产生；东风气流的波动也容易发展成涡旋，若与赤道辐合带相辐合，更有利于涡旋的发展；③合适的地转偏向力，使气流不会直达低压中心，而是形成气旋性涡旋。所以台风大多形成于南、北纬 5°～20°的洋面上。风的垂直切变要小，利于高空暖心的形成，这使潜热不向外扩散，保持台风的暖心结构，使台风中心气压继续降低，空气涡旋越旋转越强，最后发展为台风。影响中国的台风主要形成于北太平洋西部加罗林群岛海区，少部分在南海海域。主要路径有三条（图5-14）。西行路径：从菲律宾以东洋面西行，穿过菲律宾或巴林塘海峡、巴士海峡进入南海，在海南岛或中南半岛登陆，对中国南海海区、海南、广东和广西的南部影响较大。西北行路径：从菲律宾以东洋面上向西北方向移动，先在台湾登陆，穿过台湾海峡在福建登陆，或从源地西北行，穿过琉球群岛后在江浙沿海登陆，这条路径对中国东海海区和东南沿海影响最大。且这一路台风登陆机会多，故称登陆路径。转向路径：从菲律宾以东洋面向西北方向移动，至25°N附近转向东北，经东海、黄海向日本方向移去。此路台风一般对中国影响不大，但最为多见，约占全部台风的49%。

由于与台风形成有密切关系的赤道辐合带和东风波都位于北太平洋副热带高压的南侧，所以副热带高压的位置对台风有很大影响。冬季北太平洋副热带高压偏东偏南，产生的台风很少在中国登陆；夏季，特别是7～9月，副热带高压向北推进，与此相应赤道辐合带移到南海东部和台湾海峡一带，9月辐合带仍在南海和菲律宾一带徘徊。因此，7～9月在中国登陆的台风最多，这个时期的台风占全年的70%，称为台风季。台风在中国的影响北起黑龙江省，南到海南省，但登陆主要集中在东南沿海各省。全国平均每年约有7.4次台风登陆，广东省最多，台湾次之，然后是海南省、福建省、浙江省。

台风属灾害性天气。台风过境时，往往伴随狂风、暴雨、巨浪、海啸，严重威胁着工农业生产、交通安全和港口设施。在登陆地区造成洪涝和风灾，破坏房屋，颠覆船只，损坏庄稼，危及交通安全和破坏港口设施，给人民生命财产带来巨大损失。但是台风有时也会带来一些好处，如夏秋季节东南沿海及长江中下游地区往往有不同程度的伏旱或秋旱，适时适量的台风外围降水，可以缓解或解除旱情，有利农作物的生长。

参 考 文 献

丁一汇. 2013. 中国气候. 北京：科学出版社.

韩渊丰. 2000. 中国区域地理. 广州：广东高等教育出版社.

李海. 1991. 中国地理. 长春：东北师范大学出版社.

聂树人，单树模，常剑峤. 1987. 中国自然地理教学参考书. 济南：山东教育出版社.

潘保田，李吉均. 1996. 青藏高原：全球气候变化的驱动机与放大器——Ⅲ. 青藏高原隆起对气候变化的影响. 兰州大学学报（自然科学版），32（1）：108-115.

任美锷. 1985. 中国自然地理纲要. 北京：商务印书馆.

盛承禹. 1986. 中国气候总论. 北京：科学出版社.

孙金铸. 1988. 中国地理. 北京：高等教育出版社.

王静爱. 2007. 中国地理教程. 北京：高等教育出版社.

张兰生. 2012. 中国古地理. 北京：科学出版社.

张治勋. 1990. 中国自然地理图解. 西安：陕西师范大学出版社.

赵济. 1995. 中国自然地理. 3版. 北京：高等教育出版社.

赵济，陈传康. 1999. 中国地理. 北京：高等教育出版社.

郑度. 2015. 中国自然地理总论. 北京：科学出版社.

《中国自然地理》编写组. 1984. 中国自然地理. 2版. 北京：高等教育出版社.

思 考 题

1. 青藏高原隆起对中国地理景观格局的形成有何影响？

2. 为什么美国东部亚热带比中国位置偏北?
3. 为什么中国与美国的荒漠化都位于西部,而中国更偏北?
4. 多山地形对中国气候的形成有何影响?
5. 试分析冬季、夏季影响我国的主要天气系统。
6. 中国与世界同纬度国家相比,水热状况有何特点?

第六章 陆地水与海洋

第一节 陆 地 水

一、河川径流

（一）水系和流域

在气候和地貌的制约下，中国水系的地域分布很不平衡。在夏季风所能达到的湿润和半湿润地区，河网众多，水量丰富或比较丰富，绝大多数河流直接注入海洋，成为外流流域。不受或少受夏季风影响的区域，地表水贫乏，河网稀少，河川径流不能直接注入海洋，成为内陆流域。外流流域面积约占国土总面积64%，内陆流域约占36%。内、外流域的分界线大致北起大兴安岭西麓，经阴山、贺兰山、祁连山、日月山、巴颜喀拉山、念青唐古拉山和冈底斯山而止于西端的国境线。这条分界线大致和年降水量400mm等值线相近。此线以东，除鄂尔多斯高原、松嫩平原及雅鲁藏布江南侧的羊卓雍湖等地区有小面积的封闭型内陆流域外，河川径流均分别注入太平洋和印度洋，并以太平洋水系为主。此线以西，除额尔齐斯河注入北冰洋的喀拉海，属北冰洋水系外，其他河流均不能注入海洋而注入就近盆地，或潜水成湖，或消失在沙漠之中（图6-1）。

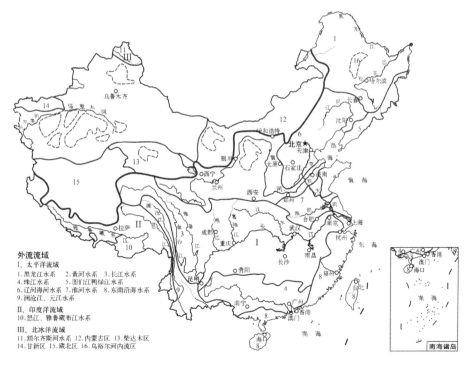

图6-1 中国水系流域分布概图

外流区河流的干流，大部分起源于三大阶梯隆起带上。

第一河源带是青藏高原的东南。发源于此的都是亚洲大陆的巨川大河，如长江、黄河、澜沧江、怒江、雅鲁藏布江等。

第二河源带为第二阶梯边缘隆起带，即大兴安岭、晋冀山地和云贵高原一带。发源于此的河流有黑龙江、辽河、海河、淮河、西江等，也都是中国的主要河流。

第三河源带是长白山地、山东丘陵和东南沿海丘陵。发源于此的河流主要有图们江、鸭绿江、钱塘江、瓯江、闽江、九龙江、赣江以及珠江的另两条支流东江和北江。这些河流逼近海岸，流程短、落差大，水力资源比较丰富。

（二）径流分布

1. 径流空间分布

中国河川年径流总量为 27000 亿 m^3，折合径流深 284mm。但地区差异很大。和大气降水分布规律近似，径流量的分布亦由东南沿海向西北内陆逐步递减。在同一地区内，山地地区、山地的迎风坡是径流相对高值区，平原、盆地地区，山地背风坡则是径流相对低值区（图6-2）。

图 6-2　中国多年平均径流深图

根据径流深的大小来衡量河川径流量，可将全国划分为 5 个不同量级径流地带。

（1）丰水带。年降水量＞1600mm，年径流深＞900mm。包括广东、福建、台湾的大部，江西、湖南的山地，云南西南部和西藏的东南部。大致相当于亚热带常绿阔叶林和热带雨林与季雨林地带。

（2）多水带。年降水量 800～1600mm，径流深 200～900mm。包括广西、云南、贵州、四川以及秦岭—淮河以南的长江中下游地区。相当于北亚热带落叶阔叶-常绿阔叶混交林和中亚热带常绿阔叶林带。

（3）过渡带。年降水量 400～800mm，径流深 50～200mm。包括黄淮海平原，山西、陕西的大部，东北大部，四川西北部和西藏东部。相当于暖温带、中温带落叶阔叶林和森林草原地带。

（4）少水带。年降水量 200～400mm，径流深 10～50mm。包括东北西部，内蒙古、甘肃、宁夏、新疆西部、北部以及西藏西部。相当于荒漠草原和干草原地带。是中国的主要牧区。

（5）缺水带。年降水量＜200mm，径流深不足 10mm。包括内蒙古西部和准噶尔、塔里木、柴达木三大盆地以及阿拉善沙漠区，相当于荒漠地带。

2. 径流时间分配

中国河川径流丰富和比较丰富的地区，主要是受夏季风影响的地区。受季风环流影响，中国大气降水和河川径流在时间分配上具有很大的不均衡性和不稳定性，年际年内季节变化很大。

（1）径流量的年际变化。年际变化通常用径流变差系数（Cv）和实测最大与最小年平均径流的比值来表示。中国径流变差系数最大地区是华北一带。华北平原的 Cv 值一般都大于 1，最大可超过 1.3；次高地区为内蒙古中部、阴山北部地区，其 Cv 值一般也大于 1，最大的亦可超过 1.2；再次为松辽平原、三江平原和西北的塔里木与准噶尔盆地地区；Cv 值最小地区是常年处于西风带控制的新疆伊犁河流域；南方夏季风比较稳定的地区 Cv 值也较小，四川盆地西部 Cv 值为 0.2 左右，西南大部分地区为 0.3～0.4；而年降水量相对较少的四川盆地、南阳盆地和海南岛西部地区，Cv 则比较大，可达 0.6，淮河流域大部分地区为 0.6～0.8。

（2）年径流的季节分配。中国河川径流季节分配很不均衡，具体表现在汛期出现的季节、延续时间以及汛期径流量集中程度等方面。这些因素决定着径流资源可利用的程度和效益，也是进行径流调节的依据。影响径流季节变化的主要因素是补给条件。在中国，大气降水是引起径流季节变化的主要因素，其次是地下水和高山冰雪融水。

东部季风气候区雨水补给占河川年径流总量的 60%～80%，甚至高达 80%～90%；西北地区降水稀少，雨水补给仅占 70%～80%，10%～25%依靠高山冰雪融水补给；黄土高原、青藏高原以及碳酸盐岩广布的黔桂地区地下水补给的比率较大。但是，不管是地下水补给还是高山冰雪融水补给的河流，其径流量仍然有明显的季节变化。

一般说来，秦岭—淮河以南的华中、华南地区自 3～4 月即开始进入汛期，9～10 月出汛，汛期长达 4～7 个月，径流量占年径流总量 60%～90%，其中春雨特别多的江南丘陵，3 月即开始入汛，9 月出汛；秦岭淮河以北的华北、东北地区入汛晚（7 月），出汛早（9 月），汛期仅 2～3 个月，径流量占年径流总量的 45%～60%；西南地区包括青藏高原和华中华南西部地区，受高原季风环流影响，汛期 7～9 个月，径流量占年径流总量 60%左右；西北广大内陆干旱地区，汛期主要出现在气温较高的 7、8 两个月，只有受西风环流控制，降水季节分配比较均匀的额尔齐斯河与伊犁河等，汛期可达 3～4 个月，径流量也只占年径流总量的 50%～60%。总之，中国河川径流主要集中在夏季半年，其中 6～8 月尤为集中，这三个月径流量在各地区年径流量中所占的比重：东北、华北、西北地区 45%～60%，华南和西南 50%～55%，华东部分地区 35%～50%。

（三）主要河流

中国流域面积在 100km^2 以上的河流有 50000 多条，集水面积超过 1000km^2 的有 1600 多条。主要河流及其水文状况见表 6-1。

表 6-1　中国主要河流一览表

河名	尾闾	流域面积/km^2	河长/km	径流总量/亿 m^3	备注
长江	东海	1808500	6300	9335	年径流量根据 1923～1979 年平均数
珠江	南海	453690	2214	3360	—
黑龙江	鄂霍次克海	891093	3420	1146	河长、流域面积、年径流量均指国内部分
松花江	黑龙江	557180	2308	733	—
辽河	渤海	228960	1390	148	流域面积含太子河与浑河、饶阳河
海河	渤海	263631	1090	228	—
滦河	渤海	441000	877	48	—
黄河	渤海	752443	5464	563	径流量为 1923～1979 年平均数
淮河	东海	269283	1000	611	流域面积与径流量均含沂、沭、泗河
钱塘江	东海	42156	428	364	—
瓯江	东海	17543	338	194	—
闽江	东海	60992	541	586	—
韩江	南海	30100	325	261	—
雅鲁藏布江	孟加拉湾	240480	2057	1654	仅指国内部分
澜沧江	南海	167486	1826	760	仅指国内部分
怒江	安达曼海	137819	1659	703	仅指国内部分
元江	北部湾	39768	722	183	仅指国内部分
塔里木河	（罗布泊）	194210	2046	205	—
伊犁河	巴尔喀什湖	61640	601	170	仅指国内部分
额尔齐斯河	喀拉海	57290	633	118	仅指国内部分

资料来源：赵济，1995。

1. 长江

长江发源于唐古拉山，流经青海、西藏、云南、四川、重庆、湖北、湖南、江西、安徽、江苏和上海等 11 个省（区、市），在崇明、长兴、横沙三岛附近注入东海，全长 6300km，是我国第一大河，世界第三大。流域面积 180 万 km^2。年径流总量 9335 亿 m^3。从河源到河口总落差 6600 多米，可开发水能资源达 1.9 亿 kW，占全国可开发水能资源总量的 40%。

1）水系和流域

习惯上，从河源至宜昌为上游，宜昌至湖口为中游，湖口以下为下游。

发源于唐古拉山主峰格拉丹东雪山西南侧的沱沱河为长江正源。在长江源地，除沱沱河以外还有楚玛尔河、尕曲、布曲和当曲等几条较大河流，其中以沱沱河为最长，出格拉丹东雪山以后，由南向北穿过祖尔肯乌拉山，与当曲汇合后称为通天河，流行于海拔4500m的青藏高原之上，河谷宽浅，水流缓慢，两岸草滩成片，是良好的高原牧场。自青海玉树直门达以下至四川宜宾一段，称为金沙江，长2308km，奔流于横断山脉峡谷地带，河谷深切，比降增大，水流湍急，到云南石鼓，受北北东与北北西两组断裂构造控制，河道突然拐向北东，进入虎跳峡。此峡右岸为玉龙雪山，主峰高5596m，左岸为中甸雪山，主峰高5396m，江面海拔1600～1800m，峡谷深达2000～3000m，最狭处（虎跳峡）江面宽仅30余米，江面以上的悬崖高近2000m，是世界上最雄伟壮观的大峡谷之一。在这段长仅16km的河段内，水头落差达200m，激流咆哮，撼人心弦。出虎跳峡，金沙江穿过云贵高原北部，接纳了雅砻江等支流，进入四川盆地，在宜宾附近又有岷江汇入。金沙江总落差3000多米，水能资源十分丰富。自宜宾以下始称为长江，其中流经四川盆地一段习惯上又称川江；它穿行在紫色砂页岩组成的山地丘陵之间，河床纵比降减至0.2m/km，江面宽展至200～800m，河曲发育，并接纳了沱江、嘉陵江、乌江等支流，流量增至8000～11000m³/s。过万县后，山势渐高，从奉节以东进入世界著名的三峡地区，称为长江三峡。

长江三峡全长约200km，从白帝城至黛溪为瞿塘峡，长8km；从四川巫山的大宁河口至湖北巴东县官渡口间为巫峡，长45km，两岸峭壁耸立，著名的巫山十二峰即位于此段；从香溪口至南津关为西陵峡。整个三峡区域，河道曲折，滩礁星罗，峡谷两岸，危壁耸立，大多高出江面500多米，最高的达千米以上。江面狭束，最狭处仅100m，水流湍急，洪水期最大流速可达7～8m/s，给航行带来很大困难，但它控制三峡以上100万km²面积左右的来水，年平均径流量达4500亿m³，水利和水能资源十分丰富。

长江出三峡后自宜昌以下进入中游平原，河床比降锐减，河道迂回曲折，尤其自湖北枝江至湖南城陵矶一段（称为荆江）尤为突出，素有"九曲回肠"之称。荆江自藕池口到城陵矶之间，直线距离仅80km，河道长247km。由于水流慢，泥沙沉积旺盛，荆江河段河床高出地面成为"地上河"，每当汛期，洪水位高出平地10～14m，极易溃堤成灾，自古就有"万里长江，险在荆江"之说，是长江流域重点防洪区。

长江中游的一大特点是支流众多。支流有汉江，洞庭湖水系的湘、资、沅、澧诸河，鄱阳湖水系的赣、抚、信、饶、修诸水，集水面积占长江流域总面积的38%，径流量增加一倍。虽有洞庭湖、鄱阳湖等湖泊的调蓄作用，但因地势低平，汛期洪水来势猛，泄水不畅，极易酿成洪涝灾害。

湖口以下的下游，湖泊港汊众多，但汇入的支流较少较小，主要有青弋江和巢湖、太湖水系的几条短小河流汇入。此外还有相当一部分淮河之水纳入长江。自镇江以下进入长江三角洲地区，江面展宽，到南通时江面达18km，入海处91km。

2）水文特征

第一，长江全流域除河源以外，基本属亚热带湿润气候区，降水丰沛，径流量大。长江多年平均径流量是黄河的20倍，占全国河川径流总量的34.7%。第二，径流主要来自中、上游。根据宜昌、大通两测站的资料统计，宜昌以上的上游地区，集水面积占长江全流域面积的56%，径流量占全流域的48.8%；大通站以上，宜昌站以下的中游段，集水面积占长江全流域面积的38.7%，而径流量却占全流域径流总量的51.4%。第三，径流比较稳定，年内分配比较均衡，年际变化也不像其他河流那么大，变差系数均在0.12～0.14，对水资源的开发利用特别有利。第四，水能资源丰富，特别是第一阶梯与第二阶梯，第二阶梯与第三阶梯过渡河段，水能资源丰裕。

3）三峡工程

消除洪水威胁一直是长江水利建设的头等重要任务。除了加固堤防、兴建水库，利用湖泊洼地蓄洪排涝等多种措施之外，三峡工程是解决长江中下游严重洪水威胁的一项不可替代的关键性工程。由于长江上游洪水来量大与中下游河道特别是荆江河道过洪能力小的矛盾十分突出，两岸地面高程又普遍低于洪水位，形成"悬河"。三峡工程建成后，形成库容为 393 亿 m^3 的大水库，其中防洪库容为 221.5 亿 m^3，用于调节洪峰、拦蓄洪水，使长江荆江河段的防洪标准从原来的十年一遇提高到百年一遇，配合其他措施可防止毁灭性洪灾的发生。

三峡工程是中国能源规划和电力工业生产的重要组成部分，是国家调整能源布局、开展"西电东送"、"全国电力统一调度"的重要措施之一。三峡水电站装机容量 1820 万 kW，年发电量 847 万 kW·h。加上计划预留的地下厂房 6 台机组，总装机容量可达 2240 万 kW。为华中、华东和广东提供大量清洁能源。

三峡工程从根本上改善了重庆至宜昌段通航条件。三峡水库蓄水后，险滩淹没、航深增大、水流趋缓、航道加宽，万吨级船队可从上海直达重庆。单向年通过能力从原来的 1000 万 t 增加到 5000 万 t，运输成本可降低 1/3，使长江真正发挥"低成本、大通量"的黄金水道的作用。

三峡工程的兴建，一方面，有利于长江中下游城镇的供水和农业灌溉，有利于发展水产养殖业。另一方面，三峡大坝将"截断巫山云雨"，形成"高峡出平湖"的景观，但也带来这一地区水文及环境的变化。

2. 黄河

黄河是中国第二大河，也是世界著名的大河之一。黄河发源于青海巴颜喀拉山，流经青海、四川、甘肃、宁夏、内蒙古、陕西、山西、河南、山东等九省（区），于山东垦利注入渤海，全长 5464km，流域面积 75.24 万 km^2，如加上鄂尔多斯高原上的闭流区，则流域面积为 79.5 万 km^2。

1）河道特征

黄河在内蒙古托克托县（河口镇）以上为上游，河长 3472km。根据河道特性的差异，又可将上游划分为河源段、峡谷段和平原段三部分。青海贵德龙羊峡以上为河源段，发源于巴颜喀拉山支脉各姿各雅山东麓的卡日曲是黄河的正源。从卡日曲开始经星宿海、扎陵湖、鄂陵湖到龙羊峡，大部分流行于青藏高原面上，河道迂回曲折，两岸多湖泊沼泽，河水清浅而稳定。龙羊峡至青铜峡，河道切过祁连山向东南延伸的余脉，形成峡谷和川地相间分布的形势。在坚硬的片麻岩、花岗岩及变质岩地段，形成峡谷，较松软的砂页岩、红色岩系分布区则成为宽谷。这一段计有龙羊峡、积石峡、刘家峡、青铜峡等近 20 个峡谷。水流湍急，水头总落差达 1300 多米，可利用的水头落差亦达 1084m，蕴藏着丰富的水能资源。本河段有洮河、湟水等支流汇入，使黄河水量增加。出青铜峡后，河道沿鄂尔多斯高原西北边界绕流，沿途所经，大部分为干旱和半干旱地区，几无支流加入，河床平缓，两岸为著名的银川平原和河套平原。

从河口镇到孟津为中游，流程 1122km，由北而南穿行在晋、陕峡谷之中，至龙门，河长仅 718km，水头落差却达 611m，比降很大，著名的壶口瀑布，平水时瀑布跌落 17m；龙门河槽宽仅 100m，水势咆哮，极为壮观。龙门以下至潼关，在长仅 130km 河段内，接纳了汾河、泾河、渭河、洛河等重要支流，水量大增，同时也带入了大量泥沙，水流缓慢，泥沙淤积，河道很不稳定，黄河过潼关折向东流进入黄河最后一个峡谷段三门峡。黄河中游两岸大部分为黄土高原，是黄河泥沙的主要源地，年输沙量占黄河年输沙总量的89%。同时黄河中游汇集了许多主要支流，是黄河洪水的主要来源，其径流量占黄河径流总量的40%。黄河中游是治理黄河水患的关键地段。

孟津以下为下游，长870km，此段河床在华北平原上游荡，河床宽坦，水流缓慢，泥沙淤积旺盛，使河床平均高出两侧平地4～5m，成为举世闻名的"地上河"。除在孟津至桃花峪间纳入伊洛河、沁河，在山东汇入大汶河等少数几条支流外，再无其他支流汇入。相反，因河床高出两侧平地而成为淮河与海河的分水脊。

2）径流变化

黄河主要流经干旱、半干旱和半湿润地区，产水量少，多年平均径流量仅563亿 m^3（只及长江径流量的6%），而且沿程变化很大。按花园口测站的资料统计，兰州以上河段，流域面积占30.48%，而径流量则占61.45%，是全流域最主要的增水区；兰州以下至河口镇的径流量（266亿 m^3），比兰州站的径流量少23%。河口镇以下至孟津段，是黄河支流辐聚区，水量增加，三门峡多年（61年）平均径流量为504亿 m^3，花园口增至563亿 m^3。自花园口以下，因无支流汇入，加上河道向两侧平地渗水和引水，径流又减。所以，黄河的径流基本来自上游和中游。

黄河水源以雨水补给为主，径流量的70%～80%集中在夏秋季。除河套地区至河口镇段秋水大于夏水外，大部分河段均系夏水大于秋水，冬季径流量仅占10%左右，春季径流量约占15%～18%。最大水月，河口镇以上为9月，中下游均为8月。黄河径流量年际变化很大，最大与最小径流量之比值中下游大于上游，其变差系数一般在0.2～0.35；春季农业需水急迫，而黄河却处在低水期（尤其是在连枯年），夏季常因洪峰过高而酿成水灾，连丰年的汛期更为严重。

3）洪水和泥沙

汛期流量过大，含沙量多，是黄河为害的主要自然因素。黄河洪水主要是夏秋季的暴雨所致。黄河流域主要暴雨中心在中游的泾河、洛河、渭河流域，因此，黄河的洪水主要自来中游的黄土高原，与之相伴的是强烈的水土流失所带来的巨量的泥沙。据陕县测站记载，这一河段的黄河平均含沙量达37kg/m^3，泾河、洛河、渭河所提供的泥沙相当于黄河输沙总量的90%。

4）水害治理

黄河长期失修，造成中游水土流失。每年由中游带来的16亿t泥沙，一部分淤积在下游河道，使河床日益升高成为地上"悬河"，另一部分在河口沉积，使河口不断延伸，河床比降减少，更加重了黄河河床的淤积，形成周期性的决口改道。新中国成立后，对黄河开展了综合治理。一方面，在上、中游，特别是黄土高原地区大力开展水土保持，控制水土流失；另一方面在下游修堤筑坝，加固黄河大堤，大力修建分洪蓄洪工程（如东平湖、北金堤、齐河与垦利等分洪工程），对确保黄河下游两岸人民生命财产安全起了很大作用。中上游水土保持工作虽然存在许多尚未解决的问题，但也取得了不少成绩，已完成了龙羊峡、刘家峡、盐锅峡、八盘峡、青铜峡、三盛公、天桥、三门峡和小浪底等一系列大中型水利枢纽工程。这些工程都发挥着灌溉、防洪、发电等综合效益。

3. 珠江

珠江流域面积44.2万 km^2（不计越南境内的1.2万 km^2），系由西江、东江和北江三大河流组成。其中以西江为最长，是珠江的主干流。

西江主源为南盘江，源出乌蒙山脉的马雄山（云南沾益县境内），至册亨县境会北盘江后称为红水河；再向东南流至广西石龙，汇合柳江后称黔江；在桂平与郁江汇合后称浔江；

至梧州与桂江汇合后始称西江。西江自石龙以上为上游，流域内石灰岩广布，河谷深切，多急流瀑布，北盘江支流大帮河的黄果树瀑布水头高70m。石龙以下至梧州为中游，切过与之斜交的北东向山脉，形成平坝与峡谷相间的河谷地貌，著名的峡谷如黄茅峡、大藤峡等，河窄、水深、流急，水能资源丰富。梧州以下为下游，河面宽窄相间，宽处达1500m，狭处仅300～400m，经三水后进入珠江三角洲，主流经磨刀门入海，全长2214km。

东江上源为寻乌水，发源于江西寻乌县境内的南岭山地，自龙川以下始称东江，东江属山溪性河流，上游河窄水浅，两岸多陡峻山岭，自惠阳以下进入平原，河床多沙洲、汊河，主流由虎门入海，全长523km。

北江上源为浈水，发源于大庾岭南坡，至韶关附近与武水汇合后始称北江。韶关以下北江穿过盲子峡、飞来峡等峡谷区，河道顺直，并先后接纳了漖江、连江等支流。自清远以下进入平原，亦于三水附近进入珠江三角洲，河道宽浅并分成数股，与西江相通，主流于洪奇沥入海，全长466km。

由此可见，珠江基本上是由三条独立水系组合而成，它们在珠江三角洲汇集，并通过纷纭的港汊相互沟通，在三角洲平原上形成纵横交错的网状水系，主要水道有34条，入海口门有8个，它们是虎门、蕉门、洪奇沥、横门、磨刀门、鸡啼门、虎跳门、崖门等。珠江三角洲河网区，其流域面积仅占珠江全流域面积的4%。实际上真正称为珠江的仅指广州至虎门这一小段。

珠江是一条雨型河，由于全流域基本属于南亚热带湿润季风气候，雨量丰沛，河川径流量大，多年平均径流量达3360亿m^3，为黄河的6倍，占全国径流资源总量的13%，仅次于长江，居全国第二位。

年内径流量虽主要集中在夏季，但因雨季来得早去得晚，一般从4月开始进入汛期，10月出汛，汛期长达半年以上。汛期内有两个高峰，一个在5～6月，一个在8～9月。

珠江流域是中国降水强度大、暴雨多的地区之一，汛期洪水相当频繁。一般西江洪水多发生在6～8月，东江的上游是5～6月，中下游为7～8月（台风影响），北江与东江相近。正因为如此，作为三江辐聚区的珠江三角洲，洪水威胁相当严重。

但珠江径流年际变化不大，尤其是西江，由于集水面积大，支流多且分布比较均匀，上游又有较为丰富的地下水补给，径流变化更小，变差系数多在0.20～0.21。北江因流域面积小，降水变率较大，东江因受热带风暴和台风降水的影响，变差系数较大，0.30～0.35。

由于植被覆盖率较高，加以石灰岩广布，珠江流域各河含沙量较小，平均含沙量0.321kg/m^3。含沙量最大的红水河为0.628kg/m^3（迁江站），流经石灰岩地区的桂江仅0.12kg/m^3。

总之，珠江，特别是西江，是一条沙少、水丰、径流量变化比较平稳的河流，为水资源开发利用提供了有利条件。珠江水系河流常年通航里程达1.2万km，水运量仅次于长江居全国第二位。水能资源也很丰富，流长水丰的西江尤为丰富。不利的是洪水威胁较大，尤其是珠江三角洲，此外，粤北、桂北山区的干旱也时有发生。

二、湖泊和沼泽

（一）湖泊

中国是一个多湖泊的国家，据初步统计，面积在1km²以上的湖泊近2300个（不包括时令湖），湖泊总面积达71787km²，占国土总面积的0.8%左右，由于地貌、气候和水文的差异，可将全国划分为五大湖区。

1. 青藏高原湖区

湖泊多系构造湖和冰川作用所形成。也有因泥石流阻塞河床而形成的堰塞湖。湖水较深，湖面海拔多在 4000m 以上。藏北高原的喀顺错（湖）海拔 5556m，是目前已知中国海拔最高的湖泊。全区大小湖泊 1500 多个，总面积约 36889km^2，占全国湖泊总面积的 51.4%。绝大部分为内陆咸水湖或盐湖，只在高原东部及南部有少量外流的淡水湖。青海湖、鄂陵湖、纳木错、奇林错、班公湖及羊卓雍错是高原上面积较大的湖泊，其中位于黄河源的扎陵湖、鄂陵湖是较大的淡水湖。由于高原尚处在新构造上升运动中，加上气候干旱，高原上的湖泊不同程度地呈现出湖水退缩、湖面缩小的趋势。

2. 东部平原湖区

主要指长江中下游平原和华北平原湖区。湖泊总面积 21641km^2，占全国湖泊总面积的 30.2%。本区湖泊大多与河流相通，不仅在水文性质上与河流有密切的联系，而且许多湖泊本身就是河流作用的产物。有的是河间洼地积水而成，如江汉平原和华北平原的一些湖泊；有的是河流受阻潴水成泊，如淮河流域的洪泽湖等；有的是废弃古河道的残体（牛轭湖），如分布于苏皖沿江平原的湖泊群。这些湖泊大多是在构造陷落的基础上由河流或河湖冲淤而成。因湖泊多与河流相通，受河流洪枯水位变化的影响，湖泊水位和湖泊面积具有显著的季节差异。洪水期，水位上升，湖面扩大；枯水期，水位下降，湖面缩小，湖泊的轮廓、面积随水位变化而变化。这些湖泊在接纳河流来水的同时，也接收了大量的泥沙。由于泥沙淤积，亦使湖泊淤浅和缩小，加上不合理的圩垦，常使湖泊消失。著名的五大淡水湖——鄱阳湖、洞庭湖、太湖、洪泽湖和巢湖即位于本湖区。

3. 蒙新高原湖区

区内大致以黑河为界分为东、西两部分。西部多构造湖，东部多为小型风蚀湖，亦有部分构造湖。全区湖泊总面积 9411km^2，占全国湖泊总面积的 13.1%；多为内陆咸水湖，仅有少数淡水湖。较大的湖泊有呼伦湖、博斯腾湖以及索果诺尔（湖）等。吐鲁番盆地的艾丁湖，位于海平面以下 155m，是中国地势最低的湖泊，水深不足 1m。

4. 东北湖区

区内平原和山区均有湖泊分布。湖泊面积 2377km^2，占全国湖泊总面积的 3.3%。除分布于松嫩平原的湖泊有部分为含有盐碱成分的内陆湖外，多为外流的淡水湖。平原地区湖泊的形成大都因地壳下沉、地势低洼、排水不畅，并有不透水层，使地表水积水而成。山地湖泊一般与地质构造和火山活动有关，其中火山堰塞湖尤多，如镜泊湖即由牡丹江河谷被玄武岩流堰塞而成；黑龙江德都的五大连池是 1720 年火山喷发时熔岩拥塞了白河河道所形成的相互连贯的五个小湖。位于长白山主峰的天池则是一个火口湖，海拔 2155m，最大水深 373m，是目前中国所知的最深的湖泊。兴凯湖则属构造湖，面积 4380m^2，为中、俄界湖。

5. 云贵高原湖区

全区湖面总面积 1108km^2，约占全国湖泊总面积的 1.5%。区内多为构造湖。著名的有滇池、洱海、抚仙湖、泸沽湖等。也有喀斯特发育过程中所形成的溶蚀湖，如草海、异龙湖、纳帕海及东湖等，湖水一般较深。

（二）沼泽类型及其分布

根据有无泥炭的形成与累积这一标准。可以将沼泽分为泥炭沼泽和潜育沼泽两类。中国绝大部分国土处于中纬度，冷湿地区较少，所以泥炭沼泽分布面积约 3.52 万 km^2，而且泥炭层较薄，除少数厚达 1～2m 以外，一般只有几十厘米厚。潜育沼泽分布较广，计约 7.48 万 km^2，占全国沼泽总面积的 68%。

中国沼泽主要分布在东北地区，其次为青藏高原和西北高山地区，是泥炭沼泽的主要分布区。此外，东部广大平原和滨海地区，蒙、新内陆干旱平原地区亦有零星分布，主要为潜育型沼泽。

三、山岳冰川

中国是世界上中、低纬度山岳冰川分布最广的国家之一，冰川面积达 5.8 万 km^2，占世界山岳冰川总面积的 1/4，亚洲山岳冰川面积的 1/2。

中国山岳冰川集中分布于西部海拔 3500m 以上的高寒山区。青藏高原地势高耸，是世界上高山冰川最发育的地区之一，其中昆仑山和喜马拉雅山冰川面积约在 $10000km^2$ 以上。其次为天山、念青唐古拉山和喀喇昆仑山，冰川面积亦达 6000～$10000km^2$。

根据冰川形成的气候条件差异，中国山岳冰川可分为大陆型和海洋型冰川两大类，而以前者分布最广。自唐古拉山东段的碑加雪山，经嘉黎、工布江达至措美一线以西的喜马拉雅山中段，还有冈底斯山、唐古拉山、昆仑山、喀喇昆仑山、帕米尔高原、祁连山、天山和阿尔泰山等各大山区的冰川，均属大陆型冰川。这些地区主要受西风环流的影响，降水量不多，夏季降水约占 50%～60%，春季降水约占 20%～30%，秋、冬季分别占 10%～15%。此线以东为海洋型冰川，主要包括喜马拉雅山东段、念青唐古拉山东段及横断山等山区。这些地区受海洋来的夏季风的影响，降水丰沛，60%～70%集中夏季，秋季占 20%～25%，春季占 15%，冬季不到 5%。这类冰川发展迅速，其前端可下伸至森林线，但冰川消融也十分剧烈。

据估算，中国冰川总储量达 50000 亿 m^3，接近于全国河川径流总量的 1.9 倍。每年冰川消融期融水径流量约 560 亿 m^3，与黄河多年平均径流量相等，约占全国年径流总量的 2%，占西部的甘、新、青、藏四省（区）河川径流量（5272 亿 m^3）的 10.62%。这是一笔十分可观的水资源。

四、地下水

据初步估计，中国陆地水资源总量中，地下水约占 23%，是水资源的重要组成部分。受地质、地貌、气候以及水文等自然因素的影响，中国地下水可分为如下几种类型。

（一）松散沉积物孔隙水

主要分布于中生代以来陷落的具有巨厚疏松沉积的构造盆地地区。昆仑山—秦岭一线以北，构造沉积盆地分布广，规模也大，塔里木盆地、准噶尔盆地、柴达木盆地、河西走廊、鄂尔多斯高原、黄淮平原和松辽平原等是这类地下水丰富的地区；昆仑山—秦岭一线以南，多为小型山间盆地，面积较小，疏松沉积层较薄，地下水储存条件不如北方。但南方地区降水丰富，地下水补给条件好，地下水的蕴藏量相当丰富。北方的西部地区，虽然气候干旱、降水稀少，地下水补给条件差，但盆地有高山环绕，高山地区降水较多，又有冰川融水补给，盆地边缘山前地带的巨厚砂砾层是良好的地下水储存区。盆地中心为沙漠和戈壁所覆盖，地下水补给条件受到限制；东部盆地，处于季风气候区，地下水比较丰富，且富水程度比较均匀，是目前地下水开发利用程度最高的地区。

（二）岩溶裂隙溶洞水

主要分布于碳酸盐岩层分布区。此类地下水，中国南北均广泛分布。但北方地区，主要分布在寒武奥陶系碳酸盐岩层中，岩溶化程度较南方低，一般地表岩层不甚发育而南方岩溶裂隙大部分存在于上古界和下中生界碳酸盐岩系中，碳酸盐岩性较纯，岩溶化程度高，形成一系列地下河和规模巨大的溶洞，地表岩溶也十分发育，地下水储存条件好，加以气候湿润，降水丰富，地下水资源丰富。

（三）基岩裂隙水

分布也较广泛，特别是广大北方地区侵入岩裂隙水分布面积大。南方地区，除东部沿海丘陵地区分布比较广泛外，其余地区均呈零星分布。

东部沿海山地丘陵地区和大小兴安岭，长白山地等广大地区，风化作用强烈，风化壳厚度一般达 10～30m，是裂隙水主要分布层，但含水层毕竟较浅，富水程度较弱，仅在风化程度较强又属构造破碎带的地区，地下水蕴藏量才比较丰富。西部干旱高山地区，降水比较丰富且气候明显垂直分异，对基岩裂隙水的渗入和补给量较大，这对山区供水和山麓盆地周边地带的地下水的补给具有重要意义。

（四）冻土孔隙裂隙水

主要分布于大兴安岭北端、阿尔泰山地等纬度较高，或纬度不高但地势特高，气候寒冷有冻土层分布的地区。

从地下水化学类型看，中国浅层地下水以淡水为主，矿化度小于 1g/L，属重碳酸盐水。东部季风气候区，特别是秦岭—淮河以南的广大地区，东北大部分地区，西部青藏高原大部分地区及西北盆地周边高山地区，都属于这种类型。矿化度 1～10g/L 的咸性地下水，主要分布于昆仑山—秦岭一线以北的半湿润、半干旱和干旱气候区。由东向西，矿化度逐渐增大，由重碳酸盐、硫酸盐钠质水向氯化物钠质水转化。后者主要分布于塔里木盆地、柴达木盆地和准噶尔盆地。此外在东部沿海平原地带，直接受海水影响，亦属氯化物钠质水。

五、水资源的特点及评价

（一）水资源特征

1. 水资源相对贫乏，水资源安全问题提上日程

中国水资源总量比较丰富，为 28128.9 亿 m^3，其中河川径流总量为 27 000 亿 m^3，仅次于巴西、俄罗斯、加拿大等少数几个国家，居世界前列。但中国人均水资源量仅有 2152.1m^3，仅为世界平均值的 29%；人均径流量为 2600m^3，仅为世界人均水平的 1/4，处于世界中等偏下水平，在联合国统计的 155 个国家中名列 103 位。依据"国际人口行动"（PAI）提出的《持续水：人口和可更新水的供给前景》报告对水资源紧张状况的类型划分，并结合中国实际，可将中国水

资源情况分为富水、轻度缺水、中度缺水、重度缺水和极度缺水五种类型（图 6-3、表 6-2），全国共有 10 个省级行政区处于极度缺水，2 个省级行政区处于重度缺水，两者拥有人口占全国总人口的 40%，但水资源总量仅占 5%，此外还有 4 个省级行政区处于中度缺水。全国尚有 7000 多万人、5500 多万牲畜需要解决饮水问题。按水利部公布的《2002 年中国水资源公报》，到 2030 年，中国人均水资源量将下降到 1750m³，进入重度缺水国家行列。按国际标准，一个国家用水量超过其水资源可利用量的 20%，就很可能发生水危机，而中国到 21 世纪中期总用水量将从过去的 5000 亿 m³ 增加到 8000 亿 m³ 左右，占中国可利用水资源量的 25% 以上。水资源对国民经济增长的保障和支撑能力下降，水资源安全问题日益成为一个重要的国家战略问题。

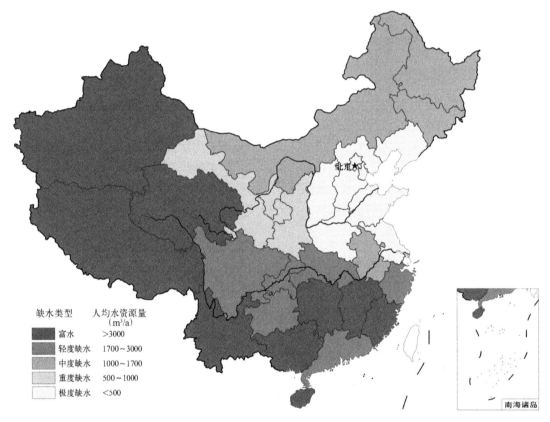

图 6-3　中国各省级行政区用水紧缺类型图（路紫，2010）

表 6-2　中国区域水资源紧缺类型

紧缺型	人均水资源量 /m³	水资源现状	水资源总量/%	人均水资源/m³	分布地区
富水	>3000	—	58.9	6167	藏、青、新、滇、桂、赣、琼、湘、闽
轻度缺水	1700～3000	个别时段出现水问题	28.3	2345	黔、浙、粤、川、鄂、渝
中度缺水	1000～1700	出现周期性和规律性用水紧张	7.6	1406	黑、吉、内蒙古、皖
重度缺水	500～1000	紧张	1.4	647	陕、甘
极度缺水	<500	极严重持续缺水，需调水解决	3.8	240	苏、辽、豫、沪、晋、宁、冀、京、鲁、津

资料来源：路紫，2010。

2. 中国北方和南方，东、中、西部水资源分布与区域经济发展不一致

北方与南方人均水资源量之比为 1∶4.25（表6-3）。辽宁、吉林、黑龙江、北京、天津、河北、山西、内蒙古、山东、河南、陕西、甘肃、青海、宁夏、新疆等 15 个省（区、市）人口、GDP、工业增加值均占全国的 40% 以上，而其水资源总量仅占 14%。相反，其他 16 个省（区、市）水资源总量占全国的 86%，而其人口和经济总量不到全国的 60%。由此可见，中国南、北方水资源分布不协调。

表6-3　中国地区水资源和经济主要指标

主要指标	全国	三大地区			北方与南方	
		东部	中部	西部	北方	南方
水资源总量占全国比重/%	100	27.2	29.2	43.6	14.6	85.4
总用水量占全国比重/%	100	43.8	32.2	24.0	40.9	59.1
GDP 占全国比重/%	100	59.9	26.6	13.5	41.4	58.6
人均水资源量/m³	2200	1449	1833	4180	768	3263
人均用水量/m³	428	454	393	448	420	439
万元 GDP 用水量/m³	537	340	563	831	460	470
万元工业增加值用水量/m³	241	196	308	335	144	309

资料来源：路紫，2010。

北方地区耕地面积大而水少，南方地区耕地面积小而水多。北方地区耕地面积占全国耕地总面积的 60%，南方地区耕地面积仅占全国耕地面积的 40%，水土资源不协调组合使得北方地区农业用水紧张。目前华北大部分地区、华东部分地区人均水资源量低于 500m³，特别是北京、天津、河北、山东等地人均水资源占有量更低，严重制约了农业生产的发展。

中国东、中、西部水资源分布与区域经济发展也不一致。中国东、中、西部地区人均水资源量之比为 1∶1.27∶2.88。中国人口的 41.6%、国内生产总值的 59.9% 和工业增加值的 63.3% 集中在东部地区，而其水资源总量仅占全国的 27.2%；相反，水资源总量的 43.6% 集中在西部，主要是西南地区，而其人口只占全国的 23%，GDP 仅占全国的 13.5%。中国东部部分大城市已经处于或接近 300m³ 这个正常生存的人均水资源底线，已经不能依靠节水解决水资源供求问题，必须借助外来水源。

3. 水资源年际年内变化大，旱涝灾害频发

径流量逐年变化存在明显的丰平枯水年交替出现及连续数年为丰水段或枯水段的现象，使中国不断发生旱涝及连旱现象；径流年内季节变化明显，华南及东北地区的河流春季会出现桃汛或春汛，大多数河流为夏汛或伏汛，东南沿海、海南岛及台湾东部受台风影响会出现秋汛，短期集中的径流往往形成洪水。

中国降水和径流的年际、年内变化大，枯水年和丰水年持续出现，是造成水旱灾害频繁、农业生产不稳的主要原因，同时加重了水资源调节利用的困难。

4. 中国区域经济发展的水资源支撑能力存在较大地区差异

通过分析人均 GDP、人均耕地面积、人均矿产价值、人均供水量和单位产水等经济发展指标与水资源的协调性，可衡量水资源对区域发展的支撑能力。中国水资源与区域发展的

协调性有多种类型（表 6-4）。由于水资源和经济活动分布关系的不一致性，使中国各地区水资源对其经济发展的支撑和保障程度呈现较大的差异。

表 6-4　中国各地区水资源与区域发展的协调度

地区类型	分布地区
匹配	藏、浙、闽、桂、青、粤、琼、赣、新、沪、湘、滇、黔、川（含渝）
基本匹配	宁、苏、皖、黑、吉
不匹配	内蒙古
极不匹配	陕、甘、辽、豫、晋、冀、京、鲁、津

资料来源：路紫，2010。

（二）水资源对中国区域经济发展的制约

中国水资源的缺乏已严重地制约了地区的经济发展，导致巨大的国民经济损失。例如，产业方面，中国农业缺水每立方米要损失粮食 0.185kg，工业缺水每立方米要损失产值 30～40 元，损失 GDP 为 10～15 元。目前及今后相当长时期内，中国 GDP 增长与需水总量的增长是一致的，经济增长导致需水增长，而水资源总量和结构的变化明显影响区域经济的发展。中国工农业生产量将进一步增长，使得未来中国经济的发展与水资源的供给矛盾加重。再如城市方面，目前全国有 400 多个城市供水不足，其中缺水比较严重的达 110 个，日缺水量达 1600 万 m³，每年因缺水造成的城市工业产值损失逐年加剧，预计到 21 世纪中叶，城镇人口将超过 9 亿人，城市用水量将大幅增加，部分地区不得不压缩工农业用水，或优先保证城市供水，这会加剧对地区发展的影响。

中国水资源不足导致了经济分布变迁。自改革开放以来，中国的经济活动和生产力逐步向人均水资源量超过 1700m³ 的富水地区和轻度缺水地区集中。从 20 世纪 70 年代后期到 21 世纪初，轻度缺水地区的 GDP 由占全国比重的 21% 提高到 28%，大于 3000m³ 的富水地区 GDP 所占比重由 15% 提高到 16%。相反，重度缺水地区和中度缺水地区 GDP 所占份额在下降，前者由 4.2% 下降到 2.7%，后者由 12.3% 下降到 9.7%。极度缺水地区 GDP 所占份额由 47% 下降到 44%。出现这种变化的根本原因是水资源相对丰富的东南沿海地区经济的崛起。如果从区域水资源与经济活动分布的关系看，中国的经济布局则正在逐步向合理化的方向迈进。

水资源短缺制约了资源开发，恶化了生态环境。目前中国水资源与矿产等资源分布不协调，水资源短缺影响了其开发。中国矿产资源现已查明的潜在价值，北方地区占 59%，南方地区占 41%，具有丰富煤炭资源的山西和宁夏，每百元矿产资源潜在价值之拥水量却极低。目前中国面临的河、湖萎缩，森林、草原退化，水土流失与灌区次生盐渍化，地表、地下水体污染等问题与水资源短缺密切相关。大规模河流上游用水导致了河流下游河长缩短、尾闾湖泊水面面积萎缩甚至消失，致使我国北方地区很多河流已经成为季节性河流。黄河下游每年断流，也导致了地表干化、地面下沉、海水入侵等一系列生态环境问题，造成了局部地区森林草地资源的劣变，严重影响了地区可持续发展战略的实施。

（三）南水北调工程

南水北调工程将分别从长江下游、中游、上游调水北送，通过东、中、西三条线路，与长江、淮河、黄河、海河相互连接，构成"四横三纵、南北调配、东西互济"的水资源总体格局。南水北调工程于 2002 年 12 月正式开工。

东线工程：利用江苏省已有的江水北调工程，逐步扩大调水规模并延长输水线路。东线工程从长江下游扬州抽引长江水，利用京杭大运河及与其平行的河道逐级提水北送，并连接起调蓄作用的洪泽湖、骆马湖、南四湖、东平湖。出东平湖后分两路输水：一路向北，在位山附近经隧洞穿过黄河，输水到天津；另一路向东，通过胶东地区输水干线经济南输水到烟台、威海。东线工程开工最早，并且有现成输水道，一期工程总长 1467km，2013 年通水。

中线工程：从丹江口大坝加高后扩容的汉江丹江口水库调水，经陶岔渠首闸（河南淅川县九重镇），沿豫西南唐白河流域西侧过长江流域与淮河流域的分水岭方城垭口后，经黄淮海平原西部边缘，在郑州以西孤柏嘴处穿过黄河，继续沿京广铁路西侧北上，可基本自流到终点北京。中线工程主要向河南、河北、天津、北京 4 省市沿线的 20 余座城市供水，并兼顾沿线生态及农业用水。工程总长 1432km，2013 年完成主体工程，2014 年 10 月汛期后全线通水。

西线工程：在长江上游通天河、支流雅砻江和大渡河上游筑坝建库，开凿穿过长江与黄河的分水岭巴颜喀拉山的输水隧洞，调长江水入黄河上游。西线工程的供水目标主要是解决涉及青、甘、宁、内蒙古、陕、晋等 6 省（区）黄河上中游地区和渭河关中平原的缺水问题。结合兴建黄河干流上的骨干水利枢纽工程，还可以向邻近黄河流域的甘肃河西走廊地区供水，必要时也可及时向黄河下游补水。截至目前，西线工程还没有开工建设。

规划的东线、中线和西线到 2050 年调水总规模为 448 亿 m³，其中东线 148 亿 m³，中线 130 亿 m³，西线 170 亿 m³。

南水北调工程具有显著的社会效益、经济效益和生态效益。社会效益方面，主要解决北方地区的水资源短缺问题、促进这一地区经济社会的发展和城市化进程，当代 2 亿～3 亿人乃至子孙后代直接从中收益，还可以解决 700 万人长期饮用高氟水和苦咸水的问题，工程建成后将构成四横三纵、南北调配、东西互济的大水网格局，增强当地水资源承载能力，促进北方地区经济社会协调发展；经济效益方面，由于对南水北调工程投入了大量资金，每年可以拉动中国经济增长 0.2～0.3 个百分点，调水工程通水后，北方地区增加了水资源的供给，每年将增加工农业产值 500 亿元，另外由于调水工程的实施，每年可增加就业人口 50 万～60 万人；生态效益方面，可以有效缓解受水区的地下水超载局面，增加生态和农业供水 60 亿 m³ 左右，使北方地区水生态恶化的趋势初步得到遏制，并逐步恢复和改善生态环境，在全球气候变暖、极端气候增多条件下，增加国家抗风险能力，为社会经济可持续发展提供保障。

保护生态环境是规划和实施南水北调工程的基本前提和重要目标。南水北调始终贯彻先节水后调水，先治污后通水，先环保后用水的原则，坚持工程建设与治污环保相结合，着力打造清水走廊、绿色走廊。

第二节　中国海洋国土

一、海洋概述

（一）中国海域的范围

中国近海海域包括渤海、黄海、东海和台湾以东海域、南海。中国海域南北跨度约 38 个纬度，跨温带、亚热带和热带，东西跨度约 24 个经度。在与我国毗连的 437 万 km² 的海域中，可主张的管辖海域面积约 300 万 km²，其中领海面积约 37 万 km²，其中部分海域与相邻几个国家的主张重叠，正在通过外交途径划定。

中国大陆海岸线曲折漫长，北起中朝交界的鸭绿江口，南至广西的北仑河口，全长18000km，呈北东和北西向。按成因和形态，可将中国海岸分为三大类型：具有突出岬角和凹入海湾的基岩海岸；由泥沙堆积物而成、岸线平直的平原海岸，包括三角洲海岸、淤泥质海岸和沙砾海岸；主要由珊瑚礁或红树林组成的生物海岸。以杭州湾为界，以北主要是上升的基岩海岸和下降的平原海岸交错分布；以南基本上是隆起的基岩海岸。此外，珊瑚礁岸主要分布在台、粤、琼沿海及附近岛屿；红树林海岸主要分布在闽、粤、桂、琼、台沿海。

中国有大于$500m^2$的岛屿6500多个，岛岸线超过14000km。海岛的分布范围相当广，它们多数呈断断续续的岛链镶嵌在大陆附近，少数呈群岛形式星罗棋布于远海之中。海岛分布的长轴走向大体都是呈北东或北北东方向展布，而且排列有序。其中，东海的岛屿数量最多且分布比较集中，约占全国海岛总数的2/3；南海岛屿数量居第二，有1700多个，占中国海岛总数的1/4左右，绝大部分靠近大陆。海岛是神圣和宝贵的海上国土，是海洋权益的标志和拥有周围海域资源的主权权利的象征，具有重要的经济战略地位。

中国的岛屿分为大陆岛和海洋岛，前者约占95%。大陆岛依据成因，可分为基岩岛和冲积岛。基岩岛原为大陆的一部分，由于滨海地区下降，原先地面上的高处凸露成为岛屿，因此基本沿大陆的基岩海岸分布，如台湾岛、海南岛、舟山群岛。冲积岛由河流带来泥沙冲积而成，分布于淤积剧烈的大河口近岸海域，如崇明岛。海洋岛可分为珊瑚岛和火山岛。珊瑚岛由珊瑚虫的骨骼构成，主要分布在南海，包括南沙群岛等南海诸岛；火山岛主要分布在台湾岛周围，澎湖列岛的各岛都属于火山岛。

中国的海峡主要有台湾海峡、琼州海峡和渤海海峡。台湾海峡呈北东南西走向，南北全长约500km，东西平均宽度约为150km，是台湾和福建的自然分界线。它纵贯中国东南沿海，由南海北上，或由渤、黄、东海南下，必须经过这里，是中国的"海上走廊"。它同时具有国际航行的价值，东北亚各国与东南亚、印度洋沿岸各国间的海上往来从这里经过比较近便。海南岛与雷州半岛之间的琼州海峡，长约80km，南北平均宽度为29.5km，它连通了北部湾和珠江口外海域。渤海海峡是辽东半岛南端的老铁山与山东半岛蓬莱之间的水道，其最近距离为109km，海峡中众多的岛屿分割出许多大致呈东西向的水道，贯通了渤海和黄海。

根据海域的地理位置、地理轮廓、海洋物理性质、生物体系、海底地貌等因素所呈现出的差异，中国近海划分为渤海、黄海、东海和南海四个海域。渤海和黄海的分界线是从辽东半岛南端老铁山角经庙岛列岛至山东半岛北端蓬莱角的连线。黄海与东海的分界线是西起长江口北岸启东角，东至朝鲜半岛南侧济州岛西南角之间的连线。东海与南海之间的分界线，是由福建东山岛南端沿台湾浅滩南侧至台湾南端鹅銮鼻之间的连线。

（二）海洋环境及特征

1. 海底地质与地貌

中国海介于亚洲大陆与太平洋之间，自北向南略呈弧形展布。欧亚板块与太平洋板块的相互作用，形成了一系列北东-南西向的隆起与沉降构造带。最东侧为现代岛弧-海沟系和新生代的东海陆架边缘隆起带，向西为新生代的东海陆架拗陷带、中生代浙闽隆起带、中新生代黄海南部拗陷与前古生代胶辽隆起。南海海盆处于亚欧板块与太平洋板块、印度洋板块的交界地带，南海海盆中央为拉开断裂的古陆块之间的地幔物质上隆带，两侧分别为西沙—中沙块断构造带和南沙块断构造带。

地质构造活动控制了中国海底地貌的基本格局，而长江、黄河、闽江、珠江等大小江河向海洋输送了巨量的淡水（14900 亿 m^3/a）和泥沙（17.2 亿 t/a），其影响波及河口两侧岸线及大陆架毗邻区，塑造了具有特色的中国海岸，形成了辽阔的有隆脊围绕的堆积型大陆架。地壳运动与海面变化的综合效应，形成了阶梯大陆坡和深海平原。这就构成了中国海海底地貌的概貌：海底地势大体由西北向东南倾斜、渐趋加深，若将海南岛南侧经台湾岛至五岛列岛连成一线，则此线的西北部分构成平缓的大陆架区，而此线东南则为地形复杂的大陆坡、海槽、深海盆以及岛缘大陆架。黄、渤海具有单一大陆架；东海约有 2/3 在大陆架上，但有部分陆坡和海槽；南海 1/2 面积在大陆架上，阶梯状大陆坡及张裂的深海平原占据南海海区绝大部分，台湾以东太平洋海区绝大部分为大陆坡和深海盆地所占据，海底地貌类型丰富多样。

2. 海洋气候

太阳辐射，海陆、海流等下垫面因素，大气环流三者之间的相互作用，影响海洋气候的形成。中国近海太阳总辐射变化范围在 418～735kJ/（$cm^2 \cdot a$），基本呈带状分布，最大值位于 15°N 附近的副热带高压少云区，最小值位于北部气旋常出没的多云区。总量在夏季最大、冬季最小，而秋季多数海域大于春季。冬季太阳辐射总量从南向北递减，而夏季辐射总量的地区差异较小。南海的辐射总量与其他海区相比，终年较高，对天气和气候有一定影响。

近海的风向以一年为周期变化的季节现象极为显著。冬季，海域盛行北向风，尤其是东北季风；夏季盛行南向风，尤其是东南季风。春秋季均为过渡性转换季节，风向多变，盛行风不明显。季风特征以南海最为显著，东海的季风变换也比较典型，渤海、黄海因海区面积和地理位置的缘故，季风特征不如南海、东海显著。

近海的雾主要发生在 1～7 月，8 月只有朝鲜半岛西南局部海域偶尔起雾，9～12 月海雾不多见。1 月雾区很小，主要在北部湾及东南沿海靠近海岸 100～200km，东海 200～500km；2 月、3 月雾区范围扩大，南海北部、福建沿岸、舟山群岛雾频率急剧升高；4 月南海雾区缩小，东海北部、黄海南部雾频率大增；5 月雾频率最高值出现在济州岛西面，广东沿海雾消失；6 月黄海区出现数个多雾中心，7 月雾区移至 30°N 以北。中国近海多雾区在北部湾、福建近海、舟山群岛、青岛至成山头近海，年雾日数约 30 天，多的可达 50～60 天。

根据岛屿站和沿岸站的观测：渤海及北黄海年降水量为 600～800mm，集中在 7～8 月；南黄海西部降水为 800～900mm、东部为 1000mm，集中在 6～8 月；东海西部降水量 900～1300mm、东部琉球群岛超过 2000mm，分为春雨期（5～6 月）和秋雨期（9 月）；南海北部雨量 1500～2000mm，集中于 4～9 月，而南部为 1800～2000mm，9～12 月雨水较多。

海区的年均温 6～28℃，等温线大致呈纬向分布，自高纬向低纬增加，但是受冷暖洋流的影响分布亦不均匀。气温随纬度的变化以冬季最大，夏季最小，年内变化和年际变化振幅都是随纬度的增高而增大。东海中部终年无冬，至南海东北部、中部和南部则终年为夏。

3. 海洋水文

中国近海海域表层海水温度分布受纬度、海岸与海区形态、海流与潮汐、气象变化等因素影响，变化比较复杂。海域水温年平均值，渤海约为 12℃，黄海约为 16℃，东海 22℃左右，南海 26℃左右。渤海水温状况受大陆影响大，冬季各层水温呈均匀状态，沿岸浅水区每年均有短期结冰现象。

海水盐度的分布和变化主要取决于入海河川径流量的大小、海流的性质和强弱，其次还受蒸发量和降水量的影响，中国近海各海区盐度年平均由北而南逐渐升高，渤海约3.1‰，东海3.3‰~3.4‰，南海在3.4‰以上。盐度季节变化的特点是夏季偏低、冬季偏高，近岸区表层盐度季节变化最大。滦河、辽河、海河、黄河、鸭绿江、淮河、长江、钱塘江、闽江、珠江等河流注入大海，使得河口区的盐度普遍较低，长江口最低，盐度仅有1‰左右。

中国近海海域的海流可分为两大系统：一是外来的黑潮暖流，二是海域内生成的沿岸流和季风漂流。黑潮暖流起源于菲律宾东南，主干流沿台湾以东，经台湾和与那国岛之间的水道进入东海，顺东海大陆坡向东北流去。在台湾东北，黑潮向北分出一股支流，流向浙闽沿海，称"台湾暖流"。黑潮主干流到日本九州岛以南的分流西支称"对马暖流"，对马暖流至济州岛东南海面分流的支流向西北进入黄海，称"黄海暖流"。黑潮在东海的途径终年稳定，相当于100m或200m层上的温度水平梯度最大的地带。相对于所流经的海域来说，它具有高温、高盐的特征，影响了这些海域的渔场分布、海雾消长、渤海冰情等。黑潮以流速强、流幅窄、厚度大而著称，流幅约150km，厚度在东海达800~1000m，流量可达4000万~5000万 m³/s，其中在东海的流量约为3500万 m³/s。

黄海、渤海海域的沿岸是该区陆地江河入海的冲淡水流，由渤海起经渤海海峡南部，绕过成山角，并与黄海暖流汇合流向长江口，沿途又有冲淡水流并入而加强，强大时可绕过长江口浅滩进入东海。东海沿岸流的生成主要是长江和钱塘江入海径流，两支淡水流在夏季汇合于长江口外，合并成一支流向东北，势力强时可抵达济州岛附近。冬季则向南流动，经台湾海峡进入南海。南海海域的海流较为复杂，主要是冬夏两季流向截然相反的季风漂流，夏季形成东北漂流（即西南季风漂流），冬季形成西南漂流（即东北季风漂流），另外在广东外海冬季期间，较深的水深处存在一狭窄的逆风向海流，且流速极大。

中国沿岸潮汐系统主要是由太平洋传入的潮波引起的振动和日月引潮力形成的独立潮组成，以前者为主。潮汐类型复杂，各个海区都存在规则半日潮、不规则半日潮、规则全日潮和不规则全日潮四种。渤海沿岸以不规则半日潮为主；黄海沿岸基本上属于规则半日潮；东海东部海域则为不规则半日潮，西部为规则半日潮；南海各种潮汐类型俱全，沿岸以不规则半日潮和不规则全日潮为主。潮汐涨落的不等现象明显，主要表现为年不等（季节不等）、月不等（半月不等）和日不等三种形态。中部海岸潮汐作用最强，东海和黄海东部沿岸潮差最大，可达3~4m甚至更多，渤海及黄海其他沿岸次之，约2m，南海最小，多数1m左右。

二、海洋资源及其开发

辽阔的海洋蕴藏着丰富的海洋资源，由于开发利用技术的限制，制约了人类对于海洋资源的研究、开发和利用，古往今来，人类对海洋的利用，只是"行舟楫之便，兴渔盐之利"。随着陆地资源日益匮乏，人地矛盾日益尖锐，海洋成为中国重要的后备自然资源，海洋空间资源、海洋生物资源、海洋矿产资源、海洋化学资源、海洋动力资源、海洋旅游资源等，将成为未来经济和社会发展的重要支柱。

（一）海洋空间资源与海洋运输

中国沿海滩涂丰富，总面积为 2 万 km^2，主要分布在平原海岸，渤、黄海沿岸滩涂面积最多；另外还有 0～15m 水深的浅海面积约 14 万 km^2。宽阔的浅海和滩涂为沿海地带提供了面积较大的、宝贵的土地资源，是发展种植业、养殖业、盐化工业的重要基地。

中国拥有长达约 5000km 的基岩海岸，岸线曲折、岬角相间，深入陆地港湾众多，有 160 多个大于 $10km^2$ 的海湾，可选为大中型港址。淤泥质海岸 4000km，有十多个大中河口、深水岸段，总长达 400km，深水港址 60 多处。另外，数量众多的海岛同时兼备海、陆资源，在海洋经济发展中也具有重要的作用。

（二）海洋生物资源与渔业

中国近海海洋生物物种繁多，达 2 万多种，隶属于 5 界、44 门。海洋植物主要为藻类、被确认的浮游藻类 1500 多种，固着性藻类 320 多种，另有少量种子植物。海洋动物种类颇多，共有 12500 多种，几乎从低等的原生动物到高等的哺乳动物的各个门、纲动物都有代表性种类分布，无脊椎动物 9000 多种，脊椎动物 3200 多种。其中，有许多是中国特有种和世界珍稀种，如中华鲟、中华白海豚、儒艮、海龟、文昌鱼、大珠母贝等。

按分布情况，海洋生物资源大致可分为水域海洋生物和滩涂海洋生物两大类，生物种数的分布是自北向南逐渐增多。鱼类、头足类和虾、蟹类是最主要的海洋生物，其中鱼类 1700 多个品种，如产量较大的大黄鱼、小黄鱼、带鱼、墨鱼等，鱼类构成了水域海洋生物的主体。近海渔场面积 150 万 km^2，主要渔场有黄渤海渔场、舟山渔场、南海沿岸渔场、北部湾渔场等。滩涂海洋生物种类共有 1580 多种，以贝类最多，其次是海藻、虾、蟹。

中国四海的初级生产力总量 45 亿 t，近海的年平均生物生产量为 $3.02t/km^2$，在全球范围属中下水平。年平均生物生产量以东海最高，为 $3.92t/km^2$。海洋渔业的最佳资源可捕量中，鱼类占 65%，头足类占 4%，虾蟹类占 14%，其他占 17%。按海区分，各海最大持续渔获量每年为：渤海 29 万 t、黄海 81 万 t、东海 182 万 t、南海 472 万 t。

（三）海洋矿产资源与油气开发

海洋矿产资源是指从海洋中提取的矿物原料，可分为滨海砂矿资源、海底矿产资源、大洋矿产资源。其中，滨海砂矿的种类达 60 种以上，资源储量 31 亿 t，探明储量为 16.25 亿 t，有钛铁矿、锆石、金红石、独居石、磷钇矿、玻璃石英、金刚石、磁铁矿和砂锡等，大多数矿床属中、小矿型，主要集中分布在胶辽和华南沿海两大成矿带。大洋矿产资源主要是大洋多金属矿，有三种存在形式：多金属结核、热液矿床、多金属壳。中国 1999 年获得了 7.5 万 km^2 的国际海底区的专属勘探权和优先开发权，目前基本探明该海底矿区内的多金属结核资源储量。而富钴结壳、海底热液硫化物矿床、天然气水合物（可燃冰）等新资源的开发利用，急需加强勘探、开采技术体系的研究。目前，海洋矿产资源开发利用中最为重要的是海底油气资源。

中国近海大陆架含油气盆地面积近 100 万 km^2，共有大中型沉积盆地十几个，如渤海盆地、北黄海盆地、南黄海盆地、东海盆地、台湾西部盆地、南海珠江口盆地、琼东南盆地、莺歌海盆地、北部湾盆地和台湾浅滩盆地等。已探明的各种类型的储油构造 400 多个。初步探明石油资源量约 400 亿 t，天然气资源量 14 万亿 m^3，大陆架石油的远景储量达 2700 亿 t，成为中国陆地油气田的战略接替区。深海区调查工作还较少，目前估计石油资源量约 200 亿 t，天然气资源量约为 8 万亿 m^3。海上油气的勘探和开发有可观前景。

（四）海洋化学资源及开发

中国沿海许多地区都有含盐量高的海水资源，平均盐度可达 2.8%～3.4%。北方沿海滩涂，由于受季风气候的影响，高温、少雨、强日照、多风同期集中在 4～5 月，成为中国盐田的集中分布区和海盐生产基地，形成辽宁、长芦、山东和江苏四盐区。渤海湾、莱州湾沿岸的滨海平原还分布着大量高浓度的地下卤水资源，这些卤水资源储藏浅、易开采，是制盐和盐化工的理想原料。多年来，中国海盐产量一直居世界第一。

海水中溶存着 80 多种元素和多种溶解的矿物质，储量十分巨大，应用前景广阔。中国目前仅限于从海水中提取氯化钠、氯化钾、溴、镁和芒硝等，而经济价值高的微量元素，如海水提碘可利用于国防、医药等方面，海水提铀可作原子能工业的主要原料，尚未开发利用。

海水中 96.5%是淡水，因此海洋是最大的淡水后备资源的储备基地，海水淡化和海水直接利用，是海水资源利用的一个重要领域，对于解决当前中国水资源短缺有重大现实意义。

（五）海洋动力资源及开发

海洋动力资源是由于海水运动和海水理化性质差异所产生的各种能量的总称，包括潮汐能、波浪能、温差能、盐差能、海流能等。经调查和估算，中国海洋能源资源蕴藏量约为 4.31 亿 kW。其中潮汐能蕴藏量达 1.1 亿 kW，年发电量可达 2750 亿 kW·h，80%集中在浙江和福建两省。波浪能蕴藏量为 0.23 亿 kW，主要分布在广东、福建、浙江、山东、海南和台湾等附近海域。海洋温差能按海水垂直温差大于 18℃的区域估计，可开发的面积约 3000km²，可利用的热能资源量约 1.5 亿 kW，主要分布在南海中部海域。河口区海水盐差能资源估计为 1.1 亿 kW。海流能资源量估计约 0.3 亿 kW。

中国海洋能资源开发潜力巨大，受限于技术水平等原因，目前主要开发了潮汐能，其他如波浪能、海流能等尚处于试验和探索阶段。潮汐能利用的主要方式是发电。中国在广东、上海、浙江、福建、山东等地建成数处小型发电站，总装机容量 1 万 kW。浙江江夏潮汐电站，是中国第一座双向潮汐电站，总装机容量 3200kW，可昼夜发电 14～15h，每年可向电网提供 1000 万 kW·h 电能，是亚洲第一大潮汐电站。

（六）海洋旅游资源及开发利用

海洋旅游资源指由海岸带、海岛及海洋的自然景观和人文景观组成的旅游资源。海洋旅游资源包括：海岸带旅游、海岛旅游，还有远海和探海旅游以及海洋主题旅游。

中国沿海旅游资源种类繁多，数量丰富，地域差异显著。有滨海旅游景点 1500 多处，滨海沙滩 100 多处，其中最重要的有国务院公布的 16 个国家历史文化名城，25 处国家重点风景名胜区，130 多处全国重点文物保护单位以及 5 处国家海岸自然保护区。按资源类型分，273 处主要景点中有 45 处海岸景点，15 处最主要的岛屿景点，8 处奇特景点，19 处比较重要的生态景点，5 处海底景点，62 处比较著名的山岳景点，以及 119 处比较有名的人文景点。

三、海洋环境污染与防治

海岸带是陆地-海洋的交接带和过渡带，在自然条件、社会经济基础、区位等方面存在较大优势，是人类海洋活动频繁的区域和海陆产业联系的空间载体，因此成为国民经济迅速发展的地区。同时，海岸带生态系统具有复合性、活跃、边缘、脆弱等特性，海岸带地区开展的各类经济活动会影响其环境特征和资源赋存，打破海-陆生态系统之间的平衡与协调，使其成为人类开发利用海洋的矛盾冲突交汇点。中国海洋经济在取得了长足发展的同时，影响海洋可持续开发利用的环境和资源问题也越来越突出。

受多方面因素影响，包括海岸工程建设和管理不当，近海渔业资源过度捕捞，陆源污染物排放（工业及生活废水废渣等）、船舶油污、海底石油开采渗漏、海洋倾废问题严重等，造成海洋生态退化、环境污染等现象，影响了海洋养殖区、保护区、滨海风景旅游区等海洋功能区的功能发挥。具体表现为：近岸水体污染范围和程度加大，大部分河口、海湾以及大中城市临近海域水体富营养化、营养盐失衡和有机污染日趋严重，导致海洋环境灾害频繁发生，尤其是东海及渤海海域的赤潮灾害的发生频率、持续时间和危害程度都呈上升趋势；海洋生态环境恶化，海洋生态系统处于亚健康或不健康状态，芦苇、沼泽、潟湖等滨海湿地丧失约50%，红树林面积减少且多变为低矮的次生群落，80%的近岸珊瑚礁遭到不同程度的破坏；河口产卵场严重退化，生物资源严重衰退、珍稀物种的种群数量不断减少，面临着消失和灭绝的严重威胁，生物多样性降低。海洋生态环境恶化直接制约着海洋经济的可持续发展，为人类提出了保护海洋环境的艰巨任务。

中国的海洋环境保护措施主要有以下几个方面：①保护海洋生物资源、加强对海洋鱼虾类产卵场、索饵场、越冬场、洄游通道、养殖场的生态环境保护，建立多级渔业环境监测和保护机构，建立各种类型海洋自然保护区，包括海湾保护区、河口海岸保护区等；②防治海上污染，为防止船舶和港口污染海洋，各类船舶均按规定装备油水分离装置，港口普遍建设了含油污水接收处理设施和应急器材；③加强陆源污染的控制，加强对沿海工业城市和港口的排污监测，制定入海河流全流域水质项目，建立重点海域排污总量控制制度，确定主要污染物排海指标，严格限制超过规定数量的排放。

参 考 文 献

丛振涛，肖鹏，章诞武等. 2014. 三峡工程运行前后城陵矶水位变化及其原因分析. 水力发电学报，(3)：23-28.

高蕾，陈海山，孙善磊. 2014. 基于MODIS卫星资料研究三峡工程对库区地表温度的影响. 气候变化研究进展，(3)：226-233.

李召军，陈江根，曾小军等. 2014. 三峡工程蓄水后鄱阳湖洲滩植被与钉螺变化. 中国血吸虫病防治杂志，(2)：115-120.

路紫. 2010. 中国经济地理. 北京：高等教育出版社.

王静爱. 2007. 中国地理教程. 北京：高等教育出版社.

燕然然，蔡晓斌，王学蕾等. 2014. 三峡工程对下荆江径流变化的影响分析. 长江流域资源与环境，(4)：490-494.

袁敏，李忠武，谢更新等. 2014. 三峡工程调节作用对洞庭湖水面面积（2000-2010年）的影响. 湖泊科学，26（3）：37-45.

赵济. 1995. 中国自然地理. 3版. 北京：高等教育出版社.

赵济. 1999. 中国地理. 北京：高等教育出版社.

《中国自然地理》编写组. 1984. 中国自然地理. 2版. 北京：高等教育出版社.

思 考 题

1. 试述中国水系与流域的分布特征。

2. 分析中国地表径流时空特征及影响因素。

3. 分析中国水资源特征及主要存在问题。

4. 收集相关文献，探讨三峡工程、南水北调工程实施的利弊。

5. 试述中国海洋国土地带范围及海洋环境特征。

6. 谈谈你对中国海洋开发重要性的认识。

7. 收集相关文献，探讨中国海洋资源利用的现状。

8. 收集相关文献，探讨中国海洋国土战略地位。

第七章 土壤与植被

第一节 中国的土壤及类型

土壤是地球表面特定的自然体，有着自己发生发展的历史，其形成和发展与大气圈、水圈、生物圈和岩石圈处于经常的相互作用之中。土壤的形成过程实质是物质的地质大循环过程与生物小循环过程矛盾统一的过程。

中国幅员辽阔，自然地理环境复杂多变，加上农业生产历史悠久，使得中国土壤资源丰富，土壤类型多样。但不同土壤类型间的性质差异很大，在土壤利用、改良等方面也有各自特点。因此，科学地进行土壤分类对进一步合理利用土壤、发挥土壤的生产潜力有很大的意义。

1992 年全国土壤普查汇总的《中国土壤分类系统》，将中国的土壤分为 12 个土纲、29 个亚纲、61 个土类和 233 个亚类（表 7-1）。其中 12 个土纲分别是铁铝土、淋溶土、半淋溶土、钙层土、干旱土、漠土、初育土、半水成土、水成土、盐碱土、人为土和高山土。

表 7-1 中国土壤分类系统表（1992 年）

土纲	亚纲	土类
铁铝土	湿热铁铝土	砖红壤、赤红壤、红壤
	湿暖铁铝土	黄壤
淋溶土	湿暖淋溶土	黄棕壤、黄褐土
	湿暖温淋溶土	棕壤
	湿温淋溶土	暗棕壤、白浆土
	湿寒温淋溶土	棕色针叶林土、漂灰土、灰化土
半淋溶土	半湿热半淋溶土	燥红土
	半湿暖温半淋溶土	褐土
	半湿温半淋溶土	灰褐土、黑土、灰色森林土
钙层土	半湿温钙层土	黑钙土
	半干温钙层土	栗钙土
	半干暖温钙层土	栗褐土、黑垆土
干旱土	干温干旱土	棕钙土、灰钙土
漠土	干温漠土	灰漠土、灰棕漠土
	干暖温漠土	棕漠土
初育土	土质初育土	黄绵土、红黏土、新积土、龟裂土、风沙土
	石质初育土	石灰（岩）土、火山灰土、紫色土、磷质石灰土、石质土、粗骨土
半水成土	暗半水成土	草甸土
	淡半水成土	潮土、砂姜黑土、林灌草甸土、山地草甸土

土纲	亚纲	土类
水成土	矿质水成土	沼泽土
	有机水成土	泥炭土
盐碱土	盐土	草甸盐土、滨海盐土、酸性硫酸盐土、漠境盐土、寒原盐土
	碱土	碱土
人为土	人为水成土	水稻土
	灌耕土	灌淤土、灌漠土
高山土	湿寒高山土	草毡土、黑毡土
	半湿寒高山土	寒钙土、冷钙土、冷棕钙土
	干寒高山土	寒漠土、冷漠土
	寒冻高山土	寒冻土

1. 铁铝土

铁铝土是中国热带、亚热带的主要土壤类型，包括砖红壤、赤红壤、红壤和黄壤等4个土类。该类土壤的共性是：土壤经不同程度的脱硅富铁铝化，氧化硅随碱金属和碱土金属经碱性溶解迁出土体，导致岩石或成土母质的晶格遭受不同程度破坏，游离氧化铁、铝不同程度累积，土色呈红或黄色，有1∶1～2∶1型黏粒矿物形成，pH均在4.5～5.5。铁铝土主要分布范围北起长江两岸，南至南海诸岛，东起台湾、澎湖列岛，西达云贵高原及横断山脉。涉及14个省（区），约占全国土地总面积的15%，是中国重要的土壤资源。砖红壤主要分布在22°N以南的热带北缘地区，包括海南岛、雷州半岛以及广西、云南和台湾南部部分地区，约占国土面积的0.45%。赤红壤是南亚热带的代表性土类，具有红壤向砖红壤过渡的特征，主要分布于22°～25°N的狭长地带。红壤主要分布于长江以南广阔的低山丘陵地区，其范围大致为24°～32°N，东起东海诸岛，西达云贵高原及横断山脉，约占全国土壤总面积6.5%。黄壤是中国湿润亚热带的一类富含水化氧化铁的黄色酸性土壤，主要分布在地势较高，气温较低，湿度较大的山地或高原，以四川和贵州两省分布最广。

2. 淋溶土

淋溶土是中国东部湿润季风气候区中具有淋溶特征的土壤，主要包括黄棕壤、黄褐土、棕壤、暗棕壤、白浆土、棕色针叶林土、漂灰土和灰化土等土类。淋溶土的共同特征表现在湿润水分状况下，土体黏化，盐基不饱和并具有一定的风化淋溶度和铁的游离度等。黄棕壤是在北亚热带落叶常绿阔叶林下，经强度淋溶，呈全酸性反应，盐基不饱和的弱富铝化土壤。该土壤B层黏化特征明显，呈黄棕色黏土，硅铝率2.5左右。主要分布在长江中、下游沿江两侧的低山丘陵区。黄褐土主要由较细粒的黄土状母质发育而成，土体中游离碳酸钙已不复存在，土色灰黄棕，B层黏粒聚集明显，有时呈黏盘，硅铝率3.0左右，底部可散见石灰结核。该土壤主要分布在北亚热带、中亚热带北缘及暖温带南缘的低山丘陵或岗地，大致为秦岭—淮河以南至长江中下游沿岸，其中河南和安徽分布面积最大。棕壤是在湿润暖温带落叶阔叶林下形成的土壤，其淋溶作用较强，黏土矿物处于硅铝化脱钾阶段，土壤呈微酸性，pH为6.0～7.0，盐基饱和度较高，具有明显黏化特征。该土壤主要集中分布在辽东半岛和山东半岛低山丘陵区，向南延伸至苏北丘陵。暗棕壤是温带湿润地区针阔混交林下发育的土壤，具有明显的有机质富集和弱酸性淋溶作用，土壤呈弱酸性反应，盐基饱和度70%～80%。暗棕壤分布于大小兴安岭、完达山和长白山等山地，在行政区域上主要分布于黑龙江、吉林和内蒙古三省（区）。白浆土是温带湿润地区平缓岗地森林草原下发育的土壤，常形成于暗棕壤和黑土之间，该土壤上轻下黏，具有明显的白浆化作用。主要分布于黑龙江和吉林两省的东部。棕色针叶林土是寒温带针叶林下弱度发育的土壤，主要分布在大兴安岭北段及小兴安岭800m以上，长白山1100m以上的针叶林下。漂灰土处于寒温带棕色针叶林土区地势较低的部位，具有酸性淋溶与漂洗作用的弱发育土壤，常与棕色针叶林土壤呈复区，主要集中分布于大兴安岭北部。灰化土属于铁铝有机质络合淋溶强烈的土壤，在中国的分布面积较小。

3. 半淋溶土

半淋溶土属于弱度淋溶的土壤，土壤的共性是碳酸盐类已在土壤剖面中发生淋溶与累积，但均未经充分淋出土体。包括燥红土、褐土、灰褐土、黑土和灰色森林土五个土类。燥红土是干热条件下形成的具有碳酸盐累积或盐基饱和的土壤。主要分布于中国热带与南亚热带相对干旱地区，如海南岛的西南部及滇南的元江河谷等地。褐土是暖温带半湿润区具有黏化与钙质淋移淀积的土壤，是半淋溶土中分布最广、面积最大的代表性类型。主要分布在山西、河北、辽宁三省接壤的丘陵低山地区。灰褐土是温带山地旱生针阔叶混交林下形成的土壤。该土壤处在褐土地带的西面，腐殖质累积与钙积作用明显。灰褐土分布的范围较为广泛，如甘肃、内蒙古、新疆、青海、宁夏等地区都有分布，其中以甘肃分布面积最大。黑土是湿润或半湿润地区草原化草甸植被下，具有深厚的均腐殖质积累和淋溶过程的土壤，是温带森林土壤向草原土壤过渡的一种土壤类型，该土壤通体无石灰反应，盐基饱和。主要分布在吉林省和黑龙江省中东部广大平原上。黑土是中国最肥沃的土壤之一，其分布区是重要的粮食基地。灰色森林土是温带森林草原地区森林植被下形成的土壤。在半淋溶土类型中，它的淋溶程度最弱，分布的面积也最小。主要分布于大兴安岭山地中部和南部西坡，阴山山地，冀北山地，新疆阿尔泰山山地和准噶尔盆地以西山地等，常与黑钙土组成复区。

4. 钙层土

钙层土是温带半湿润与半干旱区的草原土壤，包括黑钙土、栗钙土、栗褐土、黑垆土等。该土壤的共同特征是：腐殖质有不同程度的累积；二价离子盐类有一定淋溶迁移，碳酸盐在B层明显淀积，都有一个明显的钙积层；一价盐类已被淋失，在剖面中无累积。全剖面均有石灰反应。黑钙土主要分布于大兴安岭中南东西侧的低山丘陵、松嫩平原中部、松辽分水岭地区，以及向西延伸到燕山北坡和阴山山地的垂直带谱上。栗钙土具有明显栗色腐殖质层和钙积层形成的土壤，主要分布在内蒙古高原的东部和中部，大兴安岭东南部的丘陵地带，鄂尔多斯高原东部和大同盆地；西北地区的山间谷地和山地垂直带上也间有分布。栗褐土暖温带半干旱草原及灌木下形成的弱黏化弱淋溶土壤，具有褐土和栗钙土之间的过渡特征，也具有黄绵土、黑垆土某些相似的特征。栗褐土具有弱腐殖质累积和发育微弱的黏化层，通体石灰反应，碳酸钙含量70～80g/kg，无明显钙积层。栗褐土处于褐土区以北、以西的区域，分布于内蒙古高原南侧的山西、内蒙古和河北等地。黑垆土主要分布于陕西北部、甘肃东部、宁夏南部、山西北部和内蒙古的黄土塬地、丘陵和河谷高阶地。具有深厚的暗色腐殖质层，有隐黏化特征，具有假菌丝状石灰累积，剖面呈石灰性反应。

5. 干旱土

干旱土是由草原向荒漠过渡的土壤，介于钙层土与漠土之间。主要包括棕钙土和灰钙土两个土类。土壤形成主要特征是十分微弱的腐殖质积累，有较强的石灰聚积，易溶盐一般淋失，有的有石膏淀积。棕钙土具有薄腐殖质与棕带微红或微红带棕色土层或灰白色钙积层，主要分布于内蒙古高原中西部和鄂尔多斯高原西北部与荒漠接壤的干旱草原地区，介于栗钙土与灰漠土之间，部分与灰棕漠土相连。灰钙土主要分布于黄土高原西北部，鄂尔多斯高原西缘，贺兰山、罗山及祁连山山麓，河西走廊东段的低山丘陵与河谷阶地等，介于黑垆土与灰漠土之间。由于干旱缺水，棕钙土和灰钙土的利用多以放牧为主，农业利用较少。

6. 漠土

漠土是指发育于干旱少雨、植被稀疏的荒漠地区的土壤，主要包括灰漠土、灰棕漠土、棕漠土三个土类。漠土的共同特征是地表显黑色漆皮，砾幕及石灰、石膏的表聚，盐分的表聚或分层聚积作用。聚积程度一般由灰漠土、灰棕漠土到棕漠土逐步加强。另外，在黑色漆皮下见明显的漠境结皮层是漠土所共有的特征表层。灰漠土是漠境边缘地区细土平原上形成的土壤，分布于温带漠境边缘向干旱草原过渡地区，如内蒙古河套平原，宁夏银川平原的西北角，准噶尔盆地沙漠两侧的山前平原等地区。灰棕漠土是在温带漠境地区极端干旱条件下形成的砾质化明显的土壤，主要分布于温带荒漠地区。棕漠土是在暖温带极端干旱的生物气候条件下发育而成，干旱程度远比灰漠土和灰棕漠土强烈，常与砾质戈壁共存。棕漠土中不仅出现很厚的石膏层，而且形成盐磐，腐殖质甚低，广泛分布于新疆天山、甘肃北山一线以南，嘉峪关以西，昆仑山以北的广大戈壁平原地区。

7. 初育土

主要包括土质初育土亚纲中的黄绵土、红黏土、新积土、龟裂土、风沙土，和石质初育土亚纲中的石灰（岩）土、火山灰土、紫色土、磷质石灰土、石质土、粗骨土等土类。初育土的共同特征是土壤发育微弱，处于成土的初始阶段，剖面层次分异不明显，母质特征显著。黄绵土是黄土母质上形成的初育土，土层深厚疏松，有机质含量低，土层间变化不大，通体黄棕色，富含碳酸钙，但无明显钙的淋溶与累积。黄绵土分布遍及整个黄土高原，常与黑垆土、栗褐土、褐土等组成复域。红黏土是古近纪和新近纪红色黏土及部分第四纪老黄土发育形成的初育土，主要分布于暖温带及其以北水土流失区，另外浙江沿海岛屿亦有小面积分布。红黏土一般通体呈棕红色，质地黏重，致密少孔，可塑性和胀缩性强，土壤物理性差，生物作用弱。新积土为新近冲积、洪积、坡积、塌积、海潮沉积或人工搬运堆垫而成的土壤，成土时间很短，没有剖面发育，或在表层略有腐殖质积累，或因耕作而具有疏松的耕作层。新积土广泛分布于全国各地。龟裂土是干旱漠境地区大型沙丘链间，较为开阔平坦地段，质地黏重，表层为不规则龟裂结皮，其下具有碱化或似碱化特征的土壤。风沙土为干旱、半干旱及滨海地区风成沙性母质发育的初育土，成土作用极其微弱，剖面无明显发生层次，多呈固定、半固定或流动沙丘状。石灰（岩）土是热带、亚热带石灰岩山区，经溶蚀风化，形成厚薄不同的钙质饱和或游离钙质的土壤。该类土壤盐基饱和度高，岩性特征明显，广泛分布于岩溶地区，多见于石隙、溶洞或峰丛底部。火山灰土由火山喷发碎屑物和尘状火山灰堆积物发育而成，剖面发生层分异小，色泽差异大，主要分布在中国火山活动地区。紫色土是发育在三叠纪、侏罗纪、白垩纪、古近纪和新近纪紫色砂页岩上的一种土壤，主要分布在亚热带地区，尤以四川盆地面积最广，滇、黔、桂、湘、赣、浙、皖、闽、粤等省（区）也有分布。紫色土由于母质岩性疏松，易于风化，土壤层中经常有碳酸钙等盐基补充，土壤多呈石灰性反应，但紫色土地区植被稀少，有机质累积不强，土壤有机质含量常低于 1%，氮素比较贫乏，磷、钾含量却相当丰富。所以，紫色土是中国南方比较肥沃的土壤。磷质石灰土主要分布于中国南海的东沙、西沙、中沙和南沙群岛上，是在珊瑚礁磐基础上发育起来的，在成土过程中加入了富含磷质和有机质的鸟粪便和尸体，形成富含磷质的石灰性土壤，发育较好的剖面结构一般为磷质鸟粪层磷矿层珊瑚灰岩母质层。石质土主要分布在西北干旱地区山地和青藏高原东南部山地中，很少有土壤生物活动，几乎不含有机质，土壤厚度小于 10cm。粗骨土是土壤形成最初阶段的产物，可出现在中国各种气候区内，母质为除近代河流冲积物以外的其他松散物质，以粗骨性为主要特征，土壤剖面发育很弱，层次不显。

8. 半水成土

是指在地下水位较高，地下水毛管前锋浸润地表，土体下层经常处于潮润状态下形成的土壤，主要包括草甸土、潮土、砂姜黑土、林灌草甸土、山地草甸土等土类，广泛分布于河流平原，如三江平原、长江中下游平原等。该土纲土壤共性是剖面具有腐殖质层和氧化还原交替形成的锈色斑纹层。由于所处地形平坦，土体深厚，半水成土大都垦殖已久，是中国重要的旱地土壤资源，具有农林牧综合发展的巨大增产潜力。草甸土是在冷湿条件下，直接受地下水浸润并在草甸植被下发育的，具有完整的腐殖质层和锈色斑纹层的土壤，在中国北方分布较广。潮土是在河流沉积物上受地下水影响，并经长期旱耕而形成的半水成土，广泛分布于中国黄淮海平原，以及河谷平原、滨河低地与山间谷地等。砂姜黑土发育于河湖相沉积物上经脱沼与长期耕作而形成的半水成土，多分布于山前交接洼地、岗丘间洼地和河间洼地，淮北平原是中国最大的砂姜黑土分布区。砂姜黑土具色泽灰暗但有机质含量仅 1% 左右的黑土层和含较多砂姜甚至成层砂姜的心底土层。林灌草甸土为漠境地区和干旱地区平原河流两岸及扇缘地下水溢出带，胡杨林下形成的一类半水成土壤，主要分布在新疆、内蒙古和甘肃等省（区）。山地草甸土是在平缓山地顶部喜湿性草甸植被及草甸灌丛矮林下形成的土壤，广泛分布于中国各地中山山顶平台及缓坡上部水湿条件良好的浅平地。

9. 水成土

水成土是地面积水或土层长期水分饱和状态，生长喜湿与耐湿植被下形成的土壤，包括沼泽土和泥炭土两个土类。水成土大多形成于高纬度与高海拔的山间洼地、废弃河道与淤塞湖沼的积水小洼地、牛轭湖与湖泊边缘地区。其共性是土粒充分分散，还原作用强烈，有机质积累多，形成明显潜育层。沼泽土是具有小于 50cm 厚的泥炭或腐泥层累积的土壤，如果泥炭层或腐泥层累积厚达 50cm 以上，就属于泥炭土。泥炭土表层泥炭累积一般可达 1~2m，最厚可达 10m 以上。

10. 盐碱土

主要包括干盐土和碱土两个亚纲，其中盐土可分为草甸盐土、滨海盐土、酸性硫酸盐土、漠境盐土和寒原盐土五个土类，集中分布在西北干旱、半干旱区及滨海地区。草甸盐土主要是由于地下水位升降活动，高矿化地下水经毛细管作用到达地表，使得地表盐分累积达 6g/kg

以上。滨海盐土系海水直接影响形成的土壤，盐分组成与海水含盐关联。剖面上下含有氯化物盐类为主的可溶盐，与草甸盐土表聚积盐特征有很大差别。酸性硫酸盐土是热带、亚热带沿海平原低洼处，在红树林下形成的土壤，富含硫的矿物质累积，经氧化成硫酸，使土体呈强酸性。漠境盐土是干旱、荒漠地区，由于土壤水分强烈蒸发，盐分表聚而累积，可形成盐壳与盐磐，含盐量通常在 100g/kg 以上，甚至达 500g/kg 以上。寒原盐土是在高原温带、亚寒带的干旱、半干旱气候，特定地质、地貌和水文条件下形成的一类盐土，盐分来源于湖水，有时还具有特殊盐分组成，如硼酸盐盐土等。碱土分布面积较小，且比较分散。其特点是表层含盐量并不高，但土壤中含有大量的交换性钠（20%以上），并具有强烈碱化特性，pH 为 9~10，主要分布在东北平原西部及内蒙古高原东部、西北与华北平原等地。

11. 人为土

人为土是指在长期的人为活动影响下，引起土壤性质发生了质的变化，同时具有能够鉴别的新的发生层与属性。人为土可分为人为水成土亚纲，以水稻土为主，系人为地表引水，周期性干湿交替，引起土壤氧化还原过程交替进行，使得铁锰氧化物还原移动和氧化淀积，形成锈色斑纹和一系列特定层段发育的土壤，主要分布于秦岭—淮河一线以南的广大平原、丘陵和山区，其中以长江中下游平原，四川盆地和珠江三角洲最为集中。另外一种为灌耕土亚纲，包括灌淤土和灌漠土两个土类。灌淤土是具有厚度 50cm 以上灌淤土层的土壤，是引用泥沙质河流水进行灌溉，灌水落淤与耕作施肥交叠作用下而形成。该土壤土层深厚，色泽、有机质含量、质地等性状比较均匀一致，土壤结构良好。主要分布在宁夏的银川平原、内蒙古的前、后套平原以及西辽河平原，在新疆的伊犁谷地、塔城盆地、甘肃的兰州盆地、河西走廊的东段和青海的湟水河谷地也有分布。灌漠土是在多种类型漠土基础上，经长期引用清水灌溉所形成的无明显灌淤层的灌溉漠土，广泛分布于荒漠绿洲地带的内陆灌区。

12. 高山土

主要指青藏高原及其外围山地森林带与高山冰雪带之间广阔无林地带形成分布的土壤类型系列，高寒是高山土壤发生环境的共同特点。主要包括草毡土（高山草甸土）、黑毡土（亚高山草甸土）、寒钙土（高山草原土）、冷钙土（亚高山草原土）、冷棕钙土（山地灌丛草原土）、寒漠土（高山漠土）、冷漠土（亚高山漠土）和寒冻土（高山寒漠土）。其中草毡土和黑毡土是高寒湿润、半湿润草甸植被下发育形成的土壤；寒钙土、冷钙土和冷棕钙土是高寒半干旱地带草原或灌丛草原植被下发育的土壤；寒漠土是高寒干旱条件下形成的高山土壤；冷漠土则是亚高山干寒条件下形成的土壤；寒冻土是高山冰川冰缘地带具有寒冻风化和弱生物积累的原始土壤，也是分布位置最高的高山土壤。

第二节 中国的植被及类型

植被是覆盖地表的植物群落的总称，是自然生态系统的重要因素和环境的重要组成部分。现代植被是植物界长期进化形成的，不同类型的植被具有不同的年龄。许多学者认为：热带雨林形成的历史最早，古近纪和新近纪始新世已出现。极地荒漠、冻原和泰加林最为年轻，第四纪冰川后退才形成。

外界因素，特别是人类活动常引起植被的明显变化。未被人类改变的植被叫原生植被或原始植被。原生植被遭到人类破坏后所自然产生的，与原来植被不同的植被叫次生植被，例如热带森林在火烧或其他外界干扰破坏下形成的稀树草原，属于次生植被。经过一定时间，有些次生植被又可以往复为原生类型。

一、植物区系的基本特征

中国位于欧亚大陆东部，由于自然条件复杂多样，地质历史悠久，加之植物界本身发展演化的结果，形成了其植物区系的一系列特征，主要可归纳为以下五个方面。

（一）植物种类丰富

据资料统计，中国植物区系所包含的植物种类数目约有 30000 种，仅次于马来西亚（约 45000 种）和巴西（约 40000 种），居世界第三。现有维管束植物约 353 科，占世界科数的 56.9%。中国的裸子植物有 10 科 34 属约 250 种，分别为世界现存裸子植物科、属、种总数的 66.6%、41.5% 和 29.4%，是世界上裸子植物最丰富的国家。被子植物全世界有 470 余科，10000 多属，260000 余种；中国约有 300 余科，近 3100 属，30000 多种，分别占世界被子植物的 75%、30% 和 10%，位居世界第三。

（二）起源古老

由于中国地质历史悠久，地形复杂，所以中国植物区系起源古老，含有大量古老的孑遗植物或原始科属，如裸子植物中的某些特有类群，最早起源可追溯到古生代。被子植物的古特有属主要发生于晚白垩纪和古近纪（吴征镒等，2005）。裸子植物中的苏铁科、银杏科、麻黄科和买麻藤科，在系统发生上是古老而孤立的，如水杉（*Metasequoia glyptostroboides*）、银杏（*Ginkgo biloba*）等号称活化石。中国现有种子植物 2980 属中，单型属（只含 1 种）422 种，少型属（含 2~6 种）713 属，共占全国属数的 38%。中国特有的 190 多属中，单型属和少型属的比例也占 95% 以上。因此，从中国种子植物所含单种属和少种属的统计也可看出中国植物区系的古老性。

（三）地理成分复杂

中国植物区系的地理成分甚为复杂，分布交错混杂。根据对中国已知 2980 属种子植物的比较分析，可划分为 15 个分布区类型（表 7-2）。

表 7-2 中国种子植物属的分布区类型

分布区类型	属数	占总属数/%
世界分布	108	3.6
泛热带分布	372	13
热带亚洲和热带美洲间断分布	89	3.1
旧世界热带分布	163	5.7
热带亚洲至热带大洋洲分布	150	5.2
热带亚洲至热带非洲分布	151	5.2
热带亚洲分布	542	18.8
北温带分布	296	10.3
东亚和北美洲间断分布	117	4.1

分布区类型	属数	占总属数/%
旧世界温带分布	175	5.5
温带亚洲分布	63	2.2
地中海区，西亚至中亚分布	166	5.8
中亚分布	112	3.9
东亚分布	298	10.4
中国特有分布	196	6.8

资料来源：吴征镒和王荷生，1983。

（四）各种地理成分联系广泛，分布交错混杂

从分布区类型的划分和统计，可以看出中国植物区系与世界各部分有着广泛的联系，如中国与热带亚洲共约有 542 属，占全国属数的 18.8%。从木兰属（*Magnolia*）、栎属（*Quercus*）、青冈属（*Cyclobalanopsis*）及番荔枝科的蒙蒿子属（*Anaxagorea*）、鹰爪属（*Artabotrys*）和紫玉盘属（*Uvaria*）等的分布区，分别表示出中国植物区系与北温带、东亚、北美及各大陆热带的联系。同时，各类地理成分在中国境内分布是相互渗透交错的。一方面，典型的泛热带分布的 326 属中，只有约 60 属限于热带，150 属分布在亚热带，110 多属分布在温带，达到其分布区的北界。另一方面，许多温带分布的科属在中国分布广泛，但往往产于南方山地，如槭属（*Acer*）和栎属等。

（五）特有植物繁多

中国国土辽阔，自然条件复杂，加之未受第四纪大陆性冰川期破坏性袭击，因而特有树种资源十分丰富，中国有樟科 420 种，其中特有种就有 192 种。中国特有属的分布是不平衡的，以秦岭—淮河以南的湖北、湖南和广西的西部至四川和云南的西部种类最多。

二、植被类型

具有共同植物群落特征且有明显地域特点的植被，为同一植被类型。在地球的不同地区，水热条件的组合配置不同，因而导致形成不同的植被类型。例如，热带植被可分成热带雨林、热带季雨林、热带稀树草原和红树林；亚热带植被包括常绿阔叶林、常绿硬叶林和荒漠；温带植被最有代表性的类型包括：落叶阔叶林、针阔叶混交林、针叶林和草原等类型。此外，还有寒带植被和隐域植被。

中国地形复杂，兼有寒带、温带、亚热带和热带四种类型，从而形成了不同的生态生理条件，与此相应，也有不同的植被类型。全国可分为针叶林、针阔混交林、阔叶林、灌丛、荒漠、草原、草甸、草本沼泽等八个植被型。

1. 针叶林

针叶林（coniferous forest），又称泰加林，或北方针叶林，是由耐寒的针叶乔木组成的森林类型，为寒温带的地带性植被。

中国的针叶林分布于冬季严寒而漫长，夏季温凉而短促大兴安岭的北部和新疆境内的阿尔泰山山地。中国东部湿润区域的各气温带内也有分布。其群落结构简单，外貌特殊，森林

组成树种较贫乏，主要是冷杉、云杉、松和落叶松的一些种类，并显示出地域间差异。其中由落叶松组成的称为明亮针叶林，而以云杉、冷杉为建群树种的称为暗针叶林。

2. 针阔混交林

针叶阔叶混交林（coniferous and broad-leaf forest）是落叶阔叶林和寒温带针叶林之间的过渡类型，通常由针叶树（如松属、冷杉属等）和落叶阔叶树（栎属、山毛榉属等）混交组成，是温带地区的地带性植被类型。

针阔混交林分布在东北山地和西南高山，以中国东北的东部为中心，包括小兴安岭、张广才岭、完达山及长白山山脉，其北界为寒冷气候下的北方针叶林带，南与温暖和半干旱气候下的落叶阔叶林或森林草原相接。长白山针阔混交林的针叶树种有红松、长白落叶松、鱼鳞松以及为数不多的紫杉等，阔叶树有春榆、蒙古栎、水曲柳、胡桃楸、山杨、白桦、大青杨等。

3. 阔叶林

阔叶林（broad-leaved forest）是以阔叶树种为建群种的森林，中国阔叶树种类非常丰富，将近 1000 属之多，经济价值较高的约 1000 种，许多是特有属和特有种。

落叶阔叶林（deciduous broad-leaf forest）是我国温带地区最主要的森林类型，主要分布于中国华北和东北。构成群落的乔木树种多是冬季落叶的喜光阔叶树，主要树种有：栎属、水青冈属（Fagus）、杨属（Poplus）、桦属（Betula）、榆属（Ulmus）、桤属（Alnus）、朴属（Celtis）和槭属等。

常绿阔叶林（evergreen broad-leaf forest）是中国中亚热带季风气候区的地带性植被类型，分布于秦岭南坡、横断山脉、云贵高原和四川、湖北、湖南、广东、广西、福建、浙江、安徽南部、江苏南部的广阔低山、丘陵、平原，以及东海岛屿和台湾岛的北半部。常绿阔叶林树木都是常绿双子叶植物的阔叶树种，主要由壳斗科的常绿树种、樟科、山茶科、木兰科、五味子科、八角科、金缕梅科、番荔枝科、蔷薇科、杜英科、蝶形花科、灰木科、安息香科、冬青科、茜草科、卫矛科、桑科、藤黄科、五加科、山龙眼科、杜鹃花科以及枫香属和红苞木属等所组成。以壳斗科、樟科、山茶科和木兰科中的常绿乔木最为典型，种类丰富，常有明显的建群种或共建种。常绿阔叶林也是武夷山最主要的森林生态系统，主要建群种有甜槠（Castanopsis eyrei）、木荷（Schima superba）、青冈（Cyclobalanopsis glauca）、多脉青冈（Cyclobalanopsis multinervis）、灰楸（Catalpa fargesii）、罗浮栲（C.faberi）、苦槠（C.sclerophylla）、米槠（C.carlesii）等。

季雨林（monsoon forest）分布于热带，有周期性干、湿季节交替地区的一种森林类型。由较耐旱的热带常绿和落叶阔叶树种组成，且有明显的季相变化。中国的季雨林主要分布在海南、云南、广东、广西、台湾和西藏的部分地区。与热带雨林相比，季雨林群落结构简单，乔木层减至 2~3 层，植物种类较少，结构比较简单，优势种较明显，板状根和老茎生花现象不普遍，层间藤本、附生、寄生植物较少。旱季部分落叶或大部分落叶是季雨林外貌的显著特征。季雨林的主要组成树种多为桑科、楝科、无患子科、椴树科、紫薇科、大戟科等。

热带雨林（tropical rain forest）通常是指耐阴、喜湿、喜高温、结构层次不明显、层外植物丰富的乔木植物群落，为热带雨林气候与热带海洋性气候的典型植被。中国的热带雨林主要分布于台湾南部、海南、广西和云南南部及西藏东南的部分地区。热带雨林植物种类复杂多样，具有优势种不明显，结构复杂，附生植物和藤本植物发达，常具板状根、支柱根、气生根和老茎生花等现象。乔木具有多层结构，上层乔木多为典型的热带常绿树和落叶阔叶树，次冠层植物由小乔木、藤本植物和附生植物，并伴有绞杀植物。绞杀现象是热带雨林的重要特征，常见于榕属植物的群落中。

红树林（mangrove）是生长在热带、亚热带海湾、河口泥滩上特有的常绿灌木和小乔木群落，是陆地向海洋过渡的特殊生态系。我国红树林主要分布在海南、广西、广东、台湾和福建。海南的红树林是我国种类组成最多和生长最茂盛的红树林。红树林以红树科植物为主体，具有呼吸根或支柱根，种子可以在树上的果实中萌芽长成小苗，然后再脱离母株，坠落于淤泥中发育生长，是一种稀有的木本胎生植物。红树林是一种良好的海岸防护林，同时红树林也为野生生物提供丰富的食物资源和栖息场所。

4. 灌丛

灌丛（shrub）主要是由丛生木质高位芽植物构成。中国的灌丛指的是荒漠以外的中生或中旱生灌木所组成的植被，包括各气候带高山上和特殊生境下，具有生理性干旱的灌木所形成的原生灌丛，也包括温带干旱区地下水位较高和半干旱区易蓄水的沙丘上的原生中旱生灌丛。此外，湿润区各气候带的地带性森林破坏后的次生灌丛，荫生矮林也属于这一类。

5. 荒漠

荒漠（desert）是指气候干燥、降水稀少、蒸发量大的地区或地段上超旱生半乔木、半灌木、小半灌木、灌木和肉质植物所组成的稀疏植被。中国的荒漠主要分布在西北部的准噶尔盆地、塔里木盆地、东疆盆地、柴达木盆地、河西走廊、额济纳高原、阿拉善高原、西鄂尔多斯高原等地区。荒漠主要有4种植物特有属：连蕊芥属、四合木属、百花蒿属、河西菊属（赵一之，2003）。为抑制沙漠边缘流沙再起和风沙危害，古尔班通古特沙漠西缘有甘家湖梭梭林自然保护区，为中国唯一以保护荒漠植被而建立的自然保护区。

6. 草原

草原（steppe）是温带半干旱至半湿润环境下多年生草本植物组成的地带性植被类型。在中国，草原广布于东北地区西部、内蒙古、黄土高原北部、西北荒漠地区山地和青藏高原大部分地区。中国草原包括草甸草原、典型草原、荒漠草原和高寒草原4个亚型。草甸草原是草原群落中最喜湿润的类型，由中旱生草本植物组成，常混生大量中生或中旱生双子叶杂类草及根茎禾草和薹草。典型草原是草原中分布最广泛的类型，由典型旱生草本植物组成，以丛生禾草为主，伴生少量旱生和中旱生杂类草及小半灌木和灌木。荒漠化草原为最干旱类型，由强旱生丛生小禾草组成，经常混生超旱生荒漠小灌木和小半灌木。高寒草原是草原中最耐寒的类型，以寒旱生的多年生丛生禾草和根茎薹草为建群种。

7. 草甸

草甸（meadow）是生长在中度湿润条件下具有中生特性的多年生草本植物为主的植被，一般不呈地带分布。它区别于以湿生植物占优势的草本沼泽和旱生植物占优势的草原。典型的草甸在北半球的寒温带和温带分布特别广泛。草甸在中国主要散布于东北、内蒙古、新疆和青藏高原，类型多样，尤其是青藏高原上大面积的高寒草甸是中国植被的特点。

根据草甸优势植物的生态特性，可以分为：典型草甸、草原化草甸、沼泽化草甸、盐生草甸和高寒草甸。典型草甸主要由典型中生植物组成，适生于中等湿度的生境。优势植物以宽叶的中生的多种杂类草为主。草原化草甸以旱中生植物为主，东北大平原和内蒙古东部广泛分布的羊草-杂类草草甸就是一个代表。沼泽化草甸，在草群中混生有相当多的湿生草本植物，是草甸向沼泽过渡的类型。盐生草甸，由盐中生草本植物组成，分布在具有不同程度盐碱化土壤的低地及海滨。高寒草甸，在高山和高原的湿润而寒冷的生境中，分布着湿冷中生草本植物，组成高寒草甸。大面积的高寒草甸分布在中国青藏高原的东部及其周围的高山，如祁连山、天山和横断山，是这些山地的植被垂直带谱中的组成部分。中国的草甸植物区系丰富，仅东北地区的草甸内优势植物就多达 30 种。

8. 草本沼泽

典型的低位沼泽就是草本沼泽，是由在长期或周期性积水生境下发育的湿生多年生草本植物所组成。经常极度湿润，以莎草科和禾本科植物占优势，几乎全为多年生植物；很多植物是根状茎，常聚集成大丛，如芦苇丛、香蒲丛、薹草丛等。由于处于积水、土壤缺氧的生境下，沼泽植物形成了一些特殊的生物生态学特性。例如，芦苇和莎草的根茎发育有通气组织，薹草和克拉莎等密丛草类因枯叶不断累积形成草丘，就具有强分蘖力特性以不断生出新株；沿阶草随着草丘的升高而不断长出不定根，并能起呼吸作用。草本沼泽可进一步划分为温带草本沼泽，高寒草本沼泽和亚热带、热带草本沼泽。

第三节　土壤-植被分布规律

一、土壤分布规律

土壤的形成、分布于其所处的综合自然环境和社会因素密切相关。随着自然环境和人为因素的变化，土壤的性态也发生相应的变化。中国土壤分布主要取决于温度和水分条件，并与气候、生物带的地理分布规律基本一致，受纬度、海陆位置和地形等的影响，存在着土壤的水平地带分布规律、垂直地带分布规律、垂直-水平复合分布规律和土壤的区域性分布规律等。

（一）水平地带分布规律

土壤的水平地带性分布是土壤发生性状与气候带和生物的地带性分布相吻合的土壤类型，是成土因素的相互协调作用的结果。土壤水平地带在中国境内分布是比较完整的，中国东部沿海地带是季风湿润气候下的森林土壤，主要发育铁铝土和淋溶土，属湿润海洋性土壤地带谱。中国西部内陆地带是整个亚欧大陆的干旱中心，主要发育干旱土和漠土，属于大陆类型土壤地带谱。两者之间为多种类型的过渡性土壤地带谱，例如半淋溶土和钙层土。

从图 7-1 中可以看出，中国全境土壤的水平地带分布的规律大致是：在东部沿海地区，由于受季风影响，温度和降水都是由低纬向高纬递减。土壤类型基本也随着纬度变化，表现出纬度地带性分布规律，自南而北依次出现热带雨林、季雨林砖红壤，南亚热带季风常绿阔叶林赤红壤，中亚热带常绿阔叶林红壤和黄壤，北亚热带落叶阔叶-常绿阔叶混交林黄棕壤，暖温带落叶阔叶林棕壤，温带针阔叶混交林暗棕壤，寒温带针叶林漂灰土。

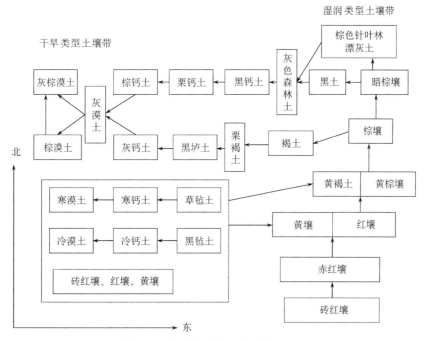

图 7-1　中国土壤水平地带谱示意图

中国秦岭—淮河以北的温带与暖温带广大地区，自东而西，干燥度逐渐增加，土壤按东西近乎经度方向更替，表现出干湿带性分布规律。在温带，土壤的演替顺序是从暗棕壤经东北平原的黑土，大兴安岭一带的灰色森林土，向西出现黑钙土、栗钙土、棕钙土、灰漠土、灰棕漠土。在上述系列以南的暖温带地区，土壤分布则由沿海的山东、辽东半岛的棕壤向西北依次为半湿润地区森林草类混生条件下的褐土，半干旱地区的黑垆土及栗褐土，干旱稀疏植被下的灰钙土，至漠境地区的灰漠土，并逐渐过渡到欧亚大陆极干旱中心的棕漠土和戈壁沙漠共存。

中国土壤水平分布并非简单地按照上述经线与纬线作东西或南北向排列，还有一定的偏转，这是由于地形和我国季风特征等综合作用的结果。另外需要指出的是，纬度地带性与干湿带性不是截然分开的，在干湿带性分布中仍有纬度地带性差异，如同是森林草原，暖温带为褐土，温带为黑土；同是荒漠，暖温带为棕漠土、温带则为灰棕漠土。同样，在秦岭—淮河以南的亚热带和热带纬度地带分布明显的土壤带中，东部和西部也有干湿带性分异。如黔中高原和滇中高原同属亚热带，由于高原地貌对环流的影响，黔中高原（贵阳）一带分布黄壤，而滇中高原（昆明）一带则为红壤。

（二）垂直地带分布规律

土壤分布的垂直带性，指土壤随山体海拔的升高，热量递减，降水则在一定范围内递增后又随高程降低，引起植被等成土因素随高度发生有规律的变化，土壤类型相应的出现垂直分带和有规律更替的特点。中国山地面积广阔，山地土壤类型丰富，其分布服从于垂直地带性规律。垂直带的数量和顺序等结构形式，称为垂直带谱。土壤垂直带谱中，位于山地基部、与当地的地带性土壤相一致的土壤带，称为基带。除基带外，垂直带谱中的主要土壤带称建谱土带，其土类叫建谱土类。土壤垂直带谱由基带土壤开始，随山体高度增高，依次出现一系列与较高纬度带（或较湿润地区）相应的土壤类型。但垂直带性不能简单地视为水平地带性的立体化，垂直带并不完全与水平带等同。

中国土壤垂直带谱也可分为湿润海洋型和干旱大陆型，两者之间为一些过渡类型，如半湿润海洋性垂直带谱与半干旱大陆性垂直带谱等。

西北干旱内陆山地，从山麓至山顶，气温降低而湿润程度在一定高度内逐渐增加，影响土壤分布的主要因素是湿润状况。常见的土壤垂直带谱结构是从山地灰漠土依次递变为山地棕钙土、山地栗钙土、山地黑钙土、山地灰褐土和山地草甸土。

东部湿润地区山地，从山麓至山顶，湿润程度虽有一定增加，但其变化不甚显著，这里热量条件的改变是影响土壤变化的主要因素。土壤垂直带谱自下而上逐渐从暖热地区的类型过渡到寒冷地区的类型。如在亚热带地区，常见的土壤垂直带为从山地红、黄壤依次递变为山地黄棕壤、山地棕壤和山地草甸土等。

土壤垂直带的结构，随山体所在的地理位置、山体高度、山体坡向和山体形态的不同而呈有规律的变化。纵观中国主要山地土壤垂直带谱，可看出如下特点。

地理位置不同，亦即基带土壤不同，土壤垂直带谱的组成亦不同，而在相同的生物、气候、土壤带内，土壤垂直带谱的组成和排列规律较接近。

在相似的经度上，从低纬到高纬，土壤垂直带谱有由繁变简、同类土壤的分布高度有由高降低的趋势。例如，地处热带，海拔 1867m 的海南岛五指山，土壤垂直带谱由 5 个土壤带组成；而位于温带，海拔 2691m 的长白山有 4 个土壤带；而大兴安岭则只有 2~3 个土壤带。

在相似的纬度上，从湿润地区经半湿润、半干旱地区到干旱地区，山地土壤垂直带谱先是趋于复杂，最后又趋向于简单，而同类土壤的分布高度则逐渐升高。以暖温带为例，湿润地区海拔为 1100m 的山地，仅有山地棕壤和山地暗棕壤 2 个土壤带；位于半湿润地区，海拔 2116m 的雾灵山有 5 个土壤带；而地处半干旱地区的云雾山（2050m），虽增加了一个反映半干旱草原景观的土壤带，但森林土壤带消失，垂直带数目相应减少；地处干旱地区的昆仑山中段，海拔为 5200m，除了山体中部出现荒漠草原土壤带外，山上山下都是荒漠土，垂直带谱更为简单。

在相同或相似的地理位置，山体越高，相对高差越大，土壤垂直带谱越完整。喜马拉雅山系中的许多山脉，土壤垂直带谱之完整为世界所罕见。

山地坡向不同，土壤垂直带谱组成及同类土壤分布高度也有差别，特别是有些山地界于两个水平地带之间，不同坡向基带完全不同，因而坡向的影响尤为显著。一般情况是山地下部两坡建谱土壤类型各异，向上逐渐趋于一致，但同一土带分布高度仍然有差别，在阳坡分布高度较阴坡高，在干旱地区较湿润地区高。另外，山体形态对土壤垂直带谱的展布形式也有明显的影响。

总之，由于温度和水分的地区差异，在不同水平地带，山地垂直带谱不同，土壤的垂直分布虽然干扰甚至破坏水平地带分布规律，但也打上了水平地带的烙印，可以说，垂直带性从另一个侧面反映土壤及其他自然地理特征的水平分异规律。

（三）垂直-水平复合分布规律

青藏高原，平均海拔 4000m 以上，面积巨大，地势高耸，其上的土壤垂直-水平复合分布非常典型。从基带向上，是一系列具有垂直结构的高大山地，而到达高原面上，则是一望无际的辽阔高原面。其上分布一系列切割的河谷和更高的山地，从而在其周围山地出现了完整的土壤垂直带谱。而广阔的高原面上又形成土壤的水平分布规律。这种在高原面水平基带土壤上又出现垂直分布规律，称之为土壤垂直水平复合分布规律。

（四）土壤的区域性分布规律

受地形、母岩和母质、水文条件、时间和人为活动等的影响，在广域水平分布的地带性土壤上发生相应的变异，地带性土壤与非地带性土壤在短距离内呈镶嵌分布，称为土壤的区域性分布。土壤地域分布，包括土壤中域分布和微域分布两类。

土壤中域分布是指中地形范围地带性土壤与非地带性土壤按其发生演变方向呈有规律地更替的现象。由于没有精确的定义，中域分布和中地形一般只是定性地指那些未能发生垂直带分异的起伏小于 500m 的丘陵地形，由于涉及的空间尺度较大，土壤单元较高级，分布的规律性也较明显。例如，位于褐土地带的华北平原，由太行山麓到海滨的"褐土—草甸土—滨海盐土"中域性分布；在中亚热带和南亚热带有丘陵台地到海滨，则会分别出现"红壤—水稻土—滨海盐土"和"赤红壤—水稻土—滨海盐土"系列。

土壤微域分布则主要是因小地形的变化以及母质、水文地质等条件的差异，而呈现的土壤分类基层单元的分布。与中域性分布相比，其涉及空间尺度较小（地形高差一般小于10m，土壤随地形变异的空间距离数十、数百米为一个重复）；地形条件通常属平原（或平地）区、洼地以及山地和丘陵的一段坡面；土壤的变化多为较低级分类单元；分布形式也较复杂。如长江中游的丘陵区，由丘顶到沟底，人们依次建成了"岗地"、"田"和"冲田"，并相应地形成黄土和死黄土（属黄棕壤类）、板浆白土（属水稻土类）、马肝土或青泥土（属水稻土类）等。

二、植被分布规律

一个区域的植被类型的出现，主要决定于该地区的气候和土壤条件。但从全球看，气候条件，主要是热量和水分以及两者的配合状况，是决定许多植被型成带状分布的根本因素。地球表面的热量随纬度位置的不同而不同，形成不同的气候带，因而植被也成带状从南至北依次更替。这种沿纬度方向（南北方向）有规律更替的植被分布，称为植被分布的纬度地带性。水分随距离海洋的远近，以及大气环流和洋流等的变化而变化。植被因水分状况大体按经度方向（东西方向）成带状的依次更替，即为植被分布的经度地带性。它和纬度地带性统称为水平地带性。此外，植被在山地的垂直分布也有一定的规律。随着山体海拔升高，依次出现不同的植被带，它们在结构、外貌上均出现差异，这是植被分布的垂直地带性。有人将纬度地带性、经度地带性和垂直地带性合称为"三向地带性"。植被分布的"三向地带性"是形成地球陆地上植被类型分布区域和地带性分异的普遍规律，是决定植被分布格局的函数式，因而也是植被区划最根本的原则。

中国的植被分布规律表现为从东南向西北，随着海洋季风和湿润气候影响逐渐减弱。从大兴安岭—吕梁山—六盘山—青藏高原东缘一线，分中国为东南和西北两个半部，东南半部是季风区，发育各种类型的中生性森林，西北半部季风影响微弱，多分布着无林的旱生性草原和荒漠。

（一）水平地带分布规律

由于受夏季东南季风的作用，从东南向西北，植被出现近乎经度方向的更替，北部的温带及暖温带地区较南部的亚热带、热带地区表现尤为突出。温带的湿润区——东北东部分布的典型植被是针阔混交林，以红松落叶阔叶混交树为代表；在暖温带湿润区——辽东、山东和华北丘陵山地，分布有各种落叶栎类林；暖温带半湿润区——黄土高原，主要是草原植被；暖温带干旱地区——东疆和塔里木盆地，分布着大面积的流动沙丘和裸露戈壁。

随着从东南沿海到西北内陆受海洋季风和湿气流的影响程度逐渐减弱，依次有湿润、半湿润、半干旱、干旱和极端干旱的气候。相应的植被变化也由东南沿海到西北内陆依次出现了三大植被区域，即东部湿润森林区、中部半干旱草原区、西部内陆干旱荒漠区，这充分反映了中国植被的经度地带性分布。

中国植被水平分布的纬向变化，可分为东西两部分。

在东部湿润森林区，由于温度随着纬度的增加而逐渐降低，在气候上自北向南依次出现寒温带、温带、暖温带、亚热带和热带气候，因此受气候影响，植被自北向南依次分布着寒温带针叶林带、温带针叶落叶阔叶林混交林带、暖温带落叶阔叶林带、北亚热带常绿阔叶混交林带、中亚热带常绿阔叶林带、南亚热带季风常绿阔叶林带、热带季雨林与雨林带（图7-2）。

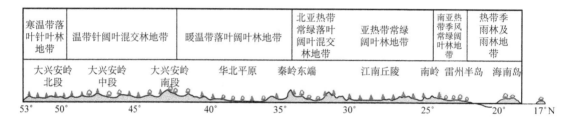

图 7-2　中国东部（110°~120°E）植被纬向地带变化（王静爱，2007）

寒温带针叶林带是寒温带典型的水平地带性植被类型，分布在欧亚大陆和北美洲的北部，构成一条非常明显的针叶林带，其北部界线就是地球森林带的北界。中国的寒温带针叶林仅分布在大兴安岭北部的针叶林属于地带性植被，为东西伯利亚明亮针叶林向南延伸的部分。因生境条件变异很大，组成树种不同，树种丰富多特有种，如华北落叶松、兴安落叶松、樟子松等。

温带针叶落叶阔叶林混交林带，包括小兴安岭和长白山两大林区，为中国现有森林中唯一有红松林分布的地带。土壤主要为高山草甸土、亚高山草甸森林土、山地棕色森林土和山地灰棕壤土等，分布以红松为主的针阔混交林，其中针叶树有红松、冷杉、云杉、落叶松等；阔叶树有紫椴、枫桦、水曲柳、胡桃楸、春榆、蒙古栎、白桦、山杨等。

暖温带落叶阔叶林带，包括辽东、山东两半岛和华北山区。森林土壤一般为山地棕壤和栗钙土、灰钙土等，个别地方有沼泽土、高山草甸土和亚高山草甸土。栎林是暖温带落叶阔叶区域地带性植被的主要类型，这类森林主要有辽东栎林、蒙古栎林、槲栎林、槲树林、麻栎林和栓皮栎林等。

亚热带常绿阔叶林指分布在亚热带大陆东岸湿润地区的，主要由壳斗科、樟科、山茶科、木兰科和金缕梅科等的常绿树种组成的森林群落。中国是常绿阔叶林的集中分布区，南自南岭，北抵秦岭，西至青藏高原东缘，东到东南沿海岛屿，可分为北亚热带常绿落叶阔叶混交林、中亚热带典型常绿阔叶林和南亚热带季风常绿阔叶林3个植被型。

北亚热带常绿阔叶混交林带，包括秦（南坡）巴山区和淮阳丘陵山区、长江中下游平原。

落叶阔叶树的优势种为麻栎和栓皮栎，常绿阔叶树中以苦槠和青冈为主。此带是亚热带经济树木如茶、油桐、乌桕、油茶在我国分布的北界。

中亚热带常绿阔叶林的代表性科是樟科、木兰科、山矾科、金缕梅科、壳斗科、安息香科、冬青科、山茶科、山茱萸科、葡萄科和紫金牛科。此地带性植被常绿阔叶林包括 2 个植被亚地带。北亚带常绿阔叶林优势种以青冈、苦槠、甜槠、石栎等为主，南亚带常绿阔叶林优势种以栲树、罗浮栲、甜槠、钩栗等为主。

南亚热带季风常绿阔叶林带，是常绿阔叶林与季雨林、雨林之间的过渡类型。其主要树种有刺栲、华南栲、厚壳桂、木莲等，群落中也有较多的桑科、茜草科、紫金牛科等的种类混生。

热带季雨林与雨林带，在中国面积狭小。热带雨林在中国云南、台湾、海南地区有分布。季雨林分布在中国南部的热带地区，主要组成树种有龙脑香科的青梅、擎天树，木棉科的木棉，使君子科的鸡占，五桠果科的小花五桠果及桑科的榕属等种类。

西部由于位于亚洲内陆腹地，在强烈的大陆性气候笼罩下，再加上从北向南出现了一系列东西走向的巨大山系，如阿尔泰山、天山、祁连山、昆仑山等，打破了纬度的影响，这样，西部从北到南的植被水平分布的纬向变化如下：温带半荒漠、荒漠带；暖温带荒漠带。南部青藏高原的隆起打破了气候温度带按纬度更替的规律性，但由于青藏高原面积广大，在高原面上自成高寒荒漠带—高寒草原带—高原山地灌丛草原带的纬向地带分布规律。

由于中国的温带与暖温带范围内东西延展无大地形的阻挡，景观形态明显受降水量的多寡制约，自东向西随降水量的减少，依次出现湿润、半湿润、半干旱和干旱呈经向地带分布的植被类型。以 42°N 沿线为例，可见中国的温带相应分布着湿润区针叶阔叶混交林、半湿润区森林草原、半干旱区草原、干旱区半荒漠及荒漠、极端干旱区荒漠等（图 7-3）。

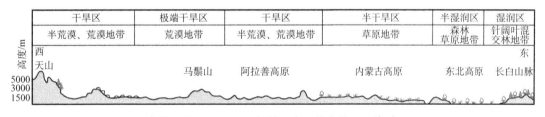

图 7-3　中国温带（约 42°N）植被经向地带变化（王静爱，2007）

（二）垂直地带分布规律

山地植被随海拔升高形成与垂直气候带相适应的带状更替现象，即为植被分布的垂直地带性。垂直地带性分布是山地植被分布的显著特征。山地植被的垂直分布一方面受山地所处水平带的气候特征制约，另一方面也受山地本身的特征（如山高、山脉走向、坡向、坡度、土壤等）和局部气候的影响。植被带大致与山坡等高线平行，并具有一定垂直厚（宽）度，它们的组合排列和更迭顺序形成一定的体系，称为垂直带谱。带谱中垂直带的数量、分布高度、带幅宽度、优势垂直带、植物种类组成等，都因山地的高度、走向和其所在的水平自然地带而异。

中国是多山的国家，每个气候区通常都有高山分布，因此山地植被垂直带谱变化多样，但位于同一水平植被带内的山地，其垂直带谱都是比较相似的，因而中国山地植被从宏观来看，大致分为湿润区和干旱区两大类。

1. 湿润区山地植被的垂直分布

中国湿润区山地植被垂直带谱（图 7-4），由于受到海洋性季风的影响，一般具有中生性质，在带谱中各类森林植被占有优势，高山植被也以低温中生的灌丛和草甸植被为代表。

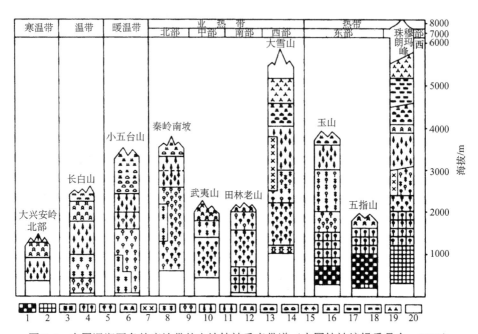

图 7-4 中国湿润区各纬度地带的山地植被垂直带谱（中国植被编辑委员会，1980）

1. 季雨林、雨林；2. 季雨林；3. 肉质多刺灌丛；4. 季风常绿阔叶林；5. 常绿阔叶林；6. 常绿阔叶苔藓矮林；
7. 硬叶常绿阔叶林；8. 温性针叶林；9. 落叶阔叶林；10. 寒温性常绿针叶林；11. 寒温性落叶针叶林；12. 矮曲林；
13. 亚高山常绿草叶灌丛；14. 亚高山落叶阔叶灌丛；15. 常绿针叶灌丛；16. 亚高山草甸；17. 高山蒿草草甸；
18. 高山冻原；19. 亚冰雪稀疏植被；20. 高山冰雪带

2. 干旱区山地植被的垂直分布

中国干旱区山地植被具有不同于湿润海洋性地区的植被垂直带谱结构和性质，森林植被在干旱地区的山地植被带谱中，通常居于次要地位，甚至全然消失，而以旱生的草原或荒漠植被占据主要地位，即使在高山植被中也带有明显的干旱气候烙印（图 7-5）。一般来说，气候越干旱，山地植被垂直带谱结构越趋于简化，基带由东到西随着干旱程度的加强而由草甸草原向典型草原、荒漠草原、温带荒漠与暖温带荒漠演替。而森林带通常为寒温性针叶林，荒漠区山地的森林带实际上呈现森林草原景观。

实际上，高山上的植物群落不可能分布到任意海拔，随着海拔升高，群落结构越来越简单，种类也逐渐减少。植被垂直地带性与水平地带性分布在外貌结构上有一定的相似性（图 7-6）。因此，植被的水平地带性与垂直地带性密切相关，水平地带性是基础，它决定着山地垂直地带的系统。某一山体植被垂直带分布，与山体所处的纬度开始到极地为止的水平植被带分布顺序相对应。

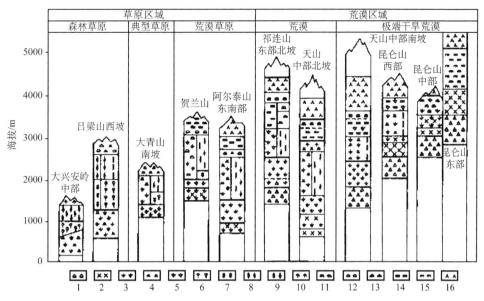

图 7-5　中国干旱区各地带的山地植被垂直带谱（中国植被编辑委员会，1980）

1. 盐柴类半灌木荒漠；2. 蒿类荒漠；3. 禾草草原；4. 山地草甸；5. 高寒草甸；6. 落叶阔叶林；7. 温性针叶林；
8. 寒温性落叶针叶林；9. 寒温性常绿针叶林；10. 常绿针叶丛；11. 亚高山常绿革叶灌丛；12. 落叶阔叶灌丛；
13. 高山垫状植被；14. 高山蒿草草甸；15. 高寒荒漠；16. 亚冰雪稀疏植被

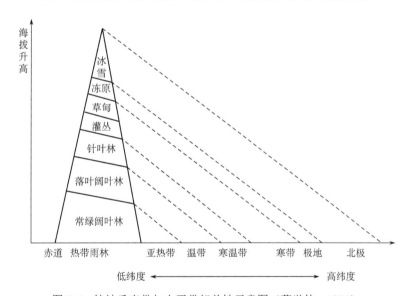

图 7-6　植被垂直带与水平带相关性示意图（董世林，1994）

　　山地植被垂直带的组合排列和更替顺序形成的体系，称为植被的垂直带谱。不同山体具有不同的植被带谱，一方面山地垂直带受所在水平带的制约，另一方面也受山体的高度、山脉走向、坡度、基质、局部气候等因素影响。总之，位于同一水平植被带中的山地，其垂直地带性总是比较近似的。

三、土壤–植被地带模式

　　中国土壤–植被水平地带模式（图 7-7）是在三大自然区的框架下形成的。东部季风区在温度驱动下，形成土壤-植被纬度地带模式；温带、暖温带地区在水分驱动下，形成土壤-植被经度地带模式；青藏高原在高度、热量和水分三重驱动下，形成特殊的土壤-植被高原水平地带模式。

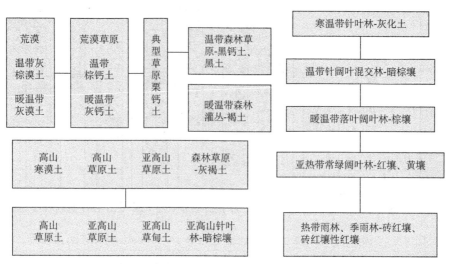

图 7-7   中国土壤-植被水平地带分布模式（王静爱，2007）

而土壤-植被的垂直地带模式实际上与水平地带模式是密切相关的，可以表现在三个方面：一是山地垂直带谱以其所在的纬度（水平）地带为基带。如海南岛五指山，500m 以下是季雨林-砖红壤；500～1500m 为山地雨林-红壤、黄壤；1500m 以上为山地苔藓林-草甸土。二是东部湿润山地垂直带谱的结构，从南向北由繁变简、层次减少，垂直带的分部高度有由高而低的趋势。例如，南亚热带高山（玉山）的垂直带谱多达 6、7 个带，温带山地（长白山）则减少到 4、5 个带，寒温带（大兴安岭）则只有 2、3 个带。随着纬度的增高温度下降，植被土壤带的上限也越来越低。如针阔叶混交林带，在南亚热带（玉山）可达海拔 2800m，到了暖温带（小五台山）只能到达 2000m，而到温带（长白山）则仅及 1200m。三是从东部湿润区到西部干旱区，随干旱程度加大，植被土壤带的高度逐渐升高，带谱的结构趋于简化。例如，针阔叶混交林山地暗棕壤，其分布上限，在长白山地为 1200m，河北灵雾山上升到 2000m，至西部贺兰山则达到 3000m。在新疆，天山北坡包括 5 个带，天山南坡为 4 个带，到昆仑山和阿尔金山，北坡只有 2、3 个带，极端干旱山坡则全被荒漠占据，仅 1 个带。

总之，由于温度和水分的地区差异，在不同纬度地带和经度地带，山地垂直带谱的结构是不同的。植被土壤的垂直分布虽然干扰甚至破坏了水平地带分布规律，但是每一山地垂直带谱，总是在该山地所处的水平地带基础上发展起来的，因而深深打上了水平地带性的烙印。可以说，垂直带性从另一侧面反映了植被、土壤及其他自然地理特征的水平分异规律。

参 考 文 献

董世林. 1994. 植物资源学. 哈尔滨：东北林业大学出版社.

海春兴，陈健飞. 2010. 土壤地理学. 北京：科学出版社.

李天杰，赵烨，张科利，等. 2004. 土壤地理学. 3 版. 北京：高等教育出版社.

刘南威. 2007. 自然地理学. 2 版. 北京：科学出版社.

全国土壤普查办公室. 1998. 中国土壤. 北京：中国农业出版社.

宋永昌. 2001. 植被生态学. 上海：华东师范大学出版社.

王荷生. 1979. 中国植物区系的基本特征. 地理学报，34（3）：224-237.

王静爱. 2007. 中国地理教程. 北京：高等教育出版社.

吴征镒，孙航，周浙昆，等. 2005. 中国植物区系中的特有性及其起源和分化. 云南植物研究，27（6）：577-604.

吴征镒，王荷生. 1983. 中国自然地理：植物地理（上册）. 北京：科学出版社.

伍光和. 2000. 自然地理学. 3 版. 北京：高等教育出版社.

武吉华，张绅. 1995. 植物地理学. 北京：高等教育出版社.

阎传海. 2001. 植物地理学. 北京：科学出版社.

殷秀琴. 2004. 生物地理学. 北京：高等教育出版社.

赵济. 1995. 中国自然地理. 2 版. 北京：高等教育出版社.

赵一之. 2003. 中国西北荒漠区植物特有属研究. 植物研究，23（1）：14-17.

中国植被委员会（吴征镒主编）. 1980. 中国植被. 北京：科学出版社.

朱鹤健，陈健飞，陈松林，等. 2010. 土壤地理学. 2 版. 北京：高等教育出版社.

思 考 题

1. 试述中国土壤-植被水平地带分布规律。

2. 试述中国土壤-植被垂直地带分布规律。

第八章　中国自然环境特点及分异规律

中国地处太平洋西岸，欧亚大陆东部，国土面积辽阔，自然环境复杂而独特。

第一节　中国自然环境的基本特征

一、自然环境复杂多样，地域差异明显

中国幅员辽阔，东西、南北跨度大，特别是受到青藏高原隆起的影响，自然环境复杂多样，地域间差异巨大。

中国地貌类型丰富，山地众多，丘陵广布，拥有四大盆地：塔里木盆地、准噶尔盆地、柴达木盆地和四川盆地；四大高原：青藏高原、内蒙古高原、黄土高原和云贵高原；三大平原：东北平原、华北平原和长江中下游平原。山地、盆地、高原、平原在空间上镶嵌分布，与不同的水热条件相组合，构成了我国复杂多样的自然环境。

中国南北跨纬度约50°，有寒温带、温带、暖温带、亚热带、热带、赤道带共6个温度带，太阳辐射的差异为我国境内形成丰富的自然地带和农业地带提供了基础。我国东西跨经度约62°，延伸约5200km，由沿海到内陆，自东向西有从湿润、半湿润过渡到半干旱和干旱的水分递变规律。自然植被和土壤类型呈现出相应的地带性分布规律。

中国自然环境结构复杂，各地自然条件千差万别，区域差异性大，是世界上自然环境最丰富多彩的国家之一。例如，冬季的松花江两岸呈现出一派千里冰封、万里雪飘的寒带风光，而海南岛则是繁花似锦、椰林挺立的热带景色；东南沿海地区是降水丰沛、河网纵横的鱼米之乡，西北地区常见流沙千里的荒漠、牛羊成群的草原夹杂着美丽富饶的绿洲，青藏高原则是雪山林立、沼泽广布。

二、季风影响显著，范围广阔

中国位于亚洲大陆东部，太平洋西岸，正处于全球最大的陆地与最大的海洋之间，强大的海陆热力差异，使我国季风气候显著。相比之下，我国的季风气候具有典型性、差异性和广泛性的特征。

中国的冬、夏季风都很显著，季风在冬季和夏季有明显的风向更替：夏季多偏南风，来自太平洋和印度洋，温暖湿润；冬季多偏北风，气流由内陆吹向海洋，寒冷干燥。

季风的强弱和影响的范围，各年不同，各月不同，但季风在一年中的交替和南北推移，对中国自然景观的形成和发展起着重要的作用。中国东部和西部的差异以及东部季风区自然地带的南北递变，在很大程度上受季风的控制。中国亚热带有着广阔的面积，从南到北跨纬度12°之多，我国的亚热带植物在世界同类植物中所占面积也最大。广大亚热带地区不像世界同纬度许多地区那样表现为荒漠或草原，由于受季风的影响，在高温季节降水丰沛，气候温暖湿润，成为世界上著名的农业发达地区。

中国是世界上季风影响范围最大的国家，季风气候造成的水热同期有利于大部分地区农业生产的开展，但也造成了降水年际、年内变化率大，导致南北方水旱灾害频繁发生，威胁到人们的生产生活。

三、地表结构复杂，山地众多

按照形态，中国的基本地貌类型可分为山地、高原、丘陵、平原和盆地五种，其中山地和高原分布最广，面积约 600 多万平方公里，占国土面积的 2/3 以上。即便是在以平原为主，地势相对平坦、广阔的东部地区，也散布着许多中山、低山和丘陵。因此，山地和高原构成了我国地貌基本轮廓的主体，纵横交错的山系成为构成宏观地貌格局的骨架，控制着平原、盆地与丘陵的分布格局，形成了中国独特而显著的地表结构特征。

中国地势西高东低，自西向东呈阶梯状下降，由两组山脉组成的地貌界线把我国陆地划分成明显的三级阶梯，形成中国地貌轮廓的显著特征。中国的山地走向受制于我国特殊的地质构造，走向顺直明显，总的来说，山地的走向主要有东西向、北东向、北西向和南北向等四种类型，它们在中国境内交织分布，形成众多格网。巨大的高原、盆地和平原均镶嵌于这些网格之中，形状也受到山地的控制。此外，中国的水系受地形、气候的双重影响，表现出河流众多、差异显著的特征。数量多、流程长是中国河流的突出特点之一。全国流域面积在 1 万 km^2 以上的河流有 79 条，其中长江和黄河是世界著名的大河，流经或发源于我国的澜沧江、黑龙江也都在世界最长的十大河流之列。

四、人类活动对自然环境影响深刻

中国历史悠久，长期以来，人们的生产生活对自然环境产生了深刻的影响，人类活动在很大程度上加速或延缓了自然环境的演变过程，强烈地改变着自然面貌。

历史时期，中国人类活动对西部生态环境的影响主要表现在土地利用/土地覆盖变化上。自商周以来，人口数量逐渐增加，人类活动对环境施加的影响也逐渐增强。西周时期，中国农耕区主要集中在淮河以北、黄河中下游的狭窄地带。秦始皇统一中国后，传统农业以黄河流域为中心扩展到其他地区。特别是隋唐以后，人类强度活动波及全国，从而极大地改变了中国的土地覆盖状况，其形式主要为农田的扩张以及伴随而来的天然植被和地表水体的破坏。据资料显示，在近 2000 年来的人类活动影响下，中国森林覆盖率由原始状况约 60% 左右下降到清代初期的 21% 左右，到 20 世纪中期全国森林覆盖率曾一度下降到 8.6%。

新中国成立以后中国的生产力水平迅速提高，在党和政府的领导下，人们发展生产，改造山河，使过去经常泛滥成灾的黄河、淮河、海河等重要江河得到了治理，修建了许多水库、分洪、滞洪和水利枢纽工程，发挥了防洪、灌溉、发电、运输等多方面的综合水利效益。营建了大面积防风固沙林与海防林，特别是 20 世纪 90 年代以来开始大力推广退耕还林工程，至 2008 年中国森林覆盖率已达 20.36%。

但人地关系是复杂的，人类对自然环境影响的结果是多方面的。在利用自然的过程中，由于带有不同程度的盲目性，也使生态系统的平衡遭到破坏，从而导致自然环境的恶化。例如，黄土高原水土流失严重，生产力低下，固然有其自然因素，但和历史上砍伐森林、滥垦草原、破坏植被等人为因素也有直接关联。严重的水土流失，又引起黄河下游的河流演变与洪水泛滥，造成华北平原的旱、涝、盐、碱、风沙等危害。西北干旱区灌溉农业的发展使河流的大量径流消耗在支流和河流的中上游地区，造成下游水量剧减或断流，致使终端湖泊萎缩、消亡，罗布泊、潴野泽、居延海就是其中的代表。过度放牧等农业生产方式还造成了草原、草场的退化和风沙的蔓延，引起沙漠的扩展和沙尘暴的频发。不合理的砍伐，过度的捕猎，使森林资源、野生动物大为减少，甚至绝迹。二三百年前祁连山"野牛出饮，数以千计"的情景，已不复见。

因此，人们在利用自然、改造自然的过程中要正确处理人地关系，既要满足人们生产生活的需要，又不破坏生态环境，并使其能够持续地供给人类生存和繁衍的需要，实现人地关系的和谐发展。

第二节　中国自然环境的地域分异特征

地域分异性是指地理环境各组成成分及整个景观在地表按一定的层次发生分化并按确定的方向发生有规律分布的现象，包括纬度地带性、干湿地带性和垂直地带性。

在自然地域分异中，水平地带与垂直地带犬牙交错。不同水平地带内的山地各具不同的垂直带结构，从而加深了我国自然条件的复杂性和多样性，使中国自然地域分异具有世界罕见的独特性。

一、中国自然环境的地带性规律

（一）纬度地带性

纬度地带性（简称地带性）是由太阳光线在地球表面具有不同的入射角造成太阳辐射沿纬度方向分布的不均匀性。地带性的表现是地球表层许多自然地理现象和过程由赤道向两极呈有规律的递变。

中国幅员辽阔，南北跨度大，纬度地带性引起的南北温度差别与气候差别明显。根据温度和自然景观，自北向南可以把中国（除青藏高原外）划分为寒温带、中温带、暖温带、北亚热带、中亚热带、南亚热带、边缘热带、中热带、赤道热带等九个自然带（划分指标见表 8-1）。中国东部地区地势比较低平，纬度地带性表现明显。

（1）寒温带仅分布于大兴安岭北段的较小区域内，长冬无夏，生长季约 3 个月。农业条件差，可种植一季早熟作物，以林业和狩猎为主。天然植被是以落叶松为主的针叶林。

（2）中温带分布于从东北向西延伸到新疆北部的广大地区，包括东北大部、内蒙古高原和准噶尔盆地。气温变化东西差别大，生长季 3.5～5.5 个月。冬季寒冷漫长，作物不能越冬，为一年一熟区，作物以春小麦、甜菜、亚麻等耐寒作物为主。在水分充沛的地方天然植被为针叶林和落叶阔叶林组成的混交林。

（3）暖温带分布在辽南、黄河中下游地区及新疆塔里木盆地，生长季 5.5～7.5 个月。冬暖夏热，大部分地区两年三熟，南部可一年两熟。天然植被以落叶阔叶林为主，是我国重要的温带水果和棉麦产区。

（4）北亚热带主要位于秦岭、淮河以南的长江中下游地区和汉水流域，冬季土壤、河流基本不结冰，生长季 7.5～8 个月。作物一年两熟，以水稻、小麦和棉花为主。天然植被以落叶、常绿阔叶混交林为主，针叶树以马尾松为主。

（5）中亚热带主要位于长江以南的江南丘陵、四川盆地以及云贵高原等地区，生长季 8～9.5 个月。作物一般一年两熟，南部可两年五熟，水稻分布普遍，茶、柑橘、油桐等作物生长良好。天然植被以常绿阔叶林为主，盛产毛竹、杉木、马尾松。

（6）南亚热带包括台湾省中、北部，福建、广东、广西三省（区）大部以及云南省南部等。长夏无冬，偶有奇寒，生长季9.5～12个月，作物可一年三熟，主要作物有水稻、甘蔗、茶、柑橘、香蕉、荔枝、龙眼等。天然植被为偏湿性的季风常绿阔叶林，森林上层以樟科、壳斗科为主，中下层以大戟科和芸香科最多。

（7）边缘热带也称北热带，包括台湾省南部、雷州半岛、海南岛、云南省南部以及东沙群岛，全年为生长季，适于种植热带作物，是我国橡胶种植面积最大的区域，易受台风、暴雨危害。植被为热带常绿阔叶雨林。

（8）中热带包括台湾省南端和海南的南端以及中沙群岛、西沙群岛等地，面积较小，适宜橡胶、椰子、油棕、可可、胡椒等热带作物，是我国发展热带作物的重要基地。

（9）赤道热带面积更小，仅含有南沙群岛及其周围的南海南部海域，气温年较差小，各种热带作物都能生长。

表 8-1　中国温度带划分指标

气候带	≥10℃积温的天数/天	≥10℃的积温/℃	1 月平均气温/℃	7 月平均气温/℃	植被
寒温带	<100	<1600	<−30	<18	针叶林
中温带	100～170	1600 至 3200～3400	−30 至 −12～−6	18 至 24～26	针阔叶混交林
暖温带	170～218	3200～3400 至 4500～4800	−12～−6 至 1	24～26 至 28	落叶阔叶林
北亚热带	218～239	4500～4800 至 5100～5300	1～4	28～30	落叶、常绿阔叶混交林
中亚热带	239～285	5100～5300 至 6400～6500	4～10	28～30	常绿阔叶林
南亚热带	285～365	6400～6500 至 8000	10～15	28～29	季风常绿阔叶林
边缘热带	365	8000～9000	15～20	28～29	热带常绿阔叶雨林
中热带	365	9000～10000	20～26	>28	热带季雨林
赤道热带	365	>10000	>26	>28	热带雨林

资料来源：王静爱和左伟，2010。

（二）干湿地带性

海陆分布及其对比关系形成了大陆性气候和海洋性气候的差别，大陆内部和东西两岸各植被类型的差别，以及景观的干湿差别。这种差别常常呈经度分异的方向变化，称为经度地带性或干湿度地带性。

中国仅东面临海，西部高山高原隔离印度洋水汽而成为气候屏障。这种海陆分布特点对水热条件组合有重要影响。尤其是因东临海域成为中国几乎唯一的水汽源地，导致同一纬度上的降水量由东向西递减的趋势，从而使自然带呈现由东向西升高的经度地带性特征。

在划分干湿地带性时通常用干燥度（K）作为指标，干燥度是年潜在蒸发量与降水量的比值，包括了收入和支出两个方面，比降水量更能反映一个地区的干湿状况。中国从东到西、从南往北呈现出由湿润到干旱的变化规律。以干燥度为标志，中国可分为湿润、半湿润、半干旱和干旱四个不同的干湿地区（图 5-15）。

（1）湿润地区的干燥度小于 1，降水量大于当地潜在蒸发量，包括秦岭—淮河以南地区和东北北部、东部的湿润山区，大部分地区年降水量在 800mm 以上。自然植被以森林为主，土壤基本上没有盐渍化。大部分地区农作物以水稻为主。干燥度 1.5 的等值线大致也是中国南方与北方、水田农业与旱田农业、森林与森林草原的分界线。

（2）干燥度为 1～1.5，潜在蒸发量略大于降水量，包括大兴安岭中段、东北平原大部、黄土高原、华北平原以及青藏高原的东南部，年降水量 400～800mm。自然植被是森林与草原的过渡区，形成森林草原或草甸草原。降水集中在夏季，春旱对农业生产有很大威胁。干燥度为 1.5 的等值线大体与农牧区分界线一致。

（3）干燥度为 1.5～4，潜在蒸发量与降水量比值较大，包括东北平原西部、内蒙古高原东部、黄土高原北部和青藏高原中部、南部。由于受夏季风影响较弱，降水稀少，年降水量为 200～400mm。天然植被为干草原和荒漠草原，是中国主要的牧区。干燥度等于 2.0 的等值线大致是草原与荒漠草原、沙地与沙漠的分界线。

（4）干燥度大于 4，潜在蒸发量远大于降水量，包括内蒙古高原西部、河西走廊、准噶尔盆地、塔里木盆地、柴达木盆地、阿拉善高原和昆仑山地以及羌塘高原北部与西部。由于深居内陆、远离海洋，降水极其稀少，年降水量不足 200mm，分布着大面积的沙漠和戈壁。天然植被为半荒漠和荒漠，以牧业为主，有靠灌溉发展的绿洲农业。干燥度为 4 的等值线与旱作农业区的西界一致，所以该线以西没有灌溉就不能种植农作物。干燥度在 16 以上的区域年降水量多在 50mm 以下，是中国的沙漠分布区，也称为极干旱区。

（三）垂直地带性

地貌形态对地表环境有着重要影响。随着山地高度的增加，气温随之降低，从而使自然环境及其成分发生垂直变化的现象，称为垂直带性或高度带性。形成垂直带的基本条件是构造隆起的山体，而直接原因是热量随高度的增加迅速降低（每公里下降 5～6℃）。因而，只要山体达到一定的高度，就可以打乱水平地带性的规律，自下而上形成一系列的垂直自然带。我国是多山的国家，垂直地带性的表现比较强烈，但在东南沿海和西北内陆表现不一。

东部湿润地区的山地，自山麓至山顶，湿润程度虽有一定增加，但其变化不甚显著，在这里，热量条件的改变是影响自然景观变化的主要因素。垂直带谱中以各种类型的森林植被、土壤为主。自下而上逐渐从暖热地区的类型过渡到寒冷地区的类型。例如，在亚热带地区，常见下列垂直带：山地常绿阔叶林-红、黄壤；山地常绿阔叶与落叶阔叶混交林-黄棕壤；山地落叶阔叶林-棕壤；山地灌丛草甸-草甸土。

在西北干旱内陆的山地，从山麓至山顶，气温降低，而湿润程度在一定高度内则逐渐增高。影响自然景观分布的主要因素是湿润状况。常见的植被垂直带有：荒漠、荒漠草原、山地灌木草原或草甸草原、森林、亚高山草甸，土壤则从山地灰漠土依次递变为山地棕钙土、栗钙土、山地黑钙土、山地森林土、山地草甸土。西北干旱区山地垂直带谱可分为半湿润和半干旱森林草原和草原、半干旱荒漠草原、干旱温带荒漠、极端干旱荒漠等类型。

中国地势西高东低，青藏高原巨大隆起改变了原本的大气环流，制约着水热条件的组合，使高原腹地成为干冷中心，从而在自然带高度分布的水平地带性背景上叠加垂直地带性影响。这种影响表现为自然带高度的二次拟合趋势面上的等值线近似于以青藏高原为高值中心的半同心圆状，从而导致自然带水平地带性分布的畸变。

总之，中国自然环境的分异是纬度地带性和干湿地带性相互叠加的结果，同时受垂直地带性的影响，自然带的高度呈由南南西向北北东降低的倾斜平面状变化，其中纬向变化率比经向大，表明纬度地带性比经度地带性明显，在制约地带性的因素中热量是首要的，水分次之。青藏高原隆起挡住了由西南方向进入我国的水汽，造成了西北地区的干旱，同时也打乱了水平地带性的分布，造成自然带高度的二次趋势面为以青藏高原这一干寒中心为峰区向北北东方向降低的半椭球状曲面，从而形成一个独特的自然区。

二、中国的三大自然区

由于中国地域辽阔，地势呈西高东低的三级阶梯状分布，仅东侧临海，受季风环流影响显著，青藏高原的巨大隆起干扰了行星风系并阻挡了西部南北气流的交换，因而，各地水热条件组合关系有着巨大差别，自然环境分异明显。全国可分为三大自然区：东部季风区、西北干旱区和青藏高寒区（图 8-1）。

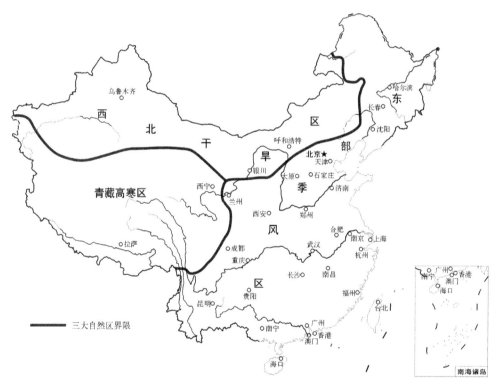

图 8-1　中国三大自然区

（一）东部季风区

东部季风区背靠内陆高原，面向海洋。包括第二级阶梯的黄土高原、四川盆地、云贵高原、横断山区，以及第三级阶梯的沿海平原和丘陵地区。面积约占全国陆地面积的 46%，人口约占全国总人口的 95%。东部季风区主要有以下 6 个特点。

（1）夏季受海洋季风影响显著，普遍多雨，冬季受北方冷气流影响，大部分地区寒冷干燥。风向、降水、气温等随季节变化而有明显的更替。雨季主要集中在 5～9 月，湿润程度较高，年降水量均大于 400mm。

（2）新构造运动上升幅度一般不大，海拔较低，大部分地区在 1000m 以下，海拔超过 2000m 的山岭不多。在呼玛—北京—郑州—钦州一线以东，新构造运动以沉降为主，形成广阔的冲积平原，平原间多为海拔 500m 以下的低山丘陵。

（3）河流除乌裕尔河、霍林河外均为外流河，长江、黄河、珠江、辽河、海河等大河自西向东注入海洋。地表水的补给以雨水为主，绝大部分地区属于外流区，湖泊多为淡水湖，地下水资源比较丰富。

（4）天然植被以森林和森林草原为主，农作物和人工林等人工植被较多。生物种类繁多，分布混杂。栽培植物广泛分布，是我国的主要农耕地区。

（5）土壤发育古老，多为林下发育，土层较厚，红色风化壳分布广泛，长江以南尤为普遍。以红壤、砖红壤、棕壤为主，淋溶作用强烈，土壤多呈酸性。

（6）区内自然环境分异的主导因素是随纬度变化的温度，与西北干旱区的分界线大致为 400mm 等降水线，与青藏高原区的界限大致为 3000m 等高线。

（二）西北干旱区

西北干旱区位于大兴安岭以西、青藏高原和黄土高原以北内陆地区，主要包括第二级阶梯的内蒙古高原、塔里木盆地和准噶尔盆地等。面积约占全国陆地的 27.3%，人口约占全国的 4%，主要有以下 6 个特点。

（1）地处内陆且四周多山岭。来自海洋的水汽很少，夏季风难以到达。植被大部分为荒漠，一部分为荒漠草原和干草原。在高山的垂直分带中则有森林、山地草原等以及与之相应的土壤类型。

（2）地貌外营力主要是干旱与半干旱气候下的微弱风化、微弱的物质移动、微弱的水力侵蚀和堆积以及广泛的风力侵蚀、搬运和堆积。但暴雨之后，水力侵蚀可产生强烈的破坏作用。风力作用虽然很广泛，但只能对颗粒较细的松散沉积物起作用，并在风力变缓的时候发生堆积。在高大的山岭中，以冰川作用以及冰缘条件下的寒冻风化、物质移动和流水侵蚀为主。

（3）全区绝大部分属内流区，地表水几乎全属雨水补给。湖泊较多，大多是咸水湖。山地径流是重要的资源，其补给来源以冰雪融水为主。

（4）新构造运动以差异上升为主，但大部分地区上升幅度不大，形成海拔 1000m 左右的高原，少部分地区上升较大，形成横亘于高原中或盆地边缘的高大山脉。许多山地海拔超过 3000m，其上有现代冰川发育，景观具有垂直分异性。也有不少山地高度较低，景观的垂直分异性不明显。

（5）人类对于自然界的影响，远不如东部季风区广泛、深刻。但在与东部季风区接壤的地区，以及有流水可资灌溉的地域等，也可看到人类活动的深刻影响。干草原利用不尽合理，往往造成沙漠化。

（6）随距海远近而变化的干湿状况是决定区内自然界地域分异的主要因素。

（三）青藏高寒区

青藏高寒区是世界上极其独特的一个自然地理区域，是海拔最高、形成最新的高原区。位于横断山以西、喜马拉雅山以北、昆仑山和阿尔金山以南，是我国地势的第一阶梯，包括西藏自治区、青海省和四川省西部，土地面积约占全国陆地总面积的 26.7%，具有以下特征。

（1）气候寒冷干燥，空气稀薄，气温很低，风力强劲，冻土广布。太阳辐射量大，是全国辐射量最多的地区，由区外输入的水汽少。

（2）新构造运动以大幅上升为主，形成了平均海拔 4000m 以上的大高原。其间分布着众多海拔超过 6000m 的高山，山上白雪皑皑，冰川广布。

（3）地貌外营力以物理风化作用为主，冰川作用显著，冰川地貌占全国首位，东南边缘泥石流地貌发育。

（4）高原东部为外流区，西北部为内流区，径流以冰雪融水和雨水混合补给为主，高原内湖沼众多，是我国盐湖分布最多的地区。高原的边缘是亚洲许多大河的发源地。

（5）天然植被稀疏矮小，以荒漠、高山草甸灌丛为主，森林多分布在东南部。植物具有耐寒、耐风、耐盐的特性，动物稀少。

（6）由于化学风化作用较弱加之成土年龄不长，成土母质的机械组成粗大，土层浅薄，土壤剖面发育极差。土壤类型为高山土。

（7）区内人口稀少或为无人区，人类活动影响较大的区域局限于部分河谷，土地利用以畜牧业为主，少数地区发展林业和农业。

（8）区域自然环境表现为纬度地带性和垂直地带性共同作用的结果，高原的边缘地区垂直地带性特征表现明显，高原面上出现纬度地带性分布，而在纬度地带的基础上又有垂直地带分布。

参 考 文 献

郭永盛，王庆. 2007. 自然地理学原理. 北京：科学出版社.

胡兆量. 2006. 地理环境概述. 北京：科学出版社.

蒋忠信. 1990. 中国自然带分布的地带性规律. 地理科学，10（2）：114-124.

李涛. 1998. 中国地理（修订本）. 长春：东北师范大学出版社.

刘盛佳. 1996. 中国地理. 北京：高等教育出版社.

王建. 2001. 现代自然地理学. 北京：高等教育出版社.

王静爱. 2007. 中国地理教程. 北京：高等教育出版社.

王静爱，左伟. 2010. 中国地理图集. 北京：中国地图出版社.

王乃昂，颉耀文，薛祥燕. 2002. 近 2000 年来人类活动对我国西部生态环境变化的影响. 中国历史地理论丛，17（9）：12-19.

赵济. 1995. 中国自然地理. 3 版. 北京：高等教育出版社.

赵济. 1999. 中国地理. 北京：高等教育出版社.

思 考 题

1. 试说明中国自然环境的复杂性。
2. 说明中国自然环境的地域分异特征。
3. 说明三大自然区的主要特征。

第三篇 中国文化地理系统

中国从古到今都是世界人口大国，在几千年的历史长河中，华夏儿女建立了与自然环境相适应的生产方式及生活方式，中华民族在长期的交流和融合过程中形成了分布上的交错杂居、文化上的兼收并蓄、经济上的相互依存、情感上的相互亲近，也与世界各民族文化交流融合，培育了具有同一性、多元性及延续性的文化生态与特征。中华文化源远流长、博大精深，是世界四大文明古国中唯一仅存的文化硕果。

文化地理研究地表各种文化现象的分布、空间组合及发展演化规律。本篇主要探讨中国的文化起源与演化、文化特征、文化的区域差异，以及中国的人口、民族等方面的内容。课程思政的目标是：将爱国主义、民族情怀贯穿渗透到教学中，帮助学生树立文化自信、民族自信，感悟中国优秀文化智慧和工匠精神，坚定中国共产党的领导、增强爱国情感和积极担当民族复兴大任。通过传授中国文化地理系统知识，引导学生深刻理解中华优秀传统文化的思想精华和时代价值，推进中华优秀传统文化的创造性转化、创新性发展；通过了解我国人口基本国情，把握时代大势，树立人口发展要同社会经济发展和资源、环境相协调的科学人口观；通过中国民族地理的教学，引导学生牢固树立中华民族命运共同体意识，始终把中华民族的共同利益摆在首位，为实现中华民族伟大复兴凝聚磅礴伟力。

第九章 中国文化的起源与发展

中国是统一的多民族国家。中华民族是对中国境内的汉族及 55 个少数民族的统称。中华文化源远流长，具有同一性、多元性及延续性，在地域上具有差异性。

第一节 中国文化的起源与演化

一、中国文化的起源

中国文化是世界几大原生文化之一。文化是多元发生的，关于世界上最早的几大原生文化（或称文明形态），学术界表述不一，有"三大文明"（近东文明、东亚文明、中南美文明）、"四大文明古国"（古埃及、古印度、中国、古巴比伦）、"六大文化区"（西亚、埃及、印度、中国、墨西哥、秘鲁）、"七大母文化"（埃及、苏美尔、米诺斯、玛雅、安第斯、哈拉巴、中国），以及斯宾格勒的"八个文明中心"（埃及、印度、中国、巴比伦、雅典、伊斯兰、西方、墨西哥）和汤因比的"26 个文明中心"等多种说法。无论从哪一种角度来看，中国都是这些原生文化中极其重要的一个单元；它在独立起源的时间、文明发达的程度、对周边文化的影响力等方面，都具有典型意义。

在中国，文化也是多元发生的，最主要两个发生地是黄河流域与长江流域。汉文化亦称华夏文化或中华文化，汉文化起源于黄河流域，是迄今世界上唯一没有中断的文明。汉文化最早发祥于黄河中游的黄土谷地，包括汾河、渭河、泾河、洛河、沁河等大支流的河谷，这里的自然条件利于原始农业的发展，是仰韶文化或彩陶遗物分布的核心区。其后向东扩张，进入黄河的大冲积扇以及太行山麓成串较小的冲积扇。远在公元前 4000 年，这一带便已出现农耕的村落，西安半坡的新石器时代遗址，就是一个最好的例子。到春秋时代，汉文化圈扩大到黄河的中游和下游流域。

长江流域在养育早期文明方面，很难说与黄河流域文化是一体化的。在以中原文化为核心的黄河流域华夏文化进入更加迅速发展的同时，长江流域以稻作文化为基础而发展起来的荆楚文化和越族文化也在蓬勃发展。特别是由荆楚部族建立的楚国，无论是军事、政治还是经济和文化都十分强大、发达，因而最终统一了长江流域，成为南方民族与文化融合的中心。

从荆楚文化形成之日起，中国文化就分成了南北两支：北支为中原文化，南支为楚文化。然而自商、周以来，尤其是经过春秋战国数百年的南北民族与文化大融合，到公元前 3 世纪秦始皇统一中国，终于将各具特色的南、北文化融为一体，完成了中国本土文化的铸造。

二、中国文化的演化

（一）中原文化轴的形成

夏、商、周、秦、汉、唐等朝代虽发生了多次迁都，但当时的政治和文化活动都是以黄河及其最大支流渭河为轴线，呈东西走向。中国的几个著名古都——长安、洛阳、开封等，皆分布在此轴线上。这是古文化之轴，是中原文化的核心地带。

1. 儒、道、墨思想的相继形成

春秋战国时期是学派纷杂、诸子百家争鸣的时代。孔子在这一时期创立了儒学，儒家学说作为封建王朝的思想武器在汉朝时取得了政治思想上的统治地位。从汉武帝开始，只有通晓儒学的才能做官，从此，儒家经典逐渐成为学者们的主要教材，儒家学说成为占统治地位的思想。董仲舒提出的"三纲"论点，后来儒生概括为"君为臣纲，父为子纲，夫为妻纲"，成为长期封建社会儒家学说的中心内容。直到唐代，儒家学说仍被朝廷用作控制思想的工具。

战国时期的另一学派是道家，由老子和庄子首创。主张无为而治，不干涉人民的生活，而最好让人民无知无欲地生活下去。道学在南北朝时期正式成为宗教，被称为道教教祖的李耳（即老子），因与唐朝皇帝同姓，所以道教在唐朝时特别受到优待，并把《老子》、《庄子》等书列为科举考试的项目。

与儒家齐名的学派还有"显学"之称的墨家，创始人墨子，主张以兼爱为核心，以节用、尚贤为支点。墨子在先秦时期创立了以几何学、物理学、光学为突出成就的一整套科学理论，在当时影响很大。墨家是一个宣扬仁政的学派，在代表新型地主阶级利益的法家崛起以前，墨家是先秦时期和儒家相对立的最大的一个学派。

2. 封建制度的形成

春秋战国时期，封建土地等级所有制逐渐代替了奴隶主贵族土地所有制，农民的个体劳动代替了奴隶在农业中的集体劳动，劳动力对土地的依附代替了劳动力与土地的不稳定关系，耕织结合的个体农民家庭的劳动组织逐渐成了支配的形式。公元前 221 年，秦始皇建立了第一个皇朝，标志着封建制度在全国占支配地位的开始，而此时世界上许多国家尚处于奴隶社会阶段。秦始皇建立的从朝廷到地方的一整套较为成熟的政治体制，对后世及其他国家曾产生过长期的重大影响。

3. 建筑与农业文化上的突出成就

建筑工程与建筑艺术在秦汉时期已有相当的成就。秦的长城、驰道和直道、阿房宫以及始皇陵墓等，都是宏伟的建筑工程；西汉长安的城市规划已表现出很高的水平；建筑木结构的整体设计以及斗拱和挑梁等构件的设计、砖瓦形制的多样化和重视互相拉结的砌砖方法，在秦汉时期都已发展到相当完整的程度，为此后中国建筑技术奠定了基础。开凿石窟与塑造佛像在当时也相当风行，始建于十六国的前秦时期，历经十六国、北朝、隋、唐、五代、西夏、元等历代的兴建的敦煌石窟，被誉为 20 世纪最有价值的文化发现、"东方罗浮宫"，是世界上现存规模最大、内容最丰富的佛教艺术圣地，至今仍是世界绘塑艺术的宝库。

战国时的农业文化已具有较高水平，农民能识别土壤、改造土壤，懂得因土而种和较广泛地使用多种肥料。在种植及管理上，讲究不疏、不密、行正、通风、选苗、培根、除草及扑灭蝗、螟等害虫。当时已有"农学之家"。到秦汉时期出现了创新的局面。一是铁犁和牛耕得到了推广和改进；二是农具的种类日益完备，出现了很多新型农具；三是发展了煮盐、冶铁、纺织三大手工业。东汉时期，主要兵器已经全部由钢铁制品取代；纺织手工业的工艺水平也很高，花色品种多样，代表织品最高水平的锦，曾远销罗马，享有很高的国际声誉。隋唐时期的农业文化有了进一步的发展。北魏贾思勰所著的《齐民要术》，系统地总结了北方的农业生产经验。

总体看来，中原文化轴的文化水平此时明显高于周围地区，其最主要的原因是，这一文化轴位处当时农业最为发达的地区。农业发达，经济自然富庶；经济富庶，文化也就能够发达起来。

（二）文化重心的南迁

优越的区位条件尽管使中原文化轴急剧隆起而构成中国文化的重心，但在进一步发育过程中，由于原有一些有利条件丧失，而南方拥有的更佳农业生产条件，加之唐朝以后北方少数民族的压力所导致的战乱纷存局面，从而使文化重心南迁。

1. 中原文化轴所受的外界压力与内乱

唐朝末期和五代的大部分时间，北方继续混乱，黄河中下游流域不断地遭受天灾人祸的打击，逐渐暴露出衰败和萧条的景状，居民流徙，田园荒废。同时外部又受契丹的侵扰，汉民族深受蹂躏和劫掠。但此时全国文化重心仍在开封、洛阳的东西向轴线上，并且西京洛阳的文化地位远超出东京汴梁（开封）。北宋后期，由于金人的入侵使中原文化由鼎盛转趋衰落。以秦岭—淮河为界，金王朝统治北方100多年，与南宋政权对立。因此，在时间上，北宋统一王朝的毁灭是中国文化南迁的真正分野，从此文化重心迁到江南；而在空间上，淮河曾一时成为南北文化的界线。

此外，黄河中下游流域经过长期的开拓利用，水土流失严重。唐中叶以后，藩镇割据，互相征伐，河工失修，水灾频率增加，下游河道时常变迁。宋代以后，黄河水患增多，而且越来越严重，黄河下游的决口、泛滥、改道，对农田和城邑的破坏极大，耕地变成荒野，许多县城一迁再迁，北方元气为之大耗。

2. 南方的吸力与文化重心南迁

中国南方的自然条件对于农业的发展远比北方优越，尤其是长江下游南岸，气候温暖，雨量适中，生长期长，作物一年两熟，粮食产量较高且稳定，使经济得以稳定发展。经济的繁荣和社会的安定，使谋生之余尚有闲暇用于读书，文化逐步繁荣起来。

南方经济的迅速发展，使当时国家财政几近全部依赖江南。韩愈指出："赋出天下而江南居十九。"国家在经济上如此依赖江南，政权无法不对南方人开放，以换取江南人的支持，江南的知识分子也因经济的繁荣而抬头。

北宋末年除了首都开封外，其余重要城市如杭州、苏州、成都、江宁、越州、荆州、泉州、广州等全在南方。广州、明州与泉州还是南宋时期的三大对外贸易港口。当时南方文化核心为临安（杭州），是南宋临时首都，发展神速，到南宋末年，临安府的户籍39万，人口124万，繁华程度超过了北宋的汴京（开封）。

很显然，中国文化发展到北宋末年，中心已趋向东南。北宋政权的毁灭和南宋的建立，只是加速了这一文化重心的迁移过程。文化重心从开封、洛阳的东西向轴心，转移到了杭州、苏州的南北向轴心。因此，中原文化轴作为全国甚至全世界文化中心，在文化向外围扩散过程中，由于种种原因导致的相对衰落，以及南方区位条件、经济水平的巨大吸力，为文化重心的南迁埋下了伏笔。

三、中华文化的扩散与融合

（一）汉文化扩散的途径与方式

汉文化具体的扩散途径难于稽考，但历史上各时期修建的若干通道无疑是文化扩散的重要途径。秦始皇时期修筑了大量道路，包括陆路和水路。在陆路方面，以咸阳为中心，修筑了两条驰道，一条向东，通到今河北、山东一带，直到海边；另一条向南，一直通到今江苏、浙江等省。在今湖南、江西、广东、广西之间又修筑了"新道"；在今云南、贵州的边远地区修筑了"五尺道"。秦始皇还命令大将蒙恬修筑了一条"直道"，从咸阳经云阳（今陕西省淳化县北）、上郡（今陕西省北部）直达九原（今内蒙古自治区包头市西北）。在水路方面，秦始皇在广西兴安县开凿了灵渠，沟通了湘江和漓江，成为长江与珠江流域之间的通道，从而使中原文化开始源源不断地传到珠江流域。汉时的漕渠、隋朝的京杭大运河，在承担漕运的同时，也成为当时文化扩散的重要通道。

大规模的文化扩散大致可分为两种类型。一是"联姻"。汉朝曾与匈奴联姻，唐朝时这种形式更为盛行。唐皇宗室先后有三个公主嫁到回鹘（维吾尔族先民）；回鹘可汗也嫁女给汉族宗室的敦煌王。唐太宗贞观年间，文成公主进藏，嫁给松赞干布；中宗时，又将雍王之女金成公主嫁给吐蕃赞普。通过这一纽带，不仅加强了上层的联系，而且促进了民族间文化的相互扩散。文成公主入藏，使松赞干布"袭绮纨，渐慕风华。乃遣酋豪子弟请入国学以习《诗》、《书》"。同时，也将汉族的碾磨、纺织、陶器、造纸、酿酒等工艺传到吐蕃。她带去的诗文、农书、佛经、史书、医典、历法等典籍，促进了吐蕃经济、文化的发展，加强了汉藏人民的友好关系。

文化扩散的另一种方式是移民与"屯垦"。屯垦戍边是历代政府治理边疆的重要国策，历史上秦朝、元朝与清朝是移民、屯垦最为明显的时期。秦朝时曾迁徙50万罪徒到岭南与百越人杂居；从公元前205年开始，先后有西汉、东汉、曹魏、西晋、前凉、前秦、后凉、西凉、北凉、北魏、高昌国、隋朝、唐朝、元朝、清朝在新疆组织屯垦，也使统一的多民族文化得以互相融合，共同发展。

（二）少数民族文化的扩散

文化扩散从来就不是单极发散、单向扩展，而是相互辐射、互为交融的过程。

1. 藏文化的扩散过程

西藏的远古居民在距今四五千年前即已经营农业和畜牧业，兼事狩猎活动，过着定居的生活。此后的2000年左右，西藏原始社会大都完成了向父系氏族制度的过渡，组成了相当规模的族、部，其活动范围也逐渐扩大到青藏高原的北部和东部。之后，随着吐蕃王朝的建立，其活动范围更是扩展到东起尼洋河、西至阿里一带的西藏广大地区。7世纪后半期，吐蕃势力扩展到甘、青及川、滇西部、新疆西部地区。与这一过程相伴随的是藏文化的扩散，如具有民族特色的吐蕃文化（如马球）向这些地区的传播，尤其是奴隶制度向封建制度的更替。

在藏文化扩散中，历史上最典型的例子是喇嘛教（黄教）向蒙古地区的扩散。

黄教是西藏的教派之一，于16世纪下半叶传入蒙古地区。传播过程中特别重视在蒙古地区封建主中传教，使蒙古地区封建主信仰黄教，从而借助他们的势力而扩散这一信仰。在封建主的支持下，一般小贵族和贫民也相继追随，从而使黄教在蒙古地区得到迅速传播。当然，黄教在蒙古地区的传播与反对萨满教的活动分不开。黄教宣扬慈悲宽恕，严禁杀生，反对萨满教的杀生祭祀活动，通过禁止杀生殉葬，改变了蒙古地区一些落后的风俗习惯，有利于畜牧业经济的发展。因此，清政府也以"黄教柔顺蒙古"竭力提倡黄教。为此，清政府大建寺庙，使蒙古地区的政治、经济、文化都受到不同程度的影响。由此从西藏传入的医学、历法和大量的佛经，以及寺庙中的佛像、壁画等，丰富了蒙古地区的文化，也使往来人员增多，商人集聚，带动了商业中心和城镇的发展，在一定程度上促进了蒙古地区经济文化的发展。

2. 西南少数民族间文化的交融

从文化地理位置来看，西南桂滇黔少数民族地区正处于中国文明发祥地的黄河流域与印度文明的过渡地带，因而不可避免地，这里便成为多种文化相互交绥、相互叠加、相互影响的多元文化区。

从民族语言学的角度来看，西南的少数民族基本上属于汉藏语系和南亚语系两大系别，其中以汉藏语系占绝对优势，它又可以进一步划分为藏缅语族、苗瑶语族和壮侗语族三大类型。藏缅语族偏集于西部的云南境内，苗瑶语族相对集中于云贵高原的东北部，而壮侗语族则大部分位于广西，它们在长期发展过程中，又各自形成了某些共同的文化特征。就其族属渊源而论，基本上来自于北方的羌、苗和东部地区的百越三个血脉各异的族源。就民族文化特征而论，以藏缅语族为主的西部各民族由于接近古代印度文明的源地，因而其宗教信仰偏于佛教的熏染；以苗瑶语族为主的东北部各民族，则多受中原文化影响，表现为父子连名制，对祖先槃瓠的图腾崇拜；东南部的壮侗语族的共同习俗则突出地表现为断发文身、鼻饮和拔齿等奇特习俗。

西南少数民族地区是中国民族文化的百花园。由于各民族渊源不同，至今仍然保存着各民族固有的文化特征。然而由于千百年来各民族的长期杂处，互相影响，彼此借鉴，不断融合，因而从全国的角度来看，西南少数民族地区又在相对一致的文化地理背景中，形成了独具特色的西南民族文化特征。在多元文化的影响下，没有形成强烈而固定的宗教信仰，因而就恋爱、婚姻方面来看，比起全国其他文化地区，西南少数民族地区各族人民显得更为自由、灵活一些，男尊女卑的封建意识也较为淡薄，能歌善舞也成为各少数民族典型的共同特征之一。

3. 少数民族文化对汉文化的扩散

中国少数民族素以能歌善舞著称，塞北西域优美的声调和乐器纷纷传入中原，仅就乐器就有笛、横吹、琵琶、箜篌、胡琴、羯鼓、腰鼓等。外来音乐由于节奏复杂、曼妙动人，深受欢迎，当时人称之为俗乐，以别于庙堂上所用的雅乐。《新唐书·礼乐志》记载："周隋与北齐接壤，故歌舞杂有四方之乐。至唐东夷乐有高丽、百济，北狄有鲜卑、吐谷（yù）浑、部落稽，南蛮有扶南、天竺、南诏、骠国，西戎有高昌、龟兹、疏勒、康国、安国，凡 14 国。而八国之技，列于十部乐"。可见隋唐之际，中国少数民族和邻国的音乐，大量传入中原，丰富了中国音乐的内容，与中国歌舞的优美互相融合，遂发展成为现今中国优美高雅的音乐。

杂技大部分最初也由西域传入，隋以前称为百戏。《通典》说："大抵散乐杂戏多幻术，皆出西域。"西域坐具自汉末传入中原，当时被称为胡床，即现在的"马扎"。坐在上边，双腿下垂，称为胡坐。自汉魏迄唐，豪门贵族，渐坐床榻，席地而坐的风气略衰。不过在床榻上仍是跪着，并非双足下垂。到了宋朝才有桌子、椅子、杌子等名称。陆游《老学庵笔记》载："往时士大夫家妇女坐椅子杌子，则人皆笑其无法度"。可见甚至到南宋末期，椅子杌子还不很普遍。直至元朝，西域坐椅凭桌习惯才大量传入汉族地区。

在学术思想上，少数民族文化对汉文化的空间扩散亦是多方面的。例如，古史传说以为历史始于盘古氏开天辟地，实际上这段神话最初原是苗族的传说，汉晋以后传入中原，才成为中国共同的古史神话。而各民族涌现出的许多学者与艺术家，对促进和加强少数民族与汉族的文化交流做出了很大的贡献。如擅长绘画艺术凹凸法的新疆和田尉迟乙僧，在寓居长安时把这一技艺带到了中原，使凹凸法广为流传；精通汉文、出生在库车的鸠摩罗什，毕生翻译佛经 380 多卷，成为与真谛、玄奘齐名的中国佛教三大翻译家；还有被誉为"廉康子"的元代理学名臣廉希宪，诗词家贯云石、萨都剌，书法家廉希贡，画家伯颜不花的斤等名流人物，都对中国文化的发展做出了自己的贡献。

四、中外文化的互为扩散

在中国文化演进过程中，唐宋时期俨然以世界文化中心的身份，向外扩散出多种在当时堪称先进的文化内容。与这一过程相伴随的则是对外来文化的传入与吸收，而大致以 1840 年为分界点，在此之前是主动吸收阶段，以后则是被动吸收为主的阶段。

（一）中国文化的扩散途径

科技文化的传播离不开人们交往的道路。在海上对外交通大规模发展起来之前，中国文化的扩散主要是通过陆路通道进行的。历史上，中国与南亚、中亚、西亚和欧洲的交往通道主要有三条。

1. 横贯亚洲的"丝绸之路"

大约从公元前 2 世纪起，这条道路即畅通千年之久而不衰。在不同的历史时期，其具体路线不尽相同，但整体线路趋于一致。汉唐时期，丝绸之路的东方起点是长安（今西安市），向西穿过河西走廊，经新疆境内的塔里木河的南北通道，越过葱岭（今帕米尔高原），再通向中亚、南亚和西亚各地，最后抵达地中海东岸。通过这条道路，不仅是中国的丝及丝织品、纸张、漆器、瓷器、铜铁、桃、梨等物产以及生产技术，尤其是对世界科技文化起到巨大推动作用的造纸、印刷术、火药等的发明，都是通过这条道路传到西方的。而西方的葡萄、胡桃、苜蓿、香料、玻璃等物产以及天文、历算等科学知识也是沿着这条道路传入中国。

这条国际大道还留下许多中外探险家、旅行家和学者的足迹。名垂史册的有：西汉时"凿空"西域的张骞；东汉时"立功异域"的班超；东晋时旅行万里，写下地理名著《佛国记》的法显；唐代时历尽 17 年艰辛去"西天"取经，留下不朽名著《大唐西域记》的玄奘等。蜚声中外的意大利人马可•波罗，于元初曾沿丝绸之路来到中国，后人整理的《马可•波罗游记》，是中西交流史上夺目的篇章。

2. 连接东南亚和南亚的"蜀身毒道"

这也是一条古老的国际通道，早在西汉时期就已形成，两千多年来一直没有中断。它起自四川，经过云南，进入缅甸，直抵印度（汉时称身（yuán）毒（dǔ））。由于它始于丝织业发达的成都平原,并以沿途的丝绸商贸著称,因此也被历史学家称为"南方丝绸之路"。一些专家认为,这是中国最早的对外陆路交通线,也是中国西南与西欧、非洲、南亚诸国交通线中最短的一条线路。

蜀身毒道在印度又与通往大秦(东罗马)的道路相通,进而可西去欧洲。在这条道路上,中国的黄丝、陶瓷器、铜铁罗锅及茶叶等物产,以及农田水利技术等不断传入东南亚;国外的棉花、玻璃、象牙及玉石开采、纺织技术也经此传入中国。特别是这条道路把中国和印度、亚洲的两河流域、非洲的埃及、欧洲的希腊、罗马等世界古代文明的发祥地连接在一起,对于中西科技文化交流具有特殊重要的意义。

3. 通过世界屋脊的"吐蕃尼波罗道"

在唐代,这是自长安起,经吐蕃(今西藏)和泥波罗(及尼泊尔)通往印度的一条重要国际通道。与上述两条道路比较,它是当时中国通往印度的捷径。麟德元年(664 年),僧人玄奘从印度取吐蕃尼波罗道回国,"九月而辞苫部(今印度恒河流域中部),正月便到洛阳,五月之间,途经万里"(《大唐西域求法高僧传》上卷),其时间之短创古代中印交通史记录。唐王朝使臣也取此道去印。贞观年间,李义表出使天竺(印度),经尼波罗国曾受到盛情款待。表明吐蕃尼波罗道历史上也是中西文化、科技交流的重要通道。中国的纸和造纸术等重大技术发明从这里传至南亚次大陆;印度的甘蔗熬糖法以及南亚的一些蔬菜品种也由此传入中国。

(二)中国文化扩散的影响

1. 中国文化东向扩散的影响

中国文化的东向扩散的区域主要包括日本、朝鲜等地区,形成了以中国为中心的"东亚文化圈"。构成这个文化圈的要素大约有汉字、儒家、法律制度和佛教等。显然这几大要素都是中国传统文化的结晶,中国文化的辐射、传播主导了东亚各地的物质文明和精神生活。

公元前后,日本列岛已出现汉字,到应神十六年(公元 285 年),日本开始正式、大量地使用汉字。后来,汉字才在日本得以本民族化,逐渐从汉字中创造出日本自己民族的文字,即现代的日语,但其使用的"假名",依然是一种汉字型文字。日语中至今汉字的痕迹依然甚多,1981 年 10 月日本政府公布的常用汉字,即日本国民一般社会生活中所常用汉字,仍有 1945 个之多。而且许多日本人甚至以大量地使用汉字来显示其学问与教养。汉字传入日本,使中国书籍直接传入日本成为可能,这对于中国文化的传入、促进日本的开化与进步,无疑具有重大的意义。

此外,汉字还传播到东亚其他民族和国家,并被借用、改造成为书写各种非汉语的"汉字型文字",如朝鲜的"谚文"、越南的"字喃",它们在字形和组字原则上都表现出与汉字的直接渊源关系。

又如,儒家思想中的等级观念、忠孝情感、和合意识等,也无不深深地影响着东亚各国人民的价值观念与行为方式。中国儒学传入日本始于百济博士王仁携《论语》10 卷和《千字文》1 卷东渡,献于日本应神天皇作为皇子菟道雅郎子的课本,并被聘为教师。日本佛教的传入也来自于中国,钦明天皇 13 年(552 年),佛教经百济传入日本。到隋文帝十三年(593年),推古天皇即位,由圣德太子摄政,大肆倡导儒教之尊王思想,继于推古天皇十一年(603

年）用儒教之道德名，即五常之名称，定日本冠位制为德、仁、礼、信、义、智六等，冠位只限本人，不能世袭，但如有功绩，可以升级。该制度显然受中国和朝鲜品位制、官位制的影响，为打破过去的氏姓世袭制度、建立官僚体制、树立中央政府及天皇的权威奠定了基础。推古天皇十二年（604 年），圣德太子又以儒教仁义礼智信五常为中心，掺杂法家、道家、释家思想，制定日本政府施政方针17 条，即著名的日本古典宪法17 条，其基本思想完全遵循儒教。

2. 中国文化西向扩散的影响

中国文化不仅惠及近邻的东亚文化圈，而且泽被远西，对包括欧洲在内的其他世界文化也影响深远。

16 世纪之前，中国的科学技术一直走在世界的前列，中国的物质文明为欧洲的文艺复兴和近代化奠定了物质基础。中国古代在稻麦耕作、桥梁工程、掘井开河、冶炼铸造等技术领域，以及天文、算术、医学等科学领域都具有明显的优势。中国的丝绸、瓷器等产品自古以来就为西方各国人民所喜爱；火药、罗盘、亚麻纸、纸币、木板和活字印刷术等，通过蒙古人和阿拉伯人先后传到西方。正如马克思所说："火药、指南针、印刷术——这是预告资产阶级社会到来的三大发明。火药把骑士阶层炸得粉碎，指南针打开世界市场并建立殖民地，而印刷术变成新教的工具。总的说来，变成科学复兴的手段，变成对精神发展创造必要前提的最大杠杆。"中国文化为西方的近代文明提供了物质基础，而且还是西方现代科学技术的直接源头。

在思想意识层面，中国的伦理哲学、政治思想，尤其是儒家思想对欧洲的启蒙运动也产生过巨大的影响。通过来华耶稣会士的传播，法国的启蒙思想家如伏尔泰、孟德斯鸠、卢梭以及百科全书派的狄德罗、霍尔巴赫等人，将中国的无神论和唯物论、"仁政"与"仁君"思想、"有教无类"的教育原则、民本限君的政治理论等文化资源加以理想化的描绘，借以作为反对神学蒙昧主义和君主专制的思想武器，助成了法国的政治大革命。

中国从汉代开始就成立的文官考选制度，隋唐已逐渐演变成完备的科举制度，曾经令东来的传教士们啧啧称叹。法国革命以后的欧洲和19 世纪的美洲的考试制度和文官制度，便参考了中国的文物典章。

（三）外来文化的传播

外来文化主要是通过经商、旅游与传教传入中国的。其中对中国文化影响较大的是各种宗教思想的传入。

1. 佛教的传播

佛教产生于印度，约于两汉之际传入中国，但当时佛教在民间影响不大，多为上层贵族信奉，并与黄老、神仙方术相提并论。两晋十六国时期，政局极为混乱动荡，统治阶级迫切需要寻求自我麻醉和麻痹人民的工具。佛教的灵魂不灭、因果报应、转世轮回之说，由于可使人类迷惑于来世的幻想而追求所谓精神上的解脱，于是得到显著的发展。

佛教在南北朝时广为流行。南朝佛教偏重义理。南朝梁武帝不仅重视佛教实践、身体力行，而且大力提倡义理之学，依据儒家纲常伦理原则，汲取和改造了佛教的义理，在儒、佛融合方面做出了重要的贡献。北朝佛教由于崇尚实行，所以其规模又远甚于南朝。据史籍记载，至北魏末年，全国佛寺已达 30000 余所，僧尼达 200 余万人。这一时期佛教的兴盛还表现在建造寺宇、凿窟雕佛像方面，大同云冈石窟、龙门石窟、巩义石窟、天水麦积山石窟等，都是北魏时开凿的。

佛教的再一次兴盛是在隋唐朝，佛教在统治阶级扶持下，在唐朝达到了登峰造极的状态。唐朝统治者在佛、道关系上予以调和，三教一方面鼎足而立，另一方面又趋于圆融一致。唐太宗时，佛教最重要的事件是玄奘西游印度和归国译经；武则天执政期间更是大力支持佛教；唐玄宗虽是著名的道教君主，但为了保证能够容纳不同类型的意识形态，亲自为《金刚经》作注，并在开元二十六年（公元 738 年）下令全国各州建一座开元寺，彰显玄宗既笃信道教，亦尊崇佛教。致使唐代共有佛教寺院 4 万多所，僧尼 30 多万人，汉译佛经近 2000 多部，7000 多卷。首都长安，寺庙荟萃，佛塔难以尽数。同时，唐代的佛教宗派林立，尤其是禅宗，经五祖弘忍、六祖慧能的阐发而进一步中国化，佛学理论也为更多世人所研习。

佛教对中国的影响不仅限于中原地区，它还通过唐代与吐蕃的关系传入西藏，并又接受了来自南部邻邦尼泊尔、克什米尔和印度的大乘佛教，从而形成一个区域性的佛教系统，俗称喇嘛教。通过佛教与本教相结合的策略，使佛教由此以后在西藏占据了绝对统治地位。

云南西双版纳推行的是小乘佛教，它是中国佛教中仅存的巴利语系统的佛教，于 14 世纪左右从东南亚缅甸等国传入，通过与当地原始宗教的斗争而取得统治地位，成为傣族的全民信仰，并相继传入布朗、崩龙、佤、拉祜等少数民族中。

2. 伊斯兰教的传播

从公元 7 世纪开始，阿拉伯人就沿着海陆交通线到达中国，进行贸易或旅行并传播伊斯兰教。唐、宋、元三朝是伊斯兰教传入中国的主要时期。海路来的主要是阿拉伯波斯商人，特别是宋朝年间（公元 960～1279 年），中国至阿拉伯海上交通很发达，中国政府专门指定广州、泉州、杭州等城市为国际贸易口岸。当时外国商人中，以阿拉伯人为经商而长期居住在中国沿海港口，其聚居地称为蕃坊。他们在住地建了不少清真寺。到了元代（公元 1271～1368 年），伊斯兰教在中国更加盛行起来。13 世纪初成吉思汗西征，大批的阿拉伯人、波斯人和中亚信仰伊斯兰教的各族人被迫东迁至中国。他们主要定居在当时的河西（今甘肃、宁夏一带），也有定居在河南、山东、陕西、云南等地的。《明史·撒马尔汗传》称："元时回回遍天下"。他们经元、明两朝的发展，成了中国的回族。伊斯兰教在中国维吾尔、哈萨克、乌兹别克、塔吉克、柯尔克孜、保安、撒拉等族中也具有广泛传播。

3. 基督教、天主教等的传入

明清时期的历史，是中国由先进走向落后的历史。近代西方列强对中国进行文化侵略，借助洋枪洋炮开路，传教士曾起到急先锋和别动队的作用。清末基督教的三大支派——天主教、东正教、新教竞相而入，以行医、办学、传教为由，为帝国主义的侵华效力。其规模之大、影响之广，几乎涉及整个中国有人居住的所有地区。1920 年，基督教在中国的传播和扩散达到了鼎盛时期，基督教徒达到 250 万左右。

基督教在中国的传播和扩散有 4 个源地：以广州、汕头、福州、厦门、台南为中心的南部沿海区；以上海、宁波为中心的东部沿海区；以天津、牛庄、登州为中心的渤海沿岸区；以汉口、九江、南京、镇江为中心的内地沿江区。它们在清末中国基督教的传播中均发挥了据点作用，以此向外扩散。鸦片战争后，随着一系列不平等条约的签订，葡、西、法、英、美、德、沙俄等新老殖民主义国家传教士，曾大批深入中国南北方各民族的穷乡僻壤，以开医院、建教堂、立学校等各种手段，"施展其半麻半醉之侵略教化"。法国天主教在蒙古地区建了七大教区，修了上千所教堂，占用几百万亩土地，有所谓"小天主国"之称。英、法、美等国在桂、滇、黔、川、湘等省（区）民族地区也建了不少教堂。

除了通过"慈善"事业千方百计诱骗群众入教外，还利用甚至"创制"某些少数民族文字来编印《圣经》和其他宗教宣传品。例如，内蒙古天主教用蒙文译印了《圣经》送给各王公贵族，云南传教士"创制"过景颇文来编印宗教书籍和课本供教会学校使用，以此扩大基督教的传播范围。同时，他们还利用政治特权强迫少数民族放弃祖祖辈辈信仰的本民族宗教，禁止少数民族过传统的节日，严重破坏了少数民族的文化传统。

分析道教、佛教与天主教、基督教对少数民族的影响，存在明显的差异：由于它们的政治背景不同（道教、佛教从未作为中国统治阶级的主要统治意识，而天主教、基督教却充当了帝国主义侵略中国的工具）；文化背景不同（道教、佛教产生于东方文化，而天主教、基督教却是在西方民族文化基础上产生）；传教手段不同（道教、佛教依靠较长时间的潜移默化，而天主教、基督教则更多地依靠政治势力和强权手段）。因此，道教、佛教对少数民族的影响是潜移默化的深层意识的影响，虽然少数民族出家为僧为尼和学道的人数极少，但道教和佛教的观念已融化到少数民族的民间宗教中，同时也渗透到少数民族社会生活的各个方面；而天主教、基督教的影响则主要限于形式，难以根植到民族文化的深层意识中，易于昙花一现。

第二节　中国文化的特征

一、多元性与多样性

中国早已形成多民族统一的国家，各民族的交流与渗透已有几千年的历史，形成了中华各族群之间各种内在的或潜在的文化共性，构成"中华民族多元一体格局"的深厚文化基础。然而，中国地域辽阔，自然环境复杂多样，差异巨大，又形成了各民族多样化的生活与生产方式的多元文化生态文化圈。据考古学统计，公元前6000～公元前2000年，中国各省（区、市）发现的新石器文化遗址就有7000多处。例如，黄河中游地区的仰韶文化、河南龙山文化；黄河下游地区的青莲岗文化、大汶口文化、岳石文化；长江中游地区的大溪文化、屈家岭文化、青龙泉文化；长江中下游地区的河姆渡文化、良渚文化、崧泽文化；燕山南北的红山文化等，都形成了地域文化特色，构成中华民族文化的多元性。

由于区域性民族多元文化交融，加上地理环境差异性，形成了多样性的民族的风俗及习惯。例如，汉代班固著的《汉书·地理志》中写道："凡民函五常之性，而其刚柔缓急，音声不同，系水土之风气。"其记载：秦地人好稼穑、务本业，以力气为上，以射猎为先；河南殷墟人性格刚强、多豪杰，喜相侵夺，薄于恩礼；晋地人深思简陋；周地人巧伪趋利；晋北戎狄等地人慷慨悲歌，好作奸巧；齐地人舒缓迂阔，奢侈夸诈；鲁地人长幼相让，尚礼义，重廉耻；宋地人性格重厚，多君子；卫地人性格刚武；楚地人怯懦偷生，信巫鬼，重淫祀；汝南人性格急剧，有气势；吴越人好勇轻死等。

由于自然地理环境、人文环境的双重影响，中华地域文化的特征也十分显著。春秋战国时期，就产生了邹鲁文化、荆楚文化、三晋文化和燕齐文化四种文化类型。各古代学术思想流派的流传分布，往往也有其地域特点。如儒墨以鲁国为中心，而儒家传播于晋、卫、齐，墨家则向楚、秦发展；道家起源于南方原不发达的楚、陈、宋；法家主要源于三晋。周、卫位于各国之间的交通孔道，是商业兴盛之区，先后产生了不少专做政治交易的纵横家。

二、延续性与亲和性

错综复杂的自然地理环境，为中华文化多元化、多样化发展提供了适宜的生态空间，而且相对独立的地理单元和难以逾越的地理障碍所具有的封闭性，使以陆路交通为主的古代中华文化几千年中一直未受到外部力量或异质文化的强烈的冲击，与外部世界的相对隔离，使中华文化传统长盛不衰，既能以自身独立的姿态保持前后递进的延续性，又通过在内部环境系统中完成的统一，形成共同的民族心理与伦理观念。

而在国家内部，各民族间的文化是开放与亲和的。例如，在文学史上有重要地位的《离骚》篇名取自苗族诗歌；《敕勒歌》是北朝敕勒人用鲜卑语创作的；文学名著《红楼梦》是满汉两大民族文化融合的硕果。唐朝乐器有雅部和胡部的区别，雅部是中原传统乐器；胡部是西域传入的乐器，包括羌笛、胡琴、琵琶、腰鼓、碰铃、胡笳、横吹、五弦铗等。书画建筑艺术也无不充满多民族的特色，如河北名胜承德避暑山庄和外八庙就是各民族古典建筑文化交融的结晶。当年康熙和乾隆南巡，令画师、工匠把江南各地建筑名胜加以摹写，仿造于避暑山庄之中。山庄中还有草原风情的蒙古包。外八庙也各有楷模。普陀宗乘之庙仿照布达拉宫；须弥福寿之庙仿照扎布伦布寺；安远庙仿照伊犁固尔扎庙；普宁寺仿照西藏三摩耶庙；普乐寺旭光阁仿照天坛祈年殿；殊象寺仿自五台山。

在多民族文化融合过程中，华夏文化起着内核作用。历史上无数民族进入中原，不断丰富华夏文化的内涵，同时也融入中华文化的巨系统中。北朝魏孝文帝是鲜卑族人，他断北语，宗儒学，改姓氏，易婚俗，均田地，加速了北方民族融入中华文化体系，对发展中华文化贡献卓著。契丹人和满人在入主中原前就已经习读汉书、学汉字。

三、一统观和同一性

中国各族人民在文化上有同一性，在意识上有海内一统观。西周时"普天之下，莫非王土，率土之滨，莫非王臣"，表达了强烈的一统观。《禹贡》成书于诸侯割据的战国时代，按华夏形势，将全国划分九州，是一统观的标志。再细看诸子百家共同关心的问题，他们争论的都是如何建立大一统的国家，建立后如何管理。孔、孟、荀、墨、韩非都提出了他们统一的方案，老子、庄子也设计了他们治理天下的蓝图。

中国的内涵是多民族统一的国家，不是任何一个特定民族的国家。不论哪一个民族入主中原，都以中国皇帝自居，都是中国的正统，都收入中国正史二十四史中。不论哪一个民族入主中原，在族源上都称华夏先王之后，在文化上接受汉文化，推行汉化政策。不论哪一个民族的人当皇帝，都要吸收多民族的人才参加中央及地方政权管理，都致力于维护大一统的国家体制，使它的统一职能不断得到完善。北魏太武帝（424～451年）拓跋焘以"以廓定四表，混一戎华"为宗旨。元世祖忽必烈（1260～1294年）改国号"大蒙古"为"大元"，取意"天下一家"。清朝满族入主中原，行使中国主权，在与俄国签订《尼布楚条约》时，清政府代表索额图的全衔是"中国大圣皇帝钦差分界大臣、议政大臣、领侍卫大臣"。他代表的是中国。

书同文和行同伦是海内一统的催化剂。早在西周宣王（公元前841～781年）时，出版

《史籀篇》，企图实现书同文。然而，春秋战国的诸侯割据，使字形区域差异越演越烈。秦始皇"罢其不与秦文合者"，将小篆作为全国规范文字。同时统一度量衡标准，使用圆形方孔的秦国铜钱。汉武帝接受董仲舒建议，"罢黜百家，独尊儒术"，建立以儒学为中心的教育体系，在长安办太学，在各郡设学校。西汉末年，太学生达10000多人。清朝全国宣扬儒学的孔庙1560所。正是这种宝贵又普遍的方式——文字，它用至为简单的方法，解决了中国语言统一上的困难。

"行同伦"不像"书同文"那样有明显的社会效应，但它起着更深刻的社会影响，它向中华民族系统地灌输共同的道德观、社会观与价值观。中原文化的道德观、社会观与价值观往往随着人员迁徙或官员贬谪得到传递。从秦汉到唐宋，偏居一隅的岭南（含今天的广东、广西、海南），由于距离中原较远，开化较迟，向来被视为蛮荒之地，常常成为帝王流放官员的地方。但同时也接受了中原文化的扩散。韩愈一生三过岭南，在韶关、阳山、潮州逗留。晚年贬居潮州，恢复州学，兴置乡校，传播儒学，为百姓祈福消灾。韩愈被贬到潮州不足八月，便为潮州文化注入了新的元素。"韩愈"早已不是一个人，而成了一个区域的概念。潮州城外鳄溪被改名韩江、笔架山改称韩山、植下的橡树谓曰韩树，"潮州山水皆姓韩"。韩愈走后，潮人文化心态"二重性"日益凸现，主动接受中原与海外文化辐射，使得这个省尾国角之地人文鼎盛。苏轼也曾两度被贬岭南，他去世前作《自题金山画像》："问汝平生功业，黄州惠州儋州。"惠州、儋州都在岭南，可见他对岭南的重视。《琼台记实录》说："宋苏文忠公之谪儋耳，讲学明道，教化日兴，琼州人文之盛，实自公启之。"

国家统一有利于中华文化繁荣。盛世修志，统一可以集中全国力量完成大型丛书编纂等文化事业，可以大规模开展国际文化交流。中国历史上人口第一次超过5000万在汉朝，第二次超过5000万在唐朝，都是国家安定统一的时期，也是文化昌盛繁荣的时期。

第三节　中国文化的区域差异

中国地域广阔，各民族长期与地理环境相互作用与适应，建立了与自然环境相适应的生产方式及生活方式，形成了各具特色的地域文化。

一、中国文化的区域格局

中国文化总体上是统一的，但这种统一性是由多个文化圈叠加而成，呈多元的复合结构。这是因为中国西北倚高山大漠，东南对杳渺大洋，相对封闭与孤立；而内部疆域广阔，腹里纵深，地形和气候复杂多样，山河纵横。种种自然特点，造就中国文化的特立与多样发展。在生产力水平较低的时候，主要山脉和主要河流往往成为地理障碍，逾越艰难。因此，由于地域环境不同、生产方式不同、开发的历史也不同、区域之间联系程度有差异，自然而然就形成了不同的文化圈或区域文化，而且区域文化差异极大。在各个区域文化里，人们按照一定的风俗，创造着自己的生产和生活方式。

实际上，中国文化的区域格局在春秋战国时期就开始形成。最早形成的有齐鲁文化、秦文化、楚文化、三晋文化、吴越文化、中原文化等。然后，由这些区域文化不断向周边辐射，又相继出现燕赵文化、巴蜀文化、岭南文化、云贵文化、藏文化、新疆绿洲文化、蒙古草原文化、关东文化、闽文化、台湾文化、客家文化、潮汕文化等。而这些文化，在不同的区域范围内又存在明显的相似与差别。

中国地域辽阔，从大的地理环境看，中国文化的南北差异及东西区别表现较为明显。

（一）南北差异

秦岭—淮河是中国气候的南北分界。由于秦岭—淮河以北比较干旱，年降水量较少，没有灌溉不能保证水稻栽培，加上1月平均气温低于0℃，对农业生产不利；而秦岭—淮河之南，不但降水充足，热量也丰富，1月平均气温高于0℃，全年都可以进行农业生产。正是这种自然环境的南北差异，使南北方人民的生产与生活方式不一致。

在全国范围内，南北差异是文化区域差异的主旋律。哲学思想领域，从春秋起便有"南道北儒"说——南方发源了老庄道家，重哲理，北方发源了孔孟儒家，重伦理；魏晋时期的佛学也有南北禅派之分——南宗贵顿悟，北宗讲渐修；语言方面则有南繁北齐、南细北爽之别——南方语言繁杂，北方语言比较划一，南方人说话婉转，北方人比较直率；文学南骚北风——南方文学以《离骚》为代表，张扬的是浪漫主义情怀，北方文学则以《诗经》为代表，多表现的是现实主义的题材；戏曲南柔北刚——南曲如抽丝，杏花春雨江南，北曲如抢枪，古道西风冀北；还有南文北武——南方多文才，北方多武将；南稻北粟、南米北面——南方种水稻、爱米食，北方种小麦、爱面食；南甜北咸——南方人口味偏甜，北方人口味偏咸；南敞北实——园林建筑南方多通透轻巧，北方多严实厚重等。

这些文化的南北差异，实际上与中国自然地理环境的南北差异是必然联系的。北方的大平原、大草原、大荒漠宽广辽阔，在生产力较低时比较容易开发旱作农业与游牧业，人善骑射尚雄武，性格率真刚直；与外部世界的隔离和内部环境的相对完整性与易达性，有利于政治、经济、文化的统一，也成就了中国文化的独立发生。所以，在海洋事业不发达的农牧社会阶段，这里既是多种区域文化碰撞融合的场所，同时也创造了悠久独特的东方文明。在北方虽然也形成农牧文化与游牧文化的差异，两者之间大体可以将自东而西绵延的大兴安岭、燕山、阴山、祁连山、昆仑山一线作为两大文化间的地理界线，大体上与400mm等年降水量相重合。但因地形过度的和缓，既产生了农耕文化与游牧文化的冲突，也促成了北方农牧文化的融合。

南方山清水秀，复杂的地形地势与适合生物生长的多样化生境，形成了不同的经济区域，孕育了不同的人文精神，铸就了多元性的文化。传统南方文化以农耕经济为主，但因地形的阻碍作用，也出现了定居农耕和游耕的差别。依靠山形水势，南方还发展了渔猎、制茶等行业，人灵巧善水性，小农经济与手工业发达。在海洋事业和工业社会起步时，这里是中西文化碰撞的前哨，文化上是后起之秀。

（二）东西差异

文化与人类的活动关系密切，所以，描述中国人口分布特征的胡焕庸线也成为中国东西部文化的重要分界线。东半壁的自然地理环境是以平原、丘陵和海拔2000m以下的高原、山地为主，盛行季风，是中国比较发达的农业区；西半壁以草原、沙漠、高山和高寒高原为主，属大陆性气候，是中国主要的游牧区。因此，中国文化的地理分布又可以笼统地划分为东部农业文化区和西部游牧文化区两大部分。

在东部农业文化区内部，还可以划分出以汉民族为主体的中国传统农业文化亚区和西南以少数民族为主体的少数民族农业文化亚区。西南少数民族文化亚区的文化特质尽管与蒙古族、藏族等游牧文化迥然有别，属于农业文化的范畴，但其文化风格又与汉民族不同。此外，中国的东北虽然也分布着很多狩猎和游牧的民族，他们的文化特征也与中国传统的农业文化不同，然而就整个东北地区来看，仍然是农业文化占主导地位。

西部游牧文化区中亚区的划分相对来讲简单一些。因为从地理环境来看，游牧文化区内部的差异是明显的，基本上可以划分为北部蒙新草原沙漠和南部青藏高原两部分。蒙新草原沙漠文化亚区由于地处内陆，东南季风的影响逐渐减弱以致最后消失，因此，干旱成为其民族文化发展的主要制约因素之一，并发育了蒙古、维吾尔和哈萨克等典型的游牧民族。青藏高原游牧文化亚区因其环境的高寒性，加上其宗教文化突出，致使藏民族人民的衣食住行和风俗人情都有别于北部其他的游牧民族。

二、文化现象的区域差异

（一）语言的区域差异

汉语是汉藏语系的一个分支，汉族占全国人口92%，回、满、畲等少数民族大部分或全部讲汉语，母语为汉语的人口占全国95%以上。

然而，汉语区内部的差异很明显，可以划分成不同等级的方言区、方言亚区和方言片区。汉语的方言区有7个：北方方言区、吴方言区、闽方言区、粤方言区、客家方言区、湘方言区和赣方言区。汉语方言的地理分布特征是北方比较统一，南方比较繁杂。

北方方言区包括东北、华北、西北、大西南以及华东、华中长江以北，讲北方方言的人口占全国总人口的68.9%，占讲汉语人口的72.2%，北方方言分布地域广，内部一致性比较明显。北方自然灾害和战乱较多，历史上人口迁徙频率较高，在迁徙过程中，语言的同一性逐步增加。从政、经商都需要共同的语言沟通，加速了北方方言的传播。按照语音的分歧，北方方言区可以分九个亚区：东北亚区、北京亚区、冀鲁亚区、胶辽亚区、山西亚区、中原亚区、兰银亚区、西南亚区和江淮亚区。在这些亚区间，彼此通话没有很大的困难。另外6个方言区集中分布在东南一隅。在这些地区，同一方言区内，有些方言亚区无法互相交流。例如，福建省方言的复杂程度在全国是首屈一指的，汉语七大方言，在福建省内可以找到5个；广东省是中国另一个语言十分复杂的省份，粤、闽、客三大方言在省内呈鼎立状态，方言差别显著，互相通话困难。

在方言区的过渡地带，不同方言互相渗透，形成纷繁复杂的局面。例如，海南岛儋州市那大镇有4种方言；浙江省的苍南县有5种方言。

（二）饮食的区域差异

中国饮食的地区差异非常显著。南米北面是中国饮食的主要区域差异之一。南方盛产稻谷，主食以米为主，米粉、糕团、粽子、汤圆等风味食品都是用米制成；北方盛产小麦，主食以面为主，一面百吃，有蒸煮煎炸，烤烙炒拌多种加工方法。南方人认为面食只能当点心；北方人认为米饭是吃不饱的，有"三十里糕，四十里面"一说，只有面食走长路不饿。

北方饺子南方鱼是南北除夕团圆饭的差别。北方除夕守岁不可以没有饺子。饺子形状像元宝，读音同"交子"，在除夕子时进食有招财进宝和更岁交子双重吉祥意义。南方守岁必备年糕和鱼，取"年年高"和"连年有余"的吉祥意义。

南甜北咸反映环境对饮食口味的影响。南方湿度大，人体蒸发量相对较少，不需要补充过多盐分；又盛产甘蔗，因此南方人爱用甜食。北方干燥，人体蒸发量大，需要补充较多的盐分，性喜咸味。而山西人爱吃酸，只因黄土高原中含钙量大，醋酸可以帮助清除体内钙质沉淀，防止体内结石。

从整体上说，南方饮食比较细腻，北方饮食比较粗犷。清人钱泳说："北方人嗜浓厚，南方人嗜清淡，北方人以肴馔丰、点食多为美，南方人以肴馔洁、果品鲜为美。"南方饮食讲质，北方饮食讲量，实际上与地理环境也不无关系。南方物产丰富，生长期长，四季常青，丰富的原材料是精工细作的重要基础。相反，北方冬季漫长，尤其是冬天，饮食原料更少。

由于各地食性不同，也导致繁杂菜系的产生。清朝徐珂在《清稗类钞》中说："北人嗜葱蒜，滇黔湘蜀人嗜辛辣，粤人嗜淡食，苏人嗜糖。"因此，选料、切配、烹饪等技艺的不同，往往形成鲜明的地方风味特色，并逐渐成为社会所公认的菜肴流派。较早被公认的是鲁、川、苏、粤四大菜系，它们分别以善用葱蒜、麻辣滑烫、精细鲜美、生猛清淡为典型代表。随着文化交流的发展，苏式菜系逐渐分化为苏菜、浙菜和徽菜；广式菜系发展为粤菜、闽菜；川式菜系也分为川菜和湘菜。这样，后来形成的浙、闽、湘、徽四大菜系，与较早形成的川、鲁、苏、粤四大菜系一起，构成了人们常说的中国"八大菜系"。

此外，中国民族的多样性，也极大地丰富了中国饮食的内涵。不少民族饮食有独特的地方风味，比较典型的有：回族的涮羊肉、炮糊；维吾尔族的手抓饭、烤全羊、烤羊肉串；傣族的竹烧鱼、竹筒糯米饭；蒙古族的全羊席、手把肉、马奶酒；朝鲜族的冷面、泡菜、打糕、烹制狗肉；藏族的酥油茶、青稞酒、虫草雪鸡、蘑菇羊肉；苗族的肥粑、五香鱼；壮族的壮家酥鸡、团圆结；侗族的泡米油茶、糯米苦酒等，都具有鲜明的地方与民族特色。

（三）建筑的区域差异

建筑的建造技术，不仅反映了民间的文化特征，而且也反映了与自然环境的关系。由于气候、地理环境、文化的不同，导致各个地区的建筑形式和功能各有差异，尤其是南北的差异最为明显。南方的吊脚楼、骑楼，北方的四合院、胡同，成了一道风景线和珍贵的文化遗产。

中国南北方的建筑，风格迥异，各成系统。建筑设计在自然环境约束方面受太阳高度角、日照时数、地形和水系等的影响。北方建筑因需要获得更多的阳光、躲避寒风，所以房子一般是正南正北布局，房屋高度与进深小且楼间距大，墙体严实厚重；建筑多排列整齐，庭院深大；北方由于降水少，所以，屋顶坡度小，房檐窄。南方建筑受水系和地形的影响较明显，房屋布局受方位影响小，住宅院落小，房屋组合比较灵活；因光照强，房屋高度与进深大且楼间距小，墙体轻薄；南方降水多，屋顶坡度大，房檐宽。

在室内，北方建筑强调阳光，南方建筑强调通风。这两个字眼看似宽泛，却影响了建筑的结构设计、门窗设计和院落设计。北方建筑造型与立面设计强调厚重朴实，用材尽量选择一些砖石为主的材料；单面窗向阳开，建暖炕、暖墙、火墙、地炉等；因干燥缺水，往往院落里都造有水窖、水井。南方强调的是清新通透，选材多采用涂料、木结构、仿木结构等；建筑居室墙壁高、开间大，前后门贯通，便于通风换气；为便于防潮，多为二层楼房，底层是砖结构，上层是木结构；南方水资源较为丰富，小河从门前屋后穿流，也因此成为南方民居特有的景致。屋内饰物方面，北方冷而干燥，常把毛毯、彩染布挂在墙上，显得温馨暖和；南方则喜欢竹制品，既凉快又不易发霉。

在中国众多璀璨的民间建筑中，客家的"围龙屋"、北京的"四合院"、陕西的"窑洞"、广西的"干栏式"建筑及云南的"一颗印"并列被称为中国五大传统民居。

围龙屋是一种富有中原特色的典型客家民居建筑,一般整体布局是一个大圆形,在整体造型上,围龙屋就是一个太极图。围龙屋前半部为半月形池塘,后半部为半月形的房舍建筑。两个半部的接合部位由一长方形空地隔开,叫"禾坪"(或叫地堂),是居民活动或晾晒的场所。池塘主要用来放养鱼虾、浇灌菜地和蓄水防旱、防火,它既是天然的肥料仓库,也是污水自然净化池。后半部的房舍建筑,一般底层作为饲养用,二层及三层住人、储藏杂物与谷物。一围屋居多,二围、三围层的建筑也不少见。一般是同族的多个家庭共同住在一起,每家自下而上为一小单元。围龙屋建筑结构前低后高,有利于采光、通风、排水与排污。这种住房是当年集体从北方迁居到闽粤赣边区山区后建的,他们为了生活与防卫,创造了这种防范严密的建筑。这种住房也增强了客家人的凝聚力与尚武精神。

北京四合院,其形成年代可上溯到先秦,但直到明代,其形式才固定下来。合院,即一个院子四面都建有房屋,四合房屋,中心为院。四合院一般都是正方坐北,有 3~5 间,正中开门,东西两侧各有面向院内的建筑,称作厢房,南面是墙,中有大门,成为完整的方形院落。有钱或人口多时,可建前后两组,甚至三四个合院南北相连。合院小者,房屋 13 间,大者一院或二院,25~40 间,房屋都是单层。厢房的后墙为院墙,拐角处再砌砖墙,大四合院从外边用墙包围,都做高大的墙壁,不开窗子,表现出一种防御性。全家人在合院里,院中住的人十分安适,晚上关闭大门,非常安静,适合于以家族为中心的团聚生活。其他地区的合院也与北京合院是基本相同的,不过有大有小,有高有低,材料相差不多,式样亦大同小异,这些合院是中国人民的重要建筑遗产。

窑洞是中国西北黄土高原上居民的古老居住形式,这一"穴居式"民居的历史可以追溯到 4000 多年前,那时人们便开始依黄土凿洞安身。窑洞建筑最大的特点就是冬暖夏凉,传统的窑洞空间从外观上看是圆拱形,洞口都朝阳,门洞的高圆拱上加有高窗,在冬天的时候可以使阳光进一步深入到窑洞的内侧,可以充分利用太阳辐射。而内部空间也因为是拱形的,加大了内部的竖向空间,使人们感觉开敞舒适。因为窑洞都是依山而建,在天然土壁上水平向里凿土挖洞,施工简便、便于自建、造价低廉,所以,时至今日,窑洞式房屋还广泛分布在黄河中上游的各省(区、市),如陕西、甘肃和宁夏等地。

干栏式建筑是指在木(竹)柱底架上建筑的高出地面的房屋。分两层,一般用木、竹料作桩柱、楼板和上层的墙壁,下层无遮拦。屋顶为人字形,覆盖以树皮、茅草或陶瓦。上层住人,下层用作圈养家畜或置放农具。此种建筑可防蛇、虫、洪水、湿气等的侵害,主要分布在气候潮湿地区。古代中国南方盛行干栏式建筑,距今 7000 年前的浙江余姚河姆渡遗址中的木构建筑,是发现最早的干栏式建筑。在云南、四川、贵州、湖南、江西、广东等地的考古发掘中,也发现过不少陶制干栏式建筑模型。壮、傣、布依、侗、水等族住房建筑形式即由此发展而来。此外,西伯利亚、东南亚、美洲、大洋洲、非洲的一些地区也有干栏式建筑。

云南滇中高原地区,四季如春,无严寒,多风,故住房墙厚重。最常见的形式是毗连式三间四耳,即正房三间,耳房东西各两间,有些还在正房对面,即进门处建有倒座,通常为楼房。为节省用地,改善房间的通风与采光,促成阴凉,采用了小天井。外墙一般无窗、高墙,主要是为了挡风沙和安全,住宅地盘方整,外观方整,当地称"一颗印"。

由于自然环境的差异以及文化历史传统和生活习惯的不一样,几千年来,各地人民都积累了丰富的建筑设计经验,创造了各具特色的民居建筑。较为典型的传统民居还有以下几种。

帐篷式住房,其特点是容易拆装、搬迁,在北方游牧民族中很是常见。主要有蒙古包和藏式毡房，蒙古包通常做成圆形，主要由架木、苫毡、绳带三大部分组成；而藏式毡房一般是由木杆、牦牛毛毡和毛绳搭成的方形帐篷。

广大西北地区，因缺乏木材，生土建筑是民居特色之一。由于降水稀少，房屋都建成平顶，既利于曝晒农产品，也方便室外活动。冬冷夏热的吐鲁番还往往把住宅底层做成半地下室或地下室；葡萄晾房更具特色，由土坯堆砌而成，状如碉楼，墙壁镂出密密的网格状的洞孔，可借助吐鲁番火洲的热风吹拂，晾制葡萄干。

江南由于水网纵横，一般民居都依水而建，家家相连。个体房屋结构与四合院类似，中轴线布局，前有院子，后为"水后门"，可洗衣、取水，或登舟出入。房屋以砖木结构为主，所以许多古民居四周均用高墙围起，谓之"封火墙"。尤其是徽式建筑，民居外观整体性和美感很强，高墙封闭，马头翘角，墙线错落有致，黑瓦白墙，色彩典雅大方。

岭南地区由于炎热多雨，民居通常建成瓦房，屋顶坡度大，屋檐外伸，盖成骑楼形式。骑楼把沿街建筑连接起来，既可遮阳，又能避雨。

参 考 文 献

陈正祥. 1983. 中国文化地理. 北京: 三联书店出版社.

冯天瑜, 杨华. 2000. 中国文化发展轨迹. 上海: 上海人民出版社.

胡兆量, 阿尔斯朗, 琼达, 等. 2006. 中国文化地理概述. 2版. 北京: 北京大学出版社.

黄爱平, 王俊义. 1996. 炎黄文化与中华民族. 北京: 中国人民大学出版社.

姜义华. 2009. 中华文化读本. 上海: 上海人民出版社.

金其铭, 董新, 陆玉麒. 1990. 中国人文地理概论. 西安: 陕西人民教育出版社.

李伯谦. 1997. 长江流域文明的进程. 考古与文物, (4): 12-18.

沈福煦. 2007. 中国建筑简史. 上海: 上海人民美术出版社.

唐晓峰. 2005. 人文地理随笔. 北京: 三联书店出版社.

王会昌. 2010. 中国文化地理. 2版. 武汉: 华中师范大学出版社.

吴于廑. 1983. 谈世界历史上的游牧世界与农牧世界. 世界历史, (1): 10-16.

张杰. 1993. 中国传统文化. 武汉: 武汉大学出版社.

张凯. 1993. 中国文化史. 北京: 北京燕山出版社.

张应杭, 蔡海榕. 2000. 传统文化概论. 上海: 上海人民出版社.

赵世瑜, 周尚意. 1991. 中国文化地理概说. 太原: 山西教育出版社.

周尚意, 孔翔, 朱竑. 2004. 文化地理学. 北京: 高等教育出版社.

朱哲. 2006. 中国文化讲义. 武汉: 武汉理工大学出版社.

邹逸麟. 2001. 中国历史人文地理. 北京: 科学出版社.

思 考 题

1. 分析中华文化空间重心的变化及原因。
2. 分析中华文化的扩散途径及对地方发展的影响。
3. 中华文化的基本特征是什么？
4. 试分析中国建筑文化的区域差异与地理环境的关系。

第十章 中国的人口与民族

第一节 中国的人口

一、人口的发展

（一）人口总量大

我国是世界上的人口大国，人口总数一直居于世界首位。中华人民共和国成立以后，中国人口在世界总人口中的比例虽有微小波动，但一直保持在1/5左右（表10-1）。以2020年11月1日零时为标准时点进行了第七次全国人口普查：中国总人口1443497378人，其中普查登记的大陆31个省（区、市）和现役军人的人口共1411778724人，香港特别行政区人口为7474200人，澳门特别行政区人口为683218人，台湾人口23561236人。大陆31个省（区、市）和现役军人的人口，同第六次全国人口普查2010年11月1日零时的1339724852人相比，10年共增加72053872人，增长5.38%，年平均增长率为0.53%。

表 10-1　中国人口数量在世界人口总数中的比例

项目	1949年	1960年	1970年	1980年	1990年	2000年	2005年	2010年	2015年	2020年
世界人口总数/亿	24.36	30.27	36.34	44.15	52.84	60.00	64.77	70.00	73.49	77.95
中国人口总数/亿	5.42	6.62	8.30	9.87	11.34	12.95	13.08	13.39	13.76	14.43
中国占世界的比重/%	22.24	21.87	22.84	22.36	21.46	21.58	20.19	19.13	18.72	18.51

资料来源：国家统计局，2021。

中国自1949年以来进行过7次人口普查。1953年第一次人口普查，总人口数为5.74亿人；1964年第二次人口普查，总人口数为6.95亿人；1982年第三次人口普查，总人口数为10.32亿人；1990年第四次人口普查，总人口数为11.60亿人；2000年第五次人口普查，总人口12.95亿人；2010年第六次人口普查，总人口13.71亿人；2020年第七次人口普查，总人口14.43亿人。由于人口基数大，平均每年净增加1600万人，相当于澳大利亚的全国人口，相当于美国7年中净增人口数量总和。1949~2020年，中国人口净增近9亿人，每增加1亿人口所用时间一般在10年以内，但2005~2019年增加1亿人口所用时间为14年（表10-2）。

表 10-2　中国人口每增加 1 亿所用时间

年份	人口数量/亿人	增加1亿人所用时间/年
1949	5.41	—
1955	6.16	—
1965	7.25	10

年份	人口数量/亿人	增加 1 亿人所用时间/年
1970	8.3	5
1974	9.09	4
1981	10.01	7
1988	11.1	7
1995	12.11	7
2005	13.08	10
2014	13.68	—
2019	14.00	14
2020	14.43	—

资料来源：国家统计局，2021。

（二）近代人口增加快

纵观中国的人口增长历程，一直是世界上人口最多的国家，但各历史时期人口发展的波动较大。中国人口从奴隶社会初期（公元前 2100 年）的 1300 多万发展到新中国成立时的 5.4 亿，前后共经历了 4200 多年，人口增加近 5.3 亿，但大部分人口是近 100~200 年来增加的。

历史时期，中国人口增加缓慢，据有关资料推测，约在公元前 2100 年夏禹时期，由于生产力低下，战乱频繁等原因，我国人口增长很慢，仅有 1355 万人。公元 2 年西汉时期，人口也仅 6000 万，直到清代初年，人口才突破 1 亿。

清代是我国封建社会人口自然增长最迅速的时期。由于社会经济比较稳定，政府实行了鼓励人口增长的政策，疆域不断扩展，全国人口于 1762 年、1790 年和 1834 年分别超过 2 亿、3 亿和 4 亿，每增加 1 亿人所需年限分别是 21 年、28 年和 44 年。19 世纪中叶太平天国运动失败，社会动荡、战事不断，全国人口锐减 1 亿多。从 1837 年的 4 亿，到 20 世纪 40 年代初，总人口才达到 5 亿。这 1 亿人口的增长，大约经历了 100 年（表 10-3）。总之，历史时期，中国人口再生产类型表现为高出生率、高死亡率、低自然增长率。例如，1936 年，人口出生率为 38‰，死亡率为 28‰左右，人口自然增长率为 10‰左右。

表 10-3　中国历代人口数量变化

年代		公元纪年	人口数/万人	资料
夏		2100（公元前）	1355.4	《帝王世纪》
周		1100（公元前）	1371.5	《帝王世纪》
秦		221（公元前）	2000.0	—
西汉　平帝元始二年		2	5959.5	《汉书·地理志》
东汉　顺帝永和五年		140	4915.0	《后汉书》志二十三部国五
隋　炀帝大业五年		609	4602.0	《隋书》卷二十九，《通考》户口
唐　天宝十四年		755	5291.9	《通典》食货七
宋　真宗景德三年		1006	1628.0	《宋会要辑稿》食货十二
元　世宗至元二十八年		1291	5984.9	《元史》卷十六世祖本纪十三
明	洪武十四年	1381	5987.3	《明太祖实录》卷一四〇

年代		公元纪年	人口数/万人	资料
明	永乐元年	1403	6659.8	《明太祖实录》卷二十六
	弘治十五年	1502	5090.8	《明孝宗实录》卷一九四
	万历三十年	1602	5630.5	《明神宗实录》卷三九七
清	顺治十八年	1661	（1913.7）丁数	《东华录》顺治卷二十五
	雍正十二年	1734	（2735.5）丁数	《东华录》雍正卷二十五
	乾隆六年	1741	14341.2	《清实录》高宗卷一五七
	乾隆五十九	1794	31328.2	《清实录》高宗卷一四六七
	道光十四年	1834	40100.9	《清实录》宣宗卷二六一
	道光二十一年	1841	41345.7	《清实录》宣宗卷三六四
	咸丰元年	1851	43216.4	《东华续录》
	咸丰十一年	1861	26689.0	《东华续录》
	同治十年	1871	27235.5	《东华续录》
	宣统年间	1909～1911	36814.7	《中国经济年鉴》（1934）
民国	二十三年	1934	46340.0	胡焕庸：《中国人口之分布》
	三十八年	1949	54167.0	《中国经济年鉴》（1981）

资料来源：胡崇庆，1990。

（三）新中国成立后人口增长加速

1949 年以来，中国人口发展经历了四个阶段（图 10-1）：①1949～1957 年，由于人民生活稳定，医疗条件改善，出现了我国的第一次人口增长高峰，人口出生率在 3.1%以上，而死亡率比 1949 年的 2.0%下降了 1/2；年平均自然增长率高达 2.24%，平均每年净增 1311 万人。②1958～1961 年，由于自然灾害影响，粮食产量下降，三年困难时期，导致人口增

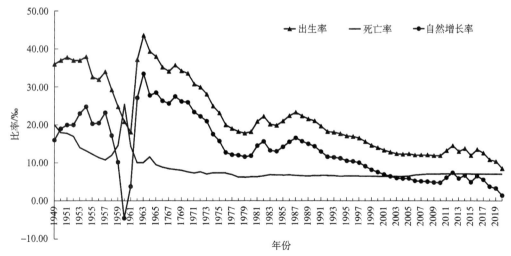

图 10-1　1949 年以来中国人口出生率、死亡率和自然增长率变化

资料来源：据国家统计局历年统计资料

长出现低谷。出生率下降，1961 年为 1.802%，而死亡率却开始回升，1960 年高达 2.543%，到 1961 年又回降至 1.424%。平均自然增长率为 0.46%，1960 年出现唯一的一次负增长。③1962～1973 年，国民经济逐步恢复，但受"文革"影响，没有制定有效的人口政策，人口盲目增长，形成中国第二个人口数量增长高峰。人口从 6.7 亿猛增到 8.9 亿，年平均净增 1946 万人，人口自然增长率年平均达到 2.56%，其中 1963 年为 3.333%，创造了人口增长率最高纪录。④1973 年以后我国开始计划生育政策，1974 年以来的 20 多年，人口出生率和自然增长率同步在波动中下降，特别是 1998 年人口自然增长率下降为 1.0%以下，此后稳中有降，2020 年达 0.145%。

二、人口的结构

中国人口结构特征可以从性别比和年龄结构等自然构成、民族与文化结构等社会构成、城乡地域构成、职业等经济构成，以及分布与迁移等方面理解。

（一）性别结构不均衡

中国人口的性别比比世界其他国家略高，发达国家的性别比为 100 以下，发展中国家大都低于 105。1949 年中国人口的性别比为 108.16，之后有缓慢波动下降趋势，但基本保持在 105～106 这一水平（表 10-4）。

表10-4　中国历次人口普查性别比

年份	1953	1964	1982	1990	2000	2010	2020
性别比	107.56	105.46	106.30	106.60	106.74	105.20	105.07

资料来源：国家统计局，历年统计资料。

第七次全国人口普查数据显示，我国出生人口性别比达 111.3（正常值 102～107），这一比重是比较高的，而且出生人口性别比的城乡差异也十分显著，农村显著高于城市。造成这种现象的原因：一是几千年封建文化的"重男轻女"传统，"男尊女卑"、"传宗接代"等观念造成性别比严重失调；二是计划生育政策导致强烈的性别偏好，在生育数量的限制下，通过各种手段得到男孩，加剧了性别比的失调，尤其在农村这一现象更加突出（图 10-2）。

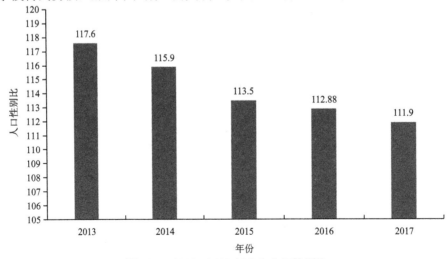

图10-2　2013～2017 年出生人口性别比

资料来源：国家统计局 2018 年公布数据

（二）年龄结构步入成年型

中国人口数量从高出生、低死亡、高自然增长的人口再生产类型向低出生、低死亡、低自然增长的人口再生产类型转变，人口年龄结构经过了年轻型，进入成年型，正在向老年型变化（表 10-5、图 10-3）。

表 10-5　中国人口年龄结构的变化

年份	少年儿童比重/%	成年人口比重/%	老年人口比重/%
1953	36.28	59.31	4.41
1964	40.69	55.75	3.56
1982	33.59	61.50	4.91
1990	27.69	66.74	5.57
2000	22.89	66.78	10.33
2005	20.27	68.64	11.09
2010	16.60	70.14	13.26
2015	16.52	73.01	10.47
2020	17.95	68.55	13.50

资料来源：国家统计局 2021 年公布数据。

1953 年老年人口和少年儿童人口占总人口的比重分别为 4.41%和 36.28%，0～14 岁人口急剧增多。人口的年龄结构属于年轻型，反映解放初期生育率迅速上升的客观事实。1964 年老年人口比重为 3.56%，少年儿童人口比重为 40.69%，人口金字塔塔基拓宽，人口年龄结构进一步年轻化。而 20～24 岁年龄组人口内凹，则是八年抗日战争对人口年龄结构的影响在人口金字塔上的反映。1982 年少年儿童人口比重为 33.59%，成年人口的比重上升到 61.50%，老年人口比重为 4.91%。显示出人口年龄结构已开始向成年型过渡。人口金字塔出现两个外凸对应中国两次人口出生高峰。两次内凹对应三年困难时期和实施计划生育政策的时期。1990 年少年儿童人口比重为 27.69%，成年人口的比重为 66.74%，老年人口比重为 5.57%。2000 年，少年儿童人口占总人口比重为 22.89%，成年人口的比重为 66.78%，老年人口比重为 10.33%。2010 年少年儿童人口占总人口比重下降为 16.60%，成年人口的比重为 70.14%，而老年人口比重上升为 13.26%。2020 年少年儿童人口占总人口比重为 17.95%，成年人口的比重为 68.55%，而老年人口比重为 13.50%。金字塔塔基迅速变窄，中间部分比 1990 年更加扩展，表明中国人口年龄结构进入成年型，并向老年型过渡。

我国人口年龄结构向老年型转变，目前，我国劳动力资源丰富，劳动力人口在总人口中所占的比重已达到了 70%以上，具有世界最丰富的劳动力资源，正处于历史上前所未有的"人口红利"时期，但劳动力人口的增多，就业压力较大。但随着老龄化的加深，人口老龄化将带来较大的经济负担，未来劳动力也将遇到问题，而且，与世界发达国家相比，中国人口老龄化的速度更快、规模更大，而且是在国家经济水平并不高的情况下"未富先老"，这将对我国未来的社会经济发展产生重大影响。

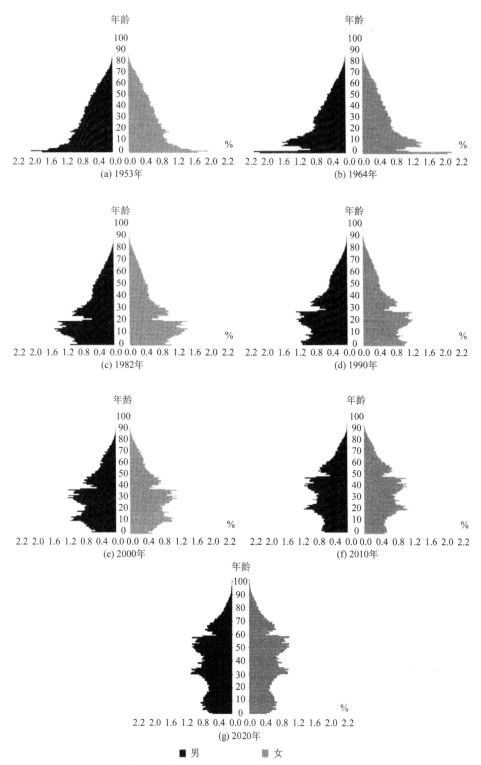

图 10-3　历次人口普查年龄金字塔（国家统计局 2021 年公布数据）

（三）文化水平偏低

中国人口的文化水平偏低。自新中国成立以来，文盲人口大幅度下降是中国人口文化构成中最大的变化。

1949 年 15 岁及以上人口中 80% 人口为文盲，1964 年下降到 62.4%，1990 年为 22.2%，2000 年为 6.72%，2010 年降至 4.08%，2020 年降至 2.67%。尽管文盲比例下降明显，但是由于我国人口基数大，文盲的人口数仍十分庞大，2020 年文盲人口就为 3775 万人，其中 3/4 的文盲人口分布在农村，文盲率超过 15% 的省（区）集中在中国西部的西藏、青海、贵州、甘肃、宁夏和云南，极大地影响了西部经济和社会的发展，以及国家西部大开发战略的有效实施。

受教育规模、受教育程度及受教育年限是影响人口文化构成的关键。与发达国家相比，我国的差距主要表现在初中及以下学历普及，而接受高层次教育人口的比例过低。2020 年与 1964 年相比较，每 10 万人中拥有各种受教育程度的人数变化如下：具有大学程度的由 416 人上升为 15467 人；具有高中程度的由 1319 人上升为 15088 人；具有初中程度的由 4680 人上升为 34507 人。每 10 万人中受过高等教育和高中教育的人口比例分别增长了 37 倍和 11 倍左右。但受高等教育的人口比例依然很少，仅为 15.47%。

（四）职业结构进入转型期

到 2020 年底，中国从业人口从 1949 年的 1.86 亿迅速增加到 7.51 亿。从 1952～2020 年三次产业人口构成变化看：1952 年第一产业就业人口为 1.73 亿，占就业人口的 83.5%；第二产业就业人口为 0.15 亿，占就业人口的 7.4%；第三产业就业人口为 0.18 亿，占就业人口的 9.1%。2020 年第一产业就业人口为 1.77 亿，占就业人口的 23.6%；第二产业就业人口为 2.15 亿，占就业人口的 28.7%；第三产业就业人口为 3.58 亿，占就业人口的 47.7%。

目前，中国正处在传统型（第一产业人口所占比重为 50% 以上，第三产业人口所占比重为 25% 以下为传统型职业结构）与现代型职业结构转型时期，不断向"三二一"发达类型的职业结构转变。

（五）城镇人口比例不断提高

中国城镇人口比例从 1952 年的 12.6% 增加到 2010 年的 49.68%；城市市区非农业人口则从 1949 年的 2740.6 万人增加到 2010 年的 66557.5 万人，增长了 24.3 倍。2011 年，中国历史上第一次城市人口超过农村人口，城市化水平超过 50%，2020 年城镇人口占总人口比重达 63.89%。

中国城市人口增长从 20 世纪 80 年代以后，显示出明显的区域差异，东部沿海地区增长速度明显快于中部和西部地区，主要原因是在改革开放以后，东部地区经济高速发展导致外来移民的比例增加，城市人口增加明显加速。而近几年，城市化发展的区域格局开始发生变化，中西部连续多年增长快于东部沿海地区。

三、人口的分布

（一）人口分布的基本特征

中国人口分布的最主要的特征是人口分布极不均衡，表现为东南部人口稠密集中，而西北部人口稀少分散。早在 1935 年，我国地理学家胡焕庸就提出"瑷珲（1983 年改为黑河市）—腾冲一线"是中国人口密度对比明显的分界线（又称"胡焕庸线"）。此线将中国分为东南和西北两部分，东南面积占全国总面积的 42.9%，人口占全国 95.4%；而西北面积占全国总面积 57.1%，人口占全国 4.6%。这一特征至今仍较为典型。我国人口密度分布见图 10-4。

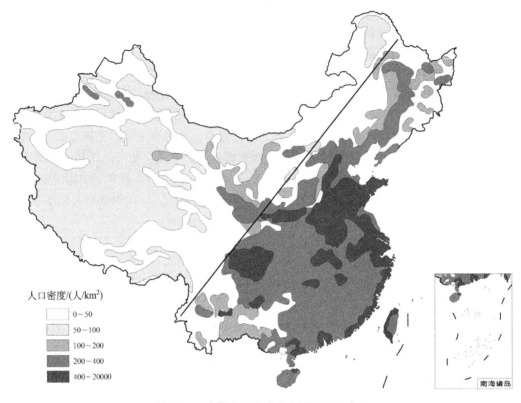

图 10-4　中国人口密度分布图（2000 年）

（二）人口密度分布

1. 位置距海越远，人口密度越少

中国人口密度距海越远越低，而且递减很快（表 10-6），基本态势是：距海<100km 以内的区域人口密度最大；距海 100～1000km，每增加 500km 人口密度减少一半；距海 1000～1500km，每增加 100km 人口密度减少一半，再往远人口密度迅速减少 2/3 以上。距海<100km 人口密度与距海 100～500km 人口密度的差值：2000 年为 357 人，1953 年为 148 人，二者相差 209 人；距海 100～500km 人口密度与距海 500～1000km 人口密度的差值：2000 年为 68 人，1953 年为 41 人，两者相差 27 人。

表 10-6　中国人口密度距海远近的时空变化

距离海岸/km	人口密度/（人/km²）		
	1953 年	1982 年	2000 年
<100	248.03	422.47	568.53
100～500	108.84	174.50	217.53

距离海岸/km	人口密度/（人/km²）		
	1953 年	1982 年	2000 年
500～1000	67.89	125.22	149.51
1000～1300	22.31	40.34	50.74
1300～1400	9.60	18.62	23.07
1400～1500	5.32	9.99	12.29
1500～1600	1.62	3.75	4.68
>2000	0.29	1.88	2.96

资料来源：第一、三、五次全国人口普查分县统计资料。

2. 平原地区人口多，山区高原人口少

中国人口密度随海拔升高而迅速降低（表 10-7），约 70%的人口分布在海拔 200m 以下的地区，人口密度约为 400 多人/km²；2%左右的人口分布在高于海拔 2000m 的地区，人口密度不足 7 人/km²。1953 年，人口密度第三级阶梯、第二级阶梯，第一级阶梯区分别为 150.2 人/km²、39.3 人/km² 和 1.9 人/km²，到 2000 年分别为 317.3 人/km²、88.9 人/km² 和 5.6 人/km²，人口密度分别增加：167.1 人/km²、49.6 人/km² 和 3.7 人/km²。从地貌单元看（表 10-8），人口相对高密度区都集中在平原地区，山区与高原人口稀少，可见地形与农业生产、交通及城镇布局有密切关系。

表 10-7　中国人口密度随海拔高度的变化

项目	海拔/m				
	<200	200～500	500～1000	1000～2000	2000～4000
人口占全国比重/%	68.1	18.9	9.1	9.1	2.1
面积占全国比重/%	15.0	10.2	16.9	25.0	32.9
人口密度/（人/km²）	419.2	194.1	55.0	37.7	6.7

资料来源：王静爱，1998。

表 10-8　中国不同地貌单元的人口密度

地貌大区	典型地貌单元	1953 年人口密度/（人/km²）	2000 年人口密度/（人/km²）
东部低山、平原	长白山中低山地	78.8	173.0
	松辽平原	60.9	129.9
	燕山—辽西中低山地	114.6	234.5
	华北、华东平原	318.0	681.2
东南低、中山	浙闽低、中山	133.3	280.8
	淮阳低山	169.8	347.8
	长江中下游丘陵与低山	182.0	363.7
北部高中山、高原、盆地	大兴安岭中山	10.3	22.2
	山西高原	136.4	255.9

地貌大区	典型地貌单元	1953 年人口密度/（人/km²）	2000 年人口密度/（人/km²）
北部高中山、高原、盆地	内蒙古高原	6.9	13.2
	黄土高原	77.8	182.9
	天山高山	3.9	16.4
	塔里木盆地	4.3	11.1
西南中、高山地	四川盆地	295.9	593.1
	川西南、滇中中高山	62.4	163.6
	滇西南高、中山	37.0	76.6
青藏高原	阿尔金山、祁连山高山	2.5	7.5
	柴达木盆地	6.3	15.9
	羌塘高原	0.1	0.6
	喜马拉雅山大起伏高山与极高山	0.0	3.1

资料来源：第一、五次全国人口普查分县统计资料；《中华人民共和国国家自然地图集》，1999。

3. 温暖湿润地区人口多，寒冷干燥地区人口少

中国人口相对稀疏区都为寒冷或干燥的气候区（图 10-5），如青藏高原、内蒙古高原等区域。此外，在东部人口稠密区内，有许多斑块状的人口低密度区，它们大多为山地与丘陵地区，如东北长白山区，大、小兴安岭区，太行山区等。干燥度与人口密度有极为密切的制约关系，其中干燥度为 2 是重要的地理分界。干燥度小于 2 的区域，人口密度随干燥度降低

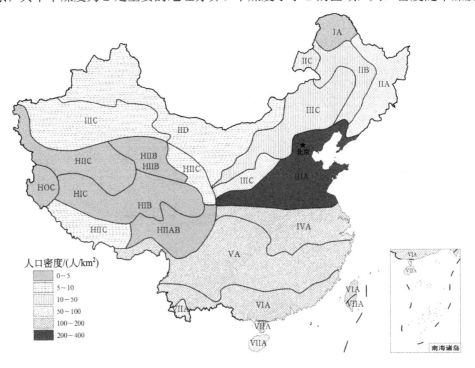

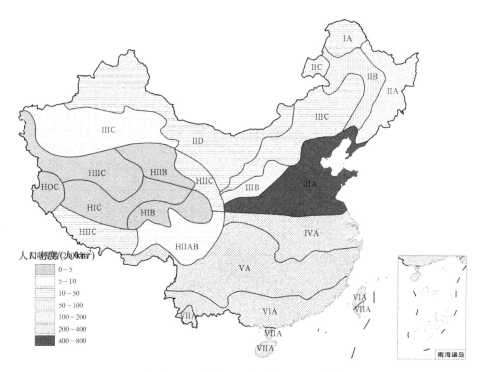

图 10-5　中国人口密度随气候带的变化（王静爱，1998）

ⅠA：寒温带湿润地区；ⅡA：中温带湿润地区；ⅡB：中温带亚湿润地区；ⅡC：中温带半干旱地区；ⅡD：中温带干旱地区；
ⅢA：暖温带湿润地区；ⅢB：暖温带亚湿润地区；ⅢC：暖温带半干旱地区；ⅣA：北亚热带湿润地区；
ⅤA：中亚热带湿润地区；ⅥA：南亚热带湿润地区；Ⅶ A：沿海热带湿润地区；
HOC：青藏高原寒带干旱地区；HⅠB：青藏高原亚寒带亚湿润地区；HⅠC：青藏高原寒带半干旱地区；HⅡAB：
青藏高原温带湿润、半湿润地区；HⅡC：青藏高原温带半干旱地区

而大幅度增加；干燥度大于 2 的区域，人口密度随干燥度增加而缓慢减少。气候寒冷干燥限
制了农业发展，此外对某些工业精密仪器的制造和使用也具有较大的限制，相对制约了工业
化与城市化的进程，从而限制了人口发展。

从人口密度增长幅度看，极端自然环境地区人口密度增加快速，2000 年比 1953 年人
口密度增加倍数：冷湿的寒温带湿润地区为 16.9 倍、极干的温带干旱地区为 3.6 倍、湿热
的南亚热带湿润地区为 2.8 倍，高寒的青藏区为 2.5～4.5 倍。这主要与区域开发和全球变
暖等因素有关。

4. 人口密度增加与耕地分布、城镇发展直接相关

土地类型与土地质量对农业生产有决定性作用。在耕地分布区，可生产较多的剩余粮食，
供给城镇人口享用，从而使区域人口密度加大；而在林地、草地分布区，则人口稀少。在广
大东部区内，山地丘陵区虽地势起伏不大，气候温暖湿润，但大多为林地和草地，人口也就
相对较少，如华南丘陵地区、东南沿海丘陵地区。这些地区发展农业受土层瘠薄制约，因而
难以承载更多的人口。1953 年高值区人口密度在 200～400 人/km²，主要在平原的农业区；
2000 年这样的人口密度区一方面向外缘的低山丘陵扩展，另一方面在部分区域发展为城镇，
形成人口密度大于 400 人/km² 的更高值区（图 10-4、表 10-9）。

表 10-9　中国东西部国土面积与人口比例对比

年份	东部区/%		西部区/%		人口稠密区**	大于 200 人/km²的县数	人口稀疏区	小于 10 人/km²的县数
	面积	人口	面积	人口				
1935*	64	96	36	4	长江三角洲、华北平原、长江中下游干流两岸、珠江三角洲、四川盆地、台湾岛西部沿海平原		青藏高原内蒙古高原西北内陆盆地	
1953	42.9	95.4	57.1	4.6	增加：汾渭谷地、湘江	739		216
1964	42.9	95.1	57.1	4.9		809		178
1982	42.9	94.4	57.1	5.6	黄河中下游平原、东北平原、东南沿海、两湖平原	1068	同上	195
1990	42.9	94.2	57.1	5.8		1141		186
2000	42.9	94.1	57.1	5.9		1141		179

* 此处国土包括目前的蒙古人民共和国（当时称外蒙古）。

** 以人口密度 200~250 人/km² 确定。

资料来源：王静爱，1998。

城镇化水平与人口分布稠密程度一致。中国有 600 多个城市，主要分布在人口较多的东部区。城市提供了人们更多的就业机会和教育机会，这对处在农村的剩余劳动者来看，有很强的吸引力。中国改革开放以来，特别在东南沿海地区，人口快速增多与这些地区城镇化加快发展密切相关。不同等级的城镇沿交通廊道发展，围绕经济中心形成网络，出现了若干城市群，人口密度通常在 400 人/km² 以上。中国东部人口分布相对密集的地区（表 10-10），都是城市群、农业生产基地和工业生产基地的所在地。

表 10-10　中国东部人口密集地区与重点城市、农业生产基地的关系

人口密集区	重点城市	农业区
华北平原	北京、天津、石家庄、济南、郑州	华北粮食生产基地
长江三角洲	上海、南京、杭州	长江三角洲粮食生产基地
两湖平原	武汉、长沙	两湖平原粮食生产基地
四川盆地	重庆、成都	成都平原粮食生产基地
珠江三角洲	广州、深圳、香港、澳门	珠江三角洲粮食生产基地
东北平原	沈阳、长春、哈尔滨	东北商品粮生产基地
汾渭谷地	西安、太原	汾渭粮食生产基地
东南沿海	沿海开放城市	近海水产养殖基地

资料来源：王静爱，1998。

四、人口的迁移

（一）旧中国的人口迁移

我国历史上人口迁移的最直接原因是移民支边、战争和自然灾害。如我国历史上，每发生一场战乱或者灾荒，就会引起一次较大规模的人口迁移。黄河中下游平原是中华民族的发源地。从秦汉时期开始，中国人口就由黄河中下游平原向四周扩散，重点是向南方的长江流域和珠江流域扩散。

1. 从黄河流域迁移到长江流域

"永嘉丧乱"和"安史之乱"是中国人口分布中心向长江流域转移的一个标志性事件。"永嘉丧乱"发生在西晋永嘉年间，腐朽的统治者对各族人民进行残酷的剥削和压迫，从而使黄河流域广大人民流离失所，被迫大规模迁移到江淮流域（主要是流入江苏、安徽、湖北、四川等地）。这次南迁人口约 90 万，使秦汉以来人口分布显著的北多南少格局开始发生变化，南方人口得到较快增加，促进南方经济的迅速发展。"安史之乱"发生在唐代，约有 100 万人南迁，从根本上改变了中国人口分布以黄河流域为重心的格局，从根本上改变了中国人口地理分布的格局，使南方人口第一次超过了北方人口，中国人口地区分布的中心首次由北向南转移。

2. 从长江流域逐渐迁移到珠江流域

"靖康之难"发生在北宋，1125 年金灭辽开始南下攻打北宋，黄河流域成为主要战场，每次大的战争都造成黄河流域大量居民向长江流域迁移，主要迁移至浙江、江苏、湖北、四川，这是北宋末年人口迁移规模最大的阶段。1161 年金撕毁了与宋的合约，大举南侵，淮河流域成为主要战场，迫使淮河流域的居民南迁到长江流域，主要迁移到浙江、江苏、湖南、江西等地。在忽必烈继承汗位后，于 1273 年出动大批蒙古兵南侵，发动了消灭南宋的战争，主要战场在长江中下游地区，当地居民为躲避战乱大量向珠江流域迁徙，主要迁入广东、广西、福建等地。

3. "走西口、闯关东"

19 世纪后期的旧中国，俄国和日本帝国主义侵入后，两国竞相在东北扩张势力，修筑铁路、掠夺资源，需大批劳动力，华北地区农民迫于生计，迁入东北，尤以山东、河北两省农民最多。1923～1930 年移入东北达 300 万人，1937 年一年就达到 70 万人。此外，西北地区的甘肃、青海、新疆等地也有很多来自河南、陕西等省的农民。

4. 东南沿海下南洋

欧美资本主义侵入东南亚后，为掠夺东南亚资源，招收中国破产农民作为开发殖民地的劳动力资源，并贩卖中国劳工，致使东南亚人口激增。

（二）改革开放前的人口迁移

新中国成立到改革开放前的这段时期，实行计划经济和严格的户籍管理，人口迁移规模小、频率低。1954～1960 年为人口迁移活跃时期，1961～1976 年，低潮时期，这一时期的人口迁移的原因主要有以下几种情况：①安置失业人员和闲散劳动力；②支持新开发工业基地建设；③移民垦荒支援边疆建设农林牧业新基地；④高等学校搬迁、招生和分配；⑤新修水利和水库库区移民而引起；⑥压缩城市人口规模而引起；⑦少量的自发迁移。从迁移方向上看中国人口净迁出地区有：辽宁、山东、上海、四川；迁入与迁出持平的地区是西藏；其余地区为人口净迁入地区。

（三）改革开放后的人口迁移

改革开放以来，人口的迁移主要以户籍迁移为主，多表现为一般性人口流动。人口流动是人口在短期离开后又返回原居住地的现象，一般指离家外出工作、读书、旅游、探亲和从军一段时间，未改变定居地的人口移动。

发达地区和城镇化水平高的地区是流动人口的主要输入区，经济落后的人口大省是流动人口的主要输出区。2000 年，全国流动人口为 1.21 亿人，占全国人口的 9.6%；2010 年流动人口为 2.21 亿人，占全国人口的 16.5%，相当于每 6 个人当中有 1 个流动人口；2020 年流动人口为 3.76 亿人，占全国人口的 26.6%，相当于每 4 个人当中就有 1 个流动人口。2020 年，东部地区、中部地区、西部地区和东北地区人口占全国人口的比重分别为 39.93%、25.83%、27.12%、6.98%。与 2010 年相比，中部地区和东北地区人口所占全国人口比重分别下降了 0.79 和 1.20 个百分点，而东部地区和西部地区人口所占比重则分别上升 2.15 和 0.22 个百分点，人口向东部发达地区集中的趋势明显。可见流动人口是普遍存在的，对区域经济和社会发展带来巨大影响。

中国人口的迁移轨迹与迁移的区域格局大致相同，主要由两个流向构成：一是以特大城市和沿海发达地区为引力中心，形成增长导向的大量迁移流；二是以某些地广人稀的省份为中心，形成资源导向的小量迁移流。人口流动的最主要原因是务工经商，占流动总人口的 1/3。特别突出的是"民工潮"，主要由劳动力资源极为丰富、当地非农业就业机会较少的四川、湖南、安徽、湖北、河南和江西六省输送，约占全国农村外出劳动力总数的一半。流动人口在距离上，以临近流动和中程流动为主，约占 70%。基于 2000 年人口普查的出生地资料，大致可以在全国划出三大人口迁移圈。

1. 广东圈

以省际流入量和净流入量高居全国首位的广东省为核心，还包括均以广东省为首位流出地的海南、广西、湖南、福建、江西、湖北、四川、重庆、贵州、河南、陕西等省（区、市）。相比这下，广东的拉力更趋强劲，把距离较远、过去移民方向一直以向西为主的河南、陕西两省也"拉"了过来。2000 年广东圈在全国省际外出生人口流出总量中独占半数，其中七成以上以圈内为目的地；在省际外出生人口流入总量中广东圈占 44%，其中约八成来自圈内。2020 年广东省常住人口达 12601.25 万人，与 2010 年相比全省常住人口增加 2170.94 万人，增长 20.81%。自 2007 年以来，广东连续 14 年常住人口规模居全国首位。

2. 华东圈

以省际净流入率居全国第二位的上海市为核心，还包括江苏、浙江、安徽 3 省，彼此之间长期有着千丝万缕的密切联系，互为居一、二位的移民流出地和流入地，近年内部互换率更高，其相互联系更趋紧密。2000 年华东圈在全国省外出生人口流出总量中占 16.6%，在流入总量中占 18.3%，其中圈内大约均占一半。2010~2020 年，浙江增加 1014.07 万人，增量仅次于广东。杭州是浙江省的人口"吸纳器"，尤其在 2019 年将落户条件放宽到大专之后，当年常住人口快速增长 55.4 万人，成为所有城市中常住人口增量最大的城市。

3. 华北—东北圈

以省际净流入率分别居全国第一位和第五位的北京、天津两市为主要吸引中心，黑龙江、内蒙古两省（区）为副吸引中心，流出源主要是山东、河北两省，圈内各省（区）均互为居前几位的流出源和流入地。2000 年在全国省外出生人口流出、流入总量中分别占 29.2%、31.9%，其中本圈内部的比重高达 3/4。近些年来，北京在人口控制政策影响下，常住人口增长缓慢。山东虽然在 2020 年常住人口达到 101527453 人，人口总数位列全国第二，但山东人口流出较多，人口形势依然十分严峻。东北三省人口净流出规模扩大，辽宁由 2001～2010 年年均人口净流入 14 万下滑至 2011～2015 年的 2.3 万；黑龙江在 2010～2020 年人口数量减少 646 万，减幅达 16%。东北三省、内蒙古人口均呈现负增长，人口流出大。

在三大迁移圈以外，位于西北的新疆、青海、宁夏和甘肃 4 省（区）彼此之间在人口迁移上虽然也有比较密切的关系，但主要流入源多来自圈外。位于西南的云南和西藏情况亦类似。

第二节　中国的民族

一、中华民族的构成

中国是一个统一的多民族国家，已确认的民族有 56 个，由汉族和 55 个少数民族构成，中华民族就是中国所有民族的总称。其中，汉族约占全国人口总数的 91%，少数民族约占 9%。据第七次全国人口普查统计，祖国大陆 31 个省（区、市）和现役军人的人口中汉族人口为 128631 万人，占 91.11%；各少数民族人口为 12547 万人，占 8.89%。同 2010 年第六次全国人口普查相比，汉族人口增加 60378693 人，增长 4.93%；各少数民族人口增加 11675179 人，增长 10.26%。在 55 个少数民族中，人口最多的是壮族，有 19568546 人；高山族人口最少，人口仅有 3479 人（表 10-11）。

表 10-11　中国少数民族种类和数量构成　　　　　　（单位：人）

民族	人口	民族	人口	民族	人口
蒙古族	6290204	佤 族	430977	普米族	45012
回 族	11377914	畲 族	746385	塔吉克族	50896
藏 族	7060731	高山族	3479	怒 族	36575
维吾尔族	11774538	拉祜族	499167	乌孜别克族	12742
苗 族	11067929	水 族	495928	俄罗斯族	16136
彝 族	9830327	东乡族	774947	鄂温克族	34617
壮 族	19568546	纳西族	323767	德昂族	22354
布依族	3576752	景颇族	160471	保安族	24434
朝鲜族	1702479	柯尔克孜族	204402	裕固族	14706
满 族	10423303	土 族	281928	京 族	33112
侗 族	3495993	达斡尔族	132299	塔塔尔族	3544
瑶 族	3309341	仫佬族	277233	独龙族	7310
白 族	2091543	羌 族	312981	鄂伦春族	9168
土家族	9587732	布朗族	127345	赫哲族	5373

民族	人口	民族	人口	民族	人口
哈尼族	1733166	撒拉族	165 159	门巴族	11143
哈萨克族	1562518	毛南族	124 092	珞巴族	4237
傣族	1329985	仡佬族	677 521	基诺族	26025
黎族	1602104	锡伯族	191 911	汉族	1284446389
傈僳族	762996	阿昌族	43 775		

资料来源：全国第七次人口普查资料。

二、中华民族的地理分布

历史上每一个民族形成的重要标志之一是具有共同的地域范围。在长期的民族交流和民族融合过程中，中国的各个少数民族形成了特有的地理分布。

（一）东半部汉族聚集、西半部少数民族集中

中国人口最多的汉族基本上分布于国土的东半部，少数民族在西半部，分布重心在西北和西南。主要分布区包括内蒙古、新疆、宁夏、西藏、广西等5个自治区及周边的部分地区，内蒙古主要聚居了蒙古族，新疆集中分布着维吾尔族、哈萨克族等，西藏是藏族聚居地，广西分布着壮族等，宁夏是回族聚居区。云南、贵州、青海、甘肃、吉林、四川等省少数民族聚居地区的面积较大。其中，云南省的少数民族数量最多，共有22个。

汉族主要分布在我国的沿海和中部地区，少数民族则主要分布于边疆。在中国18000km大陆海岸线中，少数民族自治地方仅占9%；而在中国22800km的陆地国界线中，少数民族自治地方却占到85%。少数民族有30余个与境外的同一民族相邻而居，民族往来密切，包括探亲访友、通婚、互市、朝庙拜佛、节日聚会，甚至过境耕种放牧。少数民族地区与邻国的边境贸易发展迅速。

（二）各民族分布大杂居、小聚居、相互交错居住

中国1亿多少数民族人口广泛分布于祖国各地，经过几千年的民族交往、迁移、融合和发展，形成了"大杂居、小聚居"的基本空间格局。在地理分布上，汉族地区中有少数民族聚居，少数民族地区中有汉族居住；各省（区、市）都有少数民族居住，绝大部分县级单位都有两个以上的民族。各民族呈现出互相交错分布、混杂居住的局面。中国少数民族人口虽少，但分布很广，与其他民族有两种相互交错形式：一种是少数民族人口分散且分布范围广，如回族，在全国2000多个县市都有分布，满族也因在清前期在全国各地屯军、移民、戍边导致目前满族人口分布在全国2095个县市。但是，我国少数民族又具有小聚居分布的特点，在地域上相对集中，回族、满族虽然分布广，但宁夏回族自治区集聚了全国1/6的回族，满族以东北三省相对集中。内蒙古的蒙古族人口就占全国蒙古族总人口的73%；藏族人口居住于西藏、四川的就占了70%左右；维吾尔族99%以上聚居于新疆；壮族人口92%居住于广西；其他如布依、白、傣、哈萨克等几十个民族在某一省（区）的集中程度也都达到98%以上，显示了明显的聚居分布的特点。而一些人数较少的民族基本上集中在有限的几个县，甚至几个乡内，典型的如基诺、羌、布朗、毛南等族。

（三）汉族聚居于平原和丘陵，少数民族多分布于山地和高原

由于历史因素的影响，汉族基本上分布于平原和丘陵地区，少数民族则多分布于山地和高原。青藏高原主要是藏族分布。大兴安岭—太行山—巫山—雪峰山线以东的第三级阶梯，除长白山地外，基本上是汉族聚居区。第二阶梯的高程多在 1000～2000m，汉族和绝大多数少数民族混居。汉族分布于较低的海拔，少数民族则分布于海拔较高的地区。在第二阶梯向第一阶梯过渡的地区，少数民族种类最多，是中国民族和语言成分最复杂的地带。一般而言：以农耕为主、经济文化水平较高的民族分布在海拔较低的区域，以畜牧业为主的民族分布海拔相对较高，以游耕游牧甚至刀耕火种方式为主、经济文化最落后的民族分布海拔更高。例如，云南省的西双版纳，地势海拔为 500～2500m，傣族和汉族分布于其中最低平的河谷平坝区，丘陵和半山区分布有布朗族、哈尼族和彝族，山顶则居住着拉祜族。在四川省，汉族主要聚居于海拔 200～700m 的盆地和河谷平原及丘陵区，土家族、苗族分布在 400～1000m，傣族、布依族集中分布在 700～1500m，彝、羌、纳西、傈僳等族居住在 1500～2500m，藏族则分布在 3000～4500m 的高原上。

参 考 文 献

国家人口和计划生育委员会宣传教育司. 2005. 挑战与希望：中国 13 亿人口日宣传提纲. 北京：中国人口出版社.
国家统计局. 2001. 2000 年第五次全国人口普查主要数据. 北京：中国统计出版社.
国家统计局. 2011. 中国统计年鉴. 北京：中国统计出版社.
胡崇庆. 1990. 胡焕庸人口地理选集. 北京：中国财政经济出版社.
王静爱. 1998. 中国人口分布与可持续发展的模式选择. 北京师范大学学报（社会科学版），145，（2）：72-80.

思 考 题

1. 通过历年的中国统计年鉴的相关人口数据，分析中国未来人口的增长趋势。
2. 简要说明中国的人口结构。
3. 分析中国人口分布的特征及形成原因。
4. 简要分析中国人口的迁移特征及原因。
5. 分析中国民族的主要分布特征。

第四篇 中国经济地理系统

    中国已成为当今世界第二大经济体，不仅摆脱了"贫困陷阱"、实现了全面小康，而且成为世界经济增长的主引擎和稳定器。经济地理学是以人类经济活动的地域系统为中心内容，研究经济活动的区位、空间组合类型和发展过程等。本篇内容首先从历史时期和新中国成立后两个阶段系统介绍中国区域经济系统的发展历程，总结产业结构的变化与总体特征，论述了中国第一产业、第二产业、第三产业和高新技术产业的发展与布局，分析了种植业、林业、畜牧业、水产业等第一产业的发展与布局；能源工业、原材料工业、机械工业、纺织工业等第二产业的发展与布局以及交通运输业、旅游业等第三产业的发展与布局。

    本篇课程思政的目标是：通过了解我国经济发展历程、规律和特征，认识新中国成立后我国经济发展的恢复、动荡、改革开放过程，以及我国产业结构的变化与总体特征，充分认识新中国成立以来，特别是改革开放以来，我国在农业、工业、交通运输业、高新技术产业等方面取得的巨大成就，体会社会主义制度在推动经济建设中的优越性；通过了解在中国共产党的坚强领导下，中国人民实现从站起来、富起来到强起来的伟大飞跃，增强制度自信和民族自豪感。通过了解中国产业结构及优化过程，理解中国"推进经济发展转型升级，建设现代化经济体系，推动中国经济发展走上高质量、可持续的新路子"转型的必然性。同时，理解中国高新技术产业发展与发达国家仍有差距，如芯片依赖进口等，激发学生在原始创新、基础学科创新等方面的热情，充分理解自力更生是中华民族自立于世界民族之林的奋斗基点，自主创新是我们攀登世界科技高峰的必由之路。通过分析中国经济发展的道路，理解改革开放的重要性。1978 年中国共产党十一届三中全会，实现新中国成立以来中共历史上具有深远意义的伟大转折，开启了改革开放和社会主义现代化的伟大征程。中国仍持续推进对外开放，从加入世界贸易组织到共建"一带一路"，从设立自由贸易试验区、谋划中国特色自由贸易港到成功举办中国国际进口博览会等。深刻理解坚持对外开放的基本国策的重要性。

第十一章　中国区域经济系统的发展历程

第一节　历史时期中国区域经济发展

历史时期是指农业生产开始出现、人类活动对于地理环境的影响在程度上和范围上都空前扩大的时期。在中国，通常以中华人民共和国成立的 1949 年为界，分为历史时期和新中国成立以后。历史时期又以有文字记载的时期为界限，以前的时期习惯上称为原始社会时期，本章把以后的时期分为先秦时期，秦、汉、魏晋、南北朝时期，隋、唐、五代时期，元、明、清时期。

一、原始经济时期

中国的原始经济时期是指从原始人群开始出现（大约距今 50 万年前）一直到夏代建立（公元前 2070 年）为止的这一漫长的历史时期。在原始社会早期旧石器时代，人类只能制造简单的石器，通过狩猎和采集维持生活。新石器时代母系氏族达到了全盛，产生了农业和畜牧业，磨制石器流行，并发明了陶器。

（一）"南稻北粟"的史前原始农业经济

中国史前农业在世界上占有突出的地位。考古发现，中国史前农作物的出土地点，在世界各国中是最多的，农业的起始年代也位于世界上最早的行列。大约 1 万年以前，中国的长江、黄河流域，开始从狩猎、采集经济逐步转变为种植业、畜牧经济。在距今 10000～5000 年前是中华文明形成的孕育期，其最主要的基础就是农业的形成与发展。起源于中国的稻、粟、黍、大豆等都有公元前 6000 年以前的实物出土。粟和稻是史前人类种植的主要作物，在相当长的时期内，"南稻北粟"是中国农业生产的传统布局。一般说来，稻作物主要种植在南方，粟作物主要种植在北方。

（二）原始聚落的发展与制陶、麻织业的生产

经过数千年的发展，农业聚落遍布中国各地，原始建筑不断发展。新石器时代，黄河中游的氏族部落，在利用黄土层为壁体的土穴上，用木架和草泥建造简单的穴居和浅穴居，逐步发展为地面上的房屋，形成聚落。新石器时代仰韶文化的西安半坡遗址、临潼姜寨遗址等可以看到当时的聚居点已经是有规划的形式，半坡遗址中显然已能分出居住、烧制陶器、墓葬等区域范围；居住区的中心有一座"大房子"；居住区外围挖有宽而深的壕堑，作为防护之用。到了公元前 5000～3000 年，湖南澧县城头山大溪文化古城、郑州西山仰韶文化古城相继建成，形成原始的城市经济中心。

在农业和原始聚落发展的同时，原始社会后期已经出现铜器冶铸、制陶和麻织等手工业；随着剩余产品的出现，物物交换随之产生。随着栽培农业和畜牧业生产地位的提升，男

性逐渐取得社会的主导地位，生产力水平不断提高，在产品的剩余之后，出现了贫富分化和私有制，原始社会解体后进入奴隶社会。中国以农业文明为主要特征的华夏文明勃兴，使我国成为世界文明古国之一。

二、奴隶制经济时期

奴隶制经济时期指秦统一以前的漫长历史时期，主要包括夏、商、西周和春秋战国时期。

（一）产业分工

一是农业内部畜牧业与耕作业分离。从夏朝起畜牧业已与耕作业分离，在夏代遗址中发现有大量的猪、狗、牛、马等兽骨，表明畜牧业在生产中已占有重要的地位。二是手工业与农业分离。夏、商、西周时期手工业已逐渐发达，大批的奴隶被送入手工作坊，进行手工业生产，当时比较重要的是青铜器制作和铸铁技术，麻纺、丝织、陶瓷、皮革手工作坊也逐渐形成地区特色。三是商业的出现。商代出现了职业商人和货币，商业逐渐与农业分离，商都成为繁华都市。

（二）农业生产工具改进与水利工程建设

农业是主要的经济部门，生产工具的改进、耕作技术的提高、农田水利的兴修保障了农业经济的发展。农业生产技术的发展包括生产工具的改进和水利灌溉技术的推广应用。夏商西周处于金石并用时代；西周晚期开始使用铁器，春秋时期开始出现铁农具和牛耕，战国时期铁农具使用范围扩大，把中国推进到铁器时代。春秋战国时期，中原地区普遍使用桔槔灌溉农田，各地新建的芍陂（春秋）、都江堰（战国）、郑国渠（战国）等著名水利工程大大推动了农业生产的发展。

（三）土地制度变革

西周实行的"井田制"是中国最早的土地制度，它赋予贵族和奴隶主强制奴隶集体耕作的权力。春秋时期，随着铁制农具、牛耕技术的使用和社会生产力的普遍提高，中下等贵族和自由农民竞相开垦私田，各诸侯国先后都实行了相应的田制改革，呈现多种田制并行的局面。土地私有化极大地激发了农民生产的积极性，农业生产率大大提高。

（四）城市（城垣）数目不断增多

农业的发展与剩余产品的产生，导致了手工业与商业的出现，集市与城垣增多。春秋时期郑国的商人可到楚买丝，到周卖皮革，主要诸侯国都城成为众多的繁华的商业城市。战国时人口大量增加，商业也更加兴盛，官府商业和私人商业都得到了发展，许多城市如齐临淄、赵邯郸、楚郢成为著名的商业中心。

三、封建制经济时期

封建制经济时期从公元前 221 年至公元 1840 年。公元前 221 年秦灭六国，首次完成了真正意义上的中国统一，建立起中国历史上第一个中央集权制的秦朝，之后经历汉、魏晋南北朝、隋、唐、五代十国、宋、元、明、清等多个朝代，直至 1840 年鸦片战争，西方列强打破了中国闭关锁国的大门。中国封建制经济在朝代更迭、分分合合中颠簸前进，经济规模不断扩大，经济结构趋于多样化，经济格局不断演进。

（一）自给自足的自然经济特征

中国封建社会经济的总体特征是：经济结构以农耕和畜牧业为主，农耕业始终占主导地位；手工业有较快发展，门类不断增多；商业经济日趋活跃，商业城市数量不断增多。

1．农产品种类不断增多

封建社会时期，随着人口不断向南迁移，区域开发规模逐渐扩大，尤其是农业耕作规模迅速扩大。农耕条件不断改善主要体现在农业水利设施建设和灌溉条件的改善。长江流域、岭南地区开展了较大规模的水利工程建设。历朝历代不断维修和新建水利设施，改善农业生产条件。这些水利工程建设，不仅促进了当时农业、商业、水运的发展和防洪，而且兼有军事功能。

耕作技术也在不断地发展。表现为犁、水车等农具的改进；耕作技术中旱作以冬耕抗旱保墒，南方水田强调耕翻平整田面，推广厩肥，土地休耕现象从唐代以后已经很少见，复种指数则逐渐增多，湖北、湖南、福建、浙江等地有了早晚稻兼作的双季稻，在岭南有三季稻，长江中游的两湖地区和岭南地区从明末就有"湖广熟，天下足"的谚语。

自宋代以后南北各地的农作物品种得到了广泛交流，粟、麦、黍、豆等北方作物推广到了江南，福建一带栽种的占城稻向北推广到淮河流域一带，茶树的栽培在福建和长江中下游的丘陵地带推广，甘蔗、棉花、茶叶、桑麻等经济作物的种植范围也较以前扩大。粮食逐渐自给有余，水稻、小麦、棉花、茶叶等已成为农业经济的重要组成部分，尤其是明代开始强调经济作物的种植尤其要多种棉花，并先后引进美洲的烟草、花生、番薯和玉蜀黍等高产的作物，桑、麻、甘蔗、蓝靛的种植发展也很快，农产品种类和产量不断增多。经济作物规模的扩大，进一步促进了纺织印染业和商业、运输业的快速发展。

2．手工业门类不断增多

封建社会手工业发展迅速，门类不断增多，先后形成采矿、金属冶炼、造船、建筑、纺织、酿酒、制盐、陶瓷、漆器制作等。从秦汉时长江上游川、滇地区就普遍开始铜、铁、锡、铅等矿产开采，长江中下游的荆州、扬州冶铁业、铜业、制盐业发达。唐代矿冶业以炼铁、炼铜和锻造为主，冶炼技术进步较快，同时金银器制造作坊数量剧增。宋代煤开采和使用逐渐普遍，明清时采矿开始使用火药，炼铁能源使用焦炭，使得采矿和冶炼效率明显提高。纺织业早期以麻、丝、毛等织品为主，大量的民间纺织业还是家庭副业，多用于家庭自用，少量进入市场，高档纺织品则多数为纺织专业户、手工作坊；元代黄道婆发明了棉纺织用的纺车，明代中期以后棉布成为主要的衣料。封建时期中国的陶瓷业非常发达，从秦兵马俑、唐三彩，至宋明时期"六大名窑"，景德镇瓷器都是现代不可多得的中华瑰宝。此外，中国的造船业、建筑业、造纸印刷业、盐、酒、茶、糖业在封建社会都有长足的进步。

手工业的发展长期处于家庭副业和官营手工业工场的状态，手工业技术发展缓慢。从宋代开始，手工业专门行业开始兴起，刺激了手工业品市场的繁荣，元代民营手工业受到严厉的限制，制约了手工业技术的发展。但即便如此，至元代中期，中国的手工业技术和手工业市场的繁荣也是居于世界前列的。明清时官营手工业不能适应生产力的发展处于衰落状态，民营的城乡专业手工业和工厂手工业发展较快，产品种类不断增多，而且至清代已有商人资本和资产者参加，进一步发展便可以成为资本主义大生产。但明清时代实行闭关锁国的政策，遏制了中国资本主义的发展。

3. 商业的发展与众多商业城市的繁荣

封建社会早期城镇多为行政首府或军事重镇，兼具政治和商业功能，但商业功能较弱。魏晋南北朝时江汉平原和洞庭湖区经济发展很快，南方许多商业城镇不断兴起，其中汉口、襄阳成为江汉交汇和洞庭湖流域和南北方农产品转运的重镇，建邺（今南京）是一个连接长江水运与吴郡、会稽水运的繁华城市，并且开辟了西南丝绸之路。唐代以后以长安、洛阳为中心的陆路交通四通八达，内河航运和海洋运输也有很大发展，城市数量增多，城市的经济功能也明显增强，尤其是南方的商业城市快速增多，主要城市有扬州、苏州、杭州、南京、成都、太原、杭州、广州、宣城、江陵、武汉、南昌等。由于商业的发展，在农村的交通要道上出现了许多草市、墟市，这些市定期交易，交易后即散去，其中有些草市、墟市生意兴隆，迁来定居从事交易或谋生活的渐多，就发展成为市镇。

宋元时期，物产的丰富刺激了商业的繁荣和商业城市规模的扩大。大城市商业的发展突出体现在繁华商业街的出现、定期的大规模商贸活动和商业辅助设施的趋于完备，商业活动昼夜均可进行，在四川成都甚至出现一种纸币（交子，是世界上最早出现的纸币），也是宋代商业发达的重要证据。元代纸币的发行促进了商业经济的发展，但到元代后期纸币发行无本无度，造成物价上涨，纸币贬值，加之政府也利用纸币巧取豪夺等因素，纸币又逐渐为金银所取代。宋代10万户以上的城市由唐代的10余个增加到40多个，其中开封、洛阳、杭州、扬州、大名、商丘、苏州、荆州、广州、成都、福州、长沙、泉州等都是著名的繁华都市。元大都（今北京）不仅是全国的经济中心，而且是当时国际上著名的大都市，吸引了东西方很多国家的商队和使团，其他重要城市多集中在水、陆交通沿线，其中运河和长江沿岸的商业城市如扬州、集庆（南京）、平江（苏州）及杭州等进一步扩大；沿海的广州、泉州、福州、温州及宁波等都是重要的外贸港口城市。明代大多繁华的商业城市都集中在江浙沿海一带，北方城市繁华程度远不及南方城市，商业经济重心南移现象表现突出。明代著名的工商业城市，除南北两京外大多分布在江南、东南沿海和运河沿岸三个地区，而其中以江南地区最为繁华，已经形成了五大手工区域，即松江棉纺织业、苏杭二州的丝织业、芜湖的浆染业、铅山的造纸业和景德镇的制瓷业，清代至民国时期东南一带工商业城市普遍兴盛，著名的城市有南京、苏州、杭州、扬州、镇江、无锡、广州、福州、厦门等，北方的城市北京、天津、济南、开封、太原、宣化等也都比过去繁盛。此外，南北方农村的集市贸易也很兴旺，北方和西北地区的库伦、乌鲁木齐、呼和浩特、张家口、西宁等城市日益兴起和发展，中华各族人民之间经济联系逐步加强。

（二）区域经济发展的空间格局

秦汉时期的经济发展不平衡，南方经济明显落后于黄河流域。最发达的是以两汉都城长安、洛阳为中心的关中地区和中原地区，其次是巴蜀和淮北，再次是淮南、汉水流域和长江下游以南的丹阳等地。东汉中期以后，长江流域人口增加，两汉比较，扬州人口由302万增至433万，荆州人口由336万增至626万，益州人口由454万增至724万。魏晋南北朝时期，因朝代频繁更迭引起人口大规模迁徙，使当时的经济格局也发生了变化，江南经济迅速发展是这一时期经济的突出特点。由于大量人口向东北、西北、巴蜀和江、淮以南转移，使这些地区的经济开发向前迈进了一大步；同时民族融合使东南西南地区的少数民族逐步定居走向农业化。

自隋唐以来，除一些少数民族以游牧或渔猎为主外，绝大多数人口都是以农业为主，农业在社会生产中占有重要地位，并形成了南方农耕区和北方牧区的农业经济格局。农牧分界线大体上为东起今河北昌黎南碣石山，向西南过北燕山、太行山，经今太原市北、吕梁山南段，至黄河沿岸的龙门山下，再往西至天水、陇西、北地、上郡，由陇西折向南至邛筰东。这条线以北以西是牧区，以南以东是农耕区，在农牧分界线的两侧是半农半牧区。手工业、运输业和商业城市的发展同样也表明，中国的经济重心逐步由黄河流域转移至长江流域及以南地区。

四、半封建半殖民地经济时期

从 19 世纪 40 年代的鸦片战争起，到 20 世纪 40 年代末的解放战争胜利结束止，这 100 多年的历史时期中国沦为半封建半殖民地社会。第二次鸦片战争之后，封建自然经济在外国商品冲击下彻底瓦解，家庭手工业纷纷破产，农产品加速商品化。同时，由于失去海关保护，民族工业的发展举步维艰。中国社会经济日益陷入资本主义世界市场，中国沦为外国侵略者的商品销售市场和原料掠夺地；同时官僚资本、买办资本和地主控制了中国城乡经济发展，广大百姓失去了土地和自由权利，沦为受剥削受压迫的对象。

（一）半封建制经济与半殖民地经济并存

半殖民经济表现为，鸦片战争以后中国的领土、领海、司法、关税和贸易等主权开始遭到严重的破坏，在政治上丧失了独立的国家地位；外国列强建立的租界，完全独立于中国行政系统和法律权限以外，成为列强掠夺中国资源和经济的基地。

半封建制经济则表现为，以小农业和家庭手工业为主要标志的自然经济逐渐解体。一方面，东南沿海地区以棉纺织业为主的家庭手工业受到外来商品的巨大冲击，另一方面，以丝茶为主的农产品日益商品化。封建自然经济的基础虽然遭到了破坏，但封建剥削制度依然存在，地主阶级对农民的剥削，同买办资本、官僚资本和高利贷资本的剥削结合在一起，在中国的社会经济生活中仍然占有优势地位。

（二）社会生产力发展极为缓慢，民族经济异常落后

现代工业在国民经济总产值中的比重很小，农业占绝对重要地位。在抗日战争以前，现代工业大约占 10%左右，农业和手工业大约占 90%左右。至 1949 年，农、轻、重的比例是 70：22：8。农业中种植业占 80%以上，种植业中以粮食为主，经济作物不发达；工业主要是采掘业与原材料初步加工业。

（三）产业经济的高度对外依赖性

帝国主义和中国的封建势力相互勾结，操纵了中国的财政和经济命脉。外资几乎垄断了旧中国的所有工业部门；帝国主义国家的工业产品和农业产品充斥中国市场；中国成了帝国主义的原料供应地和廉价的劳动力市场。民族资本主义虽然有了一定的发展，并在中国的政治经济生活中起了一定的作用，但它的大部分同外国资本主义和本国封建主义或多

或少都有联系，没有成为中国社会经济的主要形式。

（四）经济的发展呈现出极端不平衡的状态

贫富差距极大，社会矛盾激化。由于帝国主义的侵略和封建分散的地主经济，在帝国主义、封建主义和官僚资本主义的统治下，中国的广大人民尤其是农民日益贫困化以至大批破产，甚至没有人身自由。

区域经济发展也极不平衡，沿海殖民地的现代工业场景与广大内陆地区原始经济场景并存。工业主要分布于沿海。重工业集中分布于东北的南部，以上海为中心的长江三角洲以轻工业为主，华北以天津、青岛为中心的工业地带轻重工业皆有，广州主要是丝织与手工业工艺制造；内地工业基本集中于武汉、重庆、太原、昆明等少数城市。农业东部以种植业为主，并形成了一些专业化地域；西部以畜牧业为主，基本保持在地主控制、雇农佃户劳作的自然经济状态。主要的交通设施，铁路与水运几乎全部集中于东部，其中铁路尤以东北与华北最为集中。

第二节　新中国成立后中国区域经济的发展

一、新中国成立以来中国区域经济发展的总体特点

（一）经济总体实力不断增强，但与发达国家相比仍有相当差距

新中国成立以来，中国经济总体上呈快速增长趋势，经济实力不断增强。1952 年中国国内生产总值（GDP）仅 679 亿元，到 2020 年增加到 1015986 亿元，年平均增长速度 11.4%；人均 GDP 由 1952 年的 119 元增加到 2020 年的 72447 元，年均增长速度 9.9%。尤其是从 1978 年改革开放以来，中国的经济增长速度让世界瞩目，中国在世界经济格局中的地位快速上升（图 11-1）。自 2010 年中国 GDP 超过日本，成为全球第二大经济体后，与日本的差距逐渐拉大，2020 年中国 GDP 是日本的 3.1 倍。

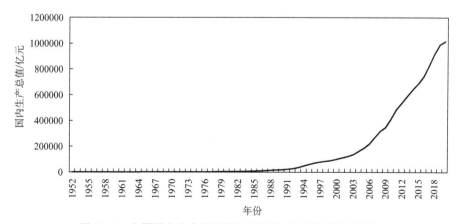

图 11-1　中国国内生产总值变化示意图（按当年价格计算）

注：据 2020 年中国统计年鉴和中国经济社会大数据研究平台数据整理

但是，从人均经济水平来看，中国与世界发达国家相比仍然存在相当大的差距。2018年中国人均国民总收入仅 9470 美元，约为世界平均水平的 85%，略高于世界中等偏上收入国家，仍属于世界中等收入国家之列（表 11-1、图 11-2）。

表 11-1　中国人均国民总收入与世界水平比较　　　　　　　　（单位：美元）

国家和地区	1990 年	2000 年	2010 年	2018 年
中国	310	930	4340	9470
世界	3850	5265	9411	11101
低收入国家	268	291	618	790
中等收入国家	869	1322	3634	5340
中等偏下收入国家	458	773	1524	2245
中等偏上收入国家	2334	3397	5904	8859
高收入国家	17990	25883	39681	33166

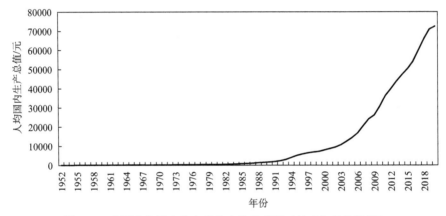

图 11-2　中国人均国内生产总值变化示意图（按当年价格计算）

注：据 2020 年中国统计年鉴和中国经济社会大数据研究平台数据整理

（二）区域结构从低水平不协调到协调发展转变，区域合作加强

新中国成立初中国的工业基础薄弱，沿海与内地经济差异显著。鉴于当时特殊的国际国内政治环境的需要，中国工业布局着力由沿海向内地推进，在"三线建设"中谋求改变生产力布局过度东倾的状况。在加强农业、交通等基本建设的同时，重点发展重工业。中国国民经济得到了一定的发展，形成了生产力相对均衡布局，工业基础增强且偏重工业，轻工业和第三产业发展相对落后的局面。改革开放后，按照"两个大局"的战略构想，充分利用东部优势，实现了东部沿海地区率先发展。东部沿海地区得到长足发展，成为带动国民经济持续快速增长的核心区和增长极。2018 年，东部地区生产总值占全国 52.6%，比 1978 年上升了9.2 个百分点；规模以上工业企业利润总额达 38089 亿元，比 1978 年增长 117 倍，占全国规模以上工业企业的比重达 57.4%；进出口总额占全国 81.5%，比 1978 年上升了 7.1 个百分点。在实现经济快速增长的同时，东部地区在体制创新、技术创新、产业结构升级、推进城乡一体化发展等方面，也走在全国的前列，对其他区域的发展产生了重要的示范和激励作用。为逐

步解决我国地区发展差距不断扩大的问题，促进区域协调发展，20世纪90年代以来，中国相继作出了西部大开发、振兴东北地区等老工业基地、促进中部地区崛起、鼓励东部地区率先发展等一系列重大决策，有力地促进了广大内陆地区经济的加快发展，使地区发展差距扩大的趋势得到了初步遏制，区域间共同繁荣、协调发展的局面已经形成。近几年来，中西部及东北地区呈现出强劲的发展势头，主要经济指标增速均接近或快于东部地区。从生产总值增速看，差距在逐步缩小。2003年东西部差距达到峰值，之后区域间差异逐渐缩小。2003～2018年，东部、中部、西部、东北地区人均地区生产总值年均增速分别为7.2%、8.2%、8.5%和6.1%，中西部地区发展速度超过东部地区。从投资、消费和进出口贸易增速看，中西部及东北地区大多数指标增速已经接近或快于东部地区。2003～2018年，中部地区全社会固定资产投资年均增速为21.2%，西部地区为23.7%，分别比东部地区增速高3.6个百分点、6.1个百分点，东北三省为14.2%，逐渐接近东部地区的17.6%。2019年中部地区全社会固定资产投资占全国比重为28.0%，比2008年提高6.3个百分点；西部地区占26.2%，提高4.9个百分点；东北三省占4.3%，下降6.9个百分点。

同时，中国的区域合作的深度和广度也在不断加强。全国已建立了上百个不同规模、不同层次、不同覆盖范围的区域合作组织，如长江经济带、粤港澳大湾区、京津冀城市群、环渤海经济圈、武汉城市圈、长株潭城市群等。在区域合作框架下，企业的主体地位不断强化，政府间的沟通与协调逐步加强，区域合作机制不断创新，整体上正在向宽领域、全方位的合作与相互开放阶段转变，合作的领域和重点已拓展到发展战略的相互对接、产业结构的整体布局、对外贸易政策和行动的统一安排、跨区域基础设施的共同规划与建设，乃至地区经济社会政策的相互协调等诸多方面。

（三）城镇化水平显著提高，城乡结构从城乡分割到城乡统筹协调发展转变

由于传统的计划体制和严格的户籍制度的藩篱，1978年以前城乡之间生产要素不能自由流动，工农业产品不能平等交易，城乡之间处于严格的分割状况。改革开放以后，城乡关系进入了一个新的历史时期。一方面，城镇化进程的加快，特别是小城镇建设的加速推进和户籍管理制度和改革，促进了城乡经济相互交融和工农业产品交换市场化程度显著提高，打破了城乡间劳动力、土地、资本等要素市场的隔离，为解决城乡分割，实现城乡协调发展奠定了坚实的基础；另一方面，社会主义新农村建设的扎实推进，以工促农、以城带乡机制的逐步形成，对改善农村生产生活条件，逐步缩小城乡差距发挥了重要作用。

城镇化水平不断提高。由于人口就业压力巨大，大城市基础设施建设严重不足等方面的实际国情，中国早期城镇化进程缓慢，城乡二元结构明显。1978年以来，随着城市经济尤其是大城市、城市群在社会经济中的影响力逐步扩大，城市化进程明显加快。1949～2018年，城市数量由132个发展到672个，其中辖区人口在200万以上的城市由3个增加至62个；100万～200万人口的城市由7个增加至99个；50万～100万人口的城市由6个增加至88个，50万人口以下的中小城市由134个降至48个。城市人口比重明显上升，大量的乡村人口由农村向城市转移。1949～2020年，全国人口增长了2.66倍，而城镇人口增长了15.65倍，乡村人口仅增长了1.05倍。城镇人口占总人口比重由1949年的10.6%上升到2020年的63.89%，上升了53.29个百分点，年平均上升0.75个百分点。乡村人口所占比重由89.4%下降到36.1%。小城镇的增长更为可观，1978年全国建制镇2173个，2019年达

2.10 万个。小城镇的快速发展，打破了城乡分割的体制，促进了城乡融合，为实现城乡一体化发展奠定了基础。

中国新农村建设正在稳步推进，城乡经济社会发展一体化的新格局正在逐步形成。农村基础设施条件大为改善，以工促农、以城带乡的长效机制正在逐步形成，长期存在的城乡二元经济结构正在逐步改变。我国农村公路里程由 1978 年的 59.6 万 km 增加到 2018 年的 405 万 km，增长了 6.8 倍，99.64%的乡镇和 99.47%的建制村通有公路。2018 年乡村水电站发电能力 8043.5 万 kW，是 1978 年的 35.2 倍；农村用电量 5509.9 亿 kW•h，是 1978 年的 37.0 倍。邮电、电话机、移动电话和计算机等信息化设备在农村普及的速度明显加快。2017 年通邮的行政村比重已达 100%，比 1983 年提高 3.5 个百分点；2010 年，行政村通电话比重已达 100%，平均每百户拥有移动电话 257 部、计算机 26.9 台。2018 年农村宽带接入用户数达 11742 万户，占全国固定宽带接入用户数的 28.8%。

二、区域经济发展模式的演化过程

新中国成立后，中国区域经济发展经历了恢复、动荡、改革开放的过程，区域发展的战略模式经历了平衡发展—重点发展—区域协调发展的转变过程。按照新中国成立以来中国区域经济发展过程中的重大事件，大致可分改革开放以前的平衡发展、改革开放至国家西部大开发战略实施期间的沿海地区优先发展、"十五"和"十一五"期间的协调发展和十八大以来的协同发展四个阶段。

（一）区域经济平衡发展阶段（1949～1978 年）

新中国成立后，随着社会经济环境日益稳定，人口快速增长。新中国成立之初的中国工业基础薄弱，粮食不足，资金缺乏，东南沿海地区继承近代商业、工业、交通运输业、金融业和教育事业的发展基础，在生产力发达程度上明显超过全国其他地区。这一时期中国区域经济发展的模式是平衡的区域发展战略模式。按区域经济发展的周期性可划分为六个阶段：第一阶段是 1949～1952 年的国民经济恢复时期，为稳定国家政权和免受战争冲击的需要，国家开始制定平衡的区域经济发展战略。第二阶段是 1953～1957 年 "一五" 计划时期，国家开始实施区域经济平衡发展战略。中国工业发展的重心由沿海转移到中西部地区，将中西部作为重点发展地区，在能源、冶金、机械制造等传统产业以及航空、航天、电子、原子能利用等新兴产业方面填补了一系列空缺，成长起大批的科学技术专家和技术工人，为工业化奠定了初步基础。第三阶段是 1958～1962 年 "二五" 计划时期，"大跃进" 造成盲目冒进，经济秩序被打乱。第四阶段是 1963～1965 年国民经济恢复时期，区域经济的平衡发展工作也开始恢复。第五阶段是 1966～1972 年的 "三线" 建设时期，承接前几期的内地经济建设的基础和加强国防工作的冷战思维，国家再一次大规模地实施平衡的区域发展战略，平衡发展战略思维模式得到了更加明显的凸现。第六阶段是 1973～1978 年中国区域政策的第一次调整时期。1972 年 2 月中美两国关系开始走向正常化，1973 年国家制定 "关于增加设备进口，扩大经济交流" 的计划，开始了以引进项目为中心的经济建设，产业布局由内地向东部特别是沿海的社会经济发达区域逐渐转移。在 70 年代引进了两批 47 个主要成套项目中，位于东部沿海地带的有 24 个。同时基础设施建设重点也逐步东移。70 年代的中后期，先后扩建老港口（大连、营口、秦皇岛、天津、宁波、厦门、广州等），建设新港口（日照、鲅鱼圈、北仑），加强晋煤外运通道、胶济、津浦等铁路线以及一系列铁路枢纽的改扩建（表 11-2）。

表 11-2　全国基本建设投资分配　　　　　　　　　　　　（单位：%）

时期	沿海	内地（其中三线地区）
一五	41.8	47.8（30.6）
二五	42.3	53.9（36.9）
调整时期	39.4	58.0（38.2）
三五	30.9	66.8（52.7）
四五	39.4	53.5（41.1）
1952～1975 年	40.0	55.0（40.0）

资料来源：中华人民共和国统计局，中国统计年鉴，中国统计出版社 1983 年。

总体来说，这一时期是中国国民经济各要素形成的阶段，由于底子薄、基础差，遭受国际封锁，发展十分艰难，有失误同时又取得了重大的成就，为中国综合国力的形成和社会制度的稳定奠定了基础，为引进先进技术和对外开放创造了条件。

（二）区域优先发展阶段（1979～2000 年）

1979 年以后，国家对沿海地区增大投资份额，并配之以优惠政策，初步打破了在资金和政策等要素配置上的平均主义，促进了沿海地区已有经济潜力的发挥，有利于沿海地区先行发展起来。沿海地区的快速发展有利于增强国民经济总量和综合国力，同时又形成经济落差，促进生产要素流动，优化资源配置。1979 年以来，东部沿海地区相对快速发展，中西部地区相对滞后，原来被封闭和禁锢的各类资源开始向东部沿海地区流动，这些资源获得相对较高的回报，客观上提高了全社会的资源配置效率。

在这一时期，中国区域经济格局中出现了经济重心向东部沿海地区倾斜的显著特征，区域差距持续拉大。东部沿海地区抓住了发展机遇，利用全球产业结构调整，发挥了自己的优势。相比较而言，中西部地区在经济走向全球化的时代，由于对外开放的速度慢，社会经济的国际化程度很低，不但没有从世界经济发展中得到多少利益，反而其发展的条件还因国内经济向开放型发展而被恶化，进一步拉大了与东部沿海地区的差距。尽管从 20 世纪 90 年代初中国政府就开始强调区域经济的协调发展，但是到了 20 世纪 90 年代后期，中国区域经济发展差距依然呈扩大的趋势。东部和西部地区人均 GDP 之比由 1995 年的 2.3：1 扩大到 1999 年的 2.4：1。1986～1999 年，东部与西部人均收入绝对差额由 132 元变为 2022 元，收入之比由 1.15：1 变为 1.4：1。1996 年东西部地区城镇居民的人均收入分别为 5880 元和 4397 元，西部地区明显低于东部地区；农村人均纯收入东西部分别为 2956 元和 1493 元，差距更为明显。中国区域经济发展差距拉大，已经产生了一些消极效应，给国民经济发展带来了许多问题。一是区域经济发展差距扩大加剧了地区产业结构趋同趋势；二是强化地方利益，阻碍统一市场形成；三是区域发展不平等，影响整体国民经济的持续、稳定发展；四是沿海经济高度的外贸和外资依赖度在世界经济动荡中存在巨大的风险。

（三）区域经济协调发展阶段（2000～2010 年）

从非均衡型战略向区域经济协调发展的战略转变是中国区域经济发展的必然选择。到了 20 世纪 90 年代末，市场在我国资源配置中的基础性作用显著增强，社会主义市场经济体制的基本框架初步形成，以资源优化配置为特征的发展阶段进入了一个新的关键时期。一方面，随着工业化、城镇化加速发展，社会主义市场经济体制要进一步完善；另一方面，区域发展的差距持续扩大，缩小地区差异和城乡差距的问题已提上正式日程。2001 年 3 月《中华人民共和国国民经济和社会发展第十个五年计划纲要》中明确提出了"实施西部大开发，促进地区经济协调发展"的指导方针，标志着地区经济协调发展战略的正式启动。实施西部大开发战略，国家将加大对西部地区的财政投入，尤其是生态环境保护和基础设施建设的投入。这既可以促进西部地区的经济发展，又有助于扩大内需，启动国内市场。2003 年国家颁发了《关于实施东北地区等老工业基地振兴战略的若干意见》，从政策、资金和项目上，给予了有针对性的支持；2006 年 4 月国家颁发了《中共中央国务院关于促进中部地区崛起的若干意见》，提出了中部崛起的总体要求和战略定位。

在这一时期，从珠江三角洲、长江三角洲、环渤海湾到东三省、成渝经济区、北部湾经济区、武汉城市圈、长株潭城市群，一个个区域经济圈、城市经济带纷纷崛起，拉动着神州大地更为广袤的区域快速发展。中国区域经济，也逐步完成了从点到线到面的布局，正在形成东、中、西部的均衡全面发展态势。

（四）区域经济协同发展阶段（2011 年以后）

新常态背景下，我国的经济增长速度自 2011 年开始放缓，这反映出我国的区域协调发展战略在实施中存在一定的问题。区域间长期有效的协调机制的缺失阻碍了区域之间的经济联系，造成地区之间的恶性竞争、重复建设、产业同质等一系列问题；部分区域的发展动力不足，特别是东北地区的经济增长速度逐年下降，某些年份甚至出现负增长的现象；各地区在长期经济发展中形成了不同的发展基础，经济增长方式面临着不同阶段的转型问题。为从内到外找到促进经济进一步发展的突破口，自 2012 年党的十八大以来，以习近平为核心的党中央提出了提质增效兼顾公平的协同发展战略。区域协同发展是以创新、协调、绿色、开放、共享五大发展理念为指导，以供给侧结构性改革为主导，以合作共赢为核心，以城乡协同发展为目标，发挥各类型区域特色功能的区域经济发展战略。2014 年的中央经济工作会议明确提出"要重点实施'一带一路'建设，京津冀协同发展和长江经济带三大战略"，促进各个地区协调、协同和共同发展。三大战略在 2015 年政府工作报告中正式确定为我国经济发展的三个支撑带，标志着我国形成了"四大板块+三大战略"的总体区域发展格局。2016 年发布的《国民经济和社会发展第十三个五年规划纲要（2016—2020 年）》特别提出，要通过实施西部大开发、中部崛起、东北振兴和东部率先发展的区域经济总体发展战略，通过区域发展政策的创新，区域发展机制的完善，区域协同发展的促进，不断减小区域间的经济发展差距。与此同时，要将区域发展总体战略为基础，通过三个支撑带的建设和发展，打造以沿海、沿江、沿线经济带为主体的经济轴带，进一步塑造具有自由流动的要素、有效的主体功能约束、均等的基本公共服务以及可承载资源环境条件的区域协同发展新格局。2018 年起中央政府先后确定了长江三角洲一体化、粤港澳大湾区和成渝地区双城经济圈三大国家重大经济发展战略，与"一带一路"、京津冀协同发展和长江经济带并列为我国区域发展战略中的六大支撑带。2011 年以来，我国逐步建立起了"四大板块+六大支撑带+陆海统筹"的区域协同发展总体框架，从扩大内需和对外开放两个维度构建了区域发展总体战略，形成东西联动、全面开放、区域协同、陆海统筹的新型区域发展总体战略格局。

第三节　产业结构及总体特征

一、产业结构的演进历程

中国的产业结构不断调整中，以农为主的产业结构得到了根本性调整，产业竞争力不断增强。根据不同时期的经济发展背景的不同和产业结构特点的差异，中国产业结构的演进过程可分为四个阶段，第一阶段为 1952～1978 年，是计划经济下的产业结构演化时期；第二阶段为 1979～1992 年，是经济体制改革初期对于产业结构的补足性调整时期；第三阶段为 1993～2004 年，社会主义市场经济体制下的产业结构演化时期；第四阶段为 2005～2012 年，在实施可持续发展前提下的产业结构不断优化升级，向高效、节约、生态型转变的时期；第五阶段为 2013 年以来，以新发展理念为指导，以建设现代化经济体系为目标，以服务引领、制造支撑为主基调的产业结构升级时期。

（一）第一阶段：1952～1978 年

新中国成立初期，我国农业基础薄弱、工业素质不高、服务业发展滞后。农业生产力水平低下，生产方式非常落后，抗御自然灾害能力弱；工业基础薄弱、技术落后、门类不全，工业结构极为简单，工业整体水平基本上处于手工作业状况，生产水平极为低下；交通运输网络近乎瘫痪，邮政通信网点稀少，市场商品严重匮乏，金融、家政、旅游等服务行业近乎空白。在整个产业构成中，农业居主导地位。1952 年，第一产业增加值占国内生产总值的比重达 50.5%，第二产业增加值占 20.9%，第三产业增加值占 28.6%；第一产业劳动力所占比重为 83.5%，第二产业劳动力所占比重为 7.4%，第三产业劳动力所占比重为 9.1%。我国经济结构基本上处于以农业为主的阶段。

在当时的国际国内特殊的政治经济环境下，实行高度中央集权和计划经济体制，强调粮食生产和重型工业的发展，农业生产规模不断扩大，重工业有了长足的发展。至 1978 年第一、二、三产业产值占 GDP 的比重分别为 28.1%、48.2%和 23.7%，呈现"二—一—三"的产值结构，工业基础薄弱的形势得到了根本性的改变；第一、二、三产业劳动力占全社会劳动力的比重分别为 70.5%、13.7%和 12.2%，表现为"一—二—三"的劳动力产值结构。这一时期产业结构变化的特点是：第一产业所占国内生产总值的比重稳步下降，其中农业生产结构的特点是农业以种植业为主，种植业以粮食生产为主；第二产业增长强劲，占国内生产总值的比重迅猛上升，其中工业内部结构表现为重工业化发展较快，轻工业发展不足；第三产业萎缩，产值比重下降（表 11-3、表 11-4）。

这一时期产业发展的政策在一定程度上增强了中国的经济实力。中国在能源、冶金、机械制造等传统产业以及航空、航天、电子、原子能利用等新兴产业方面填补了一系列空缺，成长起大批的科学技术专家和技术工人，为工业化奠定了初步基础。随着经济的恢复，服务业也得到了一定程度的发展，但总体发展缓慢。在农业方面，粮食产量的提高在

表 11-3　1952～1978 年三次产业产值与劳动力比重的变化　　　　（单位：%）

年份	三次产业产值占国内生产总值的比重			三次产业劳动力占全部劳动力的比重		
	第一产业	第二产业	第三产业	第一产业	第二产业	第三产业
1952	50.5	20.9	28.6	83.5	7.4	9.1
1957	40.3	29.7	31.1	81.2	9.0	9.8
1962	39.4	31.3	29.3	82.1	7.9	9.9
1965	37.9	35.1	27.0	81.6	8.4	10.0
1970	35.2	40.5	24.3	80.8	10.2	9.0
1975	32.4	45.7	21.9	77.2	13.5	9.3
1978	28.1	48.2	23.7	70.5	13.7	12.2

资料来源：据历年中国统计年鉴数据整理。

表 11-4　1949～1978 年轻重工业产值结构比重变化　　　　（单位：%）

项目	年份							
	1949	1952	1957	1962	1965	1970	1975	1978
轻工业	73.6	64.5	55	47.2	51.6	46.1	44.1	43.1
重工业	26.4	35.5	45	52.8	48.4	53.9	55.9	56.9

资料来源：据历年中国统计年鉴数据整理。

一定程度上缓解了人口增长对粮食需求的短缺，1949 年我国粮食产量只有 11318 万 t，人均 209kg；1978 年粮食总产量增长到 30477 万 t，人均产量增加到 319kg。在服务业中，批发和零售业、交通运输、仓储和邮政业等传统服务业占据主要地位，金融保险、房地产、社会服务等"非物质生产领域"的活动发展受限。1978 年，批发和零售业占第三产业的比重为 27.8%，交通运输仓储和邮政业占第三产业的比重为 20.9%，金融业和房地产业所占比重分别仅为 5.8% 和 7.3%。

但同时也导致一系列社会经济问题的产生。①由于轻重工业比例失调，重工业快速发展投资需求多造成积累与消费比例失调，轻工业过轻，消费品市场短缺，加之按计划分配制度遏制了商业、服务业市场活力，城乡居民消费水平得不到有效地提高。②严格的户籍制度限制了劳动力的合理流动，农村存在大量的剩余劳动力，平均分配制度不能有效地发挥劳动力的效率，造成劳动力资源浪费的严重现象。③农业内部结构也不合理，以粮食为主的种植业占绝对优势，粗放的经营使得农业长期处于低水平、低效率的生产方式中，农作物产量低下。④第三产业发展滞后，不仅导致了对社会生产和居民生活服务水平的落后，同时也丧失了附加值高产业，制约着产业结构的高级化和经济发展速度的提高。

（二）第二阶段：1978～1992 年

1978 年以后，农村实行联产承包制，极大地提高了农民的积极性，农产品产量快速提高，在保障粮食生产的基础上倡导农林牧副渔全面发展，农业结构优化调整使得农业生产效率和农民收入得到大幅度提高，农村剩余劳动力迅速向二、三产业转移。工业企业所有制改革使得原来单一的国有企业发展到国有企业、集体所有制企业、民营企业、合资企业和外资企业多种所有制并存，企业融资方式多样化，激发了企业的活力，尤其是轻工业部门发展相对较快。在社会主义商品经济环境下工农业产品市场的放开刺激消费品市场的快速发展，商业、服务业、金融、证券、旅游及交通服务等第三产业部门迅速增长。这一时期经济制度的变革使得市场对要素的优化配置刺激了区域经济快速增长，可以说是对于先前失调的产业结构的补足性调整阶段。

在这一时期，第一产业产值占 GDP 的比重由 1978 年的 28.1%下降到 1992 年的 21.8%，下降 6.3 个百分点，在 1978～1984 年有所上升，1985 年后迅速下降，从事第一产业劳动力占全社会劳动力比重由 1978 年的 70.5%下降到 1992 年的 58.5%，下降 12 个百分点。第二产业产值占 GDP 的比重由 1978 年的 48.2%减少到 1992 年的 43.5%，减少 4.7 个百分点，第二产业劳动力占全社会劳动力比重由 1978 年的 13.7%上升到 1992 年的 21.7%，上升 8 个百分点；其中工业内部结构中轻、重工业比例由 1978 年的 43.1：56.9 变为 1992 年的 47.2：52.8，轻工业上升 4.1 个百分点。第三产业产值和劳动力则分别由 1978 年的 23.7%和 12.2%上升到 1992 年的 34.3%和 24.8%，分别上升 10.6 个和 12.6 个百分点。无论是从产值上还是劳动力人数上看，三次产业结构和工农业内部的结构逐渐趋于合理，不同地区的经济获得普遍发展（表 11-5、表 11-6）。

表 11-5　1978～1992 年三次产业产值与劳动力比重的变化　　　　　（单位：%）

年份	三次产业产值占国内生产总值的比重			三次产业劳动力占全部劳动力的比重		
	第一产业	第二产业	第三产业	第一产业	第二产业	第三产业
1978	28.1	48.2	23.7	70.5	13.7	12.2
1979	31.2	47.4	21.4	69.8	17.6	12.6
1981	31.8	46.4	21.8	68.8	18.3	13.6
1983	33.0	44.6	22.4	67.1	18.7	14.2
1985	28.4	43.1	28.5	62.4	20.8	16.8
1987	26.8	43.9	29.3	60.0	22.2	17.8
1989	25.0	43.0	32.0	60.0	21.7	18.3
1991	24.5	41.8	33.7	59.7	21.4	18.9
1992	21.8	43.5	34.3	58.5	21.7	24.8

资料来源：据历年中国统计年鉴数据整理。

表 11-6　1978～1992 年轻重工业产值结构比重变化　　　　　（单位：%）

项目	年份					
	1978	1980	1982	1985	1990	1992
轻工业	43.1	47.2	50.2	47.1	49.4	47.2
重工业	56.9	52.8	49.8	52.9	50.6	52.8

资料来源：据历年中国统计年鉴数据整理。

产业结构的补足性调整对中国区域经济发展的影响。一方面，城乡经济在结构调整中获得普遍发展，生产要素的市场配置提高了要素生产力。特色农产品生产、消费品工业部门和众多的第三产业部门等具有投资少、见效快、提供就业岗位多的产业部门快速发展，不仅有利于提高城乡居民收入，丰富消费品和服务市场，而且促进了各地区的工业化和城市化发展。另一方面，由于片面追求地方经济效果，区域之间产业结构、产品结构同质化，导致地方保护明显；对于东部沿海区位优势的区域优先发展、重点投资，在一定程度上限制了中西部地区的投资能力，造成中西部地区资本、劳动力、优势产业、技术、信息等生产要素市场的流失，发展环境恶化，东部地区和中西部地区的经济发展差距呈现迅速扩大的趋势。

（三）第三阶段：1993～2004 年

随着中国的市场经济趋于成熟，东部沿海对外开放政策的成果大大增强了中国的国力。1992 年邓小平"南巡"以后，中国政府在进一步巩固沿海地区对外开放成果的基础上，逐步加快了中西部地区对外开放的步伐，相继开放了一批沿边城市、长江沿岸城市和内陆城市，设立了三峡经济开放区。由此形成了沿海、沿江和内陆省会（首府）城市相结合的，多层次、多渠道、全方位的对外开放格局。外向型经济由沿海向内地的延伸发展，大中型国有企业的重组与改造，进一步推动了中国产业结构的调整。

在这一时期，第一产业产值占 GDP 的比重由 1993 年的 19.7%下降到 2004 年的 13.4%，下降 6.3 个百分点，从事第一产业劳动力占全社会劳动力比重由 1993 年的 56.4%下降到 2004 年的 46.9%，下降 9.5 个百分点。第二产业产值占 GDP 的比重由 1993 年的 46.6%提高到 2004 年的 46.2%，第二产业劳动力占全社会劳动力比重由 1993 年的 22.4%上升到 2004 年的 22.5%，上升 0.1 个百分点；其中工业内部结构中轻、重工业比例由 1993 年的 47.2：52.8 变为 2004 年的 33.5：66.5，重工业比重上升 13.7 个百分点。第三产业产值和劳动力则分别由 1993 年的 34.3%和 24.8%上升到 2004 年的 40.4%和 30.6%，分别上升 6.9 个百分点和 5.8 个百分点。总体上表现为：农业产值比重持续下降；第二产业比重持续上升，重工业化和深加工化趋势明显，能源、交通和通信等基础设施迅速发展，电力、钢铁、机械设备、汽车、造船、化工、电子和建材等工业成为国民经济成长的主要动力；第三产业比重进一步有所提高，旅游、金融、证券、咨询、电子商务、物流和房地产等产业有了较大的发展（表11-7、表 11-8）。

表 11-7　1993～2004 年三次产业产值与劳动力比重的变化　　　　　　（单位：%）

年份	三次产业产值占国内生产总值的比重			三次产业劳动力占全部劳动力的比重		
	第一产业	第二产业	第三产业	第一产业	第二产业	第三产业
1993	19.7	46.6	33.7	56.4	22.4	21.2
1994	19.9	46.6	33.6	54.3	22.7	23
1995	20.0	47.2	32.9	52.2	23	24.8
1996	19.7	47.5	32.8	50.5	23.5	26
1997	18.3	47.5	34.2	49.9	23.7	26.4
1998	17.6	46.2	36.2	49.8	23.5	26.7
1999	16.5	45.8	37.8	50.1	23	26.9
2000	15.1	45.9	39.0	50	22.5	27.5
2001	14.4	45.2	40.5	50	22.3	27.7
2002	13.7	44.8	41.5	50	21.4	28.6
2003	12.8	46.0	41.2	49.1	21.6	29.3
2004	13.4	46.2	40.4	46.9	22.5	30.6

资料来源：据历年中国统计年鉴数据整理。

表 11-8　1993~2004 年轻重工业产值结构比重变化　　　　（单位：%）

项目	年份						
	1993	1994	1996	1998	2000	2001	2004
轻工业	47.2	47.1	43	42.9	40.1	39.5	33.5
重工业	52.8	52.9	57	57.1	59.9	60.5	66.5

资料来源：据历年中国统计年鉴数据整理。

外向型经济的快速发展，刺激沿海对外加工企业的快速发展，中西部地区由于对外市场开放相对落后，区域差距、城乡差距进一步扩大。至 2005 年中国西部所有省（区、市）城镇居民收入均低于全国平均水平，增幅超过全国平均水平（11.4%）的只有内蒙古、宁夏两地，有一半地区的城镇居民收入增长不足 10%。外向型经济又暴露了其明显的弱点，受国际政治经济环境的影响，作为一个国家来说高度的外向型经济体系存在巨大的风险。例如，1997 年东南亚金融风暴给以发展外向型经济为主的东部沿海地区的经济发展造成严重影响。一个国家稳定的经济系统必须建立在其自身相对独立的产业结构体系和自主创新能力之上，才能具有强大的生命力。此外，城市和工业的快速发展过程中，把经济建设为中心片面理解为经济至上的思想，导致地方政府追求经济指标，忽视了生态环境保护和居民生活质量的提高的现象广泛存在；农业和农村经济发展明显滞后，青壮年农村劳动力转移后，农业后备劳动力显得不足。

（四）第四阶段：2005~2012 年

在中国区域协调发展战略实施过程中，中西部地区和东北老工业基地产业经济快速发展，东部沿海劳动密集型产业逐步向内地转移，资源型城市产业转型逐步展开。这一时期产业演化的主要特点是，集群式产业区逐渐形成，产业链延长，区域产业配套体系逐步完善，以大型、特大型城市为中心的城市群、城市带为区域产业优势的提升开拓了巨大的空间；城市第二、三产业快速发展，农村剩余劳动力转移的路径逐步由跨区域单向移动转变为区内区外全方位的劳动力转移；交通基础设施建设的快速发展，进一步强化了区域产业联系，促进了区域产业分工；产业结构演化的驱动力逐渐由以投资、劳动力为主转变为科技创新驱动为主（表 11-9）。

表 11-9　2005~2012 年三次产业产值与劳动力比重的变化　　　　（单位：%）

年份	三次产业产值占国内生产总值的比重			三次产业劳动力占全部劳动力的比重		
	第一产业	第二产业	第三产业	第一产业	第二产业	第三产业
2005	12.2	47.7	40.1	44.8	23.8	31.4
2006	11.3	48.7	40.0	42.6	25.2	32.2
2007	11.1	48.5	40.4	40.8	26.8	32.4
2008	11.3	48.6	40.1	39.6	27.2	33.2
2009	10.3	46.2	43.4	38.1	27.8	34.1
2010	10.1	46.7	43.2	36.7	28.7	34.6
2011	10.0	46.6	43.4	34.8	29.5	35.7
2012	10.1	45.3	44.6	33.6	30.3	36.1

在这一时期，第一产业产值占 GDP 的比重由 2005 年的 12.2%下降到 2012 年的 10.1%，下降 2.1 个百分点，从事第一产业劳动力占全社会劳动力比重由 2005 年的 44.8%下降到 2012 年的 33.6%，下降 11.2 个百分点；第二产业产值占 GDP 的比重由 2005 年的 47.7%下降到 2012 年的 45.3%，下降 2.4 个百分点，第二产业劳动力占全社会劳动力比重由 2005 年的 23.8%上升到 2012 年的 30.3%，上升 6.5 个百分点；第三产业产值占 GDP 的比重由 2005 年的 40.1%上升到 2012 年的 44.6%，上升 4.5 个百分点，第三产业劳动力占全社会劳动力比重由 2005 年的 31.4%上升到 2012 年的 36.1%，上升 4.7 个百分点。总体上表现为：第三产业全方位发展，金融、商务、房地产等第三产业快速增长；区域工业化水平不断提高，现代工业体系逐渐形成，沿海地区相继步入后工业化阶段，中西部地区逐渐由工业化中期向后期过渡；以追求节约、环保、安全的发展方式为目标，产业结构将向高效、节约、生态型转变，高新技术、创新性强、环保节能型的产业部门得到迅速发展。

同时在产业结构演变中还存在不少问题。例如，农业基础仍然薄弱，农民收入增长缓慢，农村、农业现代化程度低；部分行业出现产能过剩，市场有效需求不足，积累与消费的矛盾表现突出；区域间产业同质化现象仍然存在；资源紧缺与环境污染、生态破坏问题越来越严重。因而在新阶段的产业结构调整中，政府优先考虑稳定农业，缩小城乡差距，同时在区域主导产业定位上制定全国性空间规划，限制和控制不利于资源环境保护的产业发展。从 2004 年以后，国家实行种粮补贴、农资、农机补贴、农村教育与合作医疗补贴、农业与农村劳动力转移培训补贴等一系列惠农政策，使农民农业生产的积极性提高，农村居民收入逐渐增长。2005 年 12 月 7 日国务院颁布《关于发布实施促进产业结构调整暂行规定的决定》，发布产业结构调整指导目录，其目的是进一步完善促进产业结构调整的政策体系，建立健全产业结构调整工作的组织协调和监督检查机制，切实推进产业结构调整和优化升级。产业结构调整指导目录涉及农业、水利、煤炭、电力、交通、信息产业、钢铁、有色金属、石油化工、建材、机械、轻纺、服务业、环境和生态保护、资源节约及综合利用等 20 多个行业，其中鼓励类 539 条，限制类 190 条，淘汰类 399 条。"十一五"以来，政府出台了行业准入、落后产能淘汰和产业鼓励培育三大类相关政策推动产业结构优化升级。国家针对落后产能产业出台了一系列淘汰政策，关闭严重浪费资源、污染环境、安全隐患突出及布局不合理的小企业。2006 年以来，国家发展和改革委员会、工业和信息化部先后发布了焦化、电石、铁合金等 15 个行业的准入条件，限制没有达到准入条件的企业进入，要求现有企业必须按照准入条件进行改造升级。

（五）第五阶段：2013 年以来

2013 年前后，我国经济进入新常态，产业发展条件和环境发生了深刻变化。根据新形势、新变化，中央提出了创新、协调、绿色、开放、共享新发展理念，以供给侧结构性改革为主线，加快推动新旧动能转换，着力构建现代化经济体系，促进经济高质量发展。在新发展理念的指导和供给侧结构性改革的推动下，我国产业结构不断升级，第三产业的变化最为显著，2013~2018 年稳步快速发展（表 11-10）。第三产业的产值占 GDP 的比重在 2013 年首次超过第二产业，达到 46.1%，超过第二产业 2.2 个百分点。在这一时期，第三产业产值占 GDP 的比重由 2013 年的 46.1%上升到 2018 年的 52.2%，上升 6.1 个百分点，从事第三产业劳动力占全社会劳动力比重由 2013 年的 38.5%上升到 2018 年的 46.3%，上升 7.8 个百分点。我国产业结构总体上呈现出第一产业持续下降，第二产业比重缓慢下降，第三产业比重持续上升的发展趋势。

表 11-10　2013～2018 年三次产业产值与劳动力比重的变化

年份	三次产业产值占国内生产总值的比重			三次产业劳动力占全部劳动力的比重		
	第一产业	第二产业	第三产业	第一产业	第二产业	第三产业
2013	10.0	43.9	46.1	31.4	30.1	38.5
2014	8.7	43.3	48.0	29.5	29.9	40.6
2015	8.4	41.1	50.5	28.3	29.3	42.4
2016	8.1	40.1	51.8	27.7	28.8	43.5
2017	7.6	40.5	51.9	27.0	28.1	44.9
2018	7.2	40.7	52.2	26.1	27.6	46.3

二、产业结构变化的总体特征

（一）产业结构由以农业为主向第一、二、三产业协同发展的转变

中国产业结构在波动中不断调整，在不放松农业基础的同时，大力促进工业和服务业的快速发展。从重视调整农、轻、重比例关系，到大力促进第三产业发展，三次产业结构不断向优化升级的方向发展。1952～2018 年，第一产业增加值占国内生产总值的比重由 50.5%持续下降至 7.2%，下降了 43.3 个百分点；第二产业增加值占国内生产总值的比重由 20.9%逐步上升至 40.7%，上升了 19.8 个百分点；第三产业增加值占国内生产总值的比重由 28.6%升至 52.2%，上升了 23.6 个百分点。三次产业协同发展的基本格局已经初步形成（图 11-3）。

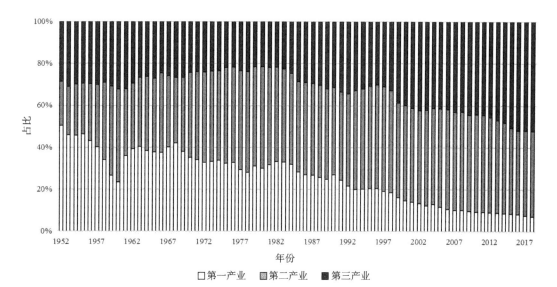

图 11-3　1952～2018 年我国三次产业增加值占国内生产总值的比重

资料来源：国家统计局，1999；2019

与此同时，就业结构也随之发生了重大变化。新中国成立初期确立的"重点发展重工业"的战略、"农产品统购统销"政策、城乡人口隔离的户籍制度，既造成了大量就业人口束缚于农业和农村，也造成了阻碍劳动者在企业、行业、产业和区域之间转移的藩篱。改

革开放以后，乡镇工业快速发展、劳动力市场逐步建立和完善、用工制度和工资制度改革、加上政府推出的各式各样的扶持和扩大就业的工程，促进了就业结构的大调整。80%以上人口从事农业的局面有了很大改观，相当比例的人口转而从事工业和服务业。1952～2018年，第一产业就业人数占总就业人数的比重由83.5%下降至26.1%，下降了57.4个百分点；第二产业就业人口所占比重由7.4%升至27.6%，上升了20.2个百分点；第三产业就业人口所占比重由9.1%升至为46.3%，上升了37.2个百分点（图11-4）。

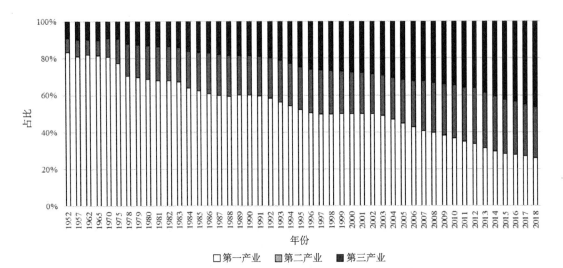

图11-4　1952～2018年我国三次产业就业比重

资料来源：国家统计局，1999；2019

（二）农业结构由以粮为纲的单一结构向农林牧渔业全面发展转变

新中国成立初，中国农业生产力水平低下，生产方式非常落后，并表现为对种植业特别是粮食生产过度畸重的单一结构，农业内部比例极度不协调。在计划经济体制下，由于人口快速增长造成的巨大压力，强调"以粮为纲"的政策，我国农业生产结构基本上仍停留在"农业以种植业为主，种植业以粮食生产为主"的单一结构阶段，农业生产整体技术水平较低。改革开放以后，农村实行了联产承包责任制、农产品流通体制等多方面改革，同时实施了一系列鼓励发展多种经营、促进农业产业化的政策措施，促进了从分散经营的小生产向生产的专业化、布局的区域化和经营一体化等为主要特征的产业化经营转变。以杂交水稻技术为主的农业生产技术逐步得到普遍推广，城乡人民生活水平的持续提高带来了市场需求的巨大吸引力，农业生产不仅解决了长期以来粮食供给短缺的状况，而且促进了农业生产结构从单一的解决粮食短缺问题开始向提高食物结构和品质转变。

中国已经基本改变了过去"农业—种植业—粮食"的高度单一和效率低下的结构模式，向优质、高效、全面发展的新型农业结构模式转变。农业生产内部结构调整优化，具体表现为：种植业在大农业中所占比重明显下降，林、牧、渔业比重显著提高；种植业、林业、畜禽水产养殖业内部结构优化明显；农产品品质结构大为改善。农、林、牧、渔业比重由1952年的85.9∶1.6∶11.2∶1.3转变为2018年的54.1∶4.8∶25.3∶10.7，种植业比重下降了 31.8 个百分点，林、牧、渔业分别提高了 3.2 个百分点、14.1 个百分点和 9.4 个百分点。粮食、经济作物和其他作物种植面积比由 1952 年的 89.2∶9.0∶1.8 转变为 2008 年的 70.6∶26.4∶3.0，经济作物种植比重明显提高；畜产品构成中，猪肉占肉类总产量的比重由 1952 年的 94.2%下降到 2018 年的 62.7%；牛羊肉则由 1979 年的 5.74%上升到 13.0%；禽肉等也由 1985 年的 5.80%上升到了 24.4%；禽蛋、牛奶等的产量快速增长，在畜产品中的比重也大幅度上升。农产品品质结构从单纯追求数量的增加，逐步向优质高效方向发展，主要农产品良种覆盖率和优质化水平进一步提高。据农业部初步统计，2011 年我国水稻、小麦、玉米优质率分别为 81.0%、74.3%和 64.6%，比 2001 年分别提高了 45.9 个百分点、25.8 个百分点、38.5 个百分点。2018 年主要农作物良种覆盖率稳定在 96%以上。农业生产更加注重生态产品的开发，全国安全农产品已初步形成了无公害农产品、绿色食品和有机食品"三位一体、整体推进"的发展格局。在渔业方面，精养以及高附加值海淡水产品养殖得到大力发展。

此外，农业生产区域布局也在不断优化，主要农产品生产向优势产区集中。目前全国已经形成东北的大豆、玉米带，黄淮海地区花生、小麦带，长江流域油菜带、新疆棉花产业带。2018 年棉花、小麦、大豆、油菜籽、玉米产量排名前 5 位的省（区）占全国产量的比重达 95.1%、79.3%、63.9%、65.7%、56.2%，分别比 1981 年提高 37.2 个百分点、23.4 个百分点、5.5 个百分点、5.7 个百分点和 7.4 个百分点。

（三）工业结构从简单到齐全，工业结构不断优化升级

新中国成立以来，中国工业结构不断调整，尤其是改革开放后，中国制定和实施了一系列重大产业政策和专项规划，对工业经济内部结构进行了多次重大调整，逐步建成了比较完备的工业体系。从"轻纺工业优先"、促进消费品工业的快速发展，到"优先发展基础工业和高技术产业"，再到"走新型工业化道路"，整体工业由小变大，由弱变强，"中国制造"的国际竞争力和影响力显著提高，工业结构基本实现了从结构简单到门类齐全，从以轻工业为主、重工业为辅到轻、重工业基本协调转变，从劳动密集型工业主导，逐步向劳动、资本和技术密集型工业共同发展的转变。钢铁、有色金属、电力、煤炭、石油加工、化工、机械、建材、轻纺、食品、医药等工业部门逐步发展壮大，一些新兴的工业部门如航空航天工业、汽车工业、电子工业等也从无到有，迅速发展起来。目前中国已拥有 39 个工业大类、191 个中类、525 个小类，囊括了联合国产业分类中所列的全部工业门类。

工业结构不断优化升级，具体表现在：轻、重工业关系逐步趋于协调，从劳动密集型为主向劳动、资本和技术密集型共同发展转变。1952 年轻、重工业的比重分别为 64.5%、35.5%，1978 年变为 43.1%和 56.9%，轻、重工业比例严重失衡；改革开放以后，随着国家对积累与消费、生产与生活等各方面关系的调整，轻工业发展步伐加快，工业结构严重重型化的倾向得以扭转，到 1995 年，轻、重工业比例调整到 47.3∶52.7，2016 年轻、重工业比重分别为 31.3%和 68.7%。随着工业化进程的加快，特别是工业内部结构向更高层次的演进，以机械电子工业、石油化学工业、汽车制造业、航空航天工业及建筑业为主体的重化工业的加快发展，我国的产业结构得到进一步优化，消费品加工主导型结构开始逐步向重化工业主导型结构转变。改革开放以来，国家进一步加强对技术引进、技术创新和高新科技成果产业化方向的宏观引导，深化科技体制改革，有力地促进了高新技术产业的发展。1995～2018 年，全国高技术产业增加值占规模以上工业增加值的比重由 7.0%上升至

13.9%，部分工业产品生产技术和质量已达到国际先进水平，一些高技术产品在国际上居领先地位，装备技术水平和国产化率稳步提升。

（四）服务业结构由传统服务业为主到传统与现代服务业协同发展转变

随着经济的逐步恢复，服务业得到了一定程度的发展，但批发和零售业、交通运输、仓储和邮政业等传统服务业依然占据主要地位，金融保险、房地产、社会服务等非物质生产领域的服务发展有限。改革开放以来，随着经济体制改革的逐步推进，大量服务职能开始从政府、企业和事业机构内部逐步分离出来，扩展了社会服务需求；同时，随着经济的发展和人民消费水平的提高，人们对服务业的需求不断向多样化方向发展，各种适应市场经济发展需要的现代服务业应运而生，并得到快速发展。2018年，租赁和商务服务业、信息传输软件和信息技术服务业增加值占第三产业增加值比重分别升至5.2%和6.9%；全国实物商品网上零售额达70198亿元，比2015年增长1.2倍，占社会消费品零售总额的比重提升至18.4%；销售方式的变化带动快递业务迅猛发展，2018年完成快递业务量507亿件，比2015年增长1.5倍。

参 考 文 献

范剑勇，颜燕，王加胜．2001．改革以来就业结构变动及其对经济增长的贡献．宏观经济研究，（9）：43-47.

广东省统计局．2020．广东统计年鉴2020．北京：中国统计出版社.

国家统计局．1980．中国统计年鉴1980．北京：中国统计出版社.

国家统计局．1999．中国统计年鉴1999．北京：中国统计出版社.

国家统计局．2001．中国统计年鉴2001．北京：中国统计出版社.

国家统计局．2009．中国统计年鉴2009．北京：中国统计出版社.

国家统计局．2019．中国统计年鉴2019．北京：中国统计出版社.

国家统计局．2020．中国统计年鉴2020．北京：中国统计出版社.

何德章，赵德馨．2002．中国经济通史（第三卷）．长沙：湖南人民出版社.

李京文．2007．中国区域经济发展的回顾与展望．前沿科学，（4）：62-72.

李修松．2007．先秦时期淮河流域历史文化的主要特征．安徽广播电视大学学报，（4）：107-110.

李增高．2005．先秦时期华北地区的农田水利与稻作．农业考古，（1）：218-222.

刘桂娥，向安强．2005．史前"南稻北粟"交错地带及其成因浅析．农业考古，（1）：115-122.

刘丽琴，贾小军．2006．先秦时期西北经济的开发．社科纵横，21（3）：16-18.

刘莉，陈星灿．2000．城：夏商时期对自然资源的控制问题．东南文化，（3）：45-61.

石兴邦．2000．下川文化的生态特点与粟作农业的起源．考古与文物，（4）：17-34.

孙久文，李恒森．2017．我国区域经济演进轨迹及其总体趋势．改革，（7）：18-29.

王星光，徐栩．2003．新石器时代粟稻混作区初探．中国农史，（3）：3-9.

王亚南．1998．中国经济原论．广州：广东经济出版社.

肖永劢．2017．协同发展:我国区域经济发展战略的新趋向.兰州大学硕士学位论文.

杨祖义．2006．20世纪90年代中国区域经济发展的历史考察与基本经验．当代中国史研究，13（3）：50-59.

尹佳怡.2017．我国区域经济协调发展研究．中国国际财经（中英文），（18）：17-18.

张光直．2002．商文明．沈阳：辽宁教育出版社.

郑学檬，杨际平，陈明光，等．2002．中国经济通史（第四卷）．长沙：湖南人民出版社.

中华人民共和国住房和城乡规划部．2018．2018年城乡建设统计年鉴．北京：中国统计出版社.

周自强．2007．中国经济通史（先秦经济卷上中下）．北京：中国社会科学出版社.

思 考 题

1. 在半封建半殖民地经济时期的旧中国经济发展有何特点？

2. 简述新中国成立以来中国经济发展与城镇化的总体特征。

3. 试分析新中国区域经济发展模式的演化过程及各阶段的特点。

4. 中国产业结构演进可分哪几个阶段？各阶段产业结构的变化对中国区域经济发展有何影响？

5. 简述新中国产业结构变化的总体特征。

第十二章　中国第一产业发展与布局

第一产业即农业，包括农林牧副渔（以下称农业），在我国具有重要的战略安全地位。中国具有发展农业的优越条件。2020 年中国内地人口已超过 14 亿，确保粮食生产安全关系到国家的稳定和发展。伴随国民经济快速发展，农村土地资源的高效利用、农业生产的集约化改革、大农业生产体系的构建、社会主义农村市场经济的建设、新型城镇化和城乡一体化等问题日益突显，要求必须在新的形势和背景下，根据国家自身状况，开拓具有中国特色的社会主义农业发展道路。

第一节　产业结构与布局

一、发展概述

（一）新中国成立前的发展概况

以中国为核心的东亚地区是世界农业三大起源中心之一。中国农业可推至 1 万年前，目前发现带有农业起源性质的遗址，包括如江西万年"仙人洞"的稻作农业、河北徐水南庄头的旱作农业等；原始农业水平较高的有黄河流域的陕西西安半坡遗址和长江流域的浙江余姚河姆渡遗址。经考古界和农学界的不懈努力，证实了水稻、茶、蚕桑的种植和养殖以及猪、牛、羊等牲畜的驯养都起源于中国。由此可见，中国农业作为世界农业的一部分，对于全球农业的发展作出了巨大贡献。历史上，中国农业在先秦时期发展较为缓慢，秦汉以后，随着铁质农具的制作、升级和逐渐普及，农作物品种不断增加，耕作地区也从黄河中下游地区逐步扩展到河西走廊、河湟谷地、河套平原，特别是向长江流域和珠江流域的扩大。之后一直到明清时期的 1000 多年时间里，只要遇到连年战乱或灾害，中原居民就会迁移到相对优越的地方谋求生存，同时将先进的生产技术和生产工具带到那里，使种植的农作物和驯养的牲畜种类不断增加，耕作方式也呈现多样化，长江流域、珠江流域和西北地区农业快速发展。明清时期，随着封建社会内部商品经济的发展，南方植棉、蚕桑、茶叶、甘蔗等生产日渐兴盛，农产品商品率有了较大提高，也出现了一些商品生产较为集中地产区。由于长江以南的地区农业发展条件比黄河中下游地区总体上较为优越和稳定，南方农业生产则相对在全国占有更重要的地位。同时，东北、西北和西南的大部分地区由于历史上统治者对少数民族的压迫或开发相对较晚，或由于某些不利的自然条件的影响，农业生产较为落后。

中国农业发展历史虽然较为悠久，并在漫长的封建社会时期占据了主导地位，但由于封建统治的闭塞和保守，发展极为缓慢，再加上鸦片战争后帝国主义的侵略，农业生产水平总体很低。特别是新中国成立前的几十年里，连年不断的自然灾害和战争，破坏了农业生产的正常开展，严重阻碍了农业生产技术的革新，农业生产水平更加落后。此时期的农业生产的发展和布局处于以自给自足为目的的粮食生产为主体和"小而全"的多样性栽培的阶段，呈现农产品商品率低、区域专业化不明显、生产方式单一、技术装备整体水平不高、农产品区际交换不发达、农业整体保障能力较为低下的显著特点。

（二）新中国成立后的发展政策与举措

新中国成立后，充分认识了农业在国民经济体系中的基础地位，优先进行社会主义土地改革，开展了全国范围的农业资源调查和农业区划，进行了大量的农业基本建设，促进了农业的快速发展。但这一时期国民经济总体发展执行"以农轻重为序"的政策，实行"以农补工"，农业单方面为工业提供积累。三年自然灾害不仅沉重打击了农业的发展，也撼动了中国国民经济稳定快速发展的大局，同时也是中国农业自新中国成立后的最低谷。改革开放以后，农业经济体制改革极大地调动了亿万农民生产的积极性，有力地推动了农业的快速发展，农、林、牧、渔各业持续增长，农业产业结构和布局显著改善。纵观改革开放后40多年来中国农业经济结构调整和发展策略的政策，大致可分为以下四个阶段。

第一阶段（1978～1988年）：打破计划经济体制下"以粮为纲"的农业结构，形成"决不放松粮食生产，积极发展多种经营"的农业内部粮、经协调发展的局面。农村实行联产承包责任制，在国家新的农业发展方针政策指引下，农民开始自发性而又带有对市场盲目性地进行农业结构调整。一批有文化、懂知识、善经营的农户开始从事规模化和专业化生产，全国种植、养殖、果业、林业和运输大户应运而生。生产责任制以及国家对农业休养生息的政策效应，对农业来说既是恢复性地生产，又是超常规的发展，粮食大增产，经济作物种植多样化，农业增产农民增收。

第二阶段（1988～1992年）：国民经济进入治理整顿阶段，国家改革重点转入城市，城市改革的负重转嫁农业、农民和农村，改革开放之初几年农业出现的超常规发展随即进入低迷，"三农"问题开始彰显。在这一背景下，全国大部分农业省市提出了以解决省内工业原料需求作增量和发展特色农业的战略性调整，主要扩大棉花、甘蔗、烤烟、油菜、蚕桑和蔬菜等种植面积，以刺激并努力维持农业的发展，因此工业原料作物获得了大发展，特别是特色农业在这个时期开始作为中国农业发展的一道风景线，得到长足发展。

第三阶段（1992～2000年）：邓小平同志南方谈话标志着中国经济进入新一轮的全国性宏观调整和快速发展时期，党的十四大确立了建立社会主义市场经济体制的农业发展构想。但由于农产品出现结构性过剩，卖方市场转入买方市场，农产品价格一路走低，农民收入下降，农民负担加重，"三农"问题越显突出。全国农业结构调整在构筑市场经济体制的进程中，以国内更大市场为导向，作适应性调整。呈现"整体稳定，局部变革"的特点。"整体稳定"就是在这一时期的结构调整没有出现大起大落，无论是农业专业大户还是分散经营农户对结构调整更加理性；"局部变革"体现在两种新兴产业组织萌生并发展起来，即以工商企业进入农业为代表的产业龙头和以农民专业合作社为代表的农村合作经济组织，传统农业结构正处于向现代农业结构裂变中。

第四阶段（进入21世纪以来）：中国进入全面建成小康社会、加快推进社会主义现代化的新阶段。在这个背景下，中国农业却面临着两大严峻考验：一是中国加入WTO，中国农产品国际市场开放，不仅国外农产品进入，国内农产品也经受生产标准化、品质优良化的市场挑战，国际市场国内化，国内市场国际化；二是"三农"问题更加严重。2002年粮食价格由北到南暴涨，至2003年全国粮食供求告急，粮食产量也跌至20世纪90年代以来的最低点。在这样的不利形势下，党的十六大将"三农"问题作为国家工作的重中之重，研究认为，中国进入了"以工哺农，以城带乡"的新阶段，应不断推进城乡统筹发展，建设社会主义新农村。随后，围绕改善农业生产基础条件、农民生活质量条件和农村居住环境生存条件，先后出台并落实了免征农业税、发放种粮补贴、农机购置补贴等一整套完善的扶农和惠农的政策体系。2007 年，中国进入农业创新体系建设时期，建立了 50 个产业的创新体系，并显著加大了农业科研投入，政府也不断增加支持农业科技进步的资金保障，在政府投入中，对农业生产发挥最重要作用的是农业基础设施建设和科技投入，这些投入提高了农业综合生产能力，农业科技运行机制得到改善。2017 年，中央又提出落实农地集体产权、农户承包权和经营权的"三权分置"以及第二轮土地承包到期后再延长 30 年的土地制度安排，这些政策将在促进农地流转和农业生产力提高方面产生积极影响。农业科技创新为中国农业增长起到极其重要的作用，但农业科技体制改革是一项未尽的改革事业，目前的农业科研和技术推广体制和激励机制还未能充分发挥创新潜力。

二、产业结构调整与升级

(一)农业总产值稳步增长

中国一直坚持农业基础地位不动摇，对于农业基本建设都给予大力的资金支持，从国内各行各业的比较来看，农业的发展总体是比较平稳的。由表 12-1 可以看出，伴随中国农业生产条件的不断改善，科学技术在农业生产中得到推广和应用（表 12-2），虽然国家后备土地开发日趋捉襟见肘，耕地资源日渐成为稀缺资源，但农业各产业发展较为均衡，主要农产品总产量均呈稳步增长态势，尤其在标志居民生活水平高低的奶类产品和水产品产量呈现了较快的增长趋势；表 12-3 显示，农业总产值 2018 年为 66066.5 亿元，是 1978 年农业总产值的 49 倍多，自 1978 年改革开放以来，农业总产值增长率总体维持在 4%～5%之间，虽总体上低于国内生产总值增长率，但符合国家整体产业化进程的发展规律。

表 12-1 中国 2002～2018 年部分年份主要农产品产量 （单位：万 t）

年份	粮食	油料作物	棉花	糖料作物	烟叶	茶叶	水果	肉类产量	奶类产量	禽蛋	水产品产量
2002	45705.8	2897.2	491.6	10 292.7	244.7	74.5	6952.0	6586.5	1400.4	2462.7	4564.5
2004	46946.9	3065.9	632.4	9570.6	240.6	83.5	15 340.9	6608.7	2368.4	2370.6	4246.6
2006	49804.2	2640.3	753.3	10 460.0	245.6	102.8	17 102.0	7089.0	3302.5	2424.0	4583.6
2008	52870.9	2952.8	749.2	13 419.6	283.8	125.8	19 220.2	7278.7	3781.5	2702.2	4895.6
2010	53082.1	3154.3	637.7	12 276.6	306.6	135.9	20 395.5	7649.7	3732.6	2742.5	5116.4
2012	58958.0	3436.8	683.6	13 485.4	340.7	179.0	24 056.8	8387.2	3875.4	2861.2	5907.7
2013	60193.8	3517.0	629.9	13 746.1	337.4	192.4	25 093.0	8535.0	3649.5	2876.1	6172.0
2018	66384.44	3492.98	588.9	12169.06	215.34	277.72	27400.84	7758.78	3201.24	3308.98	6480.2

资料来源：《中国统计年鉴 2019》；中国国家统计局网站公布数据。

表 12-2　中国 1985～2017 年部分年份农业技术装备增长情况

项目	1985 年	1990 年	1995 年	2000 年	2005 年	2010 年	2013 年	2017 年
农业机械总动力 /万 kW	20912.5	28707.7	36118.1	52573.6	68397.8	92780.5	103906.8	100371.74
大中型拖拉机/台	852357	813521	671846	974547	1395981	3921723	5270200	4219893
小型拖拉机/万台	3824000	6981000	8646356	12643696	15268916	17857921	17522800	18182601
化肥施用量/万 t	1775.8	2590.3	3593.7	4146.4	4766.2	5561.7	5911.6	5653.42
农村用电量 /亿 kW·h	508.9	844.5	1655.7	2421.3	4375.7	6632.3	8884.45	9358.54
水库库容量 /亿 m³	4301	4660	4797	5184	5624	7162	8298	8953

资料来源：《中国统计年鉴 2018》；中国国家统计局网站公布数据。

表 12-3　中国 1978～2018 年部分年份农业总产值、三次产业中的比重及主要构成

年份	农业总产值/ 亿元	农业产值增长指数 （上年为 100）	三次产业中 的比重/ %	种植业 比重/ %	林业比重/ %	畜牧业比重/ %	渔业比重/ %
1978	1397.0	4.1	28.2	80.0	3.4	15.0	1.6
1980	1922.6	1.4	30.2	75.7	4.2	18.4	1.7
1985	3619.5	3.4	28.4	69.2	5.2	22.1	3.5
1990	7662.1	7.6	27.1	64.6	4.3	25.7	5.4
1995	20340.9	10.9	19.9	58.4	3.5	29.7	8.4
2000	24915.8	3.6	15.1	55.7	3.8	29.7	10.9
2005	39450.9	5.7	12.2	49.7	3.6	33.7	10.2
2010	69319.8	4.4	10.1	53.3	3.7	30.0	9.3
2013	96995.3	4.0	10.0	53.1	4.0	29.3	9.9
2018	66066.5	2.8	7.1	53.29	4.6	26.7	10.1

资料来源：《中国统计年鉴 2019》；中国国家统计局网站公布数据。

（二）农业内部结构不断优化

进入 20 世纪 90 年代以后，中国开始出台指导农业发展多种经营的方针政策，中国农业生产结构已得到较大幅度的合理调整。首先在三次产业结构上，第一产业所占比重逐步下降，由 1978 年的 28.2%下降到 2018 年的 7.1%，但年均增幅仍保持在 4%左右，这种产业结构变化符合产业演替的配第克拉克定理。其次在农业产业内部结构上，初步形成了粮食、经济作物、饲料"三元结构"的格局。1978～2018 年，粮食种植面积已由 119.3 万 km² 减到 116 万 km²，而非粮食作物种植面积则由 29.5 万 km² 增至 49.8 万 km²；畜牧业和渔业生产份额不断增大，增长速度远高于整个农业增长速度，1978～2018 年，畜牧业和渔业的比重增长为原来 1.78 倍和 6.3 倍。农产品改良方面，扩大优质专用农产品的比重，如目前我国优质水稻占水稻总种植面积的 60%，优质专用小麦占小麦种植总面积的比例超过 40%，优质玉米从无到有，已占到 35%，"双低"油菜更是占到 70%。乡镇企业快速发展，农村经济由以种植业为

主的单一经济格局,转变为农工商综合经济的新局面。因此,中国大农业结构已由单一的、以种植业占绝对优势的简单农业,发展为农、林、牧、渔具有发展的庞大的生产体系,正向以提高农业产出率、商品率以及优化区域布局为中心的现代农业转变。

(三)消费品结构变化显著

随着农村居民收入水平的提高,人均消费结构也发生了快速的变化(表12-4),2000~2018年,代表食品支出的恩格尔系数从49.1%下降至28.4%,同期居住支出和交通通信支出有较大幅度上涨,反映的是农村居民物质生活基本得到满足并稳步提升;此外,人均直接食用口粮比例逐步下降,由畜产品消费量增加而导致的间接粮食消费量快速上升,都标志着初级农产品已存在大量剩余,农产品商品率不断提高。另外,伴随着农业内部生产结构的变化,农业生产资料消费结构也发生了较大变化。据调查,当前农业生产对于农作物病虫鼠害防治的指导性服务需求越来越大,育种技术、栽培技术、优产技术和畜牧养殖技术日益受到农民的青睐,同时,从农药使用量和结构的变化也反映了农业产业结构的变化。据统计,近几年,高毒的有机磷类的农药需求量逐步下降,菊酯类和其他低毒类农业需求量不断上升,但农药施用总量呈回落趋势,农民更多地选择在种植期间给予除氮磷钾肥料外微量元素肥料的补充和菌类疾病的防治,绿色生产、无公害生产、低农药残留生产成为种植业新的发展趋势。再次,在农业机械购置和使用上,从表12-2中可以看出,从1980~2017年,在增长速度上,小型拖拉机远大于大中型拖拉机,除前者购置压力较小外,反映出当前农业生产趋向于更为自由的机械化生产方式,这样可以缩短劳作时间,结余更多时间从事非农生产活动。

表12-4　中国2000~2018年部分年份农村居民人均消费结构

年份	食品支出恩格尔系数	衣着支出	居住支出	生活用品服务	交通通信	文教娱乐	医疗保健	其他用品服务
2000	49.1	5.7	15.5	4.5	5.6	11.2	5.2	3.1
2002	46.2	5.7	16.3	4.3	7.0	11.5	5.7	3.1
2004	47.2	5.5	14.8	4.1	8.8	11.3	6.0	2.2
2006	43.0	5.9	16.6	4.5	10.2	10.8	6.8	2.2
2008	43.7	5.8	18.5	4.8	9.8	8.6	6.7	2.0
2010	41.1	6.0	19.1	5.3	10.5	8.4	7.4	2.2
2013	39.7	6.6	18.6	5.8	12.0	7.3	9.3	2.6
2018	28.4	6.5	23.3	6.2	13.5	11.2	8.5	2.4

资料来源:中国国家统计局网站公布数据。

(四)市场经济体制要素稳定发展

自加入WTO以来,中国相继实施了关于构建农村市场经济体制的相关指导文件,坚持统筹城乡发展,稳定、完善和强化各项支农政策,切实加强农业综合生产能力建设,继续调整农业和农村经济结构,进一步深化农村体制改革,使农村经济走上产业化、国际化道路。由表12-2可以看出,中国农业机械化、电气化水平逐步提升,农业生产效率不断提高。科学技术对农业的贡献率逐步提升,生命技术、信息科学、环境科学、材料科学和计算机技术逐步应用到农业生产领域，在技术层面逐步与国际水平接轨。中国规划了优势农产品生产基地，农业生产的区域化、规模化、专业化水平逐步提升。农业生产技术基层服务网点数量迅速增加，服务人员的学历层次、知识水平不断提高，生产技术基层服务网络体系建设初见成效。城乡一体化建设稳步推进，规划建设了一大批农产品流通市场，日益壮大的物流体系提供较为发达的运输条件，信息通信技术保障农业科技信息的迅速传递。因此，中国农业市场经济体制建立的要素条件已初步具备，科学规划能够促使我国农业向更高水平发展。

三、产业布局规划与优化

（一）农业区划的研究与开展

新中国成立后，中国政府组织了三次综合性的农业区划。第一次是 1953~1963 年，农业部组织有关部门，包括中国科学院和部分省市农业科研单位，跨农学、林学、地理、气象、水利、植物和经济等多个学科，开展了中国最为全面的首次全国性的农业区划工作，并制定了简明的国家农业区划方案；第二次是 1963~1966 年，党中央、国务院召开全国农业科学技术工作会议，在前期农业区划成果基础上进行农业生产实践，并在江苏、广东等省份开展省级农业区划试点工作，后来由于"文化大革命"研究工作被中断，但这一时期的工作为之后更为翔实的农业区划开展奠定了扎实的基础。第三次是 1978~1985 年，农业自然资源和农业区划研究被列为重点项目的第一项，国务院组织成立全国农业区划委员会，有力地推动了全国各省（区、市）的农业区划工作，形成了更为细化的农业区划：包括各级行政区和各类型区的农业区划、农业技术区划、农业自然条件和资源区划、农业生态工程区划。这次的农业资源调查和农业区划研究，规模之大，参加人数之多，成果之丰富，为世界各国同类工作所罕见。农业区划成果成为各级政府从事农业生产决策和制定农村经济发展战略最系统的基础成果。进入 20 世纪 80 年代后期，随着遥感和地理信息系统技术手段的应用，农业区划和布局研究进入信息时代，农业研究也具有更多的预测功能。

（二）农产品商品生产基地建设

中国根据国民经济发展的需要，依托前期农业区划研究成果，首先有计划地恢复和加强了原有合理的农业基地建设，逐步开辟建设了一大批全国性的农产品商品生产基地，如太湖平原、鄱阳湖平原、洞庭湖平原、江汉平原、成都平原、珠江三角洲平原、黑龙江松嫩平原、三江平原、吉林中部平原、河套平原、银川平原、河西走廊和黄淮海平原等商品粮基地；华北平原、江汉平原、江淮平原、汾河谷地、长江三角洲、新疆等地的棉花主产区；河南许昌、山东青州、安徽凤阳、云南曲靖、贵州贵定等烤烟商品生产基地；华南的热带亚热带作物基地；在大中城市和工矿基地，以蔬菜、肉、禽、蛋、奶、淡水水产品生产为主，建设了大批副食品生产基地。这样，一大批各种农产品基地的建设和发展，既促进了我国合乎规律的农业生产地域分工的进一步形成和发展，亦使农业生产总体布局渐趋合理化。

（三）特色农业开发与基地建设

从 20 世纪 80 年代末开始，中国主要农产品产量大幅度增长，农产品商品率提高，以粮食为代表的农作物开始出现过剩现象，各省（区、市）和各级政府抓住流通体制改革和市场开放的难得机遇，结合地区原有产品种植优势，大力发展"高又高"和特色农业，在因地制宜发挥资源优势的基础上，围绕市场需求发展了一大批以中小型和专业化生产为主的种养业生产基地。例如，海南岛反季节瓜菜生产基地，山东、河南和安徽的肉牛生产基地，沿海的海、淡水养殖基地，华北和西北地区的瓜果生产基地等特色农业基地。以国家级大宗农产品商品生产基地为主、各地区围绕市场需求开发的中小型专业化种养生产基地为辅，兼顾地方性自给需求的农业生产布局模式的形成和进一步完善，使中国农业生产布局更趋科学化和合理化。

（四）优势农产品区域布局规划

2003 年公布的《优势农产品区域布局规划》中，选择资源和生产条件较好、商品量大、市场前景广阔的加工专用小麦、专用玉米、高油大豆、棉花、"双低"油菜、"双高"甘蔗、苹果、牛羊肉、牛奶、水产品等 11 种优势农产品，从资源和市场这两个基点出发，在分析每一种农产品比较优势和薄弱环节的基础上，通过研究其目标市场及需求变化趋势，提出发展目标和优势区域，实施非均衡发展，形成合理的区域布局与专业分工，并按产业化思路进行建设。按比较优势和市场需求布局，规划了 35 个自然条件好、生产规模大、产业化基础强、区位优势明显的主产区，作为进一步开发的优势区域，提出了各自的主攻方向、发展目标和建设重点，并给予重点扶持，使其能尽快达到国际农产品竞争力要求，以应对加入世贸组织以后进口农产品对我国市场的冲击，并扩大出口规模。至 2007 年，水稻、小麦、玉米、大豆四种粮食品种 9 个优势区域对中国粮食增产的贡献率超过 80%，两大苹果优势区域鲜果出口占全国 70%以上。在此基础上，针对优势区域基础设施和社会化服务薄弱问题，2008 年发布新的《优势农产品区域布局规划》提出近期重点培育 16 个优势品种，并在全国规划 58 个优势区。目前，我国已形成一批优势农产品产业带，在大的地域范围内形成了因地制宜的优势产业带和复合产业带。

第二节　种植业发展与布局

一、粮食作物生产与商品粮基地建设

（一）中国粮食生产的基本状况

1. 粮食供需基本平衡

1949～2018 年粮食总产量从 11318 万 t 增加到 66384 万 t，增长了 486.5%；在人口增长 1.44 倍的情况下，人均粮食占有量由 209kg 增加到 442kg，增长了 111.5%；在总耕地面积占世界总面积的 7%，人均耕地面积仅有世界人均耕地 2/5 的情况下，超过了世界人均粮食占有量，并养活了世界近 20%的人口。自 1985 年，中国粮食总产量基本维持在 4 亿 t 左右，1996 年首次突破 5 亿 t，后虽有起伏，2007 年又达到这一生产水平，而耕地总面积从 1985 年的 20.2 亿亩持续减少至 2018 年的 18.51 亿亩，这其中还不包括种由种植结构调整带来的粮食种植面积的减少，取得如此大的成绩得益于中国不断加大粮食生产的科学研究和投入，粮食增产方式由单产与总产并重向以提高单产为主的转变。

由表 12-5 可以看出，1999～2017 年，我国主要农产品进口量总体上呈上升趋势。由于 2002～2003 年连续两年我国粮食生产量下滑，使得中国 2004～2005 年粮食出现大数量进口，近年来，我国谷物和大豆进口量较大，其余粮食进口变化不明显，而国外粮食价格一直低于我国粮食价格，这除了我国一直采取的相关控制政策外，也反映出我国粮食生产基本能够实现供需平衡。我国一部分地区出现的粮食短缺主要是由生产结构造成的，如中国生产的稻米籼米多，粳米少；东北高产玉米数量大，产量比例高，但口感差；小麦产量上，弱筋小麦比例大于优质强筋小麦。这些矛盾虽然可能造成粮食总产量的下降，但可以通过调整粮食种植结构来获得基本解决。

表 12-5　中国 1999～2017 年部分年份进口的主要农产品或相关产品数量

项目	1999	2001	2003	2005	2007	2009	2011	2013	2015	2017
谷物及谷物粉/万 t	339	344	208	627	155	315	545	1458	3270.44	2047
小麦/万 t	45	69	45	354	10	90.4	126	554	300.59	310
稻谷和大米/万 t		27	26	52	49	36	60	227	356	308
大豆/万 t		1394	2074	2659	3082	4255	5264	6338	8391	8804
食用植物油/万 t	208	165	541	621	838	816	657	810	676.5	629
食糖/万 t	42	120	78	139	119	106	292	455	484.59	280
天然橡胶/万 t	43	98	120	141	165	171	210	247	273.57	260
原木/万 m³	1014	1686	2546	2937	3709	2806	4233	4516	4456.9	5969
棉花(原棉)/万 t	5	6	87	257	246	153	336	415	147.49	157
羊毛及毛条/万 t	19	31	19	27	51	33	33	36	37	38

资料来源：中国统计局网站公布数据。

据 1997 年中国区域发展报告，人均粮食 400kg 可以作为余粮低限，320kg 作为缺粮高限。按上述标准，2018 年，中国大陆各省（区、市）中存在缺粮的有 3 个，基本平衡的省（区）3 个，存在余粮的有 25 个（表 12-6），大部分省（区、市）实现了自给自足。

表 12-6　2018 年中国各省（区、市）人均粮食占有量及富余情况

缺粮			基本平衡			有余粮		
省（区、市）	人均粮食产量/kg	缺口率/%	省（区、市）	人均粮食产量/kg	省（区、市）	人均粮食产量/kg	剩余率/%
北京	13.35	85.5	广东	108	四川	419	64.9
上海	39.53	64.1	福建	124.8	湖北	460	75.9
浙江	102.21	23.2	天津	143	江苏	460	73.5
					湖南	431	67.9
					甘肃	440	65.4
					河北	494	73.5
					山东	533	78
					江西	463	70.8
					辽宁	558	77.1

缺粮			基本平衡		有余粮		
省（区、市）	人均粮食产量/kg	缺口率/%	省（区、市）	人均粮食产量/kg	省（区、市）	人均粮食产量/kg	剩余率/%
					安徽	639	78.1
					宁夏	540	79.2
					河南	696	82.3
					新疆	609	74.4
					内蒙古	1440	89.3
					吉林	1437	90.7
					黑龙江	1994	93
					贵州	291	61.9
					海南	154	38.4
					青海	174	35.2
					云南	386	69.7
					重庆	345	60.6
					山西	366	62.3
					广西	269	52.4
					陕西	318	58.5
					西藏	299	30.1

资料来源：人均粮食产量来自国家统计局网站，人均粮食消费量来自《中国统计年鉴2019》=粮食缺口率=（人均消费量-人均产出量）/人均产出量，粮食剩余率=（人均产出量-人均消费量）/人均消费量

2. 粮食生产空间格局变化显著

据中国历年统计年鉴数据，1949年南方粮食产量所占比重高达60.1%，1984年为58.9%，1996年为51.7%，北方则由1949年的39.9%上升到1996年48.4%，上涨了8.5个百分点，2004年南北粮食所占比重分别是50.4%和50.6%，即从2004年起，北方粮食产量超过南方，到2009年北方地区（不包括苏北和安徽北部地区）粮食产量所占比重增长至52.5%，北方成为中国粮食主产区。1978~1984年，南方粮食产量仍占主导地位，但逐渐下降，而东北地区粮食生产的地位逐步提高；1984~1996年，全国粮食增产中心继续北移，黄淮海地区和东北地区成长为两个最大的粮食增产中心。从东中西三大地带来看，东部地区粮食产量比重先扬后抑，由1949年的37.9%升至1978年的41.1%，1996年又下降至37.5%，2004年下降到29.8%，之后继续下降，2009年为27.7%。中部地区粮食产量持续上升，由1949年的37.9%上升至2009年的46.2%，西部地区粮食产量新中国成立后由于生产条件的改善曾一度保持增长，但总体增长缓慢，2009年只占全国总产量的26.1%。总体而言，中国粮食生产地理重心由南向北、由东向中转移，伴随着交通运输条件的改善，粮食流通格局由"南粮北运"改变为"北粮南运"、"中粮西运"。

造成中国粮食产销地域变化的原因有：首先，南方作为原有粮食主产区，由于对外开放较早，市场经济发展迅速，农村劳动力大量向城镇第二、三产业转移，与此同时，伴随着城市进

程的加快，大量耕地被占用，而作为粮食生产后生力量的东北地区和黄淮海地区受上述影响较弱。其次，黄淮海和东北地区不断加大垦荒力度，加速科学技术价值向农业生产的转化，不断改进耕作制度和粮食作物种植结构，使稻米种植纬度不断北移，玉米、小麦增产幅度较大，商品率逐步提高。再次，相对南方而言，黄淮海和东北地区耕地较多，人力资源充裕，虽水资源缺乏，但随着水利建设的不断加强，不妨碍商品粮生产基地的建设。最后，西部地区因退耕还林还草而使粮食生产能力不断减少，加之退耕户细粮消费增加，使商品粮需求上升。

3. 粮食种植和生产结构变化较大

中国领土面积广阔，自然条件复杂多样，再加上各地社会经济条件具有较大差异，具有种植多种农作物、开发多种种植结构的有利条件，事实上，我国种植的粮食作物具有重点突出、品种多样的特点。新中国成立初，中国粮食作物大体上以稻谷、小麦、玉米、高粱和谷子为主，其次为薯类和大豆。1952 年，稻谷、小麦、玉米地播种面积分别占粮食总播种面积的22.9%、20.0%和10.1%，总产量占粮食总产量的41.7%、11.1%和10.3%。以后，随着农业生产条件的改善，为能迅速提高粮食总产改善人民生活质量，逐步调整粮食作物种植结构，稻谷、小麦、玉米的播种面积逐步增加，成为主要粮食作物，谷子、高粱、大豆等作物的种植面积减少明显，到 1980 年（表 12-7），稻谷、小麦和玉米地种植面积占粮食总播种面积的比重提升至28.9%、24.6%和 8.7%，其产量占总产量的比重分别为 43.6%、17.2%和 19.5%。从 1985 年起，稻谷的种植面积基本变化不大，但产量占总产量的比重不断下降，主要原因是小麦和玉米通过品种改良和农作条件的改善，增产幅度较大；另外，随着居民消费结构的变化，对主食口粮的消费趋于稳中有降，而对肉类食品需求急剧增长，导致饲料粮需求攀升，粮食消费由直接消费变为间接消费，尤其是玉米，由于其可以直接食用或加工成为畜禽饲料，播种面积和产量持续增长，到 2018 年，分别占粮食总播种面积和产量的比重上升至35.6%和39.3%。对于豆类和部分杂粮的需求也不断增加，以大豆为主体的豆类作物也有较大幅度增加。粮食种植和生产结构的调整和变化，充分说明中国粮食生产和市场需求的结合度大为提高。

表 12-7 中国 1980～2018 年部分年份粮食作物中主要农作物的产量和种植面积比重 （单位：%）

作物	1980 年		1990 年		1995 年		2000 年		2005 年		2010 年		2013 年		2018 年	
	产量	种植面积	产量	种植面积	产量	种植面积	产量	种植面积	产量	种植面积	产量	种植面积	产量	种植面积	产量	种植面积
谷物					89.2	81.1	87.7	78.6	88.4	78.5	90.8	81.8	91.8	83.8	92.4	
稻谷	44.5	29.5	42.4	29.1	39.7	27.9	40.7	27.6	37.3	27.7	35.8	27.2	33.8	27.1	31.6	25.6
小麦	22.6	26.8	22.0	27.1	21.9	26.2	21.6	24.6	20.1	21.9	21.1	22.1	20.2	21.5	20.1	20.4
玉米	16.8	16.3	21.7	18.9	24.0	20.7	22.9	21.3	28.8	25.3	32.4	29.6	36.3	32.4	39.3	35.6
豆类					3.8	10.2	4.3	11.7	4.5	12.4	3.5	10.3	2.7	8.2	3.2	
薯类	6.9	7.9	6.1	8.0	7.0	8.6	8.0	9.7	7.2	9.1	5.7	8.0	5.5	8.0	4.3	

资料来源：《中国统计年鉴 2019》。

4. 粮食安全问题日益突出

中国的粮食问题是目前国内外许多人士关注的焦点之一。一方面，如何以世界 7%的耕地养活世界约 1/5 而且仍日益增长的人口，保障经济社会发展的稳定局面；另一方面，在加入世贸组织后，由于世界各国国内采取不同的经济发展政策导致粮价存在较大差异，可能使各国之间的贸易关系更为复杂。最早提出中国粮食安全存在较大隐患的是美国世界观察研究所莱斯特·布朗，20 世纪 90 年代，布朗提出"谁将养活中国"的问题，他预测 1990～2030年中国的谷物总需求量达 4.79 亿～6.41 亿 t，而谷物产量将减至 2.72 亿 t，谷物缺口达 2.07亿～3.69 亿 t，中国粮食的巨大缺口将导致世界粮食激烈的竞争并使得粮价较大幅度的上涨。该问题提出后，中国很多学者展开了深入研究和激烈的辩论，中国科学院陈锡康、中国农业科学院黄季焜、中国农业科学院农业文献信息中心梅方权、中国人民大学非营利组织研究所康晓光等运用不同的方法预测了未来 20 年中国粮食的供需状况，虽然数据有所差异，但总体趋势是一致的，即在 2030 年前中国粮食年进口量不超过 5000 万 t，进口依存度在 10%左右。也就是说，随着中国人口数量的增长以及粮食消费结构的变化，确实存在粮食缺口。近年来，与粮食生产密切的由气候变化引发的自然灾害发生频率逐步上升，中国 2007 年局部地区洪涝灾害、2008 年南方雪灾、2009 年局部旱涝灾害并发、2009～2010 年西南干旱、2010～2011 年华北干旱，造成诸多粮食主产区的粮食产量下降。伴随城市化的推进，耕地面积日益逼近 18 亿亩的红线。以美国为代表的西方国家，通过高额粮食补贴降低粮食生产成本，大批价格歪曲的低价粮食涌入中国港口，它们试图通过粮食进口达到控制发展中国家进出口贸易的目的，粮食安全成为国家战略安全的一部分。种种迹象表明，中国存在着极大的粮食安全隐患，采取强有力的措施保障中国粮食安全已成为亟待解决的问题。

（二）主要粮食作物的生产与布局

1. 水稻

水稻是中国最主要的粮食作物之一，是稻谷生产的主体。水稻原产于热带，是喜温好湿的短日照作物。全年≥10℃积温达到 2200℃即可种植单季稻，超过 5300℃即可种植双季稻，超过 7300℃可以种植三季稻。中国有广阔的热带、亚热带和温带地区，东部和南部属于湿润和半湿润地带，由此，决定能否种植水稻的主要因素不是热量条件，而是水源条件。但受季风气候影响，夏季从南到北均有降水出现，因此中国东部的广大地区能够达到种植水稻的水热条件。除高寒地带和水源缺乏的干旱区外，南起海南岛的三亚市，北至黑龙江的黑河市，东从乌苏里江河口的抚远县，西抵新疆边陲的疏附县，均有水稻种植。

20 世纪 50 年代中后期以来，中国水稻生产经历了三次大的发展，先是矮化品种成功培育，"高秆变矮秆"，抗倒伏，单产提高 50%以上；继而是"常规变杂交"，杂交水稻优势利用技术获得重要突破，稻谷平均亩产增至 400kg；第三次则是"超级稻"育种技术的突破，稻谷平均亩产又有大幅度增加。由于一批高产、优质杂交水稻品种相继培育成功，至 2009年，水稻优质率提升至 77.8%。

水稻按其淀粉结构可以分为糯稻、粳稻和籼稻，糯稻和粳稻生长期长，质量高，米质好，缺陷是大多分布于单季稻产区，双季稻和三季稻产区生产的稻米多为籼稻，产量高但口感差，这也是中国稻米生产的结构性问题所在。在世界各主要水稻生产国中，中国稻谷种植面积约占世界的 19%，仅次于印度居世界第二位；2009 年产量为 1.95 亿 t，占世界的 27.6%，超过印度、印度尼西亚、孟加拉国、越南、泰国等亚洲稻米主产国。但在稻米质量上中国落后于其他国家，泰国盛产香米，印度北部也出产世界一流香米，日本新潟县渔沼地区以生产"越光"米而闻名。20 世纪 80 年代，中国也是国际市场主要稻米输出国，到 90 年代，中国出口稻米数量跌出前三名，以后持续下降，2005 年，国际市场稻米年流通量达 2600 万 t，泰、越两国合占 1300 万～1500 万 t，占全球市场的 1/2，2009 年中国出口稻谷 78.6 万 t，比 2008 年下降 19.1%，进口 35.7 万 t，增长 8.2%，这些数据充分说明中国亟须调整水稻品种种植结构以保障国内供需平衡。

水稻生产在中国布局很广，但总体来说，在空间上具有南方多而集中，北方少而分散的特点，从历史上呈现种植面积不断减少，但单产不断增长的特点（表 12-8）。全国水稻产区可划分为南方稻区和北方稻区。

表 12-8　中国稻谷生产的发展及主产区

年份	播种面积		产量		单位面积产量 / (kg/km²)	主要稻谷产区 (2017 年产量在全国的地位)
	总播种面积 / 万 km²	占全国粮食播种面积比重/%	总产量/万 t	占全国粮食产量比重/%		
1980	33.88	28.9	13990.5	43.6	412943	
1985	32.07	29.5	16856.9	44.5	525628	
1990	33.06	29.1	18933.1	42.4	572689	
1995	30.74	27.9	18522.6	39.7	602557	①黑龙江②湖南
2000	29.96	27.6	18790.8	40.7	627196	③江西④湖北
2005	28.85	27.7	18058.8	37.3	625955	⑤江苏⑥安徽
2010	29.87	27.2	19576.1	35.8	655376	⑦四川⑧广东
2013	30.31	27.1	20361.2	33.8	671765	
2017	29.69	25.6	20961.4	31.6	902659	

资料来源：根据中国国家统计局网站公布数据整理。

南方稻区：是指秦岭—淮河以南的广大水稻种植地区，按其种植条件和种植制度可以分为三块种植区域。长江中下游单双季稻区：它包括秦岭—淮河以南、南岭以北的广大地区，气候上属于北亚热带，两湖、苏皖、江浙以及川渝在内的水稻集中产地，形成著名的长江流域水稻产业带，还包括上海、豫陕南部、福建西部和两广北部地区。这些地区单季稻和双季连作稻并重，是中国水稻种植最集中、产量最大的地区，全区稻米产量约占全国的 64%。稻米商品率高，是中国稻米的主要商品粮生产基地。华南双季籼稻区：它包括南岭以南的两广大部地区，福建东半部和海南、台湾两省。全区稻谷产量约占全国的 14%，曾长期为中国的第二大稻谷产区，近年来被北方稻区超越，成为中国第三大稻区。其中，珠江三角洲、广西东南部沿江平原和盆地、福建东部闽江和九龙江下游、台湾省西部平原分布较为集中，且多为双季连作稻，海南则是三季连作稻。云贵高原稻区：包括云南贵州大部以及川西南和桂西北的部分地区。水稻种植较为普遍，但因地势较高，水热条件相对较差，故稻谷产量与前述两个区比较较低，全区稻米产量只占全国的 6%。水稻多种植于河谷平坝地区，在纬度较南、地势较低的河谷平坝有少量双季连作稻。

北方稻区：是指秦岭—淮河以北的广大水稻分散种植区域。近年来，这一区域的水稻不论种植面积还是总产量均有较快增长，同时也是中国优质粳米稻的主要种植地区。北方稻区具有大分散、小集中的特点，一般分布在水源较好的地区，按水源条件和生产特点可以划分为三个主产区。东北早熟粳米稻区：主要分布在辽宁省辽河平原、吉林省东部山间盆地、黑龙江省牡丹江半山区谷地平原及三江平原地区。这里水稻生长季节短，均为一熟早粳，实行夏稻冬闲制，米质好，产量高，市场广阔，近年来种植面积增长迅速。华北单季稻产区：零星分布在渤海沿岸的海河下游低洼地区，河南的沙、汝、颍、洪四河沿岸洼地，山东济宁、菏泽、枣庄和临沂的滨湖洼地，山西太原、榆次河谷盆地也有少量分布。这些地区的水稻绝大部分位于沿河湖洼地、盐碱地和低产土地区，种植水稻对于改良当地土壤，提高粮食产量十分有利，生产稻米总体质量较高，但数量有限。西北干旱稻作区：主要包括宁夏银川平原、甘肃河西走廊张掖一带、新疆乌鲁木齐、玛纳斯、阿克苏、喀什、库车、莎车等绿洲灌区，水稻种植依赖灌溉，以抗旱品种为主，产量不高。

2. 小麦

小麦在中国粮食生产中占有重要地位，是北方地区的主粮，在食用粮食安全的战略地位上仅次于稻米。2000 年以前种植面积居于第二位（表 12-9），后来被玉米超过，总产量列在稻米和玉米之后，是中国第三大粮食作物，目前小麦的种植面积和产量均占粮食总播种面积和总产量的 1/5 强。在世界上高于美国和俄罗斯，居世界首位。

小麦为温带作物，适应性强，分布范围广，按播种季节不同，可分为春小麦和冬小麦。中国种植的小麦 85%为冬小麦。冬小麦利用冬闲田种植，与其他作物竞争较小，可增加复种指数，提高土地利用率。另外，冬小麦收获的季节避开了夏洪和秋涝，对粮食的稳产保收具有积极的作用，但影响收成的因素往往是中国大部分地区可能发生的冬春旱。2010 年 11 月至 2011 年 2 月，中国华北大部分地区长达 3 个多月无大强度降水，导致 1.2 亿亩小麦严重受灾，受灾面积达小麦总种植面积的 44%，受此影响，中国多个地区出现粮食价格上涨的紧张局面。由此也可以看出，小麦在保障民生安全和社会稳定上的重要意义。

表 12-9 中国小麦生产的发展及主产区

年份	播种面积		产量		单位面积产量 / (kg/km²)	主要小麦产区 (2017 年产量在全国的地位)
	总播种面积 /万 km²	占全国粮食播种面积比重/%	总产量/万 t	占全国粮食产量比重/%		
1980	28.84	24.6	5520.5	17.2	191482	
1985	29.22	26.8	8580.5	22.6	293651	
1990	30.75	27.1	9822.9	22.0	319440	
1995	28.86	26.2	10220.7	21.9	354147	①河南②山东
2000	26.65	24.6	9963.6	21.6	373869	③安徽④河北
2005	22.79	21.9	9744.5	20.1	427577	⑤江苏⑥新疆
2010	24.26	22.1	11518.1	21.1	474777	⑦湖北⑧陕西
2013	24.11	21.5	12192.6	20.3	505707	
2017	23.73	20.4	13359.6	20.1	541661	

资料来源：根据中国国家统计局网站公布数据整理。

中国的小麦种植大体可分为三个不同的区域。春小麦区：主要分布在长城以北，岷山、大雪山以西的地区。这些地区大部分处在高寒或干冷地区，冬季严寒，冬小麦不能安全越冬，故种植春小麦。其中，新疆、黑龙江、甘肃和内蒙古4省（区）种植较多，总产量占全国产量的1/5。因无霜期大多在200天以内，种植制度多为一年一熟。近年来，中国北方地区培育了一批抗逆性强，适应性广，丰产性高的春小麦品种，对改善春小麦产量不高的局面有较大意义。北方冬小麦区：主要分布在长城以南，六盘山以东，秦岭、淮河以北的广大地区。这里是中国最大的小麦集中产区和消费区，产量约占全国产量的3/5。由于冬小麦可以越冬，所以大多实行一年两熟或两年三熟的种植制度，最大限度地提高复种指数，增加粮食产量。南方冬小麦区：它包括秦岭、淮河以南，折多山以东的地区，地域范围辽阔，但分布比较分散，其中，以四川、湖北、江苏中北部和安徽中部较为集中。播种面积约占全国播种面积的30%，产量只占1/5左右。由于本区人民多以稻米为口粮，因此，小麦的商品率较高，是中国商品小麦的重要产区。

中国小麦产量大，但优质专用小麦却不足。鉴于专用小麦的市场需求潜力大，近期中国重点发展优质强筋小麦、弱筋小麦，稳定发展中筋小麦。正在优势区域建设三个专用小麦带：黄淮海优质强筋小麦带，主要分布于冀鲁豫等7省39个地市82个县市；长江下游优质弱筋小麦带，主要分布于苏皖等4省10个地市20个县市；大兴安岭地区优质强筋小麦带，主要分布于黑龙江、内蒙古的3个地市11个旗县（农场）及黑龙江垦区。这些优质小麦产区的建设和稳定发展，对于改善我国粮食总体结构，提高中国小麦在世界粮食市场的地位具有重要意义。

3. 玉米

玉米原产于中美洲，是一种喜温作物。一般早熟品种要求≥10℃积温约1800~3200℃，迟熟品种要求3200~3300℃。因其生产期长，需水量比高粱、谷子和大豆等旱粮作物高，生长期间以每月平均100mm降水为宜，年降水量低于350mm的地区需要灌溉。玉米根据播种季节可分为春播、夏播、秋播和冬播四种，东北、内蒙古和黄土高原为春玉米，黄淮海平原以夏玉米为主，西南地区春夏玉米交错，南方丘陵地区为冬玉米主要种植区。

玉米是中国仅次于稻谷的第二大粮食作物，其产量和种植面积仅次于稻米，并且播种面积和占粮食总产量的比重仍不断增长（表12-10）。主要原因是，随着中国消费结构的变化，粮食的间接消费比例逐年升高，而玉米是制造饲料的主要原料。作为世界玉米第二大产国（仅次于美国），自20世纪90年代以来，中国玉米商品率上升，在国际市场上出口量居于第4位，后由于取消出口补贴，出口量下降。

中国玉米产地集中分布在黑龙江大兴安岭—辽南，冀北—晋东南—陕南，鄂北，豫西—西川盆地四周—黔桂西部—滇西南一带，呈东北西南走向的斜弧形分布。这一特点主要是由于大部分平原地区多种植水稻和经济作物；年降水量超过1500mm的东南丘陵地区，玉米产量一般不如水稻和甘薯；西北地区除灌溉条件较好的川坝河谷地区外，玉米在大部分地区不如春小麦、谷子等稳产保收。从全国各省（区）的产量看（表12-10），东北和华北是玉米的两个主产区，总产量占全国总产量的90%以上。东北地区种植玉米的生产条件与美国玉米带相似，气候、土壤适宜玉米生长，尤其是光照充足、温差大，有利于玉米拔节和灌浆，单产最高。

表 12-10　中国玉米生产的发展及主产区

年份	播种面积		产量		单位面积产量 /（kg/km²）	主要玉米产区 （2017年产量在全国的地位）
	总播种面积 /万 km²	占全国粮食播种面积比重/%	总产量/万 t	占全国粮食产量比重/%		
1980	20.09	17.1	6260.0	19.5	311598	
1985	17.69	16.3	6382.6	16.8	360803	
1990	21.40	18.9	9681.9	21.7	452425	
1995	22.78	20.7	11198.6	24.0	491598	①黑龙江②吉林 ③内蒙古④山东 ⑤河南⑥河北 ⑦辽宁⑧山西
2000	23.06	21.3	10600.0	22.9	459670	
2005	26.36	25.3	13936.5	28.8	528699	
2010	32.50	29.6	17724.5	32.4	545369	
2013	36.32	32.4	21848.9	36.3	601567	
2017	41.28	35.6	26077.9	39.3	610429	

资料来源：根据中国国家统计局网站公布数据整理。

4. 其他粮食作物

其他粮食作物主要有大豆、薯类、大麦、高粱、小米、荞麦和青稞等杂粮。这些作物产量较低，但耐旱、耐碱、抗旱涝。新中国成立初期，大豆和薯类等杂粮种植面积占全国粮食总播种面积的 1/2，产量占 1/3，随着水利条件的改善，水稻、小麦、玉米和经济作物的种植面积迅速增加，杂粮在粮食生产中所处的地位日趋下降。自 20 世纪 80 年代以来，这些粮食作物总体产量较为稳定，尤其大豆和薯类（表 12-7），豆类播种面积占粮食总面积的 10%左右，产量占粮食总产量的 3%～4.5%；薯类种植面积占粮食总播种面积的 8%～9%，产量占粮食总产量的 6%～7%。但值得注意的是，随着人民物质生活的丰富和对健康的日益重视，杂粮逐步受到广大城市居民的喜欢，2009～2010 年，全国粮食市场出现绿豆价格飞涨的局面，提醒我们要加强小品种粮食的市场监管，如何保障杂粮供应，保持供求市场稳定成为亟待解决的问题。

大豆在这些粮食作物中具有较高地位，大豆既属于粮食作物又属于油料作物，蛋白质含量高达 40%，含油量近 20%，同时又是重要的副食品加工原料。大豆是喜温作物，抗干旱，适于中国北方广大地区种植，中国也是世界上种植大豆最早和曾经产量最大的国家，新中国成立后，由于强调"以粮为纲"，使传统大豆产地被挤占，产量先后被美国、巴西和阿根廷超过，2000 年以来，中国大豆种植面积基本维持在 870 万～960 万 hm²，总产量维持在 1200 万～1600 万 t，但进口量却日趋攀升，由 2000 年的 1041.9 万 t 上升至 2009 年的 4255.2 万 t，相比进口量，出口量仅有 35.6 万 t，这些数字表明，中国政府亟须采取措施，合理布局大豆生产和引导科学种植，满足人们日益增长的物质需求。长期以来，中国大豆种植分散，且品种繁杂，收购零散，故难以形成强盛的大豆产业，也难以形成规模效益及比较效益。中国大豆生产的优势在于品种优良，是唯一不种植转基因大豆的国家。我们应继续保持这一优势，同时推行深耕深松技术，玉米和大豆轮作，鼓励规模化种植，改良品种，提高高油大豆单产，降低生产成本，重新确立中国在世界大豆生产大国的地位。

（三）商品粮生产基地建设

长期以来，中国为了能解决日益增长的粮食需求，一直重视商品粮基地建设。规划建设商品粮基地，不仅要考虑生态环境的适宜性，还要考虑已有和将来能够具备的社会经济发展条件，选择的地区有较大生产潜力，保证在原有的生产基础上，通过一定的投资，达到较大的收益。中国选择商品粮基地的条件一般是：人均耕地较多，且生产条件好；人均粮食占有量大，商品率有保障；经济社会发展水平高，能够推广使用先进的农业生产技术；土地宜于改良，有较大增长潜力；交通运输条件好，商品粮能够迅速外运。

由于耕地减少的趋势不可逆转，人增地减的矛盾日益突出。我国中长期粮食供需平衡形势不容乐观，现有粮食生产能力与巨大的需求潜力相比仍有一定差距，优势商品粮基地的概念是针对我国粮食安全长远发展战略提出的。"优势商品粮基地"主要指条件好、面积大、商品率高，其专业化及产业化生产水平高、增产潜力大、综合效益好，能长期稳定提供优质食用安全商品粮的大型商品粮基地。商品粮基地的优势度是衡量其稳定提供商品粮能力大小的综合指标，主要涉及商品粮基地的生产与调出规模、商品率及主导品种产量等因素。要确保实现粮食生产的优质化、健康化、规模化、产业化发展，大型优势商品粮基地的区域布局需要依据区位优势原则和地区协同原则。要综合考虑资源条件、生产基础、物流环境等方面的因素，发挥区域比较优势，加快优势地区商品粮基地布局建设，以形成商品粮生产带的综合比较优势。优势商品基地建设的核心主体是中部粮食主产区，但如果只要求中部地区抓商品粮生产，中部粮食安全的担子太过沉重。因此要确保遭遇特大自然灾害等非常时期国家的粮食安全，商品粮基地的发展必须坚持地区协同的原则，东部和西部地区的区域性粮食主产区，也要分担部分国家粮食安全的任务或责任，保持一定的粮食生产能力。

（四）保障粮食安全的对策

粮食安全是中国一项长期的战略任务。中国粮食问题从根本上要依靠自己解决，但也要充分利用国内外两个市场、两种资源，把确保国家粮食安全与推进农业结构战略性调整，提高农业综合效益和竞争力，实现可持续发展等长期目标结合起来，以保证耕地资源，加强农业基础设施建设，充分保护农民种粮积极性，提高粮食综合生产能力，完善粮食储备制度，调整农业结构，大力发展现代集约农业等手段，切实保障中国粮食安全。

1. 加大政策支持力度，保护农民种粮积极性

农民作为粮食安全中的重要原发力量，以及国家社会、经济生活的主体，只有其利益得到根本保证，才能保证国家的粮食安全。因此，面对近年来粮食供过于求，粮价持续走低，各种生产要素价格不断上涨，农民在家种粮不如进城务工，种粮积极性受到严重影响的现状，要保障种粮补贴切实发放到位，各种惠农政策落实到位，保障农民种粮积极性不减弱。另外，政府应当高度重视当前我国粮食安全问题，进一步加大有关农业生产政策支持范围和力度，让粮农从种粮、流通、加工等环节上能够获得更大利益。

2. 构建耕地资源保护机制，确保粮食生产基础不动摇

耕地资源是粮食生产的基础，要通过政策手段进一步保证粮食耕种面积，严格控制各类建设用地对耕地尤其是基本农田的侵占行为，通过开垦荒地最大限度地增加耕地，通过复垦

增加耕地利用效率，严格更改耕地用途中的审批程序，构筑由农民、农村基层组织、土地管理部门以及各级政府共同组成的耕地保护体系，形成协调联动的耕地保护机制，发挥强有力的积极作用。

3. 加强农业基础设施建设，提高粮食综合生产能力

粮食综合生产能力主要取决于农业基础设施建设水平和生产环境条件。一定要切实加强农业基础设施建设，不断改善农业生产的基本条件。要充分利用目前国家扩大内需、增加基础设施建设投资的有利时机，搞好农田水利设施的配套，搞好土地平整，提高土壤肥力，优化农田生产、生态环境。另外，粮食增产要依靠科技进步。要有效地增加农业科技投入，保证科技成果的科学性、实用性及应用性，提高科技成果向现实利益转化的速度和成效，让科技成果能够在粮食生产中充分得到应用。

4. 深化粮食流通体制改革，保障粮食市场稳定有序

首先，要积极深化粮食储备调节体系的改革，逐步建立多元化的竞争性粮食收储调节体系，在保护粮食流通过程中的各方利益的同时，确保将优质粮食储备充足。其次，加强粮食流通企业的改革与重组，积极探索所有权性质多样性、经营主体多元化、经营形式产业化之路，促进粮食流通企业效率逐步提高，竞争力不断增强，真正能在粮食安全体系中起到带动生产、引导消费、平衡市场供求矛盾的积极作用。三是要继续加强现代化的粮食物流基础设施建设，要从应对突发性事件的高度出发，建立敏感快捷、运转灵活的现代粮食物流体系，同时加强政府监管，切实保障粮食市场的长期稳定。

5. 调整农业结构，推进农业现代化进程

目前，中国粮食安全面临的主要矛盾是粮食的结构性短缺，即对肉、鱼、蛋、奶等间接粮食的需求量不断增高，粮食的购买安全和营养安全成为摆在人们面前的主要问题。在人们物质生活水平日益提高，食物结构日益高级化的情况下，进一步调整农业结构成为保障我国粮食安全的必然选择。要准确把握市场需求，适时调整各种粮食作物的种植比例。同时，根据不同地区的特殊生产条件和优势条件，因地制宜地调整结构，优化产业和产品构成，加快农业机械化生产的进程，使中国农业快速步入生产集约化、经营产业化、产品市场化的现代农业。

6. 充分利用国际市场，准确把握国际贸易准则

伴随着世界经济全球化趋势的加快，中国的粮食安全将直接面对全球市场。过去一段时间，中国保持了高于95%的粮食自给率，并为此付出了巨大的经济和生态环境代价。今后，可以考虑进一步改革粮食外贸体制，通过参与国际市场，更有效地调剂粮食余缺，进而保障国内粮食安全。可以考虑有条件地逐步提高粮食市场准入制度，选择一些耕地资源较丰富、投资环境较好的国家，购买、开发和租用耕地，建立国外粮食生产基地；在国内沿海发达地区建立粮食保税仓库，吸引外资建设仓储粮；充分利用 WTO 允许的"绿箱政策"与"灰色区域"，促进国内粮食生产，保护农民利益；合理利用国际贸易准则，既保护了国家粮农利益和国家利益，又保证了国家粮食安全。

二、经济作物种植与布局

经济作物，又称工业原料作物，是指除粮食、饲料、绿肥等作物以外的其他各种作物。经济作物是轻工业的主要原料，关系到国民生活中的衣、食、用和出口创汇，关系到农业经济结构的多样化以及农民收入的提高。经济作物按其用途可分为：纤维类作物、油料作物、糖料作物、嗜好饮料作物、药用作物、香料作物及花卉园艺作物，每一类又包括若干经济作物。相比粮食作物，经济作物具有以下特点：商品性强，受市场影响大；技术性强，劳动力的技术经验要求高；生产资料投入大，风险性高；生态环境要求严格，地域性强；就近加工比例高，轻工业布局的影响大。本节只分析草本类经济作物，诸如橡胶、果树、茶叶等木本经济作物放在林业发展和布局中介绍。

（一）中国经济作物生产发展的基本特征

1. 发展速度快，整体稳定、局部起伏

新中国成立初期，中国首先强调粮食作物的生产，经济作物受到较大抑制，种植面积仅占总播种面积的 8%~9%，且生产布局较分散，产量和商品率均较低。改革开放以后，为繁荣农村经济，保持农业格局的平衡，同时人民生活水平逐步提高，需求增加，经济作物得到了迅速的恢复和发展。表 12-11 显示，自 1991 年以来，除麻类和甜菜两种经济作物外，其他经济作物的产量均有较大幅度提高，增长最大的是水果，2018 年是 1991 年产量的 11.2 倍。油料作物、甘蔗、蚕茧、茶叶和水果等作物产量增幅均超过粮食作物，发展速度较快。

表 12-11 我国经济作物产量以 1991 年为基准的增长指数

年份	粮食	棉花	油料	花生	油菜籽	麻类	甘蔗	甜菜	烟叶	蚕茧	茶叶	水果
1991	100.0	100.0	100.0	100.0	100.0	100.0	100.0	100.0	100.0	100.0	100.0	100.0
1994	102.3	76.5	121.4	153.6	100.8	84.5	89.7	76.9	73.8	139.2	108.7	160.8
1997	113.5	81.1	131.7	153.1	128.8	84.7	116.2	91.9	140.3	80.4	113.3	233.9
2000	106.2	77.8	180.4	229.0	153.0	59.9	100.6	49.6	84.2	93.8	126.2	286.1
2003	98.9	85.6	171.6	212.9	153.6	96.5	132.9	37.9	74.5	114.3	141.8	667.1
2006	114.4	132.7	161.2	204.5	147.5	100.8	143.0	46.1	81.0	151.1	189.8	785.9
2009	121.9	112.4	192.5	233.3	183.7	43.9	170.2	44.1	101.1	142.5	250.9	937.3
2013	118.2	121.3	159.6	198.6	168.2	86.4	168.7	54.7	84.6	124.5	233.5	855.4
2018	150	131	213	294	683.2	25	150	81	62	—	496	1122.9

资料来源：根据中国国家统计局网站公布数据整理。

2. 种植面积稳步增长，内部结构变化不均衡

改革开放以前，中国经济作物种植面积经历了一个迅速增长的过程，变化较大。自 20 世纪 90 年代以后，中国经济作物种植面积维持在 37 万~53 万 km²。占农作物总种植面积的比重稳步提升，平均每年增长 0.34 个百分点。但经济作物内部变化不均衡，棉花、油料、糖料和烟叶等传统经济作物面积比重日趋下降，而蔬菜、茶园、果园以及其他多种经营的经

济作物面积迅速增加，尤其蔬菜和果园种植面积比重增加较快（表 12-12）。这反映了随着人民生活水平的提高，更加注重健康，蔬菜和水果消费比例不断提高，同时也反映出，与粮食作物相比，经济作物的种植往往对市场需求变化更为敏感。

表 12-12　我国经济作物种植面积结构变化 　　　　　　　（单位：%）

年份	占农作物播种总面积比重	棉花	油料	糖料	烟叶	蔬菜	茶园	果园	其他	经济作物种植面积合计
1991	24.9	17.5	30.9	5.2	4.8	17.6	2.8	14.3	6.8	100
1994	26.1	14.3	31.2	4.5	3.8	23.1	2.9	18.8	1.4	100
1997	26.7	10.9	30.2	4.7	5.7	25.4	2.6	19.2	1.3	100
2000	30.6	8.4	32.2	3.2	3.0	31.9	2.3	18.7	0.4	100
2003	34.8	9.6	28.3	3.1	2.4	33.9	2.3	17.8	2.6	100
2006	31.0	11.3	24.9	3.3	2.5	34.3	3.0	19.6	1.1	100
2009	31.3	10.0	24.7	2.3	1.7	36.1	3.7	20.2	1.3	100
2013	38.4	6.8	22.3	3.2	2.6	33.1	3.9	19.6	8.5	100
2018	32.7	6.2	23.7	2.9	1.9	37.7	5.5	21.9	0.2	100

资料来源：根据中国国家统计局网站公布数据整理。

3．分布广泛，集中与分散并存

根据经济作物的生态环境的适应性以及经济布局特点，中国经济作物可分为以下几个类别：以橡胶、咖啡为代表的热带作物，对自然条件适宜性较弱，分布具有明显的地带性，呈小面积集中种植，主要分布在云南、海南等北回归线以南的热带地区。以甘蔗、柑橘、茶叶为代表的喜温作物分布的地带性明显，集中程度较高，主要分布在亚热带和热带地区，如广东、广西、云南、海南、浙江、福建、安徽等地。棉花、花生、芝麻、麻类以及烟叶等作物，地带性分布不十分明显，但种植地区相对集中，像棉花、花生和烟叶等作物分布遍布中国大江南北，产量大，分布广。蔬菜、花卉等鲜活产品，其分布的广泛性类似于粮食作物，每个省（区、市）都有分布种植，但有些在某一地区高度集中和产业化，形成特色生产基地，如山东寿光蔬菜基地和云南呈贡花卉基地。

（二）主要经济作物的生产与布局

1．纤维类作物——棉花

纤维类作物产品主要包括棉花、麻类和蚕茧，是纺织工业的重要原料来源。鉴于棉花在纤维类作物中的主导地位，这里只分析棉花的发展情况。

中国是世界上种植棉花较早的国家之一，在世界上具有重要地位。目前，中国棉花产量居世界首位，棉花种植面积仅次于印度，居世界第二位。与世界主要产棉国相比，中国棉花单产水平高，是世界平均单产的 1.5 倍，具有良好的生产基础。但由于中国纺织服装业是重要的创汇部门，中国棉花产量仍是供不应求。2017 年，中国自产棉花 588.9 万 t，进口棉花 157 万 t，缺口达自产量的 26.7%。因此，按照市场需求，中国棉花的种植仍有较大的上升空间。

棉花是新中国成立后一直比较重视经济作物，但由于粮棉矛盾、粮棉比价不合理以及计划决策的失误和市场需求变化的影响，中国棉花的播种面积和产量起伏较大，尤其在改革开放前。新中国成立后中国棉花种植在 1957 年达到首个高峰，棉田达到 577.5 万 hm^2，总产量 164 万 t，但由于三年自然灾害，1962 年减少到 346.7 万 hm^2，后来虽有恢复，但总产量一直不高。改革开放后迅速发展，到 1984 年棉田面积和总产量达到新中国成立后最大数量，种植 692.3 万 hm^2，产籽棉 625.8 万 t，之后受国际棉花市场的影响，种植面积和产量持续下跌，直到 2001 年棉花产量再次超过 500 万 t，2004 年创造新的产量记录，达到 632.4 万 t。2017 年中国棉花种植 3.34 万 km^2，产量达到 588.9 万 t，与 2013 年相比，种植面积减少了 101 万 hm^2，产量减少 41 万 t。因此，棉花种植受供需市场影响较大，总体呈螺旋波动式发展。但随着科学技术条件的提高，中国棉花单产稳步增长（表 12-13），2017 年每公顷产量为 1819.3kg，比 1980 年提高 230%。

表 12-13　中国棉花生产的发展及主产区

年份	播种面积		产量		单位面积产量 /（kg/hm^2）	主要棉花产区 （2017 年产量在全国的地位）
	总播种面积 /万 hm^2	占农作物总种植 面积比重/%	总产量/万 t	增长速度 （1980 年为 1）		
1980	492	3.36	270.7	1.0	550.2	
1985	514	3.58	414.7	1.5	806.8	
1990	559	3.77	450.8	1.7	806.4	
1995	542	3.62	476.8	1.8	879.7	①新疆②河北
2000	404	2.59	441.7	1.6	1093.3	③山东④湖北
2005	506	3.26	571.4	2.1	1129.2	⑤湖南⑥江西
2009	495	3.12	637.7	2.4	1288.3	⑦安徽⑧甘肃
2013	435	2.64	629.9	2.3	1448.0	
2017	334	2	588.9	1.2	1819.3	

资料来源：根据中国国家统计局网站公布数据整理。

棉花原属于热带、亚热带地区生长的作物，历史上从中国南方和西北地区逐步推进到黄河流域。棉花具有喜温、好光、生产期长的生态习性。在≥15℃积温达到 2600～3000℃的地区，可以种植早熟陆地棉，3200℃以上可种植中熟陆地棉，4000℃以上可种植早熟或中熟海岛棉（长绒棉），低于 2600℃不适宜种植棉花。棉花好光，年日照 2000h 以上为好，光照不足，直接影响棉花品质和质量。棉花根系发达，耐旱，但要求生长期间降水达到 450～600mm 或者具有相应的灌溉条件。土壤方面，棉花种植在排水良好的微碱性深厚疏松的冲积土壤为适宜，过酸或过碱都会影响棉花生长。棉花生长期长，同粮食作物用地矛盾较大，但可以通过套种和轮作缓解矛盾，达到粮棉双收。同时，棉花又是技术性较强的经济作物，发展棉花要有一定的经济技术基础和较高的劳动素养。相对而言，棉花大面积集中种植的条件还是比较苛刻的。

中国棉花种植地区的分布格局和其种植面积和产量一样，新中国成立后空间重心南北移动比较明显，但主要棉区有以下三个。

黄河中下游棉区：包括六盘山以东，长城以南，秦岭—淮河以北的河北、山东、河南、山西、陕西 5 省，江苏、安徽两省的淮北部分，以及京津地区。这一地区植棉的热量充足，降水适中，地下水丰富，土壤多为冲积潮土、沙壤土和沙土，地势低平，光、热、水、土组合较好。棉花种植历史悠久，基础好，劳动力条件优越。2017 年种植面积达 55.985 万 hm²，占全国总面积的 16.7%，产棉 63.51 万 t，占全国总产量的 10.8%，是我国棉花种植面积最广泛的地区。但总体呈现不断下滑的趋势，相比 2009 年，种植面积和产量占全国的比重分别下降 24.9 和 22.7 个百分点，这与该地区剩余劳动力不断向城市迁移并转向二、三产业就业有很大关系。该地区种植棉花的最大不利因素是气候年际变化大，尤其是对于一年一熟的纯种棉区，棉花结铃和蓄棉时间一般在 7~9 月，恰逢黄河中下游地区的雨季，如遇连阴雨和大量降雨，将直接影响棉花产量和质量。另外，干旱和盐碱是本区棉花生产的另一不利因素。今后该地区的发展方向应以提高单产为主，稳定播种面积，适当增加间套作，提高复种指数；政府要加大科技推广力度，改良棉花品种，提高棉花品质；加大市场监管力度，保障棉农利益，激发种棉积极性。

长江流域棉区：本区地处秦岭—淮河以南、南岭以北，川西高原以东，东至滨海的广大地区，包括上海、浙江、江西、湖北、湖南、四川、重庆 7 省市和江苏、安徽两省除淮北以外的全部，河南信阳、南阳地区，以及陕西南部地区。该地区土质多为砂性和砂壤土，土层深厚疏松，适宜植棉，亚热带气候，热量光照充足，但由于降水量在 800~1600mm，渍涝灾害较严重。该地区棉花与粮食套种，一年两熟，人多地少，精耕细作，单产较高。但这一地区随着经济的发展和耕地减少，粮棉矛盾比较突出，曾经在全国棉花种植具有重要地位的四川盆地 2017 年种植面积仅有 4050hm²，产棉 0.4 万 t，相比 1977 年四川植棉 26.7 万 hm²，产棉 13.3 万 t，分别下降 98.4% 和 96.9%。目前该地区棉花主产区是湖南、湖北以及江西、安徽的部分地区。鉴于其在全国棉花种植的重要地位，该地区应继续鼓励棉花生产，稳定播种面积，培育推广优良品种，实行轮作、间作、套作等多熟种植，提高经济效益。

西北内陆棉区：包括新疆和甘肃河西走廊地区。这一地区热量、光照条件优越，利用地下水灌溉，棉花品质好，是中国的新兴优质棉。该区总体上人少地多，可垦荒地资源丰富。相比其他农业生产活动，植棉效益高，是农民脱贫致富的好途径。因此，仍有较大发展空间。该地区 1980 年棉田和总产只占全国的 3.8% 和 3%，20 世纪 80 年代以来，随着荒地开垦和粮食总产的增长，棉田也快速增加，2017 年棉田面积和产量分别占全国总面积和产量的 74.9% 和 84.3%，在产量上已成为中国第一大产棉区，且种植较为集中，产棉质量好。这一地区政府应进一步加大基本生产条件建设投资，尤其提高水利设施条件，充分利用气候优势，推广优质品种，种植长绒棉，加大棉花深加工企业建设，保障国家棉花供应安全。

2. 油料作物

中国农业统计上的"油料作物"指草本油料作物，并不包括大豆，种类也比较多，主要有油菜、花生、芝麻、向日葵、胡麻、油茶等。此外，大豆、棉籽也可作为油料来源。新中国成立以后，中国油料作物发展迅速，到 1956 年总产量达到 508.5 万 t，是 1949 年的 1.99 倍。之后，由于受到粮食生产挤压等原因，总产在波动中徘徊，1978 年总产达到 521.8 万 t，首次超过 1956 年产量。改革开放以后，全国农业生产形势大为好转，油料作物播种面积和产量大幅增长。1985 年播种面积达到 1180 万 hm²，总产量 1578.4 万 t，比 1978 年分别增长 89.65% 和 202.5%。到 1992 年的四年间，油料作物播种缓慢增长，到 1995 年播种面积 1310

万 hm²，总产量 2250.3 万 t，均达到历史最高。进入 20 世纪 90 年代以来，油料作物播种面积虽缓慢下降，但播种面积占经济作物总面积的比重基本保持在 24%～32%（表 12-12）。2013年中国进口产品中食用植物油进口 810 万 t，说明中国油料生产仍是供不应求。由此说明，中国油料作物种植仍有较大的需求上升空间。

油料作物以油菜籽和花生为主，2000～2009 年，油菜播种面积平均占油料总播种面积的 53.3%，花生占 32.1%，产量上油茶占油料总产量的 40.8%，花生占 48.5%。所以，在播种面积上以油菜为主，而产量上以花生为主。下面对主要油料作物的生产和布局做简要分析。

（1）花生。花生是喜温耐贫瘠作物，要求≥10℃积温达到 2800～3500℃，对土壤要求不高，适宜在排水良好、土质疏松的砂性土壤上种植。花生根系发达，吸收力强，根瘤菌有固氮作用，因此，又是一种养地作物，宜于与其他作物轮作。花生生产发展的历史和油料作物大体一致，改革开放后播种范围和面积迅速扩大，播种面积由 1978 年的 176.8 万 hm² 增长到 2013 年的 463.3 万 hm²，产量由 237.7 万 t 增长至 1697.2 万 t，分别增长 162.0% 和 614.0%。全国除西藏、青海和宁夏三省（区）无种植外，其他省（区、市）均有种植，是我国分布最广、单产最高、产量最大的油料作物。花生的种植以河南、山东和河北最为集中，2017 年，以上三省花生播种面积 215.7 万 hm²，产量达 977.6 万 t，分别占全国播种面积和产量的 46.7% 和 56.4%。其次是辽宁、安徽、广东、四川、湖北、广西、江苏、吉林等省（区）。从近年来花生种植地区变化看，有逐步北移的趋势，主要原因是来自油料市场的需求，近几年北方食用植物油加工企业迅速发展，而南方油料市场受进口食用油的竞争，种植比较经济效益的下降。随着人民生活水平的提高，对食用植物油要求越来越高，花生油品质优良，市场前景广阔，花生主产区应加大引导力度，在农村劳动力向第二、三产业转移的大背景下稳定花生种植面积，提高单产，为人民生活和经济发展做出更大贡献。

（2）油菜。油菜属于一年生或越年生草本植物，对热量要求不高，是唯一可以越冬种植的油料作物；对土壤要求也不高，酸、碱、中性土壤均能种植；含油率达到 30%～35%；油菜与粮棉植物争地矛盾小，同时具有养地功能，在粮棉生产任务重而人多地少，耕地安排较紧张的地区宜于大面积种植。油菜按照油菜籽脂肪芥酸和硫苷含量高低可分为"双低"油菜和常规油菜，中国新育成的"双低"油菜品种，一方面把不易人体消化吸收的脂肪芥酸降低到 1% 以下，硫苷含量降到 30μmol/g 以下，又把利于人体健康、富有营养成分的油酸、亚油酸含量提高到 80% 以上。2009 年，中国"双低"油菜面积继续增加，占总种植面积的 85.5%，比 2008 年提高 3.4 个百分点。按生产季节差异，全国油菜种植可分为春播和冬播两大区域，秦岭—淮河以南的地区为冬播区域，秦岭—淮河以北、燕山以南的地区为春播油菜，冬油菜种植面积大，占总播种面积的 80%～90%。中国油菜种植普遍，全国除北京、天津、海南没有种植外，遍布其他各省（区、市）。产量较大的有湖北、四川、湖南、安徽、江苏，2017年以上五省油菜播种面积 388.9 万 hm²，产油菜籽 813.68 万 t，分别占全国总量的 30.2% 和 62.6%。另外，河南、江西、贵州、浙江、云南、重庆以及西北的青海、陕西、甘肃也有较大种植面积和产量。南方地区水稻种植面积大，单产高，相比花生耕作简单，实行稻油轮作，提高了复种指数，最大程度的发挥了土地利用效益，应进一步稳定种植面积，加快品种和栽培技术改良，努力扩大种植范围。秦岭—淮河以北地区种植的春油菜，未经过低温春化阶段，生长期较短，能量积累少，产量不如冬油菜高，可以通过引进优良品种，提高单产，在土质条件较差的地区扩大种植面积，尤其西北地区，可以建成北方最大的春油菜种植基地。

（3）其他油料作物。除油菜、花生以及大豆、棉籽外，其他油料作物主要有芝麻、向日葵、胡麻和油茶等。芝麻是含油量最高的油料作物，高达 50%以上，芝麻喜温、怕旱涝，适宜在中性砂壤土或轻壤土上种植，单产水平低且稳定性差，收益往往不如其他秋熟作物，所以虽然分布广，但种植面积有限，绝大部分是分散种植。湖北襄阳盆地、河南汝河与洪河流域和南阳盆地以及安徽淮北平原有大面积集中种植，三省产量占全国总产量的 75%以上。胡麻具有耐寒、耐旱、耐贫瘠的特点，是我国北部和西北高原山区的主要油料作物，在内蒙古中部和甘肃南部种植较为集中，占全国种植面积的 1/2。向日葵是喜凉作物，含油率高于大豆，且抗逆性强，耐贫瘠、盐碱和干旱，适于北方半湿润、干旱半干旱地区种植，20 世纪 90 年代后期迅速发展，目前位居五大油料作物的第三位。目前，向日葵主要分布在东北、华北、西北劳动力较少的地区，以内蒙古东部农区、河套平原和吉林白城子地区最为集中，播种面积约占全国的 70%左右。近年来在辽宁、新疆地区也有较快发展，但仍有较大发展潜力。

3. 糖料作物

中国的糖料作物主要是甘蔗和甜菜。中国国土大部分处于温带和亚热带，糖料作物种植条件优越，是世界上少数几个能够同时种植两种作物的国家之一。长期以来，中国形成了南方甘蔗北方甜菜的分布格局和地域分工。新中国成立后，中国糖料作物有了很大的发展，1949年甘蔗和甜菜产量分别仅有 264 万 t、19.1 万 t，至 1978 年增长到 2111.6 万 t、270.2 万 t，分别增长为原来的 8 倍和 14 倍。改革开放以后，糖料作物种植面积和产量有了更快的更稳定增长，中国糖料在世界各国的位次也逐步上升，1996 年甘蔗产量由 1980 年的第七位上升至第三位，甜菜由第十位上升至第五位，1996 年产糖 559 万 t，仅次于巴西、印度、美国，居世界第四位。2017 年，甘蔗和甜菜产量分别达到 10809.71 万 t 和 1127.66 万 t。新中国成立后，中国糖料作物的种植，总体呈现出甘蔗稳步增长、甜菜有大幅度波折的特点。

甘蔗属于喜高温、强光照、蓄水量大、吸肥多、生长期长的热带、亚热带作物，对热量和水分有严格要求。所以其种植主要集中在华南地区，其次是长江流域，主要分布在四川、湖北、江西、浙江等地。福建东南沿海平原、广东韩江三角洲及珠江三角洲原是中国甘蔗高产集中产区，糖厂加工能力也有较好的基础。近年来，这些地区经济发展快，耕地大幅度减少，加上热带、亚热带水果增加较多，粮食生产压力日益加重，比较效益低的甘蔗生产明显压缩。与此同时，广西、云南两省（区）的甘蔗生产规模迅速扩大，2017 年广西、云南、广东三省（区）甘蔗种植面积分别是 88.6 万 hm^2、26 万 hm^2、17.3 万 hm^2，占全国种植面积的 63%、18.5%、12.3%，三省（区）产量占全国总产量的 93.8%。其次，在海南、四川、浙江、福建、贵州、湖南、湖北、江西等省（区）也有种植。因此，中国甘蔗种植近年来出现了由东部向西部、由经济发达地区向不发达地区转移的特点。

甜菜为喜冷凉、耐干旱和耐盐碱的作物。中国东北、华北和西北等北纬 40°以北的地区，是甜菜最适宜的种植区。早期甜菜种植主要分布在黑龙江、吉林两省，改革开放后，在内蒙古河套和新疆石河子地区扩大了种植面积，并且发展迅速，基本上形成了东北、华北、和西北三大甜菜集中产区的格局。2017 年，新疆、内蒙古、黑龙江三省（区）种植甜菜面积分别是 5.73 万 hm^2、12.2 万 hm^2、1.2 万 hm^2，产量分别是 424.7 万 t、515.9 万 t、52.95 万 t，三省种植面积和产量分别占全国的 88.6%和 81%。除此之外，在河北、甘肃、山西、吉林和辽宁也有较大面积种植。这些地区以新疆甜菜单产最高，质量最好。西北区是中国最适宜种植甜菜的地区，今后甜菜生产在西北地区应继续扩大种植面积，东北地区在基本稳定种植面积的基础上，以提高单产和甜菜质量为主攻方向。

4．烟草作物

烟草作物属于嗜好作物，在经济作物生产中历来都占有一定的地位。种植烟草对气候和土壤有较为严格的要求。烟草生长期长，无霜期要求 140 天以上，日平均气温要求高于 10℃、低于 35℃，成熟期适宜的日平均温度为 20～25℃，且能持续 70 天以上；生长期降水量在 350～450mm，成熟期为 100～150mm。土壤质地方面，土质疏松、通风良好、土层深厚、排水良好、富含有机质、微酸性、含钾较高的沙壤土利于烟草种植。中国烟草种类多样，按加工方法和用途不同，可分为烤烟、晒烟、凉烟、白肋烟、香料烟和黄花烟等，以烤烟为主。改革开放以后中国烤烟种植面积和产量占烟叶总面积和产量的 85%～92%。2017 年中国烟叶种植总面积 105.8 万 hm^2，烤烟面积为 100.3 万 hm^2，占 94.8%；生产烟叶 215.34 万 t，其中烤烟 202.11 万 t，占 93.9%。烤烟按照播种季节可分为春烟、冬春烟和夏烟。北方的黄淮烟区以春烟单作为主，有的地区因耕地少，为提高复种指数也有春套烟，但烟叶质量难以保证。南方烟区光热和雨量分布均匀，茬口布局较宽松，烟粮轮作与烟油轮作较普遍。

新中国成立后，中国烤烟发展速度较快，总体可以分为三个阶段。20 世纪 50～60 年代中期，为低产低效益阶段，1957～1965 年，中国烤烟产量仅增加 116 万 t。60 年代中期～80 年代中期为高产低质阶段，1981 年烤烟产量达到 1278 万 t，首次突破百万吨。80 年代中期以后为高产量和效益提高阶段，1985 年烤烟播种面积超过 100 万 hm^2，产量超过 200 万 t，烤烟种植面积和产量继续增长，中国成为世界上最大的烤烟生产国，也是最大的烟草消费大国。

烟草种植在中国较为普遍，分布范围较广，全国（不包括港澳台）有 28 个省市区种植烟叶，生产烤烟。2017 年种植烟叶达到 1 万 hm^2 以上的省（区）依次是：云南、贵州、河南、湖南、四川、福建、湖北、重庆、广东、陕西、黑龙江和广西。其中，前五位的省（区）烟草种植面积达 81.6 万 hm^2，占总种植面积的 77.1%，烤烟种植面积 113.6 万 hm^2，占烤烟总面积的 74.4%；烟叶产量为 237.3 万 t，占总产量的 70.3%，烤烟产量为 78.26 万 t，占总产量的 78%。我们可以看出，我国烤烟种植比较集中的地区可以分为以下四个：黄淮海烟区，包括河南、山东、陕西、安徽等地，其中以河南和山东历史最为悠久，山东烤烟种植面积自 20 世纪 80 年代中期以来的迅速减少，这一烟区在全国的地位也在逐步下降。西南烟区是我国发展速度最快的地区，也是烟草尤其烤烟种植条件最好的地区，以云南、贵州最为优良，云南的玉溪、曲靖、楚雄、大理、昭通和贵州的贵定、遵义、毕节等地是我国优质烤烟基地，华中和华南烟区，主要包括两湖、两广、江西等地，这一地区生产条件仅次于西南烟区，具有较大发展潜力。东北烟区，包括黑龙江、吉林和辽宁三省，这一地区地处高纬，热量条件不足，虽采取了各种保温措施，但成本较高，烟草质量差，不适宜扩大种植。

第三节　林业发展与布局

中国地域辽阔，气候类型多样，山地、高原和丘陵地形面积占陆地总面积的 2/3，地形复杂多样，高低悬殊，适宜多种林木生长，所以我国森林类型多样，林木资源丰富，动植物种类独特，在世界物种资源基因库中占有重要地位。历史上，中国国土上曾经分布着茂密的森林，但由于对森林资源认识不足，过度砍伐利用，森林资源总量急速下降，生态环境不断恶化。新中国成立后我国逐步提高森林保护意识，加强森林立法，提高管理水平。保护天然林，种植生态林，发展经济林，森林资源初步进入可持续开发利用的历史新阶段。

一、林业发展条件与现状

（一）生态环境多样，树种资源丰富复杂

多样的自然地理环境和悠久的生物进化史孕育了丰富多样的森林资源。我国仅以乔木为主体的群落就有 14 个植被型、25 个植被亚型、48 个群系组，树种资源极为丰富。据统计，我国种植植物达 2 万多种（300 多科，2000 多属），其中乔木树种约 2800 种，且大多为优良用材和特用经济树种，约 1000 余种。世界上针叶树中松杉科植物约有 30 属，我国就有 20 属近 200 种。我国阔叶林种资源更为丰富，计有 260 属之多。中国还拥有许多特有的针阔叶林种，如水杉属、银杉属、金钱松属、水松属、台湾杉属、杜仲属、旱莲属、山荔枝属和银鹊属等。此外，近年来还引进了许多国外树种，如江苏、湖南、山东引种的意大利速生杨，海南、云南、贵州引种的三叶橡胶等，更加丰富了我国的树种资源，为国民经济建设提供了更多用材和工业原料。除树种资源外，中国还有灌木 5000 余种，高等陆栖动物 2300 余种，在物种总数丰富程度和生物特有多样程度方面均居世界前列，是世界上 12 个"生物多样性丰富"的国家之一。

（二）森林面积稳步增加，开发利用仍依赖进口

新中国成立以后，中国一直重视森林资源的开发与保护工作，开展了世界上最大规模的人工造林活动，2003～2018 年，我国共完成各种造林面积 9677 万 hm^2，平均每年造林面积达 604.81 万 hm^2。截至 2018 年，除港、澳、台地区外，全国林地面积 32591 万 hm^2，全国森林覆盖率为 23%，活立木总蓄积 190.07 亿 m^3，森林蓄积 175.6 亿 m^3。1999～2017 年，原木材一直是我国进口的产品，进口数量逐年上升，2017 年达到 5969 万 m^3，中国森林资源的供需矛盾依然严峻。

（三）森林结构多样化，林区保护工作仍需加强

按照森林效益的不同，中国《森林法》将森林划为五大类，即用材林、防护林、薪炭林、特用林、经济林。由国家统计局 2013 年数据显示，中国森林种类中防护林造林面积达到 323.87 万 hm^2，反映了生态环境建设对于防护林资源存在较大需求。经济林的造林面积也较高，为 113.92 万 hm^2，用材林的造林面积为 109.24 万 hm^2，特种用林的造林面积为 4.25 万 hm^2，薪炭林的造林面积为 3.70 万 hm^2。特种用林和薪炭林的造林面积较小，用于生产果品和木材等经济林和用材林较大，均在 100 万 hm^2 以上，各种林种面积差异较大，最大的防护林面积是最小的薪炭林面积的 87.6 倍，各类森林资源比例不协调。这反映出国家逐步认识到生态环境的重要性，通过人工造林改善、保护生态环境。从森林林分各龄组看，幼龄林、中龄林和成熟林的面积比重分别是 33.1∶48.6∶18.3，说明我国森林大部分面积是生长时间较短的年轻林地，森林资源总体储量不大，由于森林成长时间较慢，扭转我国森林资源总体不足的局面尚需较长时间，森林资源保护工作还需继续加强。

（四）地区分布不平衡，各林区特色鲜明

中国现有森林资源主要集中分布于较偏远的东北和西南地区，约占全国森林面积的 1/2 和蓄积量的 3/4 以上，广大农村和牧区林地较少；人烟稠密、工农业发达的华北和中原地区，森林覆盖率仅有 11%左右，人均林地不足 0.02hm²，人均活立木蓄积量也仅有 1m³ 左右；西北五省（区）林地更少，覆盖率 1.2%左右；东南部各省除深山峻岭交通不便的山区林地较多外，浅山丘陵和农耕区林地也不多。森林资源的分布的不平衡，既受制于我国自然条件的差异，也和历史上人为的过砍过伐以及毁林开荒有重要关系。同时，在同一区域也存在分布极不均衡的现象，如西藏的森林资源主要分布在雅鲁藏布江下游、横断山区三江流域上游和喜马拉雅山南坡的 30 个有林县，其土地面积占全区面积的 22.9%，却集中了全区林地的 62.4%；内蒙古森林集中分布在其东南缘；四川森林资源主要分布在川西地区。但我国各林区由于处于不同的气候热量带，在树种、林分上各有特色。东北林区是我国优质木材的最大产地，木材产量占全国林业系统木材产量的一半，采伐难度小，但东北林区由于处于寒温带，林木生产速度慢，可再生时间较长。西南林区地处热带亚热带，森林物种丰富，生产速度快，可再生时间短，单位面积蓄积量大，但这一地区地形复杂，运输不便，利用难度大，过熟林面积比例大。

（五）森林管理法制化，保护手段多样化

中国自新中国成立之初就非常重视对森林资源的保护，从 1956 年第一届全国人民代表大会第三次会议通过"请政府在全国各省（区）划定天然林禁伐区，保存自然植被以提供科学研究的需要提案"开始，经过 50 多年的努力，建立起了完备的森林资源保护体系。立法方面，制定了包括《中华人民共和国宪法》、《中华人民共和国森林法》、《中华人民共和国土地管理法》、《中国自然保护区纲要》、《中华人民共和国环境保护法》等在内的十余部法律、法规，为森林资源保护提供了法律保障。司法和行政保护方面，中国在全国各省（区）已建立起由林业法院、林业公安局、林业检查处组成的系统的森林保护与监督机构。在 1998 年长江流域和松花江流域出现历史罕见大洪水之后，对大江、大河中上游水土保持生态敏感区的保护受到党中央和国务院的高度重视，加大水土保持生态林的建设力度。此外，中国林业系统自然保护区的数量和面积也呈逐年上升趋势，截至 2009 年底，林业系统自然保护区已达 2012 处，总面积 1.23 亿 hm²，占全国国土面积的 12.8%。技术保护方面，不断加强森林防火、森林病虫害防治和森林生态环境监测。中国森林分布重点区域已组织建立了一支专业化的防火队伍，推行防火责任制，实行区域联防，研制了森林消防车、小型扑火机具和森林化学灭火剂，加强森林天气情况预报与监测，并进行实时播报，降低森林火灾发生概率。病虫害防治方面，建立了全国森林植物检疫所、森林病虫害防治中心、森林病虫害测报点、森林病虫害防治站等防治机构。在生态敏感区建立生态环境监测站，加强生态环境的实时监控，做到反应迅速，行动迅捷，保护到位。

（六）生产条件逐步改善，林区经营多样化

为了合理利用森林资源，新中国成立后，中国一直加强林区生产条件建设。在边远林区修建了大量的公路、铁路，同时资助建设了一大批林业企业，一批以林业生产和林产品加工为主的城市也迅速成长起来。例如，在东北大小兴安岭、长白山林区及西南林区共修建森林

铁路 12000 多公里，林区公路 90000 多公里，建立了大中型森工企业 280 多个。以伊春、加格达奇和牙克石为代表的一些城镇和居民点发展迅速。林业生产机械水平和生产技术也不断提高，如在我国木材产量最多的黑龙江省，采伐、造林、集材、运材、装车、卸车、归楞等生产工序平均机械化水平已达到 87%。除此之外，改革开放、经济转轨、投资主体的改变以及融资渠道的多元化等软环境的优化也标志着我国林业生产进入了一个崭新的时代，林业生产条件、综合利用程度和生产管理水平逐步提高。林区经营方式也呈多元化发展趋势，除了造林和木材生产外，以林区探险和林区旅游为主要生产方式的林区第三产业发展迅速，提高了当地居民收入和林区保护的积极性，改变了原有粗放的经营方式，促使森林保护与开发利用平衡发展。

二、林区建设与开发

中国各省（区、市）森林资源状况存在较大差异，从最有代表性的三个指标看，2017 年森林面积最小的上海市仅有 8.9 万 hm^2，而面积最大的内蒙古为 2614.85 万 hm^2；森林覆盖率最大的福建为 66.8%，最小的新疆仅有 4.9%；森林蓄积量最大的西藏为 22.83 亿 m^3，最小的上海仅有 0.04 亿 m^3。当然，以上数据和各省（区、市）的行政面积有一定关系。综合各省（区、市）不同森林资源指标，将各指标数据按从小到大排序（表 12-14），我国森林资源分布在东北的黑龙江、内蒙古（东部），西南的西藏（东部）、云南、四川，华东和中南地区的福建、江西、广西和湖南。反映出中国森林资源主要分布在东北、西南和长江以南部分山地，林业发展的地区主要有东北林区、西南林区和南方林区。

表 12-14　中国各省（区）2017 年森林资源各指标排序（前十位）

排序	林地面积	森林面积	人工林	森林覆盖率	活立木总蓄积量	森林蓄积量
1	内蒙古	内蒙古	广西	福建	西藏	西藏
2	云南	云南	广东	江西	云南	云南
3	四川	黑龙江	内蒙古	广西	黑龙江	四川
4	黑龙江	四川	云南	浙江	四川	黑龙江
5	西藏	西藏	四川	海南	内蒙古	内蒙古
6	广西	广西	湖南	云南	吉林	吉林
7	新疆	湖南	福建	广东	福建	福建
8	湖南	江西	江西	湖南	广西	广西
9	陕西	广东	贵州	北京	江西	江西
10	广东	陕西	辽宁	黑龙江	陕西	陕西

资料来源：根据中国统计局网站公布数据整理。

（一）东北林区

东北林区包括黑龙江、吉林、辽宁三省及内蒙古东部的大小兴安岭和长白山三个林区。这一地区曾长期作为全国最大的木材生产基地，森林面积约为 5040 万 hm^2，森林蓄积量达 34 亿 m^3，约占全国的 1/4，是中国森林资源最集中、开发条件最好的地区。根据地理位置和林木种类的差异，这一林区可以划分为三个林业地带：大兴安岭林区，跨黑龙江和内蒙古两省（区），沿大兴安岭山脉呈东北—西南走向，形成一条宽 200~400km、长 1000km 的巨大林带，主要树种有落叶松、獐子松、鱼鳞松、东北云杉和西伯利亚冷杉等。小兴安岭林区，位于黑龙江省北部，由西北向东南绵延 400 多 km，山岭平缓，气候寒冷湿润，以红松、云杉、冷杉为主要大型树种的 140 多种林木，形成层次丰富、结构多样的生态系统。长白山林区，包括吉林东部和辽宁东北部，这里气候较温暖，由红松、落叶松、杉松、赤松、胡桃、楸、水曲柳等主要树种形成针阔混交林。

东北林区森林资源大都集中连片分布，谷宽坡缓，有利于机械作业，林区距铁路干线较近，大小河流多，冬季还利用冰道运输，所以一直是中国重要的原木材生产基地，已建成中国林业企业最多，采伐规模最大，机械化程度最高，林区运材道路最长的林区，木材产量居各大林区之首。据统计，20 世纪前 40 年，国家在大兴安岭砍伐木材 2.4 亿 m³，给国家各行业建设作出了巨大贡献。但东北林区是中国东北地区天然的绿色屏障，在自然环境生态保护上具有重要价值，是中国重要的商品粮生产基地东北平原的天然屏障，具有维持区域气候稳定、防风固沙等重要的生态意义。自 1998 年，国家宣布对东北林区最后一片未开发的原始林——乌玛、奇乾、永安山封闭管理，1997~2009 年，东北林区木材产量由 1853 万 m³ 降至863 万 m³。而东北林区一些林木资源型城市发展理念也逐步转变，由“木头经济”改变为“森林经济”，由“依赖森林”改变为“依托森林”，产业结构中增加了绿色食品加工、生态旅游等循环经济成分，逐步实现森林资源的可持续开发利用，促进经济、环境和社会的协调发展。

（二）西南林区

西南林区包括四川、云南、西藏交界的横断山脉林区、藏东南林区以及滇南热带阔叶林区。这一林区森林面积达 4939.9 万 hm²，占全国森林总面积的 25.3%，森林蓄积量达 54 亿 m³，占全国森林蓄积量的 39.3%，其中人工林面积为 745.8 万 hm²，仅占本区森林面积的 15.1%，是中国名副其实的第二大森林资源储备区。西南林区地形和气候条件极为复杂，森林垂直分异显著，物种资源极为丰富。横断山区高山峡谷下部以阔叶常绿林为主，上部多为红桦、高山栎、青冈、栲、槠等树种；雅砻江、金沙江两岸峡谷和云南北部等地，以云南松为主体，部分地区也有桦木纯林和针阔混交林；滇南则为中国少有的热带林区，以热带类型和含热带种类的常绿阔叶混交林为主。

西南林区高山耸立，谷深险峻，交通极为不便。新中国成立后，中国在四川阿坝、甘孜、甘南，云南迪庆、丽江、大理，青海果洛，西藏昌都等地先后设立了 30 多个林业局，陆续进行开采，由于运输成本高，效益较低。但这一地区仍是中国原木材的重要产地，2009 年木材产量为 244.5 万 m³，占全国木材总产量的 16.5%。西南林区森林资源最大的特点是林分成熟和过熟林比重大，如果交通运输条件解决，每年可清理的枯死原木材就能达到 1200 万 m³，开发潜力巨大。西南林区处于中国长江、珠江以及西南诸河的上游源头地区，水源涵养意义重大，黄河泥沙治理的艰难已经提供了最有说服力的警告，同时西南林区是中国重要的物种资源库，从长远来说保护价值大于开发价值。

（三）南方林区

南方林区指的是川滇以东、秦岭—大别山以南的湖南、湖北、安徽、江西、浙江、福建、广东、广西、贵州、海南等数十省（区）组成的面积最大，森林覆盖率相对较高的地区。这一地区大部分面积属于亚热带气候区，少部分地区属于热带，气候温润，植物生长快，树种多，境内又多山地丘陵，河湖水系发育良好，为林木生产提供了优良的环境。2009 年，这一地区平均森林覆盖率为 46.7%，远远高于我国 20.36%的平均水平。森林面积达 7071 万 hm²，森林蓄积量 28.3 亿 m³，分别占全国总量的 36.2%和 20.1%。区内亚热带树种以杉、松、樟、楠、槠、桐、栲、梓、山毛榉和竹居多，热带树种以桉、木麻黄、台湾相思、桄榔、棕榈居多，热带和亚热带经济林木和果木也极为丰富。主要用材树种为杉、松、竹和大量杂木。

这一地区人口稠密，工农业发达，山地丘陵相对高差不大，林木采伐较为方便，原始林除少数地区尚有存留外，绝大部分为人工林和天然次生林。据 2009 年数据，人工林面积为 3103 万 hm²，占森林总面积的 43.9%。林权制度改革在本区一些省份实施以后，生态效益明显，同时成为全国最大的经济林区。浙江林业产值居全国前列，一改原来林业资源小省状况；南岭、武夷山一带为全国最大的杉木生产基地；湘、鄂、黔三省丘陵山地是中国的油桐产地；湘、赣、浙中部丘陵是油茶集中分布区；赣、闽、粤邻近地区是松脂产区；粤、桂、闽等省（区）是天然橡胶、八角、柚木、油棕、椰树等热带经济林木产区。因此，南方林区是中国发展最迅速、也最成功的经济林特产产品基地，既保护了生态环境，又取得了丰厚的经济效益。这一地区应继续推广经济林木种植的成功经验，优化农业产业结构，促进农村地区经济快速发展。

三、经济林木种植与布局

经济林是指可以从树木的花、果、皮、种子、叶、树脂、树液或寄生物中获得经济价值的除木材以外的林产品的林木。我国经济林木资源非常丰富，据统计有 2000 多种，位居世界前列。在众多经济林木中，地位较为重要的有茶叶、橡胶、桑树和水果等。

（一）茶叶

茶树栽培和茶叶加工起源于中国，中国居民具有广泛的饮茶习惯。自明清时期，茶叶已成为中国重要的出口物资，在世界市场上占有重要地位。2013 年中国内地茶叶产量仅次于印度，居世界第二位，茶叶出口仅次于肯尼亚、斯里兰卡，居世界第三位。新中国成立后，中国一直重视茶叶生产的恢复和发展，尤其从 20 世纪 80 年代后期开始，茶园成为各许多省（区）特色农业发展的首选，进入 21 世纪以来，随着人们生活水平的提高，作为健康饮品的茶叶市场需求量迅速增长，激发了茶园栽培范围和面积的不断扩大。中国茶园面积由 1978 年的 104.8 万 hm² 上升至 2013 年的 246.9 万 hm²，产量由 26.8 万 t 增长到 192.4 万 t，增长为原来的 7.18 倍。

茶树是热带、亚热带多年生常绿树种，越冬不耐低温，绝对最低温−8℃以下易受严重冻害，−14℃将导致死亡。最适宜生长环境是年均温 15～20℃。年降水量要求 1000mm 以上，相对湿度 80%左右，多云雾、光照成漫射的光线最为有利。土壤一般要求深厚、肥沃、排水良好的酸性沙壤土。因此，中国主产茶区分布在秦岭—淮河以南各省（区），其中以云南、贵州、湖北、四川、福建、浙江、安徽、湖南、陕西等九省（区）较为集中，种植面积都在 10 万 hm² 以上，2013 年九省（区）茶园面积达 197.6 万 hm²，占全国茶园总面积的 80.1%，产茶 163.7 万 t，占全国茶叶总产量的 85.1%。除以上省（区）外，广东、广西、江西、江苏、河南、山东等地也有部分地区种茶和进行茶叶加工。根据栽培茶树的条件和茶叶品种的差异，我国茶产区可划分为几个跨省的茶区：浙皖赣茶区，茶园主要分布于 3 省相邻的丘陵地区，2013 年茶叶产量达 31.3 万 t，以绿毛茶为主，红毛茶次之；滇川茶区，主要分布于云南、四川、贵州的山地丘陵，绿、红茶兼有，云南是红毛茶主产地，2013年茶叶产量为61.1万t，是我国种植面积最大、气候条件最稳定、原茶产量最大的地区；湘鄂茶区，湖北以产绿毛茶为主，湖南绿、红茶兼有，毛红茶产量居全国首位；闽台茶区，是中国最大的乌龙茶产区，闽南安溪有"中国茶都"之称，乌龙茶产量占全国半数以上。

（二）橡胶

橡胶是中国最主要的热带经济作物，天然橡胶兼具农产品和工业品双重性质，是国际公认的稀缺资源和战略物资，加之地理分布上有严格的界限，使之成为一种资源约束型林作物及林产业，深受国际市场关注。改革开放后中国橡胶种植面积不断扩大，产量也迅速增长。中国于1904年引种巴西三叶橡胶树苗，植于滇西盈江，但存活率不高。至1957年，扩大种植后的天然橡胶产量仅200t，且地理分布范围极小，仅限于广东省境内的个别地方，后突破18°N种植区，目前在18°~25°N、100°~120°E区域的云南、海南、广东、广西、福建等省（区）局部地区集中种植。1978年我国干胶总产量仅有10.2万t，1995年达到42.4万t，2013年全国天然橡胶产量为86.5万t，成为世界上仅次于泰国、印尼、马来西亚和印度的第五大天然橡胶产国。近年来越南橡胶产量不断增长，个别年份超过中国。我国2009年种植面积达到1463万亩（1亩≈0.067hm²），产胶64.4万t，与1978年相比产量增长了531.4%。2013年，云南产胶42.6万t，占全国总产量的49.2%，海南产胶42.1万t，占全国总产量的48.7%，是中国橡胶的主要产区。橡胶产量与气候变化关系密切，长期干旱和大雨天气都会造成橡胶产量的下降，所以橡胶种植的预期效益不稳定，胶农种植积极性不高，这也是制约橡胶种植面积迅速扩大的主要因素。中国橡胶产量虽然大有增长，但中国已成为世界橡胶第一大消费国，工业生产70%的天然橡胶依靠进口。中国橡胶栽培仍有较大潜力，事实证明，通过橡胶园经营管理体制的改革已经促进了我国橡胶产量的迅速增长，今后政府应进一步加大支持力度，实现投资主体多元化，促进橡胶种植的跨越式发展。

（三）桑园

中国栽桑养蚕的历史远早于棉花种植，早在春秋战国时期，黄河和长江中下游一带即已广植桑树，养蚕业兴旺发达，后来桑蚕又进一步向南发展，延伸至东南沿海、珠江三角洲和四川盆地地区。中国从50年代开始恢复栽桑养蚕，1970年全国蚕茧产量跃居世界首位，1982年蚕茧产量达27.1万t，是1949年产量的9倍，超过了1931年的历史最高产量22万t，创历史新高。从1995年起，由于蚕茧价格大幅下降，桑园萎缩，桑蚕茧减产，1999年减至44.7万t。之后随着丝绸和蚕丝市场需求的逐步回升以及国家政策的大力支持，桑园面积稳步扩大，2007年全国桑园面积约为80万hm²，桑蚕茧产量达到87.9万t，是迄今历史上的最大产量。

桑树喜温，对气候和土壤适应性强，除高原、山地以及北部严寒地区以外，各地都能生长；桑树向北以扩展到嫩江地区，越过了45°N的蚕业北界，为扩大桑蚕生产提供了新的经验。家蚕饲养要求温和凉爽、昼夜温差较大，湿度较低的气候条件。因此，中国亚热带地区桑树生产良好，家蚕一年三、四熟，产量较高，但蚕茧质量却不如一年两熟的暖温带产区；热带地区桑蚕一年七到八熟，蚕茧质量较低。2013年，中国桑蚕茧产量5万t以上的省（区）分别是广西、四川、广东、江苏和浙江，共产桑蚕茧65.2万t，占全国总产量的79.8%，山东、安徽、云南、河南、重庆和陕西等省（区）也有较为集中地生产。其中，广西产蚕茧

32.3 万 t，远远超过处于第二位的四川（11.3 万 t）。在这些省（区）中，广西、四川、广东和云南实行"桑基鱼塘"生产方式，综合效益较高，推广意义较大。

（四）果树

中国果树资源丰富，种类繁多，分布广泛，具有悠久的栽培历史。现有栽培果树 37 科，300 多种，品种在 1 万个以上，常见的有北方的苹果、梨、葡萄、桃、杏、枣、柿等，南方的柑橘、香蕉、龙眼、荔枝、杨梅、枇杷、芒果等。新中国成立以来，中国果树生产发展很快，尤其是改革开放以后的 15 年中，发展更为迅速，果园面积和水果总产量几乎以每五年翻一倍的速度增长（表 12-15）。1949 年全国水果产量仅有 120 万 t，人均水果拥有量不足 3kg，1980 年人均水果拥有量达到 6.9kg，1995 年为 34.8kg，2013 年增长到 170.8kg，2017 年增长到 182.07kg，极大地提高了我国居民生活水平。下面仅以表 12-15 中列举的主要水果的生产和布局做简要介绍。

表 12-15　中国 1985～2017 年部分年份果园面积和水果产量情况

年份	果园面积/万 hm²	水果总产量/万 t	苹果产量/万t	柑橘产量/万t	梨产量/万t	葡萄产量/万t	香蕉产量/万t
1985	3671.6	1163.9	361.4	180.8	213.7	36.1	63.1
1990	5318	1874.4	431.9	485.5	235.3	85.9	145.6
1995	8553	4214.6	1400.8	822.5	494.2	174.2	312.5
2000	9042.6	6225.1	2043.1	878.3	841.2	328.2	494.1
2005	10122.6	16120.1	2401.1	1591.9	1132.4	579.4	651.8
2010	10808.1	21401.4	3326.3	2645.2	1505.7	854.9	956.1
2013	11607.7	25093.0	3968.3	3320.9	1730.1	1155.0	1207.5
2017	11874.9	25688.4	3923.3	4138.1	1607.8	1366.7	1122.2
2017 年面积/产量居于前十位的省（区）	广西 陕西 广东 新疆 四川 云南 贵州 山东 河北 湖南	山东 河南 广西 陕西 广东 新疆 河北 四川 湖南 湖北	陕西 山东 河南 山西 甘肃 辽宁 河北 新疆 四川 云南	广西 湖南 湖北 广东 四川 江西 福建 重庆 浙江 云南	河北 辽宁 河南 安徽 新疆 山东 陕西 四川 江苏 山西	新疆 河北 山东 云南 河南 浙江 辽宁 陕西 江苏 广西	广东 广西 云南 海南 福建 四川 贵州 重庆

资料来源：根据中国统计局网站和中国统计年鉴（2018）公布数据整理。

苹果：属温带水果，主要分布在渤海湾沿岸、黄河中下游各省、苏皖北部和新疆伊犁等地，云贵高原和四川的山区也有少量栽培。山东曾是苹果最大产区，后来西北较为干旱的陕西、甘肃地区经种植和推广，发展极为迅速，成为仅次于华北渤海湾的第二大苹果产区，2009 年，陕西苹果产量首次超过山东，位居全国第一位。今后，苹果生产一方面要继续加强基地建设，稳定产量，另一方面巩固和扩大优质品种的栽培面积，由追求产量向提高质量转变，满足日益增大的市场需求。

柑橘：喜温暖潮湿，是一种典型的亚热带常绿果树，也是中国南方地区种植最为普遍的水果。一般年平均温度 15℃以上，冬季绝对温度不低于 −9℃，年降水量在 1000mm 左右的地区，均适于柑橘的栽培。柑橘分布广泛，中国内地 19 个省（区）均有栽培，以长江流域的四川、重庆、湖北、湖南、江西、浙江和珠江流域的云南、广西、广东以及福建产量较大，年产量在 19 万 t 以上。从市场柑橘销售的种类看，中国柑橘种植品种改良的潜力巨大，今后应加大优质品种基地建设，稳定产量，提高质量。

梨：中国大宗水果之一，但由于梨多产于山区，且不便于长途运输，再加上苹果和柑橘种植面积的扩大和市场份额的增加，梨的种植面积和产量增长相对缓慢，目前种植仍以黄河流域和淮北地区为主，另外在东北、西北和四川盆地地区也有较大产量。梨树耐旱喜温，适应性强，适宜各温度带不同土质地区种植，我国除海南外，内地各省（区）均有种植。中国历史上曾培育了诸多著名品种，如山东莱阳梨、河北泊镇鸭梨、北京京白梨、安徽砀山酥梨等品种享誉国内外，今后除需提高管理水平外，宜在渤海湾沿岸、黄淮平原、陕西泾河流域、兰州附近和四川西部地区选建或新建一批商品梨生产基地，同时加大科学研究力度，开发健康饮品或利用其药用功效研制经济价值更高的产品。

香蕉：热带、南亚热带水果，国内外市场需求量大。生长要求温度高，降水大，内地主要分布在广东、广西、云南、海南、福建、四川、贵州和重庆等省（区）。2013 年广东、海南、广西和云南的产量分别为 420.3 万 t、247.7 万 t、240.5 万 t、202.8 万 t，四省（区）产量占全国总产量的 92.0%。广东是中国名副其实的香蕉第一大产区。由于香蕉对于气候条件的要求较高，今后应以推广优良品种为主要发展方向。

葡萄：属浆果类果树，适宜温带栽培，主要分布在西北内陆、黄河中下游以及东北、浙苏皖和四川盆地地区。西北内陆地区昼夜温差大，气候干旱，是葡萄种植条件最为优越的地区。2009 年，新疆年产葡萄 223.9 万 t，以巨大的优势领先第二位的河北（137.0 万 t），是中国最大的葡萄产区。此外，山东烟台，河北张家口、沙城、怀来，北京的昌平，吉林松原、集安，辽宁锦州、本溪，山西清徐，河南民权、兰考等地都已建成中国著名的葡萄生产基地。同时，这些地区或邻近地区也以深加工尤其是酿酒作为产业链延伸，打造了诸如张裕、长城、王朝、长白山等国产的国内外知名品牌。

第四节　畜牧业发展与布局

一、畜牧业生产条件和发展状况

（一）悠久的发展历史，优越的自然环境条件

中国是驯养野生动物成为家养财富最早的国家之一。大量考古鉴定证实，对野生动物的驯养约始于 1 万年前的中石器时代末期和新石器时代初期。从出土的骨骼分布看，遍及黄河流域的甘肃、河南、河北、山东、内蒙古及长江流域的浙江、江西、湖北等地。距今五六千年前的原始社会末期，在黄土高原与黄河流域原始的畜牧业已经形成，饲养的畜种已较为齐全。到距今 2000 多年前的东周列国时代，不仅在黄河流域与中原地区有了发达的畜牧业，而且在长江流域中下游地区，如吴楚等国，也形成了畜种齐全的畜牧业生产。自汉唐以来，中国的古代畜牧业分化成发达的养马业与自给自足的小农经济畜牧业。在农业发达地区，这种小农经济的畜牧业仅是农民的副业，以饲养猪鸡为主，牛则是重要的农耕动力。这种生产模式一直持续到 20 世纪 90 年代，目前在经济社会发展程度较低的西南、西北地区仍然存在。随着农业机械化水平的不断提高，依靠牲畜提供动力的情况越来越少，加之国民消费结构的改变，畜牧业逐步变成专门为社会提供食品、毛皮等工业原料的产业，专业化水平逐步提高，

集约化和规模化生产发展迅速。我国地域辽阔，自然条件复杂，具有发展畜牧业的先天优越条件。首先在水热条件方面，中国大部分地区位于温带，同时从东向西受水分条件差异的影响，依次划分为湿润区、半湿润区、半干旱区和干旱区，既提供了丰富的畜种资源，同时使得畜牧业生产方式多种多样。另外，我国地貌类型中，高原和山地面积约占 3/5，这些地区草场面积广阔，丰富的天然草地资源为畜牧业提供了坚实的物质基础。全国共有天然草地 4 亿 hm^2，占全国土地面积的 41%，仅次于澳大利亚，居世界第二位。而且，天然草地毛面积与有效面积之比为 1∶0.84，即 84%的草地面积是可利用的，开发利用潜力大。内蒙古、新疆、青海、西藏等 4 省（区）的天然草地毛面积占全国草地面积的 64.6%，分布相对较为集中，为畜牧业的规模化生产提供了极为有利的条件。

（二）产量迅速增长，结构日趋优化

新中国成立以后，中国畜牧业经过多年的恢复和发展，无论是畜禽的数量或质量，还是畜产品结构都发生了很大的变化，而且畜产品结构日趋优化。首先，畜牧业产值占农业总产值的比重已由 1949 年的 12.4%、1978 年的 15.1%快速上升至 2018 年的 26.7%，畜牧业依托规模化养殖和产业经营加快发展，畜牧业的布局也由传统的分散型向现代的集约型转变。其次，我们分析中国畜禽养殖的数量情况（表 12-16）可以看出，改革开放以后，以马、驴、骡和骆驼为代表的役畜数量经历了先增后降的变化历程，反映了随着农业机械化水平的不断提高，传统的依靠牲畜作为农业耕作的劳力工具现象逐步消失，在诸多大牲畜中，牛的数量减少幅度最小，原因是健康饮食加大了对牛肉的需求；其他以皮、毛、肉为主要产品的猪、羊的数量基本呈稳步增长的态势。再次，从各种畜禽产品改革开放后的产量看（表 12-17），2018 年全国肉类总量、猪肉、牛肉、羊肉、牛奶、绵羊毛、细羊毛、山羊毛、羊绒、禽蛋和蜂蜜的产量与 1980 年的产量相比较，分别增长了 5.4 倍、2.8 倍、23.8 倍、10 倍、27.1

表 12-16　中国 1978～2018 年部分年份畜禽养殖情况（单位：万头、万只）

年份	大牲畜年底头数	牛	马	驴	骡	骆驼	猪	羊	山羊	绵羊
1978	9459.10	7134.6	1114.5	747.3	402.3	60.4	31970.5	30129.0	18314.2	10256.8
1980	9764.10	7330.1	1097.2	841.5	432.5	62.8	29370.2	18773	7826.4	10946.6
1985	11896.10	9166.7	1098.8	1068.9	511.3	50.4	33719.1	16623	6722	9900.9
1990	13174.55	10459.2	1009.4	1115.8	560.6	44.1	36964.6	20621	9535.5	11085.5
1995	13360.20	11031.8	871.5	944.4	478	34.5	36283.6	23728.3	12315.8	11412.5
2000	13980.90	11809.2	826	881.5	436.2	27.9	41950.5	27625	14562.3	13062.8
2005	12325.67	10503.06	719.34	730.87	345.49	26.91	41854.43	28337.61	13956.07	14381.54
2010	10580.01	9384	515.39	485.28	171.07	24.28	47074.81	28664.15	14087.44	14576.71
2013	9952.02	9007.28	415.75	383.62	117.35	28.01	47160.21	30391.28	14167.52	16223.77
2018	9877.42	9138.27	367.1	260.07	71.45	40.53	31040.69	30072.14	13723.17	16348.96

资料来源：根据中国统计局网站公布数据整理。

倍、0.9 倍、0.6 倍、1.1 倍、2.74 倍、4.4 倍和 3.6 倍。尤其是牛肉和牛奶的产量，增长最为迅速。最后，从各种畜禽产品的结构看，猪牛羊肉产量占肉类总产量的比重由 1980 年 100%下降至 2018 年的 69%，牛羊肉的比重由 1980 年的 5.9%上升到 2018 年的 14.9%，绵羊毛和细羊毛的产量增幅超过山羊毛和羊绒，各种畜产品中牛奶的增幅最大。结构变化体现人民生活水平的提高，物质生活更加丰富，畜禽产品结构逐步优化。

表 12-17 中国 1980～2018 年部分年份畜禽产品生产情况

年份	肉类 /万 t	猪牛羊 肉/万 t	猪肉 /万 t	牛肉 /万 t	羊肉 /万 t	奶类 /万 t	牛奶 /万 t	绵羊毛 /t	细羊毛 /t	山羊毛 /t	羊绒 /t	禽蛋 /万 t	蜂蜜 /万 t
1980	1205.4	1205.4	1134.1	26.9	44.5		114.1	175 728.1	69 034.5	11 686.5	4005.0		9.6
1985	1926.5	1760.7	1654.7	46.7	59.3	289.4	249.9	177 953.0	85 861.4	10 511.5	2988.8	534.7	15.5
1990	2857.0	2513.5	2281.1	125.6	106.8	475.1	415.7	239 457.0	119 457.0	16 506.0	5751.0	794.6	19.3
1995	4076.4	3304.0	2853.5	298.5	152.0	672.8	576.5	277 375.0	114 219.0	29 973.0	8482.0	1676.6	17.8
2000	6125.4	4838.2	4031.4	532.8	274.0	919.1	827.4	292 502.0	117 386.0	33 266.0	11 057.0	2243.3	24.6
2005	7743.1	6157.6	5010.6	711.5	435.5	2864.8	2753.4	393 171.6	127 862.2	36 903.9	15 434.8	2879.5	29.3
2010	7925.8	6123.1	5071.2	653.1	398.9	3748.0	3575.6	386 768.0	123 173.0	114 944.0	18 518.0	2762.7	40.1
2013	8535.0	6574.4	5493.0	673.2	408.1	3649.5	3531.4	411 122.0	133 247.0	135 330.0	18 114.0	2876.1	45.0
2018	7758.8	5410.1	4255.3	667.3	487.5	3351.2	3201.2	341120.2	108972.9	24875.3	14964.4	3309.0	44.4

资料来源：根据中国统计局网站公布数据整理。

（三）新问题不断出现，制约因素日益复杂

近年来，中国畜牧业转型步伐加快，但一些新的矛盾和问题也更加复杂尖锐。一是，产业波动常态发生，有效供给压力增大。从生产看，用地难、贷款难等问题制约规模养殖发展，由于养殖市场风险、自然灾害风险和疫病风险加大，部分散户开始退出养殖业。另外，由于畜牧业生产的周期较长，养殖户在获利时急于扩张，亏时急剧收缩，确保均衡上市的难度较大，季节性波动在所难免。从消费看，随着工业化、城镇化进程加快，城乡社会结构变化和居民消费结构升级，推动了畜产品消费结构发生重大变化，增加了保证供给的难度。二是，养殖刚性成本攀升，比较效益趋于下降。2009 年 6 月以来，饲料价格出现过快上涨，玉米、豆粕、麦麸和配合饲料价格均有大幅上涨，鱼粉价格上涨 50%以上，饲料成本占养殖成本的 70%左右，饲料价格的上升直接导致养殖成本的增加。另外，水、电、成品油等资源性产品价格也有一定幅度上涨，劳动力、防疫、环保用地等费用增加，土地资源紧缺、环保要求提高等方面的压力增大。三是，基础设施依然落后，持续发展受到制约。畜禽分散饲养比重仍然很大，还有一部分规模养殖户饲养设施设备落后，标准化和组织化程度较低，生产效率不高，畜产品质量安全隐患较大，抵御风险的能力较弱。畜牧业发展支持保护体系还有待进一步完善，畜禽标准化规模养殖、良种繁育体系建设、畜产品质量安全监管、畜牧业技术推广服务体系等方面与实际需求差距较大，制约了畜牧业的持续健康发展。

二、畜牧业生产类型区

中国各地畜牧业生产发展的条件和原有基础、特点有很大差异。大致可从东北松嫩平原西部—辽河上游—阴山山脉—鄂尔多斯高原东缘（河套平原除外）—祁连山脉（河西走廊除

外）—青藏高原东缘划一界线，此线以东以农区畜牧业为主，以西以牧区畜牧业为主；农、牧之间是一个农牧交错的过渡地带，一般称之为半农半牧畜牧区；此外，在大中城市及工矿区周围，一般都布局着副食品生产基地，称之为城郊畜牧业生产类型区。

（一）农区畜牧业

这一地区以耕作业为主要生产部门，但其畜牧业生产在全国畜牧业中却占有主导地位，而且在农区大农业生产中的地位也在逐步提高。农区畜牧业主要分布在东部季风区，北起黑龙江，南到云南、海南、台湾等东、中部大部分地区。耕地占全国总量的90%，牲畜占全国的83%，猪占全国的97%，家禽占全国的98%，黄牛占75%，山羊占70%。相应的畜牧产品中，猪肉产量占全国的97.3%，禽肉占98.5%，牛羊肉也占到一半左右。农区不仅拥有大量有待开发利用的山地坡地资源，而且是饲料粮的主要产地。畜牧业发展历史悠久，人口稠密，劳动力资源富足，经济社会发展水平高，经济技术条件好，市场需求大。因此，重视和加强农区畜牧业的建设和发展，仍将是中国畜牧业发展的重心所在。

中国农区畜牧业长期以来以自给自足的农民家庭副业形式存在，成为种植业的辅助性生产部门，这一地区相当长的一段时间内没有相对独立的饲料生产体系和供应体系，只是农户以每年收获的粮食的数量确定畜禽饲养的规模。改革开放以后，随着畜禽产品商品化和市场化的发展，畜牧业开始向生产专业化、集约化和市场化等产业化经营的方向发展，经过几年的发展，一些地区建设了一大批以产品出口国外为目的的集品种改良、幼仔孵养、畜禽饲养、产品加工等产业化经营的大型食品加工企业，但总体来说，产业化经营仍处在发展之中。

农区畜牧业在空间上存在很大差异。从东北、华北的温带农区畜牧业到长江以南的亚热带热带农区畜牧业，虽然都是结合种植业而发展的舍饲与半舍饲的畜牧业，但从畜种结构、草料来源与经营方式来看均不完全相同。例如，北方农区以黄牛、马、骡、绵羊及禽类以鸡为主的饲养结构；而南方则多水牛、猪、山羊，禽类除鸡外，还有不少水禽，如鸭、鹅等。南方农区饲料生产受热量条件的限制较少，青绿饲料丰富，冬春季节也不乏供应，北方农区冬季主要依靠饲料喂养。北方地区有较大面积的天然草地可供牲畜季节性的放牧，而南方缺乏天然草地，但由于水面分布广泛，有水生饲料可作为廉价饲料的来源，加上多山地丘陵，也有一定的草山、草坡可供放牧。因此，各地区畜禽饲养的种类和习惯存在较大差异。

农区畜牧业目前存在的主要问题有：首先，畜牧业的副业地位尚未根本改变，重农轻牧的思想普遍存在，饲料生产在很多地区未从粮食生产中分离出来，农作物生产的结构仍以"粮食—经济作物"的二元结构为主，尚未发展成"粮食—饲料—经济作物"的三元结构，这不仅给畜牧业的发展带来种种限制，同时影响耕地利用、谷类作物效能的发挥，造成资源浪费；其次，饲养结构有待进一步改善，长期以来以猪为主要饲养对象，近年来，鸡的饲养量逐步增加，但羊和牛的饲养比例增长缓慢；再次，产品流通不畅，产供销脱节问题仍未能得到根本解决，市场预期能力低，畜禽饲养季节性明显，年际差异大，市场不稳定；最后，以农户为主的饲养方式造成对流行病的反应较慢，防护措施滞后，常常带来畜禽由气候变化或病菌的传染而大面积死亡，效益极不稳定。由此，农区畜牧业的产业化发展仍有很长的路要走。

（二）牧区畜牧业

中国牧区集中分布在西部、北部和西南少数民族聚居、人口稀疏的地区，目前的经济发展水平较低，土地生产力也较低。尽管这些年种植业有所发展，特别是在可以发展灌溉农业的地区，但并不能代替原有的畜牧业。包括黑龙江、吉林、辽宁、内蒙古、河北、陕西、宁夏、甘肃、青海、新疆、西藏、四川及云南的全部和部分地区，其中，内蒙古、新疆、青海、西藏及川西被誉为我国的五大牧区。草原和草场是牧区发展畜牧业的主要物质基础。中国现有天然草地 4 亿多 hm^2，其中可利用草地约有 3.1 亿 hm^2，具备发展牧业的优良基础。全牧区不包括猪的牲畜总数占全国的 45%，绵羊占全国的 64%，绵羊毛产量占全国的 60%，山羊毛绒的产量也占到全国 52%，是中国绵、山羊及其毛绒、皮张的主要产区。本区肉类产量仅占全国的 4.5%，牛羊肉产量也只占全国的 40%，牛奶产量占全国的 1/3。因此，肉类生产大大逊于我国农区的畜牧业。

从饲养的动物上，以草食牲畜为主，放牧牲畜主要有马、黄牛、牦牛、绵羊、山羊、骆驼及鹿等。舍饲畜种，除马、驴、骡外，则以猪、鸡为主。新疆全区草食牲畜占牲畜总量的 90.6%，西藏的草食牲畜占全区牲畜总数的 93.9%，内蒙古也占到 78.6%，而全国草食牲畜仅占牲畜总数的 39.6%。牧区畜牧业地区天气干旱少雨，在没有灌溉的条件下，大部分地区宜牧不宜农。放牧的方式也是多种多样，如瞭望放牧、季节性游走放牧、冷季定居放牧、定居定牧等，以游牧和定牧为主，定牧是在建设牧民定居点发展起来的，这种方式对于牧民来说利于管理，但相对而言可能造成对草地的过牧现象。

中国牧区畜牧业发展过程存在的问题主要有以下几方面。一是经营粗放。多年来在牧业生产发展上追求牲畜数量的增长，轻视畜产品增产的效率和畜群生产性能的提高。因此，超载过牧、草场退化、畜草矛盾日益突出。加上"白灾"、"黑灾"、病虫灾害及传染病、寄生虫病等自然灾害的危害，常造成畜群的大量死亡，尤其在严重缺草的年份。虽经多年建设，但并没有从根本上改变"靠天养畜"的状况。二是自然环境的恶化。尤其近 30～40 年来日趋严重，根本原因是对自然环境与自然资源基本上只用不养，加上人口数量不断增加，进一步加大了环境承载力，这些地区本来生态环境就比较脆弱，一旦破坏，恢复的难度大，时间长。三是，牧区居民文化素质相对不高，推广牲畜科学饲养和疾病防治的难度较大，重大动物疫情一旦发生，控制难度大。加快推进基层防疫体系建设已迫在眉睫。

（三）农牧交错区畜牧业

农牧交错区畜牧业位于农区和牧区之间，在自然环境条件上，处于东部平原、山地向西部高原、山地的过渡带，半湿润、半干旱地区向干旱地区的过渡带，年降水量为 350～450mm。该地带也是旱作农业与天然草地放牧畜牧业均可适应的地带，在历史上就是游牧民族与以农为主的汉民族互相争夺、时进时退的地带。其特点是农牧并存，但又农牧分家，既非纯牧业地区，又绝非旱作农业的地区，经常发生争地争草场的农牧矛盾。这一地区兼有农区和牧区的特点。即草食牲畜以放牧为主，类同于牧区，但以定居定牧为主，集约化生产程度高于牧区；对役畜、猪、禽等畜禽采取舍饲方式，接近农区的畜牧生产方式，有较好的圈棚设施和饮水条件，但这些畜禽生产的比重较低，所占地位远不及农区。这一地区应该把畜牧业放在突出的位置，发挥农牧结合的优势，多种经营，全面发展。农业要以种植牧草和饲料为主，实行草田轮作，以农养牧，发展集约化畜牧养殖业，逐步将这一地带建设成我国草原牧区的牲畜育肥和成品加工基地。

（四）城郊畜牧业

城郊畜牧业，亦称"城市型"畜牧业，它主要是指城市郊区的畜牧业，也可包括城市市场影响强烈，主要为邻近城市服务的非城郊地区的畜牧业。城郊畜牧业与一般农区畜牧业相比，有较大的差异。城郊畜牧业作为副食品生产，在城郊农业中占有很高的地位，其生产总规模更多地取决于城市市场对畜产品的要求，而较少受制于当地粮食和饲料生产规模；畜产品中禽、蛋、鲜奶等产品的生产比重高，鹌鹑、肉鸽等特种畜禽养殖也有一定发展，不同于农区以猪为主，牧区以牛、羊为主的生产结构。此外，城郊畜牧业对产品的质量和品种要求较高，而且需均衡生产，均衡上市。因此，城郊畜牧业中各种国有和集体经营的规模化饲养场较多，趋向于高投入、密集型的工厂化商业生产，并已在城郊畜牧生产中逐渐占有主导地位。

城郊畜牧业具有优越的发展条件，市场潜力大，具有广阔的发展前景。今后，在建设集约化、产业化的城郊畜牧业过程中，除要建设好符合现代管理科学要求的经济管理体系外，还要完成相应的技术装备与生产设施的建设，并要建设好相应的生产服务体系，包括供种、供料、供草、防疫、卫生、废弃物处理与环保，以及畜产品储存、加工、收购、销售、运输、牧业机械、牧业建筑的设计施工、电子产品服务与牧业信息系统等，其中畜禽繁育、饲料工业、饲料供应、牧业机械、牧业建筑与牧业信息系统是发展城郊畜牧业的关键。同时，牢固树立环境质量意识与健康食品意识，处理好畜禽生产过程中的废弃物，加强环境保护，保证现代化城郊畜禽业健康发展，保证畜禽产品质量安全。

三、畜牧业可持续发展的对策

（一）加快畜牧业生产方式转变，大力提高行业现代化水平

为广大散养户提供优质的社会化服务，提高农户组织化程度，加强对散养农户的培训，促进散养户的规模扩大和转产转业。在大力加强专业化养殖基地建设的同时，积极鼓励基地经营管理制度创新，鼓励支持畜禽养殖集中区域进行股份制和合作制改造。对专业户和大型养殖场"强制"推行畜禽标准化生产，把专业户的标准化生产作为畜牧业生产标准化的工作重点。着眼于畜牧产业发展，着力构筑现代畜牧业新经济结构，要树立大畜牧、大产业观念，打破部门、行业和所有制界限，加快畜牧业龙头企业、批发市场和饲料兽药产业的建设，从单纯的饲养环节向生产、加工、储藏、保鲜、流通等后续环节拓展，实现畜牧业与饲料、兽药生产经营紧密衔接。

（二）构建全程化畜产品质量安全监测体系，大力提高畜产品质量安全水平

根据畜产品质量安全管理存在的问题和消费者对畜产品质量安全的要求，要坚持全程化监管原则，突出制度建设和设施建设，变被动、随机、随意监管为主动、常规和法制监管，彻底改变畜产品质量问题，确保消费者的合法权益和营养健康。加强投入品和饲养质量监管，建立和完善畜牧业投入品的禁用、限用制度，教育并指导养殖户科学用料、用药。实行市场准入制度，严格淘汰条件不符的企业和不合格产品。通过产、加、销一体化等形式，采取商品畜禽集中屠宰、主产区就近加工的方式，尽量减少活畜禽流通，建设现代化的物流体系。积极引导消费，提倡"安全、营养、健康"消费新观念，从需求方面促进安全、健康畜产品的流通和销售体系的形成。

（三）多途径开源节流，打破饲料资源制约瓶颈

加大种植业"三元结构"调整力度，实行"以饲（草）代粮"和"以饲（草）增粮"的

战略。优化畜牧业结构，继续推进"节粮型"畜牧业发展。大力发展奶牛、肉牛和肉羊等草食家畜。继续大力推广秸秆等农副产品的利用技术，加强对国内不足的饲料添加剂的开发和生产，积极开发饲料资源。

（四）加快畜牧业科技创新，促进畜牧业产业转型和技术升级

畜牧科技发展要以推进畜牧业原创性技术和重大关键技术的创新为重点，对传统技术进行改造和升级，尽快建立优质高效集约化的现代养殖体系，提高重大动物疫病控制能力，促进传统畜牧业向现代畜牧业的快速转变，为解决我国畜牧业发展所面临的资源制约问题、质量安全问题、生态安全问题和公共卫生安全问题提供支撑。

（五）大力促进畜产品加工业发展，开发绿色畜牧业产品

充分发挥畜产品加工在畜牧业现代化建设中的龙头作用，以市场需求为导向，以科技进步为突破口，采取"限小、规中、提大"战略，大力提高畜产品加工业质量安全和现代化水平。以现代化的大型畜产品加工龙头企业的发展带动现代畜牧业的快速发展。实现畜牧业可持续发展，其首要一环就是加强动物疫病防治，建立有效的动物防疫、检疫和疫病监测体系。对于危害畜牧业生产和人体健康的动物疫病，实施计划免疫和强制免疫。大力推广普及对畜禽和人体安全、高效的绿色饲料添加剂，与国际市场准入制度接轨，保证畜牧业的健康发展和畜产品安全，打造在世界市场上具有强竞争力的拳头产品和品牌。

（六）加强草原保护建设，促进草原生态和畜牧业协调发展

以科学发展观为指导，统筹兼顾草原保护、草原生态建设和畜牧业发展之间的关系，以草原生态建设、草原保护和生产方式转变为重点，尽快实现生态、生产和生活的协调发展。采取积极措施，治理和保护草地资源。加强生态环境保护意识，实行轮牧，控制草场载畜量，保护草场恒定的生产力。对大面积退化、沙化或盐碱化的天然草原，要进行封育、补播和改良，对鼠害严重的地区要采取治理措施，大力推进"退耕还林、退牧还草"政策。增加投资，搞好牧草优良品种的引种，加速人工草地建设，建立稳产、高产的牧草基地。

第五节　水产业发展与布局

一、水产业发展条件及概况

中国东、南两面临海，海域面积广阔，大陆海岸线长达 1.8 万 km，其中 200m 等深线以内的大陆架面积有 81.8 万 km^2，是世界上最宽的大陆架之一。中国海域南北跨越纬度 44°，包括热带、亚热带和温带，沿海暖流与寒流多处交汇，又有大江大河从大陆注入，带来了丰富的有机物质，海藻和大量浮游生物生长茂盛，又是鱼类洄游、索饵、产卵的良好场所，因此，我国沿海鱼类群集，品种繁多，水产丰富。渤海、黄海、东海、南海四大海域总面积达 4703 万 km^2，其中可捕捞、养殖的鱼类有 1694 种，经济价值较大的有 150 多种。四大海域管辖的面积近 300 万 km^2，15m 等深线以内的浅海和滩涂面积 12 万 km^2，可供养殖的约 1.62 万 km^2。潮间带滩涂面积近 242 万 hm^2，实际已利用的仅有 55.6 万 hm^2，有巨大的开发潜力。另外还有 6500 多个岛屿，岛屿海岸线 1.4 万 km。我国内陆的江河湖泊纵横密布，

尤其是长江中下游地区,内陆水域总面积达 17 万 km^2,可开发淡水养殖的面积有 5.66 万 km^2,仍有较大开发潜力。物种资源方面,悠久的自然进化史加上复杂多样的自然环境,孕育了种类繁多的水生生物资源。海洋水产资源方面,我国沿海有各种鱼类资源 3000 多种,其中较为重要的经济鱼类有数百种,如带鱼、大小黄鱼、鳕鱼、金枪鱼、牙鲆等;软体动物类有乌贼、鱿鱼、海蜇等;虾蟹类有对虾、龙虾、梭子蟹等;头足类、贝类、鲸类资源也极为丰富。我国淡水鱼类资源的丰富程度居世界首位,较为重要的经济鱼类有 50 多种,如青鱼、草鱼、鲢鱼、鳙鱼、鲤鱼、鲫鱼、鳊鱼等,都是经济价值很高的鱼类。此外,淡水中的虾、蟹、贝以及莲、藕、菱、芡实等有价值的水产资源也相当可观。

新中国成立以后,中国加强渔业管理法规体系建设,加大渔业基础设施建设投资,贯彻"以养为主"的指导方针,加大渔业生产结构调整,充分利用国内国外两种资源,渔业得到了快速的发展。首先,渔业在农村经济和对外贸易经济中的地位和作用日益增强。渔业产值由 1978 年的 1.6%提高至 2013 年的 9.9%,年增长率近十年来一直维持在 5%~6%左右,渔业在农业各行业中的地位不断提升;渔民的年收入由 2000 年的 4729 元增至 2009 年的 8166元,远高于普通农民的 5047 元,渔民年收入快速增长;2009 年,我国水产品进出口总量 667.9万 t,总额 159.6 亿美元,其中出口额 107 亿美元,实现贸易顺差 54.4 亿美元,水产品出口额继续位居大宗农产品出口首位,约占农产品出口额的 27%。其次,渔业综合生产能力显著增强。渔民人均水产品产量由 1978 年的 15.28kg 上升至 2005 年的 168.65kg,渔业生产能力大大增强;人均水产品拥有量由 1978 年的 4.9kg 上升至 2013 年的 45.5kg,国民水产品生活水平不断提升;从 1990 年起,我国水产品产量一直居世界首位,产量占世界总产量的 1/3左右。再次,渔业生产结构不断优化,我国实行"以养为主,养殖、捕捞、加工并举,因地制宜,各有侧重"的方针,使养殖与捕捞的比例得到根本调整,养殖产量在总产量中的比重由 1978 年的 26%上升至 2009 年 70.8%,捕捞产量的比重则从 74%下降到 29.2%。在捕捞产量中,海洋捕捞产量从 2002 年起实现了"零增长"。第四,法律法规等制度体系建设不断加强,渔业管理逐步科学化。为了规避市场经济对自然环境的强力冲击,渔业发展中的不合理竞争,我国相继出台了包括《中华人民共和国渔业法》、《中华人民共和国物权法》、《中国水生生物资源养护行动提纲》和《关于全面推进水产健康养殖加强水产品质量安全监管的意见》等一系列配套的法规和实施意见,从内陆到沿海形成了一支统一领导、分级管理、初具规模的渔业执法队伍,渔业资源和生态环境保护力度加大,渔业管理的观念和方式发生了重大转变。最后,渔业安全生产与涉外管理明显加强。我国政府积极参与国际及地区渔业事务,推进渔业领域的合作与交流,认真履行自己承担的义务,重视公海渔业资源的养护和管理,本着严格遵守国际渔业法规,充分注意保护海洋生态环境,在平等互利的基础上,积极开展与有关国家的渔业合作和公海渔业生产。同时在经济、科技、水产品国际贸易等领域广泛开展国际渔业合作。我国渔业的发展道路,既符合我国国情,也符合世界渔业的发展方向。

当前中国水产业的发展也出现了日益突出并亟待解决的问题。首先,随着城市化进程的加快,工程建设、滩涂围垦、水域污染日益危害着水产业资源的可持续开发和利用,水产业养殖水域扩容难度加大,水生生物赖以生存的生态环境遭到破坏,水产业可持续发展的资源环境刚性约束和生物多样性保护的难度不断加大。其次,随着经济的发展和人民生活水平的提高,国内外消费市场对水产品质量安全要求越来越高,但目前我国水产养殖不合理用药现象仍较为普遍,水产品质量安全形势不容乐观。再次,水产业科研水平和技术推广能力无法满足渔业增长方式转变的迫切需求,水产业增长方式转变的科技支撑能力薄弱。最后,远洋渔业国际竞争日趋激烈，世界渔业技术正沿着捕捞船舶大型化、捕捞设备自动化、渔场确定智能化、鱼货处理冷链化的方向发展，而发达的远洋渔业国家在技术方面对我国实行了严格的封锁，我国远洋渔业国际竞争力相比不断减弱，可持续发展面临挑战。面对这些问题，我国水产业的发展，必须加强法制建设，实现科学管理；坚持以人为本，促进和谐；坚持统筹兼顾，实现可持续发展；坚持资源节约，转变增长方式；坚持自主创新，提升发展质量；坚持对外开放，增强经济活力。

二、海洋水产业的发展

中国水产品生产方面，海洋渔业一直占主导地位，表 12-18 显示，1980 年海水产品产量占水产品产量的 72.4%，随着淡水养殖业的快速发展，海洋水产品产量比重正逐步下降，到 2013 年已下降至 50.9%。但海洋渔业与淡水渔业相比有更大发展潜力，应是国家水产业发展的主体，因此，不管是过去还是将来，海洋渔业在渔业经济甚至是国民经济中都将居于重要地位。中国海洋渔业在新中国成立后得到迅速发展，特别是改革开放以后，2018 年海洋水产品产量达到 3282.5 万 t，是 1980 年产量的 10 倍。海洋渔业分为海洋养殖和海洋捕捞，改革开放以后，中国海洋捕捞产品产量由 281.3 万 t 增至 2018 年的 1217.17 万 t，增幅 332.7%。但海洋捕捞产品占总海水产品的比重逐步下降，由 1980 年的 86.4% 下降至 2018 年的 37.1%，相反，海水养殖发展迅速，地位逐步提高。反映出我国海水养殖技术不断提高，也映衬出中国海洋捕捞尤其远洋捕捞技术竞争力逐步下降，2009 年中国远洋渔业总产量为 98 万 t，仅占海水产品的 3.7%，远低于世界平均水平，总产值 90 亿元，产量和产值相比 2008 年分别下降 16% 和 12%。海洋捕捞产量下降除技术原因外，还受到近海海域渔业资源状况逐年下降和日益复杂国际的海域环境等因素的影响。但中国远洋渔业公海资源捕捞范围正日益扩大，2009 年中国参与了南极海洋生物资源的开发利用，中国渔业参与国际渔业资源开发和管理的深度正逐步加大。

表 12-18　中国 1980～2018 年部分年份水产品产量及其结构情况

项目	1980 年	1985 年	1990 年	1995 年	2000 年	2005 年	2010 年	2013 年	2018 年
水产品总产量/万 t	449.7	705.2	1237.0	2517.2	4278.5	5107.6	5373.0	6172.0	6480.4
海水产品产量/万 t	325.7	419.7	713.3	1439.1	2538.7	2838.3	2797.5	3138.8	3282.5
海产品占水产品比重/%	72.4	59.5	57.7	57.2	59.3	55.6	52.1	50.9	50.7
海洋捕捞产量/万 t	281.3	348.5	550.9	1026.8	1477.5	1453.5	1315.2	1399.6	1217.17
海洋捕捞占海产品比重/%	86.4	83.0	77.2	71.4	58.2	51.2	47.0	44.6	37.1
海水养殖海产品产量/万 t	44.4	71.2	162.4	412.3	1061.3	1384.8	1482.3	1739.2	2065.33
海水养殖产品占海产品比重/%	13.6	17.0	22.8	28.6	41.8	48.8	53.0	55.4	62.9
淡水产品产量/万 t	124.0	285.4	523.7	1078.1	1739.7	2269.3	2575.5	3033.2	3197.71
淡水产品占水产品比重/%	27.6	40.5	42.3	42.8	40.7	44.4	47.9	49.1	49.3
淡水捕捞产品产量/万 t	33.8	47.6	78.3	137.3	226.4	258.8	228.9	230.7	184.12
淡水捕捞占淡水产品产量比重/%	27.3	16.7	15.0	12.7	13.0	11.4	8.9	7.6	5.76
淡水养殖产品产量/万 t	90.1	237.8	445.4	940.8	1513.4	2010.5	2346.5	2802.4	3013.59
淡水养殖产品占淡水产量比重/%	72.7	83.3	85.0	87.3	87.0	88.6	91.9	92.4	94.2

资料来源：根据中国统计局网站公布数据整理。

中国海域辽阔，根据自然条件、所处海域、海洋水资源和生产特点，海洋水产业可分为渤海、黄海、东海和南海等四大海区渔场。

渤海海域渔场：渤海位于中国北部，三面为大陆环绕，属于内海，总面积 7.7 万 km²，平均水深 18m，海底地形平坦；辽河、海河、滦河、黄河等河流入海，带来大量的有机质，沿海浮游生物丰富，天然饵料多，是鱼类重要的产卵和索饵场所；主要水产种类有小黄鱼、带鱼、鳓鱼、对虾、毛虾、海蟹等，也是我国海参、鲍鱼、扇贝等海珍品主产区之一。渤海海域曾是中国北方海洋渔业的资源宝库，由于历史上的酷渔滥捕，加上石油开采和其他工业污染，以及沿岸工业的影响，资源衰退严重，带鱼、小黄鱼等主要经济鱼类产量极度下降，持续发展受到严重威胁。渤海水浅坡缓，是我国海水养殖业发展最为优越的海域，今后应进一步加强管理，贯彻"以养为主"的指导方针，控制捕捞，加强养殖和濒危资源拯救，促进海洋渔业的可持续开发利用。

黄海海域渔场：黄海海域位于中国大陆与朝鲜半岛之间，为浅海大陆架，总面积约 38 万 km²。黄海北部较深水域有一冷水团，是我国冷水性鱼类主要分布区；黄海暖流和台湾暖流影响黄海海域，形成一个外海高盐水体与沿海低盐水体的混合区，构成黄海渔场另一个特殊的生产环境；因此，黄海渔场经济类鱼类资源极为丰富，多达 300 多种，以暖性鱼类为主，主要有大黄鱼、小黄鱼、带鱼、墨鱼、鳕鱼、鲅鱼、鲐鱼、鳓鱼以及对虾等资源。黄海沿岸淤泥质海岸和基岩海岸并存，港湾众多，同时入海河流携带较多有机质入海，浅海海域和大陆架海域面积比例非常适宜海水养殖业的发展，是对虾、海参、扇贝、鲍鱼、鲻鱼、梭鱼等海珍品的天然养殖场所。近年来，这些海珍品的养殖业发展迅速，这一海域海水产品养殖产量已占全国海水养殖产品总量的半数以上，也是中国各海域中海水养殖和海产品加工发展最为迅速的地区之一，在全国海洋渔业中占有重要地位。

东海海域渔场：东海是中国最大的海洋渔业区，沿岸多基岩海岸，海岸曲折，优良港湾数量多，再加上岛屿星罗棋布，是中国发展近海捕捞最为优越的海域。此外，沿岸有长江、钱塘江、闽江等大河入海，水量大且较为稳定，有机质和矿物质饵料丰富；沿岸又是黄海沿岸流和台湾暖流的交汇处，鱼类资源极为丰富，盛产带鱼、大黄鱼、小黄鱼、墨鱼、马面鲀、鲂鱼、鲳鱼、鳓鱼、海蜇等。新中国成立以来，东海海域捕捞业迅速发展，再加上渤海、黄海海域捕捞资源的衰退，大量渔船前往这一海域作业，因此，目前这一海域的渔业资源同样面临着过度消耗的威胁。应调整产业机构，坚持远海捕捞和近海养殖并重，以养殖为主，保证渔业经济的可持续发展。

南海海域渔场：南海位于中国最南部，海域十分辽阔，东北面与东海相接，东与太平洋、南与印度洋沟通，鱼类资源兼有东海、太平洋和印度洋的种类，资源极为丰富。南海位于亚热带和热带地区，海水温度高，年际变化小，鱼类生产迅速，可常年捕捞作业。海域沿岸有珠江、韩江、釜江、南渡江、龙门江及红河等注入，沿海一带饵料丰富，海区岛屿众多，是发展海洋捕捞业的优越海域。南海海域是新中国成立后重点开发的海洋渔业区，目前海洋捕捞量约占全国的 27%，仅次于东海位居第二位。南海盛产蓝圆鲹、金鼓鱼、马面鲀、带鱼和沙丁鱼等珍贵品种，同时也是旗鱼、鲨鱼、金枪鱼特别是鲸鱼、海豚等大型鱼类及哺乳类的出没海域，发展潜力巨大。目前，南海海域捕捞业仍以近海为主，由于南海海域复杂的海水运动和气候条件，远海捕捞还有待进一步拓展。

三、淡水水产业的发展

淡水水产业是中国内陆地区居民同时也是中等收入阶层主要的水产品食物来源,在提高人们日常生活水平上具有更为重要的作用。我国一直重视淡水水产业的发展,相比海洋水产业,我国淡水养殖技术发展迅速,淡水水产品产量占水产品总产量的比重不断提高,由 1980 年的 27.6%稳步提高至 2013 年的 49.1%,2013 年淡水水产品总量达 3033.2 万 t,是 1980 年产量的 24.5 倍,增幅远大于同期海洋水产品的增幅。同时,由于我国人工孵化鱼苗技术成熟,淡水养殖,风险小,成本低,而市场需求大,具有投资少,收效快,资金周转期短等优点,发展极为迅速。以往单纯依靠捕捞的渔业结构得到彻底转变,淡水捕捞水产品产量由 1980 年的 27.3%下降至 2013 年的 7.6%,淡水养殖水产品产量比重则升至 92.4%,淡水水产业结构较合理。区域分布方面,2013 年淡水水产品总量超过 100 万 t 的省(区)依次是:湖北、广东、江苏、江西、湖南、安徽、山东、广西和四川,产量占全国总产量的 74.9%;淡水养殖水产品总量超过 50 万 t 的省(区)依次有湖北、广东、江苏、江西、湖南、安徽、山东、广西、四川、浙江、辽宁、福建、河南和河北,产量占全国淡水养殖水产总产量的 89.0%。由此可以看出,淡水养殖业已成为各省(区)淡水水产业发展的主体,我国淡水水产业主要分布在长江、珠江、淮河、黄河等大河流域。

中国淡水水产业根据发展的自然条件、渔业资源和渔业生产状况的差异,可分为以下六个淡水渔区。①长江、淮河、钱塘江流域淡水渔业区:包括伏牛山、淮河以南的湖北、湖南、江西、安徽、浙江、上海的全部和河南、山东的部分地区,这一地区江河湖沼塘库密集,气候适中,雨量充沛,水域辽阔,是全国最大的淡水渔业区,水域面积达 800 多万 hm^2,占全国的 45%左右,养殖面积 200 多万 hm^2,占全国的 50%左右。淡水水产业主要集中在以洞庭湖、鄱阳湖、洪湖、太湖、巢湖和微山湖等六大湖群地区。淡水养殖技术先进,人均产量大,效益好,以精养鱼塘集约化生产为主,湖、河、水库增值捕捞为辅,同时也是我国稻田养鱼模式的集中分布区域。②珠江中下游流域淡水渔业区:包括广东、广西、福建、海南等省(区),是我国纬度最低、降水量大的地区,渔业资源丰富,发展条件好,为全国淡水鱼单产最高的区域,全区总水域面积约 143 万 hm^2,可供养殖水域面积约 70 万 hm^2。广东、广西一带的"桑基鱼塘"、"蔗基鱼塘"在这一地区发展历史悠久,其合理的人工生态系统和先进的养鱼技术久负盛名。③黄河、海河流域淡水渔业区:包括秦岭—淮河以北、长城以南、黄土高原西缘以东的山东、河北、天津、北京、山西的全部以及陕西、河南、宁夏和甘肃的大部分地区。全区水域面积约 96 万 hm^2,占全国的 5.4%,2013 年全区淡水水产品总量 368.5 万 t,占全国总量的 12.1%,淡水养殖业技术较为先进,经济效益高于西北和东北内陆地区,主要依赖于平原地区的湖滨、湖滩地、低洼地、河滩地和坑塘修建的人工鱼塘,生产水平有限,且随市场变化大,产量稳定性不高。④辽河、黑龙江流域淡水渔业区:包括东北三省和内蒙古东部地区,内陆水域总面积约 222 万 hm^2,以江河、湖泊等大水面居多,池塘等小型宜养水面比重小,生产主要依赖于由低洼地建成的鱼塘,单产低,发展缓慢,发展潜力巨大。⑤长江、珠江上游流域淡水渔业区:包括云、贵、川、渝四省以及广西、湖南的部分地区,本区山地、高原面积大,平原、山间盆地面积小,除四川外主要依靠高原湖泊发展淡水养殖业,经营较为粗放,单产较低,但近几年以云南抚仙湖和滇池为代表的"莲鱼种养"模式取得较大突破,是值得推广的渔业综合生产方式。四川稻田养鱼模式技术成熟,综合经济效益高,是这一地区淡水水产品产量的主体产区。⑥蒙新青藏内陆淡水渔业区:包括新疆、西藏、青海的全部以及内蒙古、甘肃、宁夏的部分地区。蒙新地区多咸水湖，多数属中等或贫养性水域，养殖条件差，总体来说不具备大力发展淡水养殖业的条件，水产业产量低，经济效益差。青藏地区属于我国的高寒地区，湖泊面积大，但淡水养殖自然条件差，再加上多是我国的少数民族地区，经济社会发展水平滞后，淡水养殖技术推广难度大，发展缓慢。

参 考 文 献

国家统计局. 2009. 中国统计年鉴. 北京：中国统计出版社.

胡欣. 2007. 中国经济地理（第6版）. 上海：立信会计出版社.

胡欣. 2010. 中国经济地理——经济体成因与地缘构架（第7版）. 上海：立信会计出版社.

李振泉，杨万忠，陆心贤. 1999. 中国经济地理. 上海：华东师范大学出版社.

刘明光. 2010. 中国自然地理图集. 北京：中国地图出版社.

王静爱. 2007. 中国地理教程. 北京：高等教育出版社.

王静爱，左伟. 2009. 中国地理图集. 北京：中国地图出版社.

吴传钧. 1998. 中国经济地理. 北京：科学出版社.

赵济. 1995. 中国自然地理. 北京：高等教育出版社.

赵济，陈传康. 1999. 中国地理. 北京：高等教育出版社.

中国农业部. 2010. 2010中国农业发展报告. 北京：中国农业出版社.

周立三. 2000. 中国农业地理. 北京：科学出版社.

思 考 题

1. 简述新中国成立后我国第一产业发展的政策变化及产业结构的演化特征。

2. 简述新中国成立后我国第一产业布局与优化的策略。

3. 分析我国粮食生产现状的特征和成因。

4. 分析中国主要粮食作物和经济作物的空间布局。

5. 结合实际，分析保证国家粮食安全的重要性和主要对策。

6. 分析我国经济作物生产与发展的基本特征。

7. 分析我国林业发展的条件和现状特征。

8. 简要说明我国的主要林区和经济林空间分布状况。

9. 简述我国畜牧业发展的主要类型和发展对策。

第十三章　中国第二产业发展与布局

第二产业是对初级产品进行再加工的部门。中国第二产业包括工业（采掘业、制造业、电力、煤气及水的生产和供应业）和建筑业。从整体上看，中国目前仍处于工业化中期，第二产业在国民经济建设中起着重要作用，是中国当前要重点发展的支柱产业之一。本章重点介绍工业的发展与布局。

第一节　概　　述

新中国成立以前，中国工业落后，工业部门不全，生产水平较低，机器设备 80% 以上依赖进口，工业化步伐缓慢。新中国成立伊始，中国政府便把加速推进工业化进程，作为推动国民经济快速增长的主要动力，工业取得了巨大成就，基本上形成了门类齐全、相对独立和一定规模的工业体系，工业化水平大大提高。目前中国已经成为世界上工业生产大国之一。特别是能源和主要原材料工业的生产规模，已居世界前列。中国生产的工业品已经大量出口到全球 100 多个国家和地区。中国的工业化进程之快是西方工业国家所不能比拟的。

一、新中国成立后中国工业的发展历程

（一）20 世纪 50 年代

新中国成立后，1950 年朝鲜战争爆发，西方国家对中国实行经济封锁。为了迅速加强国家实力，在"一五"期间，中国确定了"优先发展重工业"的工业化道路。

新中国成立初的恢复时期和"一五"时期，由于政治安定和经济建设方针、工业建设布局方针基本正确，整个国民经济、其中包括工业，获得快速发展（工业年平均递增 17.8%）。

"一五"时期的工业投资，体现了"优先发展重工业"的方针。在工业基本建设总投资中，冶金工业居第一位，占 18.6%，其次是机械（主要是军工）、煤炭、电力、化学、石油，加上森林与建材工业，重工业部门的总投资约占 89%。轻工业中以纺织工业为主，其次是食品工业中的制糖工业。

（二）20 世纪 60～70 年代

1957 年反右斗争中滋长起来的"左"倾思想很快被带到经济建设中，改变了经济的发展进程。1958 年制定了社会主义建设"总路线"及一整套两条腿走路的方针，进一步强调了要优先发展重工业；"二五"期间全国建设的大中小型项目达 21.6 万个。在"大跃进"的高潮中，工业遍地开花；实行"以钢为纲"的方针。"大跃进"欲速不达，给国家带来了巨大的经济损失。"二五"期间，全国工业增长速度年均只有 1.63%。20 世纪 60 年代初期，国际政治发生了重要变化，全国突击进行"三线"建设，从单纯国防观点出发，工

业布局中较少考虑经济、社会、环境效益（吴传钧，1998）。

1972 年中美两国在上海发表联合公报，标志着中美两国在对立了 20 多年之后，开始走向关系正常化。1973～1980 年以引进项目为中心的工业建设，是针对 20 世纪 60 年代后期以来全国工业结构上存在的主要问题而安排的。在投资方向上主要是电力工业，其次是化学工业和钢铁工业，以解决极为紧张的原材料和电力供应问题。此外，为了解决轻重工业比例严重失调问题，轻纺工业的投资也明显提高。这对于改善当时国民经济严重的失调局面，增强经济实力起了积极作用。

（三）20 世纪 80～90 年代

20 世纪 70 年代末，中国经济发展发生了重大转折。1979 年中央确定在广东、福建两省实行"特殊政策、灵活措施"，自此，开始了改革开放的新时期。1980 年中央批准了"广东省经济特区条例"，随即深圳、珠海、厦门、汕头四个经济特区的建设全面展开。1984 年年初，开放沿海 14 个港口城市。1985 年年初至 1987 年年底，珠江三角洲、长江三角洲、闽南漳、泉、厦三角地区及山东半岛、辽东半岛等开辟为沿海经济开放区。这些特区和开放城市组成了中国沿海开放地带和工业城市群，是中国经济最发达的地区，具有工业、农业、交通、贸易、信息、科技和教育方面的优势。沿海开放地带经济发展的主要任务是大力开展国际经济技术交流，引进国外先进技术，改造传统产业，发展新兴产业，同时要将消化了的引进技术向内地转移，扩大横向经济联合。根据不完全统计，1981～1984 年，广东与福建两省通过中外合资经营、中外合作经营、外商独资经营等形式引进外资 20 亿美元。上海、苏南地区、青岛、天津、大连等都对原有部分工业企业进行了大规模的设备更新和技术改造，电子、家用电器、机械、纺织、食品等工业有了很大的发展。

第六个五年计划至第七个五年计划期间，中国工业的年平均增长速度达到 14%以上。明显高于 GDP 的年平均增长速度。自 1979 年开始的 3 年经济调整至 20 世纪 80 年代中期，中国工业的发展方向是加强能源工业和轻纺工业，开工并建成了一大批大型水、火电站，特别是水电投资比重增加，在一定程度上缓和了东部沿海地带能源紧缺的矛盾。与此同时，进一步增加了对轻工业的投资，使其占工业基本建设总投资的比重由"五五"时期的12.7%上升到15.5%，较好地满足了市场需求。

20 世纪 90 年代是中国国民经济快速、持续、健康发展的时期，也是中国工业生产迅速发展、生产水平明显提高、 宏观结构得到改善的重要发展时期。1991～1995 年，全国工业总产值年平均增长超过 20%。1990 年中国工业总产值达到 23924 亿元（当年价），其中轻工业和重工业分别为 12111 亿元和 11813 亿元。煤炭产量超过 10 亿 t，发电量超过了 6000 亿 kW·h，钢产量超过 6600 万 t，水泥超过了 2 亿 t。中国已经成为原材料生产的大国。

（四）21 世纪以来

自进入 21 世纪，尤其是经过改革开放 40 多年来的发展，中国工业生产能力快速增强，工业规模不断扩大。目前，中国主要工业产品的生产能力和产品产量居世界前列（表 13-1）。中国工业增加值由 1978 年的 1622 亿元增长至 2018 年的 30.5 万亿元，国内生产总值占世界的比重从 1978 年的 1.8%增加到 2018 年的 15.9%，中国制造业在全球的地位也在不断攀升，2000 年居世界第四位，2007 年提升至第二位，2010 年跃居首位，此后中国制造业在全球占比第一的地位一直延续至今，成为全球重要的制造业大国，在冶金、化工、纤维、服装、机械、电子通信设备、交通运输设备制造等领域，中国所占的份额更高，例如，2008 年，中国粗钢产量占全球的 35%，水泥产量占 45%，彩电、冰箱、服装等产品产量占全球的比重都在 30% 以上。

表 13-1　中国主要工业产品居世界的位次

主要工业产品	1978 年	1990 年	2000 年	2005 年	2008 年	2012 年	2018 年
钢	5	4	1	1	1	1	1
煤	3	1	1	1	1	1	1
原油	8	5	5	5	5	4	6
发电量	7	4	2	2	2	1	1
水泥	4	1	1	1	1	1	1
化肥	3	3	1	1	1	1	1
棉布	1	1	2	1	1	1	1

资料来源：国际统计年鉴，2010，2013，2019。

改革开放以来，中国逐步确立了在国际分工中的"世界工厂"地位，成为全球工业品消费市场的主要供应者和生产加工基地。2006 年，中国产品出口贸易额占世界出口额的比重已经达到 8%，成为继美国和日本之后的世界第三大出口国，部分工业制成品的国际市场占有率有绝对优势。例如，服装出口额占世界服装出口额的 30.6%，纺织品占 22.3%，办公和通信设备占 19.8%，机械和运输设备占 10.5%。中国国内广阔的市场、优惠的政策、低廉的成本、相对完整的工业配套体系，吸引大量的外商直接投资进入中国的工业部门，尤其是 1995 年、2003 年形成两个增长高峰。这些以跨国公司为主导的外商投资，从全球网络的角度进行生产和运营，进一步强化了中国作为世界性生产加工基地的地位，也推动了中国出口贸易额的快速增长。

二、中国轻重工业结构的发展变化

（一）第一个时期（1949～1978 年）

1949～1978 年，中国的工业发展是以重化工业为先导，走的是优先发展重工业的路子（图 13-1）。1949 年以前，中国经济是一种传统的农业经济，近代工业几乎没有得到发展，工业基础十分薄弱，行业种类少，规模小，特别是代表当时先进技术的汽车制造业、飞机制造业、石油化学工业、精密机床工业等重工业，均处于薄弱状态，有些领域甚至是空白。轻工业以单一纺织业为主，工业水平相当落后。1949 年，中国开始对国民经济进行恢复性建设，从 1953 年开始了大规模的工业化建设，重工业产值在轻重工业总产值中所占的比重不断提高（鲁峰，1999）。在一定历史条件下建立起比较完整和相对独立的工业体系是必要的，因为重工业是推动整个国民经济发展的重要手段。但是由于过多强调重工业优先发展战略，忽略了轻重工业协调发展的重要性，生产要素的投入过多向重工业倾斜，轻重工业出现了失衡。主要表现在工业生产资料过多用于重工业自我发展，从而使关系到人们生活的工业消费品缺乏，人们对工业品的消费受到限制。

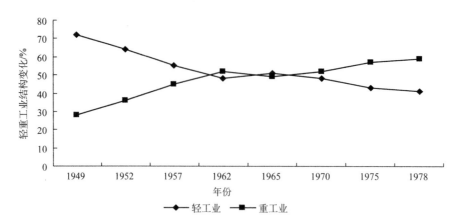

图 13-1　1949～1978 年中国轻重工业结构的变化（王庆和杜纲，2009）

（二）第二个时期（1978～2011 年）

在第二个时期内又可分为四个阶段（图 13-2）。

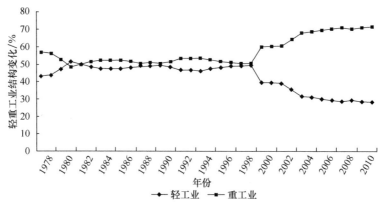

图 13-2　1978～2011 年中国轻重工业结构的变化

资料来源：中国工业经济统计年鉴，2012

（1）第一阶段，1978～1982 年。从 1979 年开始，国家有计划地放慢了重工业的发展速度，采取一系列积极发展轻工业的政策措施，在投资分配上，提高了对轻工业的投资比重，对轻纺工业实行六个优先的原则，即原材料、燃料、电力供应优先，挖潜、革新、改造的措施优先，基本建设优先，银行贷款优先，外汇和引进技术优先，交通运输优先。把发展消费品生产放在重要地位，促使轻工业高速增长。1981 年进一步调整了轻重工业的投资比例，使用于轻工业的基本建设投资占总投资比重由上年的 8.1%上升到 11.4%，迅速扩大了生产能力。同时各行各业大力支援轻工业生产，从而有力地促进了轻工业的发展。1981 年，轻工业总产值为 2781 亿元，比上年增长 14.3%，占全部工业总产值的比重，从 1980 年的 47.1%上升到 1981 年的 51.5%，超过了重工业。

（2）第二阶段，1982～1990 年，从轻工业发展较快和产值所占比重不断升高的阶段，到轻重工业产值发展相对平衡的阶段。在这一时期，能源生产发展较快，为冶金工业、建材工业、化学工业和机械工业的发展提供了较多的能源；固定资产投资规模的扩大和农村对农业生产资料的需求量增加，促进了重工业特别是机械制造工业、建筑材料工业的增长；轻工业的迅速发展，对工业原材料和轻工设备的需求不断增加，进一步扩大了重工业的发展（赵济等和陈传康，1999）。这期间，国家通过调整轻重工业在国民经济基本建设中的投资比重，使得轻重工业之间保持了相对平衡的发展速度。

（3）第三阶段，1991~1997 年，轻重工业结构出现了小幅波动。产生这种波动的主要原因是，随着人均国民收入水平的提高，居民对机电工业提供家电产品的需求增加，工业结构有再次出现重型化的趋势。1996 年成功实现"软着陆"，轻重工业产值的比重达到了相对平衡。

（4）第四阶段，1998~2011 年，轻重工业产值从相对平衡，到重工业产值所占比重较高的发展阶段。自1998年受亚洲金融危机的影响，多数传统工业行业生产能力过剩和国内有效需求不足，国家和企业被迫进行工业产业结构调整，压缩过剩生产能力、淘汰落后生产能力。国家实施积极的财政政策，增加基础设施投资，从而使重工业得到发展，特别是2000 年以来，中国的投资率一直保持在 36%以上，固定资产投资持续高速增长，2005 年达到 88000 亿元。这些投资主要投向了交通运输、能源、经济技术开发区、房地产以及企业的设备更新，其中 60%的投资用于购买能源、原材料和机电设备，因此形成了对重化工业产品的旺盛需求。城乡居民消费需求结构的变化，表现在对重化工产品的需求。城镇化进程的加快，增加了对钢材、建筑材料的需求。这些都拉动了重工业生产的增长，从而使重工业产值不断上升。到2007年，重工业产值所占比重达到 70.5%，轻工业产值占 29.5%。2008 年，美国次贷危机引发的全球金融危机，对中国出口贸易和经济的发展也产生了严重的冲击。中国实施积极的财政政策和适度宽松的货币政策，从 2008 年四季度中央财政增加投资 1000 亿元人民币，用于加快民生工程、基础设施建设和灾后重建等，从 2008 年四季度到 2010 年年底，中国用于这些领域的投资将增加到 4 万亿元人民币。这些措施的实施，进一步促进中国重工业的发展，重工业在工业总产值中所占比重在一定时期内在高位运行。2011 年，重工业所占产值比重达 71.8%。

（三）第三个时期（2011 年至今）

2011年以来，由于中国工业结构长期快速的重型化发展，工业部分行业出现产能过剩问题，严重阻碍了工业经济的平稳较快发展。化解过剩产能成为这一时期促进工业转型升级的重点，工业结构进入重工业优化回调阶段（邓洲等，2019）。2014年，工业和信息化部发布《部分产能严重过剩行业产能置换实施办法》，在京津冀、长三角、珠三角等环境敏感区域，实施减量置换，通过严控增量、优化存量并举的方式化解过剩产能。2015年，国家针对由于供需结构不平衡的结构性矛盾进行供给侧改革，部分重工业过剩产能得到出清。同时，随着各项政策的落实及产能过剩倒逼企业技术升级、战略调整甚至战略退出效应充分发挥，居民对高质量的轻工业产品需求增加也进一步拉轻工业提质升级。在此背景下，轻工业占比开始回升，但由于重工业产值基数过大，回升速度较为缓慢（图13-3）。

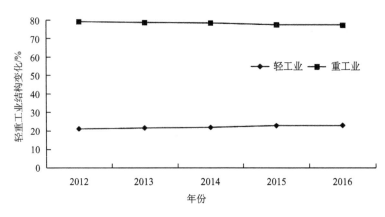

图13-3 2012～2016年中国轻重工业结构的变化

资料来源：中国工业统计年鉴 2017

三、影响中国工业布局的主要因素

分析中国工业发展和布局的大量实例和经验教训，总结一系列工业宏观布局和重大项目布局过程中领导者和专家们的决策标准，可以看出，影响中国工业布局的因素是非常复杂的。尤其是改革开放后的 30 年，中国工业结构与空间格局演变是传统区位因子与新兴驱动因子综合作用的结果，如国际分工、技术进步、资源环境约束、政策体制等因素，既有自然的、经济的、人文的因素，也有技术和政策方面的影响。

（一）自然因素

自然条件与自然资源为中国工业生产发展和布局提供了不可或缺的空间与场所、水源及各种天然矿物资源和原料等，并影响中国工业生产的部门结构和空间结构。

1. 提供空间和场所

中国领土辽阔，陆地疆域达 960 万 km²，仅次于俄罗斯和加拿大，居世界第 3 位，同欧洲大体相当。但地势西高东低呈三级阶梯，东部以平原、丘陵为主，西部以高原、山地为主，不利于中国工业布局向西部内陆展开。

2. 提供丰富的能源和原材料

中国是世界上能源资源最丰富且地区组合较好的少数国家之一。煤炭保有储量居世界第 2 位，产量居世界第 1 位；水力资源居世界第 1 位，但开发利用率极低，具有较高的潜力；其他如太阳能、风能等各种能源资源也非常丰富。就地区组合而言，除经济发达的华东和华南区常规能源紧缺外，其他各区都非常丰富，尤其是华北的煤和西南的水力。华东和华南区可通过大力发展核电和大力开发海上石油、潮汐能等途径解决能源紧缺问题。

中国是世界上矿产资源等原材料最丰富、种类最齐全的国家之一。世界上目前已有的矿种，在中国都已找到，已探明储量的达 148 种。为中国工业生产提供了丰富的原材料。

3. 提供丰富的水资源

水资源是工业生产不可替代的原料和条件。从绝对量看，中国水资源仅次于巴西、俄罗斯、加拿大，居世界第 4 位。受降水地区分布的影响，中国水资源地区分布极不均衡，表现为东部多，西部少；在东部，南方多，北方少，其中华北又比东北少。致使水源条件成为西北和华北地区工业发展的制约因素。

（二）经济与技术因素

经济与技术因素包括经济技术水平、协作条件、基础设施能力、市场条件以及金融环境等。随着社会主义市场经济在中国的逐步确立，这些因素的作用正在大大增强。经济技术因素对工业发展和布局的作用往往是通过集聚效应和规模经济的原理产生作用的。市场条件对工业生产的发展越来越变得具有关键意义。中国国内有庞大的消费市场，这是支撑中国工业长期稳定增长最主要的因素。技术进步的因素对工业发展和布局的影响日益增长。在这方面，高速公路、巨型运输机和集装箱运输的出现，对许多国家和地区工业发展的促进可以充分说明这一点。

伴随着现代经济活动对技术与知识依赖程度的加大，技术和知识已经成为影响工业区位布局的最重要因素之一。技术进步已成为"经济模式转换的基本力量"以及经济增长的关键因素。新技术方法、技术手段以及新生产工具、新管理方式等的出现，一方面可以使新的经济活动成为可能，另一方面可以改变经济活动中生产要素组合，因此具有改变区位选择成本或效率的可能性。它们在多数发达国家以及部分产业部门中的作用，甚至大于资本和劳动。

（三）政策因素

政策因素直接影响到一个区域发展某种行业的条件和约束，良好的政策环境有利于促进经济活动的发展，从而成为吸引经济活动集聚的因素之一。

十一届三中全会确定了中国实行对外开放、对内搞活经济的重大战略方针。为了加快对外开放的步伐，中央先后设立深圳、珠海、汕头、厦门和海南 5 个经济特区，对外商投资实行特殊优惠政策。1984 年以后，国家选定大连等 14 个沿海港口城市，设立经济技术开发区，实行类似经济特区的政策。之后，又相继把长江三角洲、珠江三角洲、闽南厦漳泉三角地区、辽东半岛、胶东半岛等开辟为沿海经济开放区。1990 年中央正式批准上海市开发和开放浦东新区。至此，中国形成了沿海岸线延伸的利用外商投资格局。1992 年以后，国家逐步加快了中西部地区对外开放的步伐，相继增设经济技术开发区、开放一批沿边口岸城市以及一系列对外商投资的优惠政策。从而在全国范围内形成了沿海、沿边、沿江和内陆省（区）城市相结合的、多层次、全方位的对外开放格局。从 2013 年 8 月到 2014 年 12 月，国家先后批复并设立了上海自由贸易试验区、广东自由贸易试验区、天津自由贸易试验区及福建自由贸易试验区。改革开放 30 多年来，中国积极响应经济活动全球化的发展趋势，引进了资金和技术，优化了资源配置，并逐步参与到全球产业分工体系（徐加明，2002）。

（四）运输因素

运输是克服空间距离的活动。通过运输，将工业企业与原料地、燃料地和消费市场、修理基地等联系起来。寻找较小的运费方案是工业布局合理化的重要目标之一。中国是个幅员辽阔的国家，资源、人口、经济基础及城市在空间分布的不均衡，运输因素对中国工业布局和工业发展的作用是巨大的。但由于运输技术的进步和区域政策的实施，这种作用也是在变化的。总的趋势是：运量较小、运费在商品总销售成本中的比重较低的电子工业、精细化工及许多轻工生产，它们的布点更多地取决于市场、技术、信息及投资来源等。

（五）区位因素

地理位置，包括自然地理和经济地理位置两个范畴。前者是指区域或地点所处的气候带、地形单元，以及它与天然港湾和航道、矿产资源和天然生物资源分布等自然要素的空间关系。对于中国工业的宏观布局来说，自然地理位置的影响是极其巨大的，它决定了中国工业发展的宏观地域差异。而自然地理位置在历史发展过程中是很少变化的。区域或地点的经济地理位置是指它与经济发达区、港口和交通线、大城市和商贸中心的空间关系，它在中国现在和今后一个较长时期内的作用正在加强和上升。

以上五个方面的多个具体的因素，它们交织在一起，共同决定着国家、区域和具体地点工业的发展和布局。在决策实践中，往往有一两个因素起着主导作用，其他因素起着辅助的和平衡的作用。

四、中国工业布局的总体特征及演变

（一）工业布局的空间结构框架已基本形成

经过近半个世纪的持续增长，促进了中国工业化和城市化的进程。同时，中国工业生产力布局也在全国范围内基本展开。除了西藏自治区以外，所有省（区、市）都有了一批大中型工业企业；都具有一定规模的能源、原材料和消费品生产；一些工业生产大省和市已经建立起了较强的工业生产体系。然而，中国的工业生产的总体水平仍然比较低，各地区工业生产能力、增长的态势和结构水平差距仍很大。

20 世纪 90 年代以来，长江三角洲及其附近地区（江苏、浙江、福建）、以珠江三角洲为中心的东南沿海地区，工业总产值的年增长速度都在 15%以上。近年来，安徽、江西、河南等中部省份，工业生产的增长速度高达 20%以上。工业生产增长速度比较慢的，一是西部的部分省（区），即甘肃、陕西、云南和贵州，主要由于经济基础薄弱、投入规模小等原因。另一个是东部地区的一些老工业基地，如辽宁、北京、山西等，这些地区从 50 年代起就进行了大规模的以重工业为主的建设，到了 80 年代，工业生产中的结构性危机就越来越突出。主要表现为国营大中型企业占工业经济所有制成分的比重过高，技术结构和产品结构比较陈旧，社会负担沉重；由于资金的不足，技术改造和革新的速度又比较慢，以致产品竞争能力弱，市场缩小（林婉如，2000）。

21 世纪初，中国经济将继续保持较高的增长速度。虽然目前中国已经赶超日本成为世界第二大经济体。与此同时，在三次产业结构中，第二产业的工业，仍然是国民经济的主体。从这个角度讲，中国工业的发展和布局仍处在变化之中，因此，探讨今后工业发展和布局的趋势仍然是非常重要的。

（二）改革开放以来的中国工业布局演变

1. 对外开放政策和沿海地区发展战略顺利实施，促进了工业向东部沿海集聚

改革开放至今，中国各省（区、市）都经历了工业化和城镇化的快速发展阶段，但是，

东部地区凭借着良好的对外市场接近度和改革前期的地区优惠政策，很快成为主宰中国经济的重心。改革开放初期的工业产值分布相对分散，东部集聚特征不明显，东部与中西部省区产值差距较小。20世纪90年代以来，在政策和市场的双重推动下，东部地区工业发展迅速，传统工业重镇——东北三省和"三线"建设时期的中西部工业基地——出现萎缩。国内外资本涌向沿海地区，也使得内陆省份工业逐渐落后于东部。由于大量外资继续源源不断地流入东部沿海地区，且随着国际和区际的开放、贸易成本的降低，从而又加速了制造业向沿海的集聚（叶振宇，2008）。此外，具有分散力作用的拥挤成本因要素价格（包括资源品）长期扭曲以及大量廉价劳动力流向沿海，因而这种自由强化作用的集聚效应能够保持沿海地区领先优势的锁定效应。在此背景下，到2000年，中国工业产值地理分布已显现出明显的从东部沿海地区向内陆地区逐级递减的格局。进入21世纪后，"东高西低"的不均衡地理格局已十分明显，总体而言，尽管近年来新一轮的产业转移已经开始，但从2016年的分布格局来看，这种空间迁移的整体规模仍然较小，尚不足以撼动长期以来不均衡的工业地理基本格局（贺灿飞，2019）。

2. 贸易自由化进程快速推进，形成中国外向型经济和开放型经济格局

20世纪80年代的改革开放是中国走向贸易自由化的开端，尽管当时也实施过替代进口的贸易政策，但是出口导向比较明显，从局部、单一的开放到全方位、多层次的开放，并最终确定了外向型经济发展模式，"中国制造"也享誉全球。这不仅表现在中国成为世界最大的吸引FDI国家之一，还表现为进出口贸易活跃，保持较快发展势头。据统计，2020年，中国对外贸易总额达46462.57亿美元，较2019年增长1.5%，其中出口25906.46亿美元，增长3.6%；进口20556.12亿美元，较2019年下降1.07%；全年贸易顺差高达5350.34亿美元，较2019年增长26.9%。全国各省份对外经济规模都有增长，但是地区差距十分明显，东部沿海地区仍然是外商投资和对外贸易的集聚地。据统计，2020年，广东省实际利用外资1620.3亿元，是湖北的14倍。可见，中国的外向型经济是过去长期实施沿海地区发展战略的结果，并由于循环累积作用而锁定了这种格局。

3. 国际和国内区际开放先后加快，鼓励工业向优势地区布局

20世纪改革开放初期至90年代中期，东部沿海地区因享受优惠的开放政策和接近国际市场的优势，迅速成为国内工业的集聚地。但是，随着全方位开放和区域一体化的加快，工业在规模报酬递增和比较优势的共同作用下，开始出现区位调整的过程，绝大部分产业的集聚度处于上升的状态。改革开放初期，大多数工业主要位于传统的产业中心，如上海、天津、北京、四川、湖北、吉林、辽宁和黑龙江等地区。随着开放政策对沿海地区的倾斜，广东、福建、浙江、江苏、山东、天津和上海等省市的迅速发展，计划经济时期产生区域不均衡程度有所下降，使区域基尼系数有所下降。随着改革开放的深化，市场逐渐成为资源配置的主要方式，沿海地区成为中国经济的增长中心，吸引大量的劳动力、外商投资、技术和企业，从而形成产业集聚。近年来，随着中国沿海地区生产要素价格上升、环境管制趋严以及产业升级要求，一些工业已表现出从东部地区转向其他地区，中国工业地理格局出现再分散化的新趋势（贺灿飞，2019）。

4. 国家实施区域协调发展战略，建立以城市群为中心的空间开发格局

改革开放以来，中国经济活动的空间分布已经由过去的少数增长极向由多个增长极而组成的城市群阶段转变，工业布局则以城市群为主要空间依托。沿海地区发挥了良好的历史基础、优越的基础设施、广阔的市场、国际市场接近度等优势，很快形成"长江三角洲"、"珠江三角洲"、京津冀、山东半岛、海峡西岸、辽中南等对外开放程度高、就业量大、辐射范围广的城市群。从 20 世纪 90 年代中期开始，国家为了缩小地区差距而实施区域协调发展战略，包括全方位、多层次的开放政策和西部、东北、中部等地区开发政策，这无疑降低了国际和区际贸易成本，提高了中西部地区的开放度和市场化水平（王庆和杜纲，2009）。尤其是"十五"以来，这些地区外贸活动更加频繁，并且与东部沿海地区建立起更加紧密的产业协作关系。随着市场经济体系的建立，中国区域经济发展开始进入以城市群为空间依托，国内全面开放的时期。截至 2018 年，国务院共先后批复了 9 个国家级城市群，分别为长江中游城市群、哈长城市群、成渝城市群、长江三角洲城市群、中原城市群、北部湾城市群、关中平原城市群、呼包鄂榆城市群、兰西城市群，这些城市群逐渐成为协调中国区域经济发展的空间载体。

第二节 能 源 工 业

一、中国能源工业发展成就

中国作为世界上人口最多的发展中国家，是一个能源消费大国；同时，中国能源资源丰富，经济建设蓬勃发展，也是一个能源生产大国。新中国成立以来，能源的勘查、开采、加工、运输与利用均取得了巨大的成就。

（一）能源供应能力不断增强

2017 年中国一次能源生产总量达到 35.85 亿 tce，是新中国成立初期的 120 倍，是改革开放初期的 5.7 倍，已成为世界第一能源生产大国。其中，2017 年煤炭产量 34.5 亿 t，居世界第一位；原油产量 1.92 亿 t，居世界第一位；电力装机容量 177703 万 kW。形成了以煤炭为主体、电力为中心、石油天然气和可再生能源全面发展的能源供应格局。改革开放 30 年来，中国以能源消费翻一番的水平实现了 GDP 翻两番的目标，支撑着中国年均 10%的经济增长，创造了世界经济史上的奇迹。

（二）能源消费结构逐步优化

能源消费结构持续优化，2019 年非化石能源消费量占比达到 15.2%，2015～2019 年增加了 4.9 个百分点。中国正在致力于构建清洁低碳的多元能源供给体系，大力推进煤炭清洁高效利用，着力发展非煤能源，形成煤、油、气、核、新能源、可再生能源多轮驱动的能源供应体系，优质清洁能源在一次能源消费中的比重大幅上升（图 13-4）。近几年来，水电、核电、风电、太阳能等清洁能源发展迅速，2013 年全国水电装机达 2.8 亿 kW，居世界第一；世界上 1/3 的在建核电机组在中国，在建规模世界第一；风电装机连续四年翻番增长，增长速度世界第一；太阳能光伏电池年产量占全球产量的 40%以上，居世界第一；太阳能热水器使用量占世界使用量的60%以上，居世界第一。至2019年，中国累计退出煤炭落后产能8.1亿t，淘汰关停落后煤电机组 3000 万 kW 以上；非化石能源发展迅猛，可再生能源发电装机突破 7 亿 kW，核电在建在运装机达到 5800 万 kW，有力地提升了能源供给质量。

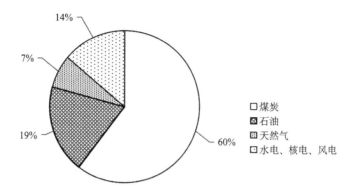

图 13-4　2017 年一次能源消费总量构成（中国能源统计年鉴，2018）

（三）能源科技进步不断加快

中国的能源科技起点低，进步快，特别是在新能源和可再生能源的开发利用技术方面发展迅速，许多技术已居世界领先水平。国家能源局依托大型能源企业集团，建立了首批 16 个国家级能源科技研发中心，加强前沿技术研发，能源技术标准体系逐步完善。目前，中国国有重点煤矿采煤机械化程度已超过 80%；在复杂段块勘探开发、提高油田采收效率方面的技术已经达到国际先进水平；核电已具备百万千瓦级设备自主制造能力；通过三峡工程引进、消化、吸收再创新，大型水电机组设计制造技术已达世界先进水平，中国已成为世界小水电行业技术的主要技术输出国之一。

（四）节能降耗初显成效

改革开放以来，在各项节能降耗政策措施的大力推动下，经过全社会的共同努力，我国节能降耗取得了突出成效，单位 GDP 能耗整体呈现下降态势。2017 年比 1978 年累计降低 77.2%，年均下降 3.7%。特别是"十一五"以来，作为约束性指标，单位 GDP 能耗指标连续被纳入我国"十一五"、"十二五"和"十三五"国民经济和社会发展五年规划纲要。"十一五"时期，2010 年单位 GDP 能耗比 2005 年累计降低目标为 20%左右，实际降低 19.3%；"十二五"时期，2015 年单位 GDP 能耗比 2010 年累计降低目标为 16%以上，实际降低 18.4%（图 13-5）。2017 年，规模以上工业单位增加值能耗比 2012 年累计降低 27.6%，高于单位 GDP 能耗累计降幅 6.7 个百分点，年均下降 6.3%，高于单位 GDP 能耗年均降幅 1.7 个百分点。按照单位工业增加值能耗计算，规模以上工业五年累计节能约 9.2 亿 t 标准煤，占全社会节能量的近 90%，单位 GDP 能耗的降低主要是由工业贡献的。

（五）国际合作成果丰硕

中国践行绿色发展理念，遵循互利共赢原则开展国际合作，努力实现开放条件下的能源安全，扩大能源领域对外开放，推动高质量共建"一带一路"，积极参与全球能源治理，引导应对气候变化国际合作，推动构建人类命运共同体。中国坚定不移维护全球能源

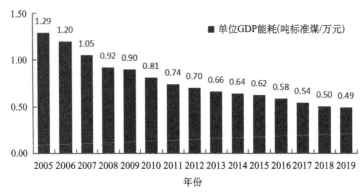

图 13-5　2005～2019 年单位 GDP 能耗

资料来源：国家统计局

市场稳定，扩大能源领域对外开放。大幅度放宽外商投资准入，全面实行准入前国民待遇加负面清单管理制度，能源领域外商投资准入限制持续减少。全面取消煤炭、油气、电力（除核电外）、新能源等领域外资准入限制。中国秉持共商共建共享原则，同各国在共建"一带一路"框架下加强能源合作，在实现自身发展的同时更多惠及其他国家和人民，为推动共同发展创造有利条件。目前，中国与全球 100 多个国家、地区开展广泛的能源贸易、投资、产能、装备、技术、标准等领域合作。中国企业高标准建设适应合作国迫切需求的能源项目，帮助当地把资源优势转化为发展优势，促进当地技术进步、就业扩大、经济增长和民生改善，实现优势互补、共同发展。2019 年，中国与 30 个国家共同建立了"一带一路"能源合作伙伴关系。中俄、中国—中亚、中缅油气管道等一批标志性的能源重大项目建成投运，中国与周边 7 个国家实现电力联网，能源基础设施互联互通水平显著提升，在更大范围内促进能源资源优化配置，促进区域国家经济合作。在国际多边合作框架下，中国与 90 多个国家和地区建立了政府间能源合作机制，与 30 多个能源领域国际组织和多边机制建立了合作关系。2012 年以来，中国先后成为国际可再生能源署成员国、国际能源宪章签约观察国、国际能源署联盟国等。

（六）能源体制改革取得进展

自 2002 年 4 月起，中国成功实行了厂网分开，大大提高电力行业效率，降低了成本，优化了资源配置，促进了电力的全面发展。风电价格形成机制逐步完善，依据风电资源状况，实行不同的区域标杆电价，使风电价格比较真实反映了开发成本。通过不断摸索和尝试，市场机制在能源行业已逐步发挥主导作用，体制机制逐步理顺，促进了能源行业健康有序发展。2014 年，国务院办公厅印发《能源发展战略行动计划（2014—2020）》，指出要坚持"节约、清洁、安全"的战略方针，重点实施节约优先、立足国内、绿色低碳和创新驱动四大战略，加快构建清洁、高效、安全、可持续的现代能源体系。2020 年，基本形成统一开放竞争有序的现代能源市场体系，着力清除市场壁垒，提高能源资源配置效率和公平性。2017 年，制定实施《能源生产和消费革命战略（2016—2030）》以及能源发展规划和系列专项规划、行动计划，明确能源发展的总体目标和重点任务，引导社会主体的投资方向。完善能源领域财政、税收、产业和投融资政策，全面实施原油、天然气、煤炭资源税从价计征，提高成品油消费税，引导市场主体合理开发利用能源资源。构建绿色金融正向激励体系，推广新能源汽车，发展清洁能源。支持大宗能源商品贸易人民币计价结算。

二、存在主要问题

（一）资源环境约束与能源需求的矛盾将日益加大

中国能源资源总体上相对丰富，但人均资源占有量远低于世界平均水平，且优质能源严重不足。中国以占世界 1.51% 的石油、4.23% 的天然气，提供了占世界近20%的人口能源需求。中国处于工业化中期的现实决定了能源消费仍会继续增长，如果我们完全依赖本国资源，不积极转变能源发展方式，拓展能源开发渠道，中国能源安全将面临严重威胁。中国多煤、少油、缺气的资源禀赋状况决定了中国仍将长期以煤炭消费为主，产生同等值的热量，燃烧煤炭排放的 CO_2 是石油的 1.3 倍、天然气的 1.7 倍，因此中国节能降耗的压力仍然十分巨大。煤炭的过度使用，导致环境污染加重，经济发展、能源消费与环境保护、气候变化的矛盾日益突出（丛威等，2010），主要体现在对大气环境、水资源及生态系统的影响等方面，化石能源利用排放了大量的二氧化硫（SO_2）、氮氧化物（NO_x）、烟尘等污染物。目前城市交通、火电已成为细颗粒物（PM2.5）的主要来源，并且火电、交通及其他工业排放的颗粒物仍将持续增加。大范围、高强度的雾霾天气倒逼能源转型。

全球对温室气体引起的气候变化问题已经形成共识，并达成了二氧化碳（CO_2）减排的约束性政府间协议。中国政府承诺到 2030 年碳排放达到峰值，单位国内生产总值 CO_2 排放较 2005 年下降 60%～65%。我国能源消费量大，且以高碳化石能源为主，未来在应对气候变化问题上将受到越来越大的国际压力。这不仅严重制约我国化石能源的使用总量，同时也对现有化石能源的使用方式提出了挑战。

（二）能源供给安全面临重大挑战

随着国民经济的快速发展，我国面临的能源安全形势日益严峻，尤其是石油和天然气供给安全以及进口通道安全。在石油供给安全方面，由于我国石油资源地质储量少，石油生产供不应求，石油供需矛盾日益突出。并且原油对外依存度长期处于高位且有进一步快速增加的趋势，从 2010 年的 53.8%迅速飙升到 2018 年的 71.0%。在天然气供给安全方面，我国的天然气生产和消费持续增长，自 2007 年开始，我国天然气消费量大于生产量，对外依存度不断攀升，2018 年达到 43.9%。在进口通道安全方面，我国能源进口通道安全强烈依赖地缘政治，能源的地缘竞争逐渐表现为油气资源陆上获取权和海上运输控制权相结合趋势，而受到地区政治不稳定因素的影响，我国的油气资源进口面临着严重的威胁（肖宇等，2021）。

（三）转变能源发展方式道路漫长

中国经济的发展主要以粗放式的能源生产为保障，以过度的煤炭开采和不断增加的石油进口来满足经济快速发展对能源不断增长的需求，能源发展方式十分不合理。特别是在煤炭行业，为了增加煤炭产量，忽视了安全管理，违规开工生产屡禁不止，重大矿难频繁发生。新能源的发展上存在一定的盲目性。低水平重复建设严重，多晶硅产能迅猛增长，风电设备企业遍地开花。这不仅不利于新能源的发展，反而给环境带来了严重的破坏。在未来能源发展道路上，如何从实际出发，实现能源发展方式的转变仍然是我们面临的一个重大问题。类似问题还体现在：太阳能、风能发电并网率低，水能、核能相对过剩，以及燃料乙醇存在与人争粮风险等。孤立的能源分系统难以协调发展，整体效率不高，亟待破除供给侧各能源种类之间板块分割、互相独立的体制壁垒，亟待突破能源种类之间互补及耦合利用的核心技术。

（四）能源应急保障能力亟待提高

中国应对突发自然灾害和紧急事件的能力不足，应进一步完善能源应急保障机制。汶川特大地震和雨雪冰冻灾害证明，一旦发生严重自然灾害，电网首当其冲。美国加利福尼亚州、俄罗斯的莫斯科和巴西发生大面积停电事故，警示我们电网安全运行隐患丝毫不容忽视。随着天然气作为清洁能源走进千家万户，消费规模不断扩大，而天然气储备和调峰能力建设没有跟上，"气荒"的事情时有发生。国际石油价格大起大落，对国内石油供给也产生了较大影响，国内石油储备建设仍需完善，石油储备水平低，保障能力仍显不足。

三、煤炭工业

（一）煤炭工业布局

煤炭是中国最主要的能源，煤炭生产量、消费量占全国能源总生产量和消费量的 70% 以上。中国煤炭资源具有藏量丰富、品种齐全、分布既广泛又相对集中的特征。黄河中游的山西、内蒙古、陕西三个省（区）的煤炭储量占全国 2/3，而且开发条件也是北方煤田优于南方煤田。资源禀赋条件决定了煤炭工业的布局特点。

1. 煤炭产能布局西移

近年来，中国经济快速发展，对煤炭需求量大增。煤炭产量连年快速增加，从 2010 年开始，全国每年煤炭产量均超过 30 亿 t，2020 年达到 39 亿 t。在增加的煤炭产量中，中国中西部特别是西部占到大部分。2020 年，中国西部地区煤炭产量 23.3 亿 t，占全国的 59.7%，比 2015 年提高 5 个百分点；中部地区占全国的 33.4%，下降了 1.4 个百分点；东部地区下降了 2.3 个百分点；东北地区下降 1.3 个百分点。其中，晋陕蒙三省（区）原煤产量 27.9 亿 t，占全国的 71.5%。

煤炭产能西移的趋势将进一步加快，这是由多方面因素决定的。一是中东部省份煤炭储量的不足，煤炭产量的增加远远满足不了经济社会发展的需要。中部的一些省份先后由煤炭调出省变为煤炭调入省。二是中国煤炭战略储备在西部，以新疆为例，根据国家第三次资源预测与评价，新疆地表 2000m 以煤炭预测储量达 1.82 万亿 t，资源分布面积 7.64 万 km^2，占全国预测资源总量的 35.9%，位居 31 个省(区、市)首位。新疆煤炭不仅预测储量大，而且分布很集中，在已探明的 282 个大小煤田中，预测资源量超过 100 亿 t 的煤田有 24 个，预测资源量占总预测资源量的 98%，其中预测资源量超过 1000 亿 t 的煤田有 5 个，400 亿～1000 亿 t 间的煤田有 8 个，100 亿～400 亿 t 的煤田有 11 个。截至 2014 年底，内蒙古累计探明煤炭储量逾 8000 亿 t，居全国首位。

2. 煤炭产能集中度提高

2016年2月5日，国务院印发了《关于煤炭行业化解过剩产能实现脱困发展的意见》，明确指出，在近年来淘汰落后煤炭产能的基础上，从2016年开始，用3～5年的时间，再退出产能5亿t左右、减量重组5亿t左右。截至2020年底，全国累计退出煤矿5500处左右、每年退出落后煤发产能10亿t以上，安置职工100万人左右。

国家去产能政策的有效执行进一步提升了煤炭产业的集中。数据显示，目前我国尚存大量的中小煤矿，中东部以及西南地区存在大量产能规模60万t以下的矿井，产能合计5.23亿t，该部分煤矿存在资源枯竭问题，预计将在2030年以前退出。随着中东部、西南地区部分煤炭产能的陆续退出，最终我国煤炭产能将逐步集中于内蒙古、陕西和新疆地区。预计至2060年，我国煤炭产能仅剩下约1/3量的1000万t以上规模的大型矿井，剩余产能规模3.74亿t左右。

"十四五"规划纲要提出，要推动煤炭生产向资源富集地区集中。到"十四五"末期，我国煤矿数量将压缩至4000处左右，建成千万吨级矿井（露天）65处、年产能近10亿t，培育3～5家具有全球竞争力的世界一流煤炭企业，推动企业兼并重组，组建10家年产亿吨级煤炭企业。

3. 煤炭资源开发集约化水平提高

煤炭资源开发布局将由点多面广转为高度集中，集约化水平提高步伐明显加快。

国家能源局、环境保护部、工业和信息化部提出《关于促进煤炭安全绿色开发和清洁高效利用的意见》，以促进煤炭资源集约安全绿色开发和集中清洁高效利用。重点建设资源储量丰富、开采技术条件好、发展潜力大的神东等14个大型煤炭基地，优化煤炭生产开发布局。统筹地区经济发展水平、产业转移步伐和大气环境容量，结合全国主体功能区定位，合理规划建设煤电、煤炭深加工等主要耗煤项目和能源输送通道，优化煤炭消费布局。京津冀、长三角、珠三角等重点区域严格实行煤炭消费总量控制。到2020年，大型煤炭基地煤炭生产能力占全国总生产能力的95%左右，煤炭占一次能源消费比重控制在62%以内。

提高煤炭产品质量和利用标准。大力发展煤炭洗选加工，开展井下选煤厂建设和运营示范，积极推广先进的型煤和水煤浆技术。在矿区、港口、主要消费地等煤炭集散地建设大型煤炭储配基地和大型现代化煤炭物流园区，实现煤炭精细化加工配送。以京津冀及周边、长三角、珠三角等地区为重点区域，限制使用灰分高于16%、硫分高于1%的散煤，在北京、天津、河北等农村地区建设洁净煤配送中心，鼓励北方地区使用型煤等洁净煤。重点建设环渤海、山东半岛、长三角、海西、珠三角、北部湾、中原、长株潭、泛武汉、环鄱阳湖、成渝等11个大型煤炭储配基地及一批物流园区。

大力发展清洁高效燃煤发电。逐步提高电煤在煤炭消费中的比重，推进煤电节能减排升级改造。根据水资源、环境容量和生态承载力，在新疆、内蒙古、陕西、山西、宁夏等煤炭资源富集地区，按照最先进的节能、节水、环保标准，科学推进鄂尔多斯、锡林郭勒盟、晋北、晋中、晋东、陕北、宁东、哈密、准东等9个以电力外送为主的千万千瓦级清洁高效大型煤电基地建设。进一步加快燃煤电站节能减排改造步伐，提升煤电高效清洁利用水平，打造煤电产业升级版。

（二）中国煤炭工业发展趋势

根据中国目前的开采水平以及煤炭的需求量，煤层埋藏特点，以及未来几年的煤炭产业的发展战略，从 2006 年起，中国在全国范围内准备投产建设神东、晋北、晋中、晋东、陕北、黄陇（华亭）、鲁西、两淮、河南、云贵、蒙东（东北）、宁东等 13 个千万吨大型煤炭生产基地，以满足国民经济日益增长的需要。这预示着中国在未来十年需要向安全高效高产的方向稳步发展，主要分为两类：一类是单一煤层开采工作面，普遍装备大功率的电牵引采煤机，大功率、长运距的刮板输送机，及配备电液控制系统的强力液压支架，采掘设备应生产能力大，可靠性及自动化程度高，依靠加大工作面推进速度来提高工作面单产；另一类是不断完善特厚煤层放顶煤开采工作面，中国的兖州、潞安、阳泉等装备了国产综采设备，通过采煤机前部割煤，支架后部放煤来提高工作面单产（于洪涛和王文勇，2010）。

（三）今后煤炭开发布局将呈三个区带分布

1．晋陕蒙（西）供煤区带

包括山西、陕西、内蒙古西部五盟三市，这是中国最主要的煤炭生产基地和外调基地，已有大同、平朔、阳泉、潞安、西山、晋城、汾西、古交八大矿区。待开发新区主要集中在晋陕和内蒙古接壤区，它具有靠近东部消费区的区位优势，是中国煤炭工业西移的战略落脚点。

2．东部煤炭调入区带

包括东北、长江三角洲、南方沿海和环渤海四个主要缺煤区。该区带经济发展水平高，但煤炭资源少，老矿区开发强度过大，煤炭供需差额极大。开发内蒙古（东部）褐煤资源外，对已有的老矿区要本着"稳定生产、适当增加"的原则进行生产，还需大量从区外调入。

3．西部煤炭后备区带

包括西北、西南的八省（区、市）。该区带后备煤炭资源丰富，随着区内对煤炭资源的需求增加，煤炭开发规模将迅速扩大。重点开发区域是鄂尔多斯煤田西部边缘区、靖远矿区、乌鲁木齐地区及攀枝花矿区、六盘水地区等。

四、石油和天然气工业

（一）工业布局

中国是世界上最早发现和利用石油、天然气的国家之一。经过几十年的努力，中国的石油、天然气工业已取得了长足进展，国家统计局数据显示，2019 年中国原油产量达到 1.91 亿 t，同比增长 0.8%；天然气产量达到 1736.2 亿 m³，增长 9.8%；成品油产量 3.6 亿 t，增长 6.66%；原油加工量 6.5 亿 t，同比增长 7.6%。

中国石油、天然气资源比较丰富，远景良好。陆地的油、气资源主要集中在东北、华北环渤海、西北三大区的陆相湖盆，其中松辽盆地的大庆油田的保有储量占全国近一半；沿海大陆架部分的油气资源以东海最佳，南海和渤海次之，黄海较差。

20世纪50年代，中国仅有玉门、延长等小油田。从60年代起，相继发现大庆、胜利、辽河等一系列大油田，并在渤海、南黄海、台湾浅海、珠江口、莺歌海、北部湾等海域打出了高产油气井，石油工业布局发生了巨大变化。现阶段布局表现为如下特征。

1. 石油、天然气开采业分布广泛

从地区看，中国的石油、天然气开采业已遍及多个省（区），形成一批大型石油、天然气工业基地，主要有：大庆、胜利、辽河、冀中、大港、中原、河南、江汉、吉林、长庆、克拉玛依、冷湖、玉门、江苏、四川、延长及渤海和南海的海上油气田。中国产油量最大的油田是大庆油田，2012 年长庆油田成为中国最大的油田。长庆油田位于陕甘宁盆地，总面积为 37 万 km^2，2012 年之后一直是我国产量最高的油田，在我国众多油气田的增长速度中名列第一。2019 年，长庆油田年产油气量首次问鼎 5700 万 t，生产原油 2416 万 t、天然气 412.3 亿 m^3，折合油气当量 5701 万 t。长庆油田经过近 50 年的发展，已建成了我国重要的原油生产基地和最大的天然气生产基地，油气产量连续 7 年突破 5000 万 t。

大庆油田仅次于长庆油田，1976～2002 年，大庆油田实现 5000 万 t 以上连续 27 年高产稳产；2003～2014 年，大庆油田又实现 4000 万 t 连续 12 年持续稳产。2015 年以来，继续保持石油和天然气产量当量 4000 万 t 以上。

2. 石油、天然气生产主要集中在三大油气生产区

（1）东北松辽油气产区：包括大庆、吉林油田，所产原油经大庆—铁岭—大连、大庆—铁岭—秦皇岛—北京—南京输油管道及铁路运往关内或出口，天然气供当地消费。

（2）华北及环渤海油气区：包括胜利、冀东、辽河、中原、大港油田，原油产量占全国48%，除供应本地炼油厂外，经临邑—南京、东营—黄岛管道输送到东部沿海和长江中游炼油厂并部分出口，天然气大部分供应北京和天津。

（3）四川天然气基地：包括四川省和湖北省西部部分地区，是中国最主要的天然气产区，产品主要供当地消费。

除三大产区外，还有新疆、青海和陕甘宁油气基地等。而与此形成鲜明对比的是东南沿海地区，这里石油消费量巨大，但资源缺乏，自给率极低。

（二）今后的开发强调"东西并重、油气并重、陆海并重"

（1）既要努力巩固东部 30 多个油田生产基地，又要大力开发西部地区的油气资源，在新疆重点勘探、建设塔里木盆地、准噶尔盆地、吐鲁番—哈密盆地新油区。

（2）既注重石油的开发和生产，还要加快天然气的勘探开发，主攻陕甘宁、四川、松辽、渤海湾、南海西部及莺歌海、东海平湖等气田，逐步缓解日趋严重的气源紧张状况。

（3）除对陆上油气资源大力勘采外，要力争在海洋油气田的建设上有所突破。我国的渤海、东海、南海及黄海都有着丰富的油气资源，重点海域在渤海、南海和东海，首先要建成莺歌海油气田和平湖气田（丛威等，2010）。

五、电力工业

（一）电力工业的发展

中国的电力工业发展迅猛。中国发电装机容量从新中国成立初的 185 万 kW 达到 1 亿 kW，共用了 38 年时间；而达到 2 亿、3 亿和 4 亿 kW，分别用了 8 年、5 年和 4 年。2002 年年底，全国发电装机容量达 3.56 亿 kW 后，发展明显加速。1978～2002 年的 24 年里，同比增速超过 10% 的，只有 1979 年（10.33%）、1988 年（12.24%）和 1991 年（10.07%），而从 2003 年到 2012 年的 10 年里，除 2003 年为 9.77% 和 2012 年为 5.8% 外，其余年份都达到两位数增长，其中 2005 年到 2007 年的 3 年，同比增速分别达 16.91%、20.6% 和 15.15%。截至 2020 年，全国全口径发电装机容量 22 亿 kW，同比增长 9.6%。

从增长的绝对数量看，1988 年中国年度新增发电装机容量首次突破 1000 万 kW，达 1260 万 kW。1988～2002 年的 15 年里，年新增发电装机容量一直在 2000 万 kW 左右，最高的 1998 年为 2305 万 kW。1998 年以后年新增发电装机容量逐年有所下滑，2002 年仅为 1808 万 kW。从 2003 年起，发展呈跨越式，年新增发电装机容量 2003 年突破 3000 万 kW，2006 年达到 10652 万 kW，其后三年则分别为 9452 万 kW、7451 万 kW、8136 万 kW，2013 年也突破了 9400 万 kW。2002 年年底，中国发电装机容量约为美国的 34% 左右，到 2013 年年底已超越美国，成为世界第一。2020 年，全国新增发电装机容量 19144 万 kW，比上年多投产 8643 万 kW。其中，新增水电 1313 万 kW（新增抽水蓄能 120 万 kW），新增火电 5660 万 kW（新增煤电 4030 万 kW，燃气 824 万 kW），新增核电 112 万 kW，新增并网风电装机容量 7211 万 kW，新增并网太阳能发电装机容量 4820 万 kW。2020 年，全年新增交流 110kV 及以上输电线路长度和变电设备容量 57237kW 和 31292 万 kVA，分别比上年下降 1.2% 和 2.0%。全年新投产直流输电线路 4444km，新投产换流容量 5200 万 kW。

2010 年年底，中国发电装机容量是 2002 年年底的 2.7 倍。全国 35kV 及以上输电线路回路长度与变电站容量为 2002 年年底的 1.53 倍和 2.63 倍。其中 220kV 以上输电线路回路长度和变电设备容量则分别是 2002 年年底的 2.01 倍和 3.34 倍。中国的电网规模已稳居世界第一位。截至 2020 年，全国电网 220kV 及以上输电线路回路长度 79.4 万 km，全国电网 220kV 及以上变电设备容量 45.3 亿 kVA，全国跨区输电能力达到 15615 万 kW，全国跨区送电量完成 6474 亿 kW·h。

目前中国的电源构成主要是火电和水电，2020 年，全国全口径发电量为 76264 亿 kW时，比上年增长 4.1%，其中火电和水电分别占发电量的 67.88%、17.78%。由于火电和水电均属动力源指向性很强的发电方式，发电能源主要依靠煤炭和水力，因此能源资源的分布状况直接制约着电力工业的地区结构。

（二）电力工业布局

从中国能源资源结构以煤为主、水电资源丰富而当前开发程度很低，以及能源资源分布不平衡的基本情况出发，今后二三十年内电力工业的发展方向应是继续着重发展火电，同时大力发展水电，并积极发展核电。

1. 火电布局

火力发电是中国目前最主要的发电方式。火电站装机容量占全国总装机容量的 70% 左右，发电量占 80%，而且这种格局在相当长一段时间内不会有大的改变，因此火电站的布局对电力工业的影响至关重大。火电站的布局主要受用电负荷、燃料地分布因素的制约。前者旨在减少电力输送途中的损耗，提高供电的质量和可靠性；后者是随着超高压输电技术的发展，旨在减轻运输压力、减少城市污染，而水源、运输、用地及环境保护等因素在不同的地区又会对火电布局形成相应的制约。

布局在用电负荷中心的火电厂主要是在 20 世纪五六十年代建成的，主要有北京、吉林、哈尔滨、太原、上海（吴泾、望亭、闸北）、武汉（青山）、重庆、天津等；坑口电厂主要分布在辽宁阜新、安徽两淮、河南焦作和姚孟、山东邹县和莱芜、内蒙古的元宝山、河北陡河、陕西韩城、山西大同和朔州（神头）、江苏徐州等地。

今后，中国布局火电站的主要原则是：火电动力资源（主要是煤炭资源）指向。这样既遵循了火电布局的一般原则，又考虑了减轻交通运输压力，在全国形成燃料基地（主要是煤炭）建设电站群，有条件地实行煤电联营、向电力负荷中心送电的宏观格局。

2. 水电布局

与火电相比，水电是一种可再生、成本低廉、没有污染的能源，还兼有防洪、灌溉、航运等综合效益，但水电也有受自然条件影响大、建设周期长、一次性投资巨大等相对劣势。因此，中国电力工业的发展方针是"水火相济，协调发展"。

中国水能资源 37853 万 kW，但西多东少，分布不均，70% 分布在西南地区，对动力源指向性极强的水电，高度集中在西南、东南沿海、长江中上游地区。黄河上游、红水河中上游、长江中游、乌江、大渡河、雅砻江、澜沧江等为水电"富矿"区，水电总量占全国 72.3%，而华北环渤海、黄河中游、东北、长江下游地区的水电比重较小。主要水电站有黄河上中游的刘家峡、盐锅峡、八盘峡、青铜峡、三门峡、龙羊峡等。长江中游的三峡葛洲坝和红水河的二滩、大化、天生桥、岩滩、鲁布革等水电站。已经建成的长江上游三峡大坝是一项跨世纪、举世瞩目的特大工程，具有防洪、发电、通航、供水等综合效益，其装机容量 1768 万 kW，年发电量 840 万 kW·h。三峡水电站相当于一个年产 4000 万 t 的特大煤矿，可为华中、华东及重庆地区提供强大的电能，对缓解这些地区能源紧张状况、减轻煤炭供应和运输的压力，在全国能源和电力平衡中均具有重要意义。20 世纪末，中国已建成 12 个大型水电基地：黄河上中游水电基地、红水河水电基地、长江中上游水电基地、金沙江水电基地、雅砻江水电基地、大渡河水电基地、乌江水电基地、澜沧江水电基地、湘西水电基地、闽浙赣及东北水电基地（表 13-2）。

表 13-2　中国 12 个大型水电基地基本情况

名称	范围	装机容量/万 kW	年发电量/（万 kW·h）
（1）金沙江	石鼓—宜宾	4789	2610
（2）雅砻江	两河口—河口	1940	1181
（3）大渡河		1805	1009

续表

名称	范围	装机容量/万 kW	年发电量/（万 kW·h）
（4）乌江	干流	867	418
（5）长江上游	宜宾—宜昌、清江	2831	1359
（6）南盘江、红水河		1312	532
（7）澜沧江干流	云南省境	2137	1093
（8）黄河上游	龙羊峡—青铜峡	1415	507
（9）黄河中游北干流	河口镇—禹门口	609	192
（10）湘西	沅、资、澧水、清水江	791	316
（11）闽、浙、赣		1416	411
（12）东北		1131	308
合计		21047	9945

资料来源：吴传钧，1998。

3．核电及其他新能源

核电及新能源的开发利用应因地制宜，利用多种资源，解决大电网达不到地区和能源短缺地区用电量的需要，包括核电、地热发电、潮汐发电、风力发电、沼气发电等。

随着中国核工业体系的建立，核电建设也进入快速发展阶段，从自行设计、建造第一座 30 万 kW 秦山核电站起，截至 2020 年 12 月底，我国商运核电机组达到 48 台，总装机容量约 4988 万 kW，在建核电机组 17 台，总装机容量 1853 万 kW。"十三五"期间，我国新投入商运核电机组 20 台，新增装机容量 2344.7 万 kW，我国在建机组装机容量连续保持全球第一。截至 2014 年 9 月 4 日，我国已建成并投入商业运行的核电站有 8 个，分别为浙江秦山核电站一期、二期、三期，广东大亚湾核电站和岭澳核电站一期、二期，江苏田湾核电站，辽宁红沿河 1、2 号机组，福建宁德 1 号机组，防城港 1 号机组共 20 台机组。目前比较知名的核电站是秦山核电站和大亚湾核电站。核电在能源结构中的比重不断提高。由于中国的煤炭、水电资源多集中在西部，故东南沿海能源短缺，核电对解决这一地区的能源不足问题和改善能源结构都将发挥越来越重要的作用（沙亦强，2011）。

拉萨以北 90km 处的羊八井地热电站已建成发电；上海、浙江、福建等沿海地区潮汐资源丰富，已建成浙江江厦、小沙山、海山、象山及山东乳山、金港等试验性潮汐发电站；内蒙古、新疆、青海及东南沿海一带风力资源丰富，已建有多个中型风力电站；广大农村地区因地制宜开始发展了沼气发电站。

第三节　原材料工业

一、冶金工业

冶金工业是从矿石和其他金属原材料中提炼金属的工业，是中国最重要的原材料工业部门之一，不仅为机械制造、能源、化工、建筑、交通运输、农业、国防等部门提供基础原材料，而且其中一些还是新兴工业和高技术发展中不可缺少的尖端新材料。冶金工业主要包括钢铁和有色金属工业两大部门。

（一）钢铁工业

钢铁工业主要产品是作为国民经济建设的重要原材料之一的各种性能和形状的钢材。钢铁产量及品种、质量和生产技术水平，至今仍是衡量一个国家综合经济实力的一个重要标志。尽管发达国家钢铁工业逐步衰退，并已经向发展中国家转移，但在今后一个时期，钢铁工业仍将是国民经济发展的重要部门。

1. 中国钢铁工业发展的资源条件

钢铁工业生产需要消耗大量的原料和燃料，主要包括铁矿石、炼焦煤，以及锰矿石、石灰石、白云石、耐火黏土等各种辅助材料。其中铁矿石和炼焦煤的资源开采与分布对钢铁工业的生产和布局最为重要。

中国铁矿石资源丰富。但是同时还具有如下特点：一是贫矿多，富矿很少，能够直接入炉的富矿更少；二是矿石成分复杂，多共生伴生矿，其中有的含有多种有益成分，有的则含有有害成分；三是有些铁矿上部是难选的赤铁矿，下部是易选的磷铁矿，增加了选矿的难度和对资源的破坏；四是分布较广而局部相对集中，全国 80% 以上的县都有数量不等的蕴藏量，但主要集中在辽宁的鞍山—本溪、四川的攀枝花—西昌、河北的冀东、山西的五台—岚县、安徽的宁芜、内蒙古的包头—白云鄂博和湖北的鄂东—鄂西等七个地区。

中国是世界上炼焦煤最丰富的国家之一。炼焦煤约占煤炭资源总储量的 30%以上，气、肥、焦、瘦等各种焦煤品种齐全，数量源总储量、质量均可保证国内钢铁工业的发展。但分布主要集中于北方，其中山西就约占全国焦煤总储量的 50%，而东南地区焦煤资源严重不足。锰矿是钢铁工业的最重要辅助原料。中国锰矿蕴藏量居世界前列，并集中分布于广西、湖南、贵州、辽宁、四川和云南六省（区）。其他辅助材料如石灰石、耐火材料资源广泛分布于全国（王静爱，2009）。

2. 中国钢铁工业的发展和布局

中国钢铁工业发展迅速，1949 年钢产量不足 16 万 t，2007 年已达 4.89 亿 t，2019 年达到 9.95 亿 t（图 13-6）。1978 年改革开放时，中国钢产量 3178 万 t，占世界比例为 4.4%。改革开放为钢铁工业利用国外资金、技术和资源创造了条件，钢产量快速提升，1996 年首次突破 1 亿 t 大关，达 10124 万 t，占全球钢产量的 13.5%，成为世界第一产钢大国。2018 年粗钢产量 9.28 亿 t，占世界比例 51.3%，已连续 23 年位居粗钢产量世界第一位。

新中国成立初期，中国大多数钢铁厂靠近铁矿石和煤矿，遵循资源依托型布局，钢铁工业逐步建设发展形成了"三大、五中、十八小"的格局（三大：鞍钢、武钢、包钢；五中：太原、重庆、北京石景山、马鞍山、湘潭；十八小：邯郸、济南、临汾、新余、南京、柳州、广州、三明、合肥、江油、乌鲁木齐、杭州、鄂城、涟源、安阳、兰州、贵阳、通化）。从 1964 年到 20 世纪 70 年代中期，随着"三线建设"的高潮，钢铁工业布局进一步展开，在西南、西北建设了一批新的钢铁基地。这些新建或扩建企业构成了当时中国钢铁产业的基本格局。1978 年改革开放以来，是中国钢铁工业发展最快、布局情况最复杂的时期。市场机制

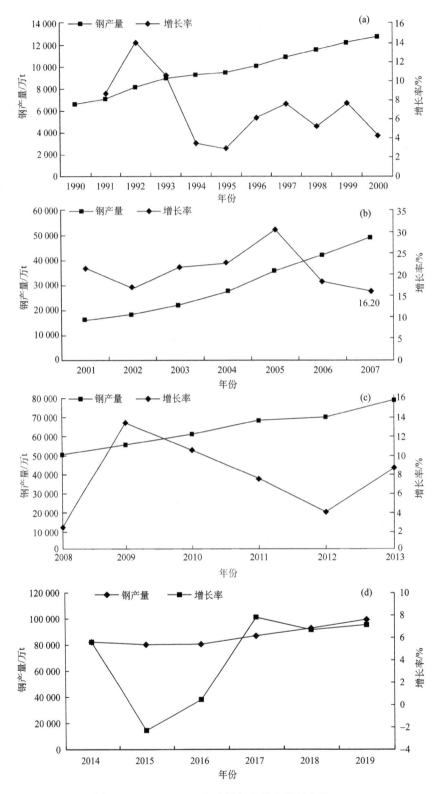

图 13-6　1990～2019 年中国钢产量和增长率情况

开始发挥在资源配置中的作用，在布局上，除西藏以外，全国各省区市都有钢厂分布，钢铁企业的布局得到了展开与调整，临近沿海地区和靠近产品消费市场的企业开始大量涌现。近年来，随着河北曹妃甸首钢京唐钢项目、营口鞍钢鲅鱼圈项目的逐步建成投产，中国钢铁产业向沿海布局的趋向有所显现。从另一种角度看，随着沿海地区工业化水平的提高，当地市场对钢铁产品的需求急剧膨胀，也刺激了这些地区钢铁工业发展快于其他地区。

2000～2019 年，华北地区粗钢产量占全国比重从 25.91%上升到 35.21%，提高了 9.3 个百分点；东北地区粗钢产量占全国比重从 14.21%下降到 9.66%，下降了 4.55 个百分点；华东地区粗钢产量占全国比重从 32.15%下降到 29.64%，降低了 2.51 个百分点；中南地区粗钢产量占全国比重从 15.87%下降到 15.24%，小幅下降了 0.63 个百分点；西南地区粗钢产量占全国比重从 8.96%下降到 6.20%，下降了 2.76 个百分点；西北地区粗钢产量占全国比重从 2.90%上升到 4.05%，小幅提高了 1.15 个百分点。

总的来看，中国钢铁工业布局框架已经形成，改变了新中国成立前大部分集中在沿海特别是辽南的状况，并与煤、铁资源和钢铁消费市场分布相一致，形成了大、中型企业相结合的布局结构。目前，各省区市基本上都建立了钢铁工业，但主要集中于上海、辽宁、北京、河北、湖北、四川等省市，并形成了上海、鞍本、京津唐、武汉、攀枝花、太原、包头、重庆、马鞍山及台湾等钢铁工业基地。

3. 前景展望

未来中国钢铁产业的布局要综合考虑资源、需求、交通乃至区域环境约束和发展定位等各种因素。根据中国当前的国情，面向国内国外两种资源、两个市场，着眼于现有布局，使临海、沿海和内地依次呈现"点、带、面"的发展模式。

总体上看，未来中国钢铁工业国内布局调整面临较大的挑战。从国内范围看，应该说中国经济已经"全球化"，但钢铁市场的"全国化"尚未充分实现。未来需要进一步突破区域分割，实现主要钢铁企业的全国布局。从国际上看，中国钢铁企业尚处于"被国际化"的阶段，未来必须在国内一体化的基础上，更主动地走向全球化。钢铁企业应逐步在国际化分工、资源分配中争取一个更加有利的形势，并通过投资改善与相关国家和地区的关系，在更广阔的空间进行产业调整和资源整合。

（二）有色金属工业

在工业上除铁、锰、铬等黑色金属以外的金属，统称为有色金属。它是现代国民经济各生产部门的重要原材料。按其生产的阶段包括有色金属矿采选、有色金属冶炼、有色金属加工三个阶段。各阶段由于生产特点、布置要求不同，布局的影响因素也不同。决定有色金属矿开采、选矿的因素是有色金属矿产的分布；而粗炼有色金属工业布局取决于原料、能源与运输条件；有色金属精炼与加工则布局在能源与消费中心。有色金属矿产是中国的优势资源之一。从已探明的储量来说，钨、锑、锡、锌、钼、汞及稀土金属等居世界首位，铜、镍、铅、铝等居世界前列。辽宁、甘肃、云南、湖南是中国有色金属工业的四大基地。

铜业。中国铜矿资源集中分布于长江中下游（江西、安徽、湖北）和川渝滇藏地区。此外，河西走廊、中条山、嫩江等地区也较丰富。全国已建设利用的矿区主要有白银、中条山、大冶、铜陵、滇中、赣北等；主要冶炼中心有沈阳、白银、昆明、洛阳、上海等；铜的加工中心则多分布在消费区，主要有江苏、辽宁、上海、河南、浙江等。

铝业。中国铝土资源主要分布在山西、河南、贵州和广西四省（区）。主要矿山分布在山西孝义和贵州修文、清镇以及山东淄博地区。与之大致相适应，主要氧化铝生产基地是山西、河南、山东、贵州和广西。电解铝企业主要集中在甘肃、内蒙古、辽宁、河南、贵州、青海、宁夏。铝材加工较大的为河北、黑龙江、广东、四川。

铅锌工业。中国铅锌矿相对集中于滇西、南岭、川滇、内蒙古狼山和秦岭—祁连山等地区的云南、湖南、广东、江西、广西、四川、内蒙古、甘肃等省（区）。重点生产矿山有广东凡口、湖南水口山、青海锡矿山等。冶炼企业集中在株洲、韶关、沈阳、葫芦岛和昆明。

二、化学工业

化学工业是一个包括化学矿山、基本化学工业（又分无机原料和有机化工原料）、化学肥料、合成材料（主要是石油化工）、精细化学品、橡胶加工等多行业、多品种、多层次、面向各行各业和生活密切相关的重要行业。化工行业之间差异较大，有的化工生产具有原料、能源消耗大、资金密集和规模经济较强的特征，有的则具有技术密集、功能性强、产值高、品种多、批量小的特点，因此化学工业的发展要求大中企业相结合，但不同行业各有侧重。目前，中国已成为全球最大的化工生产国，2019 年中国化工产值达到 11980 亿美元，约占全球的 36%，预计到 2030 年左右，中国化工产值将达到全球的 50%。

（一）中国化学工业发展的资源条件

中国目前利用最广泛的化工资源除煤炭、石油、天然气等以外，主要还有盐、硫、磷、钾盐、硼矿等。

钠盐、钾盐和硼矿。钠盐除食用外，是制碱工业的重要原料。中国的钠盐储量十分丰富，有海盐、湖盐、井盐、岩盐等多种丰富的类资源。长芦、辽宁、山东、江苏是中国四大海盐盐场。湖盐主要分布在西北干旱地区，有内蒙古的吉兰泰、青海的茶卡和察尔汗、内蒙古的雅布赖。四川自贡是世界最古老的井盐产地。岩盐主要分布在湖北、云南等地。钾盐主要用于制作钾肥，主要分布在青海、内蒙古、甘肃等地。硼矿是医药工业的重要原料。中国硼矿产地主要有青海、西藏的大陆盐湖区，以及辽宁、吉林、河北、安徽等地。

硫化物矿。包括天然硫黄、硫铁矿以及含硫有色金属矿。硫铁矿储量居世界前列，但也是贫矿较多，富矿较少。主要分布在安徽铜陵、广东英德、甘肃白银、内蒙古临河。台湾省北部的大屯火山区，是中国天然硫黄蕴藏量最丰富的地区。四川、云南是中国天然硫黄分布较多的地区。

磷矿。主要用于制作磷肥。中国磷矿主要分布在南方的云南、贵州、四川、湖北、湖南等地，南海诸岛丰富的鸟粪也是优良的磷肥资源，而北方少有分布。

（二）中国化学工业的发展和布局

新中国成立以来，化学工业是中国发展最快的部门之一。化学工业布局特点为：①是一种流程长，设备多，管线密集的装置性工业，又是最能综合利用资源的部门，可把许多有着紧密工艺联系的生产装置和企业结合在一起，形成化工厂或联合企业，故其厂区占用场地面积较大，对工程地质条件要求较高。②化工生产广泛采用高压、高温和深冷等化学工艺方法，是大量消耗燃料、动力和水的生产部门。故企业布局要求尽可能靠近能源基地和水、电丰富的地区。③是产生污水、废气、废渣严重的部门，特别是由化工、炼油、火力发电组成的石油化工联合企业，污水、废气、废渣的排放量更大。在布局中必须认真对待环境保护问题。

化学工业是由许多专业部门组成的综合体，其中每一个部门都有其工艺和经济特点。同时，各部门的原料、燃料、动力、用水的单位消耗量和供应条件，以及劳动力的需要程度等都不相同，故不同的化工部门的布局特点和布局要求也不相同。如纯碱生产要消耗大量食盐、石灰石、燃料及冷却水，并排放大量废渣、废液，其布局一般要求靠近原料、燃料基地和供排水条件较好的地方。原料和动力虽也是氯碱生产布局的重要条件，但因其产品不便于运输，故宜在消费地设厂。以合成氨为基础的氮肥工业布局，不仅需考虑不同原料与动力来源的特点，使企业就近原料与动力基地，而且还要考虑各种化肥的特性和消耗特点，因地制宜选择化肥品种，使企业尽量靠近消费区。以综合利用碳氢化合物为原料的有机合成工业，是大量消耗石油、煤、天然气等能源的生产，生产联合化和集中化程度较高，其布局要求靠近能源基地和在消费区同炼油厂结合在一起。

从地域分布上看，中国化工企业主要分布在经济发达的东部沿海地区，据统计，拥有上市化企数量排名前五的省市依次为江苏、浙江、广东、山东和上海。从行业分类角度来看，除新材料产业外，山东和江苏的传统化工占比较为突出，而浙江和广东则是生物医药和精细化工的占比相对较大。按地区进行划分，仅华东地区就拥有了全国一半左右的上市化工企业，这与我国化工行业整体的产能分布比较符合。西部地区仅四川省表现较为突出，拥有 21 家上市化工企业。

第四节　机　械　工　业

机械工业是制造各种机器设备的生产部门。它主要包括工业设备制造、农业机械制造和运输机械制造。新中国成立至今，中国已形成门类齐全，布局合理，具有相当规模和水平的机械工业体系。

一、工业设备制造业

工业设备制造业是一个生产装备工业本身的各种机器设备的产业部门。它主要包括重型机械、通用机械、机床工具、仪器仪表、发电设备和轻纺设备制造等。

（一）重型机械

重型机械主要包括冶金、矿山、起重和工程等设备。这些设备大而重，消耗金属多，生产周期较长，布局一般毗邻钢铁工业基地或矿山。中国有上海、沈阳、富拉尔基、德阳、太原、北京、天津、洛阳、大连和广州十大重型机械工业基地。富拉尔基的第一重型机器制造厂是中国规模最大的重型机械制造企业，主要生产金属专用设备、重型锻压设备和大型铸锻件设备等。德阳的第二重型机器厂主要生产轧钢设备、水压机、飞机和汽车模锻件等。上海重型机器厂是中国东南地区最大的重型机械制造厂和铸造中心。洛阳矿山机器厂是中国最大的矿山设备制造企业。大连是中国最大的起重机生产基地。

（二）通用机械

目前，我国通用机械行业规模以上企业有 5500 余家，可生产 47000 多个品种，涵盖了泵、风机、压缩机、阀门、气体分离设备、真空设备、分离机械、减变速机、干燥、气体净化设备、能量回收设备和冷却设备等 12 个专业，从业人员达百万人。中国现有通用机械制造企业众多，通用机械制造企业在华东地区就有 710 家，工业总产值占全国通用机械行业的 35%；其他地区企业分布分别为：华北地区 104 家，东北地区 206 家，中南地区 176 家，西南地区 66 家，西北地区 17 家。上海是中国最大的通用机械制造中心，也是中国最大的电动工具生产中心；沈阳和大连为中国重要的工业泵、阀门、石化设备和橡胶塑料机械制造中心，大连还是中国最大的制冷设备生产中心；杭州是中国最大的空气分离设备生产中心；洛阳是中国最大的轴承生产中心；北京是中国最大的印刷机生产中心。

（三）机床工具

机床工具主要包括金属切削机床、锻压设备、木工机械、标准紧固件、量具、刃具和磨具等。机床工具是国民经济各部门的基本生产工具，其制造业因此被誉为"机械工业之母"。中国机床工具制造业地区分布广泛。沪、辽为中国最重要的机床工具制造业基地，产量占全国总产量的 1/3 以上。普通机床生产主要分布在上海、沈阳、北京、齐齐哈尔、济南、无锡、南京、武汉、重庆、西宁、杭州等地。精密机床生产主要集中在上海、北京、哈尔滨、成都、昆明等地。重型机床生产主要分布在武汉、西宁、上海、济南和芜湖等地。

（四）仪器仪表

仪器仪表主要包括自动化仪表、光学仪器、材料试验机、电影和照相机等。仪器仪表工业生产技术要求高，工艺复杂，布局一般在科技中心或工业发达的城市。上海是中国最大的仪器仪表制造中心，产值占全国的 1/3。上海、天津、大连、哈尔滨和西安等地是工业自动化仪表生产中心。牡丹江、桂林、贵阳、宜昌等地是电工仪器仪表生产中心。照相机生产以上海、广州和常州等地较为集中。

（五）发电设备

发电设备制造业是新中国成立后发展起来的一个新兴机械工业部门，发展极其迅速，其产值已占工业设备制造业总产值的 1/3 左右。中国发电设备制造有哈尔滨、上海、四川（德阳、绵竹、自贡）三大生产中心。上海是中国最大的火电设备生产基地。哈尔滨是中国最大的水电设备生产基地。此外，北京、天津、武汉、南京、洛阳和杭州也有一定规模的发电设备制造业。

（六）轻纺设备

轻纺设备包括纺织和轻工机械。产品种类比较单纯，技术要求不太复杂，一般布局在消费地。中国纺织机械有上海、榆次、郑州、天津、威海和青岛等生产基地。轻工机械制造业分布在上海、天津、广州、西安、大连、辽阳、安阳、合肥和唐山等地。广州是全国最大的制糖机械生产中心。上海是全国最大的食品机械生产中心。

二、运输机械制造业

运输机械制造业包括汽车、机车车辆、船舶和飞机等。它们是现代化交通运输发展的关键。在这里着重介绍汽车工业。

（一）中国汽车工业的发展概述

"十三五"期间，我国汽车工业规模稳步增长，新能源汽车市场蓬勃发展，智能化、网联化正成为汽车工业转型升级的新牵引力，汽车产业总体告别了数量型快速增长，全面进入高质量发展阶段。尽管增速 2018 年以来呈一定下降趋势，但总量依旧保持在 2500 万辆以上规模。与此同时，在电动化、智能化和网联化带动下的新发展格局开始加快形成，行业间跨界融合也不断推进。2020 年的新冠肺炎疫情使汽车行业压力愈加凸显，面临更严峻挑战和重大困难，但在国家和地方政策的大力支持、市场消费需求的强劲恢复等利好因素影响下，汽车行业表现大大好于预期。2020 年，汽车产销分别完成 2522.5 万辆和 2531.1 万辆，同比分别下降 2% 和 1.9%（图 13-7），仍领跑全球。

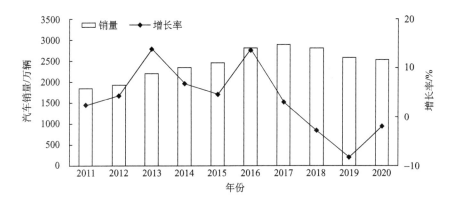

图 13-7　2011~2020 年汽车销量及同比增长情况

资料来源：2020 年中国汽车工业经济运行报告

中国在稳坐世界产销第一大国的情况下，不断加大对汽车产业基础创新和核心技术创新攻关力度。2020 年，产销分别完成 136.6 万辆和 136.7 万辆，同比分别增长 7.5% 和 10.9%，产销量创历史新高（图 13-6）"十三五"期间，新能源汽车发展一枝独秀。作为政策"宠儿"的新能源汽车产业，年销量从 2009 年的不到 500 辆增长到 2019 年的 120.6 万辆，连续五年居世界第一（图 13-8）。日前，红旗、岚图等多款新能源车亮相，在主打电动化的同时，被赋予了多项智能化、网联化新技术。

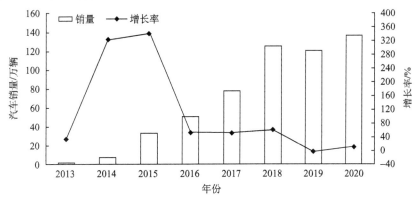

图 13-8　2013~2020 年新能源汽车销量及同比增长变化情况

资料来源：2020 年中国汽车工业经济运行报告

从汽车企业进出口表现来看，随着中国对外贸易回稳向好，贸易规模和国际市场份额提升，贸易结构持续优化，降幅也逐步减缓。2020 年，汽车企业共出口 99.5 万辆，同比下降 2.9%。全国汽车商品累计进出口总额为 1668.8 亿美元，同比下降 5.8%。其中，进口金额 827.4 亿美元，同比下降 2.0%；出口金额 841.4 亿美元，同比下降 4.9%。在汽车主要进口品种中，轿车、越野车和小型客车进口量均呈下降趋势，小型客车降幅更快。汽车零部件进口金额 353.5 亿美元，同比增长 0.1%。在汽车零部件主要品种中，与上年相比，发动机进口金额呈较快下降，汽车摩托车轮胎略有下降，其他两大类零部件品种呈小幅增长。

（二）中国汽车产业的集群式分布现状

中国现阶段汽车产业发展特点是以整车企业、合资企业为主，辅以自主开放型结合，分区位多中心，以沿海地区发展为主脉，逐渐向中西部、东北部呈集群式延伸。

1. 长江三角洲汽车产业集群

长江三角洲汽车产业集群以江苏—上海为中心，地处由上海、江苏、浙江省（市）组成的长江三角洲经济区内。长江三角洲汽车产业是中国汽车产业重要的组成部分，同时也是长江三角洲经济区的支柱产业之一。上海拥有目前中国最大的轿车生产基地和全国三大汽车集团之一的上汽集团，50 多家世界一流的汽车零部件合资企业和全国种类最全、规模最大的轿车零部件工业基地；浙江拥有一大批实力雄厚的汽车零部件公司和中小零部件生产企业；江苏省有南京菲亚特、春兰汽车、上汽仪征、扬州亚星，又有盐城的东风悦达起亚。这一地区已形成了密集的汽车工业基地，而且正在打造一条长江三角洲汽车零部件产业长廊（高薇，2011）。

目前，长江三角洲汽车产业集群着重发展新能源汽车产业，聚集了 100 多个年工业产值超过 100 亿元的产业园区，包括上汽集团、吉利集团、众泰集团以及东风系客车、卡车、乘用车等在内的数千家大型企业。据统计，长江三角洲集群的 30 个城市中，有超过 14 个城市已经拿到或规划有新能源汽车项目，涉及新能源汽车项目超过 20 个，累计计划产能超过 300 万辆，累计计划投资超过 1000 亿元。

2. 珠江三角洲汽车产业集群

珠江三角洲工业基地位于广东省中南部，是中国人口、城镇密集，经济最发达的地区之一，也是中国对外开放的前缘地带。珠江三角洲经济发达，传统汽车工业基础雄厚，聚集了广汽集团、广汽本田、广汽丰田等传统车企，以及比亚迪等新能源汽车企业。珠江三角洲地区拥有多个知名车企品牌总部，已经建设完成黄埔、花都和南沙开发区三大汽车生产基地。除了自身的经济优势以外，政策开放、机制灵活等也是培育汽车产业的利好环境。随着日本本田、日产、丰田等汽车集团的先后入驻广州，带动众多零部件配套企业相继进入，目前各地区内整车制造厂较固定的配套关系以及日趋规模化的零部件配套板块已基本形成。

珠江三角洲汽车产业集群在新能源汽车产业方面具有较强发展实力和广阔前景，但在整体的投资规模方面与长江三角洲产业集群仍有一定差距。2019 年发布的《广东省发展汽车战略性支柱产业集群行动计划（2021—2025 年）》提出，到 2025 年全省汽车制造业营业收入要超过 11000 亿元，其中汽车零部件制造业营业收入突破 4500 亿元；汽车工业增加值超过 2000 亿元；汽车产量超过 430 万辆，其中新能源汽车超过 60 万辆。

3. 东北地区汽车产业集群

辽宁、吉林、黑龙江三省都有核心汽车企业。吉林长春有一汽集团，黑龙江哈尔滨有哈飞汽车集团，辽宁沈阳有华晨汽车公司和金杯通用汽车公司。东北地区汽车产业集群以长春为中心，传统汽车工业基础深厚。东北地区汽车零部件企业也具有一定实力。依托一汽集团及深厚的机械制造基础和完善的配套体系，东北地区的传统造车工业从长春辐射到整个东北地区。相对传统汽车来讲，新能源汽车产业的发展则较为落后。目前，东北地区汽车产业集群中，除了位于沈阳的华晨宝马新能源汽车产业园以外，还有位于沈北地区的一汽普雷特集团和华工集团新能源汽车核心零部件产业基地，整体新能源汽车整车制造项目过少。此外，东北地区还有多所国家重点高等院校，为中国汽车工业的科学研究作出了重要贡献，也输送了大量优秀人才。

4. 京津冀地区汽车产业集群

京津冀地区汽车产业集群以北京-天津为中心，聚集了北汽集团、北汽福田、长城汽车、北京现代、天津一汽等大中型传统车企。京津冀汽车产业集群传统造车产业规模大，但整体的新能源汽车产业规模不及珠江三角洲集群和长江三角洲集群。北京汽车工业已形成北京现代、北京吉普和北汽福田各具特色的三大汽车板块；天津有天津丰田、天津一汽、一汽华利等核心整车企业。京津冀地区还有众多有实力的汽车零部件企业，如天津电装、天津斯坦雷、天津金丰、天津车桥、天津星光、北京蒙诺等企业，这些零部件企业也促进了京津冀地区汽车产业的进一步发展。不仅如此，京津冀地区还有便捷的交通运输网络。目前，京津冀汽车集群中，北汽新能源是首个获得纯电动乘用车生产资质的车企，在北京的生产基地有 2 万辆的产能规模。

5. 华中汽车产业集群

华中汽车产业集群以武汉为中心，聚集了东风集团、标致雪铁龙、神龙汽车等大型车企，传统汽车工业基础较为深厚，虽然相较于长江三角洲汽车工业集群的规模较小，但新能源汽车产业投资活跃。其中，武汉是该产业集群主要的投资领域。武汉是华中地区最大都市及中心城市，中国长江中下游特大城市，是中国地域中心和内陆的市场中心，占据重要的地理位置，有极强的市场集散功能和广泛的经济辐射作用，吸引了吉利汽车、上汽通用等车企的投资。此外，该地区拥有神龙汽车襄阳零部件工厂、法雷奥汽车空调、荆州恒隆、湖北法雷奥车灯等众多有实力的零部件企业。近年来，南昌、赣州、上饶等地成为汽车及零部件企业投资的热点地区。华中地区还有武汉理工大学、华中科技大学、湖北汽车工程学院等多所高等院校，它们为汽车技术研究和开发培养人才作出了重大贡献。

6. 成渝西部汽车产业集群

成渝西部汽车产业集群以重庆为中心，拥有长安集团、长安福特、长安铃木、力帆汽车等车企，重工业基础雄厚。重庆拥有颇具特色的汽车生产企业，其中长安汽车集团是中国最大的微车生产企业，重庆庆铃汽车股份有限公司是重要的商务用车生产企业；重庆有以生产客车为主的重庆宇通客车厂，也有以比亚迪有限公司为代表的民营汽车企业，还有由原四川汽车制造厂为主体改制组建的重庆重型汽车集团；在重庆北部新区，规划建设以福特轿车为主体，集生产、研发、贸易、博览、文化、教育、旅游等综合功能于一体的"十里汽车城"，这里还有一大批汽车零部件生产企业。近年来，新能源汽车产业政策吸引了大批的新能源汽车企业在该地区投资，如吉利汽车、比亚迪、北汽集团、长安新能源、车和家等大型车企都在该区域规划大型投资项目。成渝西部集群新能源汽车产业累计规划产能超过 200 万辆，累计投资规模超过 700 亿元。

第五节　纺　织　工　业

一、纺织工业

（一）中国纺织工业发展概述

纺织工业按生产工艺过程可分为原料初加工、纺纱、织布、印染和针织工业。按原料性质则可分为棉纺织、毛纺织、丝绸纺织、麻纺织和化纤制造业。

中国具有发展纺织工业的优越条件，不仅拥有发展纺织工业的基础，而且拥有发展纺织工业的丰富资源，广大中西部的劳动力成本也比较低廉。

进入 21 世纪以来，中国纺织工业快速发展，形成了从上游纤维原料加工到服装、家用、产业用终端产品制造不断完善的产业体系。生产持续较快增长，产品出口大幅增加，结构调整取得进展，对就业和惠农的贡献突出。中国已经成为世界纺织服装生产大国。但是，纺织工业在快速发展的过程中，长期积累的矛盾和问题也日渐凸显。主要表现在：自主创新能力薄弱，高技术、功能性纤维和复合材料开发滞后，高性能纺织机械装备主要依靠进口；产业布局不尽合理，纺织工业能力的 80%集中在沿海地区，出口市场近 50%集中在欧盟、美国和日本，尚未形成多元化格局；节能减排任务艰巨，纺织工业能耗、水耗、废水排放量分别占全国工业总能耗、总水耗、总废水排放量的 4.3%、8.5%和10%；产能规模盲目扩张，部分行业产能过剩。2008 年下半年以来，国际金融危机对中国纺织工业造成严重影响，市场供求失衡，企业经营困难、亏损增加，吸纳就业人数下降。技术工人短缺情况长期存在，生产成本上升压力加大。2013 年，纺织企业原料、用工等制造成本继续提升，企业融资、土地使用等费用增加，超过五成样本企业用工价格涨幅超过 10%。十八大以来，我国经济发展进入新常态，社会步入中国特色社会主义新时代。面对复杂形势，纺织工业加快转型升级，不断强化"科技、时尚、绿色"的新定位。"十三五"期间，国家推出要研发推广一批具有广泛适用性的先进纺织数控技术和智能化纺织装备，推动纺织工业技术升级与结构调整。其中，数控节能环保型印染设备被列为科技攻关及推广重点任务，目标是改进、升级印染生产线数字化在线监控系统，包括定形机能耗监控系统，在行业内加快推广数字化监控拉幅定形机等节能减排设备。基于良好的纺织产业发展政策，纺织机械行业迎来良好的发展时代。2017 年以来，我国纺织行业运行情况逐步好转，产销增长相对平稳，质量效益稳步改善。根据 2019 年底发布的第四次全国经济普查数据，在制造和批发零售两个领域，纺织服装产业有 121 万家法人企业，拥有资产 9.37 万亿元。2018 年的营业收入达到 12.7 万亿元，占中国 GDP 总额的 14%以上，是仅次于电子信息产业的中国第二大产业部门。2019 年，全国限额以上服装鞋帽、针纺织品类商品零售额同比增长 2.9%，增速较 2018 年放缓 5.1

个百分点。2019 年，全国规模以上纺织企业工业增加值同比增长 2.4%，增速较 2018 年放缓 0.5 个百分点。

（二）中国纺织工业布局变化

纺织工业的发展与布局主要受原料、消费市场、运输、劳动力和技术基础条件的影响。新中国成立以后，中国纺织工业的地区布局，在国家均衡布局战略的总体安排下，以棉纺织为主的纺织工业，依据"适当集中，建立基地"的方针，首先在原料产区和消费区的内地重点建设大批棉纺织厂和新的棉纺织基地。其次，是改造和加强东部沿海老纺织工业基地，在上海、青岛、天津等老基地周围，有计划地扩大了棉田种植面积。目前，纺织工业已经比较均匀地遍布全国各地，促进了各地区经济的发展。

（1）全国各省、区、市都已建立起不同规模的纺织工业，但总体上沿海纺织工业的发展水平最高，中部地区有相当基础，西部纺织工业还比较薄弱。

（2）形成了一批企业较集中、水平比较高、经济效益比较好的纺织工业中心，如上海、天津、北京、无锡、常州、武汉、青岛、苏州、石家庄、南通、西安、广州、大连、重庆、郑州等，构成了中国纺织工业的大型基地。此外，还有二三十个中型基地，如南京、杭州、济南、成都、宁波、潍坊、邯郸、营口、哈尔滨、长沙、湖州、佛山、襄阳、南昌等。

（3）乡镇集体企业的快速发展，形成了纺织工业的新的主体。

（4）形成了一些有特色的纺织工业基地。

纺织企业按行业布局有如下特征。

棉纺织业。全国除西藏外，各省（区）市均有一定的棉纺织能力，规模较大的有江苏、山东、湖北、河北、上海、河南。

麻纺织业。亚麻纺织集中在黑龙江、辽宁、广东；苎麻纺织集中在浙江、湖南、河南、湖北、江西、四川等省。

毛纺织业。主要集中在江苏、上海、河北、新疆、北京、内蒙古、山东、浙江、天津、辽宁、湖北、河南、陕西。可分为三种类型：一是具有历史基础、技术水平较高、原料依靠进口或调进的沿海毛纺织业基地；二是处于内地原料产区的新兴毛纺织业基地与中心，如宁夏、陕西、内蒙古、新疆等；三是为改善地区工业结构而建立起来的毛纺织业中心，如太原、重庆、长沙等。

（三）纺织工业的梯度转移

改革开放以来，珠江三角洲、长江三角洲等沿海地区利用地理区位优势和政策优势，在承接国际产业转移方面占据优势地位，实现率先崛起。2000 年以来受到土地成本、能源成本、劳动力成本快速上升和生态环境的约束，资源密集型产业和劳动密集型产业的发展受到制约，产业结构优化升级压力增加，资金技术密集型和高新技术产业逐步替代现有传统制造业，产业转移成为东南沿海地区发展的必然选择，东南沿海地区纺织服装产业向中西部梯度转移的步伐加快。

2008 年在东南沿海地区企业普遍陷入困境的同时，中西部地区保持着较好发展势头，纺织产业从东部地区向中西部地区转移的趋势明显，中西部纺织企业的投资及产出保持较快的增长水平。2008 年中西部 8 省投资比重较 2007 年同期提高了 5.66 个百分点，占全国服装行业总投资的 33.73%。江苏、浙江、广东、山东、福建等东南沿海传统服装大省投资下降明显，中西部地区投资步伐快于东南沿海地区。直至 2012 年纺织行业在中部地区的固定资产投资均有较快的增长。但 2013 年以来纺织产业转移稍有放缓，2013 年中部地区纺织行业新开工固定资产投资项目同比增长 1.4%，低于东部地区 4.8 个百分点。

然而，在纺织服装加工业不断向中西部地区转移的同时，纺织服装品牌和规模以上纺织服装业企业在不断集中。由于东部产业集群、物流及基础设施及品牌设计相对较为完善，尤其是长江三角洲地区，国内主要的服装设计院校，如东华大学、苏州大学、江南大学等也都集中在长江三角洲地区，纺织工业也出现了逆向转移的情况，即部分部门转移向东部沿海地区。近年来，尤其是 2017 年之后，纺织服装行业集中度逐步提升，且服装行业集中度高于纺织行业（朱启兵等，2019）。

2020 年，推进以国内大循环为主体，国内国际双循环相互促进的新发展格局的大背景下，在工业和信息化部提出要进一步统筹推进纺织行业国内外协调布局和发展，着力把握好国际产能合作与国内梯度转移的关系，处理好产能输出与稳定就业的关系，支持纺织服装企业加快技术改造，提高自动化、智能化水平，支持纺织服装产业向中西部转移，引导规范企业有序开展国际产能合作，推动国际合作与国内产业升级良性互动，稳定优化纺织产业链和供应链。2020 年 3 月开始，一批中西部地区的纺织项目有序推进。其中包括河南省西平县产业集聚区智尚工业园二期溢丰纺织项目、四川龙凯高端纺织面料生产项目等。

当然，产业转移不是自然而然就能实现的，尤其对于承接转移的地区和企业来说，必须要主动地承接、有规划地承接、有战略地承接转移，而不是盲目地等待转移。东部地区和企业也不能把中西部当做转移落后产能的承接地，而是要把先进的技术与中西部的比较优势结合起来，做到有始有终。对于转移方和承接方来说，产业转移都意味着机遇与挑战同在：应对得当，将极大促进双方的产业升级或经济发展；否则，也极有可能给转移和承接双方带来不便与不利影响。

二、轻工业

轻工业是指满足人们吃、穿、用需要的部门。轻工业是一个门类多、范围广泛的综合性产业部门。按其所使用原料的不同，可分为以农产品为原料的轻工业和以非农产品为原料的轻工业两大类。在工业化初期，轻工业的生产在制造业中占有主要地位（其中主要是以农产品为原料的轻工业），随着工业化水平和国民收入的提高，制造业中轻工业所占比重逐步下降，而为投资和中间需求服务的重工业所占比重逐步上升，同时轻工业内部以非农产品为原料的轻工业所占比重也逐步上升。

目前中国已经形成了门类齐全、产业链较为完整的轻工业体系，产业整体水平明显提高，自主创新和自主品牌得到发展，家用电器、皮革、家具、羽绒、五金制品、电池等行业已成为在国际市场有影响力和竞争力的行业，成为国际的制造中心和采购中心。家电、皮革、家具、自行车、电池、口腔清洁护理用品、羽绒等一批行业在生产总量和生产水平上已经确立了世界大国的地位，正向世界强国的目标迈进；造纸、食品、制盐、塑料、五金制品、缝制机械、照明电器、钟表、眼镜、日用陶瓷、日用玻璃、日用搪瓷、乐器、室内装饰、玩具、文体用品、制笔和日用杂品等一批行业的产量和生产技术水平已经接近世界大国的水平；轻工机械装备、衡器、日化、洗涤、化妆品等一批具有一定基础和潜能的行业，吸收国内外先进技术成果，通过自主创新，努力加快缩小与世界强国之间差距的步伐；工艺美术、文房四宝、民族乐器、民俗玩具、少数民族用品等一批传统行业得到保护、传承和发展。

中国轻工业的布局已经在全国普遍展开，但各地区发展不平衡，初步形成了以环渤海地带、长江三角洲、闽南金三角、珠江三角洲为主的轻工业出口基地。在中国沿边内陆地区，以新疆、内蒙古、黑龙江等地对应俄罗斯、蒙古和东欧各国，以新疆、宁夏对应中亚、西亚国家，以四川、重庆、云南、贵州对应南亚和中南半岛地区的轻工业产品出口基地正在逐步形成。下面主要介绍食品工业、造纸工业的布局。

（一）食品工业

1. 中国食品工业的发展概述

中国是一个有着 14 亿人口的大国，食品工业是关系国计民生的"生命工业"，也是一个国家、一个民族经济发展水平和人民生活质量的重要标志。按照国际分类标准，食品工业包括农副食品加工业、食品制造业、饮料制造业和烟草加工业四个大门类。

食品工业是以农畜产品为原料的加工业。由于农畜产品不宜保存和长途运输，而且在加工制造过程中原料失重较大，因此，原料因素和运输条件对食品工业的布局有决定性影响，同时，食品工业的产品是满足人们食用需求，卫生条件和接近消费地因素对食品工业的布局也有重要影响。

1978 年以来，中国国民经济取得快速发展，人民生活水平大幅度提高，在原料供给充足、市场需求旺盛和科技进步推动等综合作用下，中国食品工业获得快速发展，现已成为门类比较齐全，既能满足国内市场需求，又具有一定出口竞争能力的产业。2012 年，在全球经济增长放缓，国内经济下行压力加大的形势下，我国食品工业仍然保持了 21.7%的增长率，总产值近 9 万亿元，2019 年我国食品工业总产值达 12.7 万亿元，为国民经济的重要支柱产业。总体来看中国食品工业的发展呈现如下特点。

第一，食品工业产值不断增长，经济效益稳步提高。新中国成立以来，特别是改革开放以来，中国食品工业得到较快发展，但食品工业产值的快速增长主要发生在 21 世纪以来的近十年内（特别是 2001 年加入 WTO 后）。1952 年中国食品工业产值仅为 82.8 亿美元，到 1977 年达到 435.7 亿美元，25 年间增长了 426.2%。1977～2002 年的 25 年间，增长了 1836%。加入 WTO 后，由于出口需求的增加、宏观经济的快速增长，中国食品工业迎来了更大发展机遇（谭向勇，2010），2002～2008 年的 6 年间，食品工业产值就增加了 398%。2008 年中国食品工业产值达到 42000 亿美元，增长速度远高于包括美日欧在内的经合组织 30 个成员国的平均水平，2009～2019 年，中国食品工业总产值从 4.9 万亿元增加到 12.7 万亿元，每年保持着 20%以上的增速。

第二，主要食品产量大幅度增加，产品结构优化。随着国内外市场需求快速增长，食品工业主要产品产量大幅提高，其中增幅较大的主要有小麦粉、液体奶、食用油、乳及乳制品、罐头、水产加工品、方便主副食品、礼品食品等。此外，中国食品工业的产品结构趋于优化。粮食加工业中特等米和标一米占大米总产量的 92%以上，液体乳产量占乳制品的产量提高到 90%以上，软饮料制造业形成了包装饮用水、果蔬饮料、碳酸饮料、茶饮料等多元化发展的态势。其原因主要是由于居民收入水平的提高，人们的保健意识增强，食品消费结构逐渐发生了变化。

第三，主要食品生产的优势区域布局渐趋合理，企业集群式发展的格局日渐形成。随着各地农产品生产基地和食品消费市场的不断发展，初步形成了一批食品生产企业密集区和多个优势农产品加工产业带。例如，东北及内蒙古东部玉米、大豆加工产业带。华北、东北、西北地区乳制品加工产业带，黄淮海地区优质专用小麦加工产业带，长江流域优质油菜加工产业带，华东、华北、中南、西南、猪牛羊禽肉加工产业带，东南沿海、黄渤海出口水产品加工带以及广西、云南糖料加工产业带，这些产业带的形成，使得主要食品生产呈现出集群式发展的特色和较为合理的区域布局。

第四，食品企业组织结构进一步优化，生产集中度逐步提高。随着中国食品工业兼并、重组步伐加快，一批具有市场竞争优势的骨干食品企业发展壮大，成长起一批知名企业和名牌产品，名优产品的市场份额明显提高。部分食品行业的生产集中度达到较高水平，其中：乳制品行业十强企业销售收入占全行业的 54.7%，饮料行业十强企业产量占全行业的 39.5%，制糖行业十强企业产量占全行业的 43.6%，啤酒行业三大企业集团的产量合计占全行业的 31.6%。

第五，食品工业出口创汇平稳发展，出口额逐年增加，进出口结构变化较大。在经历了全球经济增长放缓、中美贸易摩擦等因素影响后，全球商品出口贸易增长趋缓。而中国商品出口占全球出口比重不断上升，1989 年、1999 年、2008 年和 2019 年分别为 1.7%、3.6%、9.1% 和 10.8%，贸易排名由 1989 年的第 14 位跃居世界第 1 位，近年来，中国食品工业对外贸易呈现递增趋势。2019 年，全年规模以上食品工业实现出口交货值 3678.6 亿元，同比增长 3.3%，高于全部工业出口增速 2.0 个百分点。

2．食品工业内部四大门类之间的比例关系

从食品工业内部四大门类（农副食品加工业，食品制造业，酒、饮料和精制茶制造业，烟草制品业）来看，进入 21 世纪以来农副食品加工业呈现较快的发展趋势，农副食品加工业占整个食品加工业的比重由 2002 年的 44.3%上升到 2008 年的 56.4%，其产值由 4777 亿元上升到 23917 亿元，翻了两番； 2019 年，规模以上食品工业企业实现营业收入 92279.2 亿元，同比增长 4.5%，发生营业成本 71055.3 亿元，同比增长 4.0%；百元营业收入中的成本为 77.0 元，同比减少 0.4 元；主营业务收入利润率为 7.3%，同比提高 0.2 个百分点。收入增速高于成本增速，利润增速又高于收入增速，食品工业企业经济效益继续改善提高。2019 年，社会消费品零售总额同比增长 8.0%，在限额以上单位商品零售额中，粮油、食品类零售额同比增长 10.2%，饮料类增长 10.4%，烟酒类增长 7.4%。2019 年，食品工业产销率 98.8%，同比微减 0.3 个百分点，产销平衡，衔接水平较高。分行业看，农副食品加工业产品销售率 98.5%，食品制造业销售率 97.8%，酒、饮料和精制茶制造业 96.9%，烟草制品业 105.3%。2018 年农副食品加工业，食品制造业，酒、饮料和精制茶制造业和烟草加工业的比例 5.08：1.97：1.64：1.00，2008 年为 5.33：1.72：1.39：1.00，1998 年为 2.56：0.88：1.15：1.00，1988 年为 0.93：2.91：0.82：1.00。这说明随着人们收入水平的提高，特别是对于健康的重视，烟草消费在逐步减少，而对于丰富多样的农副食品加工品的需求则在快速增加。

3．中国食品工业发展趋势

第一，食品消费总量仍将不断增加，商品性消费日益取代自给型消费，工业化食品比重逐步增长。国民经济持续快速发展和城市化水平的提高，为食品工业发展提供了巨大的市场空间。"十三五"期间，中国的恩格尔系数持续下降，从 2016 年的 30.1%降至 2019 年的

28.2%。恩格尔系数的持续下降，是我国居民生活水平不断提高、生活品质显著改善的最好证明，也是全面建成小康社会、消费不断升级的"信号灯"。2019 年，中国城镇化率为60.60%，13 个省市城镇化率超全国平均水平。上述因素的共同作用将对食品消费总量和结构产生重要影响。

第二，方便食品、绿色食品及有机食品将成为食品消费的主旋律。随着人们生活节奏的加快，使得简便、营养、卫生、经济、即开即食的方便食品市场潜力巨大。与此同时，居民的生活水平和健康意识日益提高，人们对食品品质的要求越来越高，绿色食品、有机食品将越来越受到消费者青睐。人们的饮食习惯更加合理，更加科学，烟酒等嗜好类产品的比重将逐步下降，食品工业产品结构将进一步得到优化。

第三，产品多样化、精细化及营养化将成为食品工业发展的重要特征。当前中国食品工业主要还是以农副食品原料的初加工为主，精深加工程度较低，食品制成品水平低。随着全面建设小康社会进程的不断加快，居民消费层次的变化以及年龄、文化、职业、民族、地区生活习惯的不同，食品消费个性化、多样化发展趋势越来越明显。

第四，生物技术、机械化及自动化将在食品工业中得到广泛应用。基因工程技术的发展，使得按照人的意愿创造新物种和改造现有物种成为现实。酶工程技术的发展为合理利用加工下脚料提供了技术可能性，现代发酵技术的发展为开发新型鱼制品奠定坚实的技术基础。提高食品生产机械化和自动化程度，是生产安全卫生、高营养价值食品的前提和基本要求，也是实现食品加工企业规模化生产和发挥规模效益的必要条件。食品工业企业应该从传统的手工劳动和作坊式操作中解脱出来，投入资金，完善软、硬条件，提高生产的机械化、自动化程度。

（二）造纸工业

1. 中国造纸工业发展概述

中国是世界上最早发明造纸术的国家。现代造纸工业包括制浆与造纸两部分。

近年来中国造纸工业取得了较大的发展（李平，2010），2012 年中国纸和纸板产量达到1.03 亿 t，消费量 1 亿 t，均居世界首位，已进入世界纸张生产大国和消费大国行列。2020年全国纸及纸板生产企业约 2500 家，全国纸及纸板生产量 11260 万 t，较上年增长 4.60%；消费量 11827 万 t，较上年增长 10.49%，人均年消费量为 84kg（14.00 亿人）。2011~2020年，纸及纸板生产量年均增长率 1.41%，消费量年均增长率 2.17%。产品质量显著提高，纸张品种和花色品种增多，产品结构调整取得较大进展，大大满足了国内市场需要。企业结构调整明显加快，规模向大型化发展。目前中国许多大的造纸企业已完全与国际接轨。中国目前造纸产业集中度越来越高。珠江三角洲以生产包装纸为主，长江三角洲以外资企业为主，主要生产高档纸张，如铜版纸和高档文化用纸；渤海集群的核心地带，山东半岛是目前纸张生产产量最高区域。几个大的造纸企业都有各自的拳头产品，向生产名牌专业化产品方向发展。造纸企业实施清洁生产，对生态环境的破坏状况有较大改善，污染情况有所减轻，治理成效突出。世界纸业巨头加快在中国投资步伐，且主要集中在高档纸品领域。中国造纸工业是国民经济和社会事业密切相关的重要基础原料产品，产业关联度大，市场容量大，是拉动林业、农业、化工印刷、包装机械制造等产业发展的重要力量。造纸产业是以木材、竹、芦苇等原生植物纤维和废纸等再生纤维为原料，是经济中具有可持续发展特点的重要产业。其造纸工业原料方针是"充分利用国内外两种资源，提高木浆比重，扩大废纸回收利用，合理利用非木浆，逐步形成以木纤维废纸为主，非木纤维为辅的造纸原料结构"。

2. 造纸工业的布局变化

纤维原料是制浆造纸工业的物质基础，同时造纸是污染较严重的行业之一，纤维原料的种类、数量与质量，不仅关系到造纸工业的品种、质量和发展速度，而且对制浆、造纸企业的规模与布局，采取的工艺技术、污染的治理和经济效益等都有决定性影响。因此，制浆工业一般布局在原料地，而造纸和纸制品工业则在布局上尽量接近消费地（刘军钛，2010）。

中国植物纤维资源品种多、数量大。目前作为造纸原料的纤维资源主要有农作物秸秆、木材、废纸、芦苇、麻布棉等，几乎各地都有用作造纸的原料资源。因而造纸工业的布局也较为分散，全国各省、区、市都有造纸工业，但又各有特点。

（1）充分利用地区原料资源优势，形成了大中小不同规模的造纸工业企业，以木材为原料的造纸工业地区，主要有辽宁、吉林、黑龙江和内蒙古东部，是中国规模最大的造纸工业基地；以农作物秸秆、草类等短纤维为原料的造纸工业地区，包括河北、山西、陕西、河南、山东、江苏、安徽、浙江、湖南、湖北等省，是全国主要种植农业区，其秸秆、草类纤维资源丰富，其中，湖南、湖北两省芦苇原料占有一定比重；拥有木材、蔗渣、竹材等多种纤维原料的造纸工业地区，包括广东、广西、福建、江西等地；四川、重庆、云南、贵州等省市是竹、木纤维原料发展潜力较大的造纸工业地区；而北京、上海、天津等特大城市造纸工业主要以商品浆和废棉、废布、废纸为原料。

（2）发挥地区优势，形成了不同纸张品种生产的地区分工，如北京、上海、天津、济南、广州等沿海大城市生产多种技术条件要求较高的纸张品种。一般的地区小型纸厂，多生产文化、印刷、书写等普通用纸。

参 考 文 献

丛威，周凤起，康磊．2010．中国能源发展现状及对"十二五"能源发展的思考．应用能源技术，(9)：1-6.

党文娟．2011．全球经济危机背景下中国汽车产业支柱地位研究．上海经济研究，(2)：45-53.

杜立辉，聂秀峰，刘同合．2010．2000—2009年中国钢铁产业布局变化及国际比较．冶金经济与管理，(9)：17.

高薇．2011．中国汽车产业集群分布与发展差距．边疆经济与文化，(2)：11-12.

贺灿飞．2008．中国制造业地理集中与集聚．北京：科学出版社．

贺灿飞，胡绪千．2019．1978年改革开放以来中国工业地理格局演变．地理学报，74(10): 1962-1979.

李平．2010．"十二五"期间中国造纸产业发展的宏观环境．中国造纸，(10)：53-55.

李晓华．2006．化学工业"十五"发展回顾与"十一五"展望．化工技术经济，24（8）：1-9.

林婉如．2000．中国经济地理．大连：东北财经大学出版社．

林文耀．2010．近十多年来中国造纸工业发展历程和展望未来．华东纸业，(6)：7-14.

刘法根，郭奉贤．2010．论煤炭产业新布局和煤炭人才培养．科技信息，(19)：234-235.

刘军钛．2010．中国造纸工业60年变迁及发展趋势．制造化学品，22（5）：18-22.

鲁峰．1999．中国经济地理．北京：中国物资出版社．

沙亦强．2011．中国电力的大变革年代．中国电力企业管理，(2)：34-39.

谭向勇．2010．中国食品工业的现状及发展趋势研究．北京工商大学学报（自然科学版），28（1）：1-7.

王静爱．2009．中国地理概述．北京：高等教育出版社．

王庆，杜纲．2009．关于中国工业经济发展若干问题研究．河北大学学报（哲学社会科学版），34（4）：56-60.

吴传钧．1998．中国经济地理．北京：科学出版社．

肖宇, 彭子龙, 何京东, 等. 我国能源面临诸多问题和挑战, 构建国家能源新体系迫在眉睫. https://www.in-en.com/article/ html/ energy-2304235. shtml. 2021-05-13.

徐加明. 2002. 中国经济地理. 济南: 济南出版社.

叶振宇. 2008. 区域战略、贸易政策与工业布局演变——来自中国的经验. 国际贸易, (12): 41-45.

于洪涛, 王文勇. 2010. 浅谈未来 10 年中国煤炭工业的发展趋势. 采矿技术, 10 (4): 144-145.

赵济, 陈传康. 1999. 中国地理. 北京: 高等教育出版社.

朱启兵, 王大林. 中国产业变迁: 劳动密集型制造业转移与产业集聚——以纺织服装业为例. http://www.xcf.cn/article/ 4b7bde7a8e7911e9bf6f7cd30ac30fda.html.2019-06-14.

Deng Zhou, Yu Chang. 2019. Seven-decade structural transformation of China's industrial economy. China Economist, 14(4): 14-39.

思 考 题

1. 影响中国工业布局的主要因素有哪些？

2. 简述中国工业布局的总体特征。

3. 简述我国能源工业发展的面临的主要问题。

4. 简述未来我国煤炭工业发展的趋势。

5. 简述中国钢铁工业的发展与布局特点。

6. 简述中国汽车工业的发展现状及其挑战。

第十四章 中国第三产业发展与布局

第三产业，又称第三次产业，它是指除农业、工业、建筑业以外的其他各业。第三产业发展的水平体现一个国家与地区的经济发展水平。加快发展第三产业有利于进一步完善中国社会主义市场经济体制；有利于加快经济发展，提高国民经济素质和综合国力；有利于扩大就业，缓解就业压力；有利于提高人民生活水平，实现小康。

第一节 中国第三产业发展概述

一、中国第三产业发展历程

第三产业在中国的发展并不是一帆风顺的，而是具有明显的波折性。1949 年以前，就全国而言，第三产业的发展极为薄弱，只有极少数东部沿海城市（如上海）第三产业比较发达；1949 年以后，中国第三产业的发展大致可以分为两个阶段。

第一阶段为缓慢发展时期（1949～1980 年），这个阶段由于对第三产业没有正确的认识，在政治理论方面存在偏差，长期不承认第三产业发展对国民经济发展的作用，在经济发展战略及政策方面没有或很少考虑第三产业的发展，使中国第三产业长期发展缓慢，比重偏低，1952 年，三次产业增加值结构为 50.7∶21.0∶28.3，1980 年为 30.2∶48.2∶21.6，就业结构由 1952 年的 83.5∶7.4∶9.1 变为 1980 年的 68.7∶18.2∶13.1，第三产业的增加值不但没有增加，反而减少 6.7 个百分点，就业比重仅增加 4 个百分点。

第二阶段为迅速发展时期（1980 年至今），1980～2019 年，三次产业增加值结构由 30.2∶48.2∶21.6 变为 7.1∶39.0∶53.9；就业结构由 68.7∶18.2∶13.1 变为 25.1∶27.5∶47.4。第三产业增加值比重提高了 32.3 个百分点，就业比重提高了 34.3 个百分点，第三产业比重基本稳定，结构明显改善，新兴产业和高附加值产业发展势头较好。

二、中国第三产业空间布局

在空间布局上，中国第三产业的发展地区不平衡，存在明显的地域差异，主要表现在以下几方面。

第一，全国各省（区、市）发展差异明显（表 14-1）。2019 年，中国第三产业占 GDP 的比重为 53.9%，而全国只有 8 个省（区、市）的第三产业占 GDP 的比重超过全国平均水平（53.9%），绝大部分省（区、市）的第三产业发展水平低于全国平均水平；各省（区、市）中，第三产业占 GDP 的比重最高的是北京市，高达 83.5%，第三产业占 GDP 的比重最低的是福建省，仅为 45.3%，两者相差悬殊。

表 14-1 2019 年中国各省（区、市）第三产业占 GDP 比重 （单位：%）

地区	第三产业占 GDP 比重	地区	第三产业占 GDP 比重	地区	第三产业占 GDP 比重
北京	83.5	甘肃	55.1	山西	51.4
西藏	54.4	江苏	51.3	青海	50.7
上海	72.7	吉林	53.8	新疆	51.6
广东	55.5	天津	63.5	山东	53.0
贵州	50.3	湖南	53.2	内蒙古	49.6
浙江	54.0	安徽	50.8	河北	51.3
重庆	53.2	广西	50.7	陕西	45.8
湖北	50.0	宁夏	50.3	江西	47.5
海南	59.0	四川	52.4	河南	48.0
福建	45.3	辽宁	53.0	全国	53.9
云南	52.6	黑龙江	50.1		

第二，东中西三大地区发展水平各异（表 14-2）。三大地区中，只有东部地区的第三产业占 GDP 的比重高于全国平均水平，且东部地区第三产业占全国第三产业的比重高达57.03%，远远高于中、西部地区；中、西部地区的第三产业占 GDP 的比重都低于全国平均水平，且中部地区第三产业占 GDP 的比重又低于西部地区；2019 年，第三产业占 GDP 的比重超过全国平均水平的 8 个省（区、市）中，有 6 个位于东部地区，2 个位于西部地区；在同一时期，东部地区第三产业占 GDP 的比重基本处于高位，西部地区第三产业占 GDP 的比重处于中位；中部地区第三产业占 GDP 的比重则基本上处于低位，西部地区经济发展水平低于东部和中部地区，但其第三产业比重却一直高于中部，这有可能是因为西部地区工业发展水平低，从而使第三产业比重出现"虚高"。

表 14-2 2019 年中国三大地区第三产业发展状况 （单位：%）

项目	全国	东部地区	中部地区	西部地区
占全国第三产业比重	100	57.03	23.15	19.82
占本区 GDP 比重	53.9	56.33	50.22	51.13
第三产业比重的标准差	7.4	10.5	2.1	2.4
第三产业比重的极值	38.2	38.2	6.3	9.3

注：东部地区包括辽宁、北京、天津、河北、上海、江苏、浙江、山东、福建、广东、海南等省市；中部地区包括山西、安徽、江西、河南、湖南、湖北、黑龙江、吉林等省；西部地区包括内蒙古、广西、重庆、四川、贵州、云南、西藏、陕西、甘肃、青海、宁夏、新疆等省（区、市）。

资料来源：中国统计年鉴及各省（区、市）统计年鉴，2020。

第三，三大地区内各省（区、市）发展不平衡。由表 14-1 和表 14-2 可知：东中西三大地区内各省（区、市）第三产业发展不平衡，区域差异明显。如东部地区，第三产业比重最高的是北京市，达 83.5%，最低的福建省则仅为 45.3%，低于中西部地区的许多省（区、市）；从第三产业比重的标准差和极值，可明显看出东部地区的各省（区、市）第三产业的发展差异要远远大于中部和西部地区的各省（区、市）第三产业的发展差异，西部地区的各省（区、市）第三产业的发展差异又要大于中部地区的各省（区、市）第三产业的发展差异。

第二节　中国交通运输业的发展与布局

一、中国交通运输业的发展

交通设施是现代经济增长所依赖的重要基础设施，是国民经济中最重要的基础产业群。交通设施作为区域开发和经济协调发展的先行工程，它的发展对于产业发展和区域开发影响巨大。

自 1949 年以来，中国交通建设和布局有了很大的改善，不同时期有不同的发展重点和布局特点。1949～1965 年，全国交通发展迅速，以铁路建设为主，重点建设布局在中西部，这一阶段交通新建与改造比例适中，各大区和各运输方式发展均衡，对区域工业建设、农业发展、能源开发起到了良好的辅助和促进作用。1966～1973 年，交通建设以新建为主，集中于"三线地区"，改善了中国腹地的交通条件，但是总体投资效果不佳；同时开始输油管道建设；这一阶段忽视了东部运营线路的改造和沿海港口扩建，造成运输能力严重不足。1973～1980 年是国家战略布局东移时期，建设重点是沿海沿江的港口和配合油田开发的大规模管道建设，为满足国家能源需求、促进工业发展注入了活力。1981 年以来国家经济发展迅速，面临交通紧张、能源不足等问题，通过大力发展能源基地对外交通、综合运输体系等措施，到 20 世纪 90 年代中后期一定程度上摆脱了交通运输业的滞后局面，适应区际增长和外贸增长的运输需求。交通运输长期紧张状况得到一定程度的缓解，但是还存在一些问题：规模总量不足、运输能力偏紧，特别是一些不发达地区未能享受基本的交通服务；交通设施和设备的质量和技术水平比较落后，信息化建设缓慢。

随着经济持续快速发展，预计一些地区和行业的经济发展和交通运输之间的矛盾会比较突出。高附加值、批量小的货物运输比重上升，快速运输和集装箱运输需求增加；煤炭、油气、矿石等大宗货物的流量、流向发生变化，远洋运输需求增加；经济带、都市带的发展要求快速运输大通道的支撑，农村经济发展要求农村公路的通达深度和路面质量有较大改进。因此，有必要建设布局合理的综合交通网络，加强交通信息网络建设；重点建设运输大通道和城市经济圈内快速交通网，有助于充分发挥各种交通方式的比较优势、实现有效衔接与协调发展。

二、综合交通运输网

在中国广袤的国土上，一个分布遍及沿海和内地，以铁路、内河航道为主轴，公路为支脉，兼有航空和管道运输的水、陆、空立体综合运输网已经初步形成。在此基础上，这个综合运输网的骨架已基本形成，在全国范围内已经形成由不同运输方式组成的"七纵六横"通道网络。

（一）"七纵"大通道

（1）哈尔滨—沈阳—大连—上海—广州通道。由陆路、海上和空中 3 种交通干线组成。它既是中国北煤南运、北油南运的通道，也是关内外及南北沿海各地区联系的主要通道，其沿海部分是中国开放战略中"弓箭战略"的对外交通联系的"弓身"，海上运输潜力巨大。

（2）北京—天津—济南—徐州—南京—上海通道。主要由京沪铁路、京沪高速公路（G2）、京沪高速铁路及京杭大运河、鲁宁管道等组成，它沟通京津唐、沪宁杭两大工业带，也是北煤、北油（胜利油田）南运的重要通道，目前是中国运输密度最大的交通主干道之一。

（3）北京—石家庄—郑州—武汉—长沙—广州通道。主要由京广铁路、京港澳高速公路（G4）、北京—武汉—广州高速铁路及北京至广州的航空线路组成，是北煤南运的通道，沟通华北、华中和华南，北端是中国的首都，中国的政治、经济、文化中心，南端是中国对外开放的前沿，经济发展水平高，该干线成为中国又一条运输密度最大的交通主干道之一。

（4）北京—九江—南昌—赣州—深圳—九龙通道。主要由大广高速（G45）、京九铁路组成，京九线纵贯中国南北，是京沪、京广两大南北向干线之间的一条铁路新干线，于1996年9月1日正式通车，极大地缓解了京广、京沪的压力。

（5）大同—太原—焦作—枝城—柳州—湛江通道。由北同蒲、太焦、焦柳、黎湛等铁路线组成，是晋、陕、豫煤炭南运的通道和开发中西部的一个重要条件，也是京广铁路的分流线。

（6）包头—潼关—西安—安康—重庆—贵阳—柳州—防城—友谊关通道。由襄渝、川黔、黔桂、湘桂、南防等铁路线组成，沟通华北西北部、西北东部和华南西部，向南成为中越两国间的陆上通道。

（7）中卫—宝鸡—成都—昆明—河口通道。主要由京昆高速（G5）汉中—昆明段及中（卫）—宝（鸡）—宝成—成昆铁路线组成，是目前联系西北和西南两大地区的大通道。

（二）"六横"大通道

（1）绥芬河—哈尔滨—满洲里通道。位于东北中北部，主要由绥满高速（G10）及滨绥、滨洲两条铁路线组成，东、西两端通过俄罗斯的铁路形成一条亚欧大陆桥，在国内沟通了松嫩工业基地和东北木材、粮食、石油、煤和畜产品的经济联系。

（2）兰州—中卫—包头—大同—北京—秦皇岛—沈阳—丹东通道。为联结西北、华北、东北大干线，主要由京藏高速（G6）、京新高速（G7）部分路段及包兰、京包、京秦、大秦、京沈、沈丹铁路与京兰、京沈等民用航空线路组成，其东端经丹东与朝鲜的交通网相连，中部通过集二铁路线与蒙古及俄罗斯相通，在国内沟通京津唐与辽中南两大工业基地，是晋煤外运的重要通道，沿线还拥有全国重要的铁矿、畜产品及全国最大的长芦盐场。

（3）潼关—太原—石家庄—济南—青岛通道。主要由南同蒲、石太、石德、胶济等铁路线及京昆高速（G5）、青银高速（G20）的部分路段组成，沟通晋中南的煤、胶济沿线工业地带和山东盐场的经济联系。

（4）阿拉山口—乌鲁木齐—兰州—西安—郑州—徐州—连云港通道。主要由北疆、兰新、陇海等铁路线及连霍高速（G30）组成，是联结华东、华北、西北的最长的东西向大动脉，它不仅是晋、陕、蒙、鲁的煤与新疆物资外运的主要线路，更是通向中亚、欧洲的又一条亚欧大陆桥。

（5）成都—重庆—武汉—上海通道。主要由长江水运线及成渝铁路、沿江高速、沿线航空线路组成，沟通中国实力最强的沪宁杭工业带和武汉工业区、成渝工业区的经济联系，也是中国实施开放的"弓箭战略"的"箭体"所在。

（6）昆明—贵阳—怀化—株洲—南昌—杭州—上海通道。由贵昆、湘黔、浙赣、沪杭等铁路及沪昆高速（G60）、上海至昆明等民用航空线路组成，沿线有丰富的有色金属、煤、磷灰石等资源，是华东通往中南和西南的重要通路。

为加快建设交通强国，构建现代化高质量国家综合立体交通网，支撑现代化经济体系和社会主义现代化强国建设，2021年2月，中共中央、国务院印发了《国家综合立体交通网规划纲要》。《国家综合立体交通网规划纲要》指出，到2035年，基本建成便捷顺畅、经济高效、绿色集约、智能先进、安全可靠的现代化高质量国家综合立体交通网，实现国际国内互联互通、全国主要城市立体畅达、县级节点有效覆盖，有力支撑"全国123出行交通圈"（都市区1小时通勤、城市群2小时通达、全国主要城市3小时覆盖）和"全球123快货物流圈"（国内1天送达、周边国家2天送达、全球主要城市3天送达）。到21世纪中叶，全面建成现代化高质量国家综合立体交通网，拥有世界一流的交通基础设施体系，交通运输供需有效平衡、服务优质均等、安全有力保障。新技术广泛应用，实现数字化、网络化、智能化、绿色化。出行安全便捷舒适，物流高效经济可靠，实现"人享其行、物优其流"，全面建成交通强国，为全面建成社会主义现代化强国当好先行。

国家综合立体交通网主骨架是国家综合立体交通网中最为关键的线网构成，是我国区域间、城市群间、省际以及连通国际运输的主动脉，是支撑国土空间开发保护的主轴线，也是各种运输方式资源配置效率最高、运输强度最大的骨干网络。依据国家区域发展战略和国土空间开发保护格局，结合未来交通运输发展和空间分布特点，将重点区域按照交通运输需求量级划分为3类。京津冀、长三角、粤港澳大湾区和成渝地区双城经济圈4个地区作为极，长江中游、山东半岛、海峡西岸、中原地区、哈长、辽中南、北部湾和关中平原8个地区作为组群，呼包鄂榆、黔中、滇中、山西中部、天山北坡、兰西、宁夏沿黄、拉萨和喀什9个地区作为组团。按照极、组群、组团之间交通联系强度，打造由主轴、走廊、通道组成的国家综合立体交通网主骨架。国家综合立体交通网主骨架实体线网里程29万km左右，其中国家高速铁路5.6万km、普速铁路7.1万km；国家高速公路6.1万km、普通国道7.2万km；国家高等级航道2.5万km。

三、铁路运输

（一）中国铁路发展现状

铁路运输是中国交通运输的骨干，对保证大量旅客运输和大宗货物的运输以及支援国民经济各部门的建设，有着十分重要的作用。到2019年年底，中国铁路营业里程达13.99万km（其中复线8.3万km，占59.3%；电气化营业里程10.04万km），一个横贯东西、沟通南北、干支结合的具有相当规模的铁路运输网络已经形成并加快完善步伐。

（二）中国铁路网的构成

铁路网是由相互联结的铁路干线、支线、联络线和铁路枢纽构成的网络系统。目前中国已形成了全国以北京为中心，各省以省会为中心伸展线路的铁路网骨架，连接着许多不同规模的铁路枢纽。

1. 铁路干线布局

（1）哈大线、滨洲—滨绥线。东北铁路网以哈尔滨和沈阳为中心，构成哈大线与滨洲—

滨绥线相连，形成了"丁"字形铁路干线，并通过牡丹江、哈尔滨、长春、四平、沈阳等大中型铁路枢纽，连接 70 多条干支线，把东北地区的工矿企业和城市连成一个经济整体。

（2）京沈线、京承线和京通线。京沈线自北京经天津到沈阳，全长 841km，是关内外铁路网相联系的主要干线。京沈线沿线是中国重要城市和煤、铁、石油等生产基地比较集中的地带。因此，它是目前通过旅客列车最多、货运密度最大的铁路线。京通线自北京郊区昌平至通辽，它是沟通华北和东北地区的第三条主要交通干线，对减轻京沈线的运输压力和加强战备都有重要意义。京承线自北京到承德，长 260km，对加强关内、外经济联系起着一定作用。

（3）京沪线、皖赣线和鹰厦线。这三条铁路组成了华东铁路网的骨干。京沪线自北京经天津、济南、南京抵达上海，长达 1470km，全为复线铁路；沿线是中国人口密集、经济发达的地区。因此，京沪线成为中国客货运输十分繁忙的铁路干线之一。皖赣线北起芜湖，南到贵溪，全长 551km。它对减轻宁沪、沪杭和浙赣三线的运输压力，加强与鹰厦线的运输联系具有重要意义。鹰厦线，全长 697km，北起鹰潭，南到厦门，另有一支线经南平到福州。该线大大改变了福建省长期以来交通闭塞的局面，对于福建省经济全面开发和巩固中国东南海防都具有极其重要的意义。

（4）京广线。京广线自北京到广州，全长 2324km，是中国纵贯南北的交通大动脉。在北京、石家庄、郑州、武汉、株洲、衡阳、广州与中国重要铁路相连，从而使全国铁路网脉络相通，成为中国南北交通的中枢，对全国国民经济的发展和中国对外开放以及发展旅游事业，均起着极其重要的作用。

（5）京九线。1996 年建成的京九铁路，是中国铁路修建史上，一次性投资建成的规模最大、线路最长的干线，正线长 2370km，起自首都北京，经冀、鲁、豫、皖、鄂、赣、粤等省份，到达九龙。它的建成，除了促进铁路运输畅通，开发沿线地区资源，加速革命老区脱贫致富外，对港澳地区与大陆经济交流和人员交往大幅度增加，对促进对外开放，发展进出口贸易，维护港澳地区繁荣稳定，都将产生积极作用和重大影响。

（6）集二线、同蒲线、太焦—焦枝—枝柳线。这是中国又一条南北交通大干线。集二线南起京包线上的集宁，到达中国与蒙古接壤的二连浩特，全长 339km，成为通往蒙古、俄罗斯的国际联运交通干线。同蒲线（大同—孟源）全长 883km，是纵贯山西全省的大动脉。太焦—焦枝—枝柳线北起太原，向南经焦作、襄阳、枝城达柳州，全长 2038km，该线通车后，对改善中国铁路布局，加强山西煤炭外运，发展地方经济，都具有极其重大的意义。

（7）宝成—成昆线。宝成铁路北起宝鸡，向南到达成都，长 669km，再从成都到昆明，长 1093km。两线穿行在崇山峻岭、大川急流、地质复杂和气候多变的地区。线路上隧道和桥梁总长度 500 多公里，工程之艰巨，为世界铁路建筑史上所罕见。这条铁路的建成，不仅对加强中国各民族之间的团结，促进西南区的经济建设，改变沿海和内陆的工业布局，提供了有利条件，而且也进一步密切了西北、西南和全国各地的联系。

（8）京包—包兰线。京包线起于北京，经呼和浩特至包头市，全长 933km。该线对山西煤炭外运和对呼和浩特与包头两大工业基地的建设与发展，有重大意义。包兰线由包头至兰州，全长 989.2km。京包、包兰线是沟通华北与西北的第二条东西干线，分担了京广北段和陇海西段的运输压力，有力地支援了西北地区的经济建设和国防建设。

（9）陇海—兰新—北疆线和兰青线。陇海—兰新—北疆线是横贯中国中西部 6 个省（区）的交通大动脉、全国铁路网的横轴，对连接沿海和内地、发展西北地区经济、巩固边防，具有极其重要的意义。陇海线东起连云港，经郑州到达兰州全长 1736km。兰新线东起兰州西至乌鲁木齐，全长 1903km。北疆铁路东起乌鲁木齐，西至国境阿拉山口，全长 460km，已于 1990 年建成，这条东与兰新—陇海铁路连成一线，西同中亚土（库曼）西（伯利亚）铁路衔接，构成横贯亚欧两洲的第二条大陆桥，为中国已建成的东部沿海港口提供充分的进出口货源，对繁荣陇兰经济带起到促进作用，同时对发展中国同中亚、东欧、西欧，以至中东地区各国的经济贸易往来均有重要意义。兰青线是中国主要的高原铁路，东起兰州向西到西宁市，全长 187.4km，这条铁路对于繁荣少数民族地区经济，增强民族团结，有重要意义。

（10）成渝—襄渝—襄汉线。成渝线自成都到重庆，全长 564km，全线通过物产丰富、经济发达的四川盆地，与长江相沟通。襄渝线自重庆往东北直达襄阳，全长 916km。全线建有隧道 405 座，桥梁 716 座，桥、隧道长度占线路总长度 41%。有 36 个车站建在桥上或隧道里。工程非常艰巨，是中国筑路史上的又一壮举。它的建成对沟通西南、华中、西北广大地区，具有十分重要的作用，成为中国铁路网分布上一个有力的"链环"。襄汉线起自襄阳向东直通武汉，全长 328km，其主要作用在于与长江共同分担进出四川的客货运量。

（11）沪杭—浙赣—湘黔—贵昆。沪杭线东起上海，西至杭州，长 189km，全为复线。浙赣线东起自杭州，西到株洲，全长 947km。两条铁路沿线工农业发达，人口稠密，客货流运输繁忙，是沟通、联结中国东南各省的一条重要铁路干线。湘黔线东起株洲经怀化到贵阳，全长 902km，对湘黔两省的经济建设起促进作用。贵昆线自贵阳到昆明，全长 467km，除了负担六（枝）盘（县）水（城）煤运外，还有水城钢铁厂的矿石运输及云南磷矿外运等任务。此四线成为中国横贯东西的又一条交通大动脉。

（12）青藏铁路。青藏铁路是实施西部大开发战略的标志性工程，该铁路东起青海西宁，西至拉萨，全长 1956km。其中，西宁至格尔木段 814km 已于 1979 年铺通，1984 年投入运营。青藏铁路格尔木至拉萨段，北起青海省格尔木市，经纳赤台、五道梁、沱沱河、雁石坪，翻越唐古拉山，再经西藏自治区安多、那曲、当雄、羊八井，至拉萨，全长 1142km。其中新建线路 1110km，于 2001 年 6 月 29 日正式开工，2006 年 7 月 1 日开通并试运营。青藏铁路是世界海拔最高的高原铁路。

（13）洛湛铁路。洛湛铁路，北起河南省洛阳市，南至广东省湛江市，是我国南北向重要铁路干线，与京沪、京九、京广等干线一起成为我国南北纵向的铁路网骨干，是中部地区重要的出海通路，在国计民生中有全局意义。

2．铁路枢纽布局

铁路网是由若干规模大小不等，性质具有差异的铁路枢纽，把铁路线联结而成的整体。铁路网中的枢纽布局是否合理及其技术装备的作业能力，直接影响到整个铁路网运量的大小和行车速度的快慢，中国现有铁路枢纽约 500 多个，其中重点枢纽有：

（1）北京铁路枢纽。它是由 20 多个车站，与京沈、京广、京九、京沪、京包、京通、京承、沙通、丰沙、京原（平）等几条干线和一个环线组成的环形放射式枢纽。对内联结全国各省（区），对外与朝鲜、蒙古、俄罗斯等国开展国际联运。

（2）沈阳铁路枢纽。沈阳是全国著名的重要工业城市。该枢纽由 10 多个车站和一些支线组成，沈阳铁路枢纽的客货运任务大，过境货物运输为大宗，因而编组任务繁重。

（3）郑州铁路枢纽。郑州地处中原，京广、陇海两大重要干线在这里相交。在全国铁路网上负担着 10 多个省（区、市）的运输任务，被誉为中国铁路网的"心脏"。它的货运作业量中，通过货运量约占 80%，以煤炭为主。郑州北站是全国有名的大型编组站。

（4）广州铁路枢纽。是京广、广深、广三、广梅汕铁路交会点，黄埔港是中国历史悠久的南方大港，珠江水系及沿海航运四通八达，故广州成为中国南方的水、陆、空交通中心。

（5）上海铁路枢纽。是京沪线和沪杭线的交汇点，又是内河、海运中心，为国内最重要的综合交通枢纽之一。上海枢纽有 10 多个车站，上海站为特等客运站，客流量极大。上海工业发达，经过铁路运入的原料、燃料、粮食等数量很大，所以中转运量的比重较小。制成的工业品外运数量很大，但吨位不及运入的原料和燃料。

（6）兰州铁路枢纽。它地处全国的几何中心和西北内陆的交通要道，战略地位十分重要。兰州铁路枢纽是延伸式的枢纽。10 多个车站在黄河沿岸一条延长线上，从东到西，长达 40 多公里。

（7）成都铁路枢纽。成都枢纽为一环形枢纽，主要车站是东、西两站。成渝、宝成、成昆三大干线通向各方，所以成都枢纽接、发、中转的运送货物很多。又由于它位于富饶的成都平原上，所以承担附近的地方运量也较大。

（三）中国高速铁路发展概况

2013 年中国高速铁路运营里程为 11028km，占全国铁路营业里程的比重为 10.7%。截至 2019 年年底，中国高速铁路运营里程达到 3.5 万 km，超过全世界高速铁路总运营里程的 2/3，高速铁路已连接 31 个省份。中国的高速铁路技术结合自身实际，集成创新，形成了自己的特点（图 14-1）。

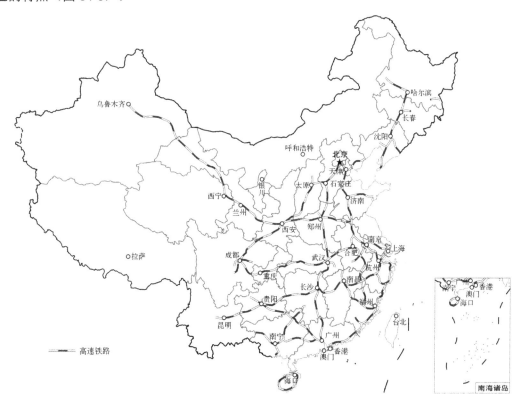

图 14-1　2016 年中国高速铁路主要线路分布示意图（中国铁路总公司网站）

根据国家批准实施的《中长期铁路网规划（2016—2030）》，为满足快速增长的客运需求，优化拓展区域发展空间，在"四纵四横"高速铁路的基础上，增加客流支撑、标准适宜、发展需要的高速铁路，部分利用时速 200km 铁路，形成以"八纵八横"主通道为骨架、区域连接线衔接、城际铁路补充的高速铁路网，实现省会城市高速铁路通达、区际之间高效便捷相连。高速铁路主通道规划新增项目原则上采用时速 250km 及以上标准（地形地质及气候条件复杂困难地区可以适当降低），其中沿线人口城镇稠密、经济比较发达、贯通特大城市的铁路可采用时速 350km 标准。区域铁路连接线原则采用时速 250km 及以下标准。城际铁路原则采用时速 200km 及以下标准。

构筑"八纵八横"高速铁路主通道。

1. "八纵"通道

（1）沿海通道。大连（丹东）—秦皇岛—天津—东营—潍坊—青岛（烟台）—连云港—盐城—南通—上海—宁波—福州—厦门—深圳—湛江—北海（防城港）高速铁路（其中青岛至盐城段利用青连、连盐铁路，南通至上海段利用沪通铁路），连接东部沿海地区，贯通京津冀、辽中南、山东半岛、东陇海、长三角、海峡西岸、珠三角、北部湾等城市群。

（2）京沪通道。北京—天津—济南—南京—上海（杭州）高速铁路，包括南京—杭州、蚌埠—合肥—杭州高速铁路，同时通过北京—天津—东营—潍坊—临沂—淮安—扬州—南通—上海高速铁路，连接华北、华东地区，贯通京津冀、长三角等城市群。

（3）京港（台）通道。北京—衡水—菏泽—商丘—阜阳—合肥（黄冈）—九江—南昌—赣州—深圳—香港（九龙）高速铁路；另一支线为合肥—福州—台北高速铁路，包括南昌—福州（莆田）铁路。连接华北、华中、华东、华南地区，贯通京津冀、长江中游、海峡两岸、珠三角等城市群。

（4）京哈—京港澳通道。哈尔滨—长春—沈阳—北京—石家庄—郑州—武汉—长沙—广州—深圳—香港高速铁路，包括广州—珠海—澳门高速铁路。连接东北、华北、华中、华南、港澳地区，贯通哈长、辽中南、京津冀、中原、长江中游、珠三角等城市群。

（5）呼南通道。呼和浩特—大同—太原—郑州—襄阳—常德—益阳—邵阳—永州—桂林—南宁高速铁路。连接华北、中原、华中、华南地区，贯通呼包鄂榆、山西中部、中原、长江中游、北部湾等城市群。

（6）京昆通道。北京—石家庄—太原—西安—成都（重庆）—昆明高速铁路，包括北京—张家口—大同—太原高速铁路。连接华北、西北、西南地区，贯通京津冀、太原、关中平原、成渝、滇中等城市群。

（7）包（银）海通道。包头—延安—西安—重庆—贵阳—南宁—湛江—海口（三亚）高速铁路，包括银川—西安以及海南环岛高速铁路。连接西北、西南、华南地区，贯通呼包鄂、宁夏沿黄、关中平原、成渝、黔中、北部湾等城市群。

（8）兰（西）广通道。兰州（西宁）—成都（重庆）—贵阳—广州高速铁路。连接西北、西南、华南地区，贯通兰西、成渝、黔中、珠三角等城市群。

2. "八横"通道

（1）绥满通道。绥芬河—牡丹江—哈尔滨—齐齐哈尔—海拉尔—满洲里高速铁路。连接黑龙江及蒙东地区。

（2）京兰通道。北京—呼和浩特—银川—兰州高速铁路。连接华北、西北地区，贯通京津冀、呼包鄂、宁夏沿黄、兰西等城市群。

（3）青银通道。青岛—济南—石家庄—太原—银川高速铁路（其中绥德至银川段利用太中银铁路）。连接华东、华北、西北地区，贯通山东半岛、京津冀、太原、宁夏沿黄等城市群。

（4）陆桥通道。连云港—徐州—郑州—西安—兰州—西宁—乌鲁木齐高速铁路。连接华东、华中、西北地区，贯通东陇海、中原、关中平原、兰西、天山北坡等城市群。

（5）沿江通道。上海—南京—合肥—武汉—重庆—成都高速铁路，包括南京—安庆—九江—武汉—宜昌—重庆、万州—达州—遂宁—成都高速铁路（其中成都至遂宁段利用达成铁路），连接华东、华中、西南地区，贯通长三角、长江中游、成渝等城市群。

（6）沪昆通道。上海—杭州—南昌—长沙—贵阳—昆明高速铁路。连接华东、华中、西南地区，贯通长三角、长江中游、黔中、滇中等城市群。

（7）厦渝通道。厦门—龙岩—赣州—长沙—常德—张家界—黔江—重庆高速铁路（其中厦门至赣州段利用龙厦铁路、赣龙铁路，常德至黔江段利用黔张常铁路）。连接海峡西岸、中南、西南地区，贯通海峡西岸、长江中游、成渝等城市群。

（8）广昆通道。广州—南宁—昆明高速铁路。连接华南、西南地区，贯通珠三角、北部湾、滇中等城市群。

在"八纵八横"主通道的基础上，规划建设高速铁路区域连接线，进一步完善路网、扩大覆盖。

东部地区。北京—唐山、天津—承德、日照—临沂—菏泽—兰考、上海—湖州、南通—苏州—嘉兴、杭州—温州、合肥—新沂、龙岩—梅州—龙川、梅州—汕头、广州—汕尾等铁路。

东北地区。齐齐哈尔—乌兰浩特—白城—通辽、佳木斯—牡丹江—敦化—通化—沈阳、赤峰和通辽至京沈高铁连接线、朝阳—盘锦等铁路。

中部地区。郑州—阜阳、郑州—濮阳—聊城—济南、黄冈—安庆—黄山、巴东—宜昌、宣城—绩溪、南昌—景德镇—黄山、石门—张家界—吉首—怀化等铁路。

西部地区。玉屏—铜仁—吉首、绵阳—遂宁—内江—自贡、昭通—六盘水、兰州—张掖、贵港—玉林等铁路。

在优先利用高速铁路、普速铁路开行城际列车服务城际功能的同时，规划建设支撑和引领新型城镇化发展、有效连接大中城市与中心城镇、服务通勤功能的城市群城际客运铁路。

京津冀、长三角、珠三角、长江中游、成渝、中原、山东半岛等城市群，建成城际铁路网；海峡西岸、哈长、辽中南、关中、北部湾等城市群，建成城际铁路骨架网；滇中、黔中、天山北坡、宁夏沿黄、呼包鄂榆等城市群，建成城际铁路骨干通道。

（四）中国铁路未来发展

根据《中国铁路中长期发展规划（2016—2030）》，到2025年，铁路网规模达到17.5万km左右（图14-2），其中高速铁路3.8万km左右，网络覆盖进一步扩大，路网结构更加优化，骨干作用更加显著，更好发挥铁路对经济社会发展的保障作用。展望到2030年，基本实现内外互联互通、区际多路畅通、省会高铁连通、地市快速通达、县域基本覆盖（图14-3）。

完善广覆盖的全国铁路网。连接20万人口以上城市、资源富集区、货物主要集散地、主要港口及口岸，基本覆盖县级以上行政区，形成便捷高效的现代铁路物流网络，构建全方位的开发开放通道，提供覆盖广泛的铁路运输公共服务。

图 14-2　中国铁路规划布局示意图（中国铁路总公司网站）

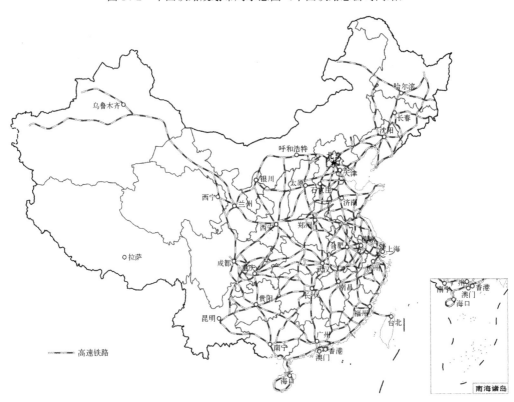

图 14-3　中国高速铁路规划布局示意图（中国铁路总公司网站）

建成现代的高速铁路网。连接主要城市群，基本连接省会城市和其他 50 万人口以上大中城市，形成以特大城市为中心覆盖全国、以省会城市为支点覆盖周边的高速铁路网。实现相邻大中城市间 1～4 小时交通圈，城市群内 0.5～2 小时交通圈。提供安全可靠、优质高效、舒适便捷的旅客运输服务。

四、公路运输

（一）中国公路网的构成与现状

中国的公路按行政等级分为：国道、省道、县道、乡道和汽车专用公路，以国道（包括国际公路、国防公路、高速公路），辅之以省道、跨省公路、汽车专用公路等主干线，将全国重要城市、工业中心、交通枢纽、沿海口岸等连接起来，构成公路网。

截至 2019 年年底，全国公路总里程达 501.25 万 km，其中等级公路里程 469.87 万 km，占公路总里程的 93.7%，高速公路 14.96 万 km。公路密度由改革开放初期的 0.091km/km^2，提高到0.5221km/km^2，是改革开放初期的 5.74 倍。全国农村公路通车里程达 420.05 万 km，比 1978 年增长了近 7 倍；全国通公路的乡镇、行政村比例，由 90.5% 和 65.8% 增加到 100% 和 100%。全国农村公路路网已经延伸到从高原到山区，从少数民族地区到贫困老区的各个角落，极大地改善了农村生产和生活条件，为统筹城乡发展，加快社会主义新农村建设，发挥了巨大的推动作用。

（二）国道

国道是在全国公路网中具有政治、经济意义的主干线，包括重要的国际公路，国防公路，连接首都与各省省会（自治区首府）和直辖市的公路，连接各大经济中心、港站枢纽、战略要地等的公路。按照国道的地理走向，分为按首都放射线、南北纵线、东西横线三种类型并按顺序编号。首都放射线由"1"和两位路线序号组成（如 101 国道即北京—承德—沈阳线），按顺时针方向编号。南北纵线由"2"和两位路线序号组成（如 201 国道即鹤岗—牡丹江—大连线），由东向西排列。东西横线由"3"和两位路线序号组成（如 301 国道即绥芬河—哈尔滨—满洲里线），自北向南排列。国道路面标准一般为二、三级，少量为一级和一、二级汽车专用公路与高速公路。

（三）高速公路

高速公路是现代经济和社会发展重要的基础设施，是构筑交通现代化的重要基础。1988年，上海至嘉定高速公路的通车，标志着中国大陆高速公路零的突破。1988 年之后，中国高速公路建设高歌猛进，连创新高，1999 年高速公路里程突破 1 万 km，2002 年突破 2 万 km，2004 年突破 3 万 km，2005 年突破 4 万 km，2007 年突破 5 万 km，2008 年突破 6 万 km，2013年突破 10 万 km，2019 突破 14 万 km，达 14.96 万 km，高速公路的发展速度举世瞩目。

《国家高速公路网规划》（图 14-4）简称为"7918 网"，由 7 条首都放射线、9 条纵线、18 条横线共 34 条主线以及 5 条地区环线、2 条并行线、37 条联络线组成。《国家高速公路网路线命名和编号规则》充分体现了"7918 网"的编排架构，包括以下几方面主要内容。

一是路线名称使用路线起、终点县级以上行政区地名。国家高速公路路线名称由路线起、终点地名加连接符"—"组成，路线简称由起终点地名的首位汉字组合表示，也可以采用起迄点城市或所在省（区、市）的简称表示。例如，"北京—哈尔滨高速公路"，简称为"京哈高速"。

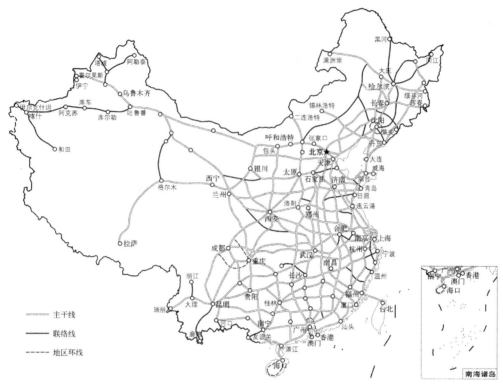

图 14-4　中国高速公路规划布局示意图（中国高速公路网网站）

二是国家高速公路的阿拉伯数字编号采用 1 位、2 位和 4 位数，并与一般国道相区别。国家高速公路网路线编号采用字母标识符和阿拉伯数字组成。由于国家高速公路属于国道网的一部分，因此字母标识符仍然采用汉语拼音"G"，与一般国道一致。国家高速公路编号与一般国道编号的区别主要体现在数字位数上。现行的国道编号是 3 位数，国家高速公路的编号采用 1 位、2 位和 4 位数，其中：首都放射线采用 1 位数，如京哈高速（北京—哈尔滨高速）编号为"G1"；纵线和横线采用 2 位数，如沈海高速（沈阳—海口高速）为"G15"，青银高速（青岛—银川高速）为"G20"；城市绕城环线和联络线采用 4 位数编号。

三是数字编号的特征有章可循。首都放射线编号为 1 位数，由正北方向开始按顺时针方向升序编排，编号区间为 1～9。纵向路线编号为 2 位奇数，由东向西升序编排，编号区间为 11～89。横向路线编号为 2 位偶数，由北向南升序编排，编号区间为 10～90。

五、水路运输

（一）基本情况

目前，中国已经形成了布局合理、层次分明、功能齐全、优势互补的港口体系，沿海港口基本建成煤、矿、油、箱、粮五大运输系统，具备靠泊装卸 30 万 t 级散货船、35 万 t 级油轮、1 万标准箱集装箱船的能力，内河航道基本形成"两横一纵两网"的国家高等级航道网，水运供给能力显著提高。截至 2019 年年底，全国内河规模以上港口码头泊位数为 18032 个，沿海规模以上港口码头泊位数为 6426 个，内河航道通航里程 12.73 万 km，是 1949 年的 1.76 倍。

经过多年来的持续快速发展，中国运输船舶基本实现大型化、专业化，全面淘汰了帆船、挂桨机船和水泥质船；截至 2019 年末，中国港口货物吞吐量达 139.51 亿 t；同时，中国海事监管、海上搜救体制不断完善，水上主权、水上安全、水域环境得到有效保障，使"中国之窗"树立了良好的国际形象。

（二）内河航线

1. 长江航运线

长江是中国最重要的河运干线。它从河源到入海口，全长 6300km，是中国第一大河，也是世界上四大河流之一。长江水系通航里程达 7 万 km，干流自四川宜宾至入海口 2800 余公里，可全年通航，重庆以下可通航 1000t 以上的轮船。长江不仅有发展航运的优越自然条件，而且流经地区又是中国人口众多、经济发达的地区，还与成昆、成渝、焦枝、京广、京沪、京九等 10 多条铁路及众多公路相连接，初步形成四通八达的综合运输网。

2. 珠江航运线

珠江是西江、北江、东江的总称，是华南地区最大的水系，包括大小支流 300 余条，河流总长 3 万多公里，常年通航里程达 1.2 万 km，其中可通行轮驳船的航道有 5000km，其航运价值仅次于长江，居全国第二位。珠江不仅是华南地区的水运大动脉，而且是中国入海通道之一。它不仅负担着中国江海联运的繁重任务，而且对加强两广联系，促进城乡物资交流以及发展旅游业，均具有极其重要的意义。但珠江通航里程仅占其河长的 1/3，其中通航轮船仅占 1/6，发展通航的潜力还很大。今后珠江航运的发展，应以彻底改善主要航道，大力开发支流为重点，同时改建港口，增加轮驳，进一步提高运输能力。

3. 黑龙江、松花江航运线

黑龙江流经中国国境的干流长 3400 多公里，通航里程 2200 余公里。松花江是黑龙江最大的支流，通航里程达 1500km，航运量约占中国黑龙江流域的 90%，是东北地区的主要水运干线。

4. 京杭大运河

京杭大运河是世界上最长的一条人工河道，它北起北京，南到杭州，经过河北、山东、江苏、浙江四省和北京、天津两市，沟通海河、黄河、淮河、长江、钱塘江五大水系，全长 1747km。大运河的兴建不仅便利了南北大量的货物运输，也有助于中国南北各地间政治、经济和文化的联系沟通和发展。

（三）海上航线

1. 沿海航线

中国的沿海运输划分为南、北两个航区：厦门以北至鸭绿江口为北方沿海航区（由上海海运局负责管理）；厦门以南至北仑河口为南方沿海航区（由广州海运局负责管理）。前者以上海、大连为中心，开辟有上海—青岛—大连线、上海—烟台—天津线、上海—秦皇岛线、上海—连云港线、上海—宁波线、上海—温州线、大连—青岛线、大连—烟台线、大连—龙口线、大连—天津线等。南方沿海航区，以广州为中心，开辟有广州—汕头线、广州—北海线、广州—湛江线等。此外，沿海中小港口间，尚有许多地方性航线，主要为大港转运、集散物资服务，并担负部分客运。中国沿海运输在北方航区货运量占压倒优势，以石油、煤炭的运量为最大，其次为钢铁、木材等由北而南，金属矿石、粮食、工业产品等由南而北。南方沿海以农产品比重最大，其次是食盐、矿石和煤炭，除煤炭外，大部分由各中小港口向广州、湛江集聚输运内地。上述货流的情况基本上反映了中国沿海及其邻近地区的经济差异性。

2. 远洋航线

中国远洋船队从无到有，逐步发展壮大。以上海、大连、秦皇岛、广州、湛江、天津、青岛等港口为起点，和世界各国、各地区重要港口之间共有东、西、南、北四组主要远洋航线。①东行航线：从中国沿海各大港口出发，东行抵达日本，横渡太平洋则可抵达美国、加拿大和南美各国港口；②西行航线：由中国各大港口经新加坡和马六甲海峡，西行印度洋入红海，出苏伊士运河，过地中海进入大西洋，或绕好望角进入大西洋，沿途抵达欧洲、非洲各国港口；③南行航线：由中国各大港口南行，通向东南亚、澳大利亚等地；④北行航线：由中国各大港口北行，可抵朝鲜、韩国和俄罗斯东部各个海港。

六、航空运输

民航是中国和世界各国人民友好往来最重要的通道，依托突飞猛进的空中走廊，中国与世界的联系更加紧密。新中国成立以来，中国民航事业走过了一条从小到大、逐步成长为世界民航大国的光辉发展历程。

中国航线网络迅速扩展，航线布局发生了明显变化，大幅度增加了省会、自治区首府和直辖市之间的航线，并根据市场的热点变化，不断开辟通往旅游城市的航线；为了更好地服务经济建设，民航还加速扩展沿海开放城市间的航线网络，改善老少边穷地区的航空运输。

自 1949 年以后，特别是 1978 年以来，中国航空运输迅速发展，截至 2019 年底，拥有民用航空机场 237 个，合计 5521 条航线，航线总长达 948.2 万 km，形成了一个国内四通八达、干线与支线相结合以及联结世界主要国家和地区的航空运输网络。目前，全国绝大多数的直辖市、省会、自治区首府以及沿海开放城市和主要旅游城市都拥有较现代化的民用机场，一些边疆地区、少数民族地区、地面交通不便地区也拥有相应规模的民用机场。

七、管道运输

管道运输是五种交通运输方式之一，管道埋在地下，是石油、天然气运输的主通道之一，全国 100%的天然气、90%以上的石油通过长输管道源源不断地输向炼油厂、化工厂及海运码头。

2019 年末，全国输油（气）管道里程为 12.66 万 km，是 1978 年的 15.2 倍。目前，中国已经形成了东北、华北、中原、华东和西北广大地区四通八达、输配有序的石油、天然气管网运输体系。"八五"以来，中国的长输管道建设有了新突破，油气长输管道以每年 400 余公里的建设速度递增，相继建成了一批长输管道，东北、华北、华东管网进一步完善。长输管道建设不仅在陆地上有所发展，而且也向海洋、沙漠中延伸。

西气东输工程于 2002 年 7 月 4 日开工建设，2004 年 12 月 30 日全线供气。它西起新疆轮南，经过戈壁沙漠、黄土高原、太行山脉，穿越黄河、淮河、长江，途经 9 个省（区、市），最后到达上海，全长约 4000km。该工程是目前中国管径最大、管壁最厚、压力等级最高、技术难度最大的管道工程，创造了世界管道建设史上的高速度。它的建成和运营，开通了横贯东西的一条能源大动脉，标志着中国天然气管道建设整体水平上了一个新台阶，对于推进西部大开发、加快中西部地区发展具有重大作用。

第三节　中国旅游业的发展与布局

一、中国旅游资源的特点

中国是世界四大文明古国之一，数千年来，各族人民共同开发祖国大地，创造了极其光辉灿烂的民族文化，同时，中国幅员辽阔，山河壮丽，气象万千。因此，无论就自然的或人文的各方面条件而论，中国都是世界上风景旅游资源得天独厚之邦，旅游业发展的潜力巨大，充分认识和利用这些优势，有利于更有效地保护和合理开发资源，进一步促进中国旅游业的发展。

（一）类型多，分布广

中国的风景旅游资源既有看得见的自然风光和历史文化实体，又有凭借亲身体验感受的民俗风情、传说典故，从古代到现代及新生的有变化的动态景观和活的生命体，也有静止不动的物体，从空中到地面和地下，类型多样，各具特色。在地域空间上，中国的风景旅游资源分布十分广泛，几乎全国各省区市都分布有不同类型的风景旅游资源。从东海之滨到我国西部边陲，从黑龙江到海南岛以及南海诸岛，三大平原、四大高原、四大盆地、三大丘陵，纵横交错的各大山系，无不分布着各具特色的自然风景资源和人文风景资源。自然风光中，中国中原地区有泰山、嵩山、恒山、华山、太白山、黄河壶口瀑布等；华中有长江三峡、神农架、洞庭湖、峨眉山、九寨沟、张家界、崀山、庐山等；西南有滇池、桂林山水、路南石林、珍珠泉、黄果树瀑布、七星岩等；西北有博格达雪峰、天池、火焰山、鸣沙山、青海湖等；东北有长白雪峰、五大连池等。人文风景资源更是多姿多彩，不仅塔、楼、寺、观、亭阁、园林、古遗址、古墓葬、古城等种类众多；各民族、各地区的传统习俗、传统文化艺术等民族风情，更是各具风采，尤以少数民族聚居地区最丰富。

（二）地方特色鲜明，分布集中

由于自然条件的地区差异和各地区历史文化的差异，中国风景资源往往以某一类或两类为主，集中连片或呈带状分布，形成明显的地域特色。如西北甘、宁、青、新古丝路和唐藩古道沿线，以古文化旅游资源为主，分布有麦积山石窟、一百〇八塔、须弥山石窟、西夏王陵、银川清真寺、海宝塔、拉卜楞寺、炳灵寺石窟、塔尔寺、日月山、青海湖、嘉峪关、敦煌莫高窟、楼兰古城遗址、高昌古城遗迹、交河古城遗迹、火焰山、葡萄沟、克孜尔千佛洞等，形成以古文化遗址遗迹和古寺庙建筑为主的古丝路文化旅游资源区。西南地区云、桂、黔三省（区）地形复杂，石灰岩溶蚀地貌发育，有路南石林、桂林山水、贵州溶洞，以及"圣泉"、"乳泉"、珍珠泉和苍山、洱海、滇池、漓江等奇山异水，加之这里少数民族众多，民族风情多姿多彩，因而形成以自然山水胜景民族风情为主的西南奇山异水风土民情旅游资源区。另外还有内蒙古以草原风情为主，华中以名山、峡谷胜景为主，华东以山水、园林为主，中原地区以古都文化胜迹为主的旅游资源等。

（三）自然风光与人文景观结合互相映衬

中国山河锦绣、历史悠久，文化灿烂。长期的生产、生活实践中，利用自然、改造自然，留下了无数的遗迹、遗物，成为中华民族的宝贵遗产和财富。这些古迹遗物中，有不少与自然环境融为一体，相互映衬，构成独特的风景名胜。例如，明十三陵位于北京北郊军都山南麓的一个小盆地中，方圆 40km²，四面环山，13 座陵墓群构成的人文景观与整个盆地的自然景观融为一体，形成规模宏大的陵园风景区。

中国一些城市及附近的风景区，如北京西山风景区、杭州西湖风景区、昆明西山风景区、西安骊山风景区等更是自然、人文因素相融合而形成的风景名胜的代表。中国古代城市的选址，包括乡村聚落的选址和规划建设，不仅考虑政治、经济、交通、地理位置诸条件，而且重视周边的自然环境，例如南京，北临滚滚长江，东有巍巍钟山，这里景色秀丽多姿，气势磅礴，有六朝古都的不少遗迹，还有孙中山陵、长江大桥、雨花台烈士陵园等人文建筑，是一座融化在秀山丽水之中的城市。中国风景旅游资源中，自然与人文因素相融而成的还有很多。中国风景资源中，自然风景区往往有亭、台、楼、塔、碑、刻等人工造景点缀；名胜古迹等人文风景资源则往往巧妙地利用自然背景陪衬，形成具有整体综合观赏价值的风景。

（四）风景奇特，历史悠久，观赏内容丰富

在中国丰富多彩的风景资源中，从山川风光到虫鱼鸟兽、树木花草，从文物古迹到民族风情、文化艺术，都有许多令中外游人叹为观止的奇景，特别是具有中国特色的风景旅游资源，更是让国际游人感到新奇，耳目一新。例如，自然风光中的黄山，以奇松、怪石、云海、温泉构成"黄山之奇"。中国还有许多奇树、奇花、奇草，如西双版纳有会"流血的树"、"流油的树"，福建九龙江一带有一种"四季开花结果的橘林"，云南耿马县的"钟表花"等等。文物古迹等人文资源更有许多奇特性，举世闻名的万里长城、京杭运河、北京故宫、临潼秦始皇陵和兵马俑，乃至中国书法、烹饪、丝绸、瓷器等精艺，游人无不称奇。中国 56 个民族的风土民情，对异族异乡的游人也有新鲜而奇特的吸引力。

中国是世界人类的发源地之一，人类生产、生活活动的历史非常久远。悠久的开发历史，使得中国所有风景区，几乎无一例外地渗透了文化内涵。特别是一些著名的风景名胜

区，都是我们的祖先，按照自己的山水观，经过数千年的历程逐渐发展和完善而成的。如果从"禹封九山"算起，那么中国风景区的历史已有 4000 多年了。具有悠久历史的古老风景旅游资源，经过历代的开发培育和改造，景点不断增多，再加上佛、道建筑和纪念性建筑、刻石，以及其他赞美诗文碑石、亭台、桥栈等，使得其观赏内容越来越丰富。

（五）无限风光，开发前景广阔

中国的风景旅游资源，无论是已开发的还是潜在的、尚未开发的，都具有丰富的内容和众多的数量。中国大地上，各大山系纵横交错，大江大河及其如网的支流穿流其间，还有星罗棋布的大小湖泊。由于大自然的塑造，形成许多奇峰异石、峡谷险滩及泉、瀑、洞、台等自然胜景，千姿百态，山有山像，水有水景，山水相映。风光绮丽的桂林山水、奇峰竞秀的黄山胜景、晶莹高耸的天山雪峰、景象独特的五大连池，还有三山五岳、长江三峡、路南石林、张家界、九寨沟，等等。同时，五千年的文明历史留下无数的文化古迹、遗迹名胜，并与自然风光相互叠加，融为一体，更增加了中国风景旅游资源的数量和空间分布上的密度。不仅如此，中国还有 50 多个民族，各具风采的民族风情、民间工艺、艺术、武术等，流派众多，地方特色明显。风景旅游资源数量多，成片分布，景观奇特，吸引力大，具有广阔的开发前景，是中国旅游业发展的坚实基础。

二、中国旅游业的发展概况

中国是世界上旅游资源最丰富的国家，但近代旅游业起步较晚。改革开放前，中国也有些旅游接待活动，但对象主要是友好国家的团体和友好人士，属政治或外事接待性质，没有什么经济效益。到 1978 年，来华旅游入境人数仅 180.9 万人次，其中外国人只有 23 万人次，旅游业外汇收入不过 2.63 亿美元，居世界第 41 位。中国大陆（内地）旅游业真正起步的时间，不但比发达国家晚了几十年，也比泰国、印度尼西亚，新加坡、菲律宾、韩国和中国港澳台地区晚了许多年。大体来说，在 20 世纪 60 年代后期，亚洲这些国家和中国港澳台地区就开始进行大型旅游设施和旅游饭店宾馆的建设了。中国近代旅游业从 70 年代末期起步，经过 30 多年的经营，已经实现了从"事业型"到"产业型"、由"旅游小国"到"旅游大国"的转变，现已成为具有相当规模的经济产业，已经成为中国经济新的增长点。2019 年，旅游入境人数达 1.45 亿人次，是 1978 年的 80.15 倍，其中外国人约 3188 万人次，是 1978 年的 138.61 倍，国际旅游外汇收入达 1313 亿美元。2019 年，国内旅游人数达 60.06 亿人次，旅游收入为 6.63 万亿元。

随着中国经济的发展，老百姓收入的提高以及对外开放的进一步扩大，整个旅游业的发展将出现一个新的变化，中国旅游业正在进入新一轮的黄金发展期，并呈现出许多非常明显的特点。一是社会各界、各级政府对旅游业的重视程度越来越高，对旅游业的支持力度越来越大；二是旅游业的宏观环境正在不断改善，外部条件更加优化；三是新业态、新产品不断涌现，中国旅游消费市场开始向多元化、多层次、多领域发展；四是旅游业与相关产业融合发展，日益深化，旅游业发展的领域进一步扩大；五是科学技术对旅游业发展的支撑作用不断增强，旅游业向现代服务业转变的特征越来越明显；六是旅游业的综合带动功能越来越突出，旅游业的影响力也在不断提升。

三、中国旅游地理区

中国地域辽阔，各地风景旅游资源又各具特色。因此，在全国范围内划分各具特色的旅游区，对于了解和发挥各地区风景旅游资源优势，合理开发利用风景资源，促进旅游业的发展，具有重大意义。根据自然和人文旅游条件的共同性和差异性，全国可划分为十个大区。

（一）中原历史文化区

中原古文化旅游资源区（简称中原区），位于黄河中下游，包括北京、天津、河北、河南、山西、山东、陕西五省二市。中原区是中华民族的摇篮，长期作为中国政治、经济、文化的中心，数千年的文明史给中原区留下了丰富多样的旅游资源，使这里成为中国旅游资源种类最多、数量最丰富、分布最集中、质量最高的旅游资源区，其旅游资源的突出特色是华夏古今文明和山海形胜。本区今后旅游发展的方向，应以华夏文明怀古、首都观光购物、名山朝觐览胜和海滨休闲度假旅游为主。

（二）华东山水园林区

本区地处长江中下游，包括上海、江苏、浙江、安徽、江西四省一市。华东旅游资源区濒临东海、黄海。其中，苏、浙、沪属于沿海省份，皖、赣属于内陆省份，但距海较近，且与苏、浙、沪联系紧密，故也具有很大程度的近海位置优势。从经济地理位置看，本区属东部沿海地带，与经济较发达的华北、华中、华南经济区毗邻。该区人口稠密，技术力量雄厚，是中国重要的工业基地和农业最发达的地区之一，商品极为丰富，上海、江苏、浙江两省一市的经济水平和国民生产总值在全国均居领先地位，经济实力雄厚，因此，对周围各地区乃至全国各大区，都有不同程度的经济辐射力。

从旅游地理位置看，本区北靠中原古迹名胜旅游资源区，西接华中名山峡谷旅游资源区，南邻华南热带风光旅游资源区。这些相邻的旅游资源区都是经济发达、交通方便、旅游业兴盛的地区，也是最重要的国内旅游客源地，它们均距华东较近，且华东区内部又有东西向的长江与南北向的京沪、京广和京九线等水陆交通线纵横交汇，这些交通动脉把华东与周围大区紧密地联系在一起，成为其吸引国内客源的有利条件。华东沿海多优良港口，也有一些大机场，其中，上海还有全国最重要的海港兼河港，又有著名的国际航空港，因此在吸引国际客源上也占有优势。华东区是中国人口密度相当大的地区（长江三角洲地区人口更为密集），经济又在全国处于领先地位，因此本身就是一个巨大的客源地。旅游资源又极其丰富多样，因此华东山水园林旅游资源区既为"资源型"旅游区，又靠近客源市场，为"市场型"旅游区，成为一种结构完整、层次丰富、功能齐全的"综合型"旅游区。区内交通十分发达，交通网密度仅次于东北林海雪原旅游资源区，居全国第二位，是华东旅游业发展的重要保证。本区今后旅游业的发展方向，应以名山避暑朝圣、古城名镇观光、水乡休闲度假、园林艺术欣赏、都市采风购物和会议商务旅游为主。

（三）东北林海雪原区

本区位于中国东北部，包括辽宁、吉林、黑龙江三省。西连内蒙古自治区，西南以辽西走廊通往华北，南临渤海、黄海，北、东两面分别以黑龙江、乌苏里江和鸭绿江、图们江界河与俄罗斯、朝鲜相望，是中国纬度最高的地区。该区大部分属于温带、寒温带的湿润、半湿润季风气候。自然景观方面的突出特点是原野广阔，河流湖泊众多，山地林海茫茫，冬季冰雪覆盖大地，构成独具特色的北国风光。这里是中国历史上辽、金、清等王朝兴起之地，本区少数民族众多，工业经济发达，交通便捷，人文旅游资源区域特色明显，旅游资源开发的条件优越，旅游业发展前景广阔。本区今后旅游业的发展方向，冬季应以冰雪观赏、冰雪运动和狩猎旅游为主，夏季应以森林、生态、边贸、游江科考、垂钓、疗养、度假等多种特色旅游为主，全年则适宜开展近代名城欧陆（东洋）风情旅游。

（四）华中名山峡谷区

华中旅游资源区，位于中国中部偏南的长江中上游，包括重庆、四川、湖北和湖南三省一市。它北临中原古文化旅游资源区，南接西南奇山异水民族风情旅游资源区，西靠青藏高原旅游资源区，东连华东山水园林旅游资源区。本区地处中国地貌、气候、植被等自然因素的过渡地带，自然条件复杂多变，社会、经济、历史、文化等联系密切，原始的自然保护区风貌、壮丽的三峡风光以及引人入胜的三国胜迹等主要旅游资源又具有地域关联性，从而构成了独具特色的一级旅游资源区。本区今后旅游业的发展方向，应以山水风光、历史文化、宗教朝圣旅游和三国寻踪、生态、漂流、科考等专项旅游为主。

（五）华南热带景观区

华南热带风光旅游资源区（简称华南区），位于中国最南端，由广东、福建、海南三省构成，少数民族有黎、畲、回、苗、壮、满等族。华南大部分地处热带，自然景观以热带风光为主，地形以山地、丘陵为主，经流水侵蚀切割和风化、溶蚀等作用，形成许多奇石、幽谷和名山；绵长的海岸地带有不同类型的海岩和滨海景观，其中红树林海岸和珊瑚礁海岸景观别具特色，众多的岛屿千姿百态，风光各异，情趣无限。华南区背陆面海，地理区位和条件优越，广州被称为中国的南大门，旅游业起步早，旅游资源开发、利用、保护等方面也居全国领先地位。本区今后旅游业的发展方向，应以热带海滨避寒度假、现代都市游乐购物、侨乡故土寻根朝觐旅游为主。

（六）西北"丝路"文化区

本区位于中国西北部，包括新疆、宁夏和甘肃三省（区）。本区位于亚欧大陆中部，深居内陆，属内陆型旅游资源区。从经济地理位置看，本区位于中国西部地带，面积广大，资源丰富，人口稀少，技术条件和经济发展水平相对较低。从旅游地理位置看，本区北面与西面同哈萨克斯坦、俄罗斯、阿富汗、吉尔吉斯斯坦等国家接壤，有发展边境旅游的条件，东面及南面分别与内蒙古草原风情旅游资源区、中原古迹名胜旅游资源区、华中旅游资源区、青藏高原旅游资源区相邻，众多的相邻关系也有利于西北区与周边其他旅游资源区之间的旅游开展横向联合及区际协作。但从总体看，本区地理位置偏远，远离中国经济发达、人口稠密的东部地带和国内主要旅游客源地，加之本区近代旅游业起步较晚，人们对这一地区还比较陌生。交通不太便利，旅游参观比较费时，这在一定程度上限制了国内外客源。本区今后旅游业的发展方向，应以丝路胜迹、大漠绿洲、民族风情观光旅游和沙漠探险、登山、狩猎、滑翔等专项、特种旅游为主。

（七）西南奇山异水民族风情区

本区位于中国西南部，青藏高原东侧，包括云南、贵州和广西三省（区）。有壮、苗、傣、瑶、白、水、布依、纳西等30多个少数民族，约占全区总人口的1/3，是中国少数民族集中居住区之一。本旅游资源区内喀斯特景观发育典型，分布广泛，山川秀美，气候宜人，动植物资源非常丰富，多民族的文化习俗绚丽多彩，是中国最有发展前途的旅游资源区之一。本区今后旅游业的发展方向，应以山水、民俗、宗教、边境观光旅游和高山探险滑雪、生态科考等专项旅游为主。

（八）北疆塞外草原风情区

内蒙古位于中国的北部边疆，幅员辽阔，面积仅次于新疆、西藏，居中国第三位，北以漫长的国界线与俄罗斯、蒙古国接壤，东连东北林海雪原旅游资源区，南接中原古文化旅游资源区，西邻西北丝路文化旅游资源区。本区旅游资源以广袤无垠的草原风光、浓郁独特的民族风情为特色。此外还有众多的名胜古迹、茫茫的原始森林、浩瀚的沙漠戈壁风光等，是中国地域特色鲜明，开发潜力巨大的旅游资源区之一。本区今后旅游业的发展方向，应以草原、民俗、边境观光旅游和森林、疗养等专项旅游为主。

（九）青藏高原区

青藏高原旅游资源区，位于中国西南部，包括青海和西藏两省（区）。它占有青藏高原大部分地区。青藏高原被称为"世界屋脊"，世界大河——长江、黄河、恒河和印度河都发源于此，江山多娇，景色壮丽。这里既有绵延万里耸立云霄的高山雪峰，又有巨大的盆地和坦荡开阔的宽谷；既有一望无垠的高原，星罗棋布的湖泊，又有急湍水流所形成的深邃峡谷，特别是雅鲁藏布大峡谷为世界第一深度大峡谷，由于高峰和大峡谷咫尺为邻。几千米的强烈地形反差，构成了一道异常壮丽的景观。高原腹地茫茫草原万里，南缘原始林林木苍郁，河谷地带稻田、茶园广布，一派江南风光；而高寒荒寂的青南藏北，又是野生耐旱动物界的天然乐园。自然景观的多样性和自然风光反差之巨大，实为全国所罕见。

在这风光壮丽的高原上，藏族人民和其他兄弟民族的人民生息的历史久远，他们的劳动使高原呈现出一派生机。高原牧场，江河两岸的肥田沃野，条条公路和座座工矿城市，使高原的面貌日新月异，神话般的高原民族风情，更令人向往。

这是一个年轻的高原，陡峭的地势和严酷的气候，使这里的许多地区罕有人迹，这又给高原蒙上了一层神秘的面纱，这一切特征，使这一地区在全国旅游业上占有特殊的地位。作为一个正在开发的旅游资源区，以其独特的风貌成为登山、探险、考察、摄影、写生的旅游地。本区今后旅游业的发展方向应以雪山高原、宗教文化、民族风情观光旅游和登山探险、狩猎、科考及汽车越野拉力赛等专项旅游为主。

（十）港澳台区

台湾、香港、澳门位于中国南部沿海地区，是中国领土的组成部分。由于历史原因，这个地区在政治、经济制度和社会、文化形态等方面都与内地有着显著的差异，其中旅游业的发展和旅游资源的性质也有独特的一面。它们实行的是资本主义制度，这就不可避免地形成其特殊的旅游业经营方式和旅游资源类型。优越的地理位置和自由贸易政策，使得购物旅游、会议旅游等特种形式的旅游对它们来说已不具有"特种"含义，而成为普遍的重要的旅游活动内容。本区特殊的经济、政治、社会制度，所形成的某些旅游资源在全国占有特殊的地位，是形成中国旅游资源地域分异中的一个富有特色的区域。

参 考 文 献

保继刚. 1993. 旅游地理学. 北京：高等教育出版社.

国家统计局. 2010. 中国统计年鉴 2009. 北京：中国统计出版社.

国家统计局. 2014. 中国统计年鉴 2013. 北京：中国统计出版社.

李振泉，杨万忠，陆心贤，等. 2003. 中国经济地理. 4 版. 上海：华东师范大学出版社.

宋德明，张卫东，赵国光，等. 1994. 中国旅游地理. 西安：陕西人民出版社.

王静爱. 2007. 中国地理教程. 北京：高等教育出版社.

赵济，陈传康，等. 1999. 中国地理. 北京：高等教育出版社.

邹东涛. 2008. 发展和改革蓝皮书——中国经济发展和体制改革报告 No.1. 北京：社会科学文献出版社.

思 考 题

1. 试述合理发展和布局中国第三产业的意义。
2. 试分析中国目前的交通运输发展和布局存在的主要问题及发展策略。
3. 分析中国铁路、高速铁路、高速公路的布局特点。
4. 对比分析中国各个旅游地理区的差异及发展策略。
5. 试分析中国旅游业的发展战略。

第十五章　中国高新技术产业发展与布局

高新技术产业通常是指以高新技术为基础，从事一种或多种高新技术及其产品的研究、开发、生产和技术服务的企业集合。这种产业所拥有的关键技术往往开发难度很大，但一旦开发成功，其经济效益和社会效益则高于传统产业。为了在世界高新技术产业发展和竞争中占有一席之地，中国先后在全国建立了 169 个国家级高新技术产业开发区，这些基地已成为中国发展高新技术产业的重要基地和经济竞争力的重要源头。高新技术产业目前还没有一个确定的定义。美国商务部提出的判定高新技术产业的主要指标有两个：一是研究与开发强度，即研究与开发费用在销售收入中所占比重；二是研发人员（包括科学家、工程师、技术工人）占总员工数的比重。此外，产品的主导技术必须属于所确定的高技术领域，而且必须包括高技术领域中处于技术前沿的工艺或技术突破。根据这一标准，高新技术产业主要包括信息技术、生物技术、新材料技术三大领域。中国目前还没有关于高新技术产业的明确定义和界定标准，通常是按照产业的技术密集度和复杂程度来作为衡量标准的。根据 2002 年 7 月国家统计局印发的《高技术产业统计分类目录的通知》，中国高技术产业的统计范围包括航天航空器制造业、电子及通信设备制造业、电子计算机及办公设备制造业、医药制造业和医疗设备及仪器仪表制造业等行业。

第一节　中国高新技术产业发展概述

一、中国高新技术产业发展及特征

（一）中国高新技术产业发展历程

高新技术产业在中国的发展大致可分为三个阶段：第一阶段（1983～1988 年）是孕育、准备和试验阶段；第二阶段（1988～1992 年）是规划布点、搞基本建设的初创阶段；第三阶段，从 1993 年到现在，是各类开发区上规模、大发展的成长阶段。

为了在世界高新技术产业发展和竞争中占有一席之地，中国政府以制度创新为依托，先后在全国建立了 169 个国家级高新技术产业开发区，并将其建设成为中国发展高新技术产业的重要基地和各省市经济竞争力展示的重要舞台。

自 20 世纪 90 年代以来，中国高新技术产业也取得了引人注目的成绩：1995～2001年，高新技术产业总产值年均增长 23.9%，高出全部工业增速 14 个百分点；2001 年高新技术产业总产值达到 17 083 亿元，占全部工业的比重为 20.35%，对工业总产值的贡献率达到 34.15%；2019 年，中国高新技术产业的主营业务收入 158849 亿元，利润为 10504 亿元。

（二）中国高新技术产业特征

1. 高新技术产业发展不平衡

高新技术产业发展的不平衡，主要表现在两个方面：一是地区间的不平衡。显而易见，在东部沿海地区，尤其是在经济特区，高新技术产业获得了更快的发展，而在中西部地区，高新技术产业的发展相对不足，东部地区在高新技术企业总数、主营业务收入、新产品出口销售收入、利润方面都占绝对优势地位（表 15-1）。二是企业间的不平衡。这主要表现在"三资企业"与"国有及国有控股企业"之间，从表 15-2 中可以看出，"三资企业"在主营业务收入、新产品出口销售收入、利润等方面都占绝对优势地位。

表 15-1　2019 年中国各地区高新技术产业发展情况　　　　　　　（单位：亿元）

地区	企业总数/个	主营业务收入	新产品出口销售收入	利润
全国	35833	158849	20064	10504
东部地区	23736	109388	15508	7295
中部地区	6863	25109	3324	1526
西部地区	4260	21385	1173	1265
东北地区	974	2966	59	417

资料来源：中国高技术产业统计年鉴，2020。

表 15-2　2019 年中国高新技术产业发展情况（企业）　　　　　（单位：亿元）

企业类型	企业总数/个	主营业务收入	新产品出口销售收入	利润
国有企业	126	887	13816857	71
内资企业	29191	93429	87355069	7326
港澳台投资企业	2914	30187	66831196	1517
外商投资企业	3728	35233	46454278	1661

资料来源：中国高技术产业统计年鉴，2020。

2. 高新技术产业技术创新层次低，基础薄弱

发达国家高新技术产业已进入了成熟阶段，而中国高新技术产业发展仍处在初级阶段，主要表现在两个方面。

第一，技术创新层次低。一方面，中国企业技术创新处于起步阶段，缺乏独创性的关键生产技术的研制能力，主要通过技术引进和机器设备购置这种低层次方式实现技术创新。据统计，在 1999 年和 2000 年两年内，经中国专利局受理的高新技术产业专利的申请中，外国申请人所占比例都高于 2/3，有的甚至高达 90%。中国高新技术创新以模仿型创新模式为主，独立知识产权和科技储备少，这严重制约了高新技术经济的进一步发展。外资企业进入中国高新技术产业领域，虽然带来一些高新技术，促进了本国企业技术进步，但他们封锁、垄断关键生产技术，并没有将关键技术转让于中国企业。即使一些大跨国公司在中国建立了科研机构，其目的也只是利用中国科技人力资源，获取技术与信息，利用知识产权构筑壁垒，强化其在中国市场的垄断地位。因而他们不可能像在其本国那样投入大

量的经费进行研发。另一方面，研究与发展经费投入强度低。多年来，中国大中型工业企业R&D经费支出与销售收入的比例一直是在0.7%以下徘徊，而主要发达国家的这一指标，目前已达到了 2%～4%。中国高新技术企业的科技投入在销售收入中所占比例虽略高于2%，但发达国家的高新技术企业的这一指标一般都在20%左右。近年来，中国企业的R&D经费总量增长较快，比重也有所提高，但R&D活动水平仍较低，而其中基础研究和应用研究的成分又很低，大多仅仅限于产品与工艺的开发，这就使得中国企业难以掌握核心技术，对外部技术的吸收能力也较差。

第二，尚未形成完整的、有较强市场竞争力的高新技术产业形态。中国的高新技术产业的发展主要依靠引进国外技术和生产能力，在相当程度上，停留在对进口零部件进行组装或劳动密集型加工的阶段。而在一些由中国自主开发、拥有自主知识产权的高新技术产业领域，由于国内制造业技术水平相对落后，与高新技术产品相配套的能力弱，因而难以形成与高新技术产业配套的制造技术平台。在对传统产业的改造方面，高新技术产业和现有传统产业改造之间相互依存、相互促进的良性循环关系尚未形成，高新技术产业之间及高新技术产业与传统产业之间还没有形成完整的技术创新——扩散链条，创新的整合机制差。这种情况削弱了高新技术产业和传统产业的技术联系，缩小了高新技术及产品的应用范围，降低了高新技术产业的经济效益和国际竞争力，不利于企业及国家创新能力的提高。

3. 高新技术产业的经济效益低

由于中国高新技术产业的自主知识产权拥有水平不高，在创新上以模仿型创新模式为主，这就决定了中国高新技术产品与国外高新技术产品相比附加值小，经济效益也较低。中国高新技术产品出口贸易是以来料加工装配贸易和来料加工贸易为主，这些占近年来出口贸易总额的 80%左右。这种主要是对进口零部件进行组装或进行劳动密集型加工的贸易形式注定了不可能有高的获利水平。从高新技术产业产值占全部制造业的比重来看，按照 OECD 的高新技术产业划分标准，2006 年，中国在航空航天制造业、计算机与办公设备制造业、电子与通信设备制造业、医药制造业四大高新技术产业的增加值占全部制造业增加值比重的11.5%，而从 1982 年起，美、日、德、法、英等发达国家的这一比重均达到10%以上的水平，由于这些国家的制造业增加值基数大，中国高新技术产业的增加值与这些发达国家的差距就更大了，表 15-3 列出了部分国家高新技术产业增加值比重占制造业增加值的比重。

表 15-3　部分国家高新技术产业增加值占制造业增加值的比重　　　（单位：%）

国家名	2002 年	2004 年	2006 年
中国	9.9	10.9	11.5
美国	16.8	16.5	17.2
日本	15.3	16.9	16.1
德国	10.8	11.8	12.2
英国	16.5	16.1	17.2
法国	14.9	13.5	15.1
韩国	22.9	25.3	25.3

资料来源：中国高新技术统计年鉴，2009。

4. 高新技术产业化面临融资困境

在中国，技术进步对经济增长的贡献率较低。同时，中国极低的科技成果转化率也从一个侧面表明了高新技术产业化发展过程中的融资困境。对于更为普遍的高新技术成果转化来说，其资金来源有以下几种：一是私人借款；二是银行贷款；三是政府资助；四是股票上市。从目前情况看，由于各方面原因，这几种渠道都难以满足高新技术产业发展的资金需求。而对于风险投资活动，国家对其几乎没有实质性的优惠政策，而且风险投资缺乏退出机制，中国的股票市场和产权市场尚不健全，这使得风险投资的运行缺乏必要的基础。

5. 高新技术产业制度创新任重道远

制度创新是推动中国高新技术产业化发展的一个关键。政府要摆脱传统的计划经济的管理模式，代之以市场经济的管理模式。目前中国企业科研力量薄弱，高新技术研制仍以科研院所为主体，这就导致了中国高新技术商业化开发中出现的能力差、层次低等现象。这种科技与经济发展相脱离的"两张皮"问题需要从根本上予以解决。高新技术产业化需要大量的风险投资，资金投入的不足制约了科技成果的转化。如何建立起高新技术产业化的投融资机制，建立起高新技术产业投资的激励机制，这需要借鉴国外先进经验，按照市场规律来进行运作。人力资本在高新技术产业化过程中起着很重要的作用，传统体制下对人才流动的束缚必然要被打破。目前，知识产权保护在中国还远未深入人心，如何在人才流动性增强的情况下，通过法律手段强化对企业和个人知识产权的保护，这也需要进行不断地探索。这些工作的完成，是建立在制度创新的基础上的，因此，在一定意义上，"制度重于技术"是中国高新技术产业化过程中的一种必然现象。只有通过不断完善中国社会主义市场经济体制，建立良好的经济机制、秩序，才能发挥中国企业、科研院所、政府等各方面技术创新的积极性，促进中国高新技术产业化和整个国民经济的高素质的发展。

二、中国高新技术产业的布局

（一）东部沿海偏向性

受经济基础及国家政策倾斜的影响，东部特别是东南沿海地区的高新技术产业发展十分迅速，北京、上海已成为中国高新技术产业的核心地带。目前，全国有国家级高新技术开发区 169 个，东部沿海地区 91 个，中西部地区 78 个。

（二）由点状分布向点、块、带格局转化

由于高新技术产业对人才、资本、基础设施有较高要求，所以高新技术产业开发区倾向于依附大城市，呈现出大分散、小集中的点状布局特征。除沿海外，内陆和沿边还有 78 个高新技术产业开发区：太原、合肥、杨凌、南昌、郑州、洛阳、武汉、襄阳、长沙、株洲、湘潭、西安、宝鸡、成都、重庆、绵阳、贵阳、长春、吉林、哈尔滨、大庆、乌鲁木齐、包头、兰州、昆明等。但随着经济与技术的发展，内陆已向块状格局发展，陕西、重庆、四川、湖南、河南正在形成由西安—宝鸡、重庆—成都—绵阳—西昌、湘潭—长沙—株洲、郑州—洛阳发展而成的团簇状高新技术产业开发区，在沿海，珠江三角洲高新技术产业带、京津唐高新技术产业带、沪宁杭高新技术产业带也在形成之中。

（三）不同类型的高新技术产业开发区具有不同的产业开发重点

由于沿海、内陆、沿边在经济发展水平及技术水平上均呈现不同层次，其高新技术产业开发重点各有侧重。沿海以智力资源和技术力量为依托，侧重科技园区型高新技术产业，内地依靠优势资源和"二线"基础多发展与军工有密切关系的产业，沿边则借国家开放政策及沿边的地理优势多发展贸易导向型的产业。

第二节　中国高新技术产业区

中国高新技术产业区（简称中国高新区），是在改革开放不断深入、世界科技产业蓬勃发展的背景下诞生的。高新区自诞生之日起，就被赋予了"发展高科技，实现产业化"和作为"改革、创新示范基地"的历史使命，是中国发展高新技术产业的重大战略。正是背负着这样一个历史重任，高新区从一开始就被定位为在政府指导、市场运作模式下的高新技术产业集聚区。高新区问世至今已经 30 多年。30 多年来高新区蓬勃发展的实践和不俗的业绩向人们展示了高新区在中国科技和经济舞台上已经完成了从边缘到中心的角色转换。

一、中国高新技术产业区的发展

国家级高新技术产业开发区是我国在推进改革开放和社会主义现代化建设进程中做出的重大战略部署。自 1988 年中关村高新区率先设立之后，1991 年和 1992 年国务院分两次集中批复了全国共 51 家国家高新区，形成了早期国家高新区的群体建设规模。自 2012 年以来，国务院批复国家高新区建设的速度进一步加快，使得中国国家高新区的队伍和规模不断发展壮大。中国高新区经过 30 多年的建设，在经济发展和改革创新上均取得了辉煌的成就。2014 年 4 月，科技部火炬中心发布的 2013 年高新区的发展信息显示，114 家国家高新区营业总收入达 20.3 万亿元，其中 55 家成为"千亿俱乐部"成员；实现增加值 5.8 万亿元，占全国 GDP 的比重达 10%以上。在 114 家国家级高新区中，营业总收入超过万亿的有两家，中关村国家自主创新示范区成为唯一一家过 3 万亿的高新区；营业总收入超过 5000 亿元的有 6 家，超过 2000 亿元的有 31 家，超过 1000 亿元的有 55 家。截至 2019 年 4 月，经国务院批复建设的国家高新区数量已达 168+1 家（"+1"是指苏州工业园区）。

经过 30 余年的发展，我国国家级高新区成功探索了科技与经济结合的有效途径，走出了一条有中国特色的发展道路。2017 年，我国国家级高新区实现生产总值95171.4 亿元，占全国国内生产总值（827122 亿元）比重达 11.5%；全国 156 家国家级高新区中，共有 103631 家企业纳入统计，合计实现营业收入 307057.5 亿元、工业总产值 202826.6 亿元、净利润 21420.4 亿元、上缴税额 17251.2 亿元、出口总额 32292.0 亿元，营业收入、工业总产值、净利润、上缴税额和出口总额分别同比增长9.9%、1.4%、14.7%、9.8%、10.8%。2018 年，我国国家高新区保持稳中有进、稳中向好的势头，综合各典型园区 2018 年经济发展情况，高工产业研究院（GGII）初步统计分析，2018 年我国国家级高新区生产总值占全国国内生产总值的比重达到 11.8%。

二、中国高新技术产业区的布局

中国高新区发展是以智力资源和开放环境为依托，通过软硬环境的局部化，最大限度地把科技成果转化为现实生产力。与科技资源分布和对外开放的总体格局相一致，中国高新区主要分布在科技资源密集的大中城市和沿海开放地区。

（一）多数国家高新区分布在科技资源密集的大中城市

国家高新区总体上依托大中城市布局和发展。在类型上，有依托城市科教文化区的，如北京、石家庄、济南、武汉、兰州的高新区；有依托经济特区、经济技术开发区的，如深圳、大连、厦门、海南、福州等地的高新区；有依托大工业区的，如上海漕河泾和四川绵阳的高新区。只有极少数是开辟新区发展起来的，如南京在浦口创办了高新区、陕西在杨凌建立了农业高新技术产业示范区。

（二）分布范围较广，地区布局呈现出"东部沿海集中，华北西北地区稀疏"的格局

在全国 168+1 家国家级高新区中，华东和华中地区的国家级高新区数量分别为 63 和 27 家，占比分别达 37%、16%，西北地区和华北地区分布较少，仅为 15 家和 12 家，占比为 9%、7%。中国东部沿海地区是国家对外开放的主要区域，是国家科技资源集聚区，也是中国科技创新的主要来源地和向中西部地区扩散的基地。国家高新区偏集于东部沿海地区，与中国对外开放的区域格局是相符合的，也有利于利用东部沿海地区开放优势加快发展。

（三）国家级高新区发展状况与所在城市的经济科技实力密切相关

按照国家科技部火炬办的综合评价，北京、上海、沈阳、天津、武汉、西安、石家庄、深圳等国家级高新区发展较好；长春、郑州、南京、中山、苏州、广州等国家级高新区发展潜力较大。这些高新区多数位于中国经济科技实力最雄厚的省会城市和直辖市，充分显示了高新区具有明显的科技资源指向和区位偏好。

（四）主导产业以战略性新兴产业为主

在产业发展方面，高工产业研究院（GGII）通过对 168+1 家国家级高新区主导产业监测整理得出，目前我国国家级高新区主导产业以战略性新兴产业为主，其中有 163+1 家国家级高新区已经形成了以战略新兴产业为主导的发展战略，仅有 5 家高新区仍以石油化工、钢铁工业等为主导产业（呼和浩特金山高新区、攀枝花高新区、三明高新区、榆林高新区、汕头高新区）。

参 考 文 献

国家统计局. 2020a. 中国统计年鉴 2020. 北京：中国统计出版社.
国家统计局. 2020b. 中国高技术产业统计年鉴-2020. 北京：中国统计出版社.

韩伯棠. 2007. 我国高新技术产业园区的现状及二次创业研究. 北京：北京理工大学出版社.

李振泉，杨万忠，陆心贤，等. 2003. 中国经济地理. 4版. 上海：华东师范大学出版社.

王宏强. 2008. 高新技术产业与区域发展. 武汉：华中科技大学出版社.

王静爱. 2007. 中国地理教程. 北京：高等教育出版社.

许晓冰，倪旭康，吴满琳. 2009. 高新技术开发区产业选择方法研究. 上海：上海交通大学出版社.

赵济，陈传康. 1999. 中国地理. 北京：高等教育出版社.

思 考 题

1. 论述高新技术产业发展的特征。
2. 分析中国高新技术产业布局的基本特征。

第五篇　中国人地关系地域系统

　　人类和地理环境是相互依存、相互制约的关系。地理环境为人类提供生存条件，人类活动反过来影响地理环境。人类活动和地理环境的关系并非一成不变，而是随着人类社会的进化和文化、科技、生产力水平的不断提高而不断变化，但这种相互作用的关系变得日益密切。

　　地理学是研究人地关系地域系统的学科。本篇聚集于中国的人地关系地域系统，在梳理人地关系与人地关系地域系统发展内涵及发展演化的基础上，分析中国人地关系发展的态势，从中国的土地资源、环境问题分析中国可持续发展的战略；从中国东西、南北、城乡的经济发展差异出发，分析作为中国人地关系地域结构的核心要素——经济发展的地域结构与差异；从中国的区域分工、区域协作、流域过程等视角揭示中国区域的主要联系与作用过程。

　　本篇思政课程的教学目标是：通过中国人地关系演化及发展态势与特征的学习，使学生充分理解人地协调发展的重要性。人地协调观作为地理学的核心价值观，包含了可持续的发展观、正确的环境观、科学的人口观和科学的资源观等方面，引导学生全面客观地认识中国人类活动与资源、环境之间的关系，理解生态安全与生态文明的思想实质，理解把人与自然协调发展作为落实"五位一体"总体布局、践行生态发展理念的主要内核的意义。通过对中国东西、南北、城乡的经济发展差异的分析，理解这种差异的实质是中国人地关系的差异，理解这种差异形成的区位、历史、文化、经济等方面的原因，理解中国发展的不平衡，加深对中国仍是一个发展中国家这样一个基本国情的认识。通过对中国东西区域过程的分析，充分认识中国东西各区域的特点与优势，区域之间的交流与合作的重要性，通过长江、黄河流域经济发展，实现东西贯通，实现中华民族一体化的发展，使学生树立国家一体化发展意识，增强社会责任感，无论东西共同推进中国的可持续发展与中华民族复兴的中国梦。

第十六章　中国人地关系系统

第一节　研 究 概 述

一、人地关系与人地关系系统

（一）人地关系及其历史演变

人地关系是指人类社会与地理环境的关系，其中"人"是指社会性的人，是指在一定生产方式下、在一定地域空间从事各种生产活动或社会活动的人；"地"是指与人类活动有密切关系的、由无机与有机自然界诸要素有规律结合的地理环境。

自地球上出现人类以来，一方面人类的自身繁衍与物质资料生产都与地理环境密不可分，另一方面人类作为自然界唯一的智慧生物，可以通过自己的行为活动，特别是所掌握的技术和主观能动性对地理环境进行利用和改造，使地理环境发生变化。近代以来人地关系作用的强度不断加大。

由于人类社会的科技水平、认识水平总处于不断发展变化之中，因此人地关系也在不断变化。考察人类发展的历史，大致可将人地关系的发展划分为四个阶段。

1. 农牧业产生以前——原始共生阶段

该阶段指距今约 7000 年以前的旧石器时期，此时人类尚处于从猿向人转变的过程中，人类基本没有干预自然的能力，此时的地理环境是原生的自然界，人类的活动完全遵循大自然的组织原则，是地理环境的一部分，人类与地理环境处于原始共生状态。

2. 原始农牧业及小农经济时期——人类顺应并有限改造自然阶段

新石器时代至工业革命之前，人类的生产力水平逐渐提高，经济形式已转化为生产性农、牧业经济，通过人工种植、饲养及作坊加工等方式获得产品，以满足人类各方面的需要，并因此导致了以土地为中心的自然体系的人为改造，使许多原生自然景观改变为人工农业景观或次生自然景观。但总体上看，这些活动仍然没有逾越自然界的基本原则，没有破坏生态系统的基本营养结构、自然环境的水热结构及地球化学联系，亦即人类活动尚处于顺应和有限改造地理环境的状态，人地关系尚在基本协调的范畴之内。

3. 工业化时代——人类肆意掠夺大自然阶段

以工业革命为标志，人类科学技术水平大大提高，抗御疾病、干预自然的能力显著增强。世界范围内人口剧增，在许多地域经济形态很快由农业经济转变为工业经济，人类开始一方面大肆消耗通过漫长的地质年代积蓄在地理环境中的矿物能源及其他可再生或不可再生的资源，利用非自然力的大机器进行大批量的生产，满足了迅速增加的人口需求，并大大提高了人类的生活水平；另一方面也将越来越多的废弃物、有害物抛向自然界，造成了自然资源的匮乏、生态环境的退化，已经明显地威胁到人类生存与发展，人地关系已部分表现出"互害"的特征。

4．可持续发展理论实施以后——向协调共生、可持续发展推进阶段

20 世纪中叶全球性人口、资源、环境与发展问题的出现，促使人类对工业化过程中的所作所为进行深刻的反思，1992 年，在联合国环境与发展大会的推动下，各国首脑汇聚巴西里约热内卢，就世界环境变化与人类发展进行了大讨论，呼吁人类必须清醒认识到：人地互动密不可分，人类不利于自然环境的行为必将导致自然环境恶化和自身发展受阻，最终可能导致整个人类发展的不可持续，因此人类在争取自身发展的同时必须善待自然，以保证地理环境的良性发展。为此整个世界将可持续发展确定为 21 世纪人类发展的基调，并开始了实施人类与地理环境协调共生、可持续发展的各种探索。与此同时，人类对人地关系的认识，也由原有的天命论、地理环境决定论、或然论、人定胜天论等上升到协调共生、可持续发展的阶段，有关人地关系协调发展的研究在系统科学和可持续发展理论的指导下，开创了新的局面。

（二）人地关系地域系统

人地关系系统是指人与地在特定的地域中相互联系、相互作用而形成的一种动态结构，因此人地关系系统是以地球表层一定地域为基础的，亦称人地关系地域系统。

1．人地关系地域系统具有自然与社会两种属性

人地关系地域系统由地理环境和人类活动两个子系统交错构成，其中"人"兼有生物属性和社会属性，人既是生态系统的组成成分，又具有认识、利用、改变、保护自然环境和认识、改变、控制自身的能力，具有活动的社会性；"地"是指由自然和人文要素按照一定规律相互交织，紧密结合而构成的地理环境整体。人地关系地域系统的健康发展主要取决于人类集团的思想认识及行为能力。

2．人地关系地域系统是复杂的开放巨系统

人地关系地域系统内部组成要素众多，其间相互影响、相互作用、相互约束的功能机制十分复杂，是一个多目标、多因素、多层次和多维度的复杂巨系统。人地关系地域系统与其外部宇宙空间联系密切，存在大量的物质、能量、信息交换，如太阳能及其各种粒子的不断输入等，是一个复杂的开放的巨系统。

3．人地地域系统具有不稳定的、非线性的、远离平衡状态的耗散结构

由于系统外部大量的物质能量输入，可使系统内物质、能量远离平衡状态，相互之间的作用成为非线性关系，这种远离平衡的状态在越过临界点后，系统经自组织就可能从无序状态自发地转变为在时间、空间和功能上的有序状态，产生一种新的有序结构——耗散结构。系统论认为人地关系地域系统及一切生命系统都属于耗散结构。

4．人地关系地域系统的研究以优化调控人地关系为目标

可持续发展理论提出以后，人地关系协调共生、可持续发展成了人类的共识，而要实现这一目标，必须清楚地认识人地关系地域系统，充分了解系统的形成过程、结构特点、发展趋向，各要素相互作用的机制与强度、相互协调的规律等，以此为依据来研究一个国家和不同类型地区社会经济持续发展模式，为国家宏观决策提供科学依据。

5．人地关系地域系统研究以定性与定量相结合的综合集成法为途径

系统论认为，目前唯一能有效处理开放的复杂巨系统的方法是定性定量相结合的综合集成方法。1983 年，钱学森倡议要以"从定性到定量的综合集成方法"研究人地关系的巨系统及其结构与功能，这是地学重要的研究基础；接着吴传钧提出了人地关系地域系统，并开创了有关研究的先河。近 40 年来，中国的有关人地关系地域系统的研究在区域开发研究中日益深入，所采用的方法基本为定性与定量相结合的综合集成法。

（三）PRED 问题与 PRED 系统

人口（population）、资源（resource）、环境（environment）与发展（development）问题，简称 PRED 问题，是当今世界关注的热点，也是人地关系失调、人地系统内部主要过程失控的反映。PRED 系统是指一定区域的人口、资源、环境和经济发展之间通过相互作用、相互影响和相互制约等关系构成的紧密相连的复杂开放巨系统。该系统包括相互关联的四大子系统，各子系统又由一系列的问题与要素构成。区域 PRED 系统是对区域地理事物的抽象，是对人地关系系统特性进行模拟分析的概念模式。PRED 系统具有整体性、动态性、高度复杂性、不确定性和多层次性等特点。

PRED 系统的各子系统之间既相互作用又相互依存，既相互促进又相互制约，既有积极的正面影响又有消极的负面影响。人口、资源、环境和经济分别作为结点，它们之间相互联系、相互作用，构成一种网络结构。在这种关联结构中，人类活动很明显处于核心地位，它通过自身生存活动直接作用于资源和环境，通过资源的开发获得物质、环境建设，以及经济的发展，同时通过生产活动直接或间接作用于资源和环境。一方面人类的生存发展离不开资源、环境和经济。另一方面，资源和环境又有以自身的数量、质量分布差异制约人类的生存发展，形成彼此共生、相互关联的关系，自始至终处于动态平衡之中，而人类活动则处于这种关系的主导地位。如果人类活动与资源环境承载能力及再生能力协调，则环境处于良性演替；如果人类不合理开发利用，生态环境将会逆向演替，并将导致脆弱生态环境产生（图 16-1）。

（四）人地关系地域系统地理学研究方向的转变

20 世纪七八十年代以来，地理学研究开始进入一个新的阶段。这个阶段的背景是：由于全世界经济工业化和社会城市化急剧发展以及强大技术手段的运用，强烈地改变着各地区的经济结构和生态环境结构，资源被加速消耗，由全球气候变化逐步引发土地利用、土地覆盖、水环境、水资源等一系列生态环境的变化，而生态环境危机又正在反过来影响乃至阻碍人类社会经济的发展。

重新审视全球的、国家的和各类区域的人地关系系统，可以发现其中正发生一系列重大的变化。①地理环境与生态变化：全球和部分地区的气候变暖、荒漠化、水土流失、海平面上升等。这些变化及其引发的自然灾害正在威胁着人类的生存环境和赖以生存的资源供给。②资源地理的变化：出现国家和地区性资源严重短缺乃至全球性的资源危机。生态环境破坏与资源短缺问题互相交织在一起，全球许多地区的自然灾害比历史时期严重得多，

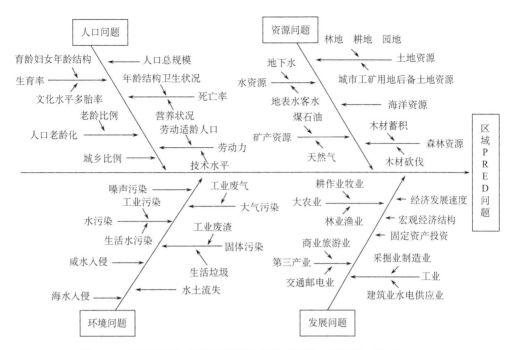

图 16-1   区域 PRED 问题系统层次分析示意图（王黎明，1997）

造成非常突出的资源和生态安全问题。③经济地理的变化：主要表现在经济全球化的发展，全球范围内国家和地区间经济和社会发展差距扩大；国家之间由于经济利益的冲突而导致的矛盾和对立日趋普遍；超国家的经济集团力量不断增长，国家的经济不安全问题突出。④社会地理和政治地理的变化：由于贫困、宗教、文化差异而引起国家、地区的社会不稳定有越来越严重的趋势。

所有这些变化都表明，在人地关系地域系统中，由自然因素引发的环境变化正在转变为由人类因素引发的环境变化，人地关系地域系统演化的内在机制由自然自组织系统正在转变为人类社会控制系统。长期以来，地理学和地理学家主要是在自然环境要素和人地关系及其相互作用的领域里工作。20 世纪 80 年代以来的研究重心已经转移到自然过程、生物过程和人类活动过程间的相互作用方面，且注重于研究人类社会经济活动对于自然环境的影响。

二、中国人地关系系统的严峻态势

认识中国人地关系系统必须从中国的基本国情出发。党的十一届三中提出了中国社会处于并将长期处于社会主义初级阶段的基本国情。改革开放 40 多年以来，人民生活总体达到小康水平，但中国生产力还不发达，自主创新能力不强，居民人均收入不高，城乡区域发展不平衡，解决"三农"问题的任务相当艰巨，就业和社会保障压力增大，生态环境、自然资源和经济社会发展的矛盾日益突出等。在继承过去人地关系的基础上，中国现代人地关系演变速度显著加快，自然资源和天然生态系统受消费和技术胁迫现象越来越突出。

（一）对自然资源需求的不断增长与资源稀缺性的矛盾

水、土地、矿产和生物等自然资源是人类赖以生存的基础。中国是水资源比较贫乏的国家之一，人均水资源量为2210m³，仅为世界平均水平的1/3。正常年份全国每年缺水量近400亿m³，有400余座城市供水不足，比较严重缺水的有110座。近2/3的城市存在不同程度的缺水，农业平均每年因旱成灾面积达0.15亿hm²。华北是我国最缺水的地区之一，年平均缺水达到100亿～150亿m³。即便南水北调，仍不能完全解决我国北方严重缺水的问题。全国地下水超采区面积从20世纪80年代初的8.7万km²扩展到18万km²，一些生态严重恶化的地区，河流断流、湖泊干涸、湿地萎缩、绿洲消失。

随着我国人口数量的增加，以及城市化、生态恢复等用地的增加，我国人均耕地面积将进一步减少，耕地资源紧张的状况将进一步加剧。2019年全国人均耕地1.4亩，是世界人均耕地的43%。耕地总体质量较低，有水源保证和灌溉设施的耕地仅占40%。截至2019年全国耕地质量平均等级为4.76等，其中，1～3等耕地面积6.32亿亩，占耕地总面积的31.24%，4～6等、7～10等分别为9.47亿亩和4.44亿亩，分别占46.81%和21.95%[①]。但一些人口和经济大省的人均耕地都很低，在1亩以下。上海、北京、福建、天津及广东等均已低于联合国粮农组织所确定的人均0.8亩耕地警戒线，在全国2800多个县市旗区中，低于此警戒线的有666个。但一些人口和经济大省的人均耕地都很低，在1亩以下。上海、北京、福建、天津及广东等均已低于联合国粮农组织所确定的人均0.8亩耕地警戒线，在全国2800多个县市旗区中，低于此警戒线的有666个。

有限的资源及资源退化不仅极大地制约我国社会经济的持续快速发展，而且还会带来严重的就业问题和生态安全问题。

（二）在经济和城市化快速增长的情况下，资源的消耗和环境的破坏严重，中国面临着发展和环境的双重压力

由于经济发展水平低，人均收入不高，中国必须以较快的速度发展才能不断增强经济实力和国际竞争力。20世纪90年代以来国内生产总值加速增长，1990年GDP年增长3.8%，2000年增长8.4%，2000～2010年间GDP平均增长率在10%以上，此后逐渐稳定到年增长6%以上的水平。2019年中国大陆地区GDP接近100万亿元。21世纪以来，在总量增长的同时，中国经济发展进入追求"数量+品质"的新经济生态时期。中国正处于工业化加速发展时期，产业结构明显地以消耗资源强度大的部门和产品为主，是能源消费高增长期。根据世界银行WDI数据库，中国国内生产总值能耗历年数据均低于低收入国家能耗水平，但高于中等收入国家和高收入国家能耗水平，与世界平均水平相差两倍以上。2018年万元国内生产总值能耗560kg标准煤。能源资源高消耗必然带来污染物高排放，经济发展与资源环境的矛盾进一步加剧。

中国环境治理不断取得重大进展，但总体上环境污染问题仍然不容乐观。2019年，全国337个地级及以上城市中，157个城市环境空气质量达标，180个城市环境空气质量超

---

① 耕地质量等级评定依据《耕地质量等级（GB/T33469—2016）》，划分为10个等级，1等耕地质量最好，10等耕地质量最差。1～3等、4～6等、7～10等分别为高等地、中等地和低等地。

标，超标城市占 53.4%。337 个城市空气质量平均优良天数比例为 82.0%，平均年内 65 天空气质量超标，累计发生重度污染天数 1666 天，严重污染 452 天。有 106 个城市优良天数比例在 50%～80%，16 个城市优良天数低于 50%。城市大气以 PM2.5、O_3、PM10、NO_2 和 CO 为首要污染物的超标天数分别占 45.0%、41.7%、12.8%、0.7%和不足 0.1%。城市垃圾量每年约以 15%的速度增加，围城影响愈来愈明显。全国农田遭受污染的面积高达 0.10 亿 hm^2，每年因此损失粮食达 120 亿 kg。

经济高速增长及不合理开发利用资源导致生态退化日趋严重。根据 2018 年水土流失动态监测，全国水土流失面积 273.69 万 km^2，其中水利侵蚀面积 115.09 万 km^2，风力侵蚀面积 158.60 万 km^2。第五次全国荒漠化和沙化监测结果表明，全国荒漠化面积为 261.16 万 km^2，沙化土地面积为 172.12 万 km^2。岩溶地区第三期石漠化监测表明，现有石漠化面积 10.07 万 km^2。

第二节 中国的土地资源利用

一、中国的土地资源结构与分布特征

（一）土地资源结构特征

中国国土面积广阔，地势起伏巨大，土地类型多样。国土总面积约 960 万 km^2，仅次于俄罗斯和加拿大，居世界第 3 位。南北地跨 49.6 个纬度，从北向南可分为寒温带、温带、暖温带、亚热带至赤道带等多个热量带，南北热量条件差异显著；东西横跨将近 62 个经度，从东南沿海向西北内陆构成湿润、半湿润、半干旱、干旱逐渐过渡的水分分带。中国是多山国家，山地、高原、丘陵的面积合计约占土地总面积的 69%，平地仅占 31%，海拔 1000m 以上的土地占 57.89%，3000m 以上占 25.86%。由于水、热条件组合的差异和复杂的地质地貌条件及悠久的农业开发历史，形成了中国多种多样的土地资源类型。

土地资源类型多样。中国的土地资源类型齐全，从土地覆盖状况分为耕地、森林、草地、水域滩涂、建设用地、裸岩裸土地和沙地等各种类型。由于水分、热量和地形条件的差异，土地资源类型更是复杂多样，如林地又可分为常绿阔叶林、落叶阔叶林、常绿针叶林、落叶针叶林、常绿落叶阔叶混交林、针阔混交林等多种类型，加上地形、群落种群、覆盖度等差异，林地资源的种类繁多；耕地分为水田、旱地、水浇地等基本类型，按轮作制度和复种水平又可进一步分成适宜一年一熟、一年两熟、两年三熟、一年三熟等多种耕地类型；草地可分为草甸草地、典型草地、荒漠草地、高寒草甸、高寒草原、灌丛草地等多种类型以及不同覆盖程度的类型。

土地资源绝对数量多，人均占有量少。2017 年中国耕地面积约 1.34 亿 hm^2，为世界耕地总面积的 7.7%，占世界第 4 位；天然牧草地约 2.19 亿 hm^2，近 10 年来减少约 100 万 km^2，居世界第 3 位；根据第九次全国森林资源清查（2014～2018 年）结果，全国森林面积为 2.2 亿 hm^2，占世界森林总面积的 7%左右，居世界第 8 位，森林覆盖率为 22.96%，森林蓄积量为 175.6 亿 m^3。但中国人均土地面积 10.3 亩，仅相当于世界人均土地的 1/3；人均耕地 1.4 亩，不及世界平均数 4.6 亩的 1/3；人均林地 2.7 亩，是世界平均数 12.9 亩的 1/5，森林覆盖率 20.36%，居世界第 130 位左右，人均森林蓄积量 9.421m^3，不到世界平均水平的 1/6，居世界第 122 位；天然草地稍多，但人均占有草地仅 2.96 亩，不到世界平均数 9.9 亩的 1/3。农、林、牧用地总和，中国平均每人占有 0.47hm²，仅为世界的 1/4 左右。随着人口的增长，在 2050 年以前这些人均资源数字还会下降。

宜林地较多，宜农地较少，后备的土地资源不足。据林业部门调查，中国可供进一步发展生产的后备土地资源约 1.225 亿 hm²，其中包括疏林地 0.156 亿 hm²，灌木林地 0.296 亿 hm²。宜林宜牧的荒山荒地约 0.900 亿 hm²。这些土地按其性质主要应作为林牧用地，每人平均亦仅占有 0.12hm² 左右。而宜于种植作物、人工牧草的后备土地资源，从多方面材料估算仅约 0.33 亿 hm²，其中可作为粮棉等农作物生产基地建设的毛面积约 0.13 亿 hm²，净面积也只有 0.067 亿 hm² 的潜力。相反，如流动沙丘、戈壁和海拔在 3000m 以上人类不易利用的土地等这类无效的土地面积共约 3.487 亿 hm²，约占中国土地总面积的 36.3%，所占比例相当大。

（二）土地资源分布特征

中国的土地资源分布不平衡，土地生产力地区间差异显著，土地组成诸因素不协调造成的制约因素也存在区域差异。

中国土地资源分布不平衡。耕地主要分布于东部地区，以大兴安岭—张家口—榆林—兰州—藏东南边缘为界，其东南部占中国土地总面积的 45%，而耕地却占总面积的 88.6%，而西北部虽占中国土地总面积的 55%，而耕地仅占 11.6%。从气候带看，耕地主要分布于中温带、暖温带、北亚热带和中亚热带 400mm 等降水线以东的地区。林地主要分布在东北的大小兴安岭区与南方山地丘陵区，而西北、内蒙古、西藏的中西部地区以及人口稠密、经济发达的华北、黄河流域和长江中下游地区森林资源较少。在占中国国土面积 50% 的西部干旱、半干旱地区，森林覆盖率不足 1%。从气候带看，林地大部分分布在中温带、寒温带的半湿润区和湿润区。草地分布于中国西、北部干旱、半干旱地区，约占全国草地面积的 86% 以上，其中生产力低的荒漠和高寒草地约占 60% 以上。从气候来讲，草地主要分布于寒温带与中温带的干旱与半干旱区，即大兴安岭—阴山—吕梁山—横断山一线以西地区。因缺水、缺井等原因尚未开发利用的草地约占西、北部干旱、半干旱地区草地面积的 27%。在南部和中部各省（自治区）的草山、草坡面积只占全国草地面积的 8%，利用率仅 20%。沙地、戈壁、盐碱地、沼泽地等未利用地，主要分布于温带与暖温带荒漠区和青藏高寒地区。内陆水域的 92% 分布在爱辉—兰州—腾冲一线的东南部，其中可养鱼的水面只占 18.8%，已利用的尚不足 2/3。

中国东南部季风区土地生产力较高，集中了全国耕地与林地的 92% 左右，农业人口与农业总产值的 95% 左右，是中国重要的农区与林区，而且也是畜牧业比重大的地区。在东南部季风区内，土地资源的性质和农业生产条件差别也很大。西北内陆区光照充足，热量也较丰富，但干旱少雨，水源少，土地自然生产力低下，仅在盆地边缘山麓地带有一些绿洲农业。青藏高原地区大部分海拔在 3000m 以上，日照虽充足，但热量不足，高而寒冷，不易利用，土地自然生产力低。

各地区土地制约因素存在差异。东南季风区水热资源组合较好，生物多样，是中国城乡经济发展最集中的地区，但其在大陆性季风影响下，降水不稳定，旱涝交替频繁，低温冷害、土壤黏重等制约因素普遍。其内部又存在很大的不同，耕地中存在各种障碍因素的约占 1/3。南方热带亚热带地区水热资源丰富，但山地多平地少，农耕地不足，土壤有机质含量低，山坡地开发中又普遍存在土壤侵蚀现象；而温带的东北平原虽耕地、林地资源较丰富，土壤肥沃，但大部分地区热量不足；华北地区平原面积广，耕地多，但林地较少，水源不足，旱涝盐碱等自然灾害多是其主要的制约因素；黄土高原区地形破碎，植被稀少，是世界少有的水土流失重灾区。干旱少雨是西北内陆地区的关键制约因素，由于降水稀少，蒸发强烈，植被覆盖率极低，沙漠、戈壁、盐碱地面积大，其中东半部为生态极其脆弱的草原和荒漠草原，西半部则为极端干旱荒漠。青藏高原区则以高寒少雨为其主要制约因素。

二、中国土地资源利用的时空分布格局

（一）土地利用结构的变化

20 世纪 50~80 年代耕地面积增加显著，而 80 年代以后逐年减少；林地、园地、居住工矿地及交通用地则持续增加；草地、水体及其他土地利用类型（主要是未利用地）所占的比例逐年减少。这种结构变化趋势与中国人口增长及社会、经济的迅速发展趋势是一致的。尤其是 20 世纪 90 年代以后，城镇、交通等建设用地面积快速增长，建设占用耕地现象突出。这一时期中国土地利用变化总体态势是：耕地面积减少，以南方水田的减少为主；城乡建设用地显著增加，以我国东南沿海地区及内陆地势平坦地区为主，城乡建设占用优质耕地是该期间土地利用变化的突出特征；林地面积呈现一定增加，以中西部"生态退耕还林"为主；草地总面积显著减少，转换类型以开垦为农田为主（表 16-1）。

表 16-1　新中国成立以来中国土地利用主要地类结构变化　　（单位：万 hm²）

年份	耕地	园地	林地	牧草地	城镇与工矿用地	交通用地
1949	9782.4	105.6	12499.2	39196.8	470.4	201.6
1986	13622.4	720.0	20649.6	30518.4	1795.2	480.0
1997	13574.4	816.0	22704.0	25833.6	2236.8	508.8
2001	12760.0	1066.7	22920.0	26386.7	2486.7	580.0
2008	12171.6	1180.0	23606.7	26180.0	2693.3	246.7
2017	13490	1420	25280	21930	3210	380
1949~1986 年变化量	3840.0	614.4	8150.4	−8678.4	1324.8	278.4
1986~2001 年变化量	−862.4	346.7	2270.4	−4131.7	691.5	100.0
2001~2008 年变化量	−588.4	113.3	686.7	−206.7	206.7	−333.3
2008~2017 年变化量	1318.4	240	1673.3	−4250	516.7	133.3

资料来源：葛全胜等，2000；2001 年和 2008 年土地利用变更调查数据；国家统计局，2020。

（二）20 世纪 90 年代以来土地利用变化的空间格局

根据刘纪远等（2003，2009）研究表明，中国的耕地面积的变化总体表现为，东南沿海及黄淮海平原等传统耕作区耕地持续减少，其中以水田的减少最为突出，东北、西北和华北等农林、农牧交错区和沙漠绿洲区耕地轻度增加；耕地减少以城乡建设用地侵占耕地资源为主。而新增耕地资源的主要来源早期以草地、林地开垦为主，主要分布在中温带和暖

温带湿润、半干旱、干旱地区，后期主要来源于未利用土地以及河、湖滩地的开垦利用，因此总体看我国耕地重心有向东北偏移的趋势，耕地资源的质量在下降（表16-2）。

表 16-2　2000～2005 年中国各土地利用动态区土地利用转换矩阵　（单位：万 hm²）

项目	旱地—水田	耕地—林草	其他—水域	其他—城镇	林地—耕地	林地—草地	草地—耕地	草地—林地	水域—其他
1	0.97	2.68	0.24	0.73	1.45	6.71	3.37	8.28	0.48
2	1.55	2.18	0.76	0.62	3.63	3.59	0.52	2.08	0.24
3	54.13	1.76	1.56	3.21	1.43	0.50	5.21	0.62	0.83
4	8.50	5.73	20.57	85.10	1.18	0.70	5.25	0.89	8.54
5	0.00	2.82	0.19	6.60	0.00	0.05	0.06	0.82	0.02
6	4.02	12.35	1.93	1.90	4.22	3.71	22.60	2.55	7.05
7	0.14	7.06	8.24	8.08	6.40	1.40	60.12	3.30	14.19
8	0.06	0.40	11.80	3.68	0.13	0.26	0.08	0.09	2.30
9	0.15	2.16	1.56	1.93	2.01	0.14	0.44	1.34	0.33
10	0.16	2.31	2.41	7.59	1.01	0.65	0.12	2.70	0.21
11	0.09	7.81	0.18	1.76	2.41	2.40	5.70	14.76	0.09
12	0.00	1.52	6.86	1.17	0.02	3.38	0.42	0.24	1.06
13	0.09	51.64	3.75	7.67	1.03	2.12	13.36	13.11	4.05
14	0.23	0.23	0.43	5.57	0.12	0.06	0.01	0.54	0.60
15	0.01	0.19	3.29	33.77	0.27	0.89	0.04	0.28	0.13
全国	69.13	98.16	63.53	168.65	23.86	19.85	113.93	43.33	39.65

注：1. 东北大小兴安岭林草—耕地转换区；2. 东北东部林草—耕地转换区；3. 东北平原旱地水田交错转换区；4. 黄淮海、长江三角洲耕地—城镇转换区；5. 四川盆地耕地—城镇转换区；6. 东北中部草地—耕地转换区；7. 西北农田开垦摞荒转换区；8. 华中水域、城镇扩张变动区；9. 东南丘陵林地—耕地转换区；10. 东南沿海人工林内部转换区；11. 西南草—林及耕地—林草转换区；12. 青藏高原稳定少动区；13. 西部退耕还林还草区；14. 华中耕地—城镇转换区；15. 东南沿海耕地—城镇转换区。

资料来源：刘纪远等，2009。

城乡建设用地持续扩张，主要集中在东南沿海及内陆地势平坦地区，如黄淮海平原、长江三角洲、珠江三角洲、陇中、东南沿海、四川盆地以及新疆的乌鲁木齐、石河子一带。到了 21 世纪初期城乡建设用地是中国土地利用变化最突出的类型，城乡建设用地增加主要来自于对耕地的占用，占新增建设用地的 75% 以上。

20 世纪 90 年代林地面积变化的总体表现为，东北地区、四川盆地周边山地与贵州等天然林区边缘农林交错地带的各类林地明显减少，东南丘陵、浙江、福建、广西等省（区）林地有所增加。2000 年以来林地面积有所增加，新增加的林地主要集中在西部地区的贵州、重庆、陕西、宁夏以及内蒙古自治区西南部山区，而东部部分省份如浙江、福建、江西、广东、吉林等林地面积减少，减少的林地 35% 被开垦为耕地，36% 转变为草地。

草地面积持续净减少。内蒙古东部中部草原区、西北沙漠绿洲带以及华北、黄土高原农牧交错带以及西部的贵州、重庆等地区为草地显著减少区，其中开垦为耕地占减少总量的 48%～60%，南方减少的草地多为造林地；此外甘肃南部、陕西北部、四川盆地北缘区退耕还草导致草地面积略有增加。

由于南方地区尤其是长江流域中下游退田还湖和湿地保护，中国水域面积不断得到恢复与增长。主要空间分布特征为黄淮平原、长江中下游平原、广东水域面积扩大，尤其是洞庭湖流域水域面积扩张明显，而东北地区、京津冀、内蒙古高原以及西北地区水域面积持续减少。

未利用地面积的变化总体上表现为减少，未利用地面积的变化是土地沙漠化、撂荒所造成的未利用地面积增加与耕地开垦、植林植草所造成的未利用地面积减小双向过程叠加的结果。其动态变化地块多集中分布于中国北方地区，如青海西北部、新疆、甘肃北部以及东北平原，其中 42%以上的未利用土地被开垦为农田；而内蒙古地区阴山山脉北部地区未利用土地面积扩展比较明显，主要是由于草地退化转变为未利用土地所导致，全国草地退化面积占未利用土地面积增加总量的 67%。

三、中国的土地资源退化问题

在片面追求经济增长的形势下不合理土地利用的结果导致了森林、草场退化，水土流失和土地荒漠化等问题。

（一）森林资源危机

除了历史上的森林破坏外，新中国成立后由于长期乱砍滥伐和毁林开荒，中国森林植被受到剧烈的破坏。自新中国成立初期至今砍伐的森林资源高达 100 亿 m^2，相当于现存的森林蓄积量 80%以上。除局部人口稀少的高山和偏远地区外，原生森林几乎不复存在。尽管经过多年的造林和保护，森林面积从 20 世纪 80 年代以后有所恢复，但用材林面积缩小，森林质量下降，森林资源面临的形势依然非常严峻。

森林资源问题突出。20 世纪 90 年代以来，森林资源总量虽有所增长，生长量大于消耗量，但是用材林中成、过熟林蓄积量大幅度减少，平均每年出现赤字为 5000 万 m^3 以上，成、过熟林面积减少 1/3。中国重要木材生产基地东北、内蒙古林区情况更为严重，可采伐的成熟林面积和新中国成立初期相比减少了 2/3 以上，大量人工林中的中龄林将被提前采伐。全国第四次森林资源清查与第三次相比较，大径材蓄积量比重下降，蓄积量减少了约 2 亿 m^3，单位面积林分平均蓄积量由 77.1m³/hm² 下降为 75m³/hm²；可供采伐的森林资源不断萎缩，林龄结构趋向于低龄化，长江源头的成过熟林几乎采伐殆尽，从而转向近熟和中龄用材林采伐（表 16-3）。20 世纪 90 年代末以来，针对森林保护和林业生态建设，国家确定了一系列重大战略决策和重点工程，取得显著成效，我国森林资源呈现数量持续增加、质量稳步提升、效能不断增强的良好态势。如第八次森林资源清查表明，与上次清查相比，不仅森林面积增加、森林覆盖率提高、森林蓄积量明显增加，而且森林质量也在不断提高，每公顷森林蓄积量增加 3.91m³，每公顷年均生长量增加 0.28m³，植株密度和平均胸径均有增加，成熟林和过熟林面积比例上升 3 个百分点，混交林比例提高 2 个百分点。随之，森林生态功能也进一步增强，全国森林植被总生物量 170.02 亿 t，总碳储量 84.27 亿 t，年涵养水源量 5807.09 亿 m^3，年固土量 81.91 亿 t，保肥 4.30 亿 t。

然而我国仍然是森林资源不足、生态脆弱的国家。首先，森林覆盖率远低于全球 31%的平均水平，人均森林资源面积仅为世界人均水平的 1/4，人均森林蓄积量只有世界人均水平的 1/7，森林资源总量少，分布不均匀；林业资源供需矛盾突出，木材对外依存度接近 50%；其次质量不高，我国林地生产力偏低，森林每公顷蓄积量只有世界平均水平 131m³ 的 69%，人工林每公顷蓄积量只有 52.76m³。林木平均胸径只有 13.6cm。龄组结构依然不合理，中幼龄林面积比例高达 65%。林分过疏、过密的面积占乔木林的 36%。林木蓄积年均枯损量增加 18%，达到 1.18 亿 m³，增加森林蓄积量、增强生态服务功能一定的潜力；再者，森林后备资源极其有限，宜林地质量好的仅占 10%，质量差的多达 54%，且 2/3 分布在西北、西南地区，立地条件差，造林难度越来越大，成本投入越来越高，见效也越来越慢。此外，随着城市化、工业化加速以及过度旅游开发，生态建设的空间进一步挤压，仅 2009~2013 年 5 年间建设占用林地面积超过 200 万亩，其中约一半是有林地。

表 16-3 中国森林资源变化

调查时间/年	森林面积/万 hm²	覆盖率/%	森林蓄积量/万 m³
1950~1962①	85.47	8.9	647100
1973~1976	122.17	12.7	865600
1977~1981	115.28	12.0	902800
1984~1988	124.65	13.0	914100
1989~1993	133.70	13.90	1013700
1999~2003②	174.91	18.21	1245600
2004~2008	195.45	20.36	1372100
2009~2013	208	21.63	1513700
2014~2018	220	22.96	1756000

资料来源：①中国科学院国家计划委员会自然资源综合考察委员会. 中国土地资源数据集（第一卷），1993；李文华. 中国森林资源研究. 中国林业出版社，1996；中国森林编委会. 中国森林（第一卷）. 中国林业出版社，1997。②据国家林业局第六次、第七次、第八次、第九次全国森林资源清查报告。

（二）草场退化

中国是一个草原资源大国，天然草原在全国南北方均有分布，其中约 80%的天然草原集中分布在北方干旱半干旱地区和青藏高原地区。草原是我国面积最大的陆地生态系统，是重要的水源涵养区、生物基因库和储碳库，是农牧交错带防风固沙的重要屏障，也是草原地区经济社会发展和农牧民增收的重要资源。我国草原涵养水源能力是农田的 40~100 倍，是森林的 0.5~3 倍，拥有 1.7 万余种动植物，草地总碳储量约占全球草地碳储量的 8%。草原也是重要的生产资料，我国 268 个牧区和半牧区县中，很多贫困县牧民 90%的收入来自草原。全国草地面积 4.17 亿 hm²，约占国土面积的 41.7%，其中已利用草地 2.2 亿 hm²，人均占有量 0.19hm²，相当于世界人均量的 1/4。草地资源地区分布不均，草地生态环境脆弱。内蒙古、四川、西藏、甘肃、青海和新疆六大牧区草原面积 2.93 亿 hm²，约占全国草原面积的 3/4。南方地区草原以草山草坡为主，大多分布在山地和丘陵，面积约 0.67 亿 hm²；大面积草场大多分布于北方半干旱和干旱区，南方山地草场一般具有坡度较大、风力强的特征，草地生态系统脆弱性明显，不适当的利用极易造成退化。

草场退化原因主要是牲畜的发展和草场生产能力不适应、草场建设和管理落后以及滥垦过牧，农牧交错带草地开垦为耕地。由于长期以来对草地资源采取自然粗放经营的方式，重利用、轻保护，草地资源急速减少，草地的涵养水源和防风固沙功能显著减弱。据报道，2011 年中国超过 90%的天然草场有退化现象，年增退化草地 200 亿 hm²，草地退化面积占可利用草地面积的 1/3，生态退化问题严重。随着国家对草原保护修复重大工程项目和政策深入实施，草原生态质量有明显提高。2018 年，全国草原综合植被盖度达 55.7%，比 2011 年增加 6.7 个百分点。但草原生态积重难返，损毁易恢复难，且草原资源不足，超载难以杜绝，2018 年重点天然草原牲畜超载率仍有 10.2%。

（三）水土流失严重

中国多山地，是世界上水土流失最严重的国家之一，水土流失面积大、分布广。2018 年全国水土流失面积 273.69 万 km^2，占全国国土面积（不含港澳台）的 28.6%。监测显示，水土流失类型主要分水力侵蚀和风力侵蚀两种。从全国省份分布来看，水力侵蚀在全国 31 个省（区、市）均有分布，涉及全国近 1000 个县，尤其集中分布于西北黄土高原，江南丘陵山地和北方土石山区；风力侵蚀主要分布在"三北"地区。从东、中、西地区分布来看，西部地区水土流失最为严重，占全国水土流失总面积的 83.7%；中部地区次之，占全国水土流失总面积的 11%；东部地区最轻，占全国水土流失总面积的 5.3%。按侵蚀强度分，轻度、中度、强烈、极强烈、剧烈侵蚀面积分别为 168.25 万 km^2、46.99 万 km^2、21.03 万 km^2、16.74 万 km^2 和 20.68 万 km^2；以中轻度为主，轻度水土流失面积占总水土流失面积的 61.5%，中度及以上水土流失面积占总水土流失面积的 38.5%。经过多年治理，水土流失面积大幅减少，总体侵蚀强度明显下降，但后续治理难度越来越大，特别是中西部地区基础设施建设与资源开发强度大，水土资源保护压力大，青藏高原、黄土高原、东北黑土区、长江经济带、西南石漠化等区域水土流失问题依然突出，贫困地区小流域综合治理亟待加快推进。

水土流失的危害主要包括表土层流失和耕地肥力下降，淤塞河道和湖泊水库，增加下游洪涝灾害和抗旱能力，造成湖泊湿地生态系统退化，严重者可能引发重大灾害，其最终还是危害人类生命财产安全和社会经济建设。全国受水土流失的耕地约占耕地总面积的 1/3。每年表土层流失量达 50 亿 t 以上，相当于全国的耕地上刮去 1cm 厚的土层，随之流失氮、磷、钾肥料元素的量相当于 4000 万 t 的化肥，等于全国化肥施用量，相当于每亩耕地冲走了 25kg 肥料。新中国成立以来因水土流失减少耕地 267 万 hm^2，每年因此造成的经济损失约 100 亿元，水土流失区因而也陷入贫困—开发—贫困的怪圈，全国贫困地区中约有 89%属于水土流失区。20 世纪 90 年代以来，中国因为水土流失平均每年新增土地"石漠化" 2500km^2。每年输入黄河的泥沙量达 16 亿 t，居世界河流之冠，其下游 400km 长的河床，每年因大量泥沙的沉积，河底抬高 10m，现在已成为河底高于周围地面的一条"悬河"。长江流域的土壤流失也日趋严重，长江流域 20%的土地存在水土流失，每年流失表土达 24 亿 t，其中 5 亿 t 被带入东海，16 亿 t 沉积于中下游河道和湖泊水库，江汉湖区和洞庭湖由于泥沙淤积湖泊面积大幅度减少，湖泊调蓄能力下降。

（四）土地荒漠化

中国是世界上土地荒漠化危害范围最广、程度最深的地区之一，沙漠化、土壤侵蚀和石漠化等方式并存。截至 2014 年，全国荒漠化土地总面积 261.16 万 km^2，占国土总面积的 27.20%，沙化土地总面积 172.12 万 km^2，占国土总面积的 17.93%。在荒漠化土地中，风蚀荒漠化土地面积 182.63 万 km^2，占全国荒漠化土地总面积的 69.93%；水蚀荒漠化土地面积 25.01 万 km^2，占 9.58%；盐渍化土地面积 17.19 万 km^2，占 6.58%；冻融荒漠化土地面积

36.33 万 km²，占 13.91%（表 16-4）。荒漠化土地分布于北京、天津、河北、山西、内蒙古、辽宁、吉林、山东、河南、海南、四川、云南、西藏、陕西、甘肃、青海、宁夏、新疆 18 个省（区、市）的 528 个县（旗、市、区）。其中新疆、内蒙古、西藏、甘肃、青海 5 省（区）荒漠化土地面积占全国荒漠化土地总面积的 95.64%；其他 13 省（区、市）占 4.36%。

土地荒漠化和沙化监测表明，由于我国干旱区、半干旱区、半湿润区和山区自然条件特殊，加上不合理的开发利用，20 世纪 50 年代至 90 年代末，荒漠化持续蔓延扩大，边治理边破坏，荒漠化问题突出。50 年代到 70 年代，荒漠化土地增加了 3.9 万 km²，20 年间扩大面积达 1560km²，荒漠化土地面积增长率为 1.1%，其中强烈发展中的荒漠化土地增长率为 2.5%，严重荒漠化土地增长率为 3.5%；70 年代到 80 年代间，每年扩大的荒漠化土地面积达 2100km²；1994~1999 年年均扩大 3436km²。90 年代末以来荒漠化和沙化整体扩展的趋势得到初步遏制，"破坏大于治理"的状况转变为"治理与破坏相持"，重点治理区生态状况明显改善。我国荒漠化和沙化面积连续 3 个监测期、15 年实现"双缩减"。1999~2004 年、2004~2009 年和 2009~2014 年 3 个监测期荒漠化面积分别减少 37924km²、12454km² 和 12120km²，年均减少荒漠化面积分别为 7585km²、2491km² 和 2424km²，可以看出荒漠化治理难度越来越大，荒漠化和沙化程度呈现逐步变轻的趋势（表 16-4）。与 2009 年相比，5 年间轻度荒漠化土地增加 8.36 万 km²，中度荒漠化土地减少 4.29 万 km²，重度荒漠化土地减少 2.44 万 km²，极重度荒漠化土地减少 2.83 万 km²。3 个监测期全国土地沙化面积净减少分别为 6416km²、8587km² 和 9902km²，沙化面积减少速度加快。

由于土地过度利用或水资源匮乏等原因造成的临界于沙化与非沙化土地之间一种退化土地。它目前虽然还不是沙化土地，但如不加保护，有可能变成沙化土地。截至 2014 年，全国具有明显沙化趋势的土地面积为 30.03 万 km²，占国土总面积的 3.13%。主要分布在内蒙古、新疆、青海、甘肃 4 省（自治区），面积分别为 17.40 万 km²、4.71 万 km²、4.13 万 km²、1.78 万 km²，其面积占全国具有明显沙化趋势的土地面积的 93.3%。

表 16-4　中国荒漠化和沙化监测成果　　　　　　　　　　（单位：万 km²）

监测期	截至年份	沙化面积	荒漠化面积	风蚀荒漠化面积	水蚀荒漠化面积	冻融荒漠化面积	土壤盐渍化面积	其他荒漠化面积
第一次	1994	168.9	262.2	160.7	20.5	36.3	23.3	21.4
第二次	1999	174.31	267.4	187.3	26.5	36.3	17.3	
第三次	2004	173.97	263.62	183.94	25.91	36.36	17.38	
第四次	2009	173.11	262.37	183.20	25.52	36.35	17.30	
第五次	2014	172.12	261.16	182.63	25.01	36.33	17.19	

资料来源：国家林业和草原局政府网.中国荒漠化和沙化状况公报。

石漠化是在热带、亚热带湿润、半湿润气候条件和岩溶极其发育的自然背景下，受人为活动干扰，使地表植被遭受破坏、导致土壤严重流失，基岩大面积裸露或砾石堆积的土地退化现象。截至 2016 年底，岩溶地区石漠化土地总面积为 1007 万 hm²，占岩溶面积的 22.3%，占区域国土面积的 9.4%，涉及湖北、湖南、广东、广西、重庆、四川、贵州和云南 8 个省（区、市）457 个县（市、区）。贵州省石漠化面积最大，为 247 万 hm²，占全国石漠化总面积的 24.5%；其他依次为云南、广西、湖南、湖北、重庆、四川和广东，分别占全国石漠化总面积的 23.4%、15.2%、12.4%、9.5%、7.7%、6.7%和 0.6%。岩溶地区石漠化土地总面积年均减少 38.6 万 hm^2，年均缩减率 3.45%。2016 年全国潜在石漠化土地面积增加 135.1 万 hm^2，现状植被较好，部分为石漠化土地治理后的土地，这类土地如遇不合理的人为活动干扰，极有可能演变为石漠化土地。

荒漠化土地因所处自然地带的不同，其特征呈现出明显的区域差异性。①湿润及半湿润地带的荒漠化土地。主要分布在中国的三江平原、嫩江下游、黄淮海平原的中部和北部、江西南昌及鄱阳湖区、近 3000km 的沿海地带和海南岛西南部等地，约占中国荒漠化土地总面积的 3.9%。该区的荒漠化土地仅出现于沙性物质丰富、人类活动强烈的地区，与河流沉积物及海岸沙质沉积物受风力吹扬有关。其特点是分布零散，面积不大，影响范围小，风沙景观一般只出现于干旱多风季节。②半干旱地区的荒漠化土地。主要分布在贺兰山与乌鞘岭一线以东、白城与康平一线以西、长城以北、国境线以南的呼伦贝尔、科尔沁、鄂尔多斯等地，即分布在内蒙古东部与中部、河北北部、山西西北、陕北与宁夏东南部。其都发生在干草原区及荒漠草原区，是中国荒漠化土地比较集中分布的地区，约占中国荒漠化地总面积的 65.4%。它是过度的土地利用和干旱多风沙质地表环境相互作用的产物。③干旱荒漠地区的荒漠化土地。主要分布在中国的狼山、贺兰山和乌鞘岭一线以西的广大地区，较集中分布在一些大沙漠边缘（如阿拉善的中部、河西走廊、塔里木盆地等地区），占全国荒漠化土地面积的 30.7%。其特点是荒漠化的发生和发展主要与河流变迁、水资源不合理利用及绿洲边缘过度樵采活动有关。

第三节 中国的环境问题

中国正处于城市化和工业化快速发展的阶段，城市和工业"三废"造成的环境污染问题严重，乡镇企业的迅速发展，又使环境污染向农村急剧蔓延，这类污染物具有分布集中、数量大、治理成本高的特点。而在以农业为主的广大农村，化肥、农药造成的面源污染也不容忽视，农村居民废污水和垃圾造成的污染正在危害农村环境，这类污染具有分布广、分散、不易治理的特点。中国的环境污染问题，根据污染对象分为大气污染、水体污染、土壤污染、噪声污染和辐射污染等类型，城市和农村的主要污染类型和污染状况不同，同时环境污染还存在明显的地域差异。20 世纪 80 年代以来以城市为中心的环境污染还在发展，并向农村蔓延。当前农村环境问题日益突出，形势十分严峻，突出表现为生活污染加剧，面源污染加重，工矿污染凸显，饮水安全存在隐患，呈现出污染从城市向农村转移的态势。

一、水体污染

水体污染是各种污染类型中分布最广、危害最大的。中国的江河湖泊、水库及引水工程、地下水、海洋长期处于被污染状态，导致人们生存所必需的合格的饮用水源日益匮乏；甚至在个别地区、在一些时段，出现当地无水可饮的现象；饮用水污染和因水污染造成的粮食蔬果和水产品等食品的污染等，还导致了人们患病和死亡的增多。

城市废污水排放量的增长与城市化和工业化发展息息相关。中国城市废物水排放量自 20 世纪 80 年代以来日益增加，至 2015 年全国废水排放量达最高值 735.5 万 t；此后开始下降，2019 年全国污水排放量 554.65 亿 m^3，较之上年增长 6.4%，反映全国废污水排放长期将可能保持在现有水平以上。废污水排放量与工业发展关系密切，工业化程度高则废污水产量大。2019 年，全国有广东、江苏、山东、浙江、辽宁、湖北、四川、湖南、上海、河南污水排放量超 20 亿 m³，其中，广东污水排放量最大，达 80.85 亿 m³。由于污水排放量大，全国地表水污染现象突出，主要河流水污染严重，湖泊（水库）出现富营养化问题。

（一）河流水体污染

2019 年全国地表水监测表明，1931 个水质监测断面中水质较好（Ⅰ～Ⅲ类）占 74.9%，Ⅳ类以上断面占 25.1%，有 3.4%的断面属劣Ⅴ类水质[①]。据此估计，受污染的地表水域约超过 1/4，主要污染指标为化学耗氧量、总磷和高锰酸盐指数。

河流总体上属于轻度污染，较重污染存在于局部河段，并且有明显的地域差异（图 16-2）。全国河流 1610 个水质监测断面中，Ⅰ～Ⅲ类水质断面占 79.1%，Ⅳ类以上断面占 20.9%，黄河、海河、辽河、珠江等河流局部河段甚至存在劣Ⅴ类水。主要污染指标为化学需氧量、高锰酸盐指数和氨氮。西北诸河、浙闽片河流、西南诸河和长江流域水质为优，珠江流域水质良好，黄河流域、松花江流域、淮河流域、辽河流域和海河流域为轻度污染。

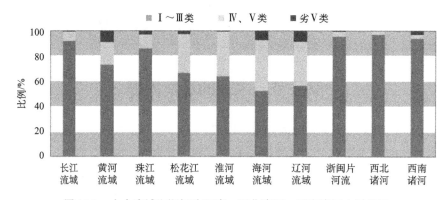

图 16-2   七大流域和浙闽片河流、西北诸河、西南诸河水质状况

资料来源：中华人民共和国生态环境部.2019 年中国生态环境状况公报。

河流污染多位于大中型城市河段和局部中小型支流。如海河长江干流部分河段、珠江广州段、淮河干流河南段，存在明显的带状污染。海河干支流均为严重污染，辽河干支流和西辽河多为重度或中度污染。长江、黄河、珠江等大河中下游的许多中小支流污染现象较严重，严重或中度污染河段有皖苏交界的滁河汊河断面，黄河支流渭河西安段和渭南段，湟水河西宁下游段，汾河太原段、临汾段和运城段，涑水河运城段，珠江支流深圳河，淮河支流涡河和颍河，沂沭泗河水系，洪河、沱河和浍河轻度污染，北运河、漳卫新河、大沙河、子牙河、马颊河和徒骇河等，东北地区的黑龙江水系和乌苏里江水系、松花江支流有轻度污染。

---

① Ⅳ类水即不能饮用、身体不应直接接触的水；Ⅴ类水即不宜用于工业，只可用于农田灌溉的水；劣Ⅴ类水即农田灌溉也不能用的水。

（二）湖泊、水库水体污染

中国湖泊水质恶化和重富营养化问题严重。28 个国控重点湖（库）中，满足Ⅱ类水质的 4 个，占 14.3%；Ⅲ类的 2 个，占 7.1%；Ⅳ类的 6 个，占 21.4%；Ⅴ类的 5 个，占 17.9%；劣Ⅴ类的 11 个，占 39.3%，主要污染指标为总氮和总磷。

2019 年重要湖泊（水库）的水质监测中，Ⅰ～Ⅲ类湖泊（水库）占 69.1%，比 2018 年上升 2.4 个百分点；劣Ⅴ类占 7.3%，比 2018 年下降 0.8 个百分点（表 16-5）。主要污染指标为总磷、化学需氧量和高锰酸盐指数。营养状态监测表明，贫营养状态湖泊（水库）占 9.3%，中营养状态占 62.6%，轻度富营养状态占 22.4%，中度富营养状态 5.6%。

表 16-5　重要湖泊（水库）水质

水质类别	重要湖泊	重要水库
Ⅰ类、Ⅱ类	红枫湖、香山湖、高唐湖、万峰湖、花亭湖、班公错、邛海、柘林湖、抚仙湖、泸沽湖	太平湖、新丰江水库、长潭水库、东江水库、隔河岩水库、湖南镇水库、董铺水库、鸭子荡水库、大伙房水库、瀛湖、南湾水库、密云水库、红崖山水库、高州水库、大广坝水库、里石门水库、大隆水库、水丰湖、铜山源水库、龙岩滩水库、丹江口水库、党河水库、怀柔水库、解放村水库、千岛湖、双塔水库、松涛水库、漳河水库、黄龙滩水库
Ⅲ类	斧头湖、衡水湖、菜子湖、骆马湖、东钱湖、梁子湖、西湖、武昌湖、升金湖、东平湖、南四湖、镜泊湖、黄大湖、百花湖、乌梁素海、阳宗海、洱海、赛里木湖、色林错	于桥水库、鹤地水库、峡山水库、察尔森水库、三门峡水库、云蒙湖、玉滩水库、崂山水库、磨盘山水库、鲁班水库、尔王庄水库、山美水库、王瑶水库、白龟山水库、小浪底水库、白莲河水库、鲇鱼山水库、富水水库
Ⅳ类	太湖、巢湖、滇池、洪湖、龙感湖、阳澄湖、白洋淀、仙女湖、洪泽湖、白马湖、南漪湖、沙湖、小兴凯湖、焦岗湖、鄱阳湖、瓦埠湖、洞庭湖、博斯腾湖	莲花水库、松花湖、昭平台水库
Ⅴ类	异龙湖、淀山湖、高邮湖、大通湖、兴凯湖	
劣Ⅴ类	艾比湖、杞麓湖、呼伦湖、星云湖、程海、乌伦古湖、纳木错、羊卓雍错	

注：艾比湖、乌伦古湖和纳木错氟化物天然背景值较高，羊卓雍错 pH 天然背景值较高，程海 pH、氟化物天然背景值较高，呼伦湖 COD_{Cr}、氟化物天然背景值较高。

资料来源：中华人民共和国生态环境部.2019 年中国生态环境公报。

五大淡水湖均为Ⅳ类水，异龙湖、淀山湖、高邮湖、大通湖、兴凯湖属Ⅴ类水，劣Ⅴ类仅存在青藏高原和云南高原或西北干旱区，主要由于天然背景值所致。总体上湖泊水环境质量处于上升状态，但大型湖泊多属于Ⅳ类以上水质，湖泊水环境治理贵在坚持。位于南水北调东线沿线的南四湖和东平湖为中营养状态，洪泽湖和骆马湖为轻度富营养状态，中线水源地丹江口水库属中营养状态。

（三）地下水污染

相比较地表水环境，地下水环境污染较为严重，治理难度大，进展缓慢。2019 年国家水质监测点中，Ⅰ～Ⅲ类水质监测点仅占 14.4%，Ⅳ类占 66.9%，Ⅴ类占 18.8%。浅层地下水水质监测井中，Ⅰ～Ⅲ类水质监测井仅占 23.7%，Ⅳ类占 30.0%，Ⅴ类占 46.2%。超标指标为锰、总硬度、碘化物、溶解性总固体、铁、氟化物、氨氮、钠、硫酸盐和氯化物。

（四）近岸海域水污染

据中国环境与发展国际合作委员会发布的《中国海洋可持续发展的生态环境问题与政策研究》报告，中国近海环境呈复合污染态势，陆源入海污染严重，防控难度加大。2019 年，一类水质海域面积占管辖海域面积的 97.0%，劣四类水质海域面积为 28340km^2。主要污染指标为无机氮和活性磷酸盐。

陆地上人类活动产生的污染物通过直接排放、河流携带和大气沉降等方式输送到海洋，已严重影响海洋生态环境质量，成为海洋环境污染的关键因素。污染严重的海域集中在杭州湾、辽东湾、渤海湾、莱州湾、胶州湾、珠江口等大型入海河口和海湾，其中杭州湾最差，劣Ⅳ类海水比例高达 100%。陆源及其他来源污染物进入海洋环境，直接导致海洋水体、沉积物和生物质量下降。其中陆源营养盐是导致中国近岸赤潮、绿潮灾害频发的主要原因之一。同时，污染、大规模围海造地、外来物种入侵导致滨海湿地大量丧失和生物多样性降低，近岸海洋生态系统严重退化。中国近海生态系统正处在保护和建设的关键时期。海洋生态环境灾害频发，海洋开发潜在环境风险高；沿海一级经济区环境债务沉重，次级沿海新兴经济区发展可能面临新的危机和挑战。

二、大气污染

中国的大气污染主要是城市和工业排放的废气污染物以及汽车尾气进入大气所造成的，因而大气污染主要发生于城市或大型污染企业分布区周围，从全国大尺度来看具有点状分布的特点。但大气污染物，无论是颗粒状污染物或是气体状污染物，都有能够在大气中扩散、污染面广的特点，因而大气污染又带有区域性和整体性的特征。大气污染的程度和分布受到区域的自然条件、能源构成、工业结构和布局、交通状况以及人口密度等多种因素的影响。

（一）中国大气污染的类型

中国城市大气污染总体上是严重的，污染程度有不断加重的趋势。随着城市和社会经济的发展，污染源的构成和大气污染的结构不断发生变化。20 世纪 80 年代以前主要污染源是工业和家庭燃煤污染，属煤烟型污染。20 世纪 90 年代以后，经过多年城市民用燃气能源推进和集中供热、工业除尘、城市绿化等空气污染控制的努力，城市污染状况在一定程度上得到了控制，但总体上没有很大的改观，同时城市大气污染又出现新的情况，表现为污染源构成的变化和污染物结构的变化，具体有如下 5 种表现。

（1）以煤为主的能源消费结构以及工业结构和布局的不尽合理，普遍形成城市大气总量悬浮颗粒物超标、二氧化硫污染保持在较高水平的煤烟型污染。中国当前的能源结构中以煤炭为主，煤炭占商品能源消费总量的 73%，在煤炭燃烧过程中放出大量的二氧化硫（SO_2）、氮氧化物（NO_x）、一氧化碳（CO）以及悬浮颗粒等污染物。

（2）城市机动车尾气排放污染物剧增，氮氧化物污染呈加重趋势，许多大城市大气污染已由煤烟型向煤烟、交通、氧化型等共存的复合型污染转变。据有关资料统计，每千辆汽车每天排出的 CO 量约为 3000kg，HC 化合物 200～400kg，NO_x 为 50～150kg，平均每燃烧 1t 燃油生成的有害物质达 40～70kg。由于污染物排放区域恰为人们的呼吸带区，因此对人体健康威胁很大。

（3）由于大规模建筑施工等人为活动，引起扬尘污染加重。

（4）部分地区生态破坏，使得中国北方沙尘暴污染有所加重。

（5）由于硫氧化物、氮氧化物等致酸物质的排放仍未得到有效控制，全国已形成华中、西南、华东、华南等多个酸雨区，尤以华中酸雨区为重。

（二）大气环境质量与主要污染物

城市大气污染从 20 世纪 90 年代以来一直备受关注，90 年代末以来国家致力城市大气污染治理，空气质量有明显改善，但大气污染问题仍广泛存在，尤其是大中城市污染仍不容乐观。2019 年，全国 337 个地级及以上城市中，157 个城市环境空气质量达标，180 个城市环境空气质量超标，超标城市占 53.4%。以空气质量指数（AQI）在 0～100 之间为优良日，337 个城市平均优良天数占比 82.0%，平均年超标日 66 天；其中，仅 16 个城市无超标日，有 106 个城市年超标日在 73～182 天之间，16 个城市年超标日超过半年。

最新生态环境公报表明，城市大气主要污染物为可吸入颗粒物（PM2.5，PM10）、臭氧、二氧化氮和一氧化碳。2018 年以 PM2.5、O_3、PM10、NO_2 和 CO 为首要污染物的超标天数分别占总超标天数的 45.0%、41.7%、12.8%、0.7% 和不足 0.1%，未出现以 SO_2 为首要污染物的超标天数。与 10 年前相比，除了新增项目 $PM_{2.5}$ 外，臭氧和一氧化碳也成为主要污染物，二氧化硫污染范围大幅缩小。目前中国城市空气质量标准是偏低的，即使达标城市其空气质量距离国外高质量的城市空气质量标准还有很大差距，重污染城市的大气污染治理在短期内难以突破，中小型城市又正处于快速发展的初期，潜在污染威胁不容乐观。

从城市空气环境质量综合指数看，大气污染严重的城市主要分布于黄河中下游地区，河南、河北、山西、山东和山西等省。2019 年空气质量最差的 20 个城市依次是安阳、邢台、石家庄、邯郸、临汾、唐山、太原、淄博、焦作、晋城、保定、济南、聊城、新乡、鹤壁、临沂、洛阳、枣庄、咸阳和郑州。这些城市有一些共同之处，它们均为工矿城市，位于或邻近农牧交错带，工业污染和沙尘影响严重。

（三）酸雨及其危害

大气中酸性气体成分增多会形成酸性降水，即酸雨，雨水 pH 低于 5.6 即为酸雨，低于 5.0 或 4.5 称为较重酸雨或重酸雨。20 世纪 90 年代末，全国酸雨区面积曾占国土面积 30% 的范围，主要分布在长江以南、青藏高原以东的广大地区，包括浙江、福建、江西、湖南、重庆的大部分地区以及长江、珠江三角洲地区，其中华中、华南、西南及华东地区是污染最严重的区域，北方局部城市区域也存在酸性降水。经过近 20 年大气污染治理，大气中致酸成分 SO_2 含量显著下降，酸雨面积也大幅度下降。2019 年全国酸雨区面积约 47.4 万 km^2，占国土面积的 5.0%，其中较重酸雨区面积占国土面积的 0.7%。酸雨主要分布在长江以南、云贵高原以东地区，主要包括浙江、上海的大部分地区、福建北部、江西中部、湖南中东部、广东中部和重庆南部。

中国的酸雨属硫酸型，主要来源于大量的二氧化硫排放，全国降水 pH 年均值范围为 4.22～8.56，平均为 5.58。酸雨、较重酸雨和重酸雨城市比例分别为 16.8%、4.5% 和 0.4%。城市酸雨频率平均为 10.2%，出现酸雨的城市比例为 33.3%。中国酸雨的化学特征是 pH 低、离子浓度高，硫酸根、铵和钙离子浓度远远高于欧美国家，而硝酸根浓度则低于欧美。酸雨及酸沉降污染对自然资源、生态系统、材料、能见度和公众健康构成威胁，可能影响区域经济的持续发展，也会造成农作物、森林病害，造成含铁建筑物腐蚀加快和水体、土壤污染，诱发人体呼吸道疾病增加。

三、其他污染类型

（一）土壤污染

土壤中的农田污染会因直接导致农作物被污染而危害人的健康。据估计，中国受污染的耕地面积约 2000 万 hm^2，占耕地总面积的 1/5。分散的个体小农耕作中化肥农药超量施用；规模小、浪费资源、污染大的乡镇企业；受城市影响改变了生活方式而无法像城市那样处理的生活垃圾；工业及城市污染向农村转移等，造成了"农村面临环境污染和生态破坏的双重威胁"，"生活污染加剧，面源污染加重，工矿污染凸显，饮用水存在安全隐患，生态退化"的严峻局势。而农村和农田的污染又通过农产品输入城市，影响更广大的人群。研究表明，不止农药残留于食品，生长于被污染环境的禽畜和水产品等也多含有毒有害物质。

（二）固体废弃物及危险废物污染

固体废弃物是由企业生产或城市生活所产生的固体垃圾，其产生、搜集、储存、运输、利用和处置过程，关系着经济发展、生态环境质量和居民身心健康等多方面问题。大宗工业固体废物主要产生于工业尾矿、粉煤灰、煤矸石、冶炼废渣、炉渣和脱硫石膏等，处理不当会大量占用土地和造成污染，城市生活垃圾随着城市化快速发展也在迅速增加，此外，农村地区分散排放的垃圾也有不小的体量。20 世纪 80 年代以来，为缓解原料不足，我国开始从境外进口可用作原料的固体废物，至今仍然存在部分企业为谋取非法利益不惜铤而走险，洋垃圾非法入境问题屡禁不绝，严重危害人民群众身体健康和我国生态环境安全。

2018 年，全国主要城市一般工业固体废物产生量达 15.5 亿 t，危险废物产生量 4643.0 万 t，医疗废物产生量 81.7 万 t，生活垃圾产生量 21147.3 万 t。从数量构成来看，城市固体废物以一般工业固体废弃物和城市生活垃圾为主；从产量变化看，危险废物、医疗废物和生活垃圾产生量增加较快，仅危险废物 2019 年产量就超过 2008 年的 3 倍以上，一般工业固体垃圾产量有所减少。综合利用是处理一般工业固体废物的主要途径，一般工业固体废物综合利用量占利用处置总量的 41.7%，处置和储存分别占比 18.9% 和 39.3%，尚有 4.6 万 t 直接倾倒丢弃。危险废物综合利用率近 50%，处置、储存分别占比 45.9% 和 10.4%，有效利用和处置是处理工业危险废物的主要途径。医疗废物以焚烧为主，生活垃圾以填埋为主。

（三）噪声污染

噪声影响学校、居民工作和生活的现象在城市地区普遍存在。影响人们生活的噪声污染主要表现为工业噪声、建筑施工噪声、交通噪声和其他社会生活噪声。目前生态环境部对于声环境监测分为区域声环境、道路交通声环境和城市功能区声环境三方面，前两者监测昼间声环境，后者分昼夜监测多种功能区声环境。2019 年，昼间区域声环境监测中，地级及以上城市平均等效声级为 54.3 分贝，其中，8 个城市昼间区域声环境质量为一级，占 2.5%；215 个城市为二级，占 67.0%；92 个城市为三级，占 28.7%；6 个城市为四级，占 1.9%。昼间道路交通声环境监测表明，地级及以上城市平均等效声级为 66.8 分贝，其中，城市道路交通环境质量一级者占 68.6%，二级占 26.1%，三级占 4.7%，四级占 0.6%。区域环境噪声轻度和中度污染城市比重较大，主要噪声源中，工业噪声污染逐得到有效控制，道路交通和建筑施工噪声有明显增加。

功能区声环境监测表明，城市各类功能区昼间达标率为 92.4%，夜间达标率为 74.4%。从不同功能区昼夜声环境质量来看，城市声环境污染问题突出表现在：对声环境要求高的功能区超标率高，夜间超标率高于白天（表 16-6）。

表 16-6　　2019 年全国城市各类功能区达标率年际比较　　（单位：%）

年份	0 类		1 类		2 类		3 类		4a 类		4b 类	
	昼	夜	昼	夜	昼	夜	昼	夜	昼	夜	昼	夜
2019	74.0	55.0	86.1	71.4	92.5	83.8	97.1	88.8	95.3	51.8	95.8	83.3
2018	71.8	56.3	87.4	71.6	92.8	82.2	97.5	87.6	94.0	51.4	100.0	78.4

注：0 类功能区指康复疗养区等特别需要安静的区域；1 类功能区指以居民住宅、医疗卫生、文化教育、科研设计、行政办公为主要功能，需要保持安静的区域；2 类功能区指以商业金融、集市贸易为主要功能，或者居住、商业、工业混杂，需要维护住宅安静的区域；3 类功能区指以工业生产、仓储物流为主要功能，需要防止工业噪声对周围环境产生严重影响的区域；4a 类功能区指高速公路、一级公路、二级公路、城市快速路、城市主干路、城市次干路、城市轨道交通（地面段）、内河航道两侧区域；4b 类功能区指铁路干线两侧区域。

资料来源：中华人民共和国生态环境部.2019 年中国生态环境公报。

第四节　中国可持续发展战略

一、可持续发展的由来和发展

可持续发展的概念，最早是 1972 年 6 月在瑞典斯德哥尔摩举行的联合国人类环境会议上提出的。目前广泛采纳的定义是 1987 年 4 月由世界环境及发展委员会发表的布特兰报告《我们共同的未来》所载的定义，即：既满足当代人的需求，又不对后代人满足其需求的能力构成危害的发展称为可持续发展。可持续发展既要达到发展当代社会经济的目的，又要保护好人类赖以生存的大气、淡水、海洋、土地和森林等自然资源和环境，使子孙后代能够永续发展和安居乐业。1992 年 6 月联合国环境与发展大会，是官方对可持续发展讨论的一个高峰，大会通过了《里约热内卢环境与发展宣言》以及《21 世纪议程》。1994 年 3 月，《中国 21 世纪议程》的颁布宣布了中国开始实施可持续发展的战略框架和措施。

可持续发展要解决的核心问题是人地关系系统中存在的各种矛盾和问题,如人口问题、资源问题、环境问题与发展问题等。环境与发展是不可分割的,它们相互依存,密切相关。可持续发展的战略思想已成为当代环境与发展关系中的主导潮流,作为一种新的观念和发展道路被人们广泛接受。为了协调人地关系系统中的人口、资源、环境和发展之间的相互关系,可持续发展,人类必须依照下列原则来使用各种自然资源:①满足全体人民的基本需要(粮食、衣服、住房、就业等)和给全体人民机会,以满足他们要求较好生活的愿望;②人口发展要与生态系统变化着的生产潜力相协调;③像森林和鱼类这样的可再生资源,其利用率必须在再生和自然增长的限度内,使其不会耗竭;④像矿物燃料和矿物这样不可再生资源,其消耗的速率应考虑资源的有限性,以确保在得到可接受的替代物之前,资源不会枯竭;⑤不应当危害支持地球生命的自然系统,如大气、水、土壤和生物,要把对大气质量、水和其他自然因素的不利影响减少到最低程度;⑥物种的丧失会大大地限制后代人的选择机会,所以可持续发展要求保护好物种。可持续发展与环境保护既有联系,又不等同。环境保护是可持续发展的重要方面。可持续发展的核心是发展,但要求在严格控制人口、提高人口素质和保护环境、资源永续利用的前提下进行经济和社会的发展。可持续性是可持续发展的前提,发展是可持续发展追求的重要目标,人是可持续发展的主体,可持续长久的发展才是真正的发展。

随着和平崛起及其国际地位迅速上升,中国已经成为世界经济增长以及可持续发展的一支重要力量。在全球化时代,由于人口和经济规模效应,中国的发展经验及存在问题都具有世界意义。改革开放以来的 40 余年,中国的经济奇迹举世瞩目,即使受到全球金融危机的影响,2009 年中国的 GDP 增长率仍然超过 8%,再次引发了关于"中国模式"的热议。与此同时,还必须看到,由于存在发展阶段、国情特征、国际分工等因素,中国还需要解决脱贫、就业、老龄化等一系列发展中的问题,尤其是要避免资源能源消耗、污染排放等对本国环境和全球环境产生负面影响。因此,世界同样希望中国在重塑世界可持续发展的进程中起到举足轻重的作用,同样需要一个绿色的中国。

中国在应对国内外各类挑战、推进可持续发展的过程中正在探索具有中国特色的可持续发展模式。在中国历年的可持续发展战略研究中,中国科学院可持续发展战略研究组曾经先后提出中国必须实现"可持续崛起"(2006 年),在新背景下采取可持续发展战略的综合转型(2008 年),以及走中国特色的低碳发展道路(2009 年)。这些观点是在回顾和反思中国过去 40 年的发展与环境状况,以及应对各类新挑战的经验和教训的过程中所得出的结论。这些总结将会对全球应对金融危机和气候变化背景下发展绿色经济、生态效率经济、低碳经济提供启示,也会给中国未来的改革与发展道路指明方向。

二、中国新时期可持续发展中面临的挑战

21 世纪以来,中国进入了一个新的发展时期,也面临着新的发展问题。在"十一五"期间,中国可持续发展的主要领域集中体现在节能减排和建设节约型社会上。新时期中国可持续发展面临的三重挑战。

（一）降低碳排放的巨大挑战

根据中国国际经济交流中心联合四家机构发布的《可持续发展蓝皮书》，我国正处于可持续发展转型的关键期，面临降低碳排放的巨大挑战。一是以煤炭为主的能源结构决定了碳排放规模较大。2019年，中国的二氧化碳排放量约为98.3亿t，约占到全世界二氧化碳排放总量的28.8%，超过中国人口和GDP在世界总量的占比，当年同比增长3.4%，比2008~2018年平均增速高出0.8个百分点。中国单位GDP二氧化碳排放量约为0.75kg/美元，约为美国的3倍，德国的4倍。二是钢铁等高碳产业规模庞大意味着碳减排压力较大。中国产业结构偏重造成对能源资源消耗依赖程度高，重工业资产总额是轻工业的3.3倍左右；2020年，中国粗钢产量达到10.5亿t左右，占世界粗钢总产量的50%以上。即便中国过去几年已推进实施供给侧结构性改革，压缩淘汰了一批燃煤、钢铁、电解铝等行业项目，但高耗能高排放的行业规模依然较大。三是现有的节能减碳技术满足不了高质量发展要求。因为技术能力不足，在产品出口方面可能面临着欧美发达国家基于碳排放设置的贸易壁垒。此外，低碳消费理念和行动尚有待在全社会倡导推行，而且我国"十四五"也面临经济增长的压力，因此降低碳排放将是巨大挑战。

（二）应对气候变化的长期挑战

2009年年底在丹麦哥本哈根召开的联合国气候会议没有达成有法律约束力的协议。在没有很好地解决资金、技术以及公平等方面存在的一系列严重分歧的前提下，墨西哥会议的气候谈判前景依然不乐观。包括中国在内的发展中国家不仅需要为捍卫自身的基本人权和发展权而继续斗争，而且要在"共同但有区别的责任"的原则下为有效保护全球气候而做出应有的贡献。

虽然越来越多的国家认同发展低碳经济，但到目前为止，现有工业化国家的财富大都是在相对低价的化石能源基础上长期积累而形成的；对大型经济体而言，世界上还没有任何成功的经验和模式，能够主要依靠非化石能源实现快速工业化和城市化，并在低碳排放情景下维持高质量的生活水平。向低碳转型，光有目标是远远不够的，还需要知道达到目标的路径、存在的具体障碍、采用的技术手段和措施、可行的国际合作方式，以及谁来负担成本。

未来十年，对中国来讲，实现快速工业化和城市化以及为应对气候变化而探索低碳道路都是非常关键的。虽然中国现状人均能耗和人均排放远低于发达国家，但在总量上是世界碳排放大国，随着经济实力的提高，中国必然要对全球碳减排作出贡献。在2020年9月第75届联合国大会上，国家主席习近平代表中国政府承诺，力争二氧化碳排放在2030年前达到峰值，2060年前实现碳中和。中国需要拿出勇气、智慧和耐力，努力寻找一条符合国情和发展规律，并且是负责任的创新发展之路。

（三）国内资源环境问题的多样性挑战

作为一个发展中大国，中国可持续发展面临最严峻的危机还是来自国内日趋深化的资源环境问题。面对重化工业阶段的经济快速增长和消费结构的升级，中国战略性资源能源，特别是油气等优质能源，以及铁、铜、铝、铀等重要战略性矿产资源将长期处于供需紧张状态。一方面，中国上述资源能源的对外依存度可能进一步攀升；另一方面，海外资源开发将面临越来越多的外部条件的限制，成为中国重大的资源能源安全隐患。因此，调整对外经济合作战略势在必行。

同二十年前相比，中国的生态和环境问题已经发生了深刻变化，面临越来越复杂多样的污染格局和大范围的生态退化压力。由于发展利益驱动、监测能力不足和监管能力滞后等原因，中国环境污染的总体趋势尚未得到全面遏制，并且已发展成为跨部门跨行政区的区域性大气污染和流域性水体污染，因此，需要综合的解决方案。另外，虽然1998年后中国开展了大规模生态建设工程，并取得了一定成效，但随着中部崛起和西部大开发的趋势，中西部以及一些脆弱地区的生态系统将面临新的更广泛的生态压力。

同时解决中国面临的多种资源环境问题，技术和资金因素固然重要，但现阶段更关键的是制度安排和管理问题，需要政府多部门协同合作，转变观念、协调利益、创新体制机制和激励各利益相关方共同参与。只有把资源节约和环境保护整合到社会经济活动的各个环节，才能从根本上建立综合防治框架，把解决环境外部性问题转化成促进内涵式发展的驱动力。

三、中国可持续发展战略的主题——绿色发展和创新

（一）把发展绿色经济、低碳经济、循环经济统一到绿色发展的框架下

在新形势下，可持续发展所需要解决的重点问题在不断增加。正如上面所分析的，不仅要解决国内的众多资源环境问题，还要应对全球气候变化和国际金融危机的挑战；不仅要关注环境，还要关注社会和经济的维度；不仅要"保增长"，还要"调结构"；不仅要重视当前的和短期的、区域性的问题，还要重视长远的、全国性的乃至全球性的问题。胡锦涛主席在出席联合国气候变化峰会开幕式时所做的讲话中提出，中国要大力发展绿色经济，积极发展低碳经济和循环经济，研发和推广气候友好技术。

在新时期，重新提出发展绿色经济，实现绿色发展。具体有三个基本目标：一是优先解决国内的资源环境问题；二是依靠技术进步，提高产业的资源效率和绿色竞争力，实现绿色复苏，解决增长、脱贫和就业等发展问题；三是通过转变发展方式，特别是绿色转型，逐步从化石能源转向低碳、无碳的新能源，发展节能环保产业，促进经济体系的"绿色化"，以应对长期的气候变化和可持续发展挑战。

21世纪初以来是中国快速工业化、城市化与转变发展方式的最关键时期，中国的可持续发展行动更是被提升到建设生态文明和人类命运共同体的高度。应该把发展绿色经济、低碳经济、循环经济统一到绿色发展的框架下，把绿色发展作为可持续发展战略的具体行动的理念。加快建立绿色生产和消费的法律制度和政策导向，建立健全绿色低碳循环发展的经济体系。通过绿色转型，努力实现以绿色的发展方式来完成工业化、城市化目标；通过建设绿色工业、建筑和交通体系，探索中国特色的低碳发展路径，实现绿色振兴和可持续增长。

（二）依靠绿色创新，推动绿色发展

建立一个绿色中国，实现绿色转型，走绿色发展道路必须依靠全方位的创新。同时，新时期的创新活动及其路径必须符合国情、全球发展趋势以及绿色发展的要求。因此，应对三重挑战，实现绿色发展目标，需要绿色创新，绿色创新又推动着绿色发展。

从历史来看，过去 30 年，中国的增长基本沿袭了以规模扩张为主的外延式增长模式，今后 10 年中国将经历向以创新引领为主的内涵式发展模式转型的过程。外延式增长模式是以劳动力密集型、资源高消耗、牺牲环境为支撑和代价的粗放发展模式，创新能力相对不足。今后，外延增长的条件将发生变化：一是如果按现行人口政策，中国的劳动年龄人口将在未来 10 年内达到峰值，劳动力无限供给的时代行将结束；二是战略性资源能源的供应将会受到制约，环境承载力也已达极限。因此，一方面，依靠创新成为发展的内在要求，并且，不断提高资源环境绩效和在相对有限的人均资源与排放空间占有的基础上实现高水平发展成为衡量创新能力的重要指标；另一方面，在应对金融危机和外部环境压力不断增加的情况下，依靠全方位的创新来调整结构、扩大内需、实现技术跨越、转变发展方式也成为必然的选择。

应该看到，无论是解决资源环境、气候变化问题，还是应对金融危机，都为发展绿色经济、低碳经济创造着新的需求和市场，也给绿色创新提供了新的商机。不仅中国对于绿色科技解决方案的市场需求是巨大的，而且为减缓气候变化，绿色创新的全球市场需求也将是巨大的。绿色创新不仅可以惠及大众、创造新的就业和增强市场竞争力，而且可以为占领未来全球绿色市场奠定良好的基础。

（三）投资绿色创新，实现绿色发展

针对国内外迅速变化的形势，为了实现绿色发展的目标，中国需要制定切实可行的绿色发展战略，投资绿色创新，为今后长期的可持续增长创造良好的条件。由于绿色发展与创新涉及广泛的领域，应对以下方面予以优先关注。

1．制定中国绿色发展的综合战略规划和优先行动计划

目前，中国已经提出了与绿色发展有关的众多新概念，包括新型工业化、节能减排、绿色经济、循环经济、低碳经济、战略性新兴产业、资源节约型和环境友好型社会等，其中很多内容是相互包容的，同时又由多个政府部门执行和监管。因此，除了应把绿色发展作为区域发展规划的一个重要指导思想外，还应制定一个综合的战略规划框架，把上述相关内容统筹起来，包括绿色发展的战略、路线图和优先领域，以及绿色投资、绿色创新等相关鼓励政策、制度安排和示范工程，优先布局向低碳能源转型等与长期结构调整相关的战略性任务。

2．加快制度创新，优先制定绿色发展的相关政策

发展绿色经济需要充分发挥法律、行政、经济政策和手段的组合作用，并不断调整和创新政策工具。为推进节能减排，中国采取了较多的行政手段，而在未来 10 年，应该以法律手段为基础，逐步加强经济手段的运用，并辅之以必要的行政手段。

3．投资绿色科技创新

为了加强绿色创新方面的政策引导作用，政府应继续加强这方面的科技投入，提高国家绿色创新的整体能力。同时注重通过合理的制度安排提高研发的效率，建立官产学研相结合与公私合作伙伴关系的模式，特别要整合相关研究机构、企业以及资本市场的力量，

采取协调行动，促进企业创新能力和竞争力的提高以及战略性新兴产业的发展。此外，扩大开放，不断学习先进国家的经验，力争成为节能减排和绿色创新技术的领先者和强有力的提供者。

4. 调整对外经济合作战略，提升海外开发的社会和环境责任

随着国际社会对崛起的中国的日益关注，在新形势下调整中国的对外经济合作战略十分必要。目前有三方面优先内容：一是制定新时期对外经济合作的战略（包括中国的全球资源能源战略），并把节能减排和应对气候变化作为指导对外经济合作的重要参考因素，加快对外经济发展方式的转变，更加合理地利用海外资源和能源，利用海外援助资金直接或间接地促进海外资源能源的开发利用；二是调整"走出去"战略，制定中国海外开发企业行为的指导性原则，除遵守必要的商业规则和国际惯例外，还必须承担企业在当地的社会和环境责任；三是转变海外援助模式，将节能环保、应对气候变化作为海外援助的重点内容，树立国家和企业的绿色形象。

5. 加快发展资源节约、环境友好的战略性新兴产业

这些产业包括新能源、节能环保、电动汽车、新材料等与绿色工业、建筑和交通相关的产业。在国家和地区两个层面制定专项规划，明确发展方向、技术路线、空间布局和激励政策，加强人才和技术储备，避免重复建设。在落实规划、加快示范和创建市场的基础上逐步形成产业化规模。

参 考 文 献

蔡昉. 2009. 2009 中国人口与劳动问题报告. 北京：社会科学文献出版社.

方创琳. 2004. 中国人地关系研究的新进展与展望. 地理学报，59（10）：21-32.

葛全胜，赵名茶，郑景云. 2000. 20 世纪中国土地利用变化研究. 地理学报，55（6）：698-706.

刘纪远，张增祥，徐新良. 2009. 21 世纪初中国土地利用变化的空间格局与驱动力分析. 地理学报，64（12）：1411-1420.

刘纪远，张增祥，庄大方，等. 2003. 20 世纪 90 年代中国土地利用变化时空特征及其成因分析. 地理研究，22（1）：1-12.

陆大道. 2004. 科学发展观及我国的可持续发展问题. 安徽师范大学学报（自然科学版），27（3）：239.

马光，吕锡武，吴磊，等. 2007. 环境与可持续发展导论. 2 版. 北京：科学出版社.

冉有华，李新，卢玲. 2009. 基于多源数据融合方法的中国 1km 土地覆盖分类制图. 地球科学进展，24（2）：192-203.

王黎明. 1997. 面向 PRED 问题的人地关系系统构型理论与方法研究. 地理研究，16（2）：38-44.

王思远，刘纪远，张增祥，等. 2002. 近 10 年中国土地利用格局及其演变. 地理学报，57（5）：523-530.

吴传钧. 1981. 地理学的特殊研究领域和今后任务. 经济地理，1（1）：5-10.

吴传钧. 1991. 论地理学的研究核心. 经济地理，11（3）：1-6.

中国科学院国家计划委员会自然资源综合考察委员会编. 1989. 中国国土资源数据库.

中国科学院可持续发展战略研究组. 2010. 2010 中国可持续发展战略报告. 北京：科学出版社.

周哲，熊黑钢，韩茜. 2004. 中国区域 PRED 系统研究进展. 干旱区地理，27（2）：266-272.

思 考 题

1. 在中国经济快速增长时期，人地关系系统的主要矛盾有哪些？
2. 简述中国土地资源结构和分布的基本特征。

3．试分析新中国成立以来中国土地资源利用的时空分布规律。

4．中国土地资源退化问题有哪些？

5．简述中国水体污染的原因和危害。

6．中国城市大气污染具体表现在哪些方面？

7．21 世纪以来中国可持续发展面临哪些方面的挑战？

第十七章 中国地域结构

中国地域辽阔，人地关系地域特征明显，形成了明显的地域差异，中国东西差异和南北发展的差异，是中国发展差异的最重要的方面。这种差异具有历史性，今天及未来仍然是影响中国发展的重要因素。

第一节 中国东西部地区经济发展差异

一、东西部经济地带的划分

不同时期，由于经济社会发展战略的变化，东西部经济地带划分的具体方案也有所变化（表 17-1）。

表 17-1 中国东西部经济地带的划分

时期	划分方案	经济地带名称与范围
"一五"和"二五"时期	沿海与内地	沿海：辽宁、北京、天津、河北、山东、江苏、上海、浙江、福建、广东、广西、海南 内地：除沿海省（区、市）外的其他地区
"三五"和"四五"时期	三线	一线地区：新疆、内蒙古、黑龙江、辽宁、吉林、天津、山东、江苏、上海、浙江、福建、广东和广西的一部分 三线地区：四川、贵州、云南、陕西、甘肃、青海、宁夏、湖北、湖南、山西、河南、广东和广西的小部分 二线地区：其他地区
"五五"、"六五"和"八五"时期	沿海与内地	沿海：辽宁、北京、天津、河北、山东、江苏、上海、浙江、福建、广东、广西、海南 内地：除沿海省（区、市）外的其他地区
"七五"、"九五"和"十五"时期	东、中、西	东部：辽宁、北京、天津、河北、山东、江苏、上海、浙江、福建、广东、广西（"十五"计划时期调整到西部）、海南 中部：黑龙江、吉林、内蒙古（"十五"计划时期调整到西部）、山西、河南、湖北、湖南、安徽、江西 西部：陕西、甘肃、宁夏、青海、新疆、西藏、四川、重庆、云南、贵州、广西（"十五"计划时期调入）、内蒙古（"十五"计划时期调入）
"十一五"、"十二五"和"十三五"时期	东、中、西、东北	东部：北京、天津、河北、山东、江苏、上海、浙江、福建、广东、海南 中部：山西、河南、湖北、湖南、安徽、江西 西部：内蒙古、广西、重庆、四川、贵州、云南、西藏、陕西、甘肃、青海、宁夏、新疆 东北：辽宁、吉林、黑龙江

资料来源：杨开忠，2010；覃成林等，2020。

（一）"沿海与内地"的区域格局

沿海与内地的区域格局，实际上是承袭新中国成立之前的旧格局，新中国成立初期，从工业化发展来看，我国基本上是沿海地区工业集中、经济相对发达，内陆地区工业稀少、经济落后，因此，按照经济同质性，全国被划分为沿海和内地两个经济地带。其中沿海地区包括辽宁、北京、天津、河北、山东、江苏、上海、浙江、福建、广东、广西、海南；除沿海省（区、市）外的其他地区则为内地。"三五"和"四五"时期，我国一度采用"三线地区"的划分，但是沿海与内地的这种经济地带的划分方法一直延续到"六五"时期，"八五"时期也采用了这种划分。

（二）"三线"格局

1965～1978年，出于对20世纪50年代末期国际环境的恶化和备战的考虑，中共中央、国务院按照战略位置的差别，将全国分为一线、二线和三线地区，按一、二、三线布局工业。"三线"一般指由沿海、边疆地区向内地收缩划分三道线。"一线"指位于沿海和边疆的前线地区；"三线"地区包括四川、贵州、云南、陕西、甘肃、宁夏、青海等西部省（区）及山西、河南、湖南、湖北、广东、广西等省（区）的后方地区；"二线"指介于一、三线之间的中间地带。其中川、贵、云和陕、甘、宁、青俗称为大三线，一、二线的腹地俗称小三线。用今天的区域概念来说，三线地区实际就是除新疆、西藏之外的中国西部经济不发达地区。

（三）"东、中、西三大地带"格局

改革开放以后，在"两个大局"思想的指导下，向沿海倾斜的发展战略开始成为区域经济格局调整的主题。到20世纪80年代中期，全国生产力布局已经展开，原先的"沿海与内地"划分过于笼统，已不能适应生产力地区布局的要求。因此，"七五"（1986～1990年）计划，根据经济技术水平和地理位置相结合的原则，将全国划分为东部、中部、西部三大经济地带，东部地区包括北京、天津、河北、辽宁、上海、江苏、浙江、福建、山东、广东和海南11个省（市）；中部地区包括山西、内蒙古、吉林、黑龙江、安徽、江西、河南、湖北、湖南、广西10个省（区）；西部地区包括四川、贵州、云南、西藏、陕西、甘肃、青海、宁夏、新疆9个省（区）。

1997年，全国人大八届五次会议决定将重庆设为中央直辖市，并划入西部地区的范围，这样，西部地区就由原来的9个增加到10个省（区、市）。由于内蒙古和广西两个自治区近几年的人均国内生产总值水平正好相当于西部10个省（区、市）的平均状况，与其他中部地区有一定差距，因此，2000年在西部大开发中享受优惠政策的范围又增加了内蒙古和广西。另外，国家还把湖南的湘西地区，湖北的鄂西地区，吉林的延边地区也划为西部地区，享受西部大开发中的优惠政策。

（四）"四大板块"格局

进入"十一五"时期以后，国家考虑到南北、东中西区域差异问题全面凸显，为了促进区域协调发展，于是将东中西三大地带划分系统地调整为东部地区、西部地区、中部地区和东北地区，并建立健全了西部大开发，振兴东北地区老工业基地，促进中部地区崛起，以及鼓励东部地区率先实现现代化的区域性政策。

二、东西部地区发展差距的演变

我国社会经济的地域差异由来已久，随着各个阶段国家政策的不同，区域之间的差异也在不断地发生变化。新中国成立以来，中国东西部之间的经济差距经历了缩小—扩大的过程。

（一）新中国成立到 20 世纪 60 年代中期

1949～1964 年，我国的区域政策是平衡生产力分布，加强内地建设。在三年经济恢复时期（1949～1952 年）提出"改变旧中国遗留下来的生产力分布不平衡状况"，把一些工厂迁移到接近原料的地区。在第一个五年计划中（1953～1957 年）规定："为了改变原来地区分布不合理状况，必须建立新的工业基地，而首先利用改造和扩建原来工业基地是创造新的工业基地的一种必要条件。""一五"计划进行了以 156 项重点工程为中心的工业基本建设（实际 150 项），国内自行设计建设的 694 项限额以上的重点工程，初步奠定了中国工业化基础。这些基本建设的重点是在内地，150 项重点工程中有 4/5 布局在内地，布局在沿海的仅 1/5，694 个限额以上工程，内地占 68%，东部沿海地区仅 32%。1952～1957 年，工业增长速度内地为 17.8%，沿海为 14.4%。经过第一个五年计划，东北以鞍山钢铁厂为中心的第一个重工业基地初步形成，西部出现了以西安、兰州和成都为中心的新兴工业基地，中部出现以武汉钢铁厂为中心的重工业基地，包头、太原、洛阳等重工业城市开始涌现。

（二）20 世纪 60 年代中期到 70 年代末

1965～1978 年，出于对 20 世纪 50 年代末起国际环境的恶化和备战的考虑，国家加大对"三线"地区的投资。1965 年 8 月召开的全国计划会议，确定了"把国防建设放在第一位，加快'三线'建设，逐步改变工业布局"的方针，确定国家投资重点是处于内地的"大三线"地区，而每个省（区）建设重点又都要放在各自的"小三线"地区（各省地形复杂的腹地）。"三线"建设成为中国经济建设在地域上的一次空前规模的西移，呈极端向内地倾斜的态势。"三五"期间，内地的基本建设投资已占到全国的 66.8%，其中用于"三线"地区的占 52.7%。国家在西南、西北投资所占比例，由"一五"计划时期占全国的 16.9% 上升到"三五"计划时期的 35.1%。1969～1972 年，大项目较多的四川省占全国投资比重达 12.09%，湖北省占 7.38%，而同时期上海仅占 2.38%，广东占 3.44%。这一时期内地投资额为沿海地区的 2.4 倍。在集中向"三线"地区投资的同时，国家还将一批工厂和研究机构从沿海搬迁到"大三线"地区，主要的迁出地是北京、上海、江苏、辽宁等省市。根据国家计划委员会、建设委员会 1971 年联合提出的关于搬迁问题报告的统计，从 1964 年起共实施了 380 个搬迁项目，共有 14.5 万职工、3.8 万台设备从沿海搬迁到了内地。国家对"三线"建设先后投入 2000 多亿元资金，其中工业投资占 70%以上。这是国家对中西部地区援助力度最强时期，使中西部地区经济得到较快发展，基本上建成了以国防工业为重点，交通、电子、化工为先导，交通、电力、钢铁、有色金属等为基础，门类齐全的工业体系，使得西部地区工业落后的状况有了较大的改观。

直到改革开放前期，内地一直是全国投资建设的重点。投资倾斜的结果曾使沿海和内地的差距一度缩小。1952～1978 年，东部沿海地区工业产值比重下降了 8 个百分点，而内地的中部和西部上升了 4.5 个和 3.5 个百分点；东部沿海农业下降了 2.7 个百分点，内地地区上升了 2.1 个百分点。1952 年人均国民收入东部为西部的 2.19 倍，1978 年为 1.95 倍。1952～1978 年，沿海地区工业产值占工农业产值比重下降了 1.6 个百分点，而内地地区占工农业产值比重则上升了 8.9 个百分点，虽然内地所占比重仍然小于沿海地区，但它们的差距是有所缩小的（表 17-2）。

表 17-2　新中国成立初期与 1978 年相比沿海与内地主要经济指标比较

指标	年份	沿海地区	内地地区
占工农业产值比重/%	1952	61.7%	31.0%
	1978	60.1%	39.9%
1952～1978 年增减变动/个百分点	＋		8.9
	－	1.6	

（三）改革开放至 21 世纪初

改革开放以后，随着国内外形势的变化和十一届三中全会召开后我国经济发展指导方针的调整，我国开始反思新中国成立以来我国区域经济政策，在总结新中国成立以来我国区域经济发展经验教训以及借鉴各国区域开发理论和经验的基础上，审视当时的国内外形势，对区域经济政策进行了重大的调整：舍弃了牺牲效率的"平均主义"同步发展的战略，采取了效率优先的非均衡发展战略，这种非均衡的区域经济战略开始从地缘优势、资源优势、技术优势等多个方面考虑，改变过去人为强力布局工业产业的做法，首先在东部地区进行改革开放，意欲通过东部经济的发展，带动和辐射全国其他地区经济，最终达到共同富裕。这一时期大概持续了 20 年，一度缩小的东中西差距又有了扩大。1980～2000 这 20 年间，东部地区的生产总值占 GDP 的份额是逐步升高的，上升了 8.28 个百分点；中部和西部地区则呈现出逐年下降的态势，分别下降了 5.41 个和 2.87 个百分点。1980 年东西部的差距为 35.58 个百分点，到了 2000 年这一差距扩大到 46.73 个百分点（表 17-3）。

表 17-3　1980～2000 年各地区生产总值在 GDP 中的比重　　　　（单位：%）

地域	1980 年	1985 年	1990 年	1995 年	2000 年
东部	52.12	52.57	54.10	59.33	60.40
中部	31.34	31.18	29.90	26.54	25.93
西部	16.54	16.24	16.00	14.12	13.67

（四）"十一五"规划时期至今

为了解决我国地区发展差距不断扩大的问题，促进区域协调发展，近年来，中央政府逐步形成了各有侧重的区域发展战略，实施西部大开发、振兴东北老工业基地、促进中部地区崛起、鼓励东部地区率先发展。经过几年的实践证明，上述战略的相继实施，在促进区域协调发展方面发挥了积极作用，使地区发展差距继续扩大的趋势得到了一定程度的遏制，但差距依然明显。虽然中西部地区的经济有所发展，所占 GDP 的比重逐年上升，但它们与东部地区的差距还是很大（表 17-4）。2006 年东西部人均 GDP 相差 16483 元，2012 年相差 30107 元, 2018 年相差 40931 元; 2006 年东西部城镇居民可支配收入相差 5239 元, 2012 年相差 9022 元, 2018 年相差 13044 元; 2006 年东西部农村居民可支配收入相差 2600 元, 2012 年相差 4791 元, 2018 年相差 6455 元 (表 17-5)。

表 17-4 21 世纪以来各地区生产总值在 GDP 中的比重 (单位: %)

年份 地域	2003	2004	2005	2006	2008	2010	2012	2013	2014	2015	2016	2017	2018
东部	53.9	54.1	55.5	55.6	54.3	53.1	51.3	51.2	51.2	51.6	52.6	52.9	52.6
东北	9.6	9.2	8.7	8.6	8.6	8.6	8.7	8.6	8.4	8.0	6.7	6.4	6.2
中部	19.5	19.6	18.8	18.7	19.3	19.7	20.2	20.2	20.3	20.3	20.6	20.8	21.1
西部	16.9	16.9	17.0	17.1	17.8	18.6	18.3	18.7	20.2	20.1	20.1	19.9	20.1

资料来源: 国家统计局, 中国统计年鉴 (2003～2019)。

表 17-5 2012～2013 年各地域一些经济指标的变化

地域	人均 GDP/元			城镇居民可支配收入/元			农村居民可支配收入/元		
	2006	2012	2018	2006	2012	2018	2006	2012	2018
东部	27415	62533	89488	14967	29622	46433	5188	10818	18286
东北	11069	45258	52373	9830	20759	32994	3745	8847	14080
中部	12260	32462	51914	9902	20694	33803	3283	7435	13954
西部	10932	32426	48557	9728	20600	33389	2588	6027	11831

资料来源: 国家统计局, 中国统计年鉴 (2012, 2019)。

三、东西部地区发展差异产生的原因分析

经过新中国成立以后 30 年的不懈努力, 地区经济差距在一定时期和一定程度上相对缩小。但在改革开放后的 40 多年间, 虽然经济总量持续高速增长, 经济体制改革取得突破性进展, 中国的社会经济发生了巨大而深刻的变化, 但这些变化在东西部之间表现得极不均衡, 东西差距呈现加速扩大的趋势。这与自然、区位、历史以及经济文化方面的因素紧密相连。

(一)自然地理因素

任何的经济发展都离不开原有的资源禀赋。而且, 这些自然因素对经济发展的影响一般并不随着经济环境的变化而减弱, 它对地区经济的影响是长期发挥作用的一个基础性因素。

中国的地形特征是西高东低, 东部地区以冲积平原为主, 地势平坦, 且多属湿润地区, 降水充沛, 土壤肥沃, 水土资源匹配较好。而西部地区多为山地、丘陵和戈壁沙漠, 地形地貌复杂, 非耕地资源约占土地总面积的 96%, 且西南缺土, 西北缺水, 整个西部除四川成都平原和陕西关中地区外, 绝大部分地区自然环境恶劣、山高水险、地域偏僻、土壤贫瘠、水贵如油, 大多属于 "老、少、边" 地区, 农业发展受到自然条件的严重制约, 山区铁路建设、公路建设、通信建设、城镇建设等的单位投资量和建设周期往往是平原地区的几倍。不利的自然地理条件严重阻碍了西部地区的发展。

（二）区位因素

我国东部地区处于太平洋西岸，毗邻日本、韩国以及东南亚诸国，与美国、加拿大、澳大利亚等国家隔海相望，沿海大小港口星罗棋布，各港口城市与亚太地区和世界其他国家有着广泛的联系，并有长江三角洲、珠江三角洲和环渤海经济区等广阔的腹地；铁路、公路纵横交错，河运、海运发达；城市密布，基础产业发达，信息畅通，具有对外经济贸易与国内外合作交流的地缘优势，是发展经济的最佳区位。而我国西部又地处高原内陆，没有直接的海洋运输条件，远离国际市场，使西部参与国际经济的合作和交流的难度加大。与我国西部相邻的一些国家经济水平与我国大致相当或更低，经济辐射能力不能与太平洋沿岸的日本、韩国、新加坡等国家相比，经济发展的外围环境不理想。

（三）历史因素

历史上我国的东部地区经济就较为发达，也是我国近代工业的发源地。19 世纪 40 年代，西方列强，用坚船利炮打开了中国的国门，开辟了广州、福州、厦门、宁波、上海等通商口岸；第二次鸦片战争后，又增开了 10 个通商口岸，除汉口和九江外，其他口岸都位于沿海地区。东部沿海地区一方面成为外国侵略者经济掠夺的对象，另一方面，又艰难曲折地谋求民族工商业的起步和发展。沿海地区在近代一直主导着中国商品经济的发展方向，代表着中国商品经济发展的最高水准，这正是沿海经济的独特优势。抗战爆发后，近代工业分布最为集中的沿海地区均遭到了战争的巨大冲击和破坏。尽管如此，新中国成立前夕，在当时十分薄弱的工业基础中，有 70%以上分布在沿海地区。

新中国成立后，国家重点投资向中西部地区倾斜的政策并未缩小发展差距。1956 年 4 月，毛泽东同志在《论十大关系》中对如何正确处理沿海和内陆的关系问题做出"为了平衡工业发展的布局，内地工业必须大力发展"的论断。1953～1978 年，国家在内地基本建设投资额达到 3418 亿元，占全国同期基本建设投资额的 55%，占沿海与内地投资总和的 60%。在"三线"建设时期更是对内地大量投资，建成了一批能源、原材料基地，形成了专业科研生产基地和新兴工业城市；内地的交通运输建设取得了重大进展。这一阶段实行内地优先发展战略并把投资重点向中西部地区倾斜。

改革开放后向东部倾斜战略进一步扩大了东部与中西部的差距。改革开放后，确定了我国东部沿海地区优先发展的指导思想，我国区域经济发展重心由内地转向沿海，投资重点开始向沿海倾斜。尽管在"八五"、"九五"期间，中央重视中西部地区经济的发展，但东西部的差距进一步扩大已成为既成事实。

（四）经济因素

从经济体制方面，我国经济体制改革的目标就是由传统的计划经济体制向社会主义市场经济体制转变，通过自由竞争实现资源的有效配置。这种改革和东部原有的商品经济意识相契合，使东部地区在市场化改革中先行一步，在市场力量的作用下，东部地区经济加速发展。与之相反，西部地区的市场化进程缓慢，保留了更多的计划经济体制以及政府经济的烙印，发展相对滞后。特别是随着我国加入 WTO 以后，市场机制相对完善的东部地区更容易融入经济全球化的时代背景中，参与国际分工，充分利用国际国内两个市场、两种资源，获取更多的比较利益。

从产业结构方面，东西部地区产业结构不同，产业结构的差异与计划体制结合起来，使东部地区利益受损。由于中西部地区主要以农副产品、能源、原材料工业为主，科技含量低，而东部地区则以加工工业为主，在东部与中西部的产品交换过程中，不合理的比价体系将导致中西部的一部分利润流向东部地区。

东部地区经济增长的高效益造成西部地区的资金、技术、人才迅速流出，为东部沿海地区的经济增长提供了源源不断的要素投入，这种"马太效应"会使地区差异越来越大。

经济全球化和信息化的发展，加剧了各地区经济发展的不平衡。经济全球化将造就"强者越强，弱者越弱"的力量，东部地区的经济全球化及信息化程度强于西部，这更大地加速了东西部地区的发展差距。经济全球化使区域直接暴露在全球竞争之下，区域在经济意义上不再是国家的区域，而是全球的区域。据统计分析，进出口和外资对中国省际 GDP 差异的贡献程度超过 20%。这些因素与经济区位相关性很大，是难以改变的。信息已经成为越来越重要的生产因子和区位因子；时间成本也越来越重要。信息化促进了知识的扩散、应用和创新，导致经济和社会的空间重组。在经济全球化趋势下，由"门户城市"及其腹地组成的、具有密切劳动分工的"城市区域"（city-region）正在成为全球或国家内区域经济竞争的基本单元。信息经济会不断强化经济和社会的空间极化现象。"数字鸿沟"、"数字分化"等新的区域分化现象的发展亦会引起区域发展宏观差异的扩大。

（五）文化因素

东部沿海地区较早接触了市场经济文化，加之改革开放政策的影响，初步建立了适应市场经济需求的现代工业文明的新文化，这是以个人产权为基础的适应市场经济发展的竞争型文化，它有力地推动着东部市场经济的建立和经济的快速发展。而西部由于地理上的长期封闭，文化依然是以亲情、血缘关系为纽带的与传统农业文明相适应的农垦文化和游牧文化，具有一定的封闭性、落后性、交流的障碍性等特点，对各种正式制度具有弱化和软化的负面影响，不适应市场经济的要求。

在商品经济的意识上，东部地区由于先行一步，在商品经济的观念、开放意识、创业精神等方面都与讲究效益、效率，要求平等、自由，强调竞争、诚信、开放、兼容、理性的市场经济发展相适应，敢于抓住时机，实现所有制结构的多元化，大力发展民营经济，扩大对外开放，吸引外国投资，快速步入市场经济的轨道，经济增长比较迅速。而西部地区由于保守、僵化、封闭的思想观念根深蒂固，受市场经济冲击表现不明显，商品经济的意识还很差，人们习惯用传统的方式去审视市场经济，迈不开步子，地方政府管理职能和管理体制不能灵活地适应多变的市场经济，难以形成完备的市场机制和良好的招商引资的软、硬环境。

四、缩小东西部差异的对策

（一）加大国家政策协调力度

继续实行已有的对中西部地区发展的促进政策，即基础设施的投资倾斜，大中型建设项目中央投资比例的倾斜，扶贫开发及相应的以工代赈和促进欠发达地区发展的各项专项基金，重大建设项目特别是重大资源开发项目的国家开发银行的优惠贷款等。同时，要使部分大中城市金融开放，促进社会发展和人力资源的开发，对农牧业资源开发及其产业化的专项支持。继续促进教育、医疗卫生、职业培训和城乡建设。

政府还需要更多政策支持，更大力度地支持西部经济发展。例如，在税收管理权限上，适当放宽区域政府税收选择权，促进地方对其特有资源的利用，合理利用税收优惠吸引生产要素流向西部。通过国家的宏观政策的倾斜，吸引大批的国内外投资者前来开发西部，利用他们雄厚的资金和先进的技术、管理经验帮助西部驶进快速发展、高质量发展的快车道。

（二）促进产业结构优化升级

要抓住我国产业结构进行战略性调整的时机，根据国内外市场的变化，调整不合理的生产布局，优化产业结构。中西部地区要大力发展加工业，提高资源性产品的加工深度，改变纯输出原材料的状况，东部地区某些加工工业应逐步西移，靠近原料基地，与此同时，国家应适当提高初级产品的价格，改变初级产品和制成品之间不合理的价格比。

此外，还要加强农业基础，调整和优化农业结构，增加农民收入；合理开发和保护资源，促进资源优势转化为经济优势；加快工业调整、改组和改造步伐；大力发展旅游等第三产业。

（三）进行市场体制创新

加快西部地区的体制创新，把体制创新作为推动区域经济发展的主要手段，对于缩小东西部差距、实现区域经济的协调发展具有至关重要的意义。

（1）加快西部地区的市场化进程。西部地区要大力推行市场化改革，积极发展非国有经济，加速产品和要素市场化，打破地区封锁，改善政府和市场之间的关系，利用市场机制来提高效率和促进经济增长。提高市场化水平以后西部地区才能在经济增长机制上形成良性的循环，真正缩小地区差距。

（2）大力发展非国有经济，培育适应市场经济要求的市场主体。西部地区应在市场准入、税收政策、筹资融资和社会负担方面，给非公有经济与公有经济以平等待遇，制定非公有制经济的发展目标和规划，制定各项优惠政策，充分调动非国有经济的投资热情，吸引和带动大量的民间投资进入，让非公有经济成为促进西部经济发展的重要力量，在东西部经济合作中发挥重要作用。

（四）加强东西部合作力度

早在改革开放时期，邓小平就提出"两个大局"的思想，沿海地区要加快对外开放，使这个拥有两亿人口的广大地带较快地先发展起来，从而带动内地更好地发展，这是一个事关大局的问题。内地要顾全这个大局。反过来，发展到一定的时候，又要求沿海拿出更多力量来帮助内地发展，这也是个大局。那时沿海也要服从这个大局。现在，东部地区的发展已初步步入发达行列，就要开始反哺西部地区。这种支持包括经济、文化、教育、医疗等各个方面。因此要积极实施东西合作战略，形成东西联动新格局。要鼓励东部人才、技术、资本优先与西部资源优势相结合。按照优势互补、互利互惠、真诚合作的原则，加强联合与合作，走出以东带西、以西促东、携手共进的发展道路，逐步缩小东西部经济发展的差距。

（五）改善中西部地区的投资环境

投资环境包括软环境和硬环境两种。前者主要是与人的要素有关，而后者则与物的要素有关。只有把两者有机融合起来，才能为中西部地区经济发展营造必要的投资环境。

（1）解放思想，更新观念，要克服"等、靠、要"的依赖思想和满足现状、无所作为的惰性，树立社会化大生产的分工协作思想，敢于并善于与东部地区开展广泛的经济技术交流和合作，在联合协作中谋求结构调整与发展。

（2）加快基础设施和生态环境建设。国家有必要适当增加对中西部地区基础设施建设的投资，以进一步刺激一些全局性和关键性的基础设施建设和基础工业的发展，筑"巢"引"凤"；同时还可以通过面向全社会公开发行债券、进行股份经营、引进私人资本参与基础设施建设，向社会提供社会服务的一种特殊的投资方式——BOT 投资等多种渠道和多种形式来吸引民间资本和外资投资中西部地区的基础产业。要贯彻科学发展观，中西部地区的经济开发必须注重生态环境的保护和建设。"强化从源头防治污染和保护生态，坚决改变先污染后治理、边治理边污染的状况"。并且"要根据资源环境承载能力和发展潜力，按照优先开发、重点开发、限制开发和禁止开发的不同要求，明确不同区域的功能定位，并制定相应的政策和评价指标，逐步形成各具特色的区域发展格局"。

（3）加大人力资本投资力度。政府对中西部地区的扶持，在于提供更多的社会服务方面，包括使农民及其子女获得各种教育和培训、享有基本的医疗卫生服务、计划生育服务和社会福利，并以可靠的、可行的方式推广实用科学技术的同时，最具特别意义的是通过各种途径大力发展多种形式的教育，强化发展主体的培育，尤其是知识文化水平和自身素质的提高、技能的增强、经营方式的转变、观念的更新。国家要适当调整对中、西部地区的投资流向：重点投向那些有利于增强中西部地区发展能力的领域，尤其是教育和科技。另外，还要"鼓励和支持各地区开展多种形式的区域经济协作和技术、人才合作，形成以东带西、东中西共同发展的格局"。

（六）扩大对外开放程度

根据西部地区的区域特点差异，在沿边、沿江、沿"桥"经济开放带有选择地扩大西部地区开放范围，提高开放力度方面制定一些比沿海更为优惠的政策，建设出口商品基地，组建各种类型的出口企业集团，形成以资源开发为基础，优势产业发展为依托的局部超越带动全面开放的格局，提高西部对外开放的起点，借助文化交流等形式，促进和加强经济交流，放宽外资投入规模和投资领域限制，引导国内外投资者向西部投资，利用国外雄厚的资金和先进的技术和管理方法发展西部。

第二节　中国南北经济发展的差异

中国南北方的划分以秦岭—淮河为界，这是一个自然地理界线，同时也是一个社会经济的界限。秦岭—淮河以北为北方区域，包括东北、西北、华北的共 15 个省（区、市），分别是北京、天津、内蒙古、新疆、河北、甘肃、宁夏、山西、陕西、青海、山东、河南、辽宁、吉林、黑龙江，面积为 568.32 万 km^2，占全国土地总面积的 59.2%，人口为 57227 万，占全国总人口的 39.64%。秦岭—淮河以南的华东、华中、华南、西南共

16 个省（区、市）划为南方区域（不包括港、澳地区及台湾省），包括上海、江苏、浙江、安徽、福建、江西、湖北、湖南、广东、广西、海南、重庆、四川、云南、贵州、西藏，面积为 391.68 万 km^2，占全国的 39.7%，人口 83751 万，占全国总人口的 58.02%。考虑到行政区划的完整性，虽然秦岭—淮河一线穿过陕西省和河南省，但两省主体在秦岭—淮河以北，因此整体划入北方；安徽省和江苏省主体在秦岭—淮河以南，因此整体划入南方。

一、改革开放后到 20 世纪 90 年代末南北区域发展的差异

（一）经济发展格局由南弱北强演变为南强北弱

改革开放初期至 20 世纪 90 年代末，南北地区人口数量的对比没有太大的变化，但国内生产总值（GDP）和人均国内生产总值的对比却发生了很大的变化。

改革开放之后，南方区域与北方区域之间的经济发展水平呈逐步缩小的趋势。首先，从国内生产总值方面来看，1980 年北方 GDP 总量为 6174 亿元，南方地区为 6977 亿元，北方相当于南方的 90%；到 1995 年，南、北方 GDP 分别为 28452 亿元和 21032 亿元，南方比北方高 35.28%，1997 年进一步上升为 36.87%；而 1999 年北方 GDP 为 36530 亿元，南方高出北方 43.61%。1978～1999 年，北方地区的国内生产总值占全国 GDP 的比例逐年递减（表 17-6）。

表 17-6 南北国内生产总值占全国百分比 （单位：%）

地区	1978 年	1984 年	1990 年	1999 年
北方	47.27	45.28	43.9	41.08
南方	52.73	54.72	56.1	58.92
北方/南方	0.8965	0.8275	0.7825	0.6972

资料来源：国家统计局，1986、1991、2000；陈钊，1999。

其次，从人均国内生产总值方面看，1978 年北方的东北及内蒙古区位列第一位，南部沿海地区最低，人均 GDP 大体上由北向南递减；在 1985 年，这种格局没有改变，只是南北差距在缩小；到 1990 年，原有的格局被打破，南部沿海区跃居到第二位，长江中下游区和黄河中下游区退居第三和第四位；至 1993 年，南方区域的人均国民生产总值超过北方；1995 年后，南部沿海区人均 GDP 为 6198 元，跃居第一位，东北及内蒙古区降到第三位，为 5344 元，人均 GDP 呈现由南向北递减的趋势；1999 年，整个北方地区的人均 GDP 为 6988 元，南方地区为 7292 元。因此改革开放至 20 世纪 90 年代，南北各区人均 GDP 格局发生了巨大变化，由北强南弱演变为南强北弱。

（二）发展速度南快北慢

1980～1999 年，国内生产总值的增长速度呈现南快北慢的特征。1984～1985 年北方地区的社会总产值分别为 6009 亿元和 7370 亿元，南方地区为 7273 亿元和 9167 亿元，1985 年南北方社会总产值的增长率分别为 26.04% 和 22.65%，北方增长率占南方的 87%，而 1990 年北方国内生产总值的增速只有南方增速的 36%（表 17-7）。

北方地区的人均 GDP 在 1980 年和 1999 年分别是 1469 元和 6988 元，1980～1999 年的人均 GDP 增长率为 8.55%，南方地区人均 GDP 在此 20 年间的增长率为 9.83%。1984 年，北方人均 GDP 为 1392 元，南方为 1221 元，北方比南方高 14%；1999 年北方只有南方的

95%（表 17-7）。

表 17-7 南北 GDP 增长率对比

地区	GDP/亿元		1990 年增长率/%	GDP/亿元		1980~1999 年增长率/%
	1989 年	1990 年		1980 年	1999 年	
北方	15073	16603	10.15	6174	36530	8.55
南方	16603	21221	27.81	6977	52462	9.83
北方/南方	0.9078	0.7824	0.365	0.8849	0.6963	0.8703

资料来源：国家统计局，1986~1987，1991~1992；中国改革开放 17 年，中国统计出版社，1996。

同时，南北区内的增长呈现从南向北递减的特征。1978~1995 年，南方地区增长最快的是南部沿海区，年均增长速度达 13.25%，而北方的东北及内蒙古区增长最为缓慢，仅为 8.24%（表 17-8）。

表 17-8 1978~1995 年南北各区 GDP 年均增长速度 （单位：%）

地区	1978~1985 年	1986~1990 年	1991~1995 年	1978~1995 年
南部沿海区	11.12	11.03	18.66	13.25
长江中下游区	10.93	6.78	15.25	10.92
黄河中下游区	10.13	7.35	13.9	10.39
东北及内蒙古区	8.49	6.51	9.64	8.24

资料来源：陈钊，1999。

（三）工业结构呈现"南轻北重"的特征

在工业生产领域，改革开放后南北区域基本上保持上世纪初形成的"南轻北重"的特征。1981 年，北方工业轻重工业比值为 45∶55；在全国轻工业总产值中，北方区域占 41%，南方区域占 59%；在全国重工业总产值中，南北双方所占比重分别是 47%和 53%。1985 年，北方的轻工业总产值为1609.93 亿元，重工业为2394.38 亿元，轻重工业比值为 4∶6；南方的轻工业总产值为 2477.63 亿元，重工业为 2273.7 亿元，轻重工业比值为 52∶48；在全国轻工业总产值中，北方区域占 39%，南方区域占 51%；在全国重工业总产值中，南北双方所占比重分别是 49%和 51%。到了 1999 年，轻重工业比重北方区域为 33∶67，而南方区域为 48∶52；在全国轻工业总产值中北方区域占 30%，而南方区域所占份额高达 70%。

二、2000~2013 年南北差异

（一）南北经济发展水平逐渐接近

进入 21 世纪之后，南方人口数量的对比依旧没有太大变化，北方人口总数约占南方人口的 72%（表 17-9）。但北方地区的 GDP 逐年增长，2001 年北方 GDP 为 44296 亿元，南方为 62470 亿元，南方比北方高 41.03%；随着中国经济的不断增长，经济结构的不断调整，2003 年之后 GDP 的南北差距有逐渐缩小的趋势，至 2005 年，南北方 GDP 分别为 113425 亿元和 84363 亿元，南北差距逐渐缩小至 34.45%，2010 年南方 GDP 比北方高

33.61%，呈现继续缩小的趋势（表 17-10），2013 年南方 GDP 比北方高 34.88%，南北方差距稍有增大。

表 17-9　人口总数的南北对比 （单位：万人）

地区	2005 年	2006 年	2007 年	2008 年	2009 年	2010 年	2011 年	2012 年	2013 年
北方	54021	54387	54690	55097	55457	56126	56044	56719	57013
南方	74302	74744	75229	75729	76203	77259	77639	78070	78504
北方/南方	0.72704	0.7276	0.72698	0.7276	0.7278	0.7265	0.7265	0.7265	0.7262

资料来源：国家统计局，2006～2014。

表 17-10　GDP 的南北对比 （单位：亿元）

地区	2003 年	2004 年	2005 年	2008 年	2009 年	2010 年	2011 年	2012 年	2013 年
北方	56612.34	68746.82	84363.43	141697.9	156733.3	187082.7	223258	247276	268228.5
南方	78926.8	94493.62	113425.6	185521.9	208570.4	249959.3	298182.9	329276.3	361780.8
北方/南方	0.7173	0.7275	0.7438	0.7638	0.7515	0.7485	0.7487	0.7510	0.7414

资料来源：国家统计局，2004～2006，2009～2014。

在人均 GDP 方面，2000 年之后，北方地区人均 GDP 逐年增长，2003 年，南北地区的人均 GDP 已非常接近，2004～2013 年，北方人均 GDP 均超过南方地区（表 17-11）。

表 17-11　人均 GDP 的南北对比 （单位：元）

地区	2003 年	2004 年	2005 年	2006 年	2008 年	2009 年	2010 年	2011 年	2012 年	2013 年
北方	10524	12708	15617	18189	25718	28262	33333	42261	46513	50055
南方	10583	12546	15265	17678	24498	27370	32353	36799	40456	44226
北方/南方	0.9945	1.0129	1.023	1.0289	1.0498	1.0326	1.0303	1.1484	1.1497	1.1318

资料来源：国家统计局，2004～2014。

（二）GDP 增长速度趋同

2000 年北方地区 GDP 为 40213 亿元，比 1999 年提高 10.08%，南方地区 GDP 为 56996 亿元，比 1999 年提高 8.64%，增长速度南方不及北方。2003 年以后，GDP 增长速度北方逐渐超过南方（表 17-12），而 2009 年、2010 年和 2013 年北方 GDP 增长速度又有回落的趋势。

表 17-12　南北方 GDP 年均增长速度 （单位：%）

地区	2002 年	2003 年	2004 年	2008 年	2009 年	2010 年	2011 年	2012 年	2013 年
北方	10.42	15.74	21.43	20.44	10.61	19.36	19.34	10.76	8.47
南方	10.63	14.21	19.72	17.44	12.42	19.84	19.29	10.43	9.87
北方/南方	0.9802	1.1077	1.0807	1.172	0.8543	0.976	1.0023	1.0317	0.8584

资料来源：国家统计局，2002～2004，2008～2014。

南北各区内部各省（区）经济增长也呈现南北差异。2010 年 GDP 增速超过 20% 的南部省份有广西、福建、海南、几乎长江中下游地区的全部省份（上海除外），重庆市和四川省；北方地区有天津、山西、吉林和内蒙古四省（区、市）以及西北五省（区）。其中，西北地区的全部省份 GDP 增长率均超过 21%，低于全国平均水平的南方省（区、市）有上海、广东、贵州、云南和西藏，北方有北京、天津、山东、河南、黑龙江。新疆和山西的 GDP 年均增长率分列全国第一、第二，分别为 27.13% 和 25.04%。从整体格局上看，西北地区和长江中下游地区的 GDP 增长速度最快，发展最为均衡，西南地区和长江中下游地区相对较弱。南北方的 GDP 发展水平由 20 世纪 90 年代的南快北慢逐渐演变为基本持平（表 17-13）。2013 年全国 GDP 增速放缓，增速超过 10% 的南方省份有广西、福建、海南，长江中下游地区有安徽、江西、湖北、湖南，西南地区全部省份，除宁夏外西北地区全部省份，黄河中下游区只有天津。西南地区和西北地区增长最快，东北及内蒙古区全部省份均低于全国平均水平，黄河中下游区发展速度相对减缓。北方地区的 GDP 发展水平虽然出现了弱于南方地区的趋势，但两地区差异不大，仍处于相对均衡的状态（表 17-13）。

表 17-13　2010 年南北各区各省（区、市）GDP 年均增长速度　　　（单位：%）

地区	省（区、市）	2010 年均增长	2013 年均增长	地区	省（区、市）	2010 年均增长	2013 年均增长
长江中下游区	上海	14.09	7.04	东北及内蒙古区	辽宁	19.83	8.98
	江苏	20.22	9.44		吉林	21.33	8.73
	浙江	20.58	8.37		黑龙江	19.08	5.05
	安徽	22.82	10.61		内蒙古	20.75	5.99
	江西	23.46	10.73	黄河中下游区	北京	16.13	9.07
	湖北	23.20	10.87		天津	22.64	11.45
	湖南	22.81	10.60		河北	18.33	6.50
华南沿海区	广东	16.54	8.93		山西	25.04	4.04
	广西	21.33	10.30		山东	15.56	9.34
	福建	20.44	10.45		河南	18.54	8.64
	海南	24.80	10.19	西北地区	陕西	23.91	11.01
西南地区	重庆	21.37	10.93		甘肃	21.64	10.93
	四川	21.44	10.00		青海	24.89	10.96
	贵州	17.62	16.85		宁夏	24.85	9.56
	云南	17.09	13.69		新疆	27.13	11.39
	西藏	14.98	15.21	全国		19.64	9.50

资料来源：中国统计年鉴，2011，2014。

（三）城市化水平

中国的国土广大，南北自然、地理条件相差较大，各地区经济发展水平也各不相同，因而南北方呈现出相异的城市化特征，这种城市化的区域特征性主要表现在：城市化水平的区域差异，城市化发展速度的差异，以及各区域城市规模分布差异等方面。

城市化水平在很大程度上取决于经济发展水平，城市化过程本身就是取决于工业化进程、第三产业聚集程度以及科学技术进步的经济社会发展过程。1985 年北方地区城镇人口为 19495 万人，总人口为 43879 万人，城市化率为 44.43%；南方地区的城镇人口和总人口分别为 18729 万人和 60653 万人，城市化率为 30.88%。20 世纪 90 年代之后，伴随工业化的城市化进程中，虽然南方城市化原有的基础较低，但由于经济发展水平的提高，南方的城市化进程发展迅速，1991 年南北地区的城市化率趋于接近，90 年代后期，南方的城市化率超过北方，1999 年北方的城市化率只有南方的 90%左右。近几年随着北方地区经济发展水平与发展速度的提高，南北地区城市化率的差距日渐缩小，2008 年、2009 年已非常接近，2013 年北方的城市化率略高于南方（表 17-14）。

表 17-14　南北方城市化率对比　　　　　　　　　　　　　　（单位：%）

地区	1985 年	1991 年	1999 年	2008 年	2009 年	2013 年
北方	44.43	54.98	69.97	46.98	47.91	55.98
南方	30.88	52.07	76.47	47	48.08	53.02
北方/南方	1.4388	1.0559	0.915	0.9996	0.9965	1.056

资料来源：国家统计局，2000；中国人口和就业统计年鉴（2009～2010，2014）。

（四）居民收入与消费水平比较

居民的收入和消费水平是衡量一个地区经济发展水平的重要因素，2002 年，北方地区城镇居民的收入水平占南方地区的 81%，2010 年略有上升，占南方地区的 85%；农村居民的收入水平持续上升，2002、2010 和 2013 年分别占南方地区的 84%、88%和 96%。居民消费是国内需求的主体，是我国经济发展的主导力量，在居民消费水平方面，北方地区同样低于南方（表 17-15、表 17-16）。

表 17-15　居民人均年收入水平的南北对比　　　　　　　　（单位：元）

地区	城镇居民			农村居民		
	2002 年	2010 年	2013 年	2002 年	2010 年	2013 年
北方	111079.32	284138.56	24 285.86	37855.26	92140.94	9329.14
南方	137016.36	332397.72	26 699.88	45062.26	103988.82	9736.60
北方/南方	0.8107	0.8548	0.9096	0.8401	0.8861	0.9582

资料来源：国家统计局，2003，2011，2014。

表 17-16　居民人均年消费水平的南北对比　　　　　　　　（单位：元）

地区	城镇居民			农村居民		
	2002 年	2010 年	2013 年	2002 年	2010 年	2013 年
北方	83222.40	183064.11	16591.18	25818.30	65659.87	7102.58
南方	101334.36	212737.98	17752.55	33996.33	76363.61	7031.28
北方/南方	0.8213	0.8605	0.9346	0.7594	0.8598	1.0101

资料来源：国家统计局，2003，2011，2014。

三、2014 年至今的南北差异

（一）经济发展水平南强北弱

2014 年后北方的人口增长速度落后于南方，北方人口总数占南方人口的比重持续减小（表 17-17）。GDP 的南北差距逐年增大，2014 年北方 GDP 占南方 GDP 的 72.53%，2018 年降至 62.55%，南北差距由 37.87%扩大至 59.88%[①]（表 17-18）。北方的人口和 GDP 占南方的比重均呈现明显的下降趋势。

表 17-17　人口总数的南北对比　　　　　　　　　（单位：万人）

地区＼年份	2014	2015	2016	2017	2018	2019	2020
北方	57316	57601	57885	58105	58289	58430	57227
南方	78930	79497	80099	80729	81364	81955	83751
北方/南方	0.7262	0.7246	0.7227	0.7198	0.7164	0.7130	0.6833

资料来源：国家统计局，中国统计年鉴 2015～2020，第七次全国人口普查统计资料。

表 17-18　GDP 的南北对比　　　　　　　　　（单位：亿元）

地区＼年份	2014	2015	2016	2017	2018
北方	287700	297243	309700	329958	351978
南方	396649	425525	470370	517183	562729
北方/南方	0.7253	0.6985	0.6584	0.6380	0.6255

资料来源：国家统计局，中国统计年鉴 2015～2019。

在人均 GDP 方面呈现同样趋势，北方地区的人均 GDP 虽然逐年增长，但增长速度落后于南方地区，2014～2018 年与南方的差距逐渐拉大，由 0.12%扩大到 14.54%（表 17-19）。

表 17-19　人均 GDP 的南北对比　　　　　　　　　（单位：元）

地区＼年份	2014	2015	2016	2017	2018
北方	50195	51604	53503	56787	60385
南方	50253	53527	58724	64064	69162
北方/南方	0.9988	0.9641	0.9111	0.8864	0.8731

资料来源：国家统计局，中国统计年鉴 2015～2019。

（二）GDP 增长速度南快北慢

2014～2016 年由于北方的资源型和重工业省份面临经济发展转型问题，GDP 增长速度锐减，由 7.26%降至 4.19%，而这一阶段的南方地区 GDP 增速不断提高，南北方差距由 32.78%

[①] 南北差距计算方法为（南方 GDP-北方 GDP）/北方 GDP

剧增至 151.55%（表 17-20）。虽然在 2017 年后这一现象有所缓解，但 GDP 增长速度仍然呈现明显的南快北慢的趋势。

表 17-20　南北方 GDP 年均增长速度　　　　（单位：%）

地区 \ 年份	2014	2015	2016	2017	2018
北方	7.26	3.32	4.19	6.54	6.67
南方	9.64	7.28	10.54	9.95	8.81
北方/南方	0.7532	0.4556	0.3977	0.6572	0.7578

资料来源：国家统计局，中国统计年鉴 2015～2019。

南北方内部各省（区）经济增长也呈现明显的南北差异。2018 年 GDP 增速超过全国平均水平的北方省份只有陕西、河南、青海、宁夏、山西 5 个，陕西增速最高为 8.3%，而南方地区只有海南和重庆地区未达到全国平均水平，贵州和西藏增速最高达 9.1%（表 17-21）。整体来看，东北及内蒙古区和黄河中下游区增速最慢，西南地区和长江中下游区增速最快，南北方的 GDP 发展水平由 2000～2013 年的相对均衡演变为南强北弱。

表 17-21　南北各区各省（区、市）GDP 年均增长速度　　　　（单位：%）

地区	省（区、市）名称	2010 年均增长	2013 年均增长	2018 年均增长	地区	省（区、市）名称	2010 年均增长	2013 年均增长	2018 年均增长
长江中下游区	上海	14.1	7.0	6.6	东北及内蒙古区	辽宁	19.8	9.0	5.7
	江苏	20.2	9.4	6.7		吉林	21.3	8.7	4.5
	浙江	20.6	8.4	7.1		黑龙江	19.1	5.1	4.7
	安徽	22.8	10.6	8.0		内蒙古	20.8	6.0	5.3
	江西	23.5	10.7	8.7	黄河中下游区	北京	16.1	9.1	6.6
	湖北	23.2	10.9	7.8		天津	22.6	11.5	3.6
	湖南	22.8	10.6	7.8		河北	18.3	6.5	6.6
华南沿海区	广东	16.5	8.9	6.8		山西	25.0	4.0	6.7
	广西	21.3	10.3	6.8		山东	15.6	9.3	6.4
	福建	20.4	10.5	8.3		河南	18.5	8.6	7.6
	海南	24.8	10.2	5.8	西北地区	陕西	23.9	11.0	8.3
西南地区	重庆	21.4	10.9	6.0		甘肃	21.6	10.9	6.3
	四川	21.4	10.0	8.0		青海	21.6	11.0	7.2
	贵州	17.6	16.9	9.1		宁夏	24.9	9.6	7.0
	云南	17.1	13.7	8.9		新疆	27.1	11.4	6.1
	西藏	15.0	15.2	9.1	全国		19.6	9.5	6.6

资料来源：国家统计局，中国统计年鉴 2011，2014，2019。

（三）城市化水平

南北地区的城市化率基本保持稳定，北方地区略高于南方，但呈现差距缩小趋势，2014～2018 年南北差距缩小了 1.52%（表 17-22）。

表 17-22　南北方城市化率对比　　　　　　（单位：%）

年份 地区	2014	2015	2016	2017	2018
北方	57.00	58.07	59.10	60.11	61.06
南方	54.19	55.31	56.67	57.93	58.98
北方/南方	1.0520	1.0498	1.0428	1.0377	1.0352

资料来源：国家统计局，中国统计年鉴 2015～2019。

中国在城市统计中对城市规模的分类标准如下：市区常住人口 50 万以下的为小城市，50 万～100 万的为中等城市，100 万～500 万的为大城市，500 万～1000 万的为特大城市，1000 万以上的为超大城市。根据国务院公布最新中国城市规模排名，中国特大城市和超大城市中南方地区有 9 个城市，分别是上海、重庆、广州、深圳、武汉、成都、东莞、南京、杭州，北方地区少于南方，有北京、天津、郑州、西安、沈阳、青岛 6 个城市。

（四）居民收入与消费水平比较

2018 年北方地区城镇居民的收入水平占南方地区的 91.66%，相对 2013 年略有上升。但北方地区城镇居民的消费水平、农村居民的收入及消费水平均落后于南方地区，且南北差距呈拉大趋势（表 17-23、17-24）。

表 17-23　居民人均年收入水平的南北对比　　　　　　（单位：元）

地区	城镇居民		农村居民	
	2013 年	2018 年	2013 年	2018 年
北方	24285.86	36057.41	9329.14	14371.15
南方	26699.88	39337.68	9736.60	16031.71
北方/南方	0.9096	0.9166	0.9582	0.8964

资料来源：国家统计局，中国统计年鉴 2014，2019。

表 17-24　居民人均年消费水平的南北对比　　　　　　（单位：元）

地区	城镇居民		农村居民	
	2013 年	2018 年	2013 年	2018 年
北方	16591.18	24695.85	7102.58	11688.93
南方	17752.55	26043.73	7031.28	13056.92
北方/南方	0.9346	0.9482	1.0101	0.8952

资料来源：国家统计局，中国统计年鉴 2014，2019。

四、南北经济发展差异的原因分析

（一）地理环境及自然资源的影响

中国南北方的自然地理环境有较大的差异，虽然对经济发展不是决定性的因素，但对经济发展尤其是农业生产有较大的影响。南方地区位于秦岭一淮河以南，1月平均气温大于 0℃，温暖湿润，以水田耕作为主，作物一年两熟或两年五熟；北方地区寒冷干旱，以旱作农业为主，作物一年一熟或两年三熟。自唐宋以来，南方地区便是我国粮食的主要产区，南北大运河将南方粮食源源不断地运到北方地区。20 世纪 90 年代之后，南粮北运的局面开始扭转，北方平原耕地多，在新的农业科技的支持下单位面积产量迅速提高。北方的粮食和饲料等大量运往南方地区。

中国南北方在自然资源方面存在较大差异，对经济发展有一定的影响。由于北方地区能源与矿产资源丰富，有丰富的动力矿藏，大量的金属矿藏（表 17-25），工业资源好于南方，因此多发展重工业，第一个五年计划中国家制定了优先发展重工业的战略，由于北方地区能源丰富，同时南方地区处于战略前线，因此国家将 156 项重点工程 80%分布在北方地区，这就导致了北方地区的重工业基础雄厚，而轻工业薄弱，进而导致工业发展不平衡。

表 17-25　主要能源矿产的南北分布

地区	石油/万 t	天然气/亿 m³	煤炭/亿 t	铁矿石/亿 t	锰矿石/亿 t
北方	268414.07	26370.25	2395.97	164.37	2949.82
南方	5008.74	8729.95	397.95	57.95	16565.82
北方/南方	53.59	3.0207	6.0208	2.8364	0.1781

资料来源：国家统计局，2011。

南方地区水资源丰富，川、滇、藏三省（区）水能资源蕴藏量位列全国前三名。对于地区发展来说，水资源短缺可能会成为制约经济快速发展的瓶颈，因此应引起足够的重视。北方地区的水资源储藏量不足全国水资源总量的 20%，因此不得不实施"南水北调工程"，进行长距离的跨区域调水（表 17-26）。

表 17-26　耕地与水资源的南北对比

地区	耕地面积/万 hm²（2017 年底）	水资源总量/亿 m³（2019 年）
北方	80482.1	5751.8
南方	54388.2	21711.0
北方/南方	1.4798	0.2649

资料来源：国家统计局，2019。

（二）区位和开放政策差异

南方地区在区位方面较北方相比占有一定优势，对于地区经济发展来讲，地理位置虽然不起决定性作用，但却会对经济发展产生一定的影响。

从海陆位置看，南部沿海地区面向南海，接近世界大洋主航线，是海外华侨进出的主要通道，且南部地区港湾优良，靠近发达的香港、澳门及台湾地区，这对其经济发展起了推动作用。所以，南方在发展外向型经济方面较北方具有优越性。

1978 年开始，我国实行改革开放。我国的改革开放是从南部沿海开始的，于 1979 年首先设立 4 个经济特区，之后又开放了 14 个沿海港口城市和 2 个沿海开放地区，到目前为止，我国已拥有多种类型的开放区（表 17-27）。虽然目前全国都已开放，但开放地区数量南多北少，同时由于中央给予地方的优惠政策主要在各开放和经济特区，因此短时期内仍会对南北地区的经济发展产生一定的影响。

表 17-27　南北各区主要开放区类型分布　　（单位：个）

地区	经济特区	沿海开放城市	沿海开放地区	沿边开放城市	沿江开放城市	保税区	合计
北方	0	5	3	8	0	4	20
南方	5	9	2	8	6	11	41

资料来源：中国口岸协会，中国口岸年鉴，2010~2011；吴殿廷，2011。

（三）经济结构的影响

首先，三次产业的比重存在南北差异。南北区域在工业化进程上，保持了大致相当的水平，长期以来南方地区三次产业结构略优于北方地区，2018 年北方地区的三次产业结构出现了优于南方的势头。2005~2010 年，北方地区第一、二产业的比重稍高于南方，南方地区第三产业比重大于北方。但 2018 年出现反转趋势，北方的第二产业比重低于南方，但第三产业比重超过南方（表 17-28）。因此，南方地区经济在长期发展中保持了灵活性较强的特点，产业结构较优易于拓宽劳动就业领域，促进经济发展。

表 17-28　产业结构的南北对比　　（单位：%）

地区	2005 年			2010 年			2018 年		
	第一产业	第二产业	第三产业	第一产业	第二产业	第三产业	第一产业	第二产业	第三产业
北方	11.86	50.36	38.97	9.77	51.47	38.77	7.54	40.38	52.08
南方	11.46	48	40.54	8.91	49.52	41.58	6.79	41.62	51.59

资料来源：国家统计局，2006，2011，2019。

其次，我国轻重工业结构呈现明显的南北差异。从地区发展的角度考虑，轻工业投资少、见效快、资金回收期短，利于资金的积累，而重工业投资相对多、建设周期长、资金回报率相对低，因而不利于经济增长。1995 年北方轻工业比重占全国工业总产值的 36.72%，南方为 51.04%，2009 年南方轻工业比重提高至 64.81%（表 17-29、表 17-30）。改革开放以后，中国轻工业增长速度高于重工业的增长速度，而北方地区重工业比重大，因此工业总的增长速度相对较慢。因此，南北方工业结构的差异对双方的经济发展产生了一定影响。

表 17-29　1995 年南北方工业结构对比　　（单位：亿元）

地区	工业总产值	轻工业	重工业	轻工业比重/%	轻工业/重工业
北方	21450	7877	13573	36.72	0.5803
南方	36125	18438	17686	51.04	1.0425
北方/南方	0.5938	0.4272	0.7674	0.7194	0.8418

资料来源：国家统计局工业交通统计司，1996。

表 17-30　2009 年南北方工业结构对比　　　　　　　　　　（单位：亿元）

地区	工业总产值	轻工业	重工业	轻工业比重/%	轻工业/重工业
北方	161498.17	56824.13	174494.09	35.18	0.3256
南方	386813.3	104674.91	202319.21	64.81	0.5173
北方/南方	0.4175	0.5429	0.8625	0.5428	0.6294

资料来源：国家统计局工业交通统计司，2010。

最后，南北地区工业的所有制结构呈现明显的差异。对一个地区来讲，非国有工业比重大更有利于经济增长，因为非国有工业产权明晰，以市场为导向，发展欲望强，更能适应市场，而国有工业受体制和管理等因素制约，加之企业负担重，因此发展受到限制。在改革开放后的 20 年里，工业是全国经济最主要的增长因素，工业产值平均年增长速度为 14.83%，但是，工业企业中国有及国有控股工业的增长速度只有 7.65%，工业的增长主要靠非国有工业，其对全国工业产值增长的贡献份额是 73.58%，国有及国有控股企业的贡献率仅为 26.42%。1985～1995 年南方非国有工业对工业产值增长的贡献率达到 77.71%，而同期北方只有 62.48%。1998 年，北方地区国有及国有控股企业的产值和从业人员的比重都高于南方，而工业总产值却大大小于南方，南北方的工业总产值分别为 73611 亿元和 45437 亿元，产值比为 62：38。南方工业乃至整个经济的快速发展，主要得益于非国有工业。2010 年南北国有企业的比重依旧是北高南低，而工业产值北方仅有南方的 73%，南方地区的经济活力大于北方地区（表 17-31）。因此，我国南方地区非国有工业的比重大是其经济增长在全国领先的重要原因之一。

表 17-31　南北方国有企业产值及其比例（2010 年）　　　　（单位：亿元）

地区	全国大中型工业企业总产值	其中国有及国有控股企业	国有及国有控股所占比例/%
北方	183688.98	97852.74	53.27
南方	250182.82	88008.28	35.18
北方/南方	0.7342	1.1119	1.5143

资料来源：国家统计局，2011。

（四）投入要素分析

在固定资产投资方面，1995～1998 年南北方国有资产所占的比重分别为 47.55% 和 57.85%，2007～2010 年南北方国有资产投资所占的比重已分别降为 28.76% 和 27.19%（表 17-32）。从南北方 2007～2010 年累计固定资产投资的对比情况来看，虽然北方的国有企业投资的比例大大减小，但依旧大于南方地区，固定资产投资总量依旧小于南方，可见南方地区的投资主要不是靠国有企业，而是靠社会、个体和外商等非国有机构。由此说明，造成南北方经济发展速度差异的原因，不是国家投资所为，南方的快速发展，主要得益于非国有投资因素。

由于南方地区靠近港、澳、台地区，国际、国内资金渠道多，利用外资也是其经济高速增长的重要原因。南北各区利用外资的梯度差异造成了经济增长的梯度差异，也扩大了工业结构的差异。

表 17-32　南北方固定资产投资情况对比

地区	2007~2010 年累计/亿元	其中国有企业/亿元	国有投资所占比重/%	2007~2010 年各年投资累计额的人均值/[万元/(人·年)]			
				2007 年	2008 年	2009 年	2010 年
北方	375156	102014	27.19	0.875	0.6912	0.5354	0.4339
南方	418912	120471	28.76	1.0406	0.8473	0.6613	0.544
北方/南方	0.8955	0.8468	0.647	0.8409	0.8158	0.8096	0.7976

资料来源：国家统计局，2008~2011。

（五）进出口要素的影响

2007~2018 年，北方地区的进出口总额远远小于南方。虽然进口总额的差距有缩小的趋势，但从整体上讲，北方地区进出口经济总量与南方相比差距太大。按收发货人所在地区分，2018 年北方地区进口总额仅占南方地区的 54%，出口总额只有南方的 25%；按境内目的地和货源地分，2018 年北方地区进口总额仅占南方地区 42%，出口总额只有南方的 25%。人均情况也是如此，按收发货人所在地区分，北方人均进出口总额只占南方的 52%；按境内目的地和货源地分，北方人均进出口总额仅占南方的 45%，不足南方的一半。也就是说，南方的外向型经济更发达，有更为广阔的市场和对外更频繁的信息交流，更利于技术进步和经济的增长（表 17-33、表 17-34）。

表 17-33　进口总额的南北对比　　　　　　　　　　　　　　　　（单位：万美元）

地区	2007 年	2008 年	2009 年	2010 年	2013 年[①]	2013 年[②]	2018 年[③]	2018 年[④]
北方	29222852	40584959	34575379	49205629	58848147	75502688	74576000	63118000
南方	95006707	109872159	95238683	125317842	136150780	119496259	138995000	150454000
北方/南方	0.3076	0.3694	0.3630	0.3926	0.4322	0.6318	0.5365	0.4195

注：①按境内目的地和货源地分；②按经营单位所在地分；③按收发货人所在地分；④按境内目的地和货源地分。

资料来源：国家统计局，中国统计年鉴 2008~2011，2014，2019。

表 17-34　出口总额的南北对比　　　　　　　　　　　　　　　　（单位：万美元）

地区	2007 年	2008 年	2009 年	2010 年	2013 年[①]	2013 年[②]	2018 年[③]	2018 年[④]
北方	26770869	33197148	24922497	32457589	41920575	45339125	50039000	49896000
南方	161378881	182543416	161255624	215736614	178979825	175561276	198629000	198773000
北方/南方	0.1659	0.1819	0.1546	0.1505	0.2342	0.2583	0.2519	0.2510

注：①按境内目的地和货源地分；②按经营单位所在地分；③按收发货人所在地分；④按境内目的地和货源地分。

资料来源：国家统计局，中国统计年鉴 2008~2011，2014，2019。

由此可见，造成南北差异的原因是多方面的，而且各个方面融合在一起共同发挥作用，改革开放以来南方比北方经济发展快的原因主要有：地缘优势、国家的政策倾斜、出口能力和投资强度的差别、工业所有制结构的作用等，而国家投资的作用较小。南北经济差距虽在 2003 年之后有缩小的趋势，但仍不容忽视，北方应继续加快改革步伐，利用自然资源、科技资源和人才资源优势，把握机遇，争取国家更多的支持，构筑新一轮经济增长点，尽快实现产业结构的升级和转型，提高经济发展的速度和质量。

第三节　中国的城乡结构

随着中国城市化发展，中国的城乡结构逐步发生变化，改革开放以后中国的城市化加速进行，推动中国城乡结构迅速调整。

一、中国的城市化进程

（一）改革开放前中国的城市化

新中国成立到改革开放前的近 30 年，中国的城市化在多种因素的影响下远远滞后于工业化发展的步伐，经历了稳步提升、剧烈波动和停滞倒退三个演进阶段。

1. 城市化的稳步提升阶段（1949～1957 年）

新中国成立到 1957 年是城市化的稳步提升阶段。新中国成立初期，随着国民经济的恢复，尤其是 1953 年第一个五年计划的启动，工业化迅速发展，1952～1957 年，中国的人均 GDP 由 119 元增至 168 元。随着工业化的推进，城市化水平也随之提高。新中国成立之前，中国大陆有 58 个城市，新中国成立后经过调整建制，1949 年年底全国设市的城市增加到 136 个。1949～1957 年，中国的城市人口从 5765 万增加到 9949 万，城镇人口的比重从 1949 年的 10.6%提高到 1957 年的 15.4%（图 17-1）。其中除了城镇人口自然增长的因素之外，农村人口向城市的迁移是一个更为重要的因素。到 1957 年城市数增加到 176 个，其中 500 万以上人口 1 个，300 万～500 万人口 1 个，100 万～300 万人口 11 个，50 万～100 万人口 20 个，10 万～50 万人口 90 个，10 万人口以下 52 个。

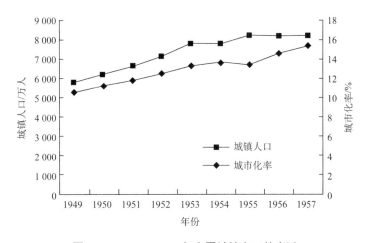

图 17-1　1949～1957 年中国城镇人口的变迁

（中国社会科学院人口研究中心，1986，根据其中相关数据绘制而成）

从总体上看，新中国成立后到 1957 年这一阶段中国的城市化发展比较平稳、城乡发展也比较协调。不过，在这一阶段，已经出现了一些影响城市化持续发展的因素，主要包括国家决策层的一些认识和政策。在认识上，偏重于工业尤其是重工业的发展，尽管提出要建立以重工业为中心的独立和比较完整的工业体系，兼顾农业和轻工业的发展，但对一、

二、三产业之间的关系还没有科学的认识和把握。在此背景下，随着工业发展和人民生活水平提高的需要，对原材料和消费品的需求出现紧张。在政策上，基于优先发展工业尤其是重工业的需要，1950 年 8 月，公安部制定了《关于特种人口管理的暂行办法（草案）》，以便"搞好社会治安，保障安全"。同年 11 月又出台了《城市户口管理暂行条例》，统一规范户口问题。1953 年 4 月、1956 年 12 月、1957 年 12 月中共中央和国务院（政务院）陆续发出三个关于"劝止"、"防止"、"制止"农民盲目流入城市的文件，开始利用政策干预农村劳动力向城市的流动。

2．城市化的剧烈波动阶段（1958～1965 年）

1958～1965 年是城市化的剧烈波动阶段。1958 年开始了"大跃进"，1958～1960 年，随着工业化的超常规发展，城市化也得到了迅速的推进。这三年间，城镇人口净增加 3124 万人，年均增加了 1041.3 万人，城市化率提高了 4.36%。1958 年，全国城镇人口为 10721 万人，城市化率为 16.3%；到了 1960 年，全国城镇人口增加到 13073 万人，城市化率提高到 19.8%，分别比 1958 年增加了 2352 万人和 3.5%（图 17-2）。然而"大跃进"违背经济规律，由于工业发展过急，职工和城镇人口增多，大大超过了农业的承受能力，加上同一时期农村的人民公社化运动挫伤了农民种田的积极性，在此背景下，国家粮食供需发生了尖锐的矛盾，致使城市化进程失去了农业的支撑而遇阻。由于客观条件的限制和国家政策的调整，1961 年，全国城镇人口为 12707 万人，城市化率为 19.3%，到了 1965 年，全国城镇人口增加到 13045 万人，城市化率下降到 18.0%，分别比 1961 年增加了 338 万人，减少了 1.3%（图 17-2）。随着国民经济结构调整后工业经济的逐步复苏，1964 年城市化水平有所上升，但随着 1964 年开始在内陆边远地区启动以国防科技工业为重点的"三线"建设，片面强调"靠山、分散、进洞"，在一定程度上造成了反向的城市化。因此，这一阶段中国的城市化呈现出明显的波动特征，从一开始的超速城市化到随着经济结构失调和政策调整而带来的反向城市化，再从随着国民经济恢复带来的城市化增长到因"三线"建设等因素带来的反向城市化，中间经历了两起两落的过程。

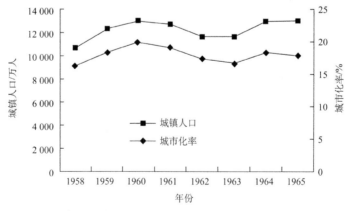

图 17-2　1958～1965 年中国城镇人口的变迁（国家统计局人口和就业统计司，1995）

3．城市化的停滞倒退阶段（1966～1977 年）

从 1966 年到改革开放前属于城市化的基本停滞阶段。1966 年开始的十年"文化大革命"严重扰乱了国家的各个领域。知识青年上山下乡和干部下放农村劳动政策以及国家"三线"

建设工程，使得城市的知识青年、干部和职工直接回流到农村。尽管上述政策都是在具体的复杂的历史环境下实施的，但其结果无疑产生了一种逆向的城市化过程，造成了城市化的停滞和倒退，并一直影响到改革开放政策启动之前。据统计，1966～1977 年，城市人口年均增长速度仅为 2.06%，比总人口年均增长速度低 0.21 个百分点。城市的迁出人口大于迁入人口。这一期间的中国城镇人口年均增长量只有 302 万人。1966 年，全国城镇人口为13313 万人，城市化率为 17.9%；到了 1977 年，全国城镇人口增加到 16669 万人，城市化率下降到 17.6%，分别比 1966 年增加了 3356 万人和减少了 0.3%（图 17-3）。1966～1972 年，中国的城市化率连续下降，从 1966 年的 17.9% 下降至 1972 年的 17.1%。之后几年，城市化率基本保持不变或稍有提升，但相对"文化大革命"开始的 1966 年，城市化的绝对水平还是下降了。

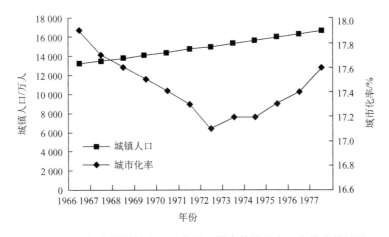

图 17-3　1966～1977 年中国城镇人口的变迁（国家统计局人口和就业统计司，1995）

（二）改革开放后中国城市化的进程

自 1978 年改革开放以来，中国经济高速增长，城市化迅速推进，城乡之间壁垒逐渐松动，城镇人口比重由 1978 年的 17.92% 升至 2020 年的 63.89%（图 17-4），特别是乡镇企业的发展，使得中国城市化呈现以小城镇迅速扩张、人口就地城市化为主的特点，大致经历了两个阶段。

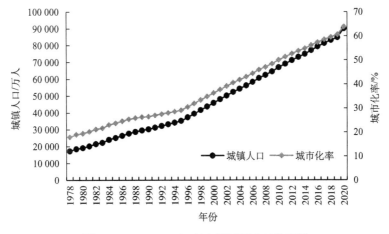

图 17-4　1978～2020 年中国城镇人口的变迁

注：根据 2020 年中国统计年鉴中相关数据及第七次全国人口普查统计资料绘制而成

1．恢复发展阶段（1978～1998 年）

从 1980 年开始，国家的城市化战略从限制城市发展，转变为"严格控制大城市规模，合理发展中小城市，积极发展小城镇"。由于对中小城市和小城镇发展网开一面，并得益于市场的开放和逐步放开对农民工进城的限制，迎来了城市化的加速发展，城市化率在这20年间提高了15 个百分点，1998 年达到 33.35%。不过，这一时期的城市化发展是不均衡的，主要表现在中小城市和小城镇数量迅速增加，而城市平均规模显著下降，大城市数量偏少、发展滞后。

2．加速发展阶段（1998 年至今）

在这期间，中央政府改变了限制大城市发展的政策，并于 2001 年正式宣布了"大中小城市和小城镇协调发展"的新政策。对农民工进城的政策，也从仅仅允许逐渐转变为鼓励和支持。我国城市化从沿海向内地全面展开，城市建设呈现出原有城市改造开发区建设和建立国际大都市并行的趋势，城市化逐渐由量的扩张过渡到量与质共同提高的阶段。这期间，城市化速度进一步加快到 2019 年末，我国城市总数达到 684 个，第七次全国人口普查统计数据显示，城镇人口为 90199 万，城市化率比 1998 年上升了 46 个百分点，达到 63.89%，年均提高 2.09 个百分点，显著高于 1978～1998 年的年均 0.77 个百分点。

我国的城市化进程已经经历了 70 多年的曲折发展，在过去的城市化进程中，我国的城乡差距不断扩大，严重制约着城市化的健康发展。我国城市化滞后的根本原因在于城市化长期笼罩在工业发展战略偏差的阴影中，以及城乡二元经济社会结构的长期存在。在城市化进程中，城市与乡村互相依赖，互相制约，必须协调发展。

二、中国的城乡二元结构

二元经济结构理论是由美国著名经济学家阿瑟·刘易斯在 1954 年提出，是指发展中国家在工业化初期阶段形成的现代部门和传统部门同时并存的经济结构。一种是以传统的方式进行生产、劳动生产率极为低下、收入只能够维持劳动者最低生活水平的乡村农业部门；另一种是以现代方式进行生产、劳动生产率较高、劳动者工资水平也相应较高的城市工业部门。二元社会结构理论是由荷兰社会学家 J.H.波克于 1953 年首先提出，是指发展中国家农业社会与现代社会并存，传统的乡村和农业人口与现代化的城市和城市人口并存等现象，这种并存与差异性主要通过一系列社会指标、福利指标、社会政策差异表现出来。大多数发展中国家的二元经济结构，是在工业化的发展过程中自然形成的，而中国二元经济结构的发展演进同时也伴随着二元社会结构的演变，是社会内部生产方式矛盾运动和外部政策、制度相互作用的结果。我国 20 世纪 50 年代推进的重工业化、户籍制度和统购统销政策，不仅强化了原来已有的二元经济结构，而且在此基础上还形成了具有中国特色的二元社会结构，使得原本属于工业化发展进程中的一个阶段性特征演化为制度性安排而长期存在。二元经济结构和二元社会结构相互交织，形成了具有中国特色的二元经济、社会结构。我国的基本国情为二元社会结构，二元社会结构就是以二元户籍制度为核心，包括二元就业制度、二元福利保障制度、二元教育制度、二元公共事业投入制度在内的一系列社会制度体系。

我国的城乡二元经济社会结构长期存在，形态完善，很有典型性。从新中国成立伊始，重工业优先发展战略就奠定了城乡二元经济结构的基础，城乡分离的制度固化了二元经济结构，城乡分割的公共品供给制度强化了二元经济结构，改革开放后以增长为导向的发展战略延续了城乡二元经济结构。虽然改革开放以来，我国政府充分认识到消除二元经济结构的重要意义，伴随着改革的深化和经济发展战略的调整，城乡关系的不协调有所缓解，二元经济结构转化已成基本趋势，但这种转化却经历了削弱—强化的多次反复，城乡二元结构矛盾突出。

城乡二元结构已经成为制约我国经济社会协调发展的瓶颈性障碍，如果任其存在而不着力破除，势必阻碍现代化进程。21世纪以来，我国政府开始着手调整严重扭曲的城乡关系。新农村建设、全面取消农业税、建设现代农业等重大战略决策相继出台；农村免费义务教育、新的农村合作医疗、农村公共基础设施建设、文化服务建设等具体措施相继铺开。

（一）中国城乡二元经济社会结构的基本表现

城乡差距是二元结构的具体反映。我国城乡居民在收入、消费、教育、医疗和社会保障等方面有着巨大差距，这些差距不但影响了中国城市和农村的共同建设，也阻碍了中国的经济发展和现代化进程。

1. 城乡居民收入差距

城乡居民收入差距过大是城乡差距扩大的主要表现。改革开放以来，我国城乡居民的收入水平都有了较大的提高，与此同时，城乡居民之间的收入差距水平在不断扩大。

2018年我国从事第一产业的劳动力人数仍然非常庞大，达到2.97亿，占全国从业人员总数 26.1%。农村地区的产业结构状况、三次产业从业结构状况以及农业的低效益，造成农民收入不能大幅、稳定的增长。改革开放初期我国城乡居民的收入差距就已经存在（图17-5）。随着时间的推移，城乡收入曲线都在迅速上升，但城镇居民收入曲线上升的速度明显快于农村居民收入曲线上升的速度。城乡居民之间的收入差距大致经历了一个缩小—扩大—缩小—扩大—缩小的演变过程，呈现出阶段性的态势。

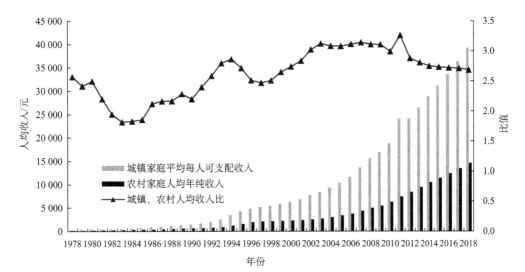

图 17-5　改革开放以来我国城乡居民收入比较

注：根据中国统计年鉴（2001、2019 年）中相关数据绘制而成

改革开放初期的 1978～1984 年，城乡差距逐步缩小。这一时期，随着家庭联产承包责任制的推行和农产品收购价格几次提高，农业生产有了较快的恢复和发展，农民收入有了较快的增长，其增长速度高于城镇居民收入增长速度，城乡差距在逐步缩小。1978 年改革开放初期城乡居民收入差距比高达 2.57，即城镇居民人均可支配收入是农村居民人均纯收入的 2.57 倍。1978 年以后，城乡居民收入差距逐步缩小，到 1983 年，城乡居民收入差距比为 1.82，是 1978～1984 年中最小的一年。

20 世纪 80 年代中期以后，城乡收入差距开始扩大。这时期，我国改革的重点开始从农村转向城市，城市居民收入增长速度较快。而在农村，由于联产承包制提高劳动生产率的能量释放完毕，再加之因农业生产资料价格上升幅度大于农产品带来的农业贸易条件恶化、农业比较利益下降等因素的影响，农民收入增长缓慢。导致城镇居民收入增长速度很快越过农村居民收入增长速度，1985～1994 年城乡居民收入差距趋于扩大，到 1994 年达到最高点，城乡居民收入差距比为 2.86。1995～1997 年，城乡收入差距短期内缩小。缩小的主要原因是城镇中下岗职工增加，收入减少所致。1985 年城乡居民收入差距比为 2.86，到 1997 年缩小到 2.47。1995～1997 年，虽然城乡居民收入差距有所缩小，但差距依然偏大，且没有形成一个长期稳定缩小的趋势。

1998 年至今，城乡收入差距继续扩大。1998 年的自然灾害和 1999 年城镇职工的普遍加薪是城乡居民收入差距呈继续扩大趋势的主要原因，且在这一时期由于教育、医疗、保障等各种福利方面的差距显露出来，进一步拉大了城乡间的收入差距。自 1998 年以来除了个别年份略有起伏外，城乡居民收入差距的比例一路攀升，由 1998 年的 2.51 扩大到 2001 年的 2.90，2007 年更是上升到了 3.33，为历年之最，2011 年也达到 3.26。我国城乡居民收入差距逐步放大，导致城乡统筹的难度进一步加大，城乡经济、社会发展的不协调日益突出。

我国城乡收入差距自 2012 年开始逐渐缩小，从 2012 年的 2.88 降至 2018 年的 2.69，城乡收入差距呈现出良好的平稳下降趋势。2012 年中央农村工作会议指出，"目前我国最大的发展差距仍然是城乡差距，最大的结构性问题仍然是城乡二元结构。"表明了政府对缩小城乡差距问题的重视，"十二五"和"十三五"时期是我国全面建设和全面建成小康社会的关键时期，缩小城乡差距成为规划纲要的重点内容，期间政府出台了多项缩小城乡差距的财税政策，推动了农村地区居民收入水平的提高，城乡差距逐渐缩小。

2. 城乡居民消费差距

收入是消费的基础，城乡收入差距的扩大逐渐形成了不同的收入阶层，也因此形成了城乡两种不同的消费阶层和消费市场，从而造成城乡居民在消费水平、消费结构、人均消费性支出等方面均存在着很大的差异。与城乡居民的收入差距相似，改革开放以来，我国城乡居民的消费水平差距也经过了缩小、扩大、短暂的缩小、进一步扩大、平稳缩小的过程。1978 年，城乡消费水平比是 2.9，1984 年、1985 年缩小到 2.3，1995 年扩大到 3.8，短暂的缩小后，1999～2008 年以来，我国城乡居民消费水平之比一直维持在 3.5 以上，2000 年更是高达 3.7。2010 年后，我国城乡居民消费水平之比持续下降，从 3.5 降到 2.5。2018 年，农村居民的消费水平为 13062 元，城镇居民的消费水平为 33282 元，1 个城镇居民的消费水平相当于 2.5 个农民的消费水平。目前农村居民的消费水平相当于 21 世纪初城市居民的水平，农村居民的消费水平比城市居民的消费水平大约落后 11 年左右（图 17-6）。

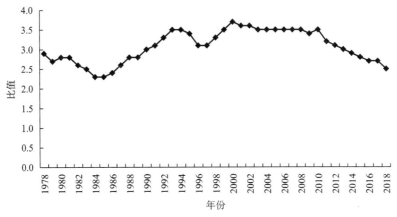

图 17-6　1978~2018 年我国城乡居民消费水平比率

3. 城乡公共品供给差距

1) 城乡教育差距

基础教育是人民平等的基本要求，是给所有人提供均等机会的基本前提，同时也涉及国家的长远利益，因此，应让所有人普遍享受到。义务教育虽在全国基本实现，但在设施、设备和人员配置上存在巨大的地区和城乡差别。城市教育体系完善、教育资源丰富、教育经费充足；而农村的教育经费主要来自相对甚少的国家财政支出，教育资源在城乡之间配置明显不平衡，学校设施、教学环境、教师水平也存在着很大的差距。以义务教育经费投入为例，2018 年全国普通小学生均一般公共预算教育经费为 11328.05 元，农村为 10548.62 元，相差 779.43 元；全国普通初中生均一般公共预算教育经费为 16494.37 元，农村为 14634.76 元，相差 1859.61 元；全国普通小学生平均预算内公用经费支出为 2794.58 元，农村为 2545.54 元，相差 249.04 元；全国普通初中生平均预算内公用经费支出为 3907.82 元，农村普通初中生平均预算内公用经费支出为 3460.77 元，相差 447.05 元。如果考虑其他非财政教育投入，城市和农村的差距将更大。

2) 城乡医疗卫生差距

公共卫生和医疗保健的发展水平影响国民的心理和生理健康，可以促进人力资本的积累，提高劳动生产效率，增加个体收入水平，最终影响到经济增长和经济发展水平。医疗卫生方面，2014 年我国医疗卫生总费用为 35312.4 亿元，其中城市占 75.3%，农村占 24.7%。人均卫生费用 2581.7 元，其中城市 3558.3 元，农村 1412.2 元，城乡人均相差 2146.1 元。2000~2018 年，城乡人均医疗卫生费用的差距从 99 元扩大到 2146.1 元。据妇幼卫生监测统计，2018 年我国 5 岁以下儿童死亡率为 8.4‰，其中城市为 4.4‰，农村 10.2‰；婴儿死亡率 6.1‰，其中城市 3.6‰，农村 7.3‰；新生儿死亡率 3.9‰，其中城市 2.2‰，农村 4.7‰；孕产妇死亡率为 18.3/10 万，其中城市 15.5/10 万，农村 19.9/10 万。尽管从床位数、卫生技术人员数等指标看，全国医疗卫生资源增长较快，但城乡之间的差距仍然较大，城乡医疗卫生服务的设施明显不均等。2018 年，每千人医疗卫生机构床位数，城市是农村的 1.91 倍，每千人卫生技术人员数，城市是农村的 2.36 倍，每千人执业（助理）医师数，城市是农村的 2.20 倍，每千人注册护士，城市是农村的 2.82 倍，乡村医生和卫生人员占全国卫生人员总数的 7.37%。以上都充分说明我国医疗卫生资源在城乡之间的配置不尽合理，并形成城乡卫生保健发展的巨大差异。以上都充分说明我国医疗卫生资源在城乡之间的配置不尽合理，并形成城乡卫生保健发展的巨大差异。

3）城乡社会保障差距

社会保障是国家对社会成员特别是生活有特殊困难的人们的基本生活权利给予保障的社会安全制度。2003 年年底，我国城镇已基本建立了涵盖所有项目的社会保障制度，建立了最低生活保障、灾害救助、社会互助、流浪乞讨人员救助等社会福利制度，医疗、养老、工伤、失业、生育等社会保险制度，住房公积金、经济适用房、廉价住房等住房保障制度以及优抚安置老年人、儿童、残疾人等社会福利制度等。然而，直到 2009 年年底，在农村地区仅建立了包括养老、合作医疗等社会保险制度，五保供养、低保、特困户基本生活救助等社会救济制度，社会保障发展大大落后于城镇，覆盖范围窄、层次低、社会化程度低。

2010 年全国列入国家新型农村社会养老保险试点地区参保人数 10277 万人，仅占农村总人口的 14%左右，广大农村地区的养老基本上还是以传统的家庭养老为主。以医疗保险为例，城镇职工基本医疗保险大约报销了参保职工 70%的医疗费；新农合只能报销农民 40%的医疗费，新农合封顶线（最高支付限额）仅约为农民年人均纯收入的 6 倍。截至 2018 年年底，城市居民享受最低生活保障的人数为 861 万人；农村居民享受最低生活保障的人数为 3456 万人。从最低生活保障平均标准的城乡之比看，2007 年城市最低生活保障平均标准为月人均 182.4 元，农村为 70 元，城市是农村的 2.6 倍。2018 年，城市最低生活保障平均标准为月人均 579.7 元，农村为 402.8 元，城市是农村的 1.44 倍。从城乡最低生活保障平均标准的实际差距看，2007 年城乡差距为 112.4 元，2018 年这一差距进一步扩大至 176.9 元。

（二）中国城乡二元经济社会结构形成的原因

中国二元经济社会结构城乡关系的形成，既有自然历史原因，也有社会现实原因；既有新中国成立初为全力实现工业化的因素，也有计划经济时代"抽农补工"、"以城补乡"制度安排的结果，还有改革开放以来继续实行城乡差别性政策的原因。

1. 自然原因

伴随着工业化和城镇化的推进，城乡二元经济结构的形成具有客观必然性。因为，农业经济具有弱质性，对自然条件的依赖性强，农产品生产周期长，资金周转慢，直接经济效益较差，在工业化和城镇化过程中，在比较利益的驱动下，农村资源必然向城镇非农产业转移，从而导致农业经济发展缓慢，而且农民自身的分散性使大量高素质劳动力向城市转移，日益形成城乡二元经济结构。这是城乡二元经济社会结构产生的共同原因。

首先，农业生产是光、热、土、气等要素共同作用的结果，这就决定了农业具有自然风险大的天然弱质性。其次，农业受市场变动的影响很大，往往导致农业生产效益不能变成现实的经济效益。受恩格尔定律的作用，农产品具有很强的市场需求刚性，当农产品供过于求时，会出现增产不增收现象，即萨缪尔森所说的"丰收悖论"。再者是农民自身的分散性，新中国成立以来，尤其是改革开放后，在农村剩余劳动力向城市转移过程中，受"年龄、性别、知识选择"规律的支配，通过农转非、进城创业等方式，农村中大批学历层次高的青壮年男性又优先转移至城市。这样农村中剩下的农民呈现出了泛"老、少、妇"化的趋势，更加不利于农村的发展。

2. 历史原因

我国传统上一直是一个农业国家，小农经济的长期性，是中国分立型城乡关系形成的基础性根源。小农经济的自给性、封闭性与稳定性，使得农业生产方式与农村生活方式能够长时期自我复制，缺乏空间形态上向外扩散的机制。近代之前的中国除了极少数大城市与农村存在较密切的经济联系外，其他本来就不多的城市都淹没在乡村小农经济的汪洋大海中，中央集权下的城乡关系是靠赋税等强制制度，而很少由商业交换关系来维持的，形成了中国古代的"皇权不下县"。"皇权"统治的基础是"县"及以上的"城市"，而"县"以下则是中国乡村经济、社会、文化、伦理的自我循环圈。

从 1840 年鸦片战争开始，中国逐步演变成为一个半殖民地半封建社会的国家。列强的入侵给自给自足的封建农耕经济巨大的冲击。19 世纪中叶，"洋务运动"兴起后，部分地区引进了西方近代大工业，近代工业城市出现。这一时期，在外国人兴建近代工业和交通运输业，洋务派创建军事工业和民用工业的同时，中国近代工业城市在东部沿海地带开始兴起。城市开始形成自身的经济体系，城乡经济逐步分离，我国初步形成了现代工业经济和传统农业经济并存的二元经济形态。

3. 政策原因

造成我国城乡差距的原因是多方面的，其中政府长期非均衡的发展政策与体制限制，是造成城乡差距的根本原因。我国城乡二元经济结构的形成和固化，主要是由于政府实行城市偏向政策的结果。

我国最为典型的城乡二元经济结构形成于新中国成立后，新中国成立之初，我国选择了优先发展重工业的赶超型工业化战略，从 1953 年起，还实行了农产品统购统销、人民公社和户籍制度等一系列相应的制度安排，在计划经济体制下，政府在城市工业经济和乡村农业经济的管理方式、资金投入、城乡劳动力的就业途径、居民的福利待遇、户籍管理等方面都采取不同的政策。这些政策实施的结果，阻碍了产品、生产资料和劳动力在城乡之间的自由流动，严重地损害了农业自身的发展。从 20 世纪 50 年代后期开始，在工业部门快速发展的同时，农业部门举步维艰，导致城乡二元经济结构特征凸显。改革开放以来，我国延续了倾向工业和城市的政策，加上市场化对农业的不公正转移，使我国城乡二元经济社会结构的差距不小反大。

上述分析表明，中国城乡二元经济结构是由于自然、历史、政策三方面原因共同造就的产物。中国城乡发展的不平衡，主要是政府实行"城乡分治，重城轻乡"政策的结果，因此要实现城乡二元经济结构的转换，政府必须改变城市偏向政策，转变发展方式，实现城乡统筹发展。

三、城乡统筹与城乡一体化

目前，我国正从"总体小康"向"全面小康"迈进，2010 年我国人均 GDP 近 3 万元，总体上已达到以工促农、以城带乡的发展阶段，进入着力破除城乡二元结构、推动城市和乡村有机融合、促进城乡经济社会全面协调可持续发展的重要时期。党的十六大第一次明确提出统筹城乡经济社会发展的方略。党的十七大做出了"统筹城乡发展，推进社会主义新农村建设"的战略部署,明确提出要构建城乡经济社会统筹发展的新格局。

在科学发展观的"五大统筹"战略当中,统筹城乡经济社会发展居于首位,中国要实现以人为本的发展观首先要解决的就是城乡协调发展的问题。统筹城乡发展的内涵是指站在国民经济和社会发展的全局高度,把城市和农村的经济社会发展作为整体统一筹划,通盘考虑,把城市和农村存在的问题及其相互关系综合起来研究,统筹解决。统筹城乡发展的关键是促进传统二元结构的转变、建立社会主义市场经济体制下平等和谐的城乡关系,实现城乡一体化。

城乡一体化是指城乡之间通过资源、技术、资金、劳动力等生产要素的合理流动,相互协作,优势互补,以城带乡,以乡促城,实现城乡资源优化配置及城乡经济社会的持续协调发展。其内涵主要体现在以下方面:一是城乡空间融合,即城乡两个地域实体融合成一个连续统一的、网络状的、多节点的、可渗透的"区域综合体";二是功能结构互补,一体化不等于中心—外围经济的消失,仅意味着二者相互依赖;三是城乡基础设施的共享,快捷的交通和信息网络使城乡居民生产生活联系方便密切;四是城乡人口、资金、技术、信息等要素流动高度通畅;五是城乡生态环境协调,城乡居民生活水平共同提高。城乡一体化是城市现代化和农村现代化的高级形式。

城乡一体化是"统筹城乡"的载体和着力点,其价值取向是打破城乡分割的"二元"体制、经济和社会结构,建立社会主义市场经济体制下和谐、平等的城乡经济关系。在城乡一体化过程中,城乡"二元"体制、经济和社会结构将逐步淡化,城乡聚落和产业布局渐趋网络化,城乡经济、社会、文化、政治制度及生态环境逐渐交融,农村居民生活质量不断提高,生活方式日益文明化。

统筹城乡发展过程就是社会治理方式不断变革完善的过程。具体来说,统筹城乡发展的主要内容包括:①要统筹城市和乡村发展政策与制度上的均等,统筹农民与市民在政治权利上的公正,统筹市民与农民社会身份与地位的公平;②要寻求城市地域与农村地域经济效率的协同,寻求城市与农村资源利用的平等,寻求市民与农民比较利益的一致;③实现城乡空间整合,城市空间与乡村空间发挥各自优势,互补、互动,既分工、又协作;④建立城乡生态环境大系统,保证乡村自然生态环境对城市人工生态环境的融合与缓冲。

近年来重庆在社会治理方式上采取了一系列新举措,产生了积极的社会反响,为总结经验和进一步推进统筹城乡综合配套改革试验区建设,试以重庆统筹城乡综合配套试点改革为例进行分析。

(一)重庆统筹城乡发展探索的阶段性发展

中央设立重庆直辖市的战略考虑之一,就是要发挥重庆在区域发展中的辐射带动作用,探索大城市带大农村的新路子。直辖市成立以来,重庆在统筹城乡发展探索总体上可分为两个阶段,前十年主要是进行体制调整和先期探索,为统筹城乡改革发展奠定了一些基础。从2007年开始进入了全面、整体推进发展阶段。

2007年3月8日胡锦涛总书记明确提出重庆的三大定位、一大目标和四大任务。努力把重庆建设成为城乡统筹发展的直辖市是三大定位之一。同年6月国家批准重庆设立全国统筹城乡综合配套改革试验区,明确要求重庆要从实际出发,全面推进各个领域改革,在重点领域和关键环节率先突破、大胆创新,尽快形成统筹城乡发展的体制机制,为全国深化改革、实现科学发展与和谐发展发挥示范和带动作用,由此拉开了重庆全面探索统筹城乡发展范式的大幕。在建设试验区第一年，重庆完成了《重庆建设全国统筹城乡综合配套改革试验区的实施方案》报批，制定了《重庆建设全国统筹城乡综合配套改革试验区的五年规划》及年度试点工作计划，提出要在科学发展观引领下，以"加快"、"率先"为目标，以"一圈两翼"为战略平台，以发展特色优势产业和劳务经济为抓手，以解决好农民工问题、扩大社会保障和推进基本公共服务均等化为重点，以消除城乡统筹发展机制障碍为突破口，推进新型工业化、城镇化、市场化，力争在西部率先构建科学发展新机制。2009 年 1 月国务院印发《关于推进重庆市统筹城乡改革和发展的若干意见》，重庆加快了统筹城乡改革发展步伐。围绕户籍、土地、公共财政、行政管理等连续推出新举措，着力研究和解决劳动就业、社会保障、教育公平、医疗卫生、居民住房、扶贫开发等一系列问题，其中"一圈"帮扶"两翼"、农户万元增收工程、农民户籍制度改革、公租房、土地流转、建立土地交易所、引导工商资本下乡等措施，深化和拓展了统筹城乡发展道路的探索，"重庆范式"在实践探索中渐行渐成。

（二）重庆统筹城乡发展探索的主要做法和经验

重庆是大城市带大农村的直辖市，是在"省域"范围内进行的综合配套改革试验，具有综合性、整体性和广延性。重庆在统筹发展方面的实践主要有以下三个方面。

1. 以打造内陆开放高地为平台，推动重庆经济社会跨越式发展

重庆为建设内陆开放高地采取了一系列措施。一是由政府牵头整合各类分散的政府资源组建投资集团，推动重庆国企和金融企业重组，加快基础设施建设步伐。政府投资集团成为重庆基础设施、城市建设等重大公共项目的投融资平台，2002～2008 年,重庆75%的重大基础设施建设由其承担。在较短时间内改善了重庆的基础设施条件。2020 年重庆市政府发布《重庆市新型基础设施重大项目建设行动方案（2020—2022 年）》，将在 3 年内投资 3983 亿元，重点推进 7 大板块、21 个专项、滚动实施和储备 375 个新基建重大项目。二是坚持走创新改革的开放发展道路。在招商引资方式上推出"垂直整合一体化加工贸易"模式，成功引进惠普、富士康、英业达、广达等电子产业巨头，创造了内陆地区发展加工贸易的"重庆模式"。组建外经贸集团推进本土企业"走出去"步伐，在境外投资、对外工程承包和外派劳务上取得积极进展。三是立足长远大手笔超前规划，确立大开放战略思路。重庆规划的国际贸易大通道、内陆出口商品加工基地和内陆扩大对外开放先行区等三大举措，已取得初步成效，正在成为西部现代物流产业基地。重庆还争取成为继北京、上海、广州、武汉之后的第五大全国铁路枢纽，核心就是在重庆西部现代物流城配置国家级铁路集装箱中心站和全国第二大铁路编组站，加上规划中的全国唯一铁路保税港，为西部物流园打造中国西部最大铁路国际口岸带来不可复制的铁路物流资源优势。内陆开放高地建设已经产生了实际效果，2010 年重庆利用外资达40.4 亿美元，增长 47%，总量跃居西部第一，增幅保持全国第一。大开放促进了经济大发展，2010 年重庆 GDP 增幅达 14.9%，位列全国第三、西部第一。2018 年重庆实际利用外资额达101.8 亿美元，外商直接投资（FDI）增长 43.8%，位列中西部第一。

2. 实施工业化、城镇化与"两翼"发展战略，探索"圈翼"互动新格局

为解决"两翼"发展滞后状况，在"一圈两翼"战略基础上，进一步提出并组织实施"圈翼"互动新战略。即以"一圈两翼"为支撑，以农民增收脱贫为重点，加快新型工业化和城

镇化，促进城乡资本对流和农民非农化。其一，实施城市扩张战略，加速推进新型工业化、城镇化，促进"一圈"领头领跑。在重庆主城，一个 2000km² 特大城市正在形成。主城经济圈突出产业带动、研发创新、综合服务功能，增强综合承载能力和人口吸纳能力。同时依托主要交通干线和沿线城镇群，规划和布局产业，加快对"两翼"的产业转移，构建"圈翼"联动发展机制。同时出台政策引导工商企业投身改革试验，将资源、要素引向乡村开发建设，形成工商资本积极参与统筹城乡发展新局面。其二，以"两翼"农户万元增收计划为抓手，开辟城乡联动、农村脱贫致富新路径。"两翼"地区集聚了重庆 51% 的农村人口、80% 的贫困人口。通过农户万元增收工程，确保"两翼"农民收入增速快于全市平均水平，尽快缩小地区和城乡之间的收入差距。其三，以农民非农化为突破口推进统筹城乡改革发展。重庆在统筹城乡改革发展中确立了以农民的流动转移和农民工问题解决为突破口，立足农民流动转移中的基本环节。这就是在转移前，着力培育农民内生机制，搞好职业培训、就业引导、跟踪维权和权益保障；在转移中，推动农民工非农化与市场化、工业化、城市化同步发展，解决好劳动用工、企业监管、养老医疗保障、住房、社会权益保障；在转移后，积极创造社会条件，促进生活方式和行为方式改变、观念及文化心理融合，最终完成农民市民化转换。其四，创设有利于统筹城乡发展的地票交易制度。2008 年 12 月重庆在全国率先成立土地交易所，目的在于既要保证 18 亿亩耕地红线，又要满足城市化进程对新增土地的需求。通过地票交易制度设计，把农村集体建设用地与城市建设用地增减挂钩，既解决了远距离、大范围土地置换，同时也大幅度提升了偏远农村的土地价值，扶持了落后地区的发展。

3．以建立民生政府为切入点，推进体制机制和社会治理方式创新

把民生改善作为政府改革的中心环节是重庆探索中的精彩之笔。首先，把改善民生作为执政新理念，倾力打造"民生政府"。重庆市委提出"改善民生是执政之要"，其理论基础是以人为本的发展观。指出民生不是孤立的，"民生的改善是发展必不可缺的重要内容"，民生发展与经济增收密不可分，是促使经济发展良性互动的重要条件。市委三届七次全委会专题研究民生工作，规划的"民生十事"总投入高达 3000 多亿元，"民生重庆"已成为重庆执政和发展的新理念。其次，抓好国资增值，构筑民生政府新的财力基础。宏大的民生计划需要财力作保障，重庆的一条重要经验就是抓好国有资产的经营和增值，使之成为除一般税收和基金外政府的"第三财政"。重庆市政府掌握的国资总量从 2003 年的 1700 亿元增长到 2009 年的 10000 亿，6 年涨了近 5 倍，2018 年达到 66463 亿元，较 2003 年增长了 38 倍。重庆国资和财政的结合形成了良性循环体，这是重庆在有限财力下，在教育、卫生、社会保障等方面比其他省市发展更快的原因之一。最后，以民生为导向推进综合体制改革。重庆改革的基本设想就是从保障和改善民生需要、缩小城乡民生差距入手，围绕就业、住房、上学、就医、养老及精神文化等领域，重点突破、全面推进、建立机制，促进公共服务政府建设和管理体制机制的变革完善。重庆在全市范围内进行了统筹城乡劳动就业、统筹推进进城务工经商农民向城镇居民转化、统筹城乡基本公共服务、统筹国民收入分配、统筹城乡发展规划，并进行相应的综合配套改革。

当前中国正处于城乡二元结构转换的过程中，破除城乡二元结构是一个复杂的系统工程，具有长期性、艰巨性。在今后工业化加速发展阶段，我国经济长时期仍然可以保持较高增长速度，经济总量将持续扩张，这将为缓解工农差距和城乡差距奠定根本性的基础条件。我国幅员辽阔，对于不同阶段、生产力发展水平、物质财富积累水平的各个区域，在区域经济增长和统筹城乡发展进程中，应该探索出适合自身发展的模式。

参 考 文 献

阿瑟•刘易斯. 1989. 二元经济论. 北京：北京经济学院出版社.

陈国阶. 1997. 我国东中西部发展差异原因分析. 地理科学，17（1）：1-6.

陈钊. 1999. 我国东、中部地区的南北发展差异. 地理研究，18（1）：847-850.

郭书田，刘纯彬. 1990. 失衡的中国：农村城市化的过去、现在与未来. 石家庄：河北人民出版社.

国家发展和改革委员会. 2010. "十二五"规划战略研究. 北京：人民出版社.

国家统计局（1986～2011）. 中国统计年鉴（1986～2011）. 北京：中国统计出版社.

国家统计局. 1996. 中国改革开放 17 年. 北京：中国统计出版社.

国家统计局. 2019. 中国统计年鉴 2019. 北京：中国统计出版社.

国家统计局. 2020. 中国统计年鉴 2020. 北京：中国统计出版社.

国家统计局工业交通统计司. 1996. 中国工业经济统计年鉴. 北京：中国统计出版社.

国家统计局工业交通统计司. 2010. 中国工业经济统计年鉴. 北京：中国统计出版社.

国家统计局人口和就业统计司. 1995. 中国人口统计年鉴 1995. 北京：中国统计出版社.

胡兆量，韩茂莉. 2008. 中国区域发展导论. 2 版. 北京：北京大学出版社.

黄坤明. 2009. 城乡一体化路径演进研究：民本自发与政府自觉. 北京：科学出版社.

金相郁. 2007. 中国区域经济不平衡与协调发展. 上海：上海人民出版社.

李二玲，覃成林. 2002. 中国南北区域经济差异研究. 地理学与国土研究，18（4）：76-78.

陆大道. 1995. 区域发展及其空间结构. 北京：科学出版社.

陆大道，刘卫东. 2000. 论我国区域发展与区域政策的地学基础. 地理科学，20（6）：487-493.

陆大道，刘毅，樊杰. 1999. 我国区域政策实施效果与区域发展基本态势. 地理学报，54（6）：496-508.

欧向军，沈正平，王荣成. 2006. 中国区域经济增长与差异格局演变探析. 地理科学，26（6）：641-648.

庞正元，丁冬红. 2001. 当代西方社会发展理论新词典. 长春：吉林人民出版社.

覃成林，张震，贾善铭. 2020. 东部地区率先发展战略:变迁、成效与新构想. 北京工业大学学报（社会科学版），(4):58-71.

沙安文，沈春丽. 2006. 中国地区差异的经济分析. 北京：人民出版社.

孙久文. 2010. 走向 2020 年的我国城乡协调发展战略. 北京：中国人民大学出版社.

汪同三，郑玉歆. 2010. 2010 发展报告. 北京：社会科学文献出版社.

吴殿廷. 2011. 试论中国经济增长的南北差异. 地理研究，20（2）：238-246.

肖金城，高国力. 2007. 中国空间结构调整新思路. 北京：经济科学出版社.

徐建华，鲁凤. 2005. 中国区域经济差异的时空尺度分析. 地理研究，24（1）：57-68.

杨开忠. 1994. 中国区域经济差异变动研究. 经济研究，（12）：28-34.

杨开忠. 2010. 改革开放以来中国区域发展的理论与实践. 北京：科学出版社.

张秀生，张平，赵伟，等. 2009. 中国区域经济发展. 武汉：中国地质大学出版社.

赵建安. 1998. 中国南北区域经济发展的互补性研究. 地理研究，17（4）：376-382.

中国口岸协会. 2010. 中国口岸年鉴. 北京：中国海关出版社.

中国口岸协会. 2011. 中国口岸年鉴. 北京：中国海关出版社.

中国社会科学院人口研究中心. 1986. 中国人口年鉴（1985）. 北京：中国社会科学出版社.

思 考 题

1．试分析中国东西部地区差异产生的原因。

2．如何协调中国东西部地区的差异？

3．分析中国南北经济发展的主要差异并分析这种差异产生的原因。

4．根据统计资料，分析中国东西部地区的最新发展差异及趋势。

第十八章　中国东中西部的区域过程

中国的国土面积大、人口众多、资源丰富、区域差异明显，区域问题是中国经济发展必须面对的重大问题。新中国成立以来，中国沿海和内陆之间的经济发展差距是客观存在的，20 世纪 70 年代末至 20 世纪 80 年代初，梯度推移理论被引入中国生产力布局与区域经济研究中，随着梯度推移论的引入，东中西部三大地带划分的设想被列入国家"七五"计划纲要，三大地带划分的基本观点为：让有条件的东部地区引进和掌握先进技术，然后依次向中部、西部的地区转移，因此，东中西部的发展有先后和差别。与此同时，东中西部的区域过程使得资源、劳动力在不断地流动和发展，东中西部在不同的时期有着不同的分工，从而在经济、生态、文化等各方面发挥优势。随着经济的发展和梯度推移的加速，可以逐步缩小地区间的差距，实现经济分布的相对均衡。

第一节　区　域　分　工

一、　改革开放以前的东中西部区域分工

改革开放前 30 年，中国实行的是计划经济体制，长期采用的是一种自上而下、垂直统一的纵向管理模式。在这种制度背景下，区域分工的主要驱动力来自行政命令，采取的可以说是均衡式开发模式，产业政策趋于向落后地区倾斜。在利益分配上，坚持平均主义，整个国民经济在各区域之间呈现均衡增长势态。

改革开放前，东西部基本上按照"资源互补"或"产品互补"的原则来实行区域分工合作，具体表现：第一，高度垂直型区域分工结构。在计划经济体制均衡布局和发展的战略指导下，中央政府运用国家财政和行政干预的力量，在注重发挥东部地区原有经济基础作用的同时，加大了对中西部落后区域开发的力度。在中西部布局和发展了大量原料和能源优势的工业，客观上形成了中、西部以开发生物资源（农业）、矿产资源以及发展原材料工业为主，东部地区以中、西部产品为原料发展加工制造业为主的垂直型区域分工。第二，单一纵向区际产业关联。中央在西部地区建立的采掘业和原材料工业企业，其外部联系主要是与东部沿海加工工业的单一纵向区际产业关联，与当地其他产业的横向联系很弱。

这种区域分工格局一定程度上有利于改变西部地区贫穷落后的局面，增强了内地的经济实力和自我发展能力，对于加快东西部工业化进程，促进沿海与内地均衡发展起到过一定的积极作用。但这种格局的弊端也是明显的，它不仅造成了三大地带间的高度垂直型区域分工，加剧了中西部地区原有的"二元经济结构"，并且使各经济区出现自给自足的封闭型经济体系，导致区域之间经济联系弱化，区域分工不明显，严重影响了整个国民经济的发展速度和效益。

二、改革开放以来的东中西部区域分工

改革开放之后，中国的经济体制和运行机制发生了重大变革，市场机制逐步取代计划成为调节资源配置的主要方式。其中经济体制改革主要是围绕分权改革这一主线进行，而在区域战略重点选择上，国家用效率优先的"倾斜战略"代替"均衡布局"战略。通过对外开放，大量涌入的外资成为推动中国区域经济发展和产业结构升级的重要力量。

中国宏观经济体制改革强化了区域经济发展中的市场力量，区域利益格局也随之发生显著变化，从而使区域分工出现新特点：第一，制造业内部的分工协同关系得到进一步发展，三大地带的专业化和集中化程度不断加强，各地带正在选择和发展各具特色的区域性行业。在东部地带，生产要素从传统行业（如食品、纺织、普通机械制造等）向新兴行业集中，交通运输设备制造业和电子及通信设备制造业正逐渐成长为第二代支柱产业，并将带动相关行业的发展。中西部在冶金、纺织、食品、卷烟等传统行业领域得到稳定发展，促进了地方经济繁荣。第二，基于规模经济的区域分工和产业布局分散化平行发展。进入"九五"时期之后，国家发展战略从区域倾斜向产业倾斜的转变，区域分工格局出现变化，集中化和"小企业、大批量"密切结合的新规模经济区域分工模式成为中国区域分工主导。这一分工模式在民营企业和中小型企业占主导的东部地区的珠江三角洲和长江三角洲区域表现尤为明显。如东莞生产的计算机磁头、计算机机箱及半成品占据了世界市场近40%的份额，敷铜板、计算机驱动器等产品占了将近30%的份额。而这一分工模式在西部地区很少或者没有。第三，投资主体多元化特别是外商投资对东西部区域分工格局的影响越来越大。就全国而言，外商直接投资主要集中在珠江三角洲和长江三角洲地区。这类企业在沿海的过度集中，影响到沿海与内地之间相对比较利益。沿海本来应该充分利用相对充裕的物质资本的优势，集中发展资本和技术密集型企业，否则大量劳动力的外流将迫使内地丧失它在人力资源方面的相对优势，而沿海利用内地廉价劳动力所促成的经济繁荣将进一步扩大区域经济发展差异。

现行分工格局有明显的缺陷：①资源加工型垂直分工格局仍存在，不利于区际经济长期协调发展和区域产业结构的优化升级。从长远看，一方面让中西部长期定位于单纯提供生产率和增值率低的初级产品位置上，极不利于地域辽阔中西部的经济发展和工业化推进。另一方面，区际利益冲突和贸易摩擦加剧，影响了区际产业分工格局调整，增大了调整成本，降低了效率。②产业结构趋同仍然存在。东西部历经20多年的改革与发展，各地产业有了全面发展与提升，专业化有了不同程度的发育，但结构趋同仍然客观存在。产业结构趋同导致了区域间资源和市场的日益激化，各地区为了维持本地产业的生存和发展，不惜进行区际原料大战和市场封锁，地方保护主义盛行，强化了区域产业结构封闭性，不利于区域经济的合作与发展。

三、西部分工与未来西部发展

从现存优势看，西部地区的比较优势在低廉的劳动力价格以及自然禀赋，而东部地区比较优势则在于先进的技术和管理，雄厚资本以及良好素质的劳动力。这样，就形成了西部输出劳动力密集型的初级产品，输入高技术、资本密集型的制成品；东部地区输出技术和资本密集型的制成品，输入初级产品的地域分工。

由于劳动密集型，加工深度较低的产业往往是附加价值较低的产业，而技术-资本密集型产业通常是附加的价值较高的产业，所以，即使价格体系相对合理的前提下，西部也总

是利益亏损，财政恶化。不仅如此，更为严重的是，实行这一战略不利于西部产业优化，难以保证经济持续稳定发展，发挥"后来居上"的优势，这将不利于西部经济发展。

从动态比较利益来看，我们认为应把各开发区域置于长期的结构效益的基础上，跟踪后工业文明的趋势，追求区际作用中的产业结构优化和高度化目标。因此，西部的开发问题，并不是一个单纯现实优势的比较问题，而是一个把眼光放在未来的动态比较利益上，利用区际作用努力创造动态比较优势，并将这种动态比较优势融合在产业结构优化之中。换句话说，西部要想实现"赶超战略"，只有努力培育新兴产业和临界产业。

美国在西部开发中十分重视动态比较利益，从当时的情况看，美国西部仅有的是资源和劳动力，而美国并没有把东北部的同类产业西移，在资源产业发展的同时，适应新技术革命的潮流，积极引入新兴产业，使美国西部在电子、宇航、新型材料等领域迅速崛起，在近半个多世纪以来，以现代技术为主导的美国西南地区经济增长速度超过美国东北部地区。从而不仅使工业相对平衡布局，而且西部成为美国经济发展的一个新支点。在国际上，新加坡和韩国也曾实行这一开放战略，并取得了经济发展"后来居上"的成功。这些都是我国西部开发应积极借鉴的。

从理论和实践上，中国西部的"超越战略"及新兴产业和临界产业的发展是可能的。从世界的产业结构成长来看，可以分为两个基本类型：一是结构梯度转换模式；二是结构跨梯度转换模式。结构梯度转换模式是指按第一产业、第二产业、第三产业序列依次渐进转换的结构成长模式。这种梯度转换模式的具体表现，就是产值构成或劳动力构成的重心由第一产业转向第二产业，然后再由第二产业转向第三产业。从历史上看，那些率先进入现代经济增长进程的国家基本上都是这种结构成长模式，其中以英国最为典型。结构跨梯度模式区别于结构梯度转换模式的一个重大特征，就是第三产业跨越历史的发展，在第三产业上的跨越发展之中世界新技术革命对其推动作用是明显的，尤其是信息业的发展更引人注目。

新中国成立以后，我国西部地区的经济发展很快，已奠定了产业结构跨越式发展的经济技术条件，而且在新的形势下，高技术发展备受重视。主要包括以下几个方面：第一，西部地区有丰富的常规和非常规能源和丰富的资源，门类较齐全的工业基础和雄厚的科技能力优势，科技储备力量很强。具备依靠科技发展经济的基础条件。第二，西部地区已形成一定的产业优势以军工、煤炭、石油、电力、能源、有色金属、化学和机械工业为主的产业群已具有相当规模，成为我国重要的能源、原材料基地。第三，西部地区具有相当数量的高校和科研队伍，学科门类较为齐全，拥有一支数量多、质量高的科技队伍。第四，西部具有发展高技术产业的基础条件，西部集中了我国微电子、电子工业 1/3 的设备条件和科技力量，代表先进生产力的航空、航天、核技术、光纤通信等技术密集型工业，西部所占比重大约为 1/3。具有发展高技术的广阔前景。在新的形势下，西部各级政府都把依靠科技进步，振兴地区经济作为重要的战略选择，纷纷制定科技发展战略和一系列依靠科技，振兴经济的政策措施。在国家和地方政府的政策和资金支持下，西部一些主要城市西安、成都、兰州、重庆、贵阳、昆明等高技术产业的兴起和科技密集开发区的建设取得了显著成绩。高技术的发展有望支持传统产业的技术改造和实现产业结构高度化，增加西部发展的活力。

我国的对外开放是全方位的多层次开放，沿海开放和沿边开放把东部与西部同时推到了改革开放的前沿阵地，虽然从技术的总体发展水平上，我国西部与沿海有一定的落差。这更不能成为西部与东部"资源"与"技术"交换的理由。因为中国西部不仅面对的是东部而是世界，中国参与的是世界经济循环，也绝非仅限于国内的经济循环。应该说，新技术革命，使世界各国各地区都基本处于同一起跑线，它为发达地区提供了发展的机会，也为不发达地区带来了超越性发展的机会。在此种情况下，西部尽管处于在国际市场竞争中具更大风险的竞争地位，也只有勇于参加国际国内竞争，在竞争压力下求活力、求动力、求效益、求发展，仍是这些地区根治落后，走向发展的必由之路。

我国现行的区域发展政策是计划经济体制下不合理劳动地域分工的延续和发展，决策点仍是以国内为基准。西部地区产业在现行政策约束下，艰难地成长。东部地区以倾斜发展带来的资金、政策优势，加速前进，从而剥夺了西部发展的平等地位和条件，而国家仍瞄准西部地区的"资源"，事实上西部仍是资源式的开发以及为东部作"嫁衣裳"，西部地区的产业结构高度化似乎不可能。因此，我们主张以国际市场的决策为基准，国家应结合中国西部的文化传统和资源状况，选择适合西部地区的高新技术，大力扶助，播下开发的种子，这是中国西部的未来和希望。

四、资本及人力要素的传递

区域传递是区域间的要素运动和能量交换的过程，区域的开放程度和市场化水平是最基本的约束条件。计划经济条件下，政府充当区域传递的组织者，区域传递的基本形式是生产要素的有计划转移，20世纪90年代以后，随着社会主义市场经济体制的逐步确立，区域传递更加复杂广泛。本节主要介绍资本在东西部的传递。

（一）东西部资本的区域传递

资本东西部传递受以下因素的影响：①利润，一般地，对外直接投资的流向和规模主要取决于利润率的高低和利润量的大小，而利润的大小受到原料、劳动力供应、商品销售市场等因素的制约。②东部地区经济发展水平和市场化程度，一般地，地区经济的发展水平和市场化程度越高，则其资本流出越容易，反之，资本流出则不易。③西部地区投资软硬件环境的好坏，若一个区域投资环境（包括软环境和硬环境）很好，则区外的资本比较愿意进来；反之，区外资本不愿输入。④西部市场的规模。⑤西部鼓励区外资本进入的优惠政策。

改革开放以前，我国实行高度集中的计划经济体制，各地区没有自己独立的经济利益，过多地依赖于财政部门和计划部门，因而难以形成跨区域的组织资金流动，资本的东西部流动受到很大限制。改革开放以来，市场经济改革体制被确立，东西部地区之间的资金流动规模逐渐扩大。在改革开放初期，在国家优先发展东部地区的发展战略下，受资本利润率、投资回报高的支配，西部地区相当一部分资本通过银行中介拆借到东部地区，特别是西北一些省区，由于当地投资收益率低，银行长期以来形成巨额存贷差。这些存款资本通过金融系统大多流向沿海地域。这种模式沿袭多年，是东西部的经济发展差距越来越大的重要原因。

21世纪初，为缩小东西部差距，加快西部地区的发展，国家提出了"西部大开发"战略，为支持实施西部大开发战略，中央财政不断加大对西部地区的转移支付规模，从2000年的1089亿元增加到2008年的7933亿元，年均增长28.2%；2000~2008年中央财政对西部地区转移支付累计达30338亿元，占中央对地方转移支付总额的43.6%。这无疑会改善西部地区的投资环境，一方面，增强西部市场的吸引力，促进区域传递的扩大，吸引更多的东、中企业和外商投资企业到西部投资。另一方面，通过东部沿海地区的"帮扶"及对口支援，也使沿海地区一部分资本向西部地区投资。近些年，一些企业通过市场机制向西部地区投资，这些都大大增加了西部地区的投资规模，有力地推动了西部地区的开发与发展。

（二）东西部人力资源的区域传递

区域间人力资源的传递是在区域经济运行过程中实现人力资源配置，以提高人力资源利用效率的基本形式。不论是发达地区还是不发达地区，只要地域之间、行业之间存在收入水平的差距，人力资源的传递就不可避免。

劳动力的区际传递受多种因素影响，其中包括经济因素、社会因素、距离因素、文化因素等（表 18-1），劳动力流动则往往是受一种或多种因素综合作用的产物。

表 18-1　劳动力迁移的影响因素及衡量指标

一级因子	二级因子	具体指标层
距离因素	距离	首府之间最短铁路距离、人口重心和 GDP 重心之间的距离
经济因素	经济收入	职工平均工资、经济收入
	经济规模	人均 GDP
	产业结构	第三产业占 GDP 的比值
	失业率	乡村劳动力占总劳动力的比值
	市场潜力	GDP
自然因素	资源条件	人地比
	气候环境	年均降水量、年均气温、海拔、耕作制度
社会文化因素	迁移劳动力存量	按时间阶段迁移的劳动力数
	开放度	外商直接投资

劳动力流动从大环境来说，与经济发展密切联系在一起。投资区域方向、生产布局的调整都会影响劳动力的流动。从劳动力的自身来看，劳动力流动可能出于以下原因：①为了获取更多的物质利益；②为了实现自己的社会目标即追求自然环境、社会环境、生活环境、人际关系的和谐与归属感。例如，劳动者的流动是为了寻找施展个人抱负的地方，或者是为了建立一种新的人际关系。

20 世纪 80 年代初，全国流动人口数量仅有几百万人。根据"三普"数据估算，1982 年我国流动人口数量为 657 万人，占全国总人口的 0.66%。20 世纪 90 年代以后至 21 世纪初，随着东部沿海城市的发展以及对劳动力需求的日益增加，中国流动人口的数量急剧上涨。2000 年，流动人口总量超过 1 亿。此后，一系列有利于人口迁移流动的政策文件出台进一步促进了流动人口规模的继续扩大。2010 年，中国流动人口总量高达 2.21 亿。2010 年以来，流动人口增速步入相对调整期，年均增速降为 2%，并且从 2015 年开始，流动人口在增速下降的同时规模也开始减少。2015 年国家统计局公布全国流动人口总量为 2.47 亿，比 2014 年下降了约 600 万人，2016年、2017 年、2018 年全国流动人口规模依次逐年减少了 171 万人、82 万人、300 万人。2019 年底，我国流动人口规模总量已降至 2.36 亿人，占全国总人口的 16.8%左右。第七次人口普查数据估算，2020 年我国流动人口为 37582 万人，其中，跨省流动人口为 12484 万人。与 2010 年相比，人户分离人口增长 88.52%，市辖区内人户分离人口增长 192.66%，流动人口增长 69.73%。

我国经济社会持续发展，为人口的迁移流动创造了条件，人口流动趋势更加明显，流动人口规模进一步扩大。

流动人口在东中西部的区域分布经历了先集中后扩散的过程和转变。流动人口在东部的占比经历了从快速增长到稳步下降的过程，但在东部集中的趋势并未改变。2005 年，流动人口在东部的占比为 64.5%，随后 10 年，东部地区流动人口下降到 54.8%，下降了近 10 个百分点。随着时间的推移，流动人口也由东部集聚转变为逐渐向中西部分散。截至 2019 年，在中国城市流动人口数量排名前十的城市均位于东部地区（表 18-2）。

表 18-2　中国东中西部人口净流入规模　　　　　　　　　　（单位：万人）

年份	东部	中部	西部	东北
2011	149	−113	−46	1
2012	123	−98	2	3
2013	79	−83	−1	0
2014	56	−52	−9	−1
2015	73	4	37	−26
2016	82	−12	28	−35
2017	48	−56	15	−19
2018	102	3	22	−8
2019	105	5	34	−2

资料来源：各地统计公报。

但区际人力资源的主体流向仍是由西部欠发达地区流向东部发达地区或者从人力资源过剩的区域流入人力资源稀缺的区域。广东、浙江、上海、北京等是人力资源流入最多的区域；四川、安徽、湖南、江西、河南等地，人力资源丰富，人均收入低，是人力资源流出最为丰富的区域（表 18-3）。大量劳动力向东部发达地区流动，形成周期性大规模的"民工潮"。

表 18-3　全国前十大人口流动的省（区、市）　　　　　　（单位：万人）

排序	省份	净流入	省份	净流出
1	广东	85	北京	22
2	浙江	48	山东	20
3	安徽	27	黑龙江	18
4	新疆	25	湖北	16
5	重庆	18	江西	11
6	陕西	12	河南	9
7	四川	5	贵州	8
8	湖南	4	辽宁	6
9	江苏	3	内蒙古	2
10	福建	2	甘肃	1

资料来源：各地统计公报，2018。

在不同体制下，劳动力在东部与西部少数民族地区之间的流动，具有不同的特征。

1. 计划体制下

东西部各企事业单位和个人都缺乏对劳动力区际流动的决策权和支配权，劳动力在东西部地区之间的流动表现为服从国家的计划安排。即劳动力的东西部流动主要表现为计划性流动，围绕着国家经济与规划展开的。虽然在此时期同时存在规模或大或小的自发性流动（相对于计划性流动，当时把自发性流动称之为"盲流"）。这种盲流由于易带来社会不稳定的一面，因而被政府所限制，在劳动力的东西部流动中占很小的比重。这一时期，由于一些自然、经济、政治方面的缘故，如前苏联援助的 156 项重点工程的建设、屯垦戍边、反右运动扩大化（一批知识分子和国家干部被下放到农村）、大跃进（造成经济过热）三年自然灾害、知识青年上山下乡和返城、三线建设等都对劳动力区际移动产生了影响和作用。

2. 商品经济下

劳动力区级流动机制变化，劳动力的流动动力不再取决于计划安排，更多地取决于劳动力个人选择，个人收益最大化的冲动往往成为决定劳动力流动的首要因素。改革开放以来，东西部劳动力的区际流向是由西部民族地区移向东部和南部。据统计，1979～1990年，全国边疆地区向沿海地区外流职工达 54 万人，西南"三线"时期集聚起来的熟练工人和技术人才，到 20 世纪 80 年代末流失了大约 1/3。北京、天津、河北、辽宁、上海、江苏、浙江、广东等省市成为劳动力迁入区，而原来一直吸纳劳动力的省（区），如黑龙江、内蒙古、新疆、陕西、甘肃等省（区）则成为劳动力流出区。在大量劳动力东移之时，发达地区的能工巧匠由东向西流动，但数量、规模较小。东、西劳动力的双向对流使劳动力资源得到充分利用，扩大了劳动力的效用。为东部经济发展提供了劳动力保障，但西部地区大量的人才外流，劳动力外流对西部少数民族地区经济发展产生了阻碍。

3. 社会主义市场经济下

社会主义市场经济下，劳动力流动仍以经济动机为主，但相比商品经济却有了显著的不同：

（1）流向是从西部到东部，但流动的速度已经有所放缓。由表 18-4 可以看出全国流动的劳动力人口虽然在总量上一直处于增加的状态，但增加率从 2001 年后有降低的趋势。这主要与两大因素有关：一是进入 21 世纪，国家实施西部大开发战略，旨在通过区域经济发展战略的重大调整，加快西部地区的开发步伐，整合区际经济利益关系，以达到全国经济协调发展的目的。据不完全统计，实施西部大开发以来，国家对西部已投入资本 2600 多亿元。其中，用于基础设施的投资约 2000 亿元，生态环境投资 500 多亿元，社会事业投资 100多亿元。这些资本的投入启动了一大批项目，需要大量的劳动力；二是东部地区本身产业结构升级，所需劳动力的规模相对减少。

表 18-4　2010～2019 年全国流动劳动力的总数及增长

年份	全国流动劳动力规模/亿人	占全国总人口比例/%	比上年增长/%
2010	2.21	16	—
2011	2.30	17	4.07

年份	全国流动劳动力规模/亿人	占全国总人口比例/%	比上年增长/%
2012	2.36	17	2.60
2013	2.39	17.6	1.27
2014	2.53	18.5	5.86
2015	2.47	18	−2.37
2016	2.45	18	−0.80
2017	2.44	17.5	−0.41
2018	2.41	17.3	−1.22
2019	2.36	16.8	−2.07

（2）从民工潮到民工荒。由于经济发展水平东西差异，"民工潮"在我国短期还不会消亡。但东西部发展的差距在缩小，实施西部大开发后西部地区的就业机会增加，尤其是东部与西部地区的工资差距减少，就业环境大大改善，加之新一代农民工教育程度相对较高，思想更加独立，不少人不愿外出打工吃苦，使东部沿海地区，尤其像珠江三角洲，出现了所谓"民工荒"。

（三）东西部技术资源的区域传递

随着生产力发展和科学技术进步，技术越来越成为区域经济发展的关键性生产要素，区域技术要素流动对其他生产要素区域流动的促进和制约影响越来越明显。我国东西部地区技术转移途径有以下几个方面：①政府推广。受传统的计划经济观念的束缚，许多人习惯靠政府、靠计划将技术成果推向社会。"推广"成了技术转移的代名词，"政府推广"成了转移技术的主渠道。例如陕西省一年一度的西治会在陕西省政府执行下吸引东中部地区的技术投资，成功地为实现技术转移提供了便捷的途径。②私人关系。我国的企业单位的历史关系从母公司获得技术，或者是通过技术人员的流动将技术带到另一个地区。例如，内蒙古的潘胖食品有限责任公司的董事长依靠私人关系，从浙江携带资金到内蒙古进行投资建设。③投资平台建设。政府出台建立起稳固、统一、高效、规范的投融资平台，为实现区域间技术转移提供了便捷的条件。例如西安高新区的开发吸引投资，促进西安地区科技型企业发展壮大，形成西安地区的优势产业和科技成果有效转化的局面。④技术转移中心的中介作用。随着经济全球化带来的全球范围内的生产要素流动速率加快，生产要素配置的要求提高，商品市场、服务市场与技术市场形成了前所未有的三足鼎立的市场体系，技术市场的作用被提升到前所未有的高度，以技术合同的形式开展市场化交易的行为，已经被广大科技人员和企业人员接受，逐渐成为技术市场中开展技术转移和交易的自觉行动。但是，我国的技术市场发展时间不长，存在着法律体系不完善、监督管理体系弱化、中介机构（尤其是科技中介机构）发展步履艰难、基础设施建设上投入不足、功能薄弱等一系列问题。

2013年，科技部印发《技术市场"十二五"发展规划》，按照科技部对国家技术转移体系的战略规划，在全国构建"2+N"技术转移体系。"2"是指在中关村建设国家技术转移集聚区、在深圳市建设国家技术转移南方中心；"N"是指在中部、东部、西北、西南、东北等地建设大区域技术转移中心，打造链接国内外技术、金融、资本、人才和资源高效配置的国家技术转移大平台。于是，从 2013 年开始，经科技部批准，全国共计建立了 11 个技术转移区域中心，也称为国家技术转移中心。它们分别是国家技术转移集聚区（北京）、国家技术转移南方中心（深圳）、国家技术转移东部中心（上海）、国家技术转移中部中心（武汉）、国家技术转移西南中心（成都）、国家技术转移西北中心（西安）、国家技术转移东北中心（长春）、国家技术转移海峡中心（福州）、国家技术转移苏南中心（苏州）、国家技术转移郑州中心、国家技术转移海洋中心（青岛）。随着技术转移中心的建立，我国东西部地区 R&D 经费内部支出均呈现递增趋势，但东部地区依然增速较快，西部地区增速较慢（图 18-5）。

据统计，2017 年，深圳市企业共向中西部地区输出 8561 项技术，合同成交额 550.35 亿元，同比增长 18.6%，分别占全市总额的 94.62% 和 99.15%。其中，内资企业输出技术 7730 项，同比微降，技术交易额 302.86 亿元，是技术输出的主力军。此外，高等院校、科研机构等事业法人技术转让数量与上一年基本持平，全年共输出 402 项技术，技术交易额 3.30 亿元，占比 0.60%。其中，高等学校输出技术合同 278 项，比上年增长 4.9%，成交额 1.95 亿元，同比增长 21.3%；科研机构输出技术合同 97 项，成交额 1.28 亿元。2019 年，广东省企业法人继续保持技术交易主体地位，共向西部地区输出技术 27731 项，成交额 2166.67 亿元，同比增长 66.54%，占全省成交总额 95.33%。其次是事业法人（包括高等院校、科研机构、医疗卫生机构等），共输出技术 5322 项，成交额 85.86 亿元，占比 3.96%，同比增长 251.84%，其中高校院所和科研机构占比超八成。

技术进步对区域发展的作用与劳动和资本的作用，具有根本上的区别。一个单位的劳动要素和资本要素，只能投入到一个空间点使用。相反，新技术知识可以同时运用到多个空间点。新技术知识的转移会提高接受区域的竞争力。新技术知识的流入，像劳动力和资本要素的流入一样，提高了接受区域的生产潜力。例如，西部地区实现了技术进步可以用更低的成本生产现有的产品，通过引入新的生产方法，也就是技术进步，同样的产量可以用更少的要素投入生产。

第二节　区　域　协　作

中国各个时期，为协调区域经济发展，促进整体经济发展，建立了多种形式的区域协作机制，促进内地与沿海地区的经济合作与协作。

一、大区内部的经济协作

这种经济协作形式产生于 20 世纪 80 年代初期，其将全国以地理位置划分为六个大区（表 18-5），这些大区都是相邻省（区），其在地理位置上比较接近，各方面的条件也很相似，客观上促进了经济要素的流动，但由于以大区为单位，各协作区以大区为单位建立各自独立的"大而全"的经济体系，大区间经济联系较少。

表 18-5　大区经济协作区

序号	名称	成立时间	区域范围
1	华北经济技术协作区	1981.01	北京、天津、河北、山西、内蒙古
2	上海经济区	1983.01	上海、江苏、浙江、安徽、福建、江西
3	东北经济区	1983.06	辽宁、吉林、黑龙江、内蒙古东三盟一市（呼伦贝尔盟、兴安盟、 哲里木盟、赤峰市）
4	西南五省（区）六方经济协调会	1984.04	四川、云南、贵州、广西、西藏、重庆

序号	名称	成立时间	区域范围
5	西北五省（区）经济技术协作联系会	1984.06	山西、甘肃、青海、宁夏、新疆
6	中南五省（区）二市经济技术协作联系会	1985.03	河南、湖北、湖南、广东、广西、武汉、广州

大区经济协作区，区域合作范围大，以上海经济合作区为例，上海经济合作区包括上海、江苏、浙江、安徽、江西、福建五省一市。根据 1985 年统计资料，全区共有省辖市 40 个，地区 31 个，县 342 个，全区面积 63.8 万 km^2，占全国总土地面积的 6.6%，总人口 22.8 万，占全国总人口的 21.8%。

大区经济协作区，区域合作组织性强。例如，东北经济区组织建立了三省一区省长、主席与规划办公室主要负责会议制度，及时协商全区性经济方面的一些重大问题；建立了包括冶金、机械电子、汽车、石油、化工、建材、食品、纺织、农业、军工、外贸、科技、统计、银行等重点行业的东北四省（区）行业负责人联席会议。各行业联席会议的主要任务是：统一组织行业发展战略；组织编制跨地区同行业的发展战略；研究行业发展的重大经济技术政策；组织信息交流；推广科研成果和组织开发新技术、新产品；组织行业企业间的对口联合协作；组织人才交流和培训；协调并解决行业发展中的重大问题。

大区经济协作区，侧重于能源、交通等基础设施大项目的协作。例如，国务院于 1983 年 6 月，成立了"国务院东北能源交通规划办公室"，负责东北三省和内蒙古东部地区能源开发、节约、综合利用和交通运输规划。到 1985 年 9 月，经国务院批准，改名为"国务院东北经济区规划办公室"，主要任务是：制定东北地区的经济、科技和社会发展规划，以及该区域内的国土规划；组织和推动跨省（区），跨部门的横向经济联合；对宏观规划中的长远性，战略性重大问题深入调查研究，提出意见供国家决策。规划办公室成立以来，其重点放在能源、交通和老企业改造规划以及一些重点地区国土规划，对黑龙江东部、内蒙古东部、吉林珲春、辽宁中部地区的煤、电运输的问题提出了可行性建议。

二、经济发达的省市与各民族省（区）的对口支援系列政策

（一）从对口支援到对口合作

对口支援系列政策是从对口支援政策开始的，其后逐步出现对口帮扶、对口协作和对口合作。1979 年，全国边防工作会议上首次提出"要组织内地省、市对口支援边疆地区和少数民族地区"，在国家层面上开始了对口支援工作。最初的对口支援是对边疆少数民族等不发达地区的支援，随后对口支援的概念不断拓展，发展出更多类型的对不发达地区的帮助形式，并有从单向的支援向双向的合作转变的趋势，构成了对口支援的系列政策。

对口支援。对口支援政策开始得最早，内容也最丰富。2001 年版的《三峡工程移民工作手册》中对口支援的定义是："对口支援是区域、行业乃至部门间开展跨边界合作与交流的有效形式，通常泛指国家在制定宏观政策时为支持某一区域或某一行业，采取不同区域、行业之间结对形成支援关系。对口支援政策的一个重要功能是缩小区域发展差距，在发达地区和不发达地区之间建立稳定的伙伴关系，引进发达地区的物质和智力资源，促进不发达或欠发达地区发展。对口支援的目的是帮助边疆少数民族地区、偏远地区、贫困地区的发展，使其成为我国特有的以政府为主导的区域协调互动机制。

对口帮扶。对口帮扶政策来源于对口支援,是对口支援的一种有限的扩展。《国务院关于印发中国农村扶贫开发纲要(2001—2010 年)的通知》中指出"继续做好沿海发达地区对口帮扶西部贫困地区的东西扶贫协作工作",将"扶贫协作"换成"对口帮扶",也称作"东西部扶贫协作"。对口帮扶分为三个层次:①在中央政府的统一安排下,以地方政府为主导的东西部协助扶贫,即东部发达省市帮扶西部贫困省区;②中央和各级国家机关、企事业单位帮扶辖区内的贫困县区;③社会组织、民间组织和民主党派到贫困地区进行产业投资、合作和智力帮扶。

对口协作。对口协作是对口帮扶的一种扩展,在南水北调工程中首次提出,2013 年《关于推进丹江口库区及上游地区对口协作工作方案的通知》中提出丹江口库区、上游地区与沿线地区开展互助合作,建立"一对一"的结对关系,如北京的 16 个区(县)对口协作河南、湖北的 16 个县(市、区)。

对口合作。通常出自双方自发的需要,但是中央也可以安排地方间的合作。由中央安排的对口合作目前有两种:第一种来自汶川地震发生后外地对灾区的对口支援实践。如对口支援汶川完成后,2010 年广东省与汶川县签订《粤汶长期合作框架协定》,北京市与什邡市签订了《北京-什邡 2010-2013 年合作框架协议》。另一种对口合作是由中央直接安排。2016 年国务院印发《关于深入推进实施新一轮东北振兴战略部署加快推动东北地区经济企稳向好若干重要举措的意见》中提出,开展对口合作,辽宁、吉林、黑龙江三省与江苏、浙江、广东三省,沈阳、大连、长春、哈尔滨四市与北京、上海、天津、深圳四市建立对口合作机制。

(二)对口支援系列政策与扶贫政策的结合

中国 20 世纪 80 年代开始制定正式的扶贫政策,此后随着经济发展水平的不断提高,消除贫困的重要性越来越高。党的十八大提出全面建设小康社会的目标以来,扶贫已经成为一种基本政策,并且被列为改革攻坚期的一项重要任务。自 20 世纪 90 年代提出东西部扶贫协作,把对口支援的方法引入扶贫政策,对口支援与扶贫这两项基本政策已经结合在一起。

1994 年颁布的《国家八七扶贫攻坚计划》首次提出:"北京、天津、上海等大城市,广东、江苏、浙江、山东、辽宁、福建等沿海较为发达的省,都要对口帮助西部的一两个贫困省、区发展经济。"

1996 年国务院扶贫开发领导小组提交《关于组织经济较发达地区与经济欠发达地区开展扶贫协作的报告》,启动东西部扶贫协作,促进东部发达地区对口帮扶中西部贫困地区,北京与内蒙古,天津与甘肃,上海与云南,广东与广西,江苏与陕西,浙江与四川,山东与新疆,辽宁与青海,福建与宁夏,大连、青岛、深圳、宁波与贵州之间开展扶贫协作。

2015 年国家进一步提出"精准扶贫",之后的扶贫过程中要求做到精准发力。借助这个提法,对口支援向"精准化"转变,在对口支援过程中支援方政府为了促进受援方的脱贫,采取了很多精准扶贫的方式。即边疆地区及其各族群众需要什么就支援什么,并且着重根据其需要的轻重缓急程度,按照其优先排序选择对口支援的领域和方式。对口支援的内容包括产业支援、教育支援、医疗支援、科技支援、干部人才支援等,扶贫政策目标的实现也从这五个方面入手。对口支援与扶贫政策的对象都是贫困地区,两项政策的政策客体也有重合，如最新的国家级贫困县名单中，新疆地区的 27 个贫困县全部与对口援疆的区域重合，这些地区的扶贫更多的是借助对口支援的手段。两项政策的工具也相同，例如，在对口支援新疆的过程中，支援方政府更多的是依靠产业扶持、扩大就业等扶贫政策帮助受援地区脱贫。

（三）对口支援政策与府际关系

府际关系又称政府间关系。对口支援中支援方政府与受援方政府之间在经济、技术等方面的交流、互动与合作，发生在中央政府及其部门与地方政府及其部门、地方政府之间，可以归为府际关系。

纵向对口支援包括中央部门对地方的支援，如最近一轮对口援疆启动后，财政部、教育部、卫生部等部委都在各自的领域开展对口援疆的活动。纵向对口支援也包括中央企业对地方的援助，如第四次西藏工作座谈会后拉开了央企援藏的序幕，确定中国石化、中国粮油、中国电信等 17 家国有企业对口支援西藏。

横向对口支援涉及省对省、市（地区）、县（市、区）间的关系，但不是纵向关系，而是指没有隶属关系的省、市（地区）、县（市、区）间的关系。以天津市的对口援疆为例，其中的横向府际关系包括天津对和田、天津下属的 3 个区对和田的 3 个县的关系。

因为对口支援通常是强帮弱，所以受援方与支援方处于"不对等"的地位。这种不对等状态使得支援方有足够的经济能力支援受援方，在完成对口支援任务的时候不会影响支援方自身的发展。

（四）东部发达地区与中西部欠发达地区对口支援发展过程

1983 年 8 月，国务院决定在坚持全国支援西藏的方针下，由四川、浙江、上海、天津四省（市）重点对口支援西藏。

1984 年 9 月召开的全国经济技术协作和对口支援会议增加上海支援新疆、西藏，广东支援贵州，湖北、辽宁和武汉市、沈阳市支援青海等对口支援任务。

1994 年中央召开的第三次西藏工作会议，确定由北京、江苏、上海、山东、湖北、湖南、天津、四川、广东、福建、浙江、辽宁、河北、陕西各省市（后增加重庆市）分别对口支援西藏的拉萨、日喀则、山南、昌都、林芝、那曲和阿里 7 个地市，分布于 44 个县。两个省市分片负责西藏的一个地区。同时，由国务院各部委对口支援西藏自治区区直各部门。

2001 年中央召开的第四次座谈会，决定将原定 10 年的"对口援藏"计划再延长 10 年，对口支援关系基本保持不变，新增 3 个省、17 家中央直属企业对口支援西藏。对原来未列入受援范围的西藏的 29 个县，以不同方式纳入对口支援范围。至此，西藏各县（市、区）全部纳入了对口支援的范围，全国对口支援西藏工作格局趋于完善。

2010 年，中央新疆工作座谈会召开，自 1996 年以来对口支援历史上支援地域最广、涉及人口最多、资金投入最大、资助领域最全的一次对口支援新疆行动开始。从 2010 年开始至今，全国 19 个省市对口支援新疆 12 个地州市及新疆生产建设兵团的 12 个师（两个地级市乌鲁木齐、克拉玛依不在被支援之列）。

三、以各少数民族省（区）为中心的全国性协作

这种协作形式出现于 1981 年，各民族地区以自己的自然、经济优势，拟定需要发展和要求协作的项目，然后通过各种方式在国内"招标"。全国各地区各部门都可以根据自己的需要和能力，选择项目与这些民族地区开展协作，到中央提出西部大开发，东西联合的形式更加多样化：一方面沿海地区向内地投资办厂，租赁承包内地一些亏损、微利企业；另一方面内地在沿海开设"窗口"，"借船出海、借梯登高"。随着开放力度的进一步加大，东西经济对流的形式会更加多样化，这对东西部的发展都是十分有益的。

第三节 流 域 过 程

一、中国东西部地区的生态分工

生态地域分工的思想源于景观生态学，景观在空间结构上的异质性，成为生态地域分工的前提条件。景观内部的多种拼块在景观异质性维护和发展方面起着不同的作用，这即是景观空间结构的地域分工。景观的结构形态在很大程度上是由地貌类型和地貌过程来决定的。

中国大陆可以看成东部以汉民族为主体的人类生态系统和西部少数民族为主体的人类生态系统。这两大人类生态系统之间通过物质、能量、信息交换与传输，不断对中国大陆生态系统产生影响，在此过程中两个生态系统也不断调整着结构和分工。中国大陆人类生态系统的景观形态，受地形及地貌状况影响很大，其他的自然要素也起了重要的作用。

在特定的地质基础与新构造运动等内力因素，以及复杂多变的气候、水文、生物等外力因素的作用下，我国地形、地貌具有地势西高东低，呈三级阶梯状下降；地貌类型多种多样，山区面积广大，山脉纵横并交织组成格状。我国西部地区由于海拔高，多山的地形及地貌的特点，使得其具有较高的"生态位"，对中国大陆生态系统的稳定起着极为重要的作用。

我国西部地区地势较高，以高原为主，大约 93.5%的面积位于我国第一阶梯和第二阶梯上。全国主要的极高山（海拔 5000m 以上）、高山（海拔 3500～5000m）出现在西部第一级阶梯青藏高原上。青藏高原的面积 230 万 km^2，占西部地区面积的 56.7%，这里集中了全国除秦岭以外的主要中山（海拔 1000～3500m），内蒙古高原、云贵高原和黄土高原的大部分地区也处于我国西部地区；全国四大盆地除海拔较低的四川盆地外，塔里木盆地、准噶尔盆地和柴达木盆地也都在第二级阶梯上的西部地区。若以地貌类型而论，西部民族地区山地分布集中面积广大，广义的山地约占民族地区总面积的 75%。山地是全国绝大多数少数民族集中的居住地。

高海拔、多山的地貌状况决定了我国西部地区的景观以森林、森林草原、草原景观为主，也使得西部地区主要分布在外流河的上游地区。除东北和西南地区的部分河流外，受我国地形西高东低的总趋势控制，干流大都自西向东流。很明显，西部民族地区高海拔，居第一、第二阶梯上，以及分布于河流上游的特点，决定了西部地区"拼块"的生态作用是十分突出的。因此，西部民族地区自然地干扰、人类活动等因素若影响到西部地区"模地"变化，那么，这种变化必然通过"廊道"传递，从而影响整个流域的景观异质性和过程。

中国西部处于内陆，很难受到夏季风的影响，雨量稀少，炎热干燥成为中国西部内陆地区夏半年气候主要特点，大部分地区属于干旱和半干旱气候，以荒漠和半荒漠为主，戈壁、沙漠广布。这种气候条件使得生态环境更加脆弱。我国西部地区基本分布于生态脆弱带上，其聚居地区生态环境状况也严重影响着我国东部地区。在内陆干旱地区，有新疆、内蒙古、宁夏、青海等民族地区。在那里，沙漠、戈壁、草原生态环境极为脆弱，受人类活动影响，沙漠化极为严重。广西、贵州和云南东部出露大面积的碳酸盐类岩石，面积约占全国同类岩石的 42%，生态环境也很脆弱。黄土高原边缘的民族地区，西起湟水流域，经六盘山麓、鄂尔多斯高原，东至西辽河流域的广大范围内，堆积的黄土极易被流水侵蚀，造成水土流失。生态脆弱带，恰处在我国西部少数民族与东部汉族的交错分布区，因此这一"模地"的状况对东部地区的生态环境影响是很大的。

综上所述，我国西部地区在全国生态中地位十分重要，要明确我国东西部的生态分工，因地制宜地保护景观异质性，只有这样才能真正取得发展和维护全国的生态系统稳定。

二、中国东西部地区的流域过程

中国东部以汉民族为主体的人类生态系统和中国西部少数民族为主体的人类生态系统之间的物质、能量交换是以流域而开展的。流域生态系统是中华民族人类生态系统强有力的组织者。

流域是关联度很高、整体性极强的区域。流域内不仅自然要素的相互关联极为密切，而且地区间的相互影响也极为显著，特别是上、下游地区间的相互关系密不可分。例如，由于上游过度地开垦土地，致使林地面积减少，植被覆盖率下降，造成土壤侵蚀，引起水土流失，将会使下游河床淤积量增多，河道阻塞。同时因森林面积减少，使降水蓄积能力减弱，从而使河流在汛期流量增大，非汛期流量减小。因此，要求人类在流域内进行各种活动时，都必须考虑到这些活动给流域带来的影响和后果。

中国三大河流：长江、黄河、珠江，流域面积达 300 多万平方公里，几乎占全国国土面积的 1/3，流经 22 个省（区、市）。大河流构成了中华民族生态系统的基本脉络。长江、黄河发源于我国地势第一阶梯青藏高原，珠江源于我国地势第二阶梯。三大河流由西向东，成为我国东部人类生态系统与中国西部人类生态系统交流的主渠道，也是中华民族人类生态大循环的主要体现者。

中国西部的生态小循环状况直接影响中华民族大生态系统的循环。西部上游地区开发方式对下游东部地区生态影响很大，多年以来，少数民族地区刀耕火种的原始的生产方式、以木材为主要能源的生产生活方式等造成森林植被的破坏，近年来随着西部地区的工业化，东部沿海地区的污染企业向西部转移，随之出现一系列生态恶化的问题。处在大河上游的西部地区对生态环境严重的破坏，致使大江、大河自然灾害频繁。不仅使流域抗御、减缓、调节、抗衡自然灾害方面的能力大大降低了，而且大江、大河又以流域的形式将生态灾难转移到下游东部地区，使整个中华民族的生态系统的稳定受到挑战。

这种恶果产生的原因之一是由于我们至今仍未把生态保护、生态劳动纳入价值体系，我们仍以经济的角度在建立一个所谓的合理的劳动地域分工。因此，需要建立全方位的劳动地域分工，强调生态劳动以及流域生态转移支付，以及更新西部发展方式，推进西部地区的生态建设。

三、中国西部地区的生态建设

(一)加强西部生态建设的投资,保护三江源及青藏高原的生态屏障

西部大开发的重点之一是有效地保护西部地区的生态环境,近些年来,中央对西部地区的生态建设投资巨大,使其成为我国生态的重要屏障。

2005 年,中国政府规划投资 75 亿元,启动了三江源生态保护与建设工程,这是迄今为止中国最大的生态保护项目。三江源区位于青藏高原腹地,是长江、黄河和澜沧江(湄公河)的发源地,被誉为"中华水塔",是中国乃至亚洲重要的生态屏障和水源涵养区,也是中国生态系统最脆弱和最原始的地区之一。

青藏高原是中国重要生态屏障,也是亚洲乃至全球气候变化的"感应器"和"敏感区"。近年来,中国政府加大对西部地区生态环境投入力度,特别是对青藏高原生态环境的保护力度。三江源生态保护和建设工程实施几年来,已取得明显成效。在惠及民生的人畜饮水项目上,目前已完成投资 3000 多万元,使 1.7 万名当地牧民喝上了放心水。2009 年 2 月,国务院常务会议审议并通过《西藏生态安全屏障保护与建设规划(2008—2030 年)》,提出用 5 个五年规划的时间,投入资金 155 亿元,实施 10 项生态环境保护与建设工程,基本建成西藏生态安全屏障。

在中央政府加大对西部地区生态建设的同时,西部地区地方政府也在逐年加大对当地生态环境的投入力度。2001~2008 年,西藏自治区政府共投入环境保护与生态建设资金 64.6 亿元。新疆维吾尔自治区近年来不断加大对天池自然保护区生态保护力度,使天山天池青山长绿、碧水长流,旅游观光业持续升温。

中国在实施西部大开发战略的 10 年,加大对西部地区生态环境的改善力度。在应对国际金融危机的一揽子计划中,中央扩大内需 43%以上投资投向西部地区民生工程、基础设施、生态环境等领域。生态建设已成为中国西部地区的投资重点。

(二)加大政策的投入,建立生态环境建设的长效机制

西部少数民族地区的生态环境建设和保护事业关乎子孙后代,是全国性的公共产品。应从保证我国"十一五"期间社会经济可持续发展的战略高度予以科学决策。第一,制定《中华人民共和国财政转移支付法》,规范财政转移支付制度。建议全国人大以法律形式规范我国的转移支付制度,制定《中华人民共和国财政转移支付法》,立法内容要在规范一般转移支付制度相关内容的同时,增加对西部少数民族地区生态环境建设和保护的专项转移支付、资金的具体来源(包括中央对省、自治区和省、自治区以下各级财政的纵向转移支付,以及东、中部省、市财政对西部民族地区的横向转移支付等)、每种来源的比例和数额规定等相关内容,加强专项转移支付对西部生态环境建设的长期支持机制。第二,开征生态环境建设和保护税。尽快制定涉及生态环境建设和保护问题的税收法律法规,对商业性的西部资源开发行为和经营行为课征税费,以使商业开发行为对西部生态环境破坏的外部社会成本内在化。这种生态环境的社会成本内在化的紧迫性突出表现在对西部地区尤其是少数民族地区丰富的水、矿产等资源的开发上。该税的使用类似于社会保障税,必须专款专用在被开发使用资源地的生态环境建设和保护上。第三,建立流域生态补偿机制的政策,有效协调流域上、中、下游的关系,促进流域的可持续

发展。

（三）充分发挥科技对生态环境建设的推动和加速作用

充分发挥科技对生态环境建设的推动和加速作用。首先，从宣传教育抓起，向全民普及生态建设方面的科学知识，加快培养生态建设方面的人才；其次，发挥现有大专院校、科研单位的优势，加强生态建设基础研究及科技应用；最后，加快科技成果的推广应用，使科技成果真正转化为现实生产力。

第四节　长江流域的发展与治理

长江发源于青藏高原的唐古拉山主峰格拉丹冬雪山西南侧，干流全长约 6300km，自西而东流经青、川、藏、滇、渝、鄂、湘、赣、皖、苏、沪等 11 个省(区、市)，注入东海，支流展延至黔、甘、陕、豫、浙、桂、粤、闽等 8 个省(区)。流域面积约 180 万 km²，占我国国土面积约 18.8%。其中山地和丘陵占流域面积的 84.7%，平原占 11.3%，河流等水面占 4%。流域内气候温和湿润，雨量丰沛，多年平均降水量 1100mm。流域地势西高东低，由河源至河口，总落差 5400m，水能资源丰富，占全国水能可开发量的 53.4%，主要分布在长江上游的西南地区。流域内地下矿产资源丰富，品种多，分布广，大多数矿藏在全国占重要地位。长江干流是横贯东西的航运大动脉，支流向南北延伸形成水运网。长江中下游是我国重要的经济区，也是我国重要的农业区和产粮区，2018 年 11 个省区 GDP383124 亿元，约占全国的 38.6%；总人口约 5.11 亿，约占全国的 36.7%。

一、长江流域的生态、社会经济地位

长江横贯我国西南、华中和华东三大区域，连接长三角、长江中游城市群和川渝城市群，流域社会、经济、生态地位十分突出。

（一）长江是我国的战略水源地及贯穿东西的"黄金水道"

长江流域多年平均水资源总量 9958 亿 m³，约占全国的 35%。长江流域水资源保障 5.1 亿人生活和生产用水，支撑 GDP 近 39 万亿元，通过跨流域调水，惠泽了黄淮海平原 1 亿多人。

长江通航河流 3600 多条，通航里程约 7138.5km，占全国内河通航里程的 56%。航道起点为金沙江的其宗，由其宗至新市镇 719.5km 分段季节通航，新市镇以下至长江口 2919km 为全年通航河段。长江干线水富至长江口航道全长 2840km，基本为Ⅲ级以上航道。

（二）长江是我国重要的生态宝库

长江流域山水林田湖草融为一体，生态敏感区种类多、数量大、分布面积广，从源头到河口、从支流到干流都有分布，是我国生态保护的重点流域。长江流域提供了我国 39.2% 的水源涵养功能，27.5% 的洪水调蓄能力，36.3% 的水土保持功能和 24.9% 的自然栖息地。长江是世界七大生物多样性最为丰富的河流之一，长江流域分布鱼类 400 余种，其中特有鱼类 166 种，国家一级保护水生动物 4 种。长江中下游通江湖泊是中国乃至世界上最重要的湿地，是越冬候鸟重要栖息地。

（三）长江流域是我国的经济中枢

长江全流域人口约占全国总人口的 37%以上，长江经济带覆盖的 9 省 2 市生产总值(GDP)总量超过全国的 40%。长江流域是我国最重要的工业走廊之一，布局了钢铁、石化、能源、汽车机械、电子、建材等一批高耗能、大运量、高科技企业。钢铁产量占全国 36%，汽车产量占全国 47%，石化工业产量占全国 50%以上。此外，长江流域农业优势也很显著，耕地约占全国耕地的 27%，其中水田面积约占全国水田的 2/3。流域农林产品丰富，稻谷产量占全国总产量的 59%。粮、棉、淡水鱼产量分别占全国的 40%、30%和 60%，在保障国家粮食安全方面具有重要地位。

（四）长江流域是我国技术创新中心

2018 年，长江沿线 9 省 2 市技术市场成交金额约 6175.77 亿元，科研经费为 6358.95 亿元，占全国 34.89%与 49.09%，被授予中国"高新技术廊道"称号。长江流域人口占全国人口 1/3 之多，有强大的劳动力资源。同时，沿江城市有众多知名的高等学府和科研机构，科学文化水平较高，技术基础雄厚，高新技术产业发展迅猛，从长江经济带内部来说，江苏、湖北、湖南高校数量最多，分别为 167、128、124 所。根据国家知识产权局 2018 年统计年报数据显示，长江经济带发明专利、实用新型专利、外观设计专利 3 种类型专利有效发明总量占全国总体的 46%。沿江的高新技术开发区发展较好，开发区大多选择生产技术、新材料、电子信息、机电一体化、新能源、高效节能及环保技术作为支柱产业，融科研、开发、生产、销售于一体，形成了新产业优势，带动了流域经济结构调整，成为我国最具活力的高新技术产业走廊。

二、长江经济带发展战略

长江经济带覆盖上海、江苏、浙江、安徽、江西、湖北、湖南、重庆、四川、云南、贵州等 11 省（市），面积约 205 万 km^2，人口和生产总值均超过全国的 40%。横跨中国东中西三大区域，具有独特优势和巨大发展潜力。长江经济带发展作为中国新一轮改革开放转型实施新区域开放开发战略，是具有全球影响力的内河经济带、东中西互动合作的协调发展带、沿海沿江沿边全面推进的对内对外开放带，也是生态文明建设的先行示范带 。

（一）长江经济带的开发历程

改革开放以来，长江经济带发展取得了显著的成就。建设与发展主要经历了以下 4 个阶段：①20 世纪 90 年代以前的自我发展建设时期（1979～1989 年）。这一时期，虽然全国国土总体规划纲要提出了以沿江和沿海 "T" 字形为主轴线的开发模式，国家也把南通、上海、宁波等城市辟为开放城市。但总体上，长江经济带各地区处于自我发展建设时期。如，这一时期上海、苏南等地大力发展乡镇工业与外向型经济，对原有部分工业企业进行大规模的设备更新和技术改造，电子、家用电器、机械、纺织、食品等工业有了很大的发展。另一方面加强了能源和原材料工业项目建设，宝钢和仪征化纤等一批大型企业投产，中上游原有的工业基地，包括攀钢、武钢、湖北汽车制造、四川重型机械和电子工业等也进行了一定程度上的提高和扩建，初步形成了较强的生产能力。②20 世纪 90 年代以浦东开发开放为带动的重点建设时期（1990～1999 年）。这一时期，长江经济带的开发模式从水电开发、防洪排涝、水土整治和重点产业建设，转向了以港口发展和产业园区建设为主的经济开发，从以沿岸主要中心城市为主的重点开发，转向沿江区域整体开发。1992 年 10 月，中共十四大决定"以上海浦东开发开放为龙头，进一步开放长江沿岸城市，尽快把上海建成国际经济、金融、贸易中心之一，带动长江三角洲和长江流域地区经济的新飞跃"。同年，全国人大批准通过兴建"三峡"水利枢纽工程，为中上游、"三峡"库区的建设提供了机遇。长江中上游地区的武汉、宜昌、芜湖、九江、岳阳、重庆等先后开辟为对外开放城市，三峡库区包括宜昌、秭归、巴东等湖北、四川二省 17 个县（市）确定为长江三峡经济开放区。随着浦东的开发开放，长江沿岸各省（市）产生了强烈的开发开放意识，各地逐步把发展战略的重点转向长江沿岸地带，与浦东毗邻的长江三角洲地区纷纷与浦东开发开放政策接轨，利用优惠政策与优越的投资环境，取得突破进展。③沿江开发建设主体由点到面拓展时期（2000～2013 年）。这一阶段，长江沿江省（市）开始重视沿江区域开发，纷纷将各自的经济发展重点转向本省（市）临江城市或地区。如，上海积极推进产业结构优化和升级，转变经济发展方式，加快发展现代服务业和先进制造业，建设国际金融中心和国际航运中心。江苏省从 2003 年开始正式实施沿江大开发战略，2007 年编制《江苏省沿江发展总体规划（2011～2030 年）》，指出江苏未来沿江地区将努力建成沿江经济带、沿江城市带、现代化港口群、基础设施网和生态环境宜居区。安徽省则提出以加速融入长三角为核心的"东向开发战略"，提出要把沿江城市群建设成为全省跨越式发展的龙头、对外开放的门户、长江流域重要的新型工业化基地。④长江经济带发展全面上升为国家战略时期（2014 年至今）。2014 年 9 月，国务院印发《关于依托黄金水道推动长江经济带发展的指导意见》（以下简称《指导意见》），"将长江经济带建设成为我国生态文明建设的先行示范带"被确定为长江经济带建设四大定位之一。2016 年 1 月，习近平总书记在重庆主持召开推动长江经济带座谈会，明确指出推动长江经济带发展必须坚持生态优先、绿色发展的战略定位，并强调必须以"共抓大保护，不搞大开发"的方式，科学、有序地搞好长江流域的可持续发展。2016 年 9 月，《长江经济带发展规划纲要》正式印发，并提出 2020 年和 2030 年两个时间节点的绿色发展目标。2018 年 4 月，习近平总书记在武汉主持召开深入推动长江经济带发展座谈会上再次强调"必须从中华民族长远利益考虑把修复长江生态环境摆在压倒性位置""努力探索出一条生态优先，绿色发展的新路子"。在这些重要精神和文件的指导下，长江经济带加大力度促进生态文明建设，在强化生态文明治理机制的顶层设计、改善区域生态环境、促进可持续转型、引领绿色发展、探索生态文明建设体制机制改革方面均取得显著成效，并积累了一些具有示范效应的良好经验。

（二）长江经济带发展面临的形势

1. 顺应信息科技革命浪潮，提高创新研发能力

以 5G、大数据为核心的信息科技革命正成为世界各国抢占的经济发展制高点，不仅揭开了传统产业向人工智能技术变革的新篇章，而且加速催生拓展新的产业形态、新的生产模式、新的应用实践。长江经济带作为我国区域协调战略承载主体，必须抓住以新一代人工智能技术为代表的信息技术变革带来的产业革命，加快释放横贯东中西、连接海内外的独特比较优势，构建更加广泛的技术应用场景，创造新的需求，在全球分工合作中占据顶层位置，为全面推进社会治理现代化提供样板。

2. 深化市场空间多元化转型，降低大国博弈风险

近年来，世界政治格局加速演变，拒绝全球化、重拾保护主义的逆全球化和区域化的影响力越来越强，影响范围越来越广，中美战略博弈更加激烈，大国之间竞争趋势愈加明显。长江经济带是内陆经济腹地与沿海开放口岸的交界带，也是我国全面推进对内对外开放的主要阵地。大国博弈加剧，将对长江经济带经济体更深地融入全球经济体系、提升全球价值链地位带来巨大冲击。在此背景下，长江经济带的发展必须统筹考虑传统欧美市场和新兴东盟市场，深化"一带一路"合作，积极谋求出口产品、技术与服务的市场转换空间，以市场空间的多元化逐步降低对欧美出口市场的依赖性。

3. 加强中心城市与城市群发展，破解东中西发展不平衡问题

中心城市和城市群在市场竞争中形成核心推动力，向周边城市辐射、蔓延、推广已成为我国区域发展的新模式，各种生产要素源源不断地向中心城市和城市群流动、集聚。这就要求，"十四五"时期长江经济带必须进一步突出以中心城市和城市群引领带动区域协调发展的核心载体作用，充分发挥上海这一超大城市以及南京、武汉、重庆、成都等特大城市的交运枢纽、开放引领、功能传递等作用，突出人才汇聚、龙头示范、创新源泉等"硬核"角色。在不同的区域内形成产业基础雄厚、发展质量上乘、经济结构优良、辐射范围广博的城市圈和现代化都市圈，并通过长江黄金水道梯次传导和要素流动载体作用，缩小东中西部发展差距，间接促进全国经济发展水平和发展质量的提升。

4. 持续推进生态文明建设，保障人民高质量生活需求

人与自然和谐相处一直是中国特色社会主义发展道路的重要基石，推动生态文明建设也是我国一贯坚持的发展本色。党的十九大报告中多次强调要加快形成集约型产业结构、环保高效型生产方式，打造低碳稳健型的现代经济体系，建设美丽中国。生态文明体系的形成，是一项优化要素配置、提高民生福祉的系统性、革命性工程，必须统筹规划长江上中下游空间布局，探寻发展良方，积极破解长江经济带生态修复和绿色发展过程中的重大问题，保障水资源质量和水源纯净，推出更多的绿色产品和绿色服务，满足社会发展需求，保障人民生活需要，实现"一江碧水向东流"。

三、长江三角洲区域一体化发展战略

长江三角洲地区包括上海市、江苏省、浙江省和安徽省三省一市，在我国经济版图中占据重要地位，是"一带一路"建设、长江经济带、长江三角洲区域一体化发展等国家战略实施的交汇点。推动长江三角洲一体化发展，增强长江三角洲地区创新能力和竞争能力，提高经济集聚度、区域连接性和政策协同效率，对引领全国高质量发展、建设现代化经济体系意义重大。

1. 构建长江三角洲区域一体化的必要性

实施长江三角洲一体化发展战略，是引领全国高质量发展、完善我国改革开放空间布局、打造我国发展强劲活跃增长极的重大战略举措。长江三角洲以不到 4% 的国土面积，创造出中国近 1/4 的经济总量，1/3 的进出口总额、外商直接投资和对外投资，完全有能力承担区

域一体化的新使命，完全有能力形成新发展格局。推进长江三角洲一体化发展，有利于提升长江三角洲在世界经济格局中的能级和水平，引领我国参与全球合作和竞争；有利于深入实施区域协调发展战略，探索区域一体化发展的制度体系和路径模式，引领长江经济带发展，为全国区域一体化发展提供示范；有利于充分发挥区域内各地区的比较优势，提升长江三角洲地区整体综合实力，在全面建设社会主义现代化国家新征程中走在全国前列。

2. 长江三角洲区域一体化发展的内涵

2018 年 11 月 5 日，习近平总书记在首届中国国际进口博览会上宣布，支持长江三角洲区域一体化发展并上升为国家战略，着力落实新发展理念，构建现代化经济体系，推进更高起点的深化改革和更高层次的对外开放，同"一带一路"建设、京津冀协同发展、长江经济带发展、粤港澳大湾区建设相互配合，完善中国改革开放空间布局。

新时代长江三角洲的一体化是指城市群中的各个城市，特别是都市圈中的各个城市，为提升城市群的同城化水平和国际竞争力，在一些领域开展紧密合作，通过建立一体化建设和运营的体制机制和平台载体，消除行政分割，激发规模效应，实现更高层次的共生共享。长江三角洲一体化是要实现经济、社会、资源、环境、制度"五位一体"的一体化。长江三角洲一体化坚持先易后难的顺序，从比较容易推进的旅游一体化以及基础设施一体化开始做起，逐步拓展至要素一体化、市场一体化，以及产业一体化、制度一体化、社会一体化、文化一体化等领域。发展目标是要成为实施新发展理念的示范区；"十四五"末，即 2025 年建成长江经济带与一带一路的枢纽平台；在"十五五"末，即 2030 年建成世界级城市群。

3. 新形势下推进长江三角洲更高质量一体化发展应采取的措施

在长江三角洲更高质量一体化发展阶段，应着力于深化供给侧结构性改革，加快推动质量变革、效率变革、动力变革，推动一体化机制朝着更深层次发展迈进，促使长江三角洲地区在创新驱动、经济转型升级、改革开放和区域一体化等方面继续走在全国前列，从而更好引领长江经济带发展，更好服务国家发展大局的要求，努力成为全球资源配置的亚太门户，建成具有全球竞争力的世界级城市群。

（1）深入实施创新驱动发展战略，形成区域协同创新网络。以构建区域技术转移体系、创新资源共建共享共用为抓手，加快区域协同创新网络建设，依托行业领军企业，建立一批跨地区、跨行业的前沿科技创新研究机构，发挥领军企业在协调政产学研中，各地区制造业创新中心建设中的组织协调作用，努力将长江三角洲建成具有全球影响的科技创新高地和产业高地。

（2）发挥上海的"龙头带动"作用，苏浙皖各展所长。上海应加快创建系统性的对内开放体系和平台载体，主动逐步退出一般性的、劳动密集型、能耗高的制造业，集中发展现代服务经济，加快壮大国内民营经济参与国际竞争；江苏和浙江应加快建设世界级先进制造业集群，协调发展好制造业集群与服务业集群；安徽应立足实际，加快经济追赶步伐，避免高端要素被虹吸的边缘化风险，主动与苏浙沪对接，努力凸显以一体化为突破口，实现区域协调发展。

（3）大力发展智能交通，建立现代化综合交通体系。长江三角洲地区交通一体化需要进一步打通省际断头路，促进各地港口与货物主要生产地、货物主要消费市场的连接，加强重要交通基础设施与主要港口的有效衔接，加强与航空运输的对接，形成运距短、成本低、效率高、现代化的集疏运体系。

（4）健全公共服务共建共享机制，优化公共服务供给。着力于让区域内的人民平等享受教育、医疗卫生、文化服务和社会保障等一系列权利，推动教育资源共享、医疗卫生跨地区服务、文化产业联动发展、社会保障互联互通等，不断优化公共服务供给，拓展合作领域和深度。

（5）坚持生态环境优先，建设绿色长江三角洲。强化区域生态一体化意识，推进四地生态环境统筹治理,建立生态保护协同机制、生态信用监督机制、生态保护补偿机制、生态治理创新机制及生态风险防范机制等，四地联手，打好治气、治水、治土、治废综合治理攻坚战与持久战，做到全面治理与重点突破相结合。

（6）加强顶层设计，探索区域协同决策机制。着眼于服务国家发展大局，立足长江三角洲整体发展和长远利益，一盘棋考虑、一条心谋划，努力形成共同行为准则，深入推进各类规划充分对接，充分发挥规划在区域一体化发展中的统筹和引领作用。加快形成共同事务处理机制，促使区域内部各地区利益空间得以向外延伸，缓解地区间的利益矛盾，维护各地区的利益均衡。

第五节　黄河流域的发展与治理

黄河发源于青藏高原巴颜喀拉山北麓海拔 4500m 的约古宗列盆地，流经青、川、甘、宁、蒙、晋、陕、豫、鲁 9 省（区），在山东垦利流入渤海，全长约 5464km，流域面积 79.5 万 km^2，占全国国土总面积的 7.2%。黄河流域土地、能源、矿产和生物等资源较丰富，空间分布上存在着明显的地域分异，在我国经济社会发展中具有十分重要的地位，2018 年 9 省（区）总人口约 4.18 亿，约占全国的 30%，地区生产总值 23.9 万亿元，占全国 26.5%。

一、黄河流域的生态、社会经济地位

（一）黄河流域是我国重要的生态屏障

黄河流域是连接我国西北、华北、渤海的重要生态廊道,在我国"两屏三带"为主体的生态安全战略格局中占据重要位置，是"青藏高原生态屏障"、"黄土高原—川滇生态屏障"及"北方防沙带"的重要组成部分，是华北、中东部安全屏障构建的前提条件，是峡谷、荒漠、戈壁等区域系统稳定和生物多样性保护的基础，是高寒冷水、峡谷激流和平原河口洄游保护鱼类的重要栖息保护地。黄河流域拥有三江源水源地、祁连山冰川、甘南藏族自治州、若尔盖草原湿地等国家级的重点生态功能区。黄河流经的黄土高原水土流失区、五大沙漠沙地，是我国生态环境较为脆弱的地区，沿河两岸分布有扎陵湖、鄂陵湖、东平湖和乌梁素海等湖泊、湿地，河口三角洲湿地生物种类多样，生态价值极其珍贵。

（二）黄河流域是我国主要的能源与粮食基地

黄河流域被称作中国的"能源流域"，上游地区的水能资源、中游地区的煤炭资源以及下游地区的石油和天然气资源等都是支撑中国经济发展的重要资源。煤炭主要分布于山西、陕西、内蒙古、宁夏 4 省（区）的毗邻地区，天然气资源集中于陕甘宁地区，太阳能和风能主要分布于西北部的内蒙古、甘肃、青海、宁夏，水能资源主要分布于黄河干流兰州以上河段和中游晋陕河段。

黄河流域也是中国的粮食主产区。黄河流域大部分地区光热资源充足，农业生产发展潜力大，流域内共有耕地 1553.2 万 hm²。此外，黄河下游流域外引黄灌区土地面积为 656 万 hm²，有效灌溉面积约 247.1 万 hm²。汾渭平原、河套灌区和黄淮海平原是《国家主体功能区规划》划定的全国重要粮食主产区。2018 年，黄河流域的 9 个省（区）粮食产量为 23268.87 万 t，占全国粮食总产量的 35.37%。

（三）黄河流域是中国打赢脱贫攻坚战的重要主战场

黄河流域是多民族聚居地区，主要有汉、回、藏、蒙古、东乡、土、撒拉、保安等民族，其中少数民族占 10%左右。积极支持流域省（区）打赢脱贫攻坚战，解决好流域人民群众特别是少数民族群众关心的防洪安全、饮水安全、生态安全等问题，对维护社会稳定、促进民族团结具有重要意义。由于历史、自然条件等原因，黄河流域经济社会发展相对滞后。黄河上游的青海、四川、甘肃、宁夏及中游的内蒙古和陕西等地属于欠发达地区，贫困人口较多、贫困程度较深、返贫率较高，尤其是青海、四川和甘肃藏区及甘肃的临夏州和四川的凉山州被列入"三州三区"深度贫困地区。截至 2019 年 5 月，上述 6 省（区）共有贫困县 150 个，占全国贫困县总数（485 个）的 30.9%。因此，黄河流域是中国如期打赢脱贫攻坚战的主战场之一。

（四）黄河流域是推动我国区域协调发展的关键区域

黄河流域横贯中国的东中西部，绵延 5464km。从经济社会发展的空间格局看，黄河流域人口产业主要集聚于下游地区及中上游的汾渭谷地、河套平原、河西走廊和湟水谷地，初步形成了以济南、青岛为中心的山东半岛城市群，以郑州、洛阳、开封为中心的中原城市群，以西安、宝鸡、天水为关键节点的关中-天水重点开发区，以太原为中心的太原城市群，以呼和浩特、包头、鄂尔多斯、榆林为节点的呼包鄂榆重点开发区，以及兰州-西宁、河西走廊重点开发区等城市群或国家级重点开发区域。与上述集聚区域形成鲜明对比的是，黄河流域中上游地区尚存在面广、量大、程度深的贫困地区，包括青东南-川西北藏族聚居片区、六盘山片区、吕梁山片区、秦巴山地片区、太行山片区和大别山片区等国家级贫困区。黄河流域生态保护和高质量发展上升为国家战略，是贯彻落实区域协调发展战略的重要举措，为西部开发、东北振兴、中部崛起、东部率先发展战略的推进提供了新的历史契机，对加快黄河流域协同开放和协同发展的步伐，缩小中国东中西部的差距具有重要作用。

（五）黄河流域是"一带一路"建设的重要起点和腹地。

"一带一路"建设的腹地包括新疆、陕西、甘肃、宁夏、青海、内蒙古等西北 6 省（区），黑龙江、吉林、辽宁等东北 3 省，广西、云南、西藏等西南 3 省（区），上海、福建、广东、浙江、海南等沿海 5 省和内陆地区重庆。其中黄河流经青海、甘肃、宁夏、内蒙古、陕西 5 省（区）。黄河流域的陕西是丝绸之路经济带的起点，经腹地甘肃向西北延伸通过新疆与欧洲相连，形成面向中亚、南亚、西亚国家的通道和商贸物流枢纽。在重要产业和人文交流方面，陕西、甘肃、宁夏、青海扮演着举足轻重的角色，而腹地内蒙古则是向东北亚开放的重要窗口之一。黄河流域的高质量发展关系着"一带一路"建设进程的有效推进。

二、黄河流域发展面临的问题

（一）生态问题

1. 水资源供需矛盾突出，地区分布不均衡

黄河流域水资源贫乏，黄河流域水资源总量仅占全国河川径流量的 2%左右，但却承担了全国 15%的耕地用水和 8.6%的人口供水任务。并且还要承担向流域外的天津、青岛等地的调水任务。虽然已经建立起来了水量分配、调度、节水管理、水权转换等制度，但由于流域的工业多属于高能耗的传统工业，致使黄河总量有限的水资源开发利用过度。

黄河流域径流年际、年内变化都很大，近十余年来，最高的一年是 2012 年，径流量达 692.16 亿 m^3，最低的 2002 年径流量只有 403.04 亿 m^3。在同一年内，干流及主要支流在 7～10 月份径流量占到全年的 60%以上。此外，黄河流域水资源地区分布很不均衡，兰州以上年径流量占全河的 61.7%，而流域面积只有 28%左右，兰州以下至河口镇区间流域面积 20.6%，年径流量却只占 0.3%。

2. 水沙关系不协调将长期存在

黄河流域河水含沙量高，水资源开发利用难度大，黄河挟带泥沙数量之多，居世界首位，平均每年输入黄河下游的泥沙达 16 亿 t，年平均含沙量 37.8kg/m^3，一些多沙支流洪峰含沙量高达 300～50037.8kg/m^3，并且 60%的水量和 80%的泥沙都集中在每年的汛期。

黄河中游流经的黄土高原，由于土壤结构疏松，抗冲抗蚀能力差，植被稀少，坡陡沟深，暴雨集中，水土流失极其严重。特别是丘陵沟壑区，地形破碎，植被稀少。严重的水土流失不仅造成当地人民群众生活长期贫困，也加剧了土地荒漠化和其他自然灾害在内的生态环境的恶化，制约了经济社会的可持续发展。

黄河流域上中游严重的水土流失，造成下游河道持续淤积、河床不断抬高，形成著名的"地上悬河"，更严重的地方甚至形成了"二级悬河"，增加了下游洪水泛滥的威胁程度和治理难度。

3. 洪水风险依然是最大威胁

历史上黄河洪水频发，决口改道频繁，灾难深重。从公元前 602 年至公元 1938 年的 2540 年中，大的改道 26 次、大的人口迁徙 5 次。1950 年以来的 70 年间下游共发生漫滩洪水 30 余次，超过 10000m^3/s 的大洪水 12 次，累计受灾人口 900 多万人次。以洪水灾害最为严重的 1996 年为例，洪水淹没滩区村庄 1374 个，人口 118.8 万，耕地 16.51 万 hm^2，倒塌房屋 26.54 万间，损坏房屋 40.96 万间，紧急转移安置群众 56 万人，按当年价格估算，直接经济损失 64.6 亿元。当前黄河下游发生大洪水的风险依然存在，上游洪水历时长、洪量大，中游三门峡以上的"上大洪水"峰高量大、含沙量高，对下游防洪威胁很大。三门峡至花园口区间的"下大洪水"洪峰高、涨势猛、预见期短，对下游防洪威胁最为严重。

4. 生态环境脆弱

黄河流域生态环境脆弱，资源环境承载能力低。首先，黄河源区生态退化问题严重。黄河源区是世界上生物多样性较高的高海拔地区之一，受气候、海拔、地貌地形等影响，生态

环境十分脆弱。在全球气候变暖的大背景下,黄河源头的气温自 1956 年至 2017 年总的趋势都在变暖,这种变化趋势促使蒸发增加、气候干旱化。有关研究表明,近 50 年来黄河源区平均气温升高大约 1.5℃,至少造成 4%~10%的流量减少。此外,受过度放牧以及鼠虫灾害影响,黄河源区植被退化非常严重,在青海省的共和县,有将近达 1/3 的土地严重沙化,并且还在以每年 1.8 万亩的速度蔓延。虽然我国近年来已经启动了黄河源区生态系统修复工程,但由于牵涉因素多,施行难度大,生态恶化总体形势并没有根本好转。其次,黄土高原水土流失治理任务依然艰巨。历史上黄河多年平均输沙量 16 亿 t,是长江的 3 倍,位列世界第 1位,绝大多数泥沙来源于黄土高原地区。黄土高原地区土质疏松、地形破碎、植被稀疏,水土流失面积达 45.17 万 km²。截至 2018 年底,黄河流域仍有水土流失面积 26.96 万 km²,其中黄土高原地区 24.2 万 km² 的水土流失面积未得到有效治理。再次,黄河下游及河口地区生态系统质量较差。黄河下游河道是多种鱼类的栖息地,同时也是鱼类洄游的重要通道,滨河区域分布大片湿地及国家级和省级自然保护区,河道及滨河带良好生态系统的维持对生态需水有一定的要求。下游滩区不仅是黄河滞洪沉沙的场所,也是近 200 万人生活、生产的场所,滩区的综合治理涉及防洪、生态和社会经济发展,目前三者之间还存在一定矛盾和冲突,没有达到协同发展的状态。

(二)经济发展问题

1. 黄河流域在全国经济地位下降,内部发展不平衡

2009~2018 年间,黄河流域内省(区)域间的经济差距不断拉大,但随着中国经济步入新常态,这一差距逐渐趋于稳定。2009 年,黄河流域 9 省(区)中人均 GDP 最高的省(区)为内蒙古(40282 元/人),最低的省(区)为甘肃(12872 元/人),二者差距为 27410 元/人;2018 年,黄河流域 9 省(区)中人均 GDP 最高的省(区)为山东(76267 元/人),最低的省(区)依然为甘肃(31336 元/人),二者差距为 44931 元/人。从极差增长率来看,2016 年达到波谷,为-1.1%,近两年虽有所抬头(-0.2%和 1.4%),但基本维持在 0%上下。

黄河流域在全国的经济地位有明显下降,区域外部差距不断拉大。黄河流域 9 省(区)生产总值占全国生产总值比重由 2009 年的 27.0%下降到 2019 年的 25%,2018 年,黄河流域 9 省(区)的平均常住人口城镇化率为 55.84%,低于全国整体水平(59.58%)3.74 个百分点。

2. 黄河流域的产业转型升级面临较大压力

黄河流域的工业在产业中的占比比重高,尤其是重化工业,使黄河流域推进产业转型升级面临的问题较为严峻。首先,黄河流域生态环境承载能力有限,产业发展面临的资源环境约束较大。黄河作为我国北方地区的重要生态屏障,全流域生态脆弱是其典型特征,尤其是中上游地区多处于干旱半干旱地带,荒漠和沙化土地面积占全国该类土地面积的 38%。黄河流域也是我国水土流失面积最大、强度最高的地区,上游高原冰川湿地草甸、中游黄土高原和下游黄河三角洲极易受到破坏而出现生态退化,恢复难度极大且恢复过程缓慢。黄河流域水资源总量严重不足,全流域用水缺口超过 95 亿 m³,人均水资源占用量 470m³,仅为全国平均水平的 23%。长期以来,流域内人口快速增长,以及农业、能源、化工、冶金等产业长期超采和低效用水,造成黄河流域用水总量负荷过大。其次,资源性重化工特征突出,产业

结构层次偏低。黄河流域多以传统资源密集型产业为主，产业结构呈现明显的重化工倾向，主导产业高耗能、高耗水、排污量大问题突出。再次，人才、金融等关键要素供给不足，科技创新和成果转化能力不强。一是黄河流域高层次人才流失严重并且贫困低素质人口数量较多。自 20 世纪 80 年代以来，黄河流域西部省份的人才流出量是流入量的 2 倍以上，特别是中青年骨干人才大量外流。截至 2018 年底，黄河流域 9 省（区）共有建档立卡贫困人口 245 万人和深度贫困县 118 个，分别占全国的 30.1%和 35.3%。大量贫困人口的存在，不仅拖累区域内整体人力资本水平的提升，还需要通过扶贫进一步稀释宝贵的资金和人力资源。二是黄河流域科技创新能力不强、科技成果本地转化不畅等，已成为制约区域内产业链向高端化、精细化、智能化迈进的最大障碍。根据科技部发布的《中国区域科技创新评价报告 2018》，黄河流域综合科技创新水平指数均值为 52.83%，比长江经济带低 9.82 个百分点，仅相当于全国平均水平的 75.9%。与沿海发达省份相比，黄河流域许多产业发展滞后，导致难以有效吸收科技成果。科技体制改革滞后、成果转化机制不活、政策创新不够，加剧了科技创新成果在本地产业化程度不高的问题。

三、黄河流域生态环境与高质量发展战略

2019 年 9 月 18 日，习近平总书记在郑州市主持召开了"黄河流域生态保护和高质量发展座谈会"，提出"促进全流域高质量发展、改善人民群众生活、保护传承弘扬黄河文化，让黄河成为造福人民的幸福河"的目标任务。黄河流域生态保护和高质量发展自此与京津冀协同发展、长江经济带发展、粤港澳大湾区建设、长三角一体化发展等共同成为国家战略，有利于中国的生态治理以及东、中、西部区域经济和社会的协调发展。构建黄河流域治理共同体既是基于国家战略高度的顶层设计，是推动国家治理体系与治理能力现代化的有益尝试，也是落实黄河流域生态保护和高质量发展战略的重要路径。

（一）推动黄河流域高质量发展具有重大战略意义

从全局性讲，黄河流域生态保护和高质量发展事关我国经济社会发展和生态安全。黄河流域是我国重要的生态屏障和重要的经济地带，是打赢脱贫攻坚战的重要区域，在我国经济社会发展和生态安全方面具有十分重要的地位。

1. 事关打造我国重要生态屏障

黄河流域是一条连接了三江源、祁连山、汾渭平原、华北平原等一系列"生态高地"的巨型生态廊道，水资源和生态功能极为重要。但是，黄河一直具有水患频繁、生态环境脆弱、水资源保障形势严峻等问题。筑牢黄河流域生态屏障，既有利于减少水土流失、改善水源涵养、确保黄河生态安全，更有利于为全流域人民提供清新的空气、清洁的水源、洁净的土壤、宜人的气候等诸多生态产品。

2. 事关我国区域经济协调发展

黄河流域生态保护和高质量发展战略中提到的"黄河流域"涉及的地级行政区数有 91 个，包括青海、甘肃、宁夏、陕西、山西、河南、山东 7 省份全域，以及内蒙古西部的 6 市 1 盟和四川的阿坝、甘孜 2 个州。与长江经济带发展相比，推动黄河流域高质量发展在缩小区域经济差距上能够发挥更大作用，这是因为位于黄河流域西部的省份经济发展水平更低。

以 2018 年为例，在当年全国省份 GDP 低于 1 万亿元的 5 个省份中，就有 3 个位于黄河流域，分别是 8246 亿元的甘肃省、3705 亿元的宁夏回族自治区和 2865 亿元的青海省，与同处黄河流域的 GDP 排名全国第三的山东省和第五的河南省相比，上述 3 省（区）存在较大的提升空间和合作潜力。与此同时，南北区域经济分化尤其是北方区域经济增速下滑问题逐渐成为我国区域经济格局中出现的新的重大挑战。2018 年全国平均经济增速 6.6%，南方 16 个省（区）中超过全国平均经济增速的有 14 个，而北方 15 个省（区）中超过全国平均经济增速的仅有 5 个。为了避免南北区域经济差距进一步拉大，应充分利用黄河流域生态保护和高质量发展这一重大国家战略，为整个北方区域发展提供新的增长极和动力引擎。

3. 事关打赢脱贫攻坚战

由于历史、自然条件等多方面原因，黄河流域经济社会发展相对滞后，特别是上中游地区和下游滩区，是我国贫困人口相对集中的区域。黄河流域生态保护和高质量发展，既有利于解决好流域人民群众关心的防洪安全、饮水安全和生态安全等问题，也有利于贫困人口通过参与生态保护、生态修复工程建设和发展生态产业，提高经济收入水平，改善生产生活条件，提升自我发展的能力，建立长效脱贫机制，巩固脱贫攻坚成果。

（二）黄河流域生态保护和高质量发展的战略路径与对策

1. 体现流域发展整体思想，建设黄河生态文明示范带

流域是自然地理整体，要以整体与系统的思维统筹上中下游的关系，协同治理，整体规划，坚持"山水林田湖草"生命共同体理念。把绿色低碳发展、生态保护和修复、流域综合治理放在首要位置，探索形成生态优先的空间治理体系；加强黄河源区和生态脆弱区的生态保护和修复，减少人为干扰，恢复河流的自然生态功能和生物多样性；对不同地区应采取不同的保护、修复和治理对策，保障黄河生命健康，将黄河流域打造成中国重要的"生态文明示范带"。

2. 加强水资源节约集约利用，实现人水和谐

中国的气候特点决定了水资源北少南多的格局，水资源是黄河流域最大的刚性约束。黄河流域既要实现工业化和城镇化，又要保障农业生产和粮食安全，而有限的水资源量已远远不能满足日益增长的用水需求。因此，未来应结合不同区域人口、产业和城市规模，做好全流域用水规划和流域内水资源分配；大力发展节水农业，提高水资源利用效率，推动水资源节约集约利用；提高高耗水产业准入门槛，抑制用水需求；加强源头治理，确保饮水安全；加大节水宣传，加强公民的节水意识。通过全社会用水方式的转变，实现人水和谐，提升黄河流域的水资源支撑能力。

3. 加快产业转型升级，推动黄河流域高质量发展

以创新驱动引领产业转型，通过技术革新淘汰落后产能，提升自然资源利用效率，推动高质量的发展。在黄河流域不同地区，探索具有地域特色的产业发展道路，中心城市重点挖掘潜力，提升城市发展质量和产业技术竞争力；贫困地区要着力改善民生，探索农村地区特色产业发展与精准扶贫有效结合的新路。在区域产业配置方面，要从区域整体的角度优化资

源配置效率，避免贪大求全和重复建设，走精细化发展道路。要实现基础设施、医疗教育、社会保障等的均等化，摒弃大规模建设和追求 GDP 发展的理念，强调"人"的发展，满足人们对美好生活向往的目标，突出生活质量的提升。

4. 以主体功能区为基础，推动流域协调发展

依据主体功能区规划，根据黄河流域不同地区的自然环境、气候特点和资源禀赋的明显差别，结合区域承载能力和适宜性，探索黄河流域上中游、左右岸等不同地区分类施策的发展道路和模式，对于生态脆弱区，不能盲目大规模开发，应重点提升基础设施和公共服务水平，提高人民的生活水平和质量。同时，应积极探索开展黄河流域不同省（区）之间横向生态补偿的体制、机制，将生态作为公共产品，使其更好地为人地关系优化和高质量发展服务。

5. 优化乡村人地关系，推动城乡协调发展

黄河流域是生态脆弱区，也是经济相对欠发达地区，城乡之间发展不平衡、不协调、"三农"问题比较突出的地区，探索特色各异的差别化的农业发展模式应为黄河流域发展的关键之一。要坚持"绿水青山就是金山银山"的思想，进一步考虑将生态资本价值、生态补偿等理念与"三农"问题相结合，在自然资源统一管理的背景下，以"山水林田湖草"生命共同体理念进一步推进农村自然资源产权制度改革，探索农村生态资本实现机制和方式，增强农民的幸福感和获得感，推动农村生态文明建设和农业可持续发展的协同。

6. 深化区域合作，促进要素流动

区域经济合作有利于促进各种资本、物资、技术、人才、信息等生产要素在地区间的合理流动。深化黄河流域区域合作，一方面，要面向国内和国际两个市场，积极对外开放。"一带一路"倡议涉及黄河流域多数省份，黄河流域应抓住"一带一路"倡议的机遇向西延伸，积极参与新亚欧大陆桥、中蒙俄、中国—中亚—西亚等国际经济合作走廊建设，进而促进黄河流域各省区之间的合作。在积极对外开放的同时，也要积极对接京津冀协同发展、长三角区域一体化发展、粤港澳大湾区建设等国家区域发展战略。另一方面，要不断完善跨区域合作机制。一是积极探索建立全局性的区域协作机构，在国家层面成立黄河流域发展领导小组，负责顶层设计；区域层面建立相关协调机构，负责制定黄河流域区域发展总体规划，协调区域成员之间的关系，促进区域联动发展。二是建立多元合作机制，充分发挥政府、企业、社会组织、公众各主体的积极性。三是完善黄河流域上中下游三大区域各省（区）之间的合作机制，包括政府协商合作机制、黄河治理和生态环境保护合作机制、经济合作和省际交界地区合作机制，促进三大区域协调发展。

参 考 文 献

安催花, 唐梅英, 陈雄波, 等. 2013. 黄河河口综合治理面临的问题与对策. 人民黄河, 35(10): 60-62.

陈翠霞, 安催花, 罗秋, 等. 2019. 黄河水沙调控现状与效果. 泥沙研究, 44(2): 69-74.

陈建军. 2008. 长三角区域经济一体化研究: 问题与分析框架的构建. 经济理论与经济管理, (5): 56-60.

陈茂山, 王建平, 乔根平. 2020. 关于"幸福河"内涵及评价指标体系的认识与思考. 水利发展研究, (1): 3-5.

陈修颖, 陆林. 2004. 长江经济带空间结构形成基础及优化研究. 经济地理, 24(3): 326-329.

戴英生. 1988. 黄河泥沙问题与下游防洪的战略对策. 人民黄河, (1): 57-63.

段学军, 王晓龙, 徐昔宝, 等. 2019. 长江岸线生态保护的重大问题及对策建议. 长江流域资源与环境, 28(11): 2641-2643.

段学军, 王晓龙, 邹辉, 等. 2020. 长江经济带岸线资源调查与评估研究. 地理科学, 40(1): 22-31.

段学军, 邹辉, 王磊. 2015. 长江经济带建设与发展的体制机制探索. 地理科学进展, 34(11): 1377-1387.

高吉喜. 2016. 划定生态保护红线, 推进长江经济带大保护. 环境保护, 44(15): 21-24.

郜志云, 姚瑞华, 续衍雪, 等. 2018. 长江经济带生态环境保护修复的总体思考与谋划. 环境保护, 46(9): 13-17.

国家统计局. 2001. 中国 2000 年人口普查资料. 北京: 中国统计出版社.

韩谞, 潘保柱, 赵耿楠, 等. 2019. 长江源区浮游植物群落结构及分布特征. 长江流域资源与环境, 28(11): 2621-2631.

胡春宏, 陈绪坚, 陈建国. 2010. 21 世纪黄河泥沙的合理安排与调控. 中国水利, (9): 13-16.

胡春宏, 张双虎. 2020. 论长江开发与保护策略. 人民长江, 51(1): 1-5.

胡春宏. 2015. 黄河水沙变化与下游河道改造. 水利水电技术, 46(6): 10-15.

金凤君, 马丽, 许堞. 2020. 黄河流域产业发展对生态环境的胁迫诊断与优化路径识别. 资源科学, 42(1): 127-136.

金良, 刘继祥, 万占伟, 等. 2018. 黄河下游河道形态变化及应对策略: "黄河下游滩区生态再造与治理研究" 之一. 人民黄河, 40(7): 1-6.

靖学青. 2002. 东西部经济合作论. 上海: 上海社会科学院出版社.

李殿魁. 2010. 论现代黄河的根治和发展. 中国人口资源与环境, 20(8): 170-174.

李国英. 2010. 关于黄河治理的若干重大问题. 水利水电技术, 31(4): 9-12.

李世奇, 朱平芳. 2017. 长三角一体化评价的指标探索及其新发现. 南京社会科学, (7): 33-40.

李文学. 2016. 黄河治理开发与保护 70 年效益分析. 人民黄河, 38(10): 1-6.

李小建, 许家伟, 任星, 等. 2012. 黄河沿岸人地关系与发展. 人文地理, 27(1): 1-5.

李小云, 杨宇, 刘毅. 2018. 中国人地关系的历史演变过程及影响机制. 地理研究, 37(8): 1495-1514.

刘昌明. 2019. 对黄河流域生态保护和高质量发展的几点认识. 人民黄河, 41(10): 158.

刘雅鸣. 2013. 深入贯彻实施长江流域综合规划着力推进流域水生态文明建设. 人民长江, 44(10): 1-4.

刘毅, 周成虎, 王传胜, 等. 2015. 长江经济带建设的若干问题与建议. 地理科学进展, 34(11): 1345-1355.

刘毅, 周成虎, 王传胜, 等. 2015. 长江经济带建设的若干问题与建议. 地理科学进展, 34(11): 345-355.

卢纯. 2019. "共抓长江大保护" 若干重大关键问题的思考. 河海大学学报(自然科学版), 47(4): 283-295.

陆大道, 孙东琪. 2019. 黄河流域的综合治理与可持续发展. 地理学报, 74(12): 2431-2436.

陆大道. 2018. 长江大保护与长江经济带的可持续发展——关于落实习总书记重要指示, 实现长江经济带可持续发展的认识与建议. 地理学报, 73(10): 1829-1836.

陆大道. 2019-12-10. 关于黄河流域高质量发展的认识与建议. 中国科学报, (07).

吕拉昌. 1994. 西部开发中的产业求新. 开发研究, 1: 24-25.

吕拉昌. 1995. 整合、超越与发展——民族地区文化、经济、生态系统研究. 昆明: 云南民族出版社.

吕拉昌. 2003. 区域整合与发展. 北京: 科学出版社.

穆赤·云登嘉措. 2006. 关于三江源区生态建设与生态补偿问题的思考. 青海社会科学, 1: 48-50.

彭立颖. 2000. 论西部大开发中的生态保护与可持续发展. 云南环境科学, 19(3): 35-375.

彭荣胜. 2010. 基于区域协调发展的黄河流域经济空间开发. 商业研究, (394): 118-120.

滕堂伟, 胡森林, 侯路瑶. 2016. 长江经济带产业转移态势与承接的空间格局. 经济地理, 36(5): 92-99.

王东. 2018. 黄河流域水污染防治问题与对策. 民主与科学, (6): 24-25.

王金南. 2020. 黄河流域生态保护和高质量发展战略思考. 环境保护, 48(S1): 8-21.

王树义. 2000. 流域管理体制研究. 长江流域资源与环境, (4): 419－423.

王跃涛. 2010. 区域间生态转移支付的财政政策研究. 财会研究, (4): 10-12.

王振华, 李青云, 汤显强. 2018. 浅谈长江经济带水生态环境问题与保护管理对策. 水资源开发与管理, (10): 31-34.

王资峰. 2010. 中国流域水环境管理体制研究. 北京: 中国人民大学博士学位论文.

吴传清, 黄磊. 2017. 长江经济带绿色发展的难点与推进路径研究. 南开学报(哲学社会科学版), (3).

吴舜泽, 王东, 姚瑞华. 2016. 统筹推进长江水资源水环境水生态保护治理. 环境保护, 44(15): 16-20.

武友德, 潘玉君. 2004. 区域经济学导论. 北京: 中国社会科学出版社.

习近平. 2017. 决胜全面建成小康社会夺取新时代中国特色社会主义伟大胜利——在中国共产党第十九次代表大会上的报告. 北京: 人民出版社.

习近平. 2019. 在黄河流域生态保护和高质量发展座谈会上的讲话. 求是, (20): 4－11.

习近平. 2019. 在深入推动长江经济带发展座谈会上的讲话. 求是, (7).

夏军. 2019. 黄河流域综合治理与高质量发展的机遇与挑战. 人民黄河, 41(10): 157.

徐红. 2019. 长江经济带生态环境修复的瓶颈制约与治理对策. 学习月刊, (5): 26-28.

徐辉, 师诺, 武玲玲, 等. 黄河流域高质量发展水平测度及其时空演变. 资源科学, 2020, 42(1): 115-126.

徐苏, 张永勇, 窦明, 等. 2017. 长江流域土地利用时空变化特征及其径流效应. 地理科学进展, 36(4): 426-436.

杨桂山. 1998. 长江沿岸地区经济可持续发展面临的主要问题与对策. 地理科学, (6): 510-517.

杨红, 刘广平. 2008. 长江口生态系统服务功能价值评估. 海洋环境科学, 27(6): 624-628.

杨建华. 2007. 长三角一体化发展的困境及对策. 南通大学学报(社会科学版), (3).

杨先明. 2007. 能源结构与东西部地区经济合作. 北京: 中国社会科学出版社.

虞孝感. 2002. 长江流域生态安全问题及建议. 自然资源学报, 17(3): 294-298.

袁隆, 蔡琳. 1997. 论黄河防洪长治久安之策. 人民黄河, (8): 47-52.

张红武, 李振山, 黄河清, 等. 2016. 宁蒙黄河治理对策研究报告. 北京: 清华大学黄河研究中心报告, 1-380.

张芹, 陈诗越. 2013. 历史时期黄河下游地区的洪水及其对东平湖变迁的影响. 聊城大学学报(自然科学版), 26(1): 70-74.

张汝翼. 1991. 历代治黄方略简介(六). 中国水利, (5): 46-47.

章轲. 2011-04-27. "三江源"的新希望. 第一财经日报. 第2版.

赵红军, 刘艳苹, 陶欣洁, 等. 2018. 长三角区域一体化高质量发展调研报告. 科学发展, (6): 54-61.

郑国强, 江南, 于兴修. 2013. 长江下游沿线土地利用区域结构演化分析. 自然资源学报, 18(5): 568-574.

郑雪梅. 2006. 生态转移支付——基于生态补偿的横向转移支付制度. 环境经济, 7: 11-15.

邹逸麟. 1980. 黄河下游河道变迁及其影响概述. 复旦学报(社会科学版), (增刊1): 12-24.

思 考 题

1. 分析中国各个时期东西部地区资本及人力要素的传递过程。
2. 说明中国各时期区域协作的主要形式。
3. 说明流域经济对中国经济发展的意义。
4. 谈谈你对中国东西部地域分工的认识。

第六篇　中国地理区域划分

　　本篇主要介绍中国四大地理区域划分的理论、原则及各划分方案的依据和优缺点等，包括自然地理区划、经济地理区划、文化地理区划和综合地理区划。中国地理区划主要培养学生的空间意识与思维，提高学生运用空间-区域的观点和方法认识中国地理环境的差异性、区域性、多样性及综合性的能力。

　　思政课程教学目标是：培养学生以区域空间的思维认识中国自然界及人类社会，在各种要素综合作用时，能区分主要矛盾与次要矛盾，主要影响因素与次要影响因素，以及要素综合作用的系统思维，培养学生唯物辩证思想以及具体问题具体分析能力；尊重区域分异，实事求是的看待区域与解决区域问题。充分理解中国自然、文化、社会经济条件等方面的差异性与多样性，培养学生乡土意识、民族意识、国家意识，激励学生建设家乡、建设祖国、巩固民族团结和实现民族振兴的家国情怀。中国自然地理区划是研究地域分异规律的基础上，探讨自然地理环境及其组成成分的特征、变化和分布规律，这是中国的客观规律，要引导学生尊重自然规律；中国经济地理区划从国情出发，根据社会劳动地域分工理论，揭示了各区域地区发展的有利条件和制约因素，具有动态性，培养学生理解区域发展过程中的全局与局部、当下与长远、人口、资源、环境之间协调关系，更进一步在区域层面理解我国国情、国家发展理念、国家政策与战略，培养学生的民族自豪感、忧患意识和责任感。中国文化地理区划涉及文化区的形成和划分，引导学生理解中国自然环境条件差异大，民族、方言众多，文化历史悠久，且多种文化交互影响，地域文化与景观多样而丰富，感受祖国的自然美、人文美，培养学生的人文情怀、爱国情怀、民族团结、审美情趣。中国综合地理区划以可持续发展为目标，将自然和人文地域分异规律相结合，综合分析和主导因素分析相结合，开发和保护相结合，引导学生进一步理解人地观、地方、国家和全球关系，自然、社会与经济发展的综合思想以及树立可持续发展的意识。

第十九章 中国自然地理区划

第一节 自然地理区划理论

自然地理区划（以下简称自然区划）是在研究地域分异规律的基础上，探讨自然地理环境及其组成成分的特征、变化和分布规律。自然区划最常见的两种类型为部门自然区划和综合自然区划。这里主要指综合自然地理区划。综合自然区划是以地域分异规律为指导，根据区域发展的统一性、区域空间的完整性和区域综合自然特征的一致性，逐级划分合并自然地域单位，并按这些地域单位的从属关系建立一定形式的地域等级系统的研究方法。

一、自然地理区划的原则和方法

自然地理区划原则是区划制定过程中所遵循的准则，为自然区划的核心问题之一，确定合理而实用的区划原则是任何一个自然地理区划成功的关键所在。郑度等在分析了大量不同类型自然地理区划方案的基础上，结合地理空间单元及其系统研究的理论，提出将自然地理区划原则分为一般性原则和应用性原则。通过对区划对象的特征及控制其运动变化规律的认识，可以发现控制区划单元相似性和差异性的基本原理，依据这些原理所确定的区划原则称为区划的一般性原则。自然地理区划遵循的一般性原则包括：地带性与非地带性相结合原则、综合分析与主导因素相结合原则、发生学原则、相对一致性原则以及区域共轭原则。通过对区划目的和实施尺度的分析，可以在一般性原则基础上，进一步确定适合本区划的专用原则，这里定义为区划的应用性原则。例如，在开展国家生态区划时，傅伯杰提出的区域等级性原则。通过对各类自然地理区划原则的剖析，可以发现：区划原则确定的基本思想就是"从源、从众、从主"。"从源"指必须考虑成因、发生、发展和共轭关系；"从众"是指必须考虑综合性和完整性；"从主"是指应考虑其典型性、代表性。

自然地理区划单元的划分方法主要包括"自上而下"的分类法和"自下而上"的方法。自上而下区划是由整体到部分，自下而上区划则是由部分到整体。前者主要考虑高级地域单位如何划分为低级地域单位，而后者则主要考虑低级地域单位如何归并为高级地域单位。根据自然条件的相似性和差异性自上而下的划分、自下而上的合并的等级就是区划的等级系统。自然区划既是划分，又是合并，这种自上而下地划分与自下而上地合并是互相补充的。

任何综合自然区划总是要拟定一定的等级系统，这是区划工作不可缺少的环节。自然区划的两类单位是，地带性单位和非地带性单位。地带性等级单位分为：带、地带、亚地带。非地带性的等级单位分为：大区、地区、亚地区、自然亚区。目前国内大多是以两者相结合的单系列方案划分，即0级（或不列级单位）自然区、温度带与亚带；一级单位：自然地区与亚地区；二级单位：自然地带与亚地带；三级区：自然省；四级区：自然亚区；五级区：自然小区。

自然地理区划单元边界的确定一直是区划工作中的一个难点。一方面，自然地域界线具有过渡和模糊的特点，很少出现突然跃迁的现象；另一方面，界线是由量变到质变的点的连续，界线两侧是相似性和差异性相互交织的地带。因此绝对的界线在自然界中很难寻觅。传统的区划单元边界界定方法包括主导因素法、叠置法、相关分析法、景观制图法等。例如，主导因素法通过对区域自然地理环境组成要素的综合分析，选取能反映区域分异的某种指标，作为确定区域界限的主要依据；叠置法将各部门区划图重叠之后，在分析比较各部门区划轮廓基础上，以相重合的网格界线或它们之间的平均位置作为区域界线。近年来，空间统计、人工智能推理等新的技术方法引入区划研究之中，区划的技术手段也由简单的个人行为、专家会商、指标体系研究发展到虚拟现实与科学计算、遥感和地理信息系统等广泛应用。

二、中国自然地理区划的回顾与展望

20 世纪 50 年代前，中国没有按照自然综合体的发生发展与区域分异规律，拟定比较严谨的综合自然区划的原则和方法，并据此进行地域系统研究的工作，更没有有关学科研究人员的共同参与，发表的文献只有 10 余种。1931 年竺可桢发表《中国气候区域论》，标志着中国现代自然地域划分研究的开始；1935 年丁文江提出要拟定一个比较系统的中国地理区域划分方案，并指导黄秉维编撰《中国地理长篇》；1940 年黄秉维发表了"中国之植物区域"，这些工作开创了中国地域系统研究的先河。

20 世纪 50 年代以来，为了认识国情和资源调查，综合自然区划取得了较大的进展，产生了一批系统的自然地理区划。由于认识视角以及区划目的、区划原则与方法等不同，形成了很多种区划。其中，影响较大的自然地理区划方案主要有：1956 年罗开富的《中国自然地理区划草案》、1959 年黄秉维等的《中国综合自然区划（初稿）》。此后几十年，也不断有新的区划方案产生。例如，1984 年席承藩等的《中国综合自然区划概要》等著作。这些区划的特点是：主要服务于农业生产，区划以定性为主体，区划原则、方案、界线差异大，区划理论、方法趋于成熟，为我国经济区划、人文区划、综合区划奠定了坚实的基础。

20 世纪 90 年代起，从生态建设和环境保护的需求出发，将生态系统观点、生态学原理和方法引入地域系统研究，开展了生态地理区划研究。21 世纪以来，人与环境关系的内涵和格局已发生重大改变，全球变化使地理环境的地域特征也在发生变化，自然灾害、环境问题、生态退化问题等日益突现，需求和技术的可行性使海域也成为重要的地域单元；我国经济格局发生了根本性变化，可持续发展观、科学发展观和"和谐社会"理论等观念和理论成为引领社会经济发展的核心思想，传统的区划方案也不能适应社会经济发展的需求。在此过程中，区划手段和方法更趋多元化，区划方案和体系趋于动态化，遥感、地理信息系统和数值模型等的深入应用，极大地推进了该领域的研究。

在中国未来 20 年发展的过程中，中国综合自然地理区划的目的将由主要为农业生产服务转向资源、环境、生态综合考虑，为可持续发展服务，主要体现在：①在研究方向方面，综合自然区划的研究正向着综合区划的方向发展，研究自然与人文要素的相互作用机制；②从研究方法来看，自然区划向定量研究发展，多元统计分析、模糊聚类和人工神经网络方法已应用于区划；③从技术手段来看，未来研究应着重于把区域考察、遥感方法及定位试验的多源数据融为一体，应用数值模型和地理信息系统，开展不同时空尺度上的综合研究和图文表达。

第二节　传统中国自然区划方案

从 20 世纪 50 年代以来，在对中国自然界认识的基础上，先后出台了多种中国自然地理区划方案，现对主要的方案进行介绍。

一、罗开富方案

1954 年罗开富主编完成了"中国自然区划草案"。他首先将全国分为东半壁和西半壁。前者为季风影响显著的区域，后者为季风影响微弱或完全无季风影响的区域。然后提出最冷、最热、最干和空气稀薄四个相对极端的区域，在其间再划出几个过渡区，将全国划分为东北、华北、华中、华南、蒙新、青藏、康滇七个"基本区"，然后再以地形为主要依据，划分为 23 个副区（图 19-1）。

I$_1$大兴安岭区、I$_2$东北平原区、I$_3$长白山地区；

II$_1$黄土高原区、II$_2$华北平原区、II$_3$胶东辽东区；

III$_1$秦巴山地区、III$_2$四川盆地区、III$_3$贵州高原区、III$_4$长江中下游平原区、III$_5$江南山丘区；

IV$_1$闽广沿海区、IV$_2$台湾区、IV$_3$海南区；

V$_1$康滇南区、V$_2$康滇东区、V$_3$康滇北区；

VI$_1$卫藏区、VI$_2$羌塘区、VI$_3$柴达木区；

VII$_1$新疆盆地区、VII$_2$新疆山地区、VII$_3$内蒙古区。

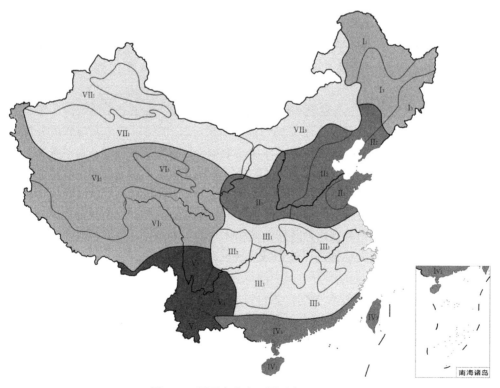

图 19-1　罗开富方案（罗开富，1954）

这个方案，注意到自然地域分异的状况，并对各类自然地理现象之间的相互关系、相互影响所表现的特点，作了一定的探讨，强调基本区是按自然特征而划分的，其含义与范围与行政上或经济上习惯所用的不同。例如，第一次把辽东半岛、辽河平原和辽西山地丘陵划入华北区，打破了以往传统的山海关以外是东北区的旧观念，使东北区的内部相似性更加增大，温暖和湿润的区划符合区内的相似性原则。这也是本方案的优点，但本方案的缺陷是：中国自然区划以非地带性单位为主，地带性分异规律体现得不多。

二、黄秉维方案

1956 年，中国科学院成立自然区划工作委员会，以黄秉维为首的科学家开展了大规模的自然区划工作。1958 年，在各个部门地理区划工作基础上，编制了全国综合自然区划，在此基础上于 1959 年由科学出版社编制出版了《中国综合自然区划》（黄秉维主编）。20 世纪 60 年代和 80 年代，黄秉维又对该方案进行了系统的修订。这个区划方案将全国分为三大自然区、6 个热量带、18 个自然地区和亚地区，28 个自然地带和亚地带（图 19-2）、90 个自然省（表 19-1）。这个方案的区划步骤大体包括以下几个方面：①按地表热量的地域差异划分出 6 个热量带和一个高寒区；②按水分的地域差异划分自然地区，主要按干燥度指标并参照其他自然景观特征，概括地划分为湿润地区、半湿润地区、半干旱地区和干旱地区；③在一定热量、水分组合的自然地区的基础上，再以土壤、植被条件为依据划分自然地带；④根据自然地带内部生物气候条件的差异，进一步划分自然省。

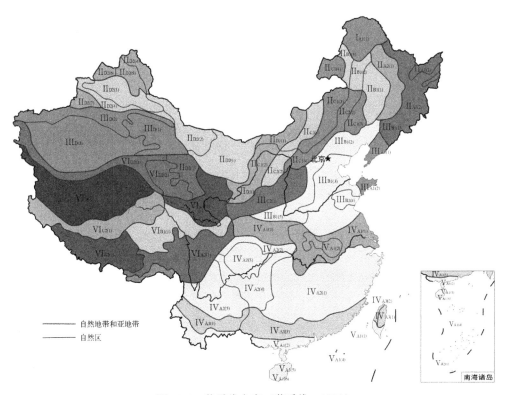

图 19-2　黄秉维方案（黄秉维，1989）

表 19-1　中国综合自然区划简表

体系	区划依据			意义及说明
自然区（3个）	综合特征： 东部季风区、西北干旱区、青藏高原区			体现非地带性 以色相表示背景
热量带与亚带 （6个）		≥10℃积温	最冷月平均气温	体现地带性 景观与农业熟制 以 I～VI 表示
	寒温带	<1700℃	<−28℃	
	温带	1700～3200℃	−28～−8℃	
	暖温带	3200～4500℃	−8～0℃	
	亚热带	4500～8000℃	0～16℃	
	热带	>8000℃	>16℃	
	高原耕作上限海拔			
自然地区亚地区 （18个）	热量带为基础，水热组合大致相同			水热网格概括 确定土地利用及大农业方向 以 A～D 表示
	干燥度	湿润	<1	
		半湿润	1～1.2 (1.5)	
		半干旱	1.2 (1.5)～2	
		干旱	>2	
自然地带亚地带 （28个）	水热组合为基础 土壤（亚类）、植被（群系纲）及土地利用相同			区划基本单元；确定土地利用结构、作物品种、复种指数 以 1～3 表示

资料来源：黄秉维，1989。

该方案是迄今我国最详尽而系统的自然区划，一直为农、林、牧、水、交通运输及国防等有关部门广泛应用，影响巨大，有力地推动了全国和地方综合自然区划工作的深入。区划原则和方法既适合中国特点，又便于与国外相比较。该方案的特点如下：

（1）在区划等级系统中，第一次反映出地带性区划单位，成为我国综合自然区划的典范；

（2）区划方案有一套完整的综合区划的理论和方法作指导，每一级区划单位都有明确的概念、划分原则、指标，从科学上看，十分严谨；

（3）方案全面评价了自然条件和自然资源，为合理利用和拟定改造自然规划提供科学依据，实践性强，为农业服务的目的性明确；

（4）第一次划分了三大自然区，1954 年东、西两半壁基础上划分出来的三大区，符合我国自然分异的基本规律，这是该区划的突出贡献；

（5）在区划的理论上有突出的特点：①广义理解的地带性分异规律——水平地带性和垂直地带性规律；②在高级区划单位中，主要反映地带性分异规律，首先是水平地带性，其次是垂直地带性，如带和亚带、地区或亚地区、地带和亚地带是水平地带性规律，自然省是垂直带性反映，低级区划以反映非地带性分异规律为主；③采用不同区域相同级别的统一原则，如地区、地带、省是生物气候原则，是气候与土壤、生物、植被、农业的相关性；州、县是地质地貌原则；④在高级区划单位中，交替使用主导标志法，如热量带是以温度为主要划分指标，自然地区以水分为主要划分指标，自然地带是以温度及相应土壤、植被为主要划分指标，使带、区单位相间排列；⑤区划单位的命名：自然地区，采用温度带＋水分条件，如寒温带湿润地区；自然地带，温度＋植被＋土壤，如温带干草原黑垆土地带；自然省，地理名称＋地貌名称，如东北部山地。

三、任美锷方案

1961 年，任美锷等依据自然差异的主要矛盾以及利用改造自然的不同方向，将全国划分为 8 个自然区，23 个自然地区和 65 个自然省。后经 1978 年和 1985 年两次修改，于 1992 年正式出版了研究成果。该区划等级单位简单明确，方案仅划分了三级，即区、亚区和小区。全国共分 8 个自然区，28 个自然亚区和 42 个自然小区。

自然区：全国共分 8 个自然区，即东北、华北、华中、华南、西南、内蒙古、西北和青藏。其中东北、华北、华中和华南四个区位于中国东部，水分比较充足，地形以平原和低山为主，自然景观的分异主要由于热量差异，及由此而引起的植被、土壤等的不同。西南区和青藏区的划分，主要是由于特殊的地形条件及由此而引起的区域范围以内的生物气候的差异。西南区最主要特征是亚热带山原，青藏区地形是自然地理特征形成和发展的主导因素，气候特点是高寒，自然景观主要为寒漠与高山草甸草原。

自然亚区：亚区的划分一般也是按照综合分析所有自然因素并找出主要矛盾（热量、水分、地形等）的原则来考虑的，包括：I_1 大兴安岭北部亚区、I_2 小兴安岭及东部山地亚区、I_3 松嫩平原亚区；II_1 辽东半岛与胶东半岛亚区、II_2 华北平原亚区、II_3 黄土高原亚区；III_1 江汉、秦岭亚区、III_2 江南、南岭亚区；IV_1 两广、闽南及台湾亚区、IV_2 雷州、海南亚区、IV_3 南海诸岛亚区；V_1 云南高原亚区、V_2 横断山脉亚区、V_3 滇南山间盆地亚区；VI_1 内蒙古东部亚区、VI_2 内蒙古中部亚区、VI_3 内蒙古西部亚区；VII_1 北疆亚区、VII_2 天山山地亚区、VII_3 南疆亚区、VII_4 阿拉善、河西亚区、VII_5 祁连山地亚区、VII_6 柴达木盆地亚区；VIII_1 川西、藏东分割高原亚区、VIII_2 东部高原亚区、VIII_3 藏北高原亚区、VIII_4 阿里高原亚区、VIII_5 藏南谷地与喜马拉雅高山亚区（图 19-3）。

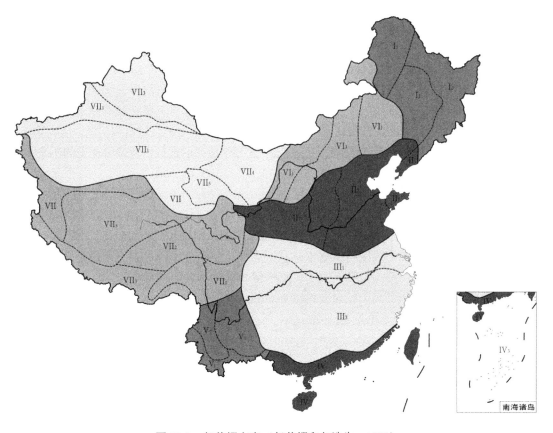

图 19-3　任美锷方案（任美锷和包浩生，1992）

自然小区：根据综合分析和探讨主要矛盾的原则，依不同的亚区内部区域分异规律进行划分。如华中区的江南南岭亚区，面积较大，地形结构复杂，根据地形及由此而引起的气候和自然景观的差异，可分为四川盆地，贵州高原，江南低山盆地和南岭山地四个小区。各个小区各有其明显的自然地理特征。又如柴达木盆地，根据其内部湿润程度的不同，可划分为东部和西部两个小区，前者为半荒漠地区，后者为荒漠地区。

该区划对中国自然地理特征的反映比较清楚，在生产和教学上有一定的使用价值，运用方便。该方案的特点与不足如下所述。

（一）方案的特点

方案的特点体现在：①在综合分析的基础上突出了主要的分异因素，运用辩证的综合性原则，在区划指标的选取上，同一等级单位异质异量的多指标，不同等级单位同质异量的指标。例如，自然区的同一级单位中，东部——温度；西部——水分；青藏——地势。在同一区域不同等级单位的划分上采用同质异量的指标法，如自然区（东部）是温度，自然亚区是热量。②自然区域的基本矛盾是地带性因素和非地带性因素的矛盾，自然区域就是这对矛盾引起的结果；在自然界没有纯粹的地带性自然区域，也没有纯粹的非地带性自然区域，所以每一个区域都是综合性特征的单位。③命名：地理位置，地理位置＋地貌类型，如华北区，华北平原亚区，命名与人们习惯上用的区域概念有许多相似的地方，便于记忆和掌握。

（二）方案的不足

方案的不足体现在：①区划的第一级单位应首先反映最基本、最明显的区域差异——三大自然区，而不是 8 个自然区，以 8 个自然区作为起始单位不符合中国实际情况，又无法与当前区划相对应，同时也没有反映人们生产活动的主要区域差异。②柴达木盆地的归属问题，柴达木盆地在地质地貌、地理位置以及形成发展上都与青藏高原有联系，尽管在景观方面与西北区相似，但也是青藏高原内部的分异。③同级单位的区域对应问题，因为同级单位是异质异量，不同级单位是同质异量，这就造成区划单位间的混乱，等级单位上的不平衡。

四、赵松乔方案

1983 年，赵松乔提出的方案在其等级单位系统中，把三大自然区（表 19-2）作为一级区推出，并得到大多数学者认同。自然区之下，又分出 7 个自然地区和 33 个自然区（图 19-4）。地区命名因区而异。在东部季风区内依据水热状况命名，如东北湿润、半湿润温带地区，华北湿润、半湿润暖温带地区等，实质上体现了水热组合对划分地区的标志作用。西北干旱区所属地区按热量和植被类型命名，如内蒙古温带草原地区、西北温带及暖温带荒漠地区。自然区的命名采用地貌-植被法或热量-植被法。

表 19-2　三大自然区的基本特征

项目	东部季风区	西北干旱区	青藏高原区
新构造运动	以沉降为主，平原、盆地广布	差异性上升运动显著，形成高平原、大盆地与高山	强烈隆起上升，形成巨大的高原
气候	季风气候显著	干旱、半干旱的大陆性气候	高寒气候

项目	东部季风区	西北干旱区	青藏高原区
河流	外流河，雨水补给为主	绝大部分为内流河,冰雪融水补给为主	内流河、外流河皆有，冰雪融水与雨水混合补给
外营力	流水作用占优势	风力作用占优势	冰冻作用强烈
植被土壤	森林、农田，富铝土、淋溶土、半淋溶土	草原、荒漠草原，钙层土、荒漠土	高山草甸草原、高寒荒漠，高山土
人类活动	影响广泛而深刻	局部地方影响较强	影响微弱
分异规律	纬度地带性显著	经度地带性明显	水平与垂直地带性复合分布

资料来源：赵松乔，1983。

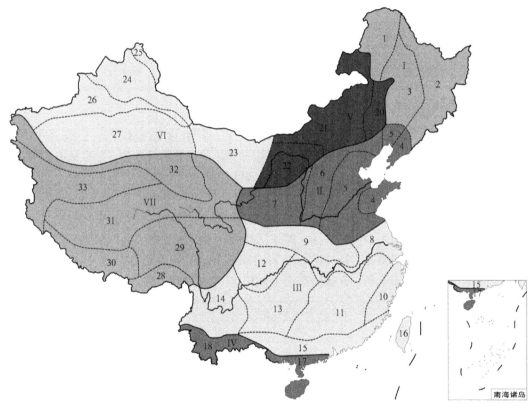

图 19-4　赵松乔方案（赵松乔，1983）

（一）方案的特点

方案的特点：①区划的等级单位系统内 5 级组合：自然大区—自然地区—自然区—自然亚区—自然小区。②任何区域都是地带性与非地带性的统一区域，任何区域都是综合性区域，区划从高级单位起就把地带性与非地带性结合起来。③区划指标的选取采用同质异量指标法进行区划，为综合指标与主导指标相结合的区划做出了典范。如自然地区这一级，气候指标是同质（活动积温、干燥度、无霜期），异量是不同地区采用不同量。如东北湿润半湿润温带地区，干燥度选取 0.5～1.2 指标，华北湿润半湿润暖温带干燥度选取 0.5～1.5 指标。④命名精炼，"区"采用"地理位置＋主要自然地理特征"联合命名，无论在理论上还是应用上都是成功的。

（二）方案的不足

方案的不足：如西北温带暖温带荒漠地区，将两个温度带并为一区不合适，西北地区的温度差异不如水分差异所产生的影响大，所以温度条件被水分条件掩盖，事实上两个温度带在生产上有明显的差异。青藏高原幅宽面积大，南北差异明显，根据温度、水分不同是可以划分为不同的自然地区的，作者归于一区过于概括，更不利于全国区划中同级单位的平衡或对应。

第三节　生态地理区划研究

20 世纪 80 年代以来，生态系统观点、生态学原理和方法被逐渐引入自然地理区划研究。生态地理区划是综合自然区划的深入，它是从生态学的视角诠释区划。

一、傅伯杰方案

（一）方案的分区

根据生态区划的原则、依据、指标体系和命名方法，结合自然地域特点、生态系统类型、主要区域环境问题和人类活动状况等要素，方案采用自上而下逐级划分、专家集成与模型定量相结合的方法来划分各生态区单元。首先，1 级区的划分主要根据中国在气候上因受东亚季风的影响而形成的东部湿润、西北干旱、青藏高原寒冷的气候特点及与之相对应的生态系统类型的差异。同时，考虑到前人的工作和人们的接受程度，沿用传统的三大地域的划分方案。方案将 1 级区划分为 3 个生态大区，即东部湿润、半湿润生态大区，西北干旱、半干旱生态大区和青藏高原高寒生态大区（图 19-5）。在此基础上，再逐级划分出 13 个 2 级区（生态地区，东部 6 个、西部 4 个、青藏高原 3 个）和 57 个 3 级区（生态区，东部 35 个、西部 12 个、青藏高原 10 个）。

（二）方案的特点

该区划方案是在充分考虑我国生态地域、生态系统服务功能、生态资产、生态敏感性以及人类活动对生态环境胁迫等要素的基础上完成的，同时也为了便于对生态环境的管理，在区域划分和命名上具有自身的一些特点。

（1）在强调自然区域分异的基础上，重点突出人类活动的影响。因此，方案将这些人类活动较为强烈的区域划分出来，如方案中农业生态区的划分以及环渤海、长江三角洲和珠江三角洲 3 个城镇城郊农业生态区的划分。

（2）关注一些特殊生态系统类型的区域划分。对于一些非地域性生态系统类型，由于其结构和功能与其相邻区域的系统存在很大的差别，方案中也予以单独划分出来。例如，三江平原农业湿地生态、长江中游平原农业湿地生态区等。

（3）突出一些区域的主要生态环境问题。方案对一些生态环境敏感和脆弱区域进行了划分，如黄土高原水土流失敏感生态区、华北农牧交错带脆弱生态区、三峡库区敏感生态区和黔桂喀斯特脆弱生态区等。

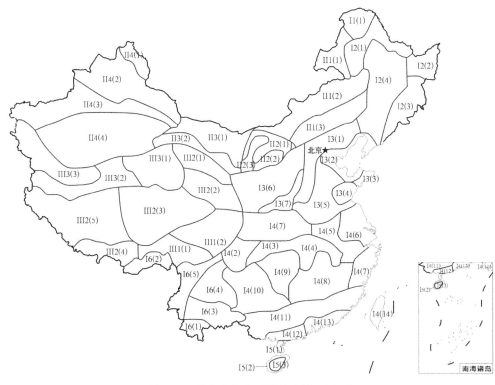

图 19-5　傅伯杰方案（傅伯杰等，2001）

二、郑度、杨勤业方案

20 世纪 90 年代以来，郑度带领的中国科学院地理科学与资源研究所研究团队，开展了生态地理区划。生态地理区划所采用的原则，包括区域等级层次原则、区域的相对一致性原则、区域发生学原则和区域共扼原则。此外，还考虑地域主导生态系统类型、生态稳定程度、生态演替方向以及所划分出的区域的主要生态环境问题、生态危机的轻重程度、地域分布特征、生态整治方向和对策措施的相似性或差异性。区划方法采用自上而下的演绎途径与自下而上的归纳途径相结合，界线采用将专家智能判定与建立模型、采用数理统计与 GIS 的空间表达相结合的方法。区划将全国划分出 11 个温度带，22 个干湿地区，49 个自然区（表 19-3）。

表 19-3　生态地理区划方案

温度带	干湿地区	自然区
I 寒温带	A 湿润地区	大兴安岭
II 中温带	A 湿润地区	三江平原
		东北东部山地
		东北东部山前平原
	B 半湿润地区	松辽平原中部
		大兴安岭南部
		三河山麓平原丘陵

温度带	干湿地区	自然区
Ⅱ 中温带	C 半干旱地区	松辽平原西南部
		大兴安岭南部
		内蒙古高平原东部
		呼伦贝尔高平原
	D 干旱地区	内蒙古高平原西部及河套
		阿拉善及河西走廊
		准噶尔盆地
		阿尔泰山与塔城盆地
		伊犁盆地
Ⅲ 暖温带	A 湿润地区	辽东胶东山地丘陵
	B 半湿润地区	鲁中山地丘陵
		华北平原
		华北山地丘陵
		晋南关中盆地
	C 半干旱地区	晋中陕北甘东高原丘陵
	D 干旱地区	塔里木与吐鲁番盆地
Ⅳ 北亚热带	A 湿润地区	淮南与长江中下游
		汉中盆地
Ⅴ 中亚热带	A 湿润地区	江南丘陵
		浙闽与南岭山地
		贵州高原
		四川盆地
		云南高原
		东喜马拉雅南翼
Ⅵ 南亚热带	A 湿润地区	台湾中北部山地平原
		闽粤桂丘陵平原
		滇中山地丘陵
Ⅶ 边缘热带	A 湿润地区	台湾南部低地
		琼雷山地丘陵
		滇南谷地丘陵
Ⅷ 中热带	A 湿润地区	琼南低地与东沙、中沙、西沙诸岛
Ⅸ 赤道热带	A 湿润地区	南沙群岛
Ⅹ 高原亚寒带	B 半湿润地区	果洛那曲丘状高原
	C 半干旱地区	青南高原宽谷

温度带	干湿地区	自然区
X 高原亚寒带	C 半干旱地区	羌塘高原湖盆
	D 干旱地区	昆仑高山高原
XI 高原温带	A 湿润/B 半湿润地区	川西藏东高山深谷
	C 半干旱地区	青东祁连山地
		藏南山地
	D 干旱地区	柴达木盆地
		昆仑山北翼
		阿里山地

资料来源：郑度，2008。

该方案的特点在于：①提出并完善了生态地理区域系统划分的原则和指标体系，该方案按照温度、水分、地貌组合的顺序，依次划分，建立了以生物地理学为基础的气候-植被分类系统；②系统揭示了不同生态地理区域土地退化及其整治的地域分异规律，并应用于生态与环境建设区域差异的论述与规划，阐明了各个生态地理区自然条件的差异、联系及其利用等问题；③在研究方法上考虑了全球环境变化对地域划分的影响，按照先水平地带，后垂直地带的方法来反映广义的地理地带规律，自上而下与自下而上相结合；界线拟定方面则是将传统的专家智能判定与模型、数理统计和 GIS 的空间表达等结合。

三、全国生态功能区划

根据国务院《全国生态环境保护纲要》和《关于落实科学发展观　加强环境保护的决定》的要求，环境保护部和中国科学院联合编制了《全国生态功能区划》，并于 2008 年 7 月发布。全国生态功能区划的范围为中国内地 31 个省级行政区划单位的陆地，不包括香港特别行政区、澳门特别行政区和台湾省。

（一）基本原则

（1）主导功能原则：生态功能的确定以生态系统的主导服务功能为主。在具有多种生态服务功能的地域，以生态调节功能优先；在具有多种生态调节功能的地域，以主导调节功能优先。

（2）区域相关性原则：在区划过程中，综合考虑流域上下游的关系、区域间生态功能的互补作用，根据保障区域、流域与国家生态安全的要求，分析和确定区域的主导生态功能。

（3）协调原则：生态功能区的确定要与国家主体功能区规划、重大经济技术政策、社会发展规划、经济发展规划和其他各种专项规划相衔接。

（4）分级区划原则：全国生态功能区划应从满足国家经济社会发展和生态保护工作宏观管理的需要出发，进行大尺度范围划分。省级生态功能区划应与全国生态功能区划相衔接，在区划尺度上应更能满足省域经济社会发展和生态保护工作微观管理的需要。

（二）分区方法

按照中国的气候和地貌等自然条件，将全国陆地生态系统划分为 3 个生态大区：东部季风生态大区、西部干旱生态大区和青藏高寒生态大区；然后依据《生态功能区划暂行规程》，将全国生态功能区划分为 3 个等级。

（1）根据生态系统的自然属性和所具有的主导服务功能类型，将全国划分为生态调节、产品提供与人居保障 3 类生态功能一级区。

（2）在生态功能一级区的基础上，依据生态功能重要性划分生态功能二级区。生态调节功能包括水源涵养、土壤保持、防风固沙、生物多样性保护、洪水调蓄等功能；产品提供功能包括农产品、畜产品、水产品和林产品；人居保障功能包括人口和经济密集的大都市群和重点城镇群等。

（3）生态功能三级区是在二级区的基础上，按照生态系统与生态功能的空间分异特征、地形差异、土地利用的组合来划分生态功能三级区。

（三）区划方案

全国生态功能一级区共有 3 类 31 个区，包括生态调节功能区、产品提供功能区与人居保障功能区。生态功能二级区共有 9 类 67 个区。其中，包括水源涵养、土壤保持、防风固沙、生物多样性保护、洪水调蓄等生态调节功能，农产品与林产品等产品提供功能，以及大都市群和重点城镇群人居保障功能二级生态功能区。生态功能三级区共有 216 个（表 19-4）。

表 19-4 全国生态功能区划体系

生态功能一级区（3 类）	生态功能二级区（9 类）	面积/万 km²	面积比例/%	生态功能三级区数量（216 个）及举例
生态调节	水源涵养	237.90	24.78	50：大兴安岭北部落叶松林水源涵养
	防风固沙	204.77	21.33	27：呼伦贝尔典型草原防风固沙
	土壤保持	93.72	9.76	28：黄土高原西部土壤保持
	生物多样性保护	201.05	20.94	34：三江平原湿地生物多样性保护
	洪水调蓄	7.06	0.73	9：洞庭湖湿地洪水调蓄
产品提供	农产品提供	168.63	17.57	36：三江平原农业生产
	林产品提供	30.90	3.22	10：大兴安岭林区林产品
人居保障	大都市群	4.23	0.44	3：长江三角洲大都市群
	重点城镇群	8.03	0.84	19：武汉城镇群

资料来源：环境保护部、中国科学院，2008。

参 考 文 献

傅伯杰，刘国华，陈利顶，等. 2001. 中国生态区划方案. 生态学报，21（1）：1-6.

侯学煜. 1963. 对于中国各自然区的农、林、牧、副、渔业发展方向的意见. 科学通报，（9）：8-26.

侯学煜. 1988. 中国自然生态区划与大农业发展战略. 北京：科学出版社.

环境保护部，中国科学院. 2010-12-20. 全国生态功能区划. http://www.mep.gov.cn/info/bgw/bgg/.

黄秉维. 1958. 中国综合自然区划的初步草案. 地理学报，24（4）：348-365.

黄秉维. 1959. 中国综合自然区划草案. 科学通报，18：594-602.

黄秉维. 1989. 中国综合自然区划纲要. 地理集刊，21：10-20.

刘闯. 2004. 中尺度对地观测系统支持下中国综合自然地理区划新方法论研究. 地理科学进展，23（6）：1-9.

刘南威，郭有立. 2004. 综合自然地理学. 北京：科学出版社.

罗开富. 1954. 中国自然地理分区草案. 地理学报，20（4）：379-394.

任美锷，包浩生．1992．中国自然区域及开发整治．北京：科学出版社．

任美锷，杨纫章．1961．中国自然区划问题．地理学报，27：66-74．

任美锷，杨纫章，包浩生．1982．中国自然地理纲要．北京：商务印书馆．

吴绍洪，尹云鹤，樊杰，等．2010．地域系统研究的开拓与发展．地理研究，29（9）：1538-1545．

席承藩，张俊民，丘宝剑，等．1984．中国自然区划概要．北京：科学出版社．

杨勤业，李双成．1999．中国生态地域划分的若干问题．生态学报，19（5）：596-601．

杨勤业，郑度，吴绍洪．2002．中国的生态地域系统研究．自然科学进展，12（3）：287-291．

杨勤业，郑度，吴绍洪，等．2005．20世纪50年代以来中国综合自然地理研究进展．地理研究，24（6）：899-910．

赵济．1995．中国自然地理．北京：高等教育出版社．

赵松乔．1983．中国综合自然区划的一个新方案．地理学报，38（1）：1-10．

郑度．2008．中国生态地理区域系统研究．北京：商务印书馆．

思 考 题

1．中国自然区划的依据是什么？

2．分析教材中的各类中国自然区划的特点及优劣。

第二十章 中国经济地理区划

经济区划是生产力总体布局框架，它要求从国情出发，根据社会劳动地域分工的规律，将全国领土进行战略性划分，揭示出各地区发展的有利条件和制约因素，勾勒出各经济区产业结构特点和在全国的专门化发展方向，并以此协调区域发展过程中的总体与局部、现状与长远、经济增长与人口、资源、环境之间的关系。

第一节 中国经济区划的原则

一、经济原则

1. 国家经济体系和地区优势相结合

中国是社会主义市场经济国家，全国的经济体系和市场体系是统一的，在经济区划时必须将全国经济的统一性和地区经济的特殊性有机结合，国家利益是最高追求目标，地区优势要结合全国经济发展的需要。

2. 地区经济专门化方向和综合效益相结合

地区专门化生产部门是形成社会劳动地域分工的重要基础，也是地区经济相对优势、主导产业的重要体现。为保证专门化生产部门持续稳定的发展，提高地区在国内竞争能力和在全国劳动地域分工中的地位，应发展与专门化部门相适应的产业体系，扩大地区经济的综合发展能力。

3. 经济区划与行政管理相结合

为使经济区划能客观反映经济区域之间的联系，需要各级政府的管理和操作，尤其是在民族自治地区。因此，经济区划要尽可能保持行政区划的完整性，做到经济联系与经济管理体制的统一。

4. 国内劳动地域分工和国际化分工相结合

世界经济的发展趋向于一体化，各国、各地区都需置于世界经济格局之中，推进对外开放的方针，加强国际经济合作，促进中国经济特别是沿海地区的经济与国际市场接轨。

5. 地区经济发展现状和发展规划相结合

由于经济区在时间上具有阶段性特征，一定时期的经济区划既要反映一个阶段社会劳动地域分工的特点，又要面向未来。为提高各地区发展和建设的持续经济效益，就应在全面系统地研究国情和区情的基础上把现状和远景按发展阶段衔接好。

二、生态原则

经济增长是开发、利用资源的过程，也是改变地区资源与环境系统的存量和质量的过程。为保证区域经济能持续稳定地发展，必须坚持社会经济效益和环境生态效益相结合的原则，正确处理经济发展、人口增长、资源开发与生态环境保护之间的关系，根据各地区环境容量和资源结构特点，建立与当地条件相适应的产业结构，做到产业结构和地方优势资源配置相结合，以利合理开发利用自然资源，提高资源利用率，减少废弃物的排放，促使地区经济和生态环境都进入良性发展的轨道。

三、社会原则

经济区划要坚持经济增长和社会协调发展相结合的原则。中国是多民族的国家，地区经济发展又十分不平衡，"老、少、边、穷"地区在经济发展、文化、教育、科学、技术水平上还较落后，在经济区划中要把发达地区与不发达地区结合起来，注意增强不发达地区的资源开发能力和自我发展能力。

第二节　中国综合经济区划方案

一、中国综合经济区划的几种方案

中国在 1949 年以后实行着高度集中的计划管理体制。在地区经济发展方面划分了六大经济协作区——东北区（包括黑、吉、辽）、华北区（包括京、津、冀、晋、内蒙古）、西北区（包括陕、甘、宁、青、新）、华东区（包括鲁、苏、皖、沪、浙、赣、闽、台）、中南区（包括豫、鄂、湘、粤、桂）、西南区（包括川、贵、滇、藏）。这是一个按行政系统组织起来的经济区，也是目前国家统计局实际使用的经济区划单元。为适应中国的改革开放和社会主义市场经济的发展，20 世纪 80 年代中期以来，出现过许多经济区划方案，具有代表性的有以下八个。

1. "三分法"综合经济区

1986 年，全国人大六届四次会议通过的"七五"计划按照各地区区域发展的基本条件与潜力、现有生产力水平、地理位置特点，并适当考虑行政区域的完整性，将全国划分为东部沿海、中部内陆、西部地区三大经济地带，作为决策全国生产力布局的宏观地域单元。三大地带的划分在实现经济持续快速发展的同时，也带来了日益严重的地区差异问题。

2. "五分法"综合经济区（方案一）

按照区域经济基础和经济结构特别是工业发展水平和工业结构、资源丰富程度及地理位置与交通运输条件，将全国划分为五大经济地域类型——加工型经济区（京、津、沪、鄂、辽、台）、加工主导型经济区（苏、浙、闽、粤、桂）、资源开发主导型经济区（晋、内蒙古、赣、黔、青、宁、甘、滇）、资源开发加工混合型经济区（鲁、陕、川、皖、湘、黑、吉、冀、豫）、特殊类型经济区（新、藏、琼）。用明确的产业结构发展方向和投资重点协调各区域资源与经济的关系，强化科学的劳动地域分工。

3. "五分法"综合经济区（方案二）

$$I = \frac{\text{某区某产业值}/\text{该区工业总产值}}{\text{全国该产业值}/\text{全国工业总产值}}$$

以地区产业专门化系数（区位商，I）将全国划分为五大经济类型区——重加工业为主的加工区（京、津、沪、苏、陕）、轻加工业为主的加工区（浙、闽、粤、桂、川、新、台）、采掘业为主的资源区（晋、内蒙古、黑、赣、豫、青、宁）、原材料加工为主的资源区（冀、皖、湘、藏、甘）、资源与加工并举区（辽、吉、黔、鲁、鄂、琼、滇），以明确的主导产业塑造区域经济分工协作的基础。

4. "六分法"综合经济区（方案一）

1986年，陈栋生从横向经济联合角度，把全国经济区划分为六个经济区：东北经济区（黑、吉、辽、内蒙古东部三盟一市）、黄河流域经济区（青、甘、宁、晋、冀、鲁、京、津、豫北、关中、陕北、内蒙古中部和西部）、长江流域经济区（川、鄂、皖、苏、浙、沪、陕南、豫南、赣北、赣中、湘北、湘中、黔北）、南方经济区（滇、桂、粤、闽、湘南、赣南、黔南）、新疆经济区、西藏经济区。这种划分标志着对经济地带的划分进入了区域经济研究的时代。

5. "六分法"综合经济区（方案二）

1995年，刘再兴按照自然资源总丰度、社会经济发育程度、地理连片等指标，将全国划分为六大经济区——东北区（黑、吉、辽、内蒙古东部三盟一市）、黄河中下游区（包括下游环渤海区的京、津、冀、鲁和中游的晋、豫、内蒙古中西部）、长江中下游区（沪、苏，浙、皖、鄂、湘、赣）、东南沿海区（闽、粤、桂、琼、港、澳、台）、西南区（川、黔、滇、藏）、西北区（陕、甘、宁、青、新）。这是改革初期较有影响的综合经济区划方案，具有承前启后的作用，在原有的经济区研究的基础上，发展了新的区划原则。

6. "七分法"综合经济区

1992年，徐逢贤等提出将全国划分为七大流域经济区：长江流域经济区（以沪为龙头，苏、浙为两翼，皖、赣、鄂、湘为龙身，川为龙尾）、黄河流域经济区（以环渤海经济区为龙头，鲁、辽为两翼，带动冀、晋、内蒙古、豫、陕等省（区））、西北五省经济联合开发区（陕、甘、青、宁、新）、珠江三角洲经济发展区（珠江流域各省及琼，辐射至桂、滇、黔等）、闽南三角地带经济区（闽南部一带）、东北经济区（东北三省）、澜沧江流域经济区（西南五省）。

7. "八分法"综合经济区

李善同等按照空间上相互毗邻，自然条件、资源禀赋结构相近，社会结构相仿，区块规模适度，保持行政区划的完整性等要素和条件把中国大陆划分为八大经济区域。具体划分方案是：东北综合经济区（辽宁、吉林、黑龙江）、北部沿海综合经济区（北京、天津、河北、山东）、南部沿海综合经济区（福建、广东、海南）、东部沿海综合经济区（上海、江苏、浙江）、黄河中游综合经济区（陕西、山西、河南、内蒙古）、长江中游综合经济区（湖北、湖南、江西、安徽）、大西南综合经济区（云南、贵州、四川、重庆、广西）、大西北综合经济区（甘肃、青海、宁夏、西藏、新疆）。

8."十分法"综合经济区

1990 年，杨树珍在考虑我国地区差异、人口、民族等因素，中心城市及其经济吸引范围，以及沿海港口城市、内陆边贸中心在地区经济协作中，将全国划分为东北区（黑、吉、辽）、华北区（京、津、冀、晋、鲁）、华东区（沪、苏、浙、皖、赣、闽、台）、华中区（豫、鄂、湘）、华南区（粤、桂、琼、港、澳）、西南区（川、滇、黔）、西北区（陕、甘、宁、青）、内蒙古区、新疆区、西藏区。这可以说是一个多原则、多目标的方案，既考虑到复杂的国情特点、经济中心作用，又考虑到对外开放、民族自治等因素。正因为如此，也使方案本身表现出一种综合的特点，对经济原则有所忽略。

二、三大经济地带和七大经济区

（一）三大经济地带（老三分法）

中国在"七五"期间提出了地区经济的梯度开发思想，以沿海为基地，以其经济技术优势开发内地资源，进而再向边疆少数民族地区发展，形成东部沿海、中部内陆、西部地区三大经济地带。这是中国最高层次的经济区，较为客观地反映了中国地区经济发展水平的梯度差异和地区经济发展的总体态势，从总体上指出了中国由沿海到内地形成东、中、西三个不同经济发展水平和地域职能的地带，为确定整个国民经济的战略部署和制定区域性经济政策提供了重要的依据。

（1）东部地带。包括辽宁、河北、北京、天津、山东、江苏、上海、浙江、福建、广东、海南、广西十二个省（区、市）（暂不包括港、澳、台）。该区是全国人口密度和经济密度最大的经济实力雄厚、市场经济发达的地区。

（2）中部地带。包括黑龙江、吉林、内蒙古、山西、河南、湖北、湖南、安徽、江西九省（区）。该地带是全国经济比较发达、人口比较集中的地区。

（3）西部地带。包括四川（含重庆市）、贵州、云南、西藏、陕西、甘肃、青海、宁夏、新疆九省（区）。

（二）三大经济地带（新三分法）

随着西部大开发战略的实施，三大地带的地域范围所变化，广西和内蒙古被划入西部。东部地带包括北京、天津、河北、辽宁、上海、江苏、浙江、福建、山东、广东和海南等11 个省市；中部地带包括山西、吉林、黑龙江、安徽、江西、河南、湖北、湖南等 8 省；西部地带包括重庆、四川、贵州、云南、西藏、陕西、甘肃、青海、宁夏、新疆、广西和内蒙古等 12 个省（区、市）。

（三）七大综合经济区

三大经济地带从总体上指出了中国由沿海到内地形成了东、中、西三个不同经济发展水平的地域，为确定整个国民经济的战略部署和制定区域性经济政策提供了重要的依据。但是，由于中国地域广阔，在三大经济地带内部，各地区的经济发展水平、特点和条件仍存在着明显的不同，如工业分布上存在着"北重南轻"的结构差异和"北煤南水"

的能源禀赋差异，农业上更是存在着水热组合条件和农业利用结构上的差异等。因而，有必要对各地区的差异进行更深入地区分，以形成合理的区域经济结构，发挥各地区的综合经济优势，提高宏观经济效益。从国情出发，全国人大八届四次会议提出了中国七大经济区的方案。

（1）环渤海经济区。以北京、天津、沈阳、大连、济南、青岛、石家庄、唐山、太原、呼和浩特等城市为核心，坐落于东北亚的中心，是国家政策引导发展的重点区域。该区区位优势明显，人才优势突出，且具有强大的工业生产能力和发展知识技术密集型产业的潜力。

（2）东北经济区。包括黑龙江、吉林、辽宁和内蒙古东部盟市。东北区地处东北亚开放地带，石油化工、矿冶机电设备、交通运输设备制造在全国居突出地位。

（3）长江三角洲及沿江经济区。包括长江三角洲 14 个市和沿江 28 个地市，面积约 33 万 km²。全国最大的经济技术核心区，成为内联中、西部的中国与亚太经济区的结合部，以地方农副产品资源优势建立起以轻纺工业为主、轻重工业均较发达的综合经济区。

（4）中部五省经济区。包括河南、湖北、湖南、江西、安徽，面积 87.12 万 km²。地处中国中部地带中段，是中国经济发达地带向西部的过渡带和上海、连云港、广州三个对外开放"窗口"的连接地带。水土光热等自然条件优越，农业发达，为中国重要的农业基地。

（5）东南沿海经济区。目前包括广东、福建两省和浙江南部沿海地区，今后可将港、澳、台划入。目前该区面积 29.93 万 km²。是中国改革开放的前沿——经济特区集中的地带，经济已有相当基础，是中国收入水平最高的地区。

（6）大西南经济区。包括四川、重庆、贵州、云南、广西、西藏和海南以及广东西部的湛江、茂名、肇庆。资源组合条件良好，但资源开发程度较低，经济相对落后，是中国面向东南亚和南亚开放的前沿。

（7）西北经济区。包括陕西、甘肃、宁夏、青海、新疆和内蒙古西部盟市。生态环境脆弱，但自然资源特别是能源、矿产、可开发利用的土地等资源丰富。少数民族集中，是新疆、西藏、宁夏、内蒙古四大民族自治区的联结部。经济总体水平偏低，是我国通往中亚、西亚乃至欧洲的重要门户。

从地理区划角度看，这个区划方案在定性与划分原则上缺乏原则系统，一方面打破省（区）界线，有些区在地域范围上有所重叠，另一方面又不覆盖全国，有些地区未被纳入七大区内。总之，七大经济区指明了地区经济合作的几个方向，对于区域经济的协调发展具有一定的现实意义；但是从国家经济发展的全局着眼，该区划在类型上的不统一以及界限上的不明确，必然在具体实施中带来不必要的麻烦。

参 考 文 献

郭振淮. 1998. 经济区与经济区划. 北京：中国物价出版社.

国家统计局. 2009. 中国统计年鉴2009. 北京：中国统计出版社.

李振泉，杨万忠，陆心贤，等. 2003. 中国经济地理. 4版. 上海：华东师范大学出版社.

刘再兴. 1995. 中国生产力总体布局研究. 北京：中国物价出版社.

王静爱. 2007. 中国地理教程. 北京：高等教育出版社.

杨树珍. 1990. 中国经济区划研究. 北京：中国展望出版社.

赵济，陈传康，伍光和，等. 1999. 中国地理. 北京：高等教育出版社.

思 考 题

1. 中国经济区划的主要原则有哪些?
2. 分析评价教材中的中国综合经济区划方案。
3. 中国三大经济地带划分的依据是什么? 有何不足?

第二十一章　中国文化地理区划

第一节　文化区的形成和划分

一、文化区的概念

文化区（culture area）是具有某种共同文化属性的人类族群所占据的地区，即具有相似文化特质的地理区域。文化区有时也称为文化地域，或者与文化圈的概念互有交错。地域文化特征的形成，有两类原因或者条件，自然的和人类的、环境的和主体的、外在的和内在的、物质的和精神的、现实的和历史的、基本不变的和不断变化的。特定地域文化的形成，实际上是两种原因交互作用的结果。

文化区表面上看起来是一个地理学的概念，但本质上还是一个人类学现象；或者说文化区是一个带有地理特征的人类社会群体现象。文化是依附于人类社会主体而存在的，地域文化特色实际还是在此区域活动的人类族群所具有的文化特征，一个地区的人类群体如果变化了，其区域文化特色也就跟着改变了。因此，文化区应该是一个随动的地理表象，它因承载某种文化的主体人群的变动而盈缩和移动。

二、文化区的形成

文化地域空间差异的形成因素，或者塑造文化区成型的影响因素，概括起来有两大类，一类是自然环境的因素，另一类是人类历史发展的因素。前者是文化区形成的外部地理条件，后者是文化区成型的内部动因。两者之中又可以细分为许多具体的因素。

首先，某种特定的良好的自然地理环境，是某种文化或者文明孕育、发展、壮大和稳定，具有持续生命力的必要条件。不同地理环境导致人类不同的生产方式和生活方式，进而影响人们的思考与行为模式，产生文化特质的差异。考古研究人类早期的各种地域文明类型，就能清楚地显示出这种文化的地理性烙印。譬如大范围的草原文化、湖沼地带的贝丘文化、湿润地区的稻作文化、干旱地区的绿洲文化，以及丛林文化、山地文化、滨海文化、冰原文化等，其文化特点都带有独特的地理环境印记。

其次，一种文化类型一旦形成，就有一种向外渗透扩散，谋求增长和扩大地域范围的天然势能或者空间扩展的内在动力。这种扩展的趋势，只有在遇到难以逾越的屏障后才会暂时性地停滞下来，由此形成比较稳定的文化地理区。这一过程促成了文化区的边界形式，塑造了文化区空间形态的因素，我们可以称为文化阻障（culture barrier）。

文化的阻障既有属于自然因素的，也有来自人类自身的。对于早期的人类文化而言，海洋显然就是地球上最大的自然阻障。陆地上的自然阻障也有许多，如崎岖高大的山脉、浩瀚无垠的沙漠、极端严酷的气候、极难穿行的植被等。文化的人类阻障，主要体现在异质的或敌对的种族和民族、宗教和信仰、政权和疆界等。

一种类型的人类文化形成以后，可能有三种命运，一种是一直局限在其起源地，难以向外扩展，仅仅作为一种范围有限的局地文化斑块而存在。另一种是不断地向外扩展渗透，影响力增强，形成面积广大的文化区。还有一种就是抵御不住其他文化的冲击或渗透，最终被同化或消逝。

相对来说，某一地域内既有的文化，就是另外一种文化扩展的阻障。当两种文化相遇时，必然引起碰撞、冲突或竞争。不同文化竞争的结果，可能存在四种模式：①土著文化抵御住外来文化的侵入并完全战胜之，保有其原来的文化区地盘；②外来文化彻底战胜土著文化，原有的土著文化区并入外来文化区，成为其中的一部分；③土著文化与外来文化竞争，谁也不能完全地消灭对方，但又不能彼此接纳、融合、改造，因而采取空间上的分离避让模式，形成彼此交错或斑驳的格局，瓜分原有的分布区；④土著文化与外来文化相互竞争，谁也不能完全地消灭对方，最终通过交融互补，形成一种复合式的新型文化。

文化向外扩展，可以有渗透、蔓延、跳迁等诸多模式。某种特定的文化一旦形成，就有从其发生中心或起源地向外扩展的内在动力。文化向外扩展的方式，有持续性的渐进的扩散，也有短时的爆发性迁移。扩散的过程有时是缓慢地向外渗透，有时是快速地向外蔓延；但仍都是时间上渐进的、空间上连续的地理过程；所形成的文化分布区也是连续的。爆发性迁移则具有事件的性质，具有短时间、大规模、跳跃式等特点，往往与战争和灾难相关联；所形成的文化分布区，也常常表现为飞地或岛屿的形式。

文化的扩展途径，有通过人群的经济联系或婚姻联系等潜移默化的天然的自愿的方式，也有通过武力推广的高压的被动的强迫的方式。人口的迁徙、商贸交往、族群战争、传教活动，或者同时杂糅多种因素的共同作用，都是文化扩展传播的具体途径。

三、文化区的划分

文化区是具有相似文化特征的地理区域。文化区的划分，实际上有两类性质不同的划分。一类是文化区类型的划分，另一类是文化地域的划分，即文化的区划。

文化区类型的划分，从不同的视角出发，可以有不同的划分方法。从文化区的发展历史上来说，可以分为文化的起源区和扩散区。从文化区的空间格局上来说，可以分为连续区和岛状区。从内部性质差异上来看，可以分为大面积一致的均质区和内部异质性较高的斑驳区等。

传统上，人文地理学还按性质的不同，将文化区分为形式文化区和功能文化区。形式文化区是指具有共同文化体系的人群所居住的地区。功能文化区是在政治上、社会上或经济上具有某种现实机能作用的地区，如一个行政区、教区或经济区都可视为一个功能文化区。还有人提出第三种文化区，即感性文化区。它是存在于特定人群意识中的一种"地区"概念，既无一致的文化体系，也无实现某种功能的组织，只能根据流行文化或民间的文化认同来加以划分。

文化的地域差异是一个客观存在的地理现象。但对文化差异性的判断和划分，却又带有很强的主观色彩，不像其他的地理现象那么客观和直观。因此，从不同的出发点，以不同的目的、不同的原则来划分，就可以有多种不同的方案。不同的文化区划没有绝对的正误之别，有的只是是否更合理或更适用的问题。我们认为，一个合理的适用的文化的区划应遵循以下三个主要的原则：即文化主体性原则、现时性原则和空间整合性原则。

（一）文化主体性原则

文化的区划首要的依据应该是"文化"本身，而不是地理环境或者行政区，也不是生产方式分区。行政边界、自然地理环境和生产方式的差异，或许对人类群体文化特征的形成具有一定的影响作用，但它们毕竟不是文化本身或者不是文化的核心内容。一些文化区划中将自然地理边界、自然环境差异、生产方式的差异、行政区边界列为区划的依据，显然有不尽妥当之处；这些条件都是在文化区形成中的影响因素，不应成为文化区划的直接原则或依据。因为，一方面这些因素在文化区的形成过程中发挥了影响，文化区的空间分布状态就已经间接地反映了上述这些因素的综合作用；另一方面，人类文化区的形成和发展是一个动态的过程，在后来的发展过程中就可能在某些地方突破原有形成因素的一些边界，出现新的空间格局。

那么文化的认同或差异主要体现在哪些方面呢？语言在文化的认同方面起着最重要的作用，其次是文字、宗教信仰。人类族群的文化认同性由强到弱，依次是语言、文字、宗教、种族和生产生活方式。或者说，文化的核心是语言，次之是文字，再次是宗教信仰或者价值观，然后才是人种的面部形态外貌和生产生活方式。因此，在具体的文化区划分析工作中最关键的两个要素可以落实到语言和民族分布上。

（二）文化现时性原则

这里指的文化区划，首先应明确是现代的文化区划，而不是历史的文化区划。文化的分区，虽应适当考虑历史的影响因素，但本质上应是现状文化差异的划分。而不是简单地沿袭历史称谓习惯或依从古代政区名称来划分。既然文化区是一种动态的地理单位，本质上是随人类族群的分布变化而变动的。在历史上经历多次大规模的人群迁徙、置换和地域变动的情况下，仍然沿袭数千年前古代当时人群形成的文化区称呼，显然是不合时宜的。一个显而易见的例子，当代埃及虽有古埃及文化的痕迹和影响，但显然不属于也不能称为古埃及文化区，而是属于泛伊斯兰地区中的阿拉伯文化区。

（三）空间整合性原则

文化区划不是文化类型的划分，不能用类型的区分去代替空间的地理区划。在大范围的文化均质地区，文化类型分区与文化区划边界可以取得很好地一致。但在文化异质性大，文化类型复杂多样的地区，文化区的空间格局斑驳错杂或破碎，不可能再依据单个的文化类型进行区划划分，而必须进行综合和概括，以便与其他的区划单元在空间尺度和规模上相匹配。

第二节　中国的文化分区

文化区的划分是一项主观性很强的工作。由于缺少客观的标准，不同学者常依据不同的观点提出不同的划分体系和分区方案。譬如对于世界文化区的划分，A.赫特纳于 1929 年曾绘制了 1450 年时的世界文化区地图；从那时起，许多文化地理学家相继提出了多种不同的文化区划分方案，分别将世界划分为 6 个、8 个或 11 个、12 个文化区等。影响比较广的如美国地理学家 J.E.斯潘塞和 W.L.托马斯提出的将世界划分为 11 个文化区，分别为西亚-北非区、西欧区、东欧-俄罗斯区、南亚区、中国区、东南亚区、非洲区、中南美区、北美区、大洋洲区、太平洋区。比较简明的是肯达尔的六大文化区划分方案，即西方文化区、伊斯兰文化区、印度文化区、东亚文化区、东南亚文化区和非洲（撒哈拉以南）文化区。

中国的文化区划亦是一项困难的工作，中国境内自然环境条件差异大，民族、语言、方言众多，文化历史悠久，且多种文化交互影响变动也很大。在这些因素的共同作用下，造就了形形色色的地域文化风貌。不同的学者依据自己对中国文化地域性差异的认识，先后提出过多种文化体系的划分和分区方案。

一、文化学者的划分方案

有学者认为，中国文化区总体上可以分为：西北游牧文化区、北方农耕文化区、南方农耕文化区和青藏高原文化区四个大区。其中，北方农耕文化区有以关中为核心的秦陇文化亚区、山西的晋文化亚区、山东的齐鲁文化亚区、河南的中州文化亚区，河北、辽宁的燕赵文化亚区等。南方农耕文化区包含长江下游的吴文化亚区、闽浙的瓯越文化亚区、长江中游的荆楚文化亚区、两广的岭南文化亚区、川渝的巴蜀文化亚区等。

另有一种八区的划分方案，即北方文化区域：秦岭—淮河以北的中国所有地区。江南文化区域：长江中下游一带，包括江苏安徽的南部、上海、浙江、江西、湖北、湖南。四川文化区域：四川、重庆。岭南文化区域：广东、广西、香港、澳门、海南。闽台文化区域：福建、台湾。西南文化区域：云南、贵州。新疆文化区域：新疆。青藏文化区域：西藏、青海、四川西部。

还有学者结合历史与现状，将中国境内的文化区划分为以下十七个区，即东北文化区、燕赵文化区、黄土高原文化区、中原文化区、齐鲁文化区、淮河流域文化区、巴蜀文化区、荆湘文化区、鄱阳文化区、吴越文化区、闽台文化区、岭南文化区、云贵高原文化区、内蒙古文化区、北疆文化区、南疆文化区和青藏高原文化区。

可以看出，上述各种划分方案中，比较强调古代文化的地域性差异，甚至在文化区的命名上很多都采用了古代行政疆域的称呼或地名。有的则是简单地以现有行政区为依据进行归并划分。

如上节所述，文化的区划是一种现状的区划文化的分区，虽应适当考虑历史的影响因素，但本质上应是现状文化差异的划分，而不是简单地沿袭历史称谓习惯或依从政区名称来划分。文化区是一种动态的地理单位，本质上是随人类族群的分布变化而变动的。譬如古代的燕赵文化、齐鲁文化、巴蜀文化、楚文化、越文化等，就不一定适用于现代的文化分区。尤其是在北方地区，人群的迁徙变动相当大，现状的人群分布早已异于古代。例如，上述很多方案中都提到的齐鲁文化区，实际上现的山东半岛东部沿海地区，语言上属于胶辽官话区，文化传统上与辽东半岛更加相近，另成一脉，与内陆差别比较大；山东西北部地区、西南部地区的文化传统，则更是与河北、河南相邻地区的文化类型亲密度更高；齐鲁文化的实体地域范围具体落实到哪里？确实是一个问题。再如历史上的巴蜀文化区，经历从元初到明末的几次大规模战乱和屠戮，原有族群现已几乎为外来移民所替代。还有华南以及华东以南的越文化地区，也是一个久远的文化地域概念，古老的真正南方越文化已不复存在，随着 2000 多年前华夏文化的南来早已被同化和湮灭。即使后来衍生出所谓的岭南文化，也并不是一个特定的文化地域类型；岭南只是一个宽泛的地理概念，实际内部族群文化差异较大，以岭南文化的典型代表广东省来说，其实在珠江三角洲惠州以东的沿海大部地区，基本上是属于跟福建南部语言相通的潮汕话体系，在生活方式与风俗习惯上与闽台文化传统是更加相近的，粤东北部地区是以客家文化占主导地位，海南岛则另成一体。

总体上来看，文化学者们提出的文化分区方案考虑历史因素较多，概括性较强，但没有空间细节，普遍缺乏能落实到具体空间上的区划图像。

二、地理学者的划分方案

在地理学界比较有影响的文化体系划分和区划方案，有按中国自然条件与传统生产方式进行大区划分，再结合地域特点和历史文化因素进行分区的王会昌与吴必虎先生分别提出的划分方案。他们两者的思路和出发点是基本类似的。大体上是沿东北西南方向，按中国地理环境的巨大差异，首先划分为东部和西部两大部分。东西两部分之间的巨大地理环境差异，导致与这种差异相适应的农耕和游牧两种不同生产方式；由不同的生产方式，进一步形成了生活于其中的民族文化特征与文化风格的差异，这成为他们划分中国一级文化地理区的最重要根据。

王会昌先生的两个一级区是：东部农业文化区和西部游牧文化区。吴必虎先生的两个大区分别称为：东南农业文化大区和西北牧业文化大区。两者在次一级文化区的划分上和等级位序上略有不同，他们的分区方案和文化体系划分如图 21-1 和图 21-2 所示。

两种方案都比较具体而且完整成体系，其可取之处是注意和突出了中国境内从东北到西南的一条巨大差异边界。但可惜的是提出这条文化边界线划分的直接依据却不甚妥当，以农耕与游牧作为划分两个大区的依据，而且直接以生产方式命名文化区，这实际上是相当于以生产方式区划替代了文化区划。虽然这种生产方式的空间分异，基本上符合或接近以汉民族为主体的狭义的华夏文化与少数民族文化的界线。

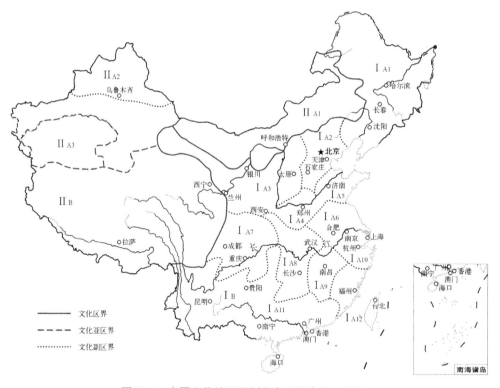

图 21-1　中国文化地理区划方案（王会昌，1992）

Ⅰ东部农业文化区；Ⅰ_{A6}淮河流域文化副区；Ⅰ_B西南少数民族农业文化地区；Ⅰ_A传统农业文化亚区；Ⅰ_{A7}巴蜀文化副区；Ⅱ西部游牧文化区；Ⅰ_{A1}关东文化副区；Ⅰ_{A8}荆湘文化副区；Ⅱ_A蒙新草原-沙漠游牧文化亚区；Ⅰ_{A2}燕赵文化副区；Ⅰ_{A9}鄱阳文化副区；Ⅱ_{A1}内蒙古文化副区；Ⅰ_{A3}黄土高原文化副区；Ⅰ_{A10}吴越文化副区；Ⅱ_{A2}北疆文化副区；Ⅰ_{A4}中原文化副区；Ⅰ_{A11}岭南文化副区；Ⅱ_{A3}南疆文化副区；Ⅰ_{A5}齐鲁文化副区；Ⅰ_{A12}台湾海峡两岸文化副区；Ⅱ_B青藏高原游牧文化亚区

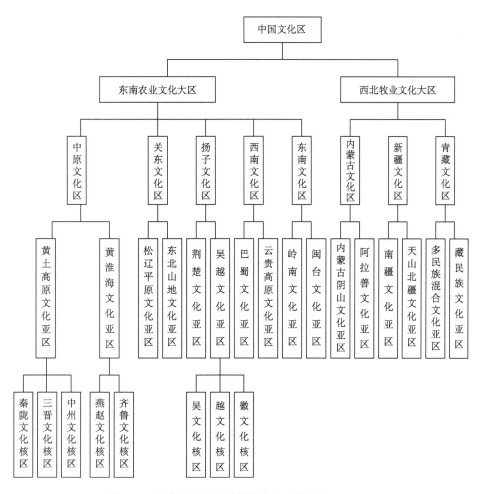

图 21-2　吴必虎文化体系划分方案（吴必虎，1996）

此外，将东、西两个大区并列，似乎降低了内蒙古草原文化、高原藏族文化和新疆伊斯兰文化之间的差异性，而突显了东部汉族华夏文化内部各地之间的不同。出现了东、西两边考量标准不一致的情况。

另外，在东部（或东南部）的农业文化区内，仍然采用历史传统地域习惯划分和命名文化区，其缺陷与上述其他文化学者的划分是类似的。

还应该注意的是，文化类型的系统划分与文化的空间地理区划还是有一定差别的，不能用体系研究的思路去替代空间区划。在一些文化类型变化复杂的区域，在具体区划时还需要顾及空间的整合性和一致性，不应出现过分破碎化的结果。

三、中国文化分区新方案

本教材采用一种基于文化本身的差异性及空间整合性，适当考虑历史文化传统但主要依据现状文化特点的新的中国文化分区方案。方案首要考虑的因素是语言、文字和宗教信仰及价值观的相似性，据此进行文化区的划分。在通常情况下，民族是相同语言文字和信仰与价值观的人群载体，因而也是文化分区的重要参考依据。

无可否认，当前中国的主体文化，总体上是以汉民族为主传承与发展的华夏文化。当然，汉民族本身既不是一个具有严格血缘意义上的民族，也不是一个具有固定信仰和价值观的群体。古人有所谓"夷狄入中国，则中国之"的观念，汉族本身就是一个在两千多年的历史进程中，多民族不断融合发展而来的超级复合族群。但汉民族作为华夏主体认同的标志就是对汉语和汉字的使用、继承和发展。

除了主体民族汉族外，藏族、蒙古族、维吾尔族、满族、羌族等少数民族也都拥有或曾经拥有具有自己特色的地方文化。清代后期，中国开始与外部世界有了较广泛的接触，当时西方对中国的认识有所谓"本部中国"和"外层中国"的差别，其实就是外部观察者对中国文化分异的一种直观体会和方便的划分方法，区分的是以汉民族为主体的华夏文化区和非汉民族为主体的其他文化区。实际上，这也是反映了东亚大陆上（除了朝鲜半岛与越南北部之外）主流儒教文化圈与其他价值观的地理区分（图21-3）。

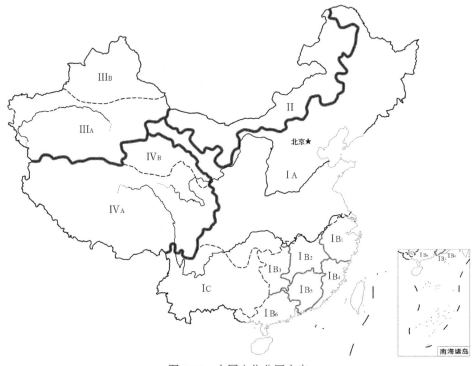

图21-3　中国文化分区方案

Ⅰ东部华夏主体文化区：

　　　Ⅰ A汉语官话文化亚区

　　　Ⅰ B东南方言文化亚区；　Ⅰ B1吴文化片区；　Ⅰ B2赣文化片区；　Ⅰ B3湘文化片区；　Ⅰ B4闽文化片区；

　　　Ⅰ B5客家文化片区；　Ⅰ B6粤文化片区

　　　Ⅰ c西南斑驳文化亚区

Ⅱ北方草原主体文化区

Ⅲ西部伊斯兰教主体文化区：Ⅲ A南疆维吾尔文化区；Ⅲ B北疆多民族文化区

Ⅳ高原藏传佛教主体文化区：Ⅳ A高原藏文化亚区；Ⅳ B高原多民族文化亚区

因此，在中国的文化区分析中，首先应认识到汉民族主体文化区和非汉民族主体文化区的大范围差异。在非汉民族主体文化区的范围内，实际存在着多姿多彩的各种文化类型，但一般人口不多，分布范围不大。在中国境内，除了汉文化的主体区域外，现今保留下来的、有一定人口规模的、较大的连片文化区主要是：北部蒙古草原文化、西部伊斯兰文化和高原藏族文化。其他一些小规模零星存在但相对集中分布的还有东北地区的通古斯文化，西南和华南山地的诸民族文化等。

按照文化相似性原则和空间的主体整合性原则，概括起来，可以将中国文化分为东部华夏主体文化区、北方草原主体文化区、西部伊斯兰主体文化区、高原藏族主体文化区四大主体文化区。

当然，四个主体文化区之间并不存在十分清晰与明确的边界，它们之间都存在着一个相互交错与渗透的过渡带。

在各个主体文化区的内部，一方面还存在与主体文化相异的其他文化类型；另一方面主体文化的内部也还存在着地区间的变化和差异。因此，根据主体文化区内文化分布的格局状态和差异性的大小，进一步地划分出若干文化亚区。

首先，在东部华夏主体文化区的内部，存在一个大面积的、连续的、相对均质的汉语官话方言区。从东北到华北、西北，再到西南，语言相通，这是一个中国境内跨度最大、人口最多的汉语官话文化亚区。

其次，在东部华夏文化区内的古老汉语方言区，集中保留于东南部和南部的相对较小范围内的方言。为什么南方方言比较多、方言的范围比较小呢？主要是由于复杂地貌条件导致的人群间交流与联系不畅造成的。正所谓"北野天地阔，千里语相通；南国多崎滞，十里不同音。"因此，将这一区域划分为一个文化变异性大的东南方言文化亚区。在其内部，主要依据方言的分布，可以进一步地分为吴文化、闽文化、粤文化、湘文化、赣文化和客家文化6个文化片区。

另外，在东部华夏文化区内的西南部，也就是云贵高原及其周边地区，历史上属于诸多民族杂居之地，后来由于汉民族的不断迁入与繁衍，华夏文化已取代原有土著文化占据主体地位，区内（甚至缅甸北部）已通行汉字和汉语。也是由于受复杂地貌条件的限制和保护，原有的土著文化并未消失，仍然具有生命力，只是采取了收缩和避让的模式，在空间格局上，呈现出以汉族主体华夏官话文化为基底，其他少数民族文化性为斑块的分布状态，形成一个多样性的西南文化斑驳亚区。

在东部华夏文化区内，在华南和东北的部分山地，也仍然保留有一些零星的少数民族文化斑块；但由于规模小，人口少，遵循空间完整性的原因，不再另外划出专门的文化亚区。

在华南沿海位于珠江口两侧的香港和澳门两地，本底上属于粤文化区。由于直接接受百多年的西方文化浸润，发展出了不同于大陆的一套政治文化体系，构成一个独立的政治文化特色斑块区。

北方草原文化区，主要是以蒙古族为主体的文化类型，内部性质相对比较均一，不再划分亚区。但在这一文化区内的城市地方，汉语汉字文化的影响已经十分突出，成为重要的异质性斑块了。

西部伊斯兰文化区内，以天山为界，南北两侧的民族构成、语言差异和生产方式变化是明显的。可以划分为北疆和南疆两个亚区。也应当注意的是，随着近代新疆的开发活动，大量汉族人口的增加与新居民点的建设，两个亚区实际上都已成为当地伊斯兰文化与汉族华夏文化共生的斑驳型文化亚区。只是伊斯兰文化仍为基底，汉文化作为斑块。

高原藏族文化区内拥有较一致的语言、文字和宗教信仰，是一个相对均质性的文化区。区内的地方差异虽然存在，但是否达到足以划分出文化亚区的程度，仍需进一步研究。

上述方案给出的仅是一种现状的中国文化分区画面。如前所述，文化区是一个随动的地理表象，它因人类族群的数量对比和空间迁移分布的变化而变化，也因不同类型文化的竞争和融汇交流而变化。100 年前的中国文化分区不是上述这种画面，100 年后的也肯定不是。因为目前的中国文化版图依然是不稳定的，总体上仍然处于快速变动的过程中，只是变动的程度或速度各处并不一致（图 21-4）。

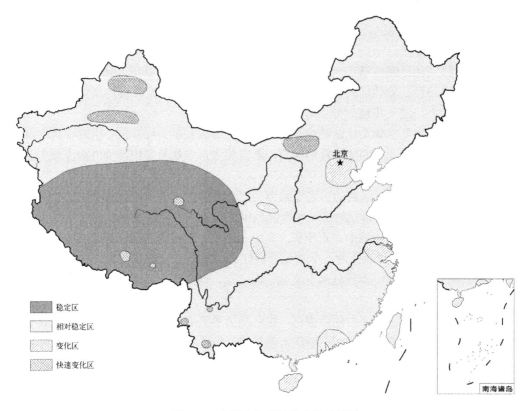

图 21-4　中国文化区的稳定性分析图

从历史上来看，华夏文化一直是东亚地区的一种强势文化，2000 多年以来大部分时间处在向外渗透和扩散的过程中。对周边地域文化的影响有融合、同化、破碎化（斑块化）几种结果。从时间顺序上来看，华夏文化首先进入的是岭南地区，很早就融合与同化了大部分地区的南方百越文化，也导致一部分当地民族文化的边缘化、山地化、斑块化。其次是对西南民族地区的影响，基本上没有同化当地土著文化，主要是导致土著文化的破碎化，形成今天多种文化类型斑驳分布的空间格局。然后是对东北地区的影响，基本上与岭南地区的过程相似，汉文化基本同化了东北地区的主要土著文化（满族的汉化即是最好的例子），仅存留了很少部分的通古斯类型少数民族文化斑块。

从当代的变化趋势来看，目前正在发生的是汉语北京官话（普通话）教育，随着现代传媒手段的普及，对全国范围都施加了很强的影响作用，尤其是方言地区受到推广普通话运动的影响日渐加深，固有文化特色开始出现不稳定状态。还有经济强势地区，如珠江三角洲、长江三角洲文化对其邻近地区和国内其他地区，无论是在语言上还是生活方式上也有强弱不等的辐射影响作用。

在北方蒙古草原文化区，出于经济和现实的考虑，不愿后代再接受蒙语教育的比例迅速增加，未来出现文化同化结果，走向历史上岭南或东北演化模式的趋势已经非常明显。在新疆地区，汉民族在人口数量上也已经成为最大的民族，只是在分布的空间范围上仍有局限；

未来很可能将向类似于东部西南亚区的文化斑驳化方向演进。至于高原藏族文化区，由于自然条件的限制，除了藏族聚居区东部边界地带之外，汉文化的影响还仅局限于拉萨、林芝等少数个别城市中，未来的演化趋势尚有待观察。

参 考 文 献

陈正祥. 1983. 中国文化地理. 北京：三联书店.

冯天瑜，杨华. 2000. 中国文化发展轨迹. 上海：上海人民出版社.

胡兆量，阿尔斯朗，琼达，等. 2006. 中国文化地理概述. 2版. 北京：北京大学出版社.

王会昌. 1992. 中国文化地理. 武汉：华中师范大学出版社.

吴必虎. 1996. 中国文化区形成与划分. 学术月刊，（3）：10-15.

周尚意，孔翔，朱竑. 2004. 文化地理学. 北京：高等教育出版社.

思 考 题

1. 中国文化区划分的主要依据是什么？
2. 评价教材提出的文化区划的几种方案。

第二十二章　中国综合地理区划

第一节　综合地理区划概述

中国古代地理学具有景观与区划内涵的启蒙之作《禹贡》，总结中国当时的各地自然地理特征，把全国划分为九州，并对各地的山川、湖泽、土壤、矿物，以及与贡品有关的生产发展情况、输送贡品的贡道和由近及远发展情况的差异进行了阐述，可称得上是我国较早的地理区划著作。

20世纪末黄秉维倡导开展综合区划研究，认为随着人地关系相互作用关系的加深，应当有一个顾及自然和社会经济两方面的综合区划以满足新形势的需要。近年来，经济社会的发展、科学技术的革新、地理环境格局的巨变，使单一考虑自然地理的区划已不能完全适应新的人地关系及社会经济发展的需要，必须建立跨自然与人文学科的综合区划，对区域发展进行刻画，综合区划要做到区域内自然与社会经济要素的综合，开发和保护的综合、区内和区外的综合。随着地球系统科学和可持续发展研究的深入，自然要素和社会经济要素的有机融合成为近期综合区划研究的鲜明特色。郑度等先后在综合区划领域开展了探索研究。综合区划是在其他区划研究工作基础上的进一步深入，它既服务于区域经济发展需求，也是全球环境变化研究的一项基础工作。综合区划研究是人与环境系统研究对可持续发展的重大理论贡献，是当前地域系统研究和全球环境变化人文因素研究的新的生长点。

目前，中国综合区划研究正处在起步阶段，对综合区划的理解非常有限，许多问题还没有解决。全国综合区划如何兼顾自然与经济两方面，在理论方法上是一个难题。综合区划首先要解决自然与社会经济的相结合，陆地与海洋系统的相结合，建立起中国综合区划的理论体系，从典型地区入手，逐步建立中国综合区划系统。一个区划方案成功与否，是否被大家承认和接受，除了区划方案的科学性要强调外，它的应用性也是很重要的。为此，我国综合区划工作还必须进一步深入研究综合区划在区域经济可持续发展中的应用，以及在国家政策法规制定中的作用。与此相关的一些关键科学问题，包括：①有关理论方法的深入探讨，自然环境及其地域分异规律的完善认识；②人类活动可能产生的影响及其反馈研究；③自然与人文因子辨识与叠加的方法研究；④综合区划方案中重要界限的确定及其缓冲区分析；⑤典型区域与专题研究的遴选与确定；⑥综合区划严密完整理论体系的构建；⑦综合区划成果的可视化与应用性。

综合地理区划以可持续发展为目标，涉及自然因素和人文因素，其划分原则有：自然和人文地域分异规律相结合，综合分析和主导因素相结合，发生统一性原则，宏观区域框架与地域类型相结合等。综合地理区划的指标体系应涵盖环境、资源、经济、社会与人口等方面，须选择有代表性的指标，要求简洁实用，避免繁杂。所选指标应有区域可比性，能反映动态、可以量化，便于操作（图22-1）。

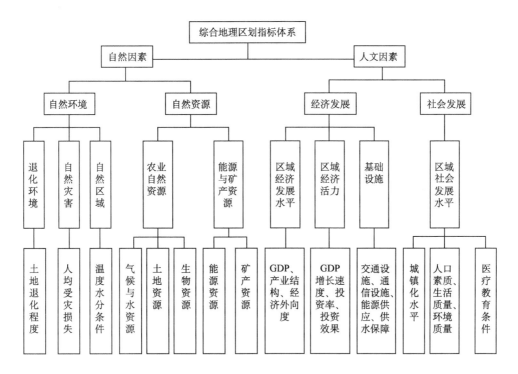

图 22-1　综合地理区划指标体系（郑度和傅小锋，1999）

第二节　综合地理区划方案

一、赵济方案

（一）分区方法

赵济等在 1999 年高等教育出版社出版的《中国地理》中，根据区域划分的目的、依据，以及教学的便利，把全国划分为 8 个综合区，即

东北区：包括黑龙江、吉林、辽宁三省。

华北区：包括京、津、冀、鲁、豫。

晋陕蒙区：包括晋、陕、内蒙古。

长江中下游区：包括沪、苏、浙、皖、赣、鄂、湘。

东南区：包括闽、粤、琼、港、澳、台。

西南区：包括川、滇、黔、桂。

西北区：包括甘、宁、新。

青藏区：包括青海、西藏。

（二）方案特点

（1）区划界线，基本上不打破行政区划界线，一方面是由于各项统计资料均以行政区为单位；另一方面一些关于自然资源的法律法规，都明确规定按照行政区域予以实施。相对而言，行政区界线较稳定，经济区的界线则一般处于变动之中。但在讨论区域发展时，又不能完全受行政界线的约束，如内蒙古东部在资源结构、自然环境和经济发展等方面与东北区相近似，而且又是东北区最便捷的能源补给基地，其开发也需要东北区提供经济技术信息的支援。因此，在讨论东北区时也要涉及内蒙古东部。

（2）把浙、苏与皖赣鄂湘划为一个区，主要是考虑到长江中下游产业带的开发。前者需要后者在水电、原材料上的紧密协作，湘、鄂、皖、赣的发展也需要沪、浙、苏的经济联合。在生产要素上进行互补、充分利用长江之便，统一规划开发。

（3）晋、陕、内蒙古是我国重要能源基地，生态环境脆弱，开发治理过程有共性。

（4）广西划入西南区，主要是考虑西南区的出海口，黔西、滇东煤田开发，云、贵磷矿及红水河水电资源的开发。南防、南昆铁路的修建，广西与云、贵、川的经济联系将有所加强。

二、全国主体功能区规划方案

20世纪初，孙鸿烈、郑度、陆大道倡议和领导了《中国功能区域的划分及其发展的支撑条件》的研究，樊杰等会同国内相关单位，承担了中国功能区划的方法论与总体区划的前期研究。这是针对我国在城市建设、经济发展、资源利用、生态环境中存在的问题而做出的全国性和地区性综合区划工作的积极探索，为自然、人文因子的综合研究提供了一条新思路。

主体功能区由2005年《中共中央关于制定国民经济和社会发展第十一个五年规划的建议》和2006年《中华人民共和国国民经济和社会发展第十一个五年（2006～2010年）规划纲要》提出概念：根据资源环境承载能力、现有开发密度和发展潜力，统筹考虑未来中国人口分布、经济布局、国土利用和城镇化格局，将国土空间划分为优化开发、重点开发、限制开发和禁止开发四类主体功能区，按照主体功能定位调整完善区域政策和绩效评价，规范空间开发秩序，形成合理的空间开发结构。2011年6月8日，国务院在中国政府门户网站上全文发布了《全国主体功能区规划》（以下简称《规划》）。

《规划》的开发理念是：根据自然条件适宜性开发的理念；区分主体功能的理念；根据资源环境承载能力开发的理念；控制开发强度的理念；调整空间结构的理念；提供生态产品的理念。《规划》将我国国土空间分为以下主体功能区：按开发方式，分为优化开发区域、重点开发区域、限制开发区域和禁止开发区域；按开发内容，分为城市化地区、农产品主产区和重点生态功能区；按层级，分为国家和省级两个层面。

《规划》中的优化开发、重点开发、限制开发和禁止开发中的"开发"，特指大规模高强度的工业化城镇化开发。限制开发，特指限制大规模高强度的工业化城镇化开发，并不是限制所有的开发活动。对农产品主产区，要限制大规模高强度的工业化城镇化开发，但仍要鼓励农业开发；对重点生态功能区，要限制大规模高强度的工业化城镇化开发，但仍允许一定程度的能源和矿产资源开发。将一些区域确定为限制开发区域，并不是限制发展，而是为了更好地保护这类区域的农业生产力和生态产品生产力，实现科学发展。

优化开发区域、重点开发区域、限制开发区域和禁止开发区域，是基于不同区域的资源环境承载能力、现有开发强度和未来发展潜力，以是否适宜或如何进行大规模高强度工业化城镇化开发为基准划分的。各类主体功能区，在全国经济社会发展中具有同等重要的地位，只是主体功能不同，开发方式不同，保护内容不同，发展首要任务不同，国家支持重点不同。对城市化地区主要支持其集聚人口和经济，对农产品主产区主要支持其增强农业综合生产能力，对重点生态功能区主要支持其保护和修复生态环境。

国家层面主体功能区分为以下五类。

（1）优化开发区域。国家优化开发区域是指具备以下条件的城市化地区：综合实力较强，能够体现国家竞争力；经济规模较大，能支撑并带动全国经济发展；城镇体系比较健全，有条件形成具有全球影响力的特大城市群；内在经济联系紧密，区域一体化基础较好；科学技术创新实力较强，能引领并带动全国自主创新和结构升级。国家层面的优化开发区域包括：环渤海地区（京津冀地区、辽中南地区、山东半岛地区）、长江三角洲地区、珠江三角洲地区。

（2）重点开发区域。国家重点开发区域是指具备以下条件的城市化地区：具备较强的经济基础，具有一定的科技创新能力和较好的发展潜力；城镇体系初步形成，具备经济一体化的条件，中心城市有一定的辐射带动能力，有可能发展成为新的大城市群或区域性城市群；能够带动周边地区发展，且对促进全国区域协调发展意义重大。国家层面的重点开发区域包括：冀中南地区、太原城市群、呼包鄂榆地区、哈长地区（哈大齐工业走廊和牡绥地区、长吉图经济区）、东陇海地区、江淮地区、海峡西岸经济区、中原经济区、长江中游地区（武汉城市圈、环长株潭城市群、鄱阳湖生态经济区）、北部湾地区、成渝地区（重庆经济区、成都经济区）、黔中地区、滇中地区、藏中南地区、关中—天水地区、兰州—西宁地区、宁夏沿黄经济区、天山北坡地区。

（3）限制开发区域（农产品主产区）。国家层面限制开发的农产品主产区是指具备较好的农业生产条件，以提供农产品为主体功能，以提供生态产品、服务产品和工业品为其他功能，需要在国土空间开发中限制进行大规模高强度工业化城镇化开发，以保持并提高农产品生产能力的区域。从确保国家粮食安全和食物安全的大局出发，充分发挥各地区比较优势，重点建设以"七区二十三带"为主体的农产品主产区：东北平原主产区、黄淮海平原主产区、长江流域主产区、汾渭平原主产区、河套灌区主产区、华南主产区、甘肃新疆主产区。

在重点建设好农产品主产区的同时，积极支持其他农业地区和其他优势特色农产品的发展，主要包括：西南和东北的小麦产业带，西南和东南的玉米产业带，南方的高蛋白及菜用大豆产业带，北方的油菜产业带，东北、华北、西北、西南和南方的马铃薯产业带，广西、云南、广东、海南的甘蔗产业带，海南、云南和广东的天然橡胶产业带，海南的热带农产品产业带，沿海的生猪产业带，西北的肉牛、肉羊产业带，京津沪郊区和西北的奶牛产业带，黄渤海的水产品产业带等。

（4）限制开发区域（重点生态功能区）。国家层面限制开发的重点生态功能区是指生态系统十分重要，关系全国或较大范围区域的生态安全，目前生态系统有所退化，需要在国土空间开发中限制进行大规模高强度工业化城镇化开发，以保持并提高生态产品供给能力的区域。国家重点生态功能区的功能定位是：保障国家生态安全的重要区域，人与自然和谐相处的示范区。经综合评价，国家重点生态功能区包括大小兴安岭森林生态功能区等25个地区。国家重点生态功能区分为水源涵养型、水土保持型、防风固沙型和生物多样性维护型四种类型。

（5）禁止开发区域。国家禁止开发区域是指有代表性的自然生态系统、珍稀濒危野生动植物物种的天然集中分布地、有特殊价值的自然遗迹所在地和文化遗址等，需要在国土空间开发中禁止进行工业化城镇化开发的重点生态功能区。

国家禁止开发区域的功能定位是：我国保护自然文化资源的重要区域，珍稀动植物基因资源保护地。根据法律法规和有关方面的规定，国家禁止开发区域共 1443 处，总面积约 120 万 km^2，占全国陆地国土面积的 12.5%。今后新设立的国家级自然保护区、世界文化自然遗产、国家级风景名胜区、国家森林公园、国家地质公园，自动进入国家禁止开发区域名录。

第三节　本书的综合地理区划方案

本书基于中国自然、人文、经济等地理要素的分异，结合不同区域人地关系地域系统的特征，以及土地利用、环境问题、区域协作和交流等方面的因素。在区划中将山西、河北、河南和山东四省划为华北地区，主要是考虑到四省（区）之间的经济、文化、交通交流与合作；将沪、浙、赣、苏、皖、湘、鄂同划为华中地区，主要是考虑长江中下游平原的协同发展；将广西划为华南地区，主要是考虑到华南沿海地区的整体协作与交流，以及珠江流域的整体开发；将内蒙古划为西北地区，主要是依据西部大开发中内蒙古与其他西北地区在生态环境建设中的共同利益；7 个综合地理区域的界线保持行政区划界线的完整性，与现行初中《中国地理》课本所划分的地理区基本保持一致，便于教学。划分方案如下：

东北地区：黑、吉、辽；

华北地区：京、津、晋、冀、豫、鲁；

华中地区：沪、浙、赣、苏、皖、湘、鄂；

华南地区：闽、粤、桂、琼、台、港、澳；

西北地区：陕、蒙、宁、甘、新；

西南地区：渝、云、贵、川；

青藏地区：青、藏。

参 考 文 献

樊杰. 2007. 我国主体功能区划的科学基础. 地理学报, 62（4）：339-349.

国务院办公厅. 2011-11-04. 全国主体功能区规划. http://www.gov.cn/zwgk/2011-06/08/content_1879180.htm.

黄秉维, 陈传康, 蔡运龙, 等. 1996. 区域持续发展的理论基础——陆地系统科学. 地理学报, 51（5）：445-453.

马仁锋, 王筱春, 张猛, 等. 2010. 主体功能区划方法体系建构研究. 地域研究与开发, 29（4）：10-15.

王静爱. 2007. 中国地理教程. 北京：高等教育出版社.

王昱, 丁四保, 王荣成. 2009. 主体功能区划及其生态补偿机制的地理学依据. 地域研究与开发, 28（1）：17-21.

吴箐, 汪金武. 2009. 主体功能区划的研究现状与思考. 热带地理, 29（6）：532-538.

吴绍洪. 1998. 综合区划的初步设想——以柴达木盆地为例. 地理研究, 17（4）：367-374.

吴绍洪, 尹云鹤, 樊杰, 等. 2010. 地域系统研究的开拓与发展. 地理研究, 29（9）：1538-1545.

杨勤业, 吴绍洪, 郑度. 2002. 自然地域系统研究的回顾与展望. 地理研究, 21（4）：407-417.

杨勤业, 郑度, 吴绍洪, 等. 2005. 20 世纪 50 年代以来中国综合自然地理研究进展. 地理研究, 24（6）：899-910.

张明东, 陆玉麒. 2009. 我国主体功能区划的有关理论探讨. 地域研究与开发, 28（3）：7-11.

郑度. 1998. 关于地理学的区域性与地域分异规律. 地理研究, 17（1）：4-9.

郑度, 傅小锋. 1999. 关于综合地理区划若干问题的探讨. 地理科学, 19（3）：193-197.

郑度, 欧阳志云, 周成虎. 2008. 对自然地理区划方法的认识与思考. 地理学报, 63（6）：563-573.

思 考 题

1. 为什么要进行综合地理区划？

2. 分析全国主体功能区规划方案的划分依据？及国家层面五大区的特点。

第七篇　中国地理区域

　　本篇介绍中国各大区地理区域的特征和规律,包括东北地区、华北地区、华中地区、华南地区、西北地区、西南地区、青藏地区的区位、自然条件与自然资源以及经济发展与经济地域。在对中国人地关系地域系统认识的基础上,了解我国七大区域的自然、经济和文化地理环境的基本面貌、基本特征和基本规律,理解人地关系的地域分异规律、发展过程及区域性特点。

　　本篇课程思政的教学目标是:结合我国的区域分异,将区域地理学的知识和理论与我国地理区域实践充分结合,掌握区域地理的研究方法,形成正确认识问题、综合分析问题及科学解决区域问题的意识和能力,领悟和理解马克思辩证唯物主义思想在实践中的应用。结合我国的区域发展历程,体会社会主义制度在推动我国区域发展的优越性,坚定正确的社会主义理想与信念。结合区域发展战略,加深对国家总体发展布局和区域发展态势的认知,增强热爱家乡的情感,激发建设家乡的热情。理解中国七大区域的主要矛盾与问题,理解区域发展兴衰,能运用科学发展观,形成区域发展与治理的思路。充分理解东北振兴、中部崛起、西部大开发的内涵及实质,增强对国家发展战略的理解与支持。通过对我国七大地理区域的自然环境与条件的学习,掌握其分布特点与成因,也认识到区域生态的脆弱性及脆弱带的存在,深刻理解"绿水青山就是金山银山"的生态文明理念,树立尊重自然、保护自然、绿色发展和可持续发展的意识;通过对我国七大地理区域的经济发展与经济地域的学习,掌握区域建设过程中的时空规律,理解各大区建设者们顽强拼搏、无私奉献、团结协作与互助的精神,树立中华民族的区域共同体意识。

第二十三章 东 北 地 区

第一节 区位、自然条件与自然资源

一、区 位

东北地区介于 38°43′N～53°33′N，118°53′E～135°05′E，是中国纬度最高、经度最偏东的地区，属于寒温带与中温带。全区包括黑龙江、吉林和辽宁三省，面积 78.73 万 km²，约占全国陆地面积的 8.2%。根据 2018 年人口数据统计结果，东北地区总人口 108750.3 万人，约占全国总人口的 7.66%。2019 年，东北地区生产总值为 50248.95 亿元，约占全国 GDP 的 5.07%。

本区位于亚欧大陆东北端，具有近海、边疆、临江的特点。东近太平洋隔日本海和黄海与日本、韩国相望；西连蒙古高原，与蒙古国相近，北接东西伯利亚，和俄罗斯为邻；西南濒渤海与华北地区连接。东北地区是地缘关系极为复杂的地区。

东北地区处于亚欧大陆桥的东段，可通过哈大铁路线经满洲里与俄罗斯铁路相连，成为连接欧、亚、美三大洲的"大陆桥"枢纽，是亚洲各国通向欧洲的陆上捷径。全区内有十多个大小港口，通过水路与环太平洋及世界上 150 多个国家和地区建有贸易往来关系。本区既处于东北亚经济区的中枢部位，又是环太平洋地带的重要一环，在中国对外开放的总格局中，战略位置十分重要。

二、自 然 条 件

（一）山环水绕的地表结构

东北地区的地形从外向里略呈三个半环带，山环水绕，平原内开。最外一环是黑龙江、乌苏里江、图们江、鸭绿江和渤海、黄海，形成水绕边界之形势。中环是山地，西部是大兴安岭北部山地，北部是小兴安岭，东部是长白山地和千山山地，在这些山地环抱之中的是东北平原。

大兴安岭为北北东—南南西走向的山系，北起黑龙江畔，南至西拉木伦河上游谷地，全长约 1200km，主体部分在内蒙古自治区内，仅最北部属黑龙江省。自燕山运动以来一直是上升地区，经长期剥蚀，山形浑圆，且南部高（1500m 以上）、北部低（1000m 左右）。山地普遍存在 2～3 级夷平面和较大河流发育所形成的阶地，说明上升运动具有间歇性；而且山地的东侧上升幅度大于西侧，说明上升具有翘起性，使山岭东西两侧不对称现象十分显著。

小兴安岭呈北西走向，平均海拔 500～800m，山体长约 400km，宽约 100km。原与南面的松嫩平原、北面俄罗斯境内的结雅河低地连成一片，同处在北东向的沉积带上，直到上新世末、更新世初才以地垒的形式隆起。与此同时东北坡有大量的玄武岩沿断裂喷溢，形成大面积的玄武岩台地；在西南坡多中心式的火山喷发，其中心位置是五大连池火山群。因此，其西北部地表平缓，呈丘陵性台地状；中部孙吴地堑地势低缓，唯东南部起伏较大为低山丘陵。分水岭两侧斜面不对称，东北坡短而陡，西南坡长而缓。

长白山地是由一系列平行的山脉丘陵与河流谷地、间山盆地相间排列构成，山体走向大致为北北东南南西走向。山地海拔 600～2000 多米，山势以中段偏南最高，长白山白云峰海拔 2691m。长白山地自燕山运动以来由于多次玄武岩的喷溢，形成了宽广的熔岩台地，张广才岭以东的熔岩面积达 4 万 km² 以上，是中国最广大的熔岩台地。火山喷发的玄武岩流堵塞河流，形成堰塞湖群，镜泊湖就是其中最大的一个。白头山是多次喷发形成的高大火山锥体，白头山天池是全国最深的火口湖。

东北平原实际上包括了三江平原、松嫩平原与辽河平原。三江平原地处黑龙江、松花江与乌苏里江三江汇合处，平均海拔 40～60m，是东北地区地势最低的部分，地势坦荡低洼，沼泽特别发育。松嫩平原是东北平原的主体，是一盆地式冲积、湖积平原，地势低平，排水不畅，在低洼处沼泽、湿地、湖泊广泛分布。辽河平原海拔在 50m 以下，地面十分平坦。辽河下游地势更低，是一片沼泽盐碱地，过去常发生水灾，有东北"南大荒"之称。辽河上游输沙量很大，堆积作用旺盛，致使河道流路不定，海岸伸展迅速。

（二）冷湿的自然景观

本区自然景观无不打上冷湿的烙印，而冷湿景观的形成因素中，温带季风气候起主导作用。冬季漫长而严寒，地表积雪深厚，河流封冻，冻土广布。春季融化，土壤湿润，加之冻土不透水层的存在，导致土壤的普遍沼泽化。夏季气温高，降水集中，植物得以繁茂生长，形成冷湿性森林及草甸草原的自然景观。

东北地区在自然景观上表现出冷湿特征与它所处的地理位置有密切关系。东北地区是中国纬度位置最高的区域，冬季寒冷，高纬度固然是基本因素，但它的相关位置也有明显作用。它北面与北半球的"寒极"——维尔霍扬斯克—奥伊米亚康所在的东西伯利亚为邻，从北冰洋来的寒潮，经常侵入，致使气温骤降。西面是高达千米的蒙古高原，西伯利亚极地大陆气团也常以高屋建瓴之势，直袭东北地区。因而本区冬季气温较同纬度大陆低 10℃ 以上。东北面与素称"太平洋冰窖"的鄂霍次克海相距不远，春夏季节从这里发源的东北季风常沿黑龙江下游谷地进入东北，使东北地区夏温不高，北部及较高山地甚至无夏。本区还是中国经度位置最偏东地区，并显著地向海洋突出。其南面濒临渤海、黄海，东面濒临日本海。从小笠原群岛（高压）发源，向西北伸展的一支东南季风，可以直奔东北。至于经华中、华北而来的受陆地影响发生变性的热带海洋气团，亦可因经渤、黄海补充湿气后进入东北，给东北带来较多雨量和较长的雨季。由于气温较低，蒸发微弱，降水量虽不十分丰富，但湿度仍较高，使东北地区在气候上具有冷湿的特征。东北地区有大面积针叶林、针阔叶混交林和草甸草原，肥沃的黑色土壤，广泛分布的冻土和沼泽等自然景观，都与温带湿润、半湿润大陆性季风气候有关。

1. 寒温带、温带大陆性季风气候

本区具有寒冷、干燥而漫长的冬季，温暖、湿润而短促的夏季，有可靠的一年一熟的农业生长季和有效的降水量，具明显的温带、寒温带大陆季风气候特征。

冬季，本区位于蒙古高压的东部，冷气流常自北和西北方侵入。高空西北气流与地面的西北气流相结合，风力强劲，气候寒冷、干燥。1 月平均气温一般在 -30～-12℃，黑龙江畔的漠河，极端最低温达 -52.3℃（1969 年 2 月 13 日），是中国现有气象资料中的极端最低

温纪录。本区冬季长达半年以上，最北部可达 8 个月。

夏季，本区位于大陆低压的东北部，夏季风盛行，极锋也可到达本区，这里成为南北气流交汇地区，气旋活动远较其他区为多，降水丰富，是东北最湿热时期。同时，受冷涡、台风的影响和低压的加深，常可产生大雨或暴雨。夏季降水占全年降水的 50%～70%，其集中程度从东南向西北逐渐增大。但夏季十分短促，气温较高的东南部，也只有 30～55 天，而大兴安岭北部却无夏。7 月平均气温，平原南部为 24℃，而大兴安岭北部却不足 18℃。

全区大部分年降水量为 500～1000mm，地区分布从东南向西北递减，山地多于平原。长白山地东南侧降水量在 1000mm 以上，越过山地后降到 700mm，到松嫩平原内部—大兴安岭东坡一带为 500mm。东部降水集中在 5～9 月，西部则集中在 6～8 月。本区的年降水量不算丰沛，但由于温度较低，蒸发量较小，使其有效降水量相对较多。加上雨热同期，完全能够满足一年一熟作物生长的需要。

2．茂盛的植被与肥沃的土壤

东北地区夏季气温较高，降水集中，雨热同期，对植物生长极为有利。针叶林和针阔叶混交林，以及草甸草原，是东北自然景观的最主要特色。不过，由于气温偏低，生物的生长环境严酷，使本区的植被种属不如南方各区丰富，且植物种类有自东南向西北逐渐减少的趋势。

由于本区处于温带与寒温带、湿润区与半湿润区的过渡带，使其植被具有一定的过渡特征。它是亚欧大陆温带草原的最东端，寒温带针叶林的最南端，暖温带夏绿林的最北缘。所以，本区植被按区系组成，大致可分为三大部分，即达乌里区系、长白区系和蒙古区系。它们分别和寒温带针叶林、温带针阔叶混交林和温带草原三种植被类型相适应。达乌里区系植被以兴安落叶松为代表，植物多为耐寒性的，如兴安落叶松、杜香、越橘等；长白区系植被，以红松阔叶林为代表，多为喜湿性的植物，如红松、糠椴、胡桃楸、水曲柳等；蒙古区系植被主要是草原，多耐干旱的植物种，如冷蒿、针茅、羊草等。

茂盛的植被为土壤的发育提供了大量的有机质来源。但由于寒冷季节较长，土壤温度很低，抑制了土壤生物化学作用的进行和有机质的分解，这就为腐殖质形成和积累提供了有利条件。所以，东北区的土壤有机质腐殖质含量丰富，具有深厚的暗色表土层，尤其是黑土、黑钙土、草甸土等，有机质或腐殖质层特别厚，含量又高，极为肥沃，是世界三大肥沃黑土区之一。土壤深厚黑色表层的存在，反映了冷湿性自然景观的本质特征。

本区的土壤类型复杂，但呈现较明显的地带性分布，自北往南有寒温带寒棕壤、温带暗棕壤；从东向西是暗棕壤、黑土、黑钙土。此外，隐域性土壤类型也较多，有白浆土、草甸土、沼泽土等，常和地带性土壤呈复域分布。

3．广泛分布的冻土

东北地区由于纬度高以及山地的存在，加之冷湿的温带季风气候，造成冻土广泛分布。土层冻结厚度从南向北逐渐加厚，在东南一隅不足 1m，东部山地大部分厚 1～1.5m，松嫩平原厚 1.5～2.0m，大、小兴安岭则厚达 2m 以上。而且，土层的冻结时间也由南向北逐渐加长。一般为 4～6 个月，到北部则长达 7 个月。

根据冻土时间的长短和厚度的大小，可分为季节冻土和多年冻土（永冻土）两种。季节冻土，主要分布在松辽平原和东部山地地区，冬季土壤冻结，夏季融化，冻结层厚度不大，地下无永冻层。多年冻土，主要分布在大、小兴安岭地区，属于亚欧大陆高纬度多年冻土区的南缘地带。其分布自西北向东南，面积逐渐缩小，厚度相应变薄，南界到 47°N，大致与年平均气温 0℃等温线或 1 月平均气温−26℃等温线相吻合。

冻土的存在，反过来对东北地区冷湿景观的形成和发展有重大影响。首先，冻土增加了气候寒冷程度；冻层阻碍了地表水下渗，使土壤表层处于经常过湿状态，引起森林沼泽化；冻土使树木的根系不能自由地向纵深处生长，易被大风吹倒或形成"醉林"，幼苗根系不易下扎使森林更新困难；冻土也抑制河流的下蚀作用，使河流迂回曲折，侧蚀作用加强，河谷加宽，并形成不对称河谷；冻层的部分融解，春季融雪水迅速汇入河床，形成明显春汛；冻层的存在，使土壤中有"上层滞水"，具有不同程度的水成性特征，草甸土与沼泽土广泛分布；冻层阻止了水分下渗，减弱了土壤淋溶过程，促使矿质元素在土壤内部的循环而免于过多的淋失；冻土也使得早春土壤常有"冷浆"现象，引起耕层土壤过湿，温度降低，影响春播或种子发芽。此外，对森林更新、交通运输、水利工程、城镇建设等都有很大影响。总之，冻土的存在，使东北区的自然条件更加复杂。

4. 面积广大的沼泽

沼泽在东北地区的分布很广泛，是中国沼泽最发达的地区。分布主要集中在三江平原和松花江、嫩江交汇的低洼地区，以及大、小兴安岭的宽坦河谷、台地和平缓的岭脊与山坡上。

东北地区沼泽的形成是各种自然条件综合作用的结果。地表过湿或积水是沼泽形成的关键。其原因，一是降水较多，而气温低，蒸发量小，使土壤表层处于过湿状态；二是地势低洼，排水不畅，河水又易泛滥，造成地表积水；三是地表下有不透水层的存在，使上层积水不易下渗；四是地下水出露地表，排泄不畅，也容易造成地表过湿或积水。此外，东北地区气温较低，植物有机体不易分解而易于积累，这是泥炭沼泽发育的一个重要条件。

东北地区沼泽的分布，主要取决于影响沼泽形成的水热条件，而水热条件既受纬度地带性因素制约，又受地质地貌等非地带性因素影响。其分布有两个特点。一是沼泽面积由北向南递减。黑龙江省的沼泽面积最大，占全区沼泽总面积的 80%，而偏南的吉林省则不足 20%。二是山区多泥炭沼泽，平原多潜育沼泽。原因是山地降水多，气温低，水源补给稳定，土壤过湿，长期处于嫌气状态，植物残体不易分解，有利于泥炭积累，故多形成泥炭沼泽。而平原降水较少，气温较高，水源不稳定，在少雨年份沼泽干涸，出现好气环境，植物残体分解加强，泥炭不易积累；但其地势低平，地表径流排泄不畅，水分聚集，因而多形成潜育沼泽。

三、自然资源

东北地区自然资源丰富，土地资源、森林资源、石油矿产资源在全国均占有重要地位。有配置协调的宜农平原、宜林山地、宜牧草原。组合优势明显的自然资源为东北建立综合型大农业和现代化工业提供了得天独厚的条件。

1. 土地资源开发

东北地区是中国最重要的商品粮基地。现有耕地面积占全国的 16%左右，人均耕地为全国平均水平的两倍，居全国之首。松嫩平原和三江平原耕地面积占全区耕地的 80%以上，耕地平坦、连片，适宜机械化作业和其他农田建设措施。

本区也是全国宜农荒地最多的地区，荒地分布主要集中在三江平原、大兴安岭东南侧的甘河、诺敏河中下游一带、小兴安岭山麓冲积洪积平原以及松嫩平原西部地区。可供开垦的荒地资源，地势平坦，集中连片，且其中土壤肥力较高，不需改良或稍加措施即可开垦的一、二类荒地约占 1/3。此外，尚有大面积的宜林、宜牧荒地。

东北地区水热资源条件较好，日照长，活动积温较多，降水比较充足，能满足一年一熟作物生长的需要，而且，东北的土壤肥沃，具有发展商品粮基地的优势条件。不过，由于东北区纬度位置偏高，常有低温冷害，这是作物产量不高不稳的主要影响因素。

2. 森林资源的合理开发与利用

东北地区森林资源非常丰富，是全国重要的天然林区。包括森林、防护林、疏林、灌木林共 3500 万 hm^2，占土地总面积的 46%。其中，天然林 3100 万 hm^2，占 90%。主要集中分布在大、小兴安岭和长白山地。森林木材蓄积量有 29 亿 m^2，约占全国木材总蓄积量的 40%。新中国成立之后，东北区一直是中国木材最重要的供应基地。

东北的森林树种在 300 种以上，经济价值较高的有 50 多种。针叶树有兴安落叶松、樟子松、红松、云杉、臭松、落叶松等。阔叶树有水曲柳、黄菠萝、胡桃楸、柞、黑桦、白桦、枫桦、榆、椴、枪树、山杨、柳树、白杨等。但长期以来，本区林木超采现象十分严重，采育脱节，加上毁林开荒，乱砍滥伐，特产用地，森林火灾，居民烧柴等多种冲击，使森林资源和森林生态受到严重破坏。

3. 石油矿产资源

东北平原的石油储量非常丰富。大庆、扶余和辽河下游（大洼）是东北区三大油田。其中，大庆是全国产量最大的油田，由于开发大庆油田，1963 年起中国就实现了石油自给。现在，东北地区是全国生产石油最多的地区，仅大庆石油就占全国原油产量的一半左右。油页岩以农安（占全国 56%）及抚顺（占全国 12%）为主要分布区，储量占全国首位，长期以来是中国人造石油生产的重要原料。

辽宁的鞍山和本溪以铁矿闻名全国，经过多年的勘探，查明储量达 100 多亿 t，约占全国探明储量的 1/4。虽矿脉埋藏不深，不过多为贫铁矿。邻近地区有发展钢铁工业的辅助矿石，如大连、本溪的石灰石，大石桥的菱镁矿和白云石，本溪的铝土矿，盖平的萤石，朝阳的锰矿等。这样，为东北钢铁工业基地的建设，提供了可靠的资源条件。锦西的钼矿储量很大，为世界大矿之一，是中国目前最大的钼产地，也是冶炼合金钢的重要有色金属矿。

东北区煤的总储量虽然不大，但煤种比较齐全，分布在断陷盆地内，煤田分布比较规律而且集中，便于开采。阜新、抚顺都是中国目前最重要的露天煤矿，与鸡西煤矿合称东北三大煤矿。

4. 旅游资源

东北地区的旅游资源十分丰富，自然景观独特，冬季是冰封雪原，夏季是避暑胜地，加上河流湖泊众多，山地林海茫茫，火山遗迹与湖光山色，构成独具特色的北国风光。主要的资源大致可以分为气候旅游资源、地质旅游资源、边境旅游资源和人文旅游资源。

东北地区冬季是林海雪原，夏季是避暑胜地。东北地区冬季气温低，降雪日数多，积雪期长，积雪深度可达 20～50cm，河川结冰期长，冰层厚，整个冬季大部分地区银装素裹、玉树琼花，故有"雪原"之称。在这里可以赏树挂、冰雕、乘坐雪橇、冰帆、溜冰、滑雪，是一种难得的享受。相反，夏季则是避暑疗养胜地。

东北区是中国火山分布较多的地区之一，共有火山 230 多座，组成约 20 个火山群，占全国火山群总数的 30%，从长白山，大、小兴安岭到平原地带均有分布。某些火山构成的自然景观，成为东北著名的火山遗迹浏览区。此外由于火山作用而形成的许多风景迷人的火山风光，如长白山天池和瀑布、五大连池、镜泊湖、阿尔山火口湖及地下森林等，与其他自然风景相比均有其独特之处。

东北地区邻近日本、韩国、俄罗斯等经济较发达国家。境外客源较为充足，对外交通联系方便，区内交通也很发达，具有良好的边境旅游资源。本区也是我国少数民族集聚地，少数民族人口约 1350 万，占全国的 11.7%，是全国满族、蒙古族、朝鲜族三个重要少数民族的主要聚居区，具有特色的地域文化，旅游业发展具有较大的发展潜力。

第二节　经济发展与经济地域

一、经济特征

（一）振兴东北老工业基地取得新进展

2018 年 9 月，习近平总书记在深入推进东北振兴座谈会上强调，"新时代东北振兴，是全面振兴、全方位振兴"，并就深入推进东北振兴提出六个方面的要求：①以优化营商环境为基础，全面深化改革；②以培育壮大新动能为重点，激发创新驱动内生动力；③科学统筹精准施策，构建协调发展新格局；④更好支持生态建设和粮食生产，巩固提升绿色发展优势；⑤深度融入共建"一带一路"，建设开放合作高地；⑥更加关注补齐民生领域短板，让人民群众共享东北振兴成果。东北老工业基地亟待通过推进经济转型，完善产业结构，建立竞争机制，以创新驱动发展，强化品牌意识，提高品牌市场竞争能力，构建新型人才机制等举措盘活东北振兴这盘棋。

（二）中国重要的农业生产基地

东北地区有辽阔富饶的土地资源，为农业发展提供了最有利的条件，尚未充分利用的荒山和草地、尚待开垦的沼泽和荒原之多，在各大区中也是少有的。2018 年末，本区耕地面积 3.74 亿亩，约占全区土地总面积的 11.7%，约占全国耕地的 1/5。林地面积约 6.14 亿亩，占全区土地总面积的 19.21%。草地面积 2.51 亿亩，占全区土地总面积的 7.85%。水资源总量 1728 亿 m^3，还有辽阔的海洋，这对发展淡水渔业和海洋渔业都是极为有利的。

东北地区是大农业结构比较完整，农、林、牧、渔业俱全的农业地区。2019 年，农业总产值中，农业（即耕作业）占主导地位，占 47%，林业占 42%，牧业占 8%，渔业占 3%。

作为全国农产品生产基地，首先是中国重要的商品粮基地，东北地区 2019 年粮食产量占全国的 20.80%。粮食作物面积约占农作物总播种面积的 67.23%，主要粮食作物为玉米、小麦、水稻、高粱、谷子等。水稻生产主要集中在东部山区的山间河谷和辽河、松花江流域的大型灌区；春小麦主要分布在生长季较短的北部地区，其中以三江平原、松嫩平原北部和黑河地区最为集中；玉米生产分布广泛，尤以中部松辽平原最为集中，成为中国的"玉米带"；谷子分布比较普遍，以比较干旱的西部地区比重较大；高粱是本区传统的粮食作物，以辽河平原为主产区。水稻和小麦的总产量虽不如杂粮多，但都是商品率较高的作物，都有极大的发展前途。水稻是重点发展的稳产高产作物，小麦是机械化开荒地区的重点作物。

本区经济作物的比重也较大，约占总播种面积的 23%左右，其中大豆占 18%左右，是仅次于玉米的第二大作物。东北地区种植大豆的历史悠久，单产比全国平均水平高 1/3 左右，总产量在全国占重要地位，占全国总产量的 1/3 以上。大豆的分布以平原为主，而且北多南少。东北地区还是全国最大的甜菜生产基地，产量占全国的一半以上。甜菜主要分布在松嫩平原，其次是三江平原。其他经济作物有棉花、花生、烤烟、亚麻等。

林业及林副业是本区农业的重要组成部分。东北地区不仅孕育着丰富的木材资源，而且在森林中还蕴藏着丰富的野生动植物资源。从事采集（野生植物主要有山参、木耳、蘑菇、山葡萄、橡子、榛子、蕨菜及多种药材等）、狩猎（野生动物主要有野猪、狍、熊、狐、貂、黄鼬、田鸡、野禽等）和养殖栽培（梅花鹿、貂、熊、柞蚕、人参等），是林区人民增加收入的重要途径，更是发展多种医药和滋补食品的重要基础。辽东半岛和辽西丘陵的果园业发展相当迅速，是中国温带水果苹果和梨的重要产地，驰名中外。柞蚕生产集中在辽宁省东部和吉林省东南部的丘陵柞林地区，其产量占全国的 3/4 左右，主要供区内绢纺织工业的需要，产品是重要出口物资。区内天然柞林面积相当广大，发展柞蚕业的潜力很大。东北地区西部林木稀少，为防风固沙，含蓄水源，保护农牧业生产，营造防护林带已取得一定成绩。并和华北、西北地区的防护林带联结起来，成为我国"三北"防护林带的重要组成部分。

东北地区既有与耕作业紧密结合的以舍饲为主的畜牧业，也有以放牧为主的畜牧业。舍饲畜牧业以饲养猪、马、牛为主，也有驴、骡。放牧业则以牧放羊、牛、马为主。马是东北区最重要的牲畜和役畜，头数居全国第一位，北部多于南部，在黑龙江，马匹占了大牲畜头数的 54%，是全国重要的产马区。牛头数占全区大牲畜头数的第二位，有役用、乳用、肉用之分，役用、肉用多在农牧区，乳用多在城郊，而最大的商品乳牛业基地则在滨洲铁路沿线一带。小牲畜中，养猪业主要在农区，以中部为最多，养羊业主要分布在西部牧区。黄牛遍全区，北马南骡，东猪西羊，这是东北区牧业分布的基本格局，牧业在全区农业体系中占有重要地位。

东北地区南濒黄海与渤海，拥有发展海洋渔业的有利条件。沿海有许多渔港，大连为最大的渔业加工中心。辽宁省海洋水产品产量约占全国 1/7 左右，居沿海各省的第五位。主要产品有鲐鱼、马面鱼、对虾、黄花鱼、海参、海贝、藻类等。东北地区淡水渔业也有很好的发展条件，黑龙江、松花江、嫩江、乌苏里江等河流以及天然泡沼、人工水库，都适宜发展淡水渔业，但潜力尚未充分发挥，单产水平低，有的仍处在天然捕捞状态。

（三）边境地区的开放与开发力度加大

东北区的边境，可分海域和陆域两部分。海域部分面向渤海与黄海；陆域的一部分与朝鲜、俄罗斯两国接壤，一部分与华北区为邻。东北经济区边境地区共有 63 个市县行政单位。其中海域有一个副省级市大连，两个地级市营口、锦西，两个县级市和 5 个县，土地面积仅占东北边境地区总面积的 7.3%，但人口总数则占边境总人口 48.8%，人口密度约 300 人/km^2，标志其开放、开发程度之高。而陆域边境地区共 9 个市，39 个县旗，其中包括黑河、绥芬河、珲春 3 个对外开放的小城市，2 个地级市丹东、赤峰，2 个县级市。陆域边境地区的面积约占边境总面积的 92.7%，而人口仅占 51.2%，人口密度约 25 人/km^2，与海域边境地区相差极为悬殊，标志其开发程度之低。尤其中俄边境地区的许多地段，山高林深或荒原浩瀚，人烟稀少，对外交往甚少。

20 世纪 80 年代以来，国际上和平与发展的大趋势和中国改革开放的大战略，大大改变了东北经济区在东北亚的地缘关系。在这种情况下，东北区与相邻国家间边境贸易突然兴起，国家先后将大连、黑河、绥芬河、珲春宣布为对外开放城市；丹东、图们也扩大了对外开放，同时也出现吉林的集安、长白，黑龙江的漠河、呼玛、逊克、嘉荫、萝北、同江、抚远、饶河、虎头等一大批地方边贸小城市；辽宁沿海的营口、丹东、锦州、锦西等海港也都加快扩建与开放。更引起世人注目的图们江下游地区，在联合国计划开发署的倡导下，兴起了国际合作开发的热潮，使东北经济区在日本海域形成一个新的出海口。海域边境地区开放、开发已取得明显成绩，沿黄、渤海的港群已初步形成，大连已成为东北对外开放的龙头港市，开发区建设、招引外资、工业和商贸发展均走在东北区的前面，已成为东北区工业产值超千亿元的首位城市。陆域边境地区的开放、开发仍处在以易货贸易为主的初级阶段，这是良好的开端。从长远看，东北区与朝、俄、蒙以及隔日本海的日、韩等东北亚各国之间，有可能本着互利互惠、资源互补、经济互助合作的原则，发展地域化的国际化合作与开发，以促进区域经济的发展。

中朝之间鸭绿江水能资源开发已有基础，水丰与云峰电站为两国共用，已有丹东、图们两个铁路通过口岸。中俄之间边界最长，虽已有绥芬河、黑河两个开放口岸，以及一批地方小口岸，但共同开发的项目很少。今后，黑龙江、乌苏里江的综合开发，土地资源、森林资源的开发，东北区农牧产品的输出，双方的商贸活动以及劳务输出活动等，都有广阔的前途。以符拉迪沃斯托克（海参崴）为东端的欧亚陆桥，必须经由我国东北区的滨洲、滨绥线，才是路程最短的捷径。拟议中的自图们江口新港市经珲春、长春到阿尔山，再新建延伸到蒙古国东部塔木察格布拉克与通往乔巴山的铁路接轨，是一条可能出现的新的欧亚陆桥线，它直接涉及中、俄、朝、蒙四国的区域开发，也引起日、韩两国以及世界的关注，是东北经济区边境地区开发的关键地段，尤其对东北中部地区的发展将起重要作用。

（四）区域基础设施的一体化建设

东北经济区的协调发展和一体化，是以区域基础设施建设的统一规划和实施为重要前提条件的。特别是统一的交通网、统一的电网和水资源利用的统一调配，具有特殊的意义。

1. 统一交通网建设

东北地区有比较发达的现代化交通运输网，这个运输网是以铁路为骨干，公路为基础，包括铁路、公路、管道（输油）、内河航道和海运业。但为了适应振兴东北的需要，改善交通运输条件势在必行。第一，加快公路建设，以国道主干道和高速公路为骨架，连接省、县、乡公路，形成综合运输网的基础。第二，对原有铁路增修复线和进行技术改造，提高通过能力；并且修筑连接华北的新干线，为扩大煤运创造条件；还要在东北西部、东部、北部修筑一些新铁路，形成东西两翼新的南北干线，分流哈大线的货运压力。第三，扩建沿海各大小港口的泊位，全面开放，作为联系国内国外的窗口。第四，加强空港建设，增辟国内国际航线。

要充分发挥东北地区的优势地理区位，以大连港为中心，联合丹东、营口、锦州等沿海口岸和黑河、同江、绥芬河、图们等为主的陆地口岸，实行海陆全方位开放，发展国际国内经贸联系，增强东北地区在东北亚经济圈的经济地位，使东北地区成为中国北方引进消化国外先进技术、实行进口替代和扩大出口的基地。

2. 统一电网的建设与增容

为了适应各工业中心电力负荷的增长，东北区在煤炭、水能资源的基础上，发展了强大的电力工业。火力发电和水力发电的设备能力，都占全国重要地位，并形成了区域性大电力网。东北区电力工业的资源构成以煤炭为主，其次为水力及一部分石油，火电的比重日益增长。本区虽尚有几百万千瓦发展水电的资源潜力，但远不如煤炭资源丰足和利用方便，今后仍将以火电为主。在电力工业的分布上，大型火电站有抚顺、阜新、吉林、清河、大连、朝阳、锦州、哈尔滨、大庆、鸡西等处，大型水电站有丰满、白山、红石、云峰、水丰、桓仁和镜泊湖等处，其中白山水电站是东北区最大的水电站。

由于东北电力资源的分布偏于北部（煤、水能）和西部（煤），今后坑口电站的建设将偏于北部和西部，如在建的大火电站有哈尔滨、七台河等处。"北电南送"和"西电东送"的局面将日益明显。另外，为弥补东北耗煤的不足，东北区发电用煤将有 1/5 是由晋蒙供应，因此在南部一些路口或港口如绥中、营口、大连等地，仍将建一批大型电站。

东北区水电开发的程度较高，鸭绿江与松花江的潜力已不大，续建的水电站有松江河梯级、丰满扩机和牡丹江莲花等地。远景的希望是中俄合作开发黑龙江干流的水能资源。

3. 北水南调工程势在必行

东北地区水资源分布的基本特点是北多南少、东多西少，而水资源消费是南部与中部多，北部与东部少。全区水资源总量 1929.9 亿 m^3，其中黑龙江水系和图们江流域占 72.7%，辽河、鸭绿江和辽宁沿海各河占 27.3%。辽河南去，松花江北流，中间是微有起伏的分水岭，"北水南调"的实质是蓄水、调节、输水等工程，把每年白白流走的几百亿立方米的水，从北部引到南部，解决南部用水的急需。

"北水南调"也是一个全区域的统一调水工程。从全区来看，它不只是调松花江干支流的水，也包括调黑龙江水系的水。另外，它不只是"北水南调"，也包含"东水西调"。在建的东水西调"引松入长"即是"北水南调"工程的组成部分之一，未来的哈达山工程也是东水西调性质。辽宁境内，现有的大伙房水库、覆窝水库以及远景的鸭绿江调水，现在大连的"引碧入连"以及远景的引大洋河工程等，都属"东水西调"。"东水西调"可视为"北水南调"的支线。不论"东水"是否在松辽水系之内，都必须与松辽水系统一考虑，相互协调。

二、经济地域

东北地区是中国东北边疆地区具有完整自然地域单元、自然资源丰富、多民族深度融合、开发历史近似、经济联系密切、经济实力比较雄厚的大经济地域。它曾是新中国建立以来第一个重工业基地和农业基地，改革开放以后，在全国的经济地位下降，产生了所谓的"东北现象"，但随着东北振兴政策的实施，经济发展呈现出良好的发展态势。新形成的经济带成为拉动东北经济加速开放发展和产业结构优化升级的新引擎。

（一）辽宁沿海经济带

辽宁沿海经济带包括大连、丹东、锦州、营口、盘锦、葫芦岛、朝阳等沿海城市，地处环渤海地区重要位置和东北亚经济圈关键地带，资源禀赋优良，工业实力较强，交通体系发达。辽宁沿海经济带是东北地区开发开放条件最好的区域，是中国目前唯一没有整体开发的沿海区域。辽宁沿海经济带处在我国环渤海地区和东北地区的重要结合部，拥有大陆海岸线2290km，占全国的1/8，居全国第五位，宜港岸线1000km，深水岸线400km，优良商业港址38处。拥有大连港、营口港两个吞吐量超亿吨大港，万吨级以上生产性泊位123个，最大靠泊能力达到30万t级，形成了东北地区最发达、最密集的综合运输体系，拥有沈山、哈大等区域干线铁路和烟大轮渡，沈大、沈山、丹大等多条高速公路，铁大、铁秦等输油管道。拥有大连、丹东、锦州3个空港，52条国内航线和20余条国际航线。

辽宁沿海经济带发展的重点：一要发挥东北地区出海通道和对外开放门户的作用，全面参与东北亚及其他国际区域经济合作，提升东北地区对外开放水平；二要整合沿海港口资源，全面提高航运、物流等服务能力和水平；三要推进产业结构优化升级，淘汰落后产能，形成以先进制造业为主的现代产业体系；四要统筹城乡发展，大力发展现代农业，繁荣农村经济；五要统筹规划和完善交通、能源、水利和信息基础设施建设，加强资源节约、环境保护和生态建设，增强区域支撑能力和可持续发展能力；六要加快发展社会事业，解决好关系群众切身利益的现实问题；七要深化重点领域改革，创新体制机制。

（二）沈阳经济区

沈阳经济区是以沈阳为中心，包括沈阳、鞍山、抚顺、本溪、营口、阜新、辽阳和铁岭8个省辖市，区域面积7.5万km^2，形成联系紧密的"区域经济共同体"。这一区域以沈阳为中心，以工业为主的大中城市密集区组成，各城市之间的新兴产业发展定位清晰，错位竞争态势形成，产业互补明显。并且通过实现人口管理、交通、产业集群、电信、商贸物流、金融业、房地产、旅游业和环境治理一体化"九个一体化"进程，加速推进区域经济一体化进程，对促进辽宁老工业基地的全面振兴具有重大意义。

沈阳经济区主要规划目标是着力构建"一核、五带、十群"的开发空间体系。"一核"即建设沈阳特大经济核心，提升沈阳区域中心城市地位。"五带"即打造沈抚、沈本、沈铁、沈辽鞍营和沈阜五条城际连接带，加快产业和人口聚集、基础设施和生态建设，提升社会服务功能，形成若干新城区、经济区，推进城镇化、一体化进程。"十群"即以五条城际连接带为载体，打造沈西先进装备制造、沈阳浑南电子信息、沈阳航空制造、鞍山达道湾钢铁深加工、营口仙人岛石化、辽阳芳烃及化纤原料、抚顺新型材料、本溪生物制造、铁岭专用车和阜新彰武林产品加工等十个重点产业集群。通过实现区域经济一体化，提高发展水平，使其成为东北亚地区重要的经济中心。

（三）长吉图开发开放先导区

长吉图开发开放先导区地处东北亚区域地理几何中心和新欧亚大陆桥中心，包括了长春市、吉林市部分区域和图们江地区，总面积约3万km^2、人口约770万。这一区域面积和人口均占吉林省的三分之一，经济总量占一半以上，是中国参与图们江区域合作开发的核心地区。

长吉图开发开放先导区有三大比较优势：一是区位条件独特。长吉图地处东北亚区域地理几何中心。图们江是我国内陆进入日本海最近的水上通道。珲春市最近处距日本海仅15km，周边分布俄、朝的自由贸易区和自由经济区以及俄、朝两国的10个港口。长春、吉林两个特大城市地处环日本海东北亚经济圈中心位置，也是未来新亚欧大陆桥的中心点，与俄、朝的港口群与蒙古东部、俄罗斯西伯利亚远东的腹地紧密相连，因此是东北亚地区自然资源、劳动力、技术等生产要素实行科学配置的最佳区域。二是具有较强的资源环境承载能力。区域内生态环境优良，资源禀赋良好，可利用水资源、能源和矿产等资源丰富。大量建设预留地可供开发利用。与图们江毗邻的境外地区拥有富集的石油、天然气、矿产、水产、森林等资源，合作开发空间较大。三是科技和产业支撑能力较强。区域内大学、科研院所集中，产业基础雄厚，汽车、化工、农产品加工产业在全国举足轻重。同时，东北各省（区）经济联系日益密切，互补性越来越强，腹地经济的支撑作用也将越来越明显。

长吉图充分考虑了吉林省在东北亚区域中的地缘、政治、经济特点，紧紧围绕东北亚合作、图们江地区开发，充分发挥长春、吉林两大城市和图们江区域比较优势，通过小区域合作带动大区域合作，双边合作带动多边合作，以新思路、新体制、新机制和新载体，长吉图将成为吉林省对外开放新的"窗口"和通向东北亚市场的"桥头堡"，进而将把东北亚区域合作推上新阶段，构建我国面向东北亚国际合作新格局，也将对东北亚区域间的外交、政治都能产生良好的影响，并将对东北包括内蒙古东部产生非常积极的作用。

（四）哈大齐工业走廊

哈大铁路是我国东北最重要的交通线，经过多年的发展，已经形成了以哈大沿线为基础的哈大工业走廊，凸显其在东北地区经济发展中的轴线功能。

哈大工业走廊及城市群主要包括：①辽中南密集城市群，由沈阳、鞍山、抚顺、本溪、辽阳、铁岭等城镇构成，主要沿哈大线分布，是东北地区的钢铁、机械、化工、轻纺的核心区；②哈大齐城市群，由哈尔滨、大庆、齐齐哈尔、牡丹江等城镇构成，主要沿滨洲、滨绥线分布，是石油、机械、煤炭、化工生产基地；③吉林中部城市群，由长春、吉林、四平、辽源、松原等城镇构成，是汽车制造、光电子、化工基地。由上述城市群构成了哈大走廊经济带，该带状空间地域综合体是以大连、沈阳、长春、哈尔滨4个中心城市为主体，由交通、通信网络联结成的自北向南贯穿东北中部地区的产业、人口、资源、信息、城镇、客货流等集聚区。

参 考 文 献

程潞. 1995. 中国经济地理. 3 版. 上海：华东师范大学出版社.

东北地区振兴规划. http://baike.baidu.com/view/1113424.htm.

东北渐现四大"黄金经济带"带动产业结构升级. http://www.chinanews.com/cj/2010/09-23/2550714.shtml.

韩渊丰. 2000. 中国区域地理. 广州：广东高等教育出版社.

黑龙江省人民政府网. http://www.hlj.gov.cn/.

黑龙江统计信息网. http://www.hlj.stats.gov.cn/ljsq/jbqk/index.htm.

吉林省人民政府网. http://www.jl.gov.cn/.

吉林省统计信息网. http://tjj.jl.gov.cn/jlgk/.

李涛. 1991. 中国地理. 长春：东北师范大学出版社.

李桢，祁承留，孙文昌. 1993. 东北地区自然地理. 北京：高等教育出版社.

辽宁省经济地理. http://www.lantianyu.net/pdf5/ts016070.htm.

辽宁省人民政府网. http://www.ln.gov.cn/.

辽宁沿海经济带. http://baike.baidu.com/view/2596830.htm.

辽宁沿海在线. http://www.lnyanhai.com.

马延吉，佟连军. 2003. 哈大产业带产业空间构建与产业布局. 地理科学，23（4）：422-426.

沈阳经济区. http://baike.baidu.com/view/778543.htm.

宋冬林.2018.新时代东北老工业基地振兴的着力点.政治经济学评论，（01）：25-28.

孙金铸. 1988. 中国地理. 北京：高等教育出版社.

王静爱. 2007. 中国地理教程. 北京：高等教育出版社.

王荣成, 赵玲. 2004. 东北地区哈大交通经济带的城市化响应研究. 地理科学, 24 (5): 535-541.

张平宇, 马延吉, 刘文新, 等. 2004. 振兴东北老工业基地的新型城市化战略. 地理学报, 59 (增刊): 109-115.

张志元, 雷慧俊.2018.东北老工业基地全面振兴中的劳模文化价值探析.中国劳动关系学院学报,（02）: 95-102.

赵济, 陈传康. 1999. 中国地理. 北京: 高等教育出版社.

赵济.1995. 中国自然地理. 3 版. 北京: 高等教育出版社.

赵志强.2017. 新一轮振兴东北老工业基地策略研究.中国统计,（03）: 54-56.

思 考 题

1. 分析东北地区自然环境的结构与特征。

2. 试述东北地区冷湿的原因。

3. 东北平原农业开发中的主要环境问题是什么?

4. 分析东北地区各经济地域经济发展的特点?

5. 讨论如何振兴东北经济?

第二十四章 华北地区

华北地区包括北京、天津两市和河北、山西、山东、河南四省，辖 629 个县（区）；总面积 69.45 万 km^2，占全国国土面积的 7.2%；2019 年人口 3.47 亿，占同期全国总人口的 24.8%；2019 年地区国内生产总值为 22.7 万亿元，占全国生产总值的 23.1%。华北地区自然条件优越、资源类型多样、发展历史悠久、经济发展基础好，在全国政治和经济版图中具有举足轻重的地位。

第一节 区位、自然条件与自然资源

一、地理区位

华北地区基本位于燕山—长城一线以南、黄河舟曲—潼关段以西、崤山—伏牛山—桐柏山—大别山以北和以东的大面积区域。地理纬度上，介于 31°23′N～42°37′N，110°14′E～122°43′E。

本区区位条件极为优越：从国际视角看，东临渤海和黄海，面向世界最大的海洋太平洋，与朝鲜、韩国、日本隔海相望，向北通过集二铁路线可以直通蒙古、俄罗斯地区，具有发展对外经济贸易的先天优越条件。从国内视角看，辽西走廊、晋冀北部山间盆地、黄河谷地、南阳盆地沟通东北地区、内蒙古地区、西北地区和长江中下游地区，是连接中国东北、西北、华中和东南地区的枢纽地带；北京凭借北部山地可以抵御外敌入侵，向南通过地势低平的广阔平原和密集的交通网络直通富庶的江南地区，成为自元代以来连续七百多年的全国政治中心；优越的地理条件使得本地区自宋代以来成为范围最大、人口最为稠密的地区，目前河南、山东仍是全国人口大省。京津冀鲁作为环渤海经济圈的主体部分，是全国政治、经济、科技、教育和文化的中心，战略地位极为重要。

二、自然条件

（一）以平原为主的地表结构

本区地貌空间格局具有环带状的特征，北西两面环山、东南两面开敞，平原居中展布，以平原为主体。东西走向的燕山山地横亘于区域北缘，吕梁山—伏牛山地纵贯区域西和西南缘，南为大别山，山东丘陵点缀于区域东部，广阔的黄淮海平原雄踞于区域中部并呈现南北纵向延展，构成区域的主体。除山西、北京和河北外，其余三省（市）平原盆地面积均在国土面积的一半以上，该地区平原盆地面积 31.5 万 km^2，占总面积的 45.4%，所占比例比全国平均水平高出 14 个百分点。华北地区由黄淮海平原、冀北山地、山西高原、山东低山丘陵等几个较大的地貌结构单元组成。

作为华北地区地貌结构主体的黄淮海平原也是华北平原的主体，面积约 30 万 km^2，是由黄河、淮河和海河等河流携带的泥沙不断冲积而成。自西向东从山麓到滨海逐渐降低，依次出现山麓台地、洪积冲积平原、冲积扇平原、冲积平原、海积冲积平原和海积平原等类型，从北向南则是冲积平原和河间洼地相间分布，其中有古河道、背河洼地、天然堤、决口堤、决口扇、河岸沙丘等各种微地貌错综分布，自然环境的局部变化较为复杂。黄淮海平原是中国第二大平原，耕地面积约 2.7 亿亩，占全国耕地总面积的 17%，土壤肥沃，耕作历史悠久，劳动力富足，是中国重要的粮棉油果生产基地。

这里的冀北山地是指河北省北部七老图山与大马群山之间的山地，北靠内蒙古高原，西接山西高原，南临华北平原，是一个从华北平原向内蒙古高原过渡的由山地和山间盆地组合而成的区域。冀北山地海拔多在 1000m 以上，少数由花岗岩为主要成分组成的山峰，如海坨山、云雾山、雾灵山等在 2000m 以上，河谷在 500m 左右。

山西高原包括西起吕梁山，东到太行山，北起五台山，南至中条山的山西省绝大部分区域，以及伏牛山以北的豫西间山河谷平原区，面积约 18.63 万 km^2，除晋南、豫西河谷平原外，大部分地区海拔在 1000～1500m，如果拿太行山东侧海拔不到 100m 的华北平原及吕梁山以西海拔 1000m 左右的晋西陕北高原比较，就显示出山西高原整体隆升的形势。

山东低山丘陵由胶东丘陵和鲁中南山地两部分组成。胶东丘陵区以半岛方式突出于黄海、渤海之间，西面以郯庐断裂带与鲁中南低山丘陵相连，为一东北—西南向狭长的半岛丘陵，东西长约 300km，南北约为 75～115km，面积约 4.49 万 km^2。地貌以丘陵为主，地面切割比较破碎，海拔一般为 200～300m。在丘陵之间有海拔 100～500m 的低山，主要有北东向的大泽山、五莲山、艾山、昆嵛山、崂山等，其中以崂山最高，海拔 1133m。根据构造和地貌组合，从北到南可划分为三个构造地貌带，南北两个岩穹断块隆起山地带，中间夹一地堑盆地断陷平原带，即胶莱平原。

（二）湿润、半湿润季风气候

华北地区地处中国东部季风区的中部地带，冬夏季风交替和季节变化非常明显，属暖温带大陆性季风气候。大部分地区处于湿润、半湿润季风气候区，冬冷夏热四季分明，光热资源较为丰富，降水集中于夏季，雨热同期。大部分地区≥10℃积温 3500～4500℃，冀北和晋北山地地区在 3000～3500℃，秦岭—淮河一线以南的河南南部地区在 4500℃以上；总体呈由北向南、由高地向低地逐渐增加的特点，大部分地区农业熟制为两年三熟或一年两熟。本地区夏季气温高，与亚热带不相上下，温暖期长，日均温＞20℃的天数持续三个月左右；冬季受蒙古高压的控制和极地大陆性气团的影响，同时又是北方冷气流和寒潮南下的通道，冬季寒冷干燥，1 月均温在－8～0℃，成为全球同纬度地区最冷的地方，当强大的寒潮过境时，气温急降，个别年份极端低温北部可达－30℃以下，南部也可出现－20℃的低温；气温年较差和南北温差均较大，反映了大陆性气候的特点。降水方面，大部分地区年降水量在 400～800mm，空间上由东南向西北逐渐减少，仅有河南南部和山东南部部分地区降水在 800mm 以上，晋北北部部分山地降水为 350～400mm；降水季节分配极不均匀，夏季降水占全年降水的 55%～75%，暴雨多、强度大、降水变率大是本区降水的突出特点，春季降水较少，经常发生春旱，影响冬小麦的生长；春旱夏涝频繁发生，降水年变率大，平均年变率大于 20%，夏季变率则超过 50%。广大的平原地貌与雨热同期的气候，为本区提供了优越的农业自然资源条件，但地表排水不畅、盐土广布以及春旱夏涝，又是本区形成旱涝灾害、土地次生盐渍化和农业生产不稳定的主要因素。因此，华北地区是中国农业发达，同时农业自然灾害严重的地区，干旱影响最大，发生频率最高，以春季和初夏影响最严重，集中在 5～6 月，主要发生在冀中平原和鲁西北平原地区。另外，春季本区频繁出现低压槽，每当低压槽自西向东通过时，槽前常发生五、六级偏南风，槽后则出现风力更强的偏北风，大风起处黄尘蔽日，形成沙尘暴天气，不仅降低空气质量，还增加空气干燥度，使春旱加剧。

（三）以暖温带落叶阔叶林、暖温带森林草原为主的景观

开发历史悠久的黄河中下游地区，自古以来就是中国人口集中、农业发达的政治、经济、文化中心地带，经过长期的开拓垦殖、放牧、柴樵，农田不断扩大，以及栽培植被迅速发展，大规模地改变了天然植被的面貌。人类的影响不仅体现在植被上，土壤的性状也发生了改变，产生了黑垆土、潮土等特殊耕作土壤。根据残存的树种及灌木、草本植物成分分析，本区的自然植被主要为暖温带落叶阔叶林，暖温带森林草原和温带南部草原。森林植被的建群种以松科的松属和壳斗科的栎属种类为主，如赤松、油松、华山松、蒙古栎、麻栎、栓皮栎等；草原植被以长芒草、短花针茅、白羊草、茭蒿、百里香等为优势成分。随着人类活动的影响，植物区系成分发生了改变，许多农作物和果树自外地引入已有较久历史，如来自国外的豌豆、蚕豆、胡萝卜、燕麦、核桃、甜菜、玉米、马铃薯、棉花、烟草等，尤其花生、番茄、苹果等更是清代后期才引入繁殖起来，刺槐、加拿大白杨、钻天杨、紫穗槐等造林树种也是从国外引进的，再加上从中国南方引种的水稻、毛竹、茶树、马尾松、水杉等，除非在高大山体上，几乎找不到原本生长的地带性植被。本区南北热量条件差异不大，但水分状况从沿海到内陆减少明显，因此，植被和土壤自东向西存在着非地带性规律：东部为暖温带落叶阔叶林、棕色森林土和褐土，西部为温带南部草原、栗钙土和灰钙土，其间为北东—南西延伸的暖温带森林草原、黑垆土过渡带。山东半岛水热条件好，为典型暖温带落叶阔叶林，成土过程以黏化作用为主，土壤淋溶作用较强，腐殖质含量一般不高，发育成棕色森林土。鲁中南半湿润山地丘陵地区，成土过程除黏化过程和淋溶作用外，还有钙化过程，发育成褐土。华北平原为暖温带半湿润气候，土壤以褐土和潮土为主，广大的北部和西部洪积冲积平原地带为褐土分布区，在广大的冲积平原上，主要是黄土冲积物，发育的土壤以潮土为主。西部山西高原区和冀北山地，随着水热条件从东南向西北递减，依次出现暖温带半湿润落叶阔叶林-褐土、暖温带半干旱森林草原-黑垆土、温带半干旱草原-栗钙土。较为特殊的是河南南部山地和南阳盆地，地处暖温带向亚热带的过渡地区，植被为常绿、落叶阔叶混交林，建群种类多，较为复杂，地带性土壤为黄棕壤。另外，华北平原内部广泛发育了非地带性土壤：在积水的地方形成沼泽土；在受地下水浸润的地方形成草甸土；在滨海地方形成盐土；在冲积平原低洼的地方，接近地表的含盐地下水在强烈的蒸发下，土壤盐分积聚，也有局部盐土分布。

三、自然资源状况

（一）土地资源

华北地区四省两市中，除山西外，其他省（市）平原面积比重大，山西省山地丘陵面积占全省面积的 79.1%，平原盆地面积仅有 3.3 万 km²。土地资源总体呈现耕地资源丰富，林、牧用地少的特点。黄淮海平原面积广阔，海拔较低，地势平坦，土地肥沃。全区平原盆地面积占总面积的 45.6%；丘陵面积 13 万 km²，占土地总面积的 18.7%，海拔高度大体在 100～500m，主要分布在山东和山西两省；山地面积 24.8 万 km²，占总土地面

积的 35.7%，主要分布在河北、山西和河南，从北、西、南三面环绕着黄淮海平原。区内可利用耕地面积 3.91 亿亩，占全国耕地面积的 21.4%，人均耕地面积 1.21 亩，低于全国平均水平的 1.36 亩。土地垦殖率达 37.5%，高出全国平均值约 25 个百分点，土地开发利用程度高。六省（市）中，山东、河北、河南三省耕地面积 3.38 亿亩，占总耕地面积的 86.4%。林地、草地少，林地占 15.1%，草地占 13.9%，城乡居民和道路用地占 6.5%，河湖水域面积占 4.1%，其他用地 7.3%；与全国平均水平相比，城乡居民和道路用地比重大，林地、草地面积比重小。在土地产出率方面，随着水利条件的不断改善和土地利用方式的多样化，再加上较好的光热条件，这一地区土地产出不断增加，冬小麦平均产量居各地区之首，其他主要粮食作物如玉米、水稻等分别低于我国的东北和南方等地区。除此之外，本区盐碱地分布广泛，仅次于西北地区。随着经济的发展和城市化进程的加快，这一地区人地矛盾日益突出，建设用地挤占耕地、土地利用结构的不合理和矿产开采破坏等方式进一步加剧了这一问题，如何保证基本的耕地资源不减少，提高土地利用效率已成为亟须解决的问题。

（二）水资源

华北地区可供开发利用的水资源主要是由降水补给的地表水和地下水，由于缺乏天然湖泊，因此降水很难形成稳定的蓄水。受降水少而蒸发量大的影响，流量不丰。本区年均自产净流量为 887 亿 m^3，其中京津冀 203.1 亿 m^3，占 22.9%，河南 311 亿 m^3，占 35.1%，山东 264 亿 m^3，占 29.8%，山西 109 亿 m^3，占 12.3%；相比较而言，河北、河南、山东水资源总量相对丰富，而山西、北京、天津受降水较少或过境河流流量较少的原因水资源相对紧张。径流深空间分布极不均匀，山西仅有 69.5mm，京津冀 92.8mm，山东 172.2mm，河南 186mm，而山区河流径流深是平原地区的 3～4 倍。径流深的年际变化大，年径流极值一般为山区河流的几倍至十几倍，平原河流一般为 20～25 倍；年径流保证率低，75%偏枯年径流量仅为年均径流量的 60%～65%。本区地下水以松散沉积孔隙水为主，全区地下水资源量为 624 亿 m^3，京津冀占 28.4%，河南占 31.8%，山东占 24.6%，山西占 15.2%。地下水的分布，一般是平原大于山区，主要分布在山前冲积洪积平原和沿黄冲积平原，只有滨海平原和盐碱地地区地下水矿化度较高外，大部分地区水质较好，因此地下水也成为本区淡水资源开发的重要组成部分。上述地表水和地下水，扣除其重复计算部分，年平均水资源总量为 1173 亿 m^3，占年均降水总量的 32.5%，其中京津冀占 24.9%，河南占 34.8%，山东占 28.6%，山西占 11.7%。水资源模数为 16.9 亿 m^3/km^2，为全国平均值的 57.4%，仅高于西北地区，与东北地区相当，低于我国南方大部分地区。人均水资源量为 362m^3，仅为全国平均值的 14.7%，水资源成为制约很多地区经济社会发展的瓶颈，是我国水资源最为缺乏的地区。

（三）矿产资源

华北地区矿产资源总的特点是矿种多，组合条件好，开发条件优越，优势矿产资源突出。本区优势最为突出的是煤炭资源，在各省（市）均有分布，保有储量 3103.8 亿 t，占全国总储量的 32.3%，山西省占本区总量的 82.9%，是煤炭资源分布最为集中的地区；另外，在河北开滦、峰峰，北京京西，河南鹤壁、平顶山，山东兖州、枣庄等地均有集中分布。华北地区是与我国东北和西北并列的三大石油天然气资源开采基地，油气层埋藏浅、类型多、质量好，主要油田有山东胜利油田，天津大港、渤海油田，河北华北、冀东油田，河南中原、河南油田。具有比较优势的金属矿产有铁矿、铝土矿、铜矿、金矿、钨矿、钼矿等。铁矿储量为 95.9 亿 t，占全国总探明储量的 1/10，总体具有储量丰富，矿床类型齐全但以变质沉积型的贫矿为主的特点，主要分布在河北的冀东—冀西，山西的五台—岚县，山东莱芜，河南焦作、平顶山等地。铝土矿主要分布在山西孝义、河南巩义、山东淄博，均是中国较大的铝土开采基地。山西中条山为全国有名的铜矿开采和炼铜基地，另外在山东也有相当数量分布。金矿主要分布在山东招远、河北承德、河南灵宝山、山西运城等地，在全国具有重要地位。钨、钼等矿产主要分布在河南。除此之外，这一地区还蕴藏着极为丰富的非金属矿产，为工业发展提供了有力的资源支持。综上所述，本区属于以煤矿、石油、铁矿、铝土矿及其他有色金属和辅助材料为主的矿产资源配套型开发基地：其中京津冀有铁、煤、油气、辅助材料、建筑材料、食盐，冀南和豫北有煤、铁、辅助材料、油气，鲁北、鲁西南有石油、煤、铁、铝土、辅助材料、建筑材料，山西和豫中南有煤、铁、铝土、辅助材料，这些矿产资源可为地区形成一定规模的以钢铁为主的黑色冶金，以铝、铜、金为主的有色金属冶金，以石油、天然气为主的有机化工，以食盐为主的基本化工，以石灰岩和耐火黏土为主的建筑材料、辅助材料和以动力煤为主的火电等部门为基础的工业生产系统。

（四）海洋资源

本区辖渤海的大部分和黄海的一部分，海岸线总长 3645km，岛屿岸线长 843km，海域面积 45.7 万 km^2，大小岛屿 383 个，滩涂面积 871.9 万 km^2，具有发展海洋渔业得天独厚的优越条件。从渔业养殖上来看，生物种类以暖温性种类为主，南方的暖水性物种随暖流或夏季水温、水位升高而到达黄渤海，渤海区可供养殖的生物资源约 57 种，黄海区约有 79 种；海洋渔业发展迅速，据 2013 年统计，海产品总产量达 776.4 万 t，占全国总产量的 24.7%，其中山东海产品产量 699.5 万 t，位居全国第一位。渤海和黄海北部属于沉积型大陆架海盆，海底蕴藏着丰富的油气及其他矿产资源，开发条件优越，开发前景广阔；随着海洋产业的不断发展，海水中含有的巨大化学资源将得到深度开发和利用，仅山东原盐产量就达 1434.3 万 t，占全国的 30.8%，溴产量占全国总产量的比例达到 70% 以上。海岸性质上，除渤海湾西侧多淤泥质海岸外，其他海岸为基岩海岸，岸线曲折、岬湾相间、深入陆地、水域稳定，适宜建造优良海港，目前形成了以天津港、青岛港两个吞吐量超过亿吨的特大港口为中心，秦皇岛港、黄骅港、烟台港、威海港和日照港为重要辅助的北方港口群，沟通了与中国南方和世界其他地区的贸易往来。

（五）旅游资源

本区作为中原文化的发祥地，5000 多年的文明史造就了辉煌灿烂的历史文化，山顶洞人和仰韶文化代表了中华民族在黄河流域创造的新石器文化，自元代以后，北京成为我国政治、经济、文化中心，我国六个古都中有北京、洛阳和开封三个在本区。截至 2014 年，中国共获审批通过世界遗产地 47 处，分布在本区的有 17 处之多，有国家级风景名胜区 30 处，国家级森林公园 121 处，国家地质公园 32 处，再加上革命纪念地、博物馆和海岸、沙滩、岩岛风景资源，旅游资源呈现类型多样，分布集中，集自然文化于一体，观光旅游价值高的特点，适宜于开发多条旅游线路。这一地区经济社会发展水平高，第三产业发展迅速，住宿、交通、金融、信息等服务设施齐全，为旅游资源开发、旅游业的发展提供了极为优越的条件。

（六）人力与人才资源

华北地区拥有中国近 1/4 的人口，随着农业生产技术的提高，再加上农业用地数量的有限，产生了数目庞大的农村剩余劳动力，除了满足本地区劳动力需求外，劳动力外流在近几年表现得尤为突出，为中国经济社会发展做出了巨大贡献。如果能够建立起劳动力培训就业的完整社会服务体系，人力资源开发价值将更为巨大。本区教育发展水平较高，是我国科研机构和高等院校最集中的地区，智力密集程度较高。2014 年拥有普通高校 606 所，本、专科在校学生 625.7 万人，每 10 万人中高校在校人数 3135 人，2009年本地区大中型工业企业研究与实验发展人员 57.8 万人，占全国人员总数的 23.2%；国内申请专利受理数达 441819 项，占全国受理总数的 19.8%；授权 220736 项，占全国授权总数的 18%。虽然科研水平有待进一步提高，但从科研贡献率看，本区人才资源较为丰富，为经济社会发展奠定了扎实的基础。

第二节　经济发展与经济地域

一、经济发展特征

（一）经济发展速度快，省市间经济差异明显

华北地区是中国北方的经济重心，同时也是各个计划时期经济建设的重点地区，经济发展保持较高的速度，但经济水平的省（市）域间差异比较大（表 24-1）。2019 年全区国内生产总值达 226933.49 亿元，占全国总量的 23.1%。

表 24-1　华北地区经济状况

省（市）	GDP/亿元（当年价）		GDP 年均增长速度（2015～2019）/%	人均 GDP/元		产业结构/%					
						第一产业		第二产业		第三产业	
	2015 年	2019 年		2015 年	2019 年	2015 年	2019 年	2015 年	2019 年	2015 年	2019 年
北京市	24779.1	35445.1	7.52	113692	161776	0.57	0.32	17.84	15.99	81.60	83.69
天津市	10879.5	14055.5	5.65	75868	101557	1.49	1.32	41.27	35.20	57.24	63.48
河北省	26398.4	34978.6	6.13	35994	47036	11.75	10.06	43.64	38.29	44.62	51.65
山西省	10879.5	14055.5	7.55	33593	48469	6.14	4.87	44.10	44.02	49.77	51.12
山东省	55288.8	70540.5	5.41	56205	69901	8.87	7.25	44.88	39.94	46.25	52.81
河南省	37084.1	53717.8	7.74	38338	54356	10.83	8.63	48.40	42.88	40.77	48.49
全国	685571.2	983751.2	7.58	49922	70078	8.39	7.14	40.84	38.59	50.77	54.27

资料来源：国家统计局网站。

区内各省（市）域经济发展差异显著。2019 年北京、天津和河北三省（市）地区生产总值占全区的 53.12%，其余三省土地面积占全区 2/3 以上，地区生产总值却不及全区的 1/2。从人均地区国内生产总值来看，北京、天津两市已属经济发达的高收入地区，2019 年人均GDP 已达 9 万元以上，而河北、山西尚不及全国平均水平，最低的山西省只有北京人均 GDP 的 27.8%。

（二）全国重要的工业基地、农业基地和能源基地

华北地区工农业生产在全国占重要地位，已形成以能源、钢铁、电子、机械、水泥、化工、纺织为支柱产业的完整工业体系，是中国重要的工业基地；已形成以粮棉为主，灌溉发达的农业体系，是中国最大的冬小麦生产基地、最大的棉花生产基地和第二大玉米生产基地。同时，该区不仅是我国重要的以矿产资源加工、重型装备制造和轻纺加工为主导的综合型工业基地，也是全国重要的能源、原材料生产基地。该区内能源和矿产资源丰富，而且分布相对集中，易于开发投产；资源互补性强，便于规模化开采；匹配条件优越，有利于综合利用和深度加工。大港油田、渤海油田、华北油田均是我国重点开发的油田之一，面积大，油层厚，油质好，储量丰富，其中渤海油田估算石油储量高达 76 亿 t。2020 年，科研人员在渤海湾发现了多个亿吨级大油田，其中最大的是蓬莱 19-3 油田，其储量达到了 10 亿 t，可开采 6 亿 t。此外，华北地区还有丰富的煤炭、石灰石、铁矿、稀有金属、地热和能源资源。锰、硼等稀有金属不仅为国内首次发现，也为世界所罕见。山西是我国煤炭资源大省和重要的能源重化工基地，累计查明煤炭保有资源量达 2674 亿 t，约占全国查明煤炭资源储量的 25%，据测算，山西全省含煤面积 5.7 万 km^2，占其国土面积的 36.3%。截至 2018 年上半年，山西省现有生产煤矿 605 座，合计年生产能力 94605 万 t。铁矿是河北省主要矿产之一，保有储量居全国第 3 位，蓟宝煤田已探明储量 6.8 亿 t。天津蕴藏着较为丰富的地下热水资源，热水总储量 1103.6 亿 m^3。

（三）强大的科技力量和人才优势，重要的高新技术产业基地

北京是华北地区域的中心城市，其作为全国政治文化中心和国际交往中心对该区的经济发展无疑具有特殊意义。毗邻北京的天津已定位为北方的经济中心，其拥有雄厚的经济发展基础，工业发展基础雄厚、技术力量优势明显，现代制造业装备精良，化工产业拥有显著的历史优势，区域内能源、原材料、轻工业、旅游等经济资源优势显著。

该区域还集中了中国最顶尖的高等学府和科研机构，科技产业园区云集，科技队伍庞大，科研人员达 30 多万，智力密集，人才荟萃，而且专业配套齐全，具有不可比拟的创新能力，科技产业创新与研发基地正在形成。微电子等 IT 产业在全国占有重要地位。该区的民营科技企业也很发达，尤其是拥有中关村科技园区、天津新技术产业园区等国家级高新技术开发区，成为拉动首都和本区知识经济发展的强有力的力量。其中，中关村电子信息产业的科研、贸易、生产和天津开发区的电子通信设备、液晶显示器等均已经发展成为全国最大的产业基地。

（四）交通发达，大城市集中，发展潜力巨大

本区交通发达，北京是全国铁路、公路和航空运输中心。天津是中国北方国际航运中心、中国北方国际物流中心、国际港口城市和国际航运融资中心。秦皇岛和黄骅港是山西、陕西、内蒙古原煤外运的主要港口。与长江三角洲经济区和珠江三角洲经济区相比，华北地区依靠内需拉动经济增长。华北地区有厚实的发展基础，腹地广阔，这些腹地的许多矿产品、农牧产品和工业品，经过与沿海港口城市的技术合作，在国际市场上更具有较大的发展潜力。区内市场以及便捷的交通枢纽条件，使其发展成为中国规模较大、较为发达和成熟的现代物流中心和消费市场之一。区内大城市集中，城市群与经济中心或工业中心资源富集区相伴，主要有京津唐超大城市群、山东半岛和中原城市群以及沿京广线、京沪线城镇密集区。因此，

在当前的形势下，华北地区对内有广阔的腹地为产品销售市场，市场容量巨大，对外可以利用沿海港口与国外积极开展贸易合作，经济发展势头强劲。

华北地区依靠优越的区位条件、富足的各类资源、完善的基础设施、持续的快速发展，已成为中国农业现代化、工业化和城市化发展水平最高的地区之一。同时，教育、医疗、文化、体育等社会事业也快速发展，为经济发展塑造了优越的人文要素和软环境。在中国实施城市化发展战略的背景下，城市圈经济发展的水平和格局在一定程度上决定了该地区在全国经济版图中的地位。京津冀经济区、太原经济区和冀中南经济区三个经济地域对该地区的经济发展起了支撑作用，在区域经济中占有主导地位。国家"十二五"发展纲要明确提出要实施主体功能区发展战略，在《全国主体功能区发展纲要》中，环渤海地区列为优化开发区，冀中南地区被列为重点开发区，全国被列入国家层面的优化开发区共有 5 个，重点开发区18 个，华北地区占五分之一强。2017 年，中共中央、国务院设立国家级新区河北雄安新区，集中疏解北京非首都功能，探索人口经济密集地区优化开发新模式，调整优化京津冀城市布局和空间结构，培育创新驱动发展新引擎，对华北地区增添新的发展引擎，可以预见该地区在中国未来的经济发展中将扮演更加重要的角色。各经济地域应利用优势资源在现有发展基础上，确定科学的发展目标，整合优势资源，优化产业升级，塑造发展活力，充分挖掘潜力，促进经济快速、健康、可持续发展。

二、经济地域

（一）京津冀经济区

京津冀经济区也就是现在的京津冀城市群，是环渤海经济区的重要组成部分，北京是整个京津冀经济区的核心。京津冀协同发展已上升到国家战略，北京突出首都功能，其余部分职能将逐步疏解。《京津冀协同规划纲要》将京津冀整体定位为"以首都为核心的世界级城市群、区域整体协同发展改革指导区、全国创新驱动经济增长新引擎、生态修复环境改善示范区"，将北京市定位为"全国政治中心、文化中心、国际交往中心、科技创新中心"；天津市定位为"全国先进制造研发基地、北方国际航运核心区、金融创新运营示范区、改革开放先行区"；河北省定位为"全国现代商贸物流重要基地、产业转型升级试验区、新型城镇化与城乡统筹示范区、京津冀生态环境支撑区"，明确了以"一核、双城、三轴、四区、多节点"为骨架，推动有序疏解北京非首都功能，构建以重要城市为支点，以战略性功能区平台为载体，以交通干线、生态廊道为纽带的网络型空间格局。

在《京津冀协同规划纲要》中，保定、廊坊及沧州部分地区与京津一道，被划入中部核心功能区，在京津冀协同发展中重点承接北京市非首都功能的疏解，通过加强与北京天津、河北交界地区统一规划、统一管控，强化京津保三地的交通联系，大幅增加城际铁路和区域快线（含市郊铁路）里程，构建以轨道交通为骨干的多节点、网格化、全覆盖的交通网络，提升交通运输组织和服务的现代化水平，形成统一开放的区域交通格局，打造一小时交通圈，力争率先启动京津保地区联动发展。保定市重点汇集中关村创新要素，以白洋淀科技城作为协同创新载体，打造融科技研发、产业发展和城市服务等功能于一体的产业新城，发展保定市新兴产业发展的新引擎。同时依托北京大兴国际机场等基础设施建设，促进廊坊城区、北三县与北京同城化发展，在周边建设一定规模的特色小镇和"微中心"，共同形成京津为主的发展核心功能圈。

《北京城市总体规划（2016—2035 年）》中提出的"一核两翼"协同发展是建设现代化大国首都过程中强化北京首都功能的重要途径，对于北京乃至京津冀城市群的高质量发展具有重要意义。其中，"一核"是指首都功能核心区，主要包括面积约为 92.5km^2 的东城区和西城区，是首都功能的主要空间载体；"两翼"是北京城市副中心和河北雄安新区，是市域内和市域外两大非首都功能的集中承载地。2019 年 1 月，北京市领导机关正式迁至城市副中心。北京城市副中心约 155km^2，外围控制区即通州全区约 906km^2，主要承接市属部门的疏解任务，带动中心城区功能与人口疏解。2017 年 4 月 1 日，中共中央、国务院发布公告决定在河北雄安设立国家级新区，主要承接中央所属单位的疏解任务。河北雄安新区地处北京、天津、保定腹地，包括雄县、容城、安新三县行政辖区（含白洋淀水域）以及任丘市部分乡镇，规划面积 1770km^2，距北京、天津均为 105km，距北京新机场 55km，区位优势明显。河北雄安新区的设立对于集中疏解非首都功能、探索人口经济密集地区优化开发模式、调整优化京津冀城市布局和空间结构、培育创新驱动发展新引擎具有重要意义。

（二）山东半岛经济区

山东半岛也称胶东半岛，是中国最大的半岛，有大山东半岛和小山东半岛之分。小山东半岛是指胶莱河以东的地区，包括烟台、威海、青岛三个地级市及潍坊的部分地区；大山东半岛是指寿光小清河口和日照岚山口与岚山头苏鲁交界处的绣针河口两点连线以东的部分，主要有烟台、威海、青岛三个地级市和潍坊、日照两市的部分地区。广义的山东半岛经济区由山东半岛城市群的 8 个地级市组成。

山东半岛经济区发展历史悠久、自然条件优越、资源优势突出、区位优势显著，集聚了山东省主要优势资源和先进生产力，成长为发展水平高、基础雄厚、活力最强的经济区域。从全国范围来看，也是连接京津冀与长江三角洲、依托沿黄腹地、面向东北亚的重要城市群，在全国改革开放和区域发展中具有举足轻重的战略地位。2018 年，占全省 47.25% 的国土面积、全省 41.96% 的人口的山东半岛经济区创造了全省 62.81% 的地区生产总值，人均生产总值高于全省平均值，全社会消费品销售总额达 20252.60 亿元，占全省的 60.27%，三次产业结构比重显示产业化水平明显高于全省平均水平；山东半岛经济区已经形成了家电、造船、汽车、纺织、石化、钢铁以及农副产品加工等六大行业产业集群；这些数据也说明山东半岛经济区综合经济实力不断增强，对提升山东省的核心竞争力起到了中流砥柱的作用（表24-2）。

表 24-2　2018 年山东半岛经济区区域发展状况

项目	全省	山东半岛经济区	"半岛"占全省比重/%
面积/万 km^2	15.79	7.46	47.25
人口/万人	10098	4237	41.96
地区生产总值/亿元	77871.6	48911.91	62.81
人均地区生产总值/元	76469	77115.86	101.11
地方财政收入/亿元	6485.4	4265.18	65.77
三次产业比重	7.43∶41.30∶51.28	5.40∶47.08∶47.52	—
利用外商投资/亿美元	175.08	145.99	83.39
进出口总额/亿元	19302.49	15720.22	81.44

项目	全省	山东半岛经济区	"半岛"占全省比重/%
社会消费品销售总额/亿元	33601.98	20252.60	60.27
城镇居民可支配人均收入/元	644429	354245	54.97
农村居民人均收入/元	285284	148854	52.18
城镇化水平/%	61.18	67.75	——
高速公路里程/km	6057	3290	54.32

资料来源:《山东统计年鉴 2019》

　　山东半岛地区为国家层面的优化开发区,功能定位是:黄河中下游地区对外开放的重要门户和陆海交通走廊,全国重要的先进制造业、高新技术产业基地,全国重要的蓝色经济区。第一,今后要优先发展高新技术产业,强化自主创新,立足优势领域,以电子信息、新能源、生物技术、新材料为重点,着力突破核心技术和关键技术,组织实施一批高新技术产业示范工程,着力培育一批技术先进、具有自主知识产权的高成长性龙头企业,加快形成以科技进步和创新为基础的竞争新优势。第二,加强各城市间的产业配套能力,努力发挥比较优势,进一步明确产业分工,以产业集群化为方向,促进产业集群发展和经济发展方式转变、产业结构升级、技术进步、节能减排的有机结合,重点支持和发展先进装备制造、汽车及零部件、船舶制造、石油化工、钢铁、有色金属冶炼、纺织服装六大产业集群,依靠海洋资源优势,大力发展海洋经济。第三,加快发展现代农业,发展渔业及其加工业,构建现代农业产业体系,提高农业产业化、市场化水平,标准化生产水平和可持续发展能力,建设成为在全国占有重要地位的外向型农业。第四,进一步加强基础设施建设,加快发展现代服务业,以市场化、社会化、产业化为方向,提升综合服务水平,提升地区产业高度化。第五,加强环境保护和生态功能区建设力度,对于生态环境脆弱、具有生物多样性和民生价值的自然保护区、水源涵养区、海岸带等限制、禁止开发区,明确发展方向,限定开发力度,实现经济、社会和生态环境的协调发展。

(三) 太原经济区

　　太原经济区是山西省在国家实施统筹区域协调发展、促进中部崛起总体战略的背景下,依据中国城市群空间发展格局,根据自身发展实际规划设计的跨区域经济协作发展区。2010年由山西省政府牵头所做的相关研究将太原、晋中、吕梁、忻州的 24 个县(市、区)纳入太原城市群和经济圈中,该经济圈分为核心、内圈层和外圈层三个圈层,以太原为中心,包括太原市所辖 10 个县(区),以及晋中市的榆次、平遥、太谷、祁县、介休,吕梁市的汾阳、文水、孝义、交城,阳泉市的郊区和盂县,忻州市的原平和定襄等 14 个县(市、区)。虽然包含的地区范围有所差异,但这些地区不论是经济发展还是生态环境和社会发展都存在着较强的同质性,在发展过程中也面临着相似的问题。

　　太原经济区具有优越的发展条件:首先,资源丰富,搭配合理,开发利用价值高。该地区蕴藏着丰富的煤、铁、铝土资源,已成长为中国重要的能源、原材料的供给地。以煤炭资源最为突出,山西煤炭储量占全国总储量的 57%,煤炭生产量连续 20 多年占全国煤炭产量的 25% 以上,年出口量占到全国省际煤炭净调出量的 75%。除矿产资源外,山西省旅游资源极为丰富,拥有国家级文物保护单位 271 处,居全国第一,是名副其实的"文物大省",随着国家日益注重文化的开发和保护，山西省旅游资源开发潜力巨大。其次，区位条件优越。太原经济区是连接中国东西部地区的结合地带，位于国家"两横三纵"城市化战略格局中京哈京广通道纵轴的中部，在中国经济发展战略格局中占有重要地位。再次，铁路密集，交通便捷。北有京包—哈大线，中有石太—石德—胶济线，南有陇海—兰新线，同蒲—太焦线贯穿其中，再加上四通八达的高速公路网络体系，为经济社会发展提供了扎实的基础条件。最后，太原经济区具有较强的承接能力。太原经济区总体发展水平不高，产业结构水平较低，均有产业结构升级或技术革新的迫切需求，另外，太原经济区有着雄厚的产业基础、技术基础和人才基础。特殊的区位优势、丰富的资源优势、突出的承接能力和深厚的文化底蕴，决定了太原经济区在山西省经济发展中，甚至国家经济格局中的特殊地位和重要作用。

太原经济区长期依赖资源开发和初加工，经济效益不高，同时对生态环境破坏严重，在中国新的和谐发展、科学发展的指导思想下面临着许多困境和问题：首先，太原经济区的很多地区的发展长期依赖于煤炭资源的开采和化工，经济结构明显偏重。太原和晋中的轻重工业产值比都高达 1∶9，太原、晋中和吕梁三市的采矿业法人单位数合计占山西全省的34.31%，三市主要工业产品占山西省的比重较高，如钢产量占 35.2%、成品钢材占 48.6%、焦炭占 43.4%。此外，太原经济区经济结构的重工业化特点突出，重工业的发展速度明显快于轻工业的发展速度。其次，经济增长速度低且发展活力不足。太原经济区以资源型的产业为主导，高新技术产业发展迟缓，产品市场竞争力低下，企业发展活力不足，市场经济不发达，经济总量增长速度明显低于全国其他同类别的经济区。最后，太原经济区的经济人口承载力较高，资源人口承载力则相对较低。

太原经济区已纳入《全国主体功能区规划》，其功能定位是：资源型经济转型示范区，全国重要的能源、原材料、煤化工、装备制造业和文化旅游业基地。要实现这一定位：①构建以太原为中心，以太原盆地城镇密集区为主体，以主要交通干线为轴线，以汾阳、忻州、长治、临汾等主要节点城市为支撑的空间开发格局；②强化太原的科技、教育、金融、商贸物流等功能，提升太原中心城市地位，推进太原—晋中同城化发展；③增强主要节点城市集聚经济和人口的能力，强化城市间经济联系和功能分工，承接环渤海地区产业转移，促进资源型城市转型；④依托中心城镇发展劳动密集型城郊农业、生态农业和特色农产品加工业；⑤实施汾河清水复流工程和太原西山综合整治工程，加强采煤沉陷区的生态恢复，构建以山地、水库等为基础，以汾河水系为骨架的生态格局。

三、中原经济区

中原经济区是以全国主体功能区规划明确的重点开发区域为基础、中原城市群为支撑、涵盖河南全省、延及周边地区的经济区域，地理位置重要，粮食优势突出，市场潜力巨大，文化底蕴深厚，在全国改革发展大局中具有重要战略地位。《全国主体功能区规划》将中原经济区列为国家层面的重点开发区，对该地区来说是一个难得的机遇。对该区域的功能定位是：全国重要的高新技术产业、先进制造业和现代服务业基地，能源原材料基地、综合交通枢纽和物流中心，区域性的科技创新中心，中部地区人口和经济密集区。

中原经济区的建设有较强的可行性。第一，从资源环境条件看，中原经济区土地资源丰富，尤其耕地资源，农业发展水平高；蕴藏丰富的矿产资源，石油、煤炭、天然气、铁矿、铝土矿等资源在全国具有显著优势，相关产业发展迅速，产业门类齐全，关联密切。第二，从目前经济社会发展水平看，人均地区生产总值、城镇居民可支配收入、农民人均纯收入和三次产业比重等指标差异不大，总体发展水平相近，经济协作可行性较强。第三，中原经济区包含地区总体面积不大，且相互毗邻，处在相对独立的区位空间内。第四，铁路密集，公路网四通八达，各地区交通便捷，为人员、资金、物资等生产要素的流动提供了极为优越的交通条件。第五，中原经济区山水相连、血脉相亲、文脉相承，在长期的发展中形成了具有相同或相近的区域历史文化特点，成为经济区域开展合作的重要历史文化基础和不可或缺的条件。

中原经济区的建设：第一，完善城市群一体化发展机制，构建以郑州为中心，以郑汴（郑州、开封）一体化区域为核心层、以"半小时经济圈"城市为紧密层，以"一小时交通圈"城市为辐射层的"一极两圈三层"的空间开发格局。第二，强化郑州先进制造、科技教育、商贸物流和金融服务功能，重点建设郑汴新区，推进郑汴一体化，建设区域性经济中心和全国重要的交通枢纽。第三，提升洛阳区域副中心的地位，重点建设洛阳新区。壮大许昌、新乡、焦作、平顶山等重要节点城市的经济实力和人口规模，促进城市功能互补。第四，建设郑汴洛（郑州、开封、洛阳）工业走廊和沿京广、南太行、伏牛东产业带，加强产业分工协作与功能互补，共同构建中原城市群产业集聚区。第五，加强粮油等农产品生产和加工基地建设，发展城郊农业和高效生态农业，建设现代化农产品物流枢纽。第六，依托黄河标准化堤防和黄河滩区加强黄河生态保护，搞好南水北调中线工程沿线绿化，推进平原地区和沙化地区的土地治理，构建横跨东西的黄河滩区生态涵养带和纵贯南北的南水北调中线生态走廊。

参 考 文 献

国务院办公厅. 2011-11-04. 国务院关于印发全国主体功能区规划的通知（国发〈2010〉46 号）. http://www.gov.cn/zwgk/2011-06/08/content_1879180.htm.

国务院办公厅. 2011-11-04. 国务院关于支持河南省加快建设中原经济区的指导意见（国发〈2011〉32 号）. http://www.gov.cn/zwgk/2011-10/07/content_1963574.htm.

胡欣. 2007. 中国经济地理. 6 版. 上海：立信会计出版社.

胡欣. 2010. 中国经济地理——经济体成因与地缘构架. 7 版. 上海：立信会计出版社.

李润田，李永文. 2003. 中国资源地理. 北京：科学出版社.

李永文. 2010. 河南地理. 北京：北京师范大学出版社.

李振泉，杨万忠，陆心贤. 1999. 中国经济地理. 上海：华东师范大学出版社.

刘冰. 2008. 山东半岛经济社会发展概论. 北京：经济管理出版社.

刘明光. 2010. 中国自然地理图集. 北京：中国地图出版社.

路紫. 2010. 中国经济地理. 北京：高等教育出版社.

孟彦军. 2007. 环渤海区域经济发展的比较优势研究. 保定：河北大学硕士学位论文.

秦耀辰，苗长虹. 2011. 中原经济区科学发展研究. 北京：科学出版社.

任美锷，包浩生. 1992. 中国自然区及开发整治. 北京：科学出版社.

山东省发展和改革委员会组织编写. 2009. 山东省（市）域经济发展研究. 济南：山东大学出版社.

山东省统计局. 2010. 山东统计年鉴 2010. 北京：中国统计出版社.

施昌奎. 2019. 关键子落满盘皆活——"一核两翼"推动京津冀打造世界级城市群. 前线，（07）：62-64.

孙庆基，林育真. 1987. 山东省地理. 济南：山东教育出版社.

王静爱. 2007. 中国地理教程. 北京：高等教育出版社.

王静爱，左伟. 2009. 中国地理图集. 北京：中国地图出版社.

王明浩，翟毅，刘玉娜. 2005. 京津冀经济区的研究. 城市发展研究，（1）：70-77.

王庆新. 2003. 山东自然资源. 济南：山东人民出版社.

吴传钧. 1998. 中国经济地理. 北京：科学出版社.

赵济. 1995. 中国自然地理. 北京：高等教育出版社.

赵济，陈传康. 1999. 中国地理. 北京：高等教育出版社.

中国自然资源丛书编撰委员会. 1994. 中国自然资源丛书（河北卷）. 北京：中国环境科学出版社.
中国自然资源丛书编撰委员会. 1995a. 中国自然资源丛书（北京卷）. 北京：中国环境科学出版社.
中国自然资源丛书编撰委员会. 1995b. 中国自然资源丛书（山东卷）. 北京：中国环境科学出版社.
中国自然资源丛书编撰委员会. 1995c. 中国自然资源丛书（山西卷）. 北京：中国环境科学出版社.
中国自然资源丛书编撰委员会. 1995d. 中国自然资源丛书（河南卷）. 北京：中国环境科学出版社.
中国自然资源丛书编撰委员会. 1995e. 中国自然资源丛书（综合卷）. 北京：中国环境科学出版社.
中国自然资源丛书编撰委员会. 1995f. 中国自然资源丛书（水资源卷）. 北京：中国环境科学出版社.
中国自然资源丛书编撰委员会. 1995g. 中国自然资源丛书（气候卷）. 北京：中国环境科学出版社.
中国自然资源丛书编撰委员会. 1995h. 中国自然资源丛书（海洋卷）. 北京：中国环境科学出版社.
中国自然资源丛书编撰委员会. 1996a. 中国自然资源丛书（天津卷）. 北京：中国环境科学出版社.
中国自然资源丛书编撰委员会. 1996b. 中国自然资源丛书（土地卷）. 北京：中国环境科学出版社.
周立三. 2000. 中国农业地理. 北京：科学出版社.

思 考 题

1. 试述华北地区经济发展的主要特征。

2. 分析华北地区资源环境面临的主要问题。

3. 分析京津冀协同发展的必要性、现实意义和关键问题。

4. 探讨山东半岛城市群整合发展面临的主要问题。

5. 分析太原经济区建设的可行性和主要问题。

6. 分析中原经济区建设的可行性和主要问题。

第二十五章 华中地区

第一节 区位、自然条件与自然资源

一、区位

华中地区位于 $24°29'\sim35°20'N$，$108°20'\sim122°28'E$，包括长江中下游的湖北（鄂）、湖南（湘）、安徽（皖）、江西（赣）、浙江（浙）、江苏（苏）和上海（沪）六省一市。全区土地面积约 91.47 万 km^2，占全国陆地总面积的 9.5%。2020 年末总人口 40460 万人，占全国总人口的 28.7%；地区内生产总值 355630 亿元，占全国国内生产总值的 35%。

本区地跨中国地势的二、三级阶梯，土地类型复杂多样，自然条件优越，自然资源丰富；拥有沿江与沿海的双重区位优势，长江自西向东贯穿全区，形成联结中国东中西三大地带的"黄金水道"，东临沿海"黄金海岸"，是中国对外开放的前沿阵地，内河航运与海洋运输均很便利，水陆交通发达。华中地区正处于我国社会经济总体布局的轴心位置，既有沿海沿江对外开放、发展外向型经济的区位优势，又有纵深宽广的腹地和发展空间，因而不仅经济和社会发展上在全国处于举足轻重的地位，而且还具有人才、资本、技术等生产要素流动上的承"东"启"西"的作用。

二、自然条件

（一）相对稳定的地质构造基础

华中地区在大地构造上主体部分为下扬子准地台，在其北缘为秦岭褶皱系，东南缘为华南褶皱系。本区的大地构造格架是长期地质演化的结果。下扬子准地台陆核最初可能形成于晚太古代至元古代早期，至晚元古代古陆核进一步增生扩大，经晋宁运动及澄江运动全面固结，最终克拉通化，志留纪与泥盆纪之间的不整合运动使北秦岭、北大巴山等地的早古生代地槽沉积发生褶皱，形成扬子准地台外围一系列的加里东褶皱带。华南褶皱系即扬子东南陆缘与华夏陆缘之间的造山系，二者以钦州湾—杭州湾结合带相接，该褶皱系是具有一定宽度的构造带，内部结构复杂，北界在浏阳—景德镇—歙县—苏州一线，南界即萍乡—绍兴断裂带，结合带由北东向南西，经四堡、晋宁、加里东、华力西—印支运动才最终焊合，燕山运动期南岭陆内造山带形成。秦岭褶皱系为印支期形成的地槽褶皱系，位于华北陆块与扬子准地台之间，向东被郯庐深断裂截切，它是从寒武纪初至三叠纪长期发育的多旋回地槽褶皱系。中元古代至晚元古代早期，沿北秦岭发育一条分隔中国南、北两陆块的大洋，经历加里东、华力西、印支三个发展阶段，后期又经受燕山和喜马拉雅运动的强烈改造。

（二）低山丘陵与平原相间分布的地貌结构

华中地区地势西高东低，海拔多在 500m 以下，地形以丘陵、平原为主。低山丘陵与平原相间，自北向南依次分布着淮北平原、淮阳山地、长江中下游平原、江南丘陵、南岭山地等地貌单元。

淮北平原位于江苏与安徽北部，地势低平，海拔一般为 10～40m，缓岗、洼地、微斜平地等中小型地貌相间分布。淮阳山地包括大洪山、桐柏山、大别山及江淮丘陵，山地以黄梅一桐城一线为界，西段为北西西南东东向，东段折为北东一南西向形成向南突出的弧形构造，淮阳山地虽山势较低，但却构成长江水系与淮河水系的分水岭，又是中国东部重要的自然地理分界线。长江中下游平原自宜昌以下，向东穿行于两湖平原、鄱阳湖平原、苏皖沿江平原、长江三角洲，形成了串珠状的长江中下游冲积平原和冲积湖积平原，由江汉平原、洞庭湖平原、鄂东沿江冲积平原、鄱阳湖平原、巢湖以及皖江沿江平原及长江三角洲平原等组成。江南丘陵包括长江以南，雪峰山以东，南岭以北的广大低山丘陵区，主要由一系列北东-南西向的雁行排列的山地和夹于其间的众多丘陵、红岩盆地组成，山地高度一般为 500～1000m，有黄山、九华山、幕阜山、天目山等名山。南岭山地在本区南部的江西湖南南部，古称"五岭"，包括大庾、骑田、萌渚、都庞、越城等山地，东西长达 600 多公里，为断续的东西向山地，山地高度一般为 1000m 上下，高峰可达 1600～2200m。南岭为长江水系和珠江水系的分水岭，又是中国东部中亚热带和南亚热带的分界线，在自然地理上有重要意义。

此外，华中地区西部边缘自北向南有秦巴山地余脉、巫山、武陵山、雪峰山等一系列中高山，这些山地位于中国地势第二级阶梯的东缘，河流切穿时多形成峡谷，水力资源极为丰富，是中国水电资源开发的重点地带之一。

（三）湿润的亚热带季风气候

华中地区属亚热带季风气候区，气候的主要特点是温暖而湿润，雨热同期；冬温夏热、四季分明；降水丰沛。

（1）气候温暖而湿润，雨热同期。本区热量资源和降水都比较丰富，年太阳辐射总量在 419.502 万 kJ/cm^2，全年日照时数为 1400～2200h，年平均气温 13～20℃，≥10℃积温为 4000～6500℃；平均年降水量一般在 800～1600mm，比华北地区多 1～2 倍，也比西南地区略多。气温与降水的季节分配组合表现为夏季气温最高降水也最多，冬季气温最低降水也少，雨热同期既形成优越的农业生产条件，农作物可以一年二熟或三熟，又有利于本区自然生态系统的发育。

（2）冬温夏热、四季分明。本区最热月为 7 月，最冷月为 1 月，4 月和 10 月是冷暖变化的中间月份；一般冬长 1～4 个月，长江以北 4 个月左右，南岭一带不到一个月；夏长在 4 个月以上，一般由 5 月中下旬开始至 9 月下旬结束，南部则迟至 10 月上旬；大部分地区春秋季节各长 2 个月，南部可达 3 个月。1 月平均气温在 0℃以上，长江以北 0～2℃，江南 2～10℃，南岭一带 10～12℃。由于淮阳山地山势低矮而破碎，屏障作用弱，冬半年常受南下冷空气的影响，特别是江汉平原和洞庭湖平原，北接南阳盆地，南通湘桂走廊，冬季成为冷空气南下的通道，1 月等温线在这里呈舌状向南凸出。所以，本区虽属亚热带，但冬季气温比世界同纬度其他地区为低。由于冬季的低温，中国亚热带所处的纬度偏南，其北界比理论上的界限南移 4～5 个纬度；和地中海地区比较，要偏南 10～11 个纬度。夏季华中地区普遍高温，7～8 月因受副热带高压控制，晴天多，日照时间长，高温出现的频率最大，绝对高温常超过 40℃。4 月和 10 月的平均气温为 16～21℃，秋温略高于春温。

（3）降水量的时空分布不均匀。降水的季节分配，以夏雨最多，春雨次之，秋雨更次，冬雨最少。这一特点是与长江中下游地区所处的地理位置和大气环流过程密切相关的。冬季降水量为全年最少；春季降水量逐月增加；6~7月长江中下游月降水量达 200 余毫米，8月主要雨区已推移至长江上游，长江下游受副热带高压控制，雨量比 4 月还少；秋季各地降水量逐月减少，大部分地区 10 月雨量比 7 月减少 100mm 左右。连续最大 4 个月降水量占年总量的百分率，在下游地区为 50%~60%，出现时间鄱阳湖区为 3~6 月，干流区间上段为 4~7 月，下段为 6~9 月；在中游地区，为 60% 左右，出现时间湘江流域为 3~6 月，干流区间为 4~7 月，汉江下游为 5~8 月。但与全国其他地区相比，本区是冬雨比率较高、春雨最为丰沛的地区，季节分配较之其他地区则显得相对比较均匀。年降水量的年际变化以各站最大最小年降水量极值比和变差系数 Cv 值来反映。长江流域降水年际变化极值比为 1.5~5，大多在 3.5 以下；年降水量变差系数一般为 0.15~0.25。

降水分布由东南向西北递减。浙江丘陵年降水量 1200~1800m，南岭山地和江南丘陵 1500mm 左右，长江中下游平原 1000~1200mm。地形对降水的影响也很显著，一般山地多于平地，向风坡多于背风坡。例如，安徽的屯溪和黄山，两地相距很近，而黄山的降水量就比屯溪多 700mm；罗霄山、雪峰山年降水量可超过 1800mm。

（4）梅雨和伏旱是本区气候的又一特点。正常年份，5 月末至 6 月初，东亚上空南支急流消失，夏季风开始从华南进入本区，与北下的极地大陆气团相交，形成一次比较持久的降水过程，本区进入梅雨期。梅雨期间的天气，具有雨日多、雨量大、湿度大、日照少、升温缓慢、地面风力弱等特点。梅雨的范围包括 25°N 以北、35°N 以南的长江、淮河流域。南岭山地 5 月下旬就进入梅雨期，6 月下旬结束，为期 40 天；江南丘陵大致从 6 月上旬开始，6 月下旬结束，为期约一个月；长江下游南京、芜湖一带，6 月下旬开始 7 月中旬结束，梅雨期一个月左右。梅雨期的长短和降水量的大小对本区旱涝影响极大。7 月下旬到 8 月中旬，随着西风带再一次向北推移，华中为副热带高压所控制，大部分地区在单一热带海洋气团控制下，气温增高蒸发加强，常常出现晴热少雨的天气，这就是一般所称的"伏旱"。如果 9 月、10 月地面为冷空气控制，高空的副热带高压又未南撤，则常出现秋高气爽天气，常导致秋旱。

（四）河网稠密，湖泊众多，陆地水资源丰富

1. 河流水系

本区河流大部分属长江水系；苏北、皖北和鄂东北大别—桐柏山地北坡属淮河水系，自失去独立的出海口南流入长江以后，淮河实际上也成为长江下游的一条支流；天目山、怀玉山以东的河流，多发源于浙江西部山地，河流短小，多独流入海，其中以钱塘江最大，甬江、曹娥江、瓯江等都较小，上中游多峡谷和急流，下游属潮汐感应区，形成河曲发育的平原型河流。

长江中下游平原河网密度一般在 0.5km/km² 以上，山丘区可超过 0.7km/km²；长江三角洲达 6.4~6.7km/km² 以上；杭嘉湖平原高达 12.7km/km²，是全国河网最稠密的地区。长江干流从湖北宜昌南津关以下，经湖北、湖南至江西鄱阳湖口为中游，长约 950km，流域面积约 68 万 km²。中游沿程汇集清江、沮漳河、洞庭湖、江汉湖群、汉江、鄂东诸河及鄱阳湖等水系的来水，水量大增，过鄱阳湖湖口，干流的径流量已占全江 90% 以上。长江中游自湖北枝城至湖南城陵矶为著名的荆江河段，枝城至藕池口称上荆江，系微弯型河道；藕池口至

城陵矶称下荆江，系典型的蜿蜒型河道，河道迂回转折，如九曲回肠，有自然裁弯、撇弯、切滩等变化。左岸荆江大堤堤内地面低于洪水位 10 余米，防洪形势险要，素有"万里长江，险在荆江"之称。城陵矶至湖口河段以分汊型为主，其中黄石至武穴段两岸山矶密布，河道束窄。自鄱阳湖口，流经江西、安徽、江苏 3 省和上海市，在崇明岛以东注入东海为长江下游，全长约 930km，流域面积 12 万 km²。沿程有皖河、巢湖、青弋江、水阳江、滁河、太湖、黄浦江等水系汇入。从湖口至徐六泾为宽窄相间、江心洲十分发育、汊道众多的藕节状分汊型河段。自徐六泾以下河口段，长约 182km，河口段平面形态呈喇叭形，多级分汊，是陆海双相中等强度的潮汐河口。长江中下游的主要特点可概括为以下三点。

（1）河流径流都比较丰富，地域差异显著。华中地区地面径流深多在 200～1200mm，长江以北径流深 200～600mm，以南 600～1200mm。区内的赣江、湘江、沅江等河，流域面积只及黄河的 1/8 左右，而平均流量和径流总量却比黄河多 35%以上，径流模数均超过黄河 12 倍；钱塘江流域面积只及黄河的 6.2%，而平均流量和径流总量却达黄河的 67%，径流模数为黄河的 16 倍。区内诸河径流量亦有差别，一般南部河流大于北部河流。例如，汉江流域面积比赣江、湘江、沅江都大近一倍，而平均流量和径流总量则仅及后者的 85%，径流模数要少一半。

（2）汛期长，暴雨洪水多。长江干流接纳众多支流来水，汛期由 5 月持续到 10 月，为期达 6 个月之久，汛期之长居全国各大河之冠；11 月至翌年 1 月的枯水期，为期甚短且水量不枯。江南地区的河流大部分 3 月即开始增水，4 月水量大增，5 月、6 月出现最大洪峰，8 月开始退落，涨水退水的规律与梅雨锋系的活动基本一致。沿海河流受台风雨的影响，在夏汛之后，常出现一个台汛，汛期持续到 9 月。洪枯水位相差较小，最大流量与最小流量仅约为 5∶1，年终流量较为平稳，这也是其他河流所不及。

本区洪水主要由暴雨形成。长江干流洪量组成以上游和洞庭湖水系为主，以大通站而言，来自宜昌以上上游流域的汛期洪量约占 50%，中游约占 44%，下游则不及 5%；以汉口站而言，宜昌以上约占 66%，洞庭湖四水占 23.9%，汉江占 7%，清江不及 2%。从历史记录看，沙市以上的洪峰流量相当频繁，近 800 年来荆江上游洪峰超过 8 万 m³/s 的 8 次，超过 9 万 m³/s 的 5 次。1860 年、1870 年宜昌站洪峰分别达到 9.25 万 m³/s 和 10.5 万 m³/s。1931 年宜昌最大洪峰流量 6.46 万 m³/s，1954 年达 6.68 万 m³/s，均发生严重灾害。1998 年夏季长江洪水淹没农田 100 万 hm²，也造成重大损失。在正常情况下，长江干支流洪水发生时间与各地区雨季相应，由于支流多而分布面广，南北雨季迟早不同，各支流洪水期先后有别。鄱阳湖、洞庭湖洪水发生最早，为 4～7 月；清江为 6～9 月；汉江为 6～10 月。因此一般年份，长江中下游洪水与上游洪水不易遭遇。但在大气环流反常年份，上游洪水提前或中下游洪水延后，上游和中下游洪水遭遇，则可形成流域性大洪水，如 1954 年、1998 年洪水。另外，当部分地区暴雨集中，强度特大，也可形成地区性大洪水，如 1935 年、1981 年大洪水。

淮河流域地处南北气候过渡带，加以历史上黄河夺淮入海使其尾闾淤塞，排水受阻，洪水灾害严重。经过整治，在利用沿淮 33.3 万 hm² 湖洼耕地蓄滞的前提下，淮河中游淮北大堤及沿淮城市可防御 1954 年的洪水（相当于 50 年一遇），下游里下河地区也可以防御 50 年一遇的洪水。沂沭河水系中下游及淮河水系各主要支流一般可防御 10～20 年一遇的洪水。目前淮河干流中游积水仍较严重，下游出路不畅，防治标准有待提高。

（3）含沙量较小，输沙量较大。本区长江干流多年平均含沙量在 0.5～1.7kg/m³，泥沙主要来源于上游和中游支流。宜昌站多年平均含沙量为 1.19kg/m³，悬移质多年平均输沙量为 5.21 亿 t。长江上游及中、下游支流来沙，经在湖泊、河道淤积，年平均入海沙量，大通站约为 4.72 亿 t，以悬移质输沙为主，约占总输沙量的 90%。大量的泥沙造成中游湖泊和河道淤积严重，中游湖泊面积和调蓄洪水能力不断下降，荆江河段形成"地上河"也是泥沙淤积的典型例证。

2．湖泊特征

华中地区是我国湖泊最为集中的地区之一。湖泊总面积 13 840km²，约占全国湖泊总面积的 1/6，湖泊静态储水量 560 亿 m³。面积大于 500km² 的大型湖泊有 6 个，100～500m² 的中型湖泊 7 个，全国排列前五位的淡水湖——鄱阳湖、洞庭湖、太湖、洪泽湖、巢湖都分布在这里。长江中下游平原湖区则是中国最重要的淡水湖区，按分布地区可分为以下四大湖群：①两湖平原湖群：介于枝江与武穴之间，原是云梦泽所在，后经泥沙淤积和围垦水面不断缩小，分割成数以千计的湖泊，现存有 600 余个，主要的湖泊有洞庭湖、洪湖、刁汊湖、梁子湖等。其中以洞庭湖为最大，面积为 2820km²，蓄水量约 188 亿 m³，是中国第二大淡水湖，其调蓄洪水功能对于长江中下游防汛具有重大意义。但是由于长江上游来沙量多，泥沙淤积量大，加之不合理的围垦使湖泊水面日益缩小，湖泊调蓄能力急剧下降。②长江下游沿江湖群：分布于武穴与茅山之间，包括鄂东、皖南和赣北至江苏西部沿江的许多湖泊，主要有鄱阳湖、龙感湖、大官湖、泊湖、武昌湖、巢湖、南漪湖、石臼湖、固城湖等。其中以鄱阳湖为最大，面积 3853km²，为我国第一大淡水湖，容水量 248.9 亿 m³，年平均来水量约占长江干流大通站年水量的 1/5；巢湖是中国第 5 大淡水湖，面积为 820km²，通过裕溪河与长江相通。③太湖湖群：分布于长江三角洲的太湖平原，湖泊数量有 200 多个，其中太湖为最大，面积 2425km²。④江淮湖群：分布于大运河沿线和运河以东的里下河地区，主要湖泊有的洪泽湖、宝应湖、高邮湖、邵伯湖、白马湖、射阳湖、大纵湖等。运西诸湖多为淮河潴积而成，长期受泥沙淤积，湖底高出附近地面，洪泽湖湖底高出里下河平原 4～8m 成为"悬湖"。

（五）南北过渡性明显的亚热带植被

本区的地带性植被主要是亚热带常绿阔叶林，苏皖淮河以北属暖温带落叶阔叶林。典型的亚热带常绿阔叶林主要分布于长江沿岸及以南的广大区域，海拔 200～1000m 范围内都有分布。群落外貌四季常绿，上层乔木以壳斗科、樟科、山茶科和木兰科的常绿树种为主，林中经常混有一些针叶树种。江淮之间的北亚热带常绿与落叶阔叶混交林带是亚热带常绿阔叶林向暖温带落叶阔叶林过渡的地带。由于它是一个群落交错带，植被类型在空间分布上具有很大的混杂性。乔木层以落叶阔叶树为主，夹有少量耐寒的常绿乔木树种，其主要树种为栓皮栎、麻栎、槲栎、锐齿槲栎、短柄枹等。其他常见的落叶成分有盐肤木、黄连木、漆树、化香等，常绿树种有苦槠、青冈、石栎等。植被的南北过渡性，还体现在针叶林的南北地域差异上。本区广泛分布的马尾松林和杉木林，均属于暖性常绿针叶林，分布在北部或海拔较高处的杉木林中混生的植物种类少，南部海拔较低处的杉木林混生的植物种类则较多。

本区丘陵平原植被受人类活动影响极大，大面积土地已开垦，自然植被荡然无存，现存林地多为次生林或次生草灌。人为栽培的经济林中也表现出南北过渡性，既有亚热带经济树种，也有柿、板栗、梨、桃、杏、油桐等暖温带果木。

（六）富铝化特征显著的土壤

本区占优势的地带性土壤是中亚热带红壤和黄壤、北亚热带黄棕壤，水稻土、潮土广泛分布于丘岗平原区，沿湖和里下河洼地沼泽土和滨海盐渍土分布较广。长江以南 500～900m 以下的低山丘陵多属红壤和山地红壤分布所在，黄壤散见于较高山地。山地红壤所及的高度，北部约 500m，南部则可达 900m 甚至上千米。湘鄂西、大别—桐柏山幕阜山和南岭山地土壤垂直带谱发育。本区土壤的主要特点有以下三点。

（1）土壤富铝化特征显著。本区土壤，在长江以北呈弱富铝化，江南呈典型的富铝化特征。黄棕壤是暖温带和亚热带之间的过渡性土壤，兼有棕壤和红、黄壤的某些特征，其成土过程又与棕壤相似，黏化过程明显。区内的红、黄壤的硅迁移量超过40%，钙、镁、钾的迁移量最高达 100%，盐基大量流失，钙、镁、钾、钠、磷等化学成分的含量很少，铁铝氧化物从风化壳到土壤都有明显聚积，红壤硅铝率约在 2.0～2.2，黄壤则在 2.3～2.5，土层黏重，呈酸性或强酸性反应。森林植被下发育的暗红壤有机质含量可达 4%～6%，表土呈灰棕色，自然肥力较高；森林破坏后有机质含量迅速下降，仅为 1%～2%。黄壤一般分布于海拔高于 600～800m 的山地，有机质含量高，一般可达 5%～10%。

（2）风化壳的残留特征明显。本区土壤既受近代生物气候条件的影响表现了现代成土过程的特点，又有古风化壳的残遗特征。发育在下蜀黄土（碳酸盐风化壳）母质上的黄褐土，由于母质属碳酸盐类风化物，故富铝化过程弱，盐基饱和度与 pH 都比较高，并且有随深度的增加而增高的趋势。黏土矿物中高岭石的含量较多云母较少，其富铝化的强度明显要比同纬度的黄褐土高。本区红壤发育在变质岩与第四纪红色黏土两种不同风化壳上表现出不同的特征，前者土层较薄，通常仅 50～60cm，母质特征很明显，后者土层深厚，铁铝含量高。

（3）人类活动对土壤发育的影响深刻。本区低山丘陵、岗地和平原面积广，耕作历史悠久。水稻土主要分布于长江中下游平原和河谷盆地，潮土分布于淮北平原和长江中、下游河湖平原和三角洲地区。水稻土是自然土壤经过人为水耕熟化、淹水种稻而形成的耕作土壤，以种植水稻为主，兼营小麦、棉花、油菜等旱作。这种土壤由于长期处于水淹的缺氧状态，土壤中的氧化铁被还原成易溶于水的氧化亚铁，并随水在土壤中移动，土壤排水后或受稻根的影响氧化亚铁又被氧化成氧化铁沉淀，形成锈斑、锈线，土壤下层较为黏重。潮土是发育于河流冲积物土，受地下水作用，经过耕作熟化而形成的一种半水成土壤，本区有灰潮土、湿潮土、盐花潮土等亚类。潮土土壤腐殖积累过程较弱，有腐殖质层（耕作层）、氧化还原层及母质层等剖面层次，沉积层理明显。此外，本区的低山丘陵区地形破碎，土壤的抗蚀力较弱，暴雨频率大，不合理的垦殖极易造成表土层流失，土壤有机质和肥力下降。

三、自然资源

（一）组合优越的水土资源

本区地处长江中下游，地势低平的平原及坡度平缓的丘陵面积所占比重大。尤其是长江中下游平原，主要由长江及其两岸支流冲积而成，包括江汉平原、洞庭湖平原、鄱阳湖平原、皖中沿江平原、里下河平原及长江三角洲平原，大部分地区海拔低于 50m，面积约 20 万 km^2。气候温暖湿润、雨热同期，无霜期 210～340 天，农作物可一年两熟，长江以南可发展双季稻连作的三熟制。广布的冲积平原土层深厚，有机质含量丰富，水田占耕地面积的 70% 左右；江河沿岸稍高处，土质疏松，排水良好，适宜棉田旱作，是中国最重要的粮棉油生产基地。

（二）丰富而功能多样的水资源

长江东西横贯全区及其独特的自然背景，决定了本区水资源的丰富性和功能多样性。本区多年平均年水资源总量 5954 亿 m^3，占全国水资源总量的 21.7%，单位面积水资源量较高，以地表径流成分为主。长江丰富的水资源不仅为本区城乡社会经济发展供应充足的水资源，而且通过南水北调工程可为华北地区提供大量的水资源支持。同时众多的湖泊、河流水系还具有巨大的航运、防洪抗旱、养殖以及孕育湿地生态系统多样性等多种功能。

境内长江干流及其众多的大小支流，河长水丰，汉江、清江等河段落差大，适宜建水电坝址，进行多级开发。长江中下游干支流水能可能开发量为 5322.09 万 kW，占长江水能可能开发总量的 27.1%，占全国总量的 12.2%。本区的长江三峡河段和清江、汉江、洞庭湖水系和鄱阳湖水系均蕴藏有丰富的水能资源。地处地势二三级阶梯的地形转折地段使得鄂西湘西带状地域河流落差集中、流量大、地质条件非常好、淹没损失小、适合建筑大中型水电站的理想坝址。长江三峡水利枢纽和葛洲坝电站是中国最著名的水电工程，三峡水利枢纽共安装 70 万 kW 巨型水轮发电机组 26 台，电站装机容量 1820 万 kW，年发电量 847 亿 kW·h，葛洲坝工程装机 21 台，装机容量 271.5 万 kW，年发电量 157 亿 kW·h。清江水布垭、隔河岩、高坝洲电站均为大型电站。从区内各省、市比较看，尤以湖北省境内各河段水能资源格外丰富，水能资源的理论蕴藏量是 1823 万 kW，居全国第 7 位，可开发的水能资源为 3309 万 kW，仅次于川、滇、藏，居全国第 4 位。且各水系流域雨季时空分布不一，修建电站可借助长江、汉江丰枯期的先后，进行相互调剂补偿。

值得注意的是，本区天然水质好，但人为污染严重。长江中下游河水多年平均矿化度为 190～210mg/L，总硬度约为 60～80mg/L，pH 为 5.5～8，硬度较小。区内废污水排放总量呈逐年增加趋势。20 世纪 70 年代末污染排放量为 95 亿 t/a，20 世纪 80 年代末为 150 亿 t/a，20 世纪到 90 年代中后期增加到 200 亿 t/a，2000 年为 239.5 亿 t，到 2008 年已达 325.11 亿 t。排污主要集中在太湖水系、洞庭湖水系、长江湖口以下干流、宜昌至湖口、鄱阳湖水系、三峡河段和汉江，占长江废污水排放量的 80.12%。被列为全国重点治理对象。水资源污染已成为制约地区社会经济发展的重要因素之一。

（三）富有的生物资源宝库

华中地区拥有中国最大的湿地生态系统，湿地面积 580 万 hm^2，约占全国湿地面积的 15%。湿地类型多种多样，诸多浅水湖泊滩地广阔，光照和热量条件好，水生植物繁茂，形成浅水湖泊湿地；区内分布最广的水稻田又是中国人工湿地的重要分布区；以崇明岛为代表的长江口处于海陆接触地带，咸淡水混合的潮间带，形成独特的海滨沙洲湿地景观。本区有国际重要湿地 7 块，是中国湿地资源最丰富的地区之一，尤其是湖沼地区有丰富的水生生物资源，是中国水生动植物分布最广、产量最丰的地区，也是亚洲重要的候鸟越冬地，主要候鸟有鹭类、鸭类及骨顶鸡类等，是世界湿地和生物多样性保护的热点地区；保存有中华鲟、扬子鳄、白鳍豚等珍稀濒危动物。

本区有很多经济价值很高的植物，如落叶阔叶树中的檫木、枫香、木荷，常绿阔叶树中的樟、楠、栲、槠等，都是上等工业木材和建筑用材；针叶树种的杉木是速生优质木材，20

年树龄的胸径可达 20cm，每公顷面积的木材蓄积量可达 100～125m³。马尾松是一种适于土壤瘠薄环境的速生树种，木材抗腐力强，是荒山造林、水土保持的先锋树种和薪炭林树种。广布于区内的竹类，特别是毛竹，以 3～5 年即可成材，是工业、工艺和建筑的重要用材。大量的亚热带的特有经济植物是本区生物资源的又一特点。木本油料植物有油桐、乌桕、油茶等。油桐的子实可以榨油，是工业上防腐、防水、制漆的重要原料，普遍分布于长江以南，以湖南洪江、溆浦最为著名。从乌桕子实提炼的油脂是制造甘油、硬脂酸和肥料的原料，油茶的子实可以榨取食油。油茶广布全区，但以南部尤其是南岭山地为最多，赣江流域和钱塘江流域次之。杜仲和厚朴是贵重药材。杜仲主要产于浙江，厚朴也以浙江天台山、宁波、绍兴一带和江西庐山产量最多。茶也是亚热带特有的经济作物，区内茶的产品种类很多，如浙江的平珠绿、越红、龙井，安徽的祁红、屯绿，江西的宁红、玉眉绿，湖南的湘红，湖北的砖茶等，都驰名中外。果树种以红橘和甜橙最为著名，以湘、赣、浙等省分布最为集中。湖南主要分布于沅江流域和资水流域，以溆浦、辰溪、邵阳等地所产的甜橙最为著名；江西主要分布在赣江流域，以南丰蜜橘，新干朱橘最负盛名。此外，浙江的黄岩蜜橘、温州蜜橘等也很有名。

（四）矿产资源不够丰富

除有色金属等少数矿产资源外，本区矿产资源从总体上看比较贫乏。

湖南、江西是有色金属、稀有金属和稀土资源丰富的地区，是铜、钨、锑的主要产地。本区钨矿的资源量约占全国的 55%，锑矿占 38%、铜矿占 36%。江西大庾、湖南柿竹园的钨矿，江西德兴、安徽铜陵、湖北大冶的铜，湖南冷水江的锑矿，湖南水口山的铅锌矿等都是全国著名的有色金属产地，为发展有色金属冶炼提供了有利条件。湖南的锑产量占全国80% 以上，以锑矿山的产量最大，有"世界锑都"之称。本区的多种稀有金属在全国亦占居首位。南岭地区是钨矿资源集中区，广泛分布在赣南、湖南等地区。赣南素有"中国钨都之称"，也有人称它为"世界钨都"，因为中国钨的储藏量约占世界的 52%，而赣南钨产量又占全国的 2/3。现在赣南已有 27 座大中型钨矿山，世界最大的钨矿西华山矿和大吉山矿都在这里。

铁矿主要分布在沿长江两岸，湖北大冶、黄冈、鄂州，安徽的庐江、马鞍山、梅山等地均有规模较大的铁矿，是武汉、马鞍山、南京、上海等钢铁基地的矿山基地，但这些铁矿中贫矿占储量的 90% 以上。锰矿分布在湖南湘潭、安徽沿长江一带。

非金属矿产中，明矾石、金红石、磷矿石水泥用石灰岩等储量较大。明矾石是铝冶炼、生产钾肥的重要原料，平阳明矾山是全国最大产地。湖北的磷、江西的硫均有较大产量。湖北省的磷矿，主要是稳定的浅海相沉积的磷灰岩矿床，分布广、储量大，主要在宜昌、钟祥、兴山等县和神农架地区。品质优良的纤维石膏在全国占绝对优势，产量占全国 4/5 以上。江汉平原的盐矿储量丰富，其中云应盐矿、天潜盐矿盐产量可达 400 万 t，苏州沿海滩涂广阔，气候条件适宜晒制海盐，为盐化工原料的重要产地。

本区的能源资源相对较少。安徽煤炭丰富，主要分布在淮北和淮南。所产炼焦煤可供长江流域企业的一部分，但动力用煤远不能满足需要。上海、江苏、安徽等地发电用煤和一部分工业、生活用煤主要靠北煤南运补充。鄂、湘、赣、浙诸省虽有一些储量和产量，但都满足不了本省的需要，发电用煤也主要靠北煤南运解决。本区煤的调入量在 1.3 亿 t 左右，煤炭用户大多沿长江干流分布。

江汉平原、两湖盆地、苏北平原以及东海大陆架均为油气勘探区，其中东海油田具有采掘远景。

（五）丰富多样的旅游资源

华中地区是楚文化和吴越文化的发源地，以山水为主体，自然景观和人文景观兼备，区域特色显著的旅游资源丰富的地区。皖、赣、鄂、湘四省有黄山、庐山、神农架、武当山、衡山、张家界、井冈山等山岳景观，和长江三峡、鄱阳湖、洞庭湖、巢湖等名山大川、湖泊水库、峡谷温泉、古树名木，构成独具特色的区域旅游资源优势，以自然旅游资源为主；同时人文旅游资源也十分丰富，中国古代四大名楼中有黄鹤楼、岳阳楼、滕王阁三个都在这里，有众多的楚文化遗址、三国遗迹、名人故里、革命纪念地，有举世瞩目的三峡大坝、葛洲坝。沿海的江苏、浙江、上海则以晚近历史时期人文旅游资源和现代都市风貌为主，江南园林、南京、杭州、苏州、镇江、扬州、绍兴等古都、名镇和著名的京杭大运河都是中国不可多得的高度富集的人文旅游资源；自然旅游资源次之，有美丽的西湖风光、太湖山水、舟山群岛、壮观的杭州湾涌潮等。

第二节　经济发展与经济地域

一、经济特征

（一）经济增长速度快，区域发展极不平衡

华中地区经济发展速度总体上较快。尤其是 1978 年以来，全区生产总值由 1144.7 亿元增加到 355630 亿元（2020 年），人均地区生产总值由 304 元增加到 87896.69 元，高于全国平均水平（表 25-1）。

表 25-1　华中地区生产总值和人均地区生产总值

地区	地区生产总值/亿元					人均地区生产总值/元				
	1952 年	1978 年	2000 年	2008 年	2019 年	1952 年	1978 年	2000 年	2008 年	2019 年
上海	36.7	272.8	4551.15	13698.15	38700.6	640	2498	34547	73124	155768
江苏	48.4	249.2	8582.73	30312.61	102719.0	131	430	11773	39622	121231
浙江	24.5	123.7	6036.34	21486.92	64613.3	112	331	13461	42214	100620
安徽	22.9	114	3038.24	8874.17	38680.6	78	244	4867	14485	63426
江西	18.9	87	2003.07	6480.33	25691.5	114	276	4851	14781	56871
湖北	24.5	151	4276.32	11330.38	43443.5	90	332	7188	19860	74440
湖南	27.8	147	3691.88	11156.64	41781.5	86	286	5639	17521	62900
全区	203.7	1144.7	32179.73	103339.2	355630	119	304	8949	31658.14	87896.69
全国	679	3624.1	97209.37	327219.8	1015986.2	119	379	7078	22698	72000

资料来源：国家统计局，1980，2001，2009，2020。

区内经济发展差异及其显著，并且差距呈扩大的趋势。沿海的上海、江苏和浙江三省（市）经济增长速度远远高于内地四省，沿海三省（市）地区生产总值 1978 年占全区 56.41%，至

2019 年占全区 57.93%，内地四省土地面积占全区近 2/3，地区生产总值却仅及全区的 3/5。从人均地区生产总值来看，沿海三省（市）已达到或接近发达地区经济发展水平，内地四省仍然处于发展中地区的中下等水平；若以上海市人均地区生产总值为 100，江苏、浙江两省人均地区生产总值分别为 78、64，中部四省均不足 50。

（二）产业结构演化总体上同步于全国平均水平，沿海地区工业化水平较高

新中国成立后华中地区三次产业都有较大的发展，产业结构不断优化。第二、三产业发展相对快速，尤其是 1978 年以来，第三产业有了长足的发展，各省产业结构分别由"一二三"或"二一三"向"三二一"转变，第三产业发展迅速（表 25-2）。

表 25-2　华中地区产业结构演化特征　　　　　　　　　　（单位：%）

年份	产业	上海	江苏	浙江	安徽	江西	湖北	湖南	全区	全国
1952	第一产业	5.9	52.7	66.4	75.1	65.6	56.7	67.3	52.1	50.5
	第二产业	52.4	17.6	11.3	9.9	13.1	15.6	12.3	20.9	20.9
	第三产业	41.7	29.7	22.3	15.0	21.3	27.7	20.4	27.0	28.6
1978	第一产业	4.0	24.6	38.1	47.2	41.6	40.5	40.7	29.5	28.1
	第二产业	77.4	52.6	43.3	35.5	38.0	42.2	40.7	51.8	48.2
	第三产业	18.6	19.8	18.7	17.3	20.4	17.3	18.6	18.7	23.7
2000	第一产业	1.8	12.0	11.0	24.1	24.2	15.5	21.3	13.8	15.3
	第二产业	47.5	51.7	52.7	42.7	35.0	49.7	39.6	47.7	47.1
	第三产业	50.6	36.3	36.3	33.2	40.8	34.9	39.1	38.4	37.6
2008	第一产业	0.8	6.9	5.1	16.0	16.4	15.7	18.0	9.3	10.3
	第二产业	45.5	55.0	53.9	46.6	52.7	43.8	44.2	50.3	51.0
	第三产业	53.7	38.1	41.0	37.4	30.9	40.5	37.8	40.5	38.7
2018	第一产业	0.27	4.3	3.36	7.8	8.3	8.3	9.2	5.9	3.8
	第二产业	27.0	44.4	42.6	41.3	44.2	41.7	37.6	39.8	36.8
	第三产业	72.7	51.3	54.0	50.8	47.5	50	53.2	54.2	59.4

资料来源：国家统计局。

本区的轻工业和重工业均较发达，工业结构较合理。制造业高度发达，轻工业比重居各大区之首，农产品加工和其他轻工业都较发达，地域优势明显。沿海的上海、江苏、浙江形成了以加工业、装备制造业为主体的强大工业体系，电子与通信设备制造、缝纫、电器机械与器材制造、纺织等行业占全国总量的 1/3～2/3，机械、化学、黑色冶金及金属压延加工占全国的 1/5～1/4；上海已成为中国最大的综合性机械工业基地，新技术工业和汽车工业等发展较快。内地四省以重化工、冶金为主的工业生产体系在全国占有重要地位。能源、钢铁、有色冶金、机械、化工、石油加工等能源原材料工业较发达，汽车制造、装备制造业基础好发展快。

本区以旅游等为主的第三产业发展较快，旅游业发展明显快于其他大区。2017 年全区接待入境旅游人数 2933 万人次，占全国入境旅游人数的 20.19%，是 1995 年（347.3万人次）的 8.4 倍；旅游外汇收入 2227859 万美元，占全国旅游外汇收入的 16.97%，是 1995 年（162900 万美元）的 13.7 倍；旅游规模居全国前列。上海是中国金融、保险、

信息、物流等现代服务业的重点城市，有"九省通衢"之称的湖北武汉是中国内地重要的物流中心。

（三）全国性的重要农业生产基地

华中地区平原和丘陵岗地面积广，水热资源丰富，无霜期长，农业开发历史悠久，农业综合发展水平高，农产品产量大，商品率高。农林牧渔业生产布局受其影响，呈现三大生产布局形态，即水平生产布局、立体生产布局和城郊圈层生产布局形态。

（1）平原粮油猪鱼国家基地布局。本区由于平原和低丘面积广大，人口稠密，耕作精细，故农牧渔业较为发达，粮食、棉花、油料和肉类产量占全国百个最高产量县市的 1/3～1/2；水产品产量占全国 1/3 强。棉花产量在全国七个大区域中居首位，主要棉田集中于江汉平原、洞庭湖平原、鄱阳湖平原、皖江平原和黄淮平原。长江中下游平原低丘陵地区，粮、棉、油、猪、鱼五位一体的综合优势，这在我国各个区域中是绝无仅有的，在全世界也是极为罕见的。

（2）山地丘陵地区立体农业布局。本区有广大的山地丘陵地区，由于综合自然条件优越，综合开发利用和立体布局前景极其广阔。其利用开发的特点农林牧结合，由于水利设施的兴建，特别是水库，使山地丘陵的水面积相当可观，从养殖水面来说，丘陵山地反而远多于平原，因此丘陵山地利用开发可以实行农林牧渔业四业综合立体布局。

（3）城郊圈层农业生产布局。本区城市人口集中，需要消耗的农副产品数量大，而且是连续不断供应。这些所需农副产品，绝大部分要求鲜、嫩、活，故生产必须就近布局，形成以建成区为中心的圈层结构。圈层大小和范围，则按城市规模而定。即通常所说"菜篮子"和"米袋子"。城郊型农业一般来说地域面积较小，集约化程度和商品率很高，在农业生产中的地位越来越高。但本区城郊型圈层农业的发展很不平衡，湖北省发展最好，人均各项指标都在全国城市平均值之上。

二、经济地域

（一）地处中国经济总体布局的"T"字形结构的轴心部位

在中国改革开放后的经济开发史上，20 世纪 80 年代中央率先开放开发沿海，90 年代初提出长江开发战略，沿海"一纵"开发与沿江"一横"开发战略的结合，构成中国开发开放的第一次"T"字形战略格局。华中地区地处中国经济总体布局的"T"字形结构的轴心部位，纵贯南北的沿海经济轴线和横贯东西的沿江经济轴线的核心地段。江苏北部沿陇海线也是中国北部地区重要的发展轴。

1. 横贯东西的沿江经济轴线

区内各省（市）沿长江中下游沿线排列，以长江"黄金水道"构成贯通全国东中西部三大经济地带的东西向沿江经济发展轴的核心。长江水系纵横所及 18 个省（区、市），流域面积占全国国土总面积的 1/5。这里积累和聚集了巨大的生产力，人口占全国 1/3 强，地区生产总值则占 2/5。这一地区正在形成主导中国内生型经济增长的城市经济区并在将来可能成为世界上最大的产业密集带，其开发潜力极大，发展前景则更加广阔。华中地区长江中下游水系集水电、防洪、航运、湿地生态及城乡供水等多种功能于一体，是世所罕见的黄金水道；众多的沿江沿湖平原是中国最重要粮棉油生产基地，物产丰富；景观资源也很突出，世界著名的黄山、庐山、神农架、张家界、长江三峡、洞庭湖、鄱阳湖等自然景观，与江南水乡、古镇名村、京杭大运河、湘鄂西苗族土家族少数民族风情以及发达的城市文明等人文景观相得益彰。以城市为中心的长江产业密集带正在迅速展布，长江下游与长江三角洲以上海、杭州、南京等城市为中心的长江三角洲城市群、苏南城市群是中国城市最密集、经济实力最强区域，长江中游以武汉城市圈、长株潭城市群 2007 年 12 月获批"全国资源节约型和环境友好型社会建设综合配套改革试验区"，安徽皖江城市群和江西昌九城市群正在逐步形成。

2. 沿海经济发展轴的重心

长江三角洲地区位于沿海经济发展轴的中段。长江三角洲地区地处我国东部沿海地区与长江流域的结合部，拥有面向国际、连接南北、辐射中西部的密集立体交通网络和现代化港口群，经济腹地广阔，对长江流域乃至全国发展具有重要的带动作用。

（二）经济地域结构

1. 长江三角洲地区

2010 年，长江三角洲地区指上海市、江苏省、浙江省两省一市。根据国务院 2019 年批准的《长江三角洲区域一体化发展规划纲要》，长江三角洲范围扩大至上海市、江苏省、浙江省、安徽省，区域面积 35.8 万 km^2。长江三角洲地区以上海为龙头的江苏、浙江经济带是中国经济发展速度最快、经济总量规模最大、最具发展潜力的经济板块，同时也是我国经济发展最活跃、开放程度最高、创新能力最强的区域之一，在国家现代化建设大局和全方位开放格局中具有举足轻重的战略地位。推动长江三角洲一体化发展，增强长江三角洲地区创新能力和竞争能力，提高经济集聚度、区域连接性和政策协同效率，对引领全国高质量发展、建设现代化经济体系意义重大。改革开放以来，长江三角洲地区经济社会发展取得了举世瞩目的巨大成就，已成为全国发展基础最好、体制环境最优、整体竞争力最强的地区之一。该地区位于亚太经济区、太平洋西岸的中间地带，处于西太平洋航线要冲，具有成为亚太地区重要门户的优越条件。长江三角洲深入实施"八八战略"等重大战略部署，勇挑全国改革开放排头兵、创新发展先行者重担，经济总量约占全国 1/4，成为引领全国经济发展的重要引擎。近年来，长江三角洲强化区域优势产业协作，推动传统产业升级改造，建设一批国家级战略性新兴产业基地，形成若干世界级制造业集群；加强跨区域合作，合力发展高端服务经济，加快服务业服务内容、业态和商业模式创新，共同培育高端服务品牌，增强服务经济发展新动能；引导产业合理布局，坚持市场机制主导和产业政策引导相结合，完善区域产业政策，强化中心区产业集聚能力，推动产业结构升级，依托创新链提升产业链，围绕产业链优化创新链，优化重点产业布局和统筹发展。

改革开放以来特别是党的十八大以来，长江三角洲交通网络进一步完善，运输服务水平显著提升，综合交通运输体系初步建成，交通一体化发展取得明显成效，总体适应长江三角洲地区经济社会发展需要。一是一体联通的综合交通网络初步成型。形成了以高速铁路、高速公路和长江黄金水道为主的多向联通对外运输大通道和城际综合交通网络，高速铁路、高速公路和民用机场覆盖率显著高于全国平均水平。二是一体衔接的运输服务质量不断提升。客运一体化服务和货运保障能力显著增强，上海、南京、杭州等城市间基本实现城际客运高频次 1～1.5 小时快速通达，江海、铁水等多式联运积极推进，城际速递、同城物流等多样化、专业化物流模式快速发展。三是一体融合的业态模式深入探索。新业态新模式蓬勃发展，信息资源区域间共享共用稳步推进，交通与旅游深度融合，枢纽综合开发持续探索推进，枢纽经济发展效能初步显现。四是一体协同的体制机制持续完善。上海市、江苏省、浙江省、安徽省（以下称三省一市）在推动长江三角洲一体化发展领导小组统筹指导下，依托长江三角洲区域合作办公室，协调推进交通一体化发展，港航资源整合持续推进，民航协同发展工作机制建立运行，一批跨区域的重大项目统筹衔接推进，货运车辆超限超载治理等交通联合执法行动机制加快完善。到 2025 年，以一体化发展为重点，在精准补齐发展短板基础上，加快构建长江三角洲地区现代化综合交通运输体系。到 2035 年，以更高质量发展为重点，全面建成供需能力精准匹配、服务品质国际一流、资源集约高效利用的长江三角洲地区现代化综合交通运输体系，形成与国土空间开发、产业布局优化、人口要素流动、生态环境保护良性互动的发展格局，以上海为龙头的国际门户枢纽影响力辐射全球，以智能绿色为导向的交通科技创新水平领先世界，运输规则、标准规范、一体化机制引领国际。

2. 长江中游地区

长江中游城市群是以武汉、长沙、南昌、合肥四大城市为中心的超特大城市群组合，涵盖武汉城市圈、环长株潭城市群、环鄱阳湖城市群、江淮城市群为主体形成的特大型城市群，占地面积约 31.7 万 km^2，面积却为世界之最，是长江三角洲的 3 倍，珠三角的 5 倍。2014 年的经济总量超过 4.5 万亿元，经济总量位于长江三角洲、京津冀、珠三角、中原城市群之后，排居第五位。2015 年 4 月 5 日，《长江中游城市群发展规划》将长江中游城市群正式定位为中国经济发展新增长极、中西部新型城镇化先行区、内陆开放合作示范区和"两型"社会建设引领区，旨在推动中国经济朝着健康稳定的方向发展。长江中游城市群主要特征是"三极三圈三核"。在长江中游城市群中，三个特大城市武汉、长沙和南昌，呈"品"字形分布，分别为三省的省会和中心城市，是三个都市圈的"首位城市"和"核心力量"（是为"三核"）；并以三核为心形成武汉都市圈、长沙都市圈、南昌都市圈共三大都市圈（是为"三圈"）；三大都市圈，在各省的经济总量中所占的比重均在 60%以上，是带动周边地域经济发展的拉动力量和推动三省经济的发动机和"中部崛起"的增长极（是为"三极"）。武汉城市圈是以武汉为中心，与周边 100km 范围内的黄石、孝感、鄂州、黄冈、咸宁、仙桃、潜江、天门组成的"1＋8"区域经济联合体。长株潭城市群位于湖南东北部，长沙、株洲、湘潭三市沿湘江呈"品"字形分布，彼此相距不足 40km，是湖南城市和产业最密集的地区，具有较好的一体化发展条件。但产业基础相对薄弱，区域产业结构同质性明显，一体化机制尚未形成。

三、新时代长江经济带发展战略

2016 年《长江经济带发展规划纲要》（简称《规划纲要》）正式颁布，作为推动长江经济带发展的纲领性文件，从规划背景、总体要求、大力保护长江生态环境、加快构建综合立体交通走廊、创新驱动产业转型升级、积极推进新型城镇化、努力构建全方位开放新格局、创新区域协调发展体制机制、保障措施等方面描绘了长江经济带发展的宏伟蓝图，是推动长江经济带发展重大国家战略的纲领性文件。

1. "一轴、两翼、三极、多点"发展新格局

"一轴"是以长江黄金水道为依托，发挥上海、武汉、重庆的核心作用，以沿江主要城镇为节点，构建沿江绿色发展轴。突出生态环境保护，统筹推进综合立体交通走廊建设、产业和城镇布局优化、对内对外开放合作，引导人口经济要素向资源环境承载能力较强的地区集聚，推动经济由沿海溯江而上梯度发展，实现上中下游协调发展。"两翼"是指发挥长江主轴线的辐射带动作用，向南北两侧腹地延伸拓展，提升南北两翼支撑力。南翼以沪瑞运输通道为依托，北翼以沪蓉运输通道为依托，促进交通互联互通，加强长江重要支流保护，增强省会城市、重要节点城市人口和产业集聚能力，夯实长江经济带的发展基础。"三极"指的是长江三角洲、长江中游和成渝三个城市群，充分发挥中心城市的辐射作用，打造长江经济带的三大增长极。长江三角洲城市群充分发挥上海国际大都市龙头作用，提升南京、杭州、合肥都市区国际化水平，以建设世界级城市群为目标，在科技进步、制度创新、产业升级、绿色发展等方面发挥引领作用，加快形成国际竞争新优势。长江中游城市群要增强武汉、长沙、南昌中心城市功能，促进三大城市组团之间的资源优势互补、产业分工协作、城市互动合作，加强湖泊、湿地和耕地保护，提升城市群综合竞争力和对外开放水平。成渝城市群通过提升重庆、成都中心城市功能和国际化水平，发挥双引擎带动和支撑作用，推进资源整合与一体发展，推进经济发展与生态环境相协调。"多点"是指发挥三大城市群以外地级城市的支撑作用，以资源环境承载力为基础，不断完善城市功能，发展优势产业，建设特色城市，加强与中心城市的经济联系与互动，带动地区经济发展。

2. 推进一体化市场体系建设

（1）统一市场准入制度。进一步简政放权，清理阻碍要素合理流动的地方性政策法规，清除市场壁垒，实施统一的市场准入制度和标准，推动劳动力、资本、技术等要素跨区域流动和优化配置。建立公平开放透明的市场规则，推动上海、重庆等地率先开展负面清单管理制度试点。加强市场监管合作，建立区域间市场准入和质量、资质互认制度。研究建立务实、高效的区域标准化协作机制。

（2）促进基础设施共建共享。统筹基础设施规划建设，加强省际沟通协调，做好设计方案、技术标准和建设时序衔接，打破区域分隔和行业垄断，逐步消除区域运输服务标准差距，构建统一开放有序的运输市场。加快物流体制改革，推进江海联运、铁水联运、公水联运有效衔接，大力发展直达运输，规范收费行为，降低物流成本。

（3）加快完善投融资体制。推动政府和社会资本合作（PPP）建设基础设施、公用事业等领域项目。鼓励地方研究设立长江经济带产业投资基金和创业投资基金，鼓励保险等资金进入具有稳定收益的投资领域。鼓励跨省区共同发起设立城际铁路、环境治理等投资基金，按照市场规则规范化运作。探索创新金融产品，鼓励开展融资租赁服务，支持长江船型标准化建设。

3. 推进新型城镇化

（1）优化城镇化空间格局。首先要抓住城市群这个重点，以长江为地域纽带和集聚轴线，以长江三角洲城市群为龙头，以长江中游和成渝城市群为支撑，以黔中和滇中两个区域性城市群为补充，以沿江大中小城市和小城镇为依托，形成区域联动、结构合理、集约

高效、绿色低碳的新型城镇化格局。

（2）要促进各类城市协调发展，发挥上海、武汉、重庆等超大城市和南京、杭州、成都等特大城市引领作用，发挥合肥、南昌、长沙、贵阳、昆明等大城市对地区发展的核心带动作用，加快发展中小城市和特色小城镇，培育一批基础条件好、发展潜力大的小城镇。

（3）要强化城市交通建设，加强城际铁路、市域（郊）铁路建设，形成与新型城镇化布局相匹配的城市群交通网络，实现城市群内中心城市之间、中心城市与周边城市之间1～2小时通达。按照公共交通优先的理念，加快发展城市轨道交通、快速公交等大容量公共交通，鼓励绿色出行。

4. 构建东西双向、海陆统筹的对外开放新格局

一是发挥上海及长江三角洲地区的引领作用。二是将云南建设成为面向南亚东南亚的辐射中心。三是加快内陆开放型经济高地建设。推动区域互动合作和产业集聚发展，打造重庆西部开发开放重要支撑和成都、武汉、长沙、南昌、合肥等内陆开放型经济高地。完善中上游口岸支点布局，支持在国际铁路货物运输沿线主要站点和重要内河港口合理设立直接办理货物进出境手续的查验场所，支持内陆航空口岸增开国际客货运航线、航班。

参 考 文 献

国家统计局.1980.中国统计年鉴.北京：中国统计出版社.

国家统计局.2001.中国统计年鉴.北京：中国统计出版社.

国家统计局.2009.中国统计年鉴.北京：中国统计出版社.

国家统计局.2019.中国统计年鉴.北京：中国统计出版社.

刘盛佳.2002.地理学论文集.武汉：武汉出版社.

孙尚清.1996.长江开发开放.北京：中国发展出版社.

王静爱.2007.中国地理教程.北京：高等教育出版社.

姚士谋.1997.中国大都市的空间扩展.合肥：中国科学技术大学出版社.

赵济，陈传康.1997.中国地理.北京：高等教育出版社.

钟年，孙秋云.2006.中华长江文化大系——长江流域的自然地理和人文地理.武汉：武汉出版社.

《长江经济带发展规划纲要》正式印发.中央政府网.2016.09.12.

《长江经济带发展规划纲要》正式印发确立"一轴两翼三极多点"新格局.四川省人民政府网.2016.09.12.

思 考 题

1. 华中地区有何区位特征？这种区位特征对该地区的自然环境和经济发展各有何种影响？

2. 为什么华中地区的自然景观具有明显的过渡性？

3. 试讨论长江中游地区和长江三角洲地区在长江经济带的形成中各自发展应如何定位？

第二十六章　华　南　地　区

第一节　区位、自然条件与自然资源

一、区位

华南地区包括福建（闽）、广东（粤）、广西（桂）、海南（琼）、台湾（台）、香港（港）、澳门（澳）共 7 个省（区）及区域，大陆部分位于 20°09′～28°22′N、104°28′～120°43′E；岛屿部分位于 3°52′～25°31′N、107°～124°35′E；陆地与岛屿土地面积约 60.6 万 km²[①]。总人口 25948 万人[②]。华南地区是中国人口最密集的区域之一，人口密度平均为 428.2 人/km²，其中，福建、广东沿海、台湾西部、香港是中国人口最密集地带。

华南地区是中国最南的一个区域，北回归线穿过广西、广东和台湾，本区大部分地区处在热带和南亚热带地区；本区西南与越南交界，南部隔着南海与菲律宾、马来西亚、文莱等国家相望，地处东亚与东南亚的转折部位，拥有广阔的海域，是中国海域南疆所在区域，海岛众多，中国的第一、第二大岛均在本区，海岸线绵长，有众多的优良港口。需要指出的是，2012 年海南新设立三沙市，是我国位置最南，陆地面积最小、海域面积最大的地级市。三沙市的设立有利于维护国家海洋权益，开发海洋资源，对国家长远发展具重要意义。

华南地区又是中国"一国两制"所在区域，亚洲"四小龙"之台湾和香港位于本区，而本区域的内地省（区）是中国经济改革开放前沿以及经济发展最快的区域之一，同时区域内部经济发展水平存在着港澳台与内地、沿海与内陆之间的明显梯度差异。珠江三角洲地区、海峡西岸经济区和北部湾地区以及台湾西海岸地区是城市化以及经济发达或发展快速的区域。

二、自然条件

（一）以热带、南亚热带气候为主体

本区绝大部分地区处于 25°N 以南的中低纬度，北回归线通过桂、粤中部和台南部，属于湿润的热带、亚热带季风气候，热量丰富，夏长冬短，雨量充沛，台风频繁。年均温在 16～23℃，且由北向南、由山地向平原地区年平均气温略有提升。北部地区冬季仅两个月左右，到沿海地区几乎没有冬季。海南岛是中国的避寒胜地，1 月平均气温为 17.2℃。各地≥10℃积温在 5000～8300℃，年降水量在 1000～2800mm。年内降水有两个高峰期：一是 5～6 月的前汛期；二是 8～9 月的后汛期或台风汛。一年中有半年左右是雨日，暴雨是常见的降水形式。雨热同季，降雨量和热量资源分布大体上是由北向南增多。海南岛、广东的雷州半岛和台湾岛能够满足热带作物的生长。台风汛能缓解夏秋的缺水干旱，但是也给局部地区带来

[①] 根据王静爱《中国地理教程》P461－462、470、512 等数据整理。
[②] 人口数据来源于第七次人口普查统计资料。

灾害。本区灾害性天气频繁发生，广西地区旱、涝灾害和"两寒"（倒春寒和寒露风）、冰雹等灾害性天气出现频率大；粤闽地区则是中国受热带气旋影响最多的区域，在中国大陆登陆的台风和强台风中，在广东省登陆的最多，年均两次左右。盛夏秋初的7～9月是台风盛季，这段时间内粤闽沿海的降水量40%～70%是台风雨。

（二）山地丘陵多，平原少，地形破碎

山地丘陵占土地面积的70%以上。山地以低山丘陵为主，且以500m以下的丘陵分布最普遍，1000m以上的山地主要分布在闽西、粤北、桂西。受区域地质构造的控制，大部分山脉呈北东—南西走向，地势由西北向东南递降。主要山脉有福建境内的武夷山、鹫峰山、戴云山、博平岭，广东广西境内的南岭、莲花山、罗浮山、九连山、云开大山、十万大山等。较大的平原有珠江三角洲、韩江三角洲、福州平原、漳州平原。广西盆地由桂中盆地、右江盆地、南宁盆地、郁江盆地、浔江平原、北部湾滨海平原等若干较小的地貌单元构成。此外，本区发育有典型的喀斯特地貌、丹霞地貌。

台湾岛是中国最大的大陆岛。台湾山地和丘陵广布，平原和盆地窄小。台湾约有2/3的土地被山地占据，集中分布于岛中、东部，山脉走向多为北北东—南南西向，统称为台湾山脉，主要由褶皱、断裂形成。以台东纵谷为界，分成台东海岸山脉和台湾山系，台东海岸山脉，平均海拔1000m，南高北低，它东接太平洋，海岸陡峭如壁，拔立海面至上千米，形成中国著名的断崖海岸带；台湾山系海拔为3000m以上的山峰有62座，其中中央山脉海拔大部分在3000m以上，成为台湾的脊骨，也是东部与西部的分水岭，东部坡陡，西部坡缓。自中央山脉山脊向西依次是高山、中低山、丘陵、台地，然后是平原，与海相接；东面是台东纵谷、中低山，然后直下深海。平原和盆地面积占全岛的1/5，多分布在西部海岸，主要有嘉南平原、屏东平原、宜兰平原、台东纵谷平原，主要的盆地是台北盆地和台中盆地。

海南岛是中国第二大大陆岛，与华南大陆有着相同的地质构造，是地壳上升后又发生断陷形成的岛屿。海南岛大地构造上属于华夏断块区南华断拗，其原与陆地相连，喜马拉雅运动之后，海南岛北部为琼雷凹陷区，南部为海南隆起区；中更新世，琼雷凹陷中部断陷形成琼州海峡，以后海面数次升降使海南岛与大陆数度分离与相连；全新世晚冰期海面上升，海南岛与大陆分隔，形成了琼州海峡与海南岛现在的状态。

地质构造运动引起的海南构造隆起使海南岛中部不断抬升，逐渐形成了现在海南岛的地貌特征；山地位于中央，丘陵、台地、平原依次环绕四周，构成环形层状地貌，梯级结构明显；地势中部高、四周低，呈穹隆状。海南岛中南部山地统称为五指山区，有三条大的山脉平行并列于此，从东至西分别为五指山脉、黎母岭、雅加大岭，成为海南岛的脊梁。其中五指山高1867m，是海南岛最高峰。这些山脉峰岭之间，河谷和盆地纵横错杂，山区多级阶梯地势异常明显，分别呈现300m、500m、800m、1000～1100m和1500m五级台阶。环岛多为滨海平原，海岸主要为火山玄武岩台地的海蚀堆积海岸、由溺谷演变而成的小港湾或堆积地貌海岸、沙堤围绕的海积阶地海岸，海岸生态以热带红树林海岸和珊瑚礁海岸为特点。

本区无论是大陆还是海岛，地形上都以山地占优势，低山丘陵在温暖湿润的气候下适宜多种山地种植业的发展，森林、果树、茶等；同时，山地为旅游业的发展提供广阔空间和多样的景观。而平原虽然比较狭小，却是人口、城镇、工农业高度集中的地区。

（三）热带、南亚热带森林为主的自然景观

植被、土壤以南亚热带和热带森林景观为代表，砖红壤、赤红壤分布在南部雷州半岛、闽南、粤桂沿海的低山丘陵区，红壤和黄壤广泛发育在北部。华南地区的土壤-植被系统具有高的能量和水分输入、高的植被净第一性生产力、高的硅和盐基淋失、高枯枝落叶凋落物回归的特征，整个系统处于高入高出循环状态之中。受高温多雨气候的影响，整个华南地区分布红色表土，土壤大多发育在花岗岩、玄武岩、石灰岩和红色风化壳之上。在湿热气候条件下的母岩风化过程中，硅酸盐矿物强烈分解，硅和盐基遭到淋失，铁铝等氧化物明显聚积，黏粒与次生矿物不断形成。虽然元素的淋失和富铝化过程很强烈，但由于植被净第一性生产力（NPP）高，使生物富集过程处于优势地位，极大地丰富了土壤养分物质的来源，土壤中的生物自肥作用十分强烈。因此，构成了这一地区的土壤养分周转快，生物积累迅速的特点，使其土地自然生产力大大超过全国其他地区。

本区植物资源丰富，南部为热带雨林与南亚热带季雨林，北部属中亚热带常绿阔叶林。植被终年常绿，四季有花。自然林中具有多层结构，使得生态系统具有较强稳定性，有较高的物种多样性。除地带性植被外，在山地和丘陵上还广泛分布次生的草丛和灌草丛植被。本区植物资源种类丰富，并以热带亚热带科属为主。起源古老，孑遗植物和特有种属较多。这一地区是中国南药资源的重点分布地区，大量的热带、亚热带森林和灌草成为重要的中药材资源。此外，本区海岸滩涂多分布红树林，是中国红树林主要分布区，目前列为国家及自然保护区的红树林有广东深圳福田国家级红树林自然保护区、广东湛江市国家级红树林自然保护区、广西山口国家级红树林自然保护区、福建漳江口国家级红树林自然保护区、海南海口东寨港国家级红树林自然保护区，还有香港米埔自然保护区等。

台湾岛上森林和动物的组成、分布既与大陆极相似，又有其独特性。台湾岛上的森林约200万km^2，占全岛面积的一半以上，是中国森林覆盖率最高的省（区）之一。台湾森林资源中分布最广的是竹林和阔叶林，约占70%。由于台湾山地多，山势高大，使森林植被呈明显的垂直带谱分布。台湾南部海拔500m以下平原、丘陵是热带雨林景观，以榕树、相思树、桫椤科植物为代表，人工次生林多，如椰子、棕榈、橡胶、芭蕉、槟榔、可可、榕树、竹类等，常绿阔叶林分布在海拔500～1000m的中低山区，主要树种有栎树、槭树、樟树、罗汉松、水青冈、槠栲、竹类等。在海拔1800～3000m的较高山地分布着针阔混交林，有台湾云杉、台湾杉、台湾黄杉、肖楠、台湾扁柏、台湾油杉、红桧、柯树、槠叶石栎，阿里山红肉桂等。海拔3000m以上的高山顶部是亚高山的寒性针叶林，有高山柏、台湾冷杉和一些灌木杜鹃、枸子、越橘。樟树在台湾分布较广，经济价值也高；台湾樟脑和樟脑油的产量一直居世界第一位，最高年产量曾达世界总量的80%以上。著名的"台湾五木"——红松、扁柏、香杉、台湾杉、肖楠，被列为世界著名良材。

台湾岛上茂密的林区中栖息着多种珍奇动物，如梅花鹿、黑熊、云豹、长鬃山羊、白蛇、白面鼯鼠等兽类和帝雉、蓝鹇等。台湾是"蝴蝶王国"，有各种蝶类400多种，年产蝴蝶4000多万只，最名贵的有金凤蝶和青斑凤蝶。目前，台湾是世界上最大的蝴蝶输出地区之一。

海南的天然林占全岛面积的1/4，主要分布在山区和丘陵区。由于干湿季明显，中部地形复杂，气温垂直变化显著，使得岛中部海拔较低的山区和丘陵区形成热带雨林和季雨林；海拔较高的山区又形成混有热带乔木的常绿阔叶林。海南岛的主要林区位于尖峰岭、吊罗山

和坝王岭。热带雨林中有树高 20m 以上的鸡毛松、蝴蝶树、青梅、坡垒、黄枝木、红楠等，还有低于 20m 的鸭脚木、胭脂树等，有板状树根、老茎生花、多种木质攀缘藤本植物，共同构成了热带雨林景观。海南岛有许多珍ণ优质林木，如花梨木、子京、桐木、坡垒、青梅、母生、红椤、红楝子、石梓、柚木、油丹、油楠等。

（四）大陆河流众多及水资源丰富

粤桂闽地区河网稠密，纵横交错，流量丰富。由西江、北江和东江组成的珠江是区内最大的水系，水量丰富，年均径流量 3400 亿 m³，仅次于长江，相当于黄河的 6 倍。由于雨季长，河流的汛期长，一般 4 月涨水，9 月降落，并呈双峰型，同时流量变化大。其他在闽桂地区独立入海的河流如闽江、九龙江、南流江等河流流域面积小，径流变化都有暴涨暴落的特点。本区年产水模数和人均水量、地均水量均居全国的前列。优势突出的水资源对本区的发展起到了重要的保障作用。

但是，华南地区的海岛众多，台湾、海南和港澳等岛屿，河川水文特征独特。台湾岛、海南岛受地形影响，河流发源于中部山地向四周海岸呈放射状，河流比降大。山地多雨，河流众多，台湾岛平均 10km² 就有 1km 的河道；海南岛的南渡江、昌化河、万泉河三大河流流域面积占全岛面积的 47%。台湾山地河谷深切而在海岸上又产生强烈堆积，河道成网状水系或分叉成众多的河川，形成"暴流"性河川的特征，下雨洪水、晴天干涸。在平原地区由于河流从山上带下沙泥的堆积，在沿岸不断形成平原，河川分流在平原之上，且不断向海伸延河道，故河川下游多成为延长河，这也是台湾河川的特点之一。香港和澳门虽然降水丰富，但是由于集水面积小，蓄水条件差，水资源十分贫乏。

本区除了拥有丰富的水、土、生物资源外，还拥有较丰富的有色金属矿产资源和建材资源。

第二节　经济发展与经济地域

一、经济发展特征

（一）经济发展水平高，区域内经济差异明显

华南地区大部分位于东南沿海，经济发展十分迅速，经济总量大，经济实力雄厚。2018 年地区生产总值为 158266.37 亿元（未包括港澳台），约占全国的 17.3%；人均生产总值达到 74841.05 元，高于全国平均水平，有闽南三角洲、珠江三角洲、潮汕平原经济区和环北部湾经济区构成的华南经济区黄金海岸以及粤港澳大湾区。其中，粤港澳大湾区是全国城市化水平最高、人口密度最大的地区之一；广州、深圳等是全国经济最发达的地区；位于此区的香港更是多功能的国际中心，集国际贸易、金融、航运、旅游和信息中心于一身。

华南地区经济发展不平衡，区域经济发展呈现较大差异。区内广东、福建两省的经济总量远高于广西、海南两省（区），其 GDP 占全区的 82.4%。尤其是广东省，2018 年 GDP 占全区份额高达 61.5%，人均生产总值达到 85738 元（表 26-1），约 12973 美元，已达到中等发达国家水平。广东、福建两省的人均收入和消费水平也远远高于广西和海南两省。而海南、广西两地的人均 GDP、人均收入以及消费水平均不及全国平均水平。

表 26-1　2018 年华南地区居民人均可支配收入与消费支出

地区	人均国内生产总值/元	居民人均可支配收入/元	居民人均消费支出/元
全国	64644	28228	25002
福建	90850	32644	22996
广东	85738	35810	26054
广西	41317	21485	14935
海南	51735	24579	17528

资料来源：国家统计局，中国统计年鉴 2019。未包括港澳台地区数据。

（二）"一国两制"，经济体制复杂

本区包括了中国"一国两制"的行政区域，经济体制较为复杂，社会发展与经济水平呈现出多样性和多层次性。亚洲"四小龙"香港和台湾占其二，香港是亚洲和太平洋地区的商业中心、海运中心，也是国际最大的金融中心之一；澳门产业结构独特；福建、广东、海南三个省份，面临港澳台，海外社会资源丰富，对外开放程度高，先后设立深圳、珠海、汕头、厦门、海南经济特区以及众多的沿海开放城市，外向型经济发达，成为中国改革开放的标志区域和前沿阵地。广东省改革开放以来一直是中国经济发展的排头兵，经济发展速度、产业结构转型和人均收入增长大大快于全国水平。

（三）外向型经济突出

华南大部分地区位于我国东南沿海，毗邻港澳台，靠近东南亚，凭借改革开放的契机，大量引进外资和华侨资本，建立了以外资推动为动力的出口导向型产业体系，外向型经济特征明显。华南地区在利用外资方面一直处于我国的领先水平。2009～2018 年，华南地区外资企业数量和投资大幅增加，占全国比例明显上升。2018 年，华南地区（未包含港澳台）外企数量已经达到 209158 家，占全国比例高达 35.3%，较 2009 年增加 7.0 个百分点；外资投资总额 23577 亿美元，占全国总量的 30.3%，较 2009 年增加 5.1 个百分点（表 26-2）。

表 26-2　华南地区外资企业数量及投资情况

地区	企业数/户			投资总额/亿美元		
	2009 年	2013 年	2018 年	2009 年	2013 年	2018 年
全国	434248	455962	593276	25000	35176	77738
福建	23609	23546	30150	1175	1565	2787
广东	90189	100639	170968	3939	5126	19235
广西	4391	3756	5333	272	319	627
海南	4531	3105	2707	903	270	928
全区	122720	131046	209158	6289	7280	23577
占全国比例/%	28.3	29.4	35.3	25.2	20.7	30.3

资料来源：国家统计局，中国统计年鉴 2010，2014，2019。未包括港澳台地区数据。

华南也是我国外贸十分发达的地区，广东省是华南地区的外贸大省，连续十余年外贸进出口总额居全国首位。香港、澳门自由贸易区的建立，将进一步强化广东的外向型经济发展。

（四）现代服务业迅速发展

香港是亚洲繁华的大都市，地区及国际金融中心之一，零售业、旅游业、地产业、工贸服务业都很发达；澳门具有发达的博彩业等现代服务业。珠江三角洲作为我国经济最为发达的地区之一，近年来金融、保险、会展、物流、信息等服务业发展较快，在我国经济发展中具有重要的作用与地位。海南旅游业有了较大发展，未来将建设世界一流的国际旅游岛和国际旅游消费中心。

二、经济区域

（一）粤港澳大湾区

粤港澳大湾区由香港、澳门两个特别行政区和广东省广州、深圳、珠海、佛山、惠州、东莞、中山、江门、肇庆 9 个城市组成，总面积 5.6 万 km^2。第七次全国人口普查统计数据显示，总人口已达 8617 万人，是中国开放程度最高、经济活力最强的区域之一，在国家发展大局中具有重要战略地位。

1840 年鸦片战争后香港被英国殖民者侵占，1997 年 7 月 1 日回归祖国，成为享有高度自治权的特别行政区域。香港特别行政区位于珠江口东侧，南海之滨，北隔深圳河与深圳经济特区相接，既是中国的门户，又是亚洲及世界的航道要冲。香港由香港岛、九龙和新界（包括大屿山及 260 余个大小岛屿）组成，陆地面积 1107 km^2，人口 747.4 万人，是世界上人口密度最高的地区之一。地势北高南低，多石山，海岸曲折多港湾，以大良湾、浅水湾和维多利亚港而著名。香港经济以金融业、旅游业、房地产业、制造业为支柱，服务业发达。作为多功能的国际中心，集国际贸易、金融、航运、旅游和信息中心于一身。作为世界金融中心，香港拥有完善的金融市场体系，是全球第四大外汇市场、主要银行中心之一、四大黄金市场之一及十大股市之一；作为国际航运枢纽，航运网遍布世界各地并拥有庞大的船队，港口集装箱吞吐量居世界前列；同时还是国际和亚洲主要的航运中心，香港国际机场是世界上最繁忙的机场之一；作为自由港，对外贸易一直是香港经济的主导产业和经济支柱，主要贸易伙伴除中国内地外，还有美国、英国、日本、德国、新加坡等。作为国际创新科技中心，香港具有良好的创新基础和发展潜力，拥有 5 所跻身世界百强的大学、40 多位中国两院院士、16 个国家重点实验室、6 个国家工程技术研究中心。政策方面，政府将创新科技发展列为施政重点，出台相关政策并大力建设创新基础设施。

1553 年澳门被葡萄牙殖民者侵占，1999 年 12 月 20 日回归祖国，成为享有高度自治权的特别行政区域。澳门特别行政区地处珠江三角洲的西岸，毗邻珠海经济特区。澳门包括澳门半岛、氹仔和路环岛两个离岛，土地面积狭小，因填海造陆面积一直扩大，已由 19 世纪的 2.78 km^2 逐步扩大至目前的 32.8 km^2，人口 68.3 万人。澳门自 1557 年开埠以来，以远东重要的国际贸易中心载入史册，转口贸易十分繁忙，直至 19 世纪中期后其地位才被香港取代，经济迅速衰落。之后博彩业逐渐成为澳门的主要产业，到 20 世纪 60 年代，在港资投入和澳门廉价劳动力的双重作用下，澳门的出口加工业迅速发展，成衣、纺织品、鞋类、玩具等制造业后来者居上，到 80 年代中期跃升为第一大产业，带动了加工出口连续多年两位数增长。进入 90 年代之后，澳门制造业大量向内地转移，而服务业等第三产业逐渐兴旺。目前澳门经济逐渐形成了旅游博彩业、金融保险业、建筑地产业和出口加工工业等四大支柱产业，它们的产值合计占全澳 GDP 的 70%～80%，其中尤其是旅游博彩业重新成为经济发展的领头羊，其产值占总量超一半。澳门前 400 年的发展相对缓慢，经历繁荣、衰退、停滞的缓慢演进，真正的快速发展是近半个世纪以来，澳门的社会经济面貌发生了较大的变化。

珠江三角洲 9 地（市）位于广东省中南部，毗邻港澳，三地陆路相通，海路相连，区域内铁路、公路、水路交通发达。总面积 5.5 万 km²，占广东省国土面积不到 1/3，集聚了全省81.91%的人口和 79.67%的经济总量。珠江三角洲地区是著名侨乡，从而为吸收外来资金、技术、设备、智力、信息等提供了十分有利的条件。该区地处中国对外开放的前缘地带，区位优势十分突出。珠江三角洲地区是中国最早进行改革开放的地区，经过 40 多年的发展，建立起高度发达的外向型经济，外贸出口总额占全国的 10%，已经成为中国商品经济最活跃、经济最发达的地区，也是全国城市化水平最高、人口密度最大的地区之一。基本形成了高度密集的城镇群，是广东省城镇体系的核心，集中了广东省近 56%的城镇人口。珠江三角洲地区城镇数量多、分布密度大，城镇密度超过 100 个/万 km²，城镇之间平均距离不到 10km，城镇之间首尾相接、连绵成片。且城镇具有比较完善、档次较高的基础设施和社会服务设施，城镇通信设施水平居全国前列。同时，珠江三角洲城乡一体化的步伐较快，发达的农业生产、农村工业化的发展，使本区农村经济和农民生活处于相对较高的水平。因此，城乡发展速度匹配，呈现城乡一体化雏形。

珠江三角洲地区毗邻港澳，发挥其信息优势和侨乡众多的人文优势，以较低的土地价格和充足的廉价劳动力吸引了大量外资（主要是香港、东南亚及海外华侨）的直接进入，尤其是吸引了港澳台制造业的大规模转移，使"三资"企业在城乡迅速发展起来。发达的乡镇企业是本区经济发展的特色，20 世纪 80 年代以"三来一补""大进大出"的加工贸易起步，迅速成为中国经济国际化程度最高的地区。外资推动的乡村工业化促使珠江三角洲形成以出口为导向的外向型经济发展模式，使得本区在经济全球化体系中占据主要地位，在日用品、家用电器、电脑零部件等领域，被誉为"世界工厂"。与此同时，乡镇企业的发展成为城镇发展、城市化进程的基本动力，推进了城乡一体化的融合发展。

珠江三角洲地区的发展突飞猛进，一跃成为广东省乃至全国经济发展水平最高的地区之一。多年来，珠江三角洲保持高于全国平均水平的经济增长速度。2017 年三次产业构成比为 1.21:33.16:65.63。农业结构调整成效良好，大力发展出口创汇农业，农业商品率已达 80%以上。形成了桑基鱼塘、果基鱼塘、蔗基鱼塘等立体农业发展模式，成为我国生态农业的典范。工业形成电子信息、电器机械和石油化工三大新兴支柱产业，高新技术产业成为主要经济增长点，已成为我国规模最大的高新技术产业带。珠江三角洲地区以轻工业为主，是全国最大的家用电器产基地、家具、鞋业生产出口基地。同时，珠江三角洲地区信息产业发达，信息产品制造业产值占地区总产值的比例在全国最高。目前国际市场上的电脑主板、磁头、键盘、驱动器、显示器、扫描仪等75%以上来自珠江三角洲地区。珠江三角洲地区的电子信息、新材料、生物技术和光电一体化四大高新技术产业在全国同行中都处于优势地位。长期以来，珠江三角洲地区的进出口总额、实际利用外资均稳居全国各大经济区域首位，是广东及全国出口创汇基地，近七成的工业产值为外商和港澳投资企业，外向型经济特征明显，经济国际化水平较高。

粤港澳大湾区从学术界讨论到正式成为国家战略，历时 20 多年。随着区域经济一体化进程的发展，特别是《内地与香港关于建立更紧密经贸关系的安排》及《内地与澳门关于建立更紧密经贸关系的安排》（简称 CEPA）的签署，珠江三角洲加香港、澳门两个特别行政区构成"大珠江三角洲"。在这个超级经济圈内,三方各有优势、互补性极强,经济联系紧密、分工明确:小珠江三角洲是制造业基地、世界加工厂,珠江东岸以发展电子信息技术为主,西岸以发展机械类的家用电器为主;香港是以金融、物流业为核心的服务中心;澳门为东南亚地区的旅游中心,进而发展为国际博彩娱乐中心。其中,深圳将发展成为区域性的国际城市,与香港在物流与金融方面加强合作;广州是辐射华南的大都市,主要以汽车、电子信息、石油化工等支柱产业;佛山作为广佛经济圈的一部分,与广州分工合作,承接辐射,实现错位发展;东莞则以制造业为发展目标,着重在物流、产业提升方面与香港合作。

2003 年,广东省提出了"泛珠江三角洲经济区",包括珠江流域的 9 省(区)和港、澳,区域面积为全国的 1/5,人口、经济总量占 1/3。由于广东省(区)位优势,形成了一个以大珠江三角洲为中心的人流圈;同时,湖南、广西等地的进出口货物主要经珠江三角洲和香港,又形成了一个以珠江三角洲为主要进出口通道的国际物流圈;广东与其他省(区)的经贸、能源、交通、粮食经济的合作基础好,可以说泛珠江三角洲的合作具有历史悠久、联系紧密的特点。泛珠江三角洲的区域内产业差异明显,经济结构呈阶梯分布,互补性强。香港的金融、服务业具备世界竞争力,广东拥有强大加工制造能力,内地省份拥有辽阔的腹地和丰富的资源及科技人才优势,通过优势互补有助于全面促进区域经济发展。泛珠江三角洲区域合作,有利于将泛珠江三角洲区域的地缘优势转化为经济优势,有利于加强中国与东盟的合作和国内其他地区的合作,有利于加快形成亚太地区的贸易枢纽以及中国的出口生产基地。

2016 年发布的《中华人民共和国国民经济和社会发展第十三个五年规划纲要》提出"支持港澳在泛珠江三角洲区域合作中发挥重要作用,推动粤港澳大湾区和跨省区重大合作平台建设";随后,国务院印发《关于深化泛珠江三角洲区域合作的指导意见》,明确要求广州、深圳携手港澳,共同打造粤港澳大湾区,建设世界级城市群。2017 年,粤港澳三方在香港签署《深化粤港澳合作推进大湾区建设框架协议》,是进一步推动粤港澳大湾区建设的关键保障。2019 年 2 月 18 日,中共中央、国务院印发《粤港澳大湾区发展规划纲要》(下称"纲要"),标志着粤港澳大湾区的发展正式上升为国家战略。纲要指出,粤港澳大湾区的发展目标是以香港、澳门、广州、深圳四大中心城市作为区域发展的核心引擎,建成充满活力的世界级城市群、国际科技创新中心、"一带一路"建设的重要支撑、内地与港澳深度合作示范区、宜居宜业宜游的优质生活圈、高质量发展的典范。

然而,由于粤港澳大湾区存在较大的政治制度、经济发展水平差异,未来的合作发展具有一定的复杂性和特殊性。作为一个以政府为主导的合作区域,未来要以制度创新为着力点,逐步完善粤港澳地区的合作机制,充分发挥粤港澳地区的综合优势,以深港科技创新合作为动力源,实现区域创新资源的优势互补、协同发展,推动粤港澳大湾区产业结构优化升级,建设具有综合竞争力的全球科技创新中心。

(二)台湾岛

台湾岛位于中国大陆架东南缘的海上,介于 21°50′～25°31′N,119°18′～124°35′E。台湾岛南北长 394km,东西最宽为 144km,包括澎湖列岛、钓鱼岛等许多小岛在内,面积约3.6 万 km²,是中国最大的大陆岛。岛屿海岸平直,很少曲折,岸线长 1139km。台湾岛西隔台湾海峡与福建省相望,东临太平洋,南靠巴士海峡,北接琉球群岛。台湾岛位于海上走廊的东侧,又正好介于世界最大的太平洋和最大的亚欧大陆之间,战略地位十分重要,是跨洋运输、出海贸易、海路交往、沟通远东地区及环太平洋的重要港湾和中途转换地。

1962 年之前，农业在台湾地区经济中占据主导地位，而工业基础相对薄弱。到 20 世纪 80 年代中后期，农业地位逐渐降低，而工业地位明显上升。从 20 世纪 70 年代开始，台湾地区承接发达国家转移的劳动密集型产业，吸引了大量的资金和技术，一跃成为"亚洲四小龙"之一。到 90 年代中后期，服务业取代工业在经济中的主导地位。近些年，台湾地区由工业化后期向后工业化社会迈进，服务业主导作用进一步加强（约占 2/3），高科技产业发展迅速，而农业正朝着精致农业方向发展。从台湾产业现状来看，目前第一产业日趋萎缩，第二产业（工业以制造业为主）正向高科技方向发展，第三产业比重逐渐增大。

近 20 年来，台湾地区凭借着与大陆相同的文化背景、享受特殊优惠政策及抢先进入市场等优势，对大陆的投资与贸易在东南亚国家及地区中居于领先地位。目前内地是台湾地区经济增长最大的外部需求因素，是台湾地区创造新增就业的最大外部来源，也是台湾地区最大的海外投资地。台湾地区是内地经济崛起的最大受益者，随着台湾地区对内地的依存度迅速提高，经济一体化进程在曲折中不断加快，台湾地区融入内地产业加工体系的程度越来越深，影响也越来越广泛。日益密切的两岸贸易关系已成为台湾地区经济持续增长不可或缺的主要动力。

（三）海南岛

1. 热带宝岛

海南省资源颇具特色：部分矿产资源优势明显；热作资源丰富，经济价值高，具有明显的特色和优势；海洋资源丰富，拥有 200 万 km^2 的海域，热带海洋资源丰富，居全国首位；旅游资源十分丰富。

海南岛有优质的富铁矿、钛砂矿、锆英石，天然气、石油等矿产具有重要开发价值。天然气主要分布在海南岛周边海域，已探明的主要有莺歌崖 13-1、东方 1-1、乐东 22-1 等大型天然气田。据统计，海南玻璃用砂储量居全国第 1 位，锆英砂矿居第 2 位，钛铁砂矿和天然气居第 3 位，宝石（蓝宝石、红锆宝石）居第 4 位，饰面用花岗岩居第 5 位，富铁矿居第 6 位，铝土矿居第 10 位，饮用天然矿泉水和热矿水居前列。

海南省是全国最大的"热带宝地"，人均土地约 0.37hm^2；由于光、热、水等条件优越，农田终年可以种植，不少作物年收获 2～3 次。热带作物资源丰富，栽培面积较大、经济价值较高的作物主要有橡胶、椰子、油棕、槟榔、咖啡、胡椒、剑麻、香蕉、腰果、可可等。天然橡胶、甘蔗及热带水果和反季节瓜菜产量高，在全国占有重要地位。

海南的海洋水产资源具有海洋渔场广、品种多、生长快和渔汛期长等特点，是全国发展热带海洋渔业的理想之地。全省海洋渔场面积 30 万 km^2，可供养殖的沿海滩涂面积 2.57 万 km^2，养殖经济价值较高的鱼、虾、贝、藻类等 20 多种。海南岛是理想的天然盐场，沿海港湾滩涂许多地方都可以晒盐，主要集中于三亚至东风沿海数百里的弧形地带上。已建有莺歌海、东方、榆亚等大型盐场，其中莺歌海盐场为全国最大的盐场之一。

海南旅游资源丰富，极富特色。以海洋为依托，海水、阳光、沙滩组成的滨海风光，还有红树林、珊瑚礁；此外人文景观和民族风情，都具有较高的旅游价值。亚龙湾国家旅游度假区、南山文化旅游区、兴隆热带花园、东山湖热带野生动物园、五指山市中华民族文化村、火山口公园；五公祠、苏公祠、文昌阁、宋庆龄故居及陈列馆等，都是档次较高、特色鲜明的旅游景区（点）。

2. 最大的经济特区，将建成国际旅游岛

1988 年，海南岛独立成为一个省级行政区，也是中国最大的经济特区。2010 年全省生产总值达到 2052.12 亿元，比全国 GDP 增速高 5.5 个百分点。其中，第一产业增加值 539.32 亿元，增长 6.3%；第二产业增加值 566.55 亿元，增长 19.2%；第三产业增加值 946.25 亿元，增长 19.6%。2010 年全省人均生产总值 23644 元，按现行汇率折算为 3505 美元，登上了 3000 美元的新台阶。按照国际经验，人均 GDP 超过 3000 美元，标志着一个国家或地区处于消费加快升级换代时期，服务业发展加速，经济将进入快速发展轨道[①]。2013 年海南省国内生产总值 3500.7 亿元，人均为 38 924 元。2018 年，海南省国内生产总值达到 4832.05 亿元，人均 51955 元，分别较 2010 年增长了 1.4 倍和 1.2 倍[①]。

海南岛的经济结构战略性调整取得重要进展，三次产业比重为 20.7：22.7：56.6。热带特色现代农业在结构调整中加快发展，瓜菜、水果、畜牧业、渔业等优势产业产值占农业总产值的比重不断上升；依托本地优势资源的新型工业已成为提升海南经济的重要力量，800 万 t 炼油、100 万 t 纸浆、160 万 t 造纸、140 万 t 甲醇、15 万台汽车发动机等一批大项目建成；昌江核电、文昌航天发射场等开工建设。建筑业等传统产业不断发展。新能源、新材料、电子信息等产业快速崛起，一批高新技术企业进驻海南，为海南绿色、低碳、可持续发展打下了重要的产业基础。海洋经济持续壮大，南海资源开发和服务基地建设取得新进展。科技环境不断优化，科技创新不断发展[②]。此外，2009 年，《国务院关于推进海南国际旅游岛建设发展的若干意见》提出要逐步把海南建设成为生态环境优美、文化魅力独特、社会文明祥和的开放之岛、绿色之岛、文明之岛、和谐之岛。

3. 中国（海南）自由贸易试验区

2018 年 4 月 14 日，中共中央、国务院发布《关于支持海南全面深化改革开放的指导意见》，明确以现有自由贸易试验区试点内容为主体，结合海南特点，建设中国（海南）自由贸易试验区（简称"海南自贸区"），实施范围为海南岛全岛。同年 10 月，国务院批复同意设立中国(海南)自由贸易试验区，并印发《中国（海南）自由贸易试验区总体方案》。指出海南自贸区的建设以制度创新为核心，贯穿生态文明建设理念，探索绿色发展新模式。

中国（海南）自由贸易试验区的发展定位为建设全面深化改革开放试验区、国家生态文明试验区、国际旅游消费中心和国家重大战略服务保障区。以发展旅游业、现代服务业、高新技术产业为主导，以建立开放型、生态型、服务型产业体系为发展目标，推动高质量发展。海南省政府积极对接并出台了多项重要政策。2018 年，海南省政府决定设立海口江东新区作为海南自贸区的集中展示区，打造国家重大战略服务保障区的示范区。人才方面，海南省政府发布了《百万人才进海南行动计划（2018—2025 年）》，提出到 2025 年，实现"百万人才进海南"的目标，出台人才引进计划、人才培养计划、人才平台载体建设和创新创业支持、提升人才服务保障水平四个方面的行动措施。为进一步扩大开放，经国务院批准，自 2018 年 5 月 1 日起，在海南省实施 59 国人员入境免签政策。

2020 年 6 月 1 日，中共中央、国务院印发了《海南自由贸易港建设总体方案》，提出建设高水平的中国特色自由贸易港。对海南自贸区的建设提出了更高的要求，也是深化改革开

---

① 中国统计年鉴 2014，2019。
② 海南省"十二五"规划纲要。

放、对接国际标准的新举措。海南自贸港的建设包括三个阶段，到 2025 年，初步建立以贸易自由便利和投资自由便利为重点的自由贸易港政策制度体系；到 2035 年，自由贸易港制度体系和运作模式更加成熟，以自由、公平、法治、高水平过程监管为特征的贸易投资规则基本构建；到 2050 年，全面建成具有较强国际影响力的高水平自由贸易港。

（四）海西经济区

由于历史的原因，福建经济基础十分薄弱。福建地处海防前线，因台海关系紧张，福建曾一度被列为中央在地方投资建设最少的省份之一，新中国成立后至 1978 年 30 年间的基建投资仅占全国投资总额的 1.5%，绝大多数工业企业的设备和技术都很落后。加之计划经济的长期推行，福建经济发展一直处于封闭和半封闭状态，居于全国的后进地位。1978 年，地区生产总值在全国 29 个省（区）中名列第 22 位，人均地区生产总值居全国第 23 位，低于全国平均水平 27%。

1979 年 1 月，全国人大常委会发出《告台湾同胞书》，打破了两岸长达 30 年的禁锢。同年 7 月，中共中央和国务院决定广东、福建两省的对外经济活动实行"特殊政策，灵活措施"，此后又出台了一系列有关福建对外开放和进行综合改革试验的重大决策，把福建推向改革开放前沿。1980 年 10 月，厦门设立特区并在 1984 年 5 月厦门经济特区范围扩大到全岛。1985 年 2 月，中共中央、国务院决定将长江、珠江三角洲和闽南厦漳泉三角地区开辟为沿海经济开放区。厦门市的同安县和泉州、漳州的部分县（市）共 11 个县（市）被列入沿海经济开放区范围。1986 年，福建省委做出"加快开放改革步伐，大力发展外向型经济"的决议。经过数年努力，福建逐步确立了在全国对外开放中的前列地位，并推动福建经济发展进入充满活力和生机的阶段。1988 年 3 月，全国人大七届一次会议决定在广东、福建、海南建立改革、开放综合试验区，为进一步改革和开放积累经验。同年 4 月，国务院签发了《关于福建省深化改革、扩大开放、加快外向型经济发展请示的批复》，赋予 11 条特殊政策，鼓励福建"进行综合改革试验，在改革、开放中先行一步"，并批准厦门市实行计划单列，赋予省一级的经济管理权限。福建全省由此走向综合改革试点的前沿。1989 年 5 月，国务院做出《关于在福建省沿海地区设立台商投资区的批复》。设立台商投资区为福建扩大闽台交往和经贸合作提供了有利条件，进一步促进外向型经济的发展。1992 年，国务院批准南平、龙岩和三明等为对外经济开发区。至此，福建形成多层次、全方位、宽领域的开放格局，成为全国对外开放程度最高的区域之一。

2009 年 5 月，《国务院关于支持福建省加快建设海峡西岸经济区的若干意见》（以下简称《意见》）正式发布。2011 年 3 月国务院正式批复《海峡西岸经济区发展规划》。《海西发展规划》明确了海峡西岸经济区的地域范围，包括福建省全境以及浙江省温州市、衢州市、丽水市，广东省汕头市、梅州市、潮州市、揭阳市，江西省上饶市、鹰潭市、抚州市、赣州市，陆域面积约 27 万 km²。海西经济区地处长江三角洲和珠江三角洲、台湾地区和祖国大陆的结合部，邻近港澳，发挥着承南起北、贯通东西的桥梁纽带作用，是加强两岸交流合作、推动两岸关系和平发展的重要前沿和纽带。海西经济区生态环境良好，森林覆盖率比较高；岸线资源丰富，港口优势突出；旅游资源独特，拥有众多世界自然遗产、世界文化遗产及风景名胜区。海西经济区是著名侨乡，旅居世界各地华人华侨 2100 多万人，港澳同胞 400 多万，人文优势明显。

海西经济区的功能定位是"两岸人民交流合作先行先试区、服务周边地区发展新的对外开放综合通道、东部沿海地区先进制造业的重要基地、我国重要的自然和文化旅游中心"[①]。海西经济区的突出优势是对台合作的优势。海西先行先试的政策优势，有利于提升海西的投资环境与发展环境，有助于加快海内外资本包括台商投资海西的决策与步伐，推进海西对台产业对接合作，从而加快海峡西岸经济区建设与发展，而且将拓展海西对台交流合作的内容与政策空间，有助于在两岸关系和平发展新形势下充分利用海西对台湾地区的经济、文化、政治关系与优势，充分发挥海西在两岸交流合作中的作用。

《海西发展规划》将海峡西岸经济区划分为三大功能区，即东部沿海临港产业发展区，中部、西部集中发展区，生态保护和生态产业发展区，并确定了"一带、五轴、九区"的网状空间开发格局。"一带"即"加快建设沿海发展带"，"五轴"即福州—宁德—南平—鹰潭—上饶发展轴、厦门—漳州—龙岩—赣州发展轴、泉州—莆田—三明—抚州发展轴、温州—丽水—衢州—上饶发展轴和汕头—潮州—揭阳—梅州—龙岩—赣州发展轴；"九区"即厦门湾发展区、闽江口发展区、湄洲湾发展区、泉州湾发展区、环三都澳发展区、温州沿海发展区、粤东沿海发展区、闽粤赣互动发展区、闽浙赣互动发展区。由此，海西内部各区域有了相对明确的发展定位与分工，可以避免同构竞争，从而有助于整合海西内部各区域的比较优势，推进海西内部区域分工合作与协调发展。

参 考 文 献

陈德宁，杨再高，王宇雯，等. 2005. 大珠三角经济格局变化过程与特征. 珠江经济，7: 14-21.

国家统计局. 2014. 中国统计年鉴 2014. 北京：中国统计出版社.

国家统计局. 2019. 中国统计年鉴 2019. 北京：中国统计出版社.

林耿，许学强. 2005. 大珠三角区域经济一体化研究. 经济地理，25（5）：677-681.

刘南威，何广才. 1992. 澳门自然地理. 广州：广东省地图出版社.

路紫. 2010. 中国经济地理. 北京：高等教育出版社.

石巧荣，王晓雷，李长春. 2010. 外向型非均衡增长模式的动态演进——基于广东经济的实证分析. 北京：中国经济出版社.

王静爱. 2007. 中国地理教程. 北京：高等教育出版社.

王丽娅，陈弦. 2010. 泛珠九省（区）经济社会发展的比较研究. 北京：中国经济出版社.

曾昭璇. 1993. 台湾自然地理. 广州：广东省地图出版社.

赵济. 1995. 中国自然地理. 3 版. 北京：高等教育出版社.

赵济，陈传康. 1999. 中国地理. 北京：高等教育出版社.

赵子能，苏泽霖. 1985. 香港地理. 黄镇国，陈铭勋译. 广州：广东科技出版社.

思 考 题

1. 分析华南区的区位优势。

2. 华南区"一国两制"的区域优势与问题有哪些？

3. 运用统计资料，分析华南区的经济发展的地位变化？并解释这种变化的原因？

4. 华南区域内部差异显著，收集课外资料，以广东省为例分析这种差异性。

---

① 《国家经济地理》2011 年第 1 期总第 001 期第 50 页。

第二十七章 西北地区

第一节 区位、自然条件与自然资源

一、区位

西北地区位于31°42′～53°23′N，73°40′～126°04′E，最西端在新疆帕米尔高原东缘的乌孜别里山口以西，最东端为内蒙古自治区呼伦贝尔市鄂伦春自治旗太子杨山，最北端在新疆布尔津县北部友谊峰，最南端在陕西省安康市镇坪县南部的钟宝镇。

西北区地理位置的显著特点是远离海洋。甘肃最东端距渤海和黄海分别达 800km 和 1000km，最南端距北部湾约 1300km，河西走廊和新疆完全深居内陆。对于中国这样一个以东亚暖湿气流为主要降水来源的国家而言，远离海洋不仅造成西北区海上交通困难，还导致西北降水奇缺和大片地区自然景观的荒漠化。

西北地区与蒙古、俄罗斯、阿富汗、巴基斯坦等国相邻，是我国重要的边疆地区，也具有开展对外贸易的条件，促进这一地区的经济的增长，有利于促进各民族的团结，也有利于开拓我国的外贸市场。

西北地区包括内蒙古自治区、陕西省、甘肃省、宁夏回族自治区、新疆维吾尔自治区五个省级行政单位。土地面积约 356.89 万 km²，约占全国土地面积的 37.2%，西北地区人口总数为 1.22 亿人，人均土地面积 0.029km²，远远高于全国平均水平，但是，可利用的土地面积则十分有限。

二、自然条件

（一）干旱大陆性气候

西北地区主要位于中国地势第二级阶梯，以高原和盆地为主。东部内蒙古高原（包括河套平原、宁夏平原、河西走廊）平坦开阔，为典型温带草原。中西部多沙漠、戈壁，山地与盆地相间分布的地形明显。境内山脉大多呈东西走向，阻挡了来自海洋的湿润气流，因而形成了中国最干旱的地区，温带大陆性气候十分显著。然而，高大山地的迎风坡面可以获得较多的降水，形成荒漠中的湿岛。高山上孕育了众多的冰川积雪，山坡上还有绿色的草原和苍翠的森林，发源于高山冰雪区的河流，在山前平原又形成了大片绿洲沃野，改变了荒漠地区的单调景色，"绿洲"是当地主要的农业区。

1. 热量丰富，气温变化大

本区云量稀少，日照时数较长，热量资源丰富，极利于作物的生长发育，也致使气温的日较差和年较差都很大。虽然盆地气候效应明显，冬季冷空气的流动受到四周高地形阻挡，且越过山地后有下沉增温作用，存在逆温现象，但因靠近冷高压的源地，经常发生暴风雪和沙尘暴天气；夏季吐鲁番盆地是中国的"热极"，比中国同纬度其他地区气温偏高，最高温可达 40～45℃。最热月与最冷月的温差大，达到 35℃ 以上。

2．降水稀少，相对湿度小

西北地区是中国气候最为干旱的地区。由于深居内陆，远离海洋，加上周围高山、高原的阻挡，地形闭塞，海洋水汽难以送到，水循环很不活跃；全年晴天多，云量少，缺乏水分的补给，降水量远比同纬度其他地区为少，形成干旱和极端干旱气候。除高大山地及北疆西部的伊犁、塔城等地区外，绝大部分地区年降水量少于 400mm，南疆地区普遍不足 80mm，吐鲁番盆地托克逊多年平均降水量只有 5.9mm，是中国年降水量最少的站点。但是，有明显的迎风坡多雨，随海拔高度升高，降水有所增多的趋势，最大降水量带在 2000～2500m 左右，之后又趋于减少。

由于降水量少，云层稀薄，日照时数较长，光照资源充足，因而相对湿度很小，大部分地区相对湿度在 60%以下，南疆、阿拉善地区约为 45%。特别是在夏季，在高温、多风的情况下，相对湿度小于 30%，常出现干热风。

3．春季多大风

当春季下层空气剧烈增温时，空气层结不稳定，风速增大，常有 8 级以上大风。特别是山谷隘口处，风力更大，如阿拉山口、老风口、达坂城、七角井等地，都是著名的风口。阿拉山口平均全年有 155 天出现大风，达坂城有 128 天。有时还伴有沙尘暴发生。

（二）山地与盆地相间分布的地表结构

西北地区的西部新疆境内，阿尔泰山脉位于新疆北缘，平均海拔 1000～3000m，最高山峰友谊峰高达 4374m；昆仑山脉位于新疆南缘，平均海拔 5500～6000m，最高山峰乔格里峰高达 8611m，是世界第二大高峰；天山山脉是新疆最有代表性的山脉，平均海拔 3500～4500m，最高山峰托木尔峰高达 7435m，它横亘于新疆中部，将新疆分作天山北部（北疆）、天山南部（南疆）两块区域，是新疆南北之间一条重要的地理界线。它是南北气候的分水岭。阿尔泰山和天山之间是准噶尔盆地；天山与昆仑山之间是塔里木盆地，构成了"三山夹两盆"的地表结构特征。西北地区的东部，自北而南分布着阿拉善高原、北山山地、河西走廊与祁连山，山地与盆地相间分布的特征也非常明显。

位于天山南和昆仑山北的塔里木盆地，是中国最大的盆地，盆地长约 1500km，最宽约 600km，外貌呈不规则菱形，面积为 53 万 km²。盆地西部有巍峨的天山南脉和帕米尔高原，南部是高峻而宽广的喀喇昆仑、昆仑及阿尔金山脉，盆地向东倾斜。盆地东面虽有宽约几十公里的疏勒河谷通向河西走廊，水系不能外流，亦属全封闭的内陆盆地。其间有中国第一大沙漠——塔克拉玛干大沙漠，面积达 33 万 km²。盆地上缘连接山地的为砾石戈壁，砾石戈壁与沙漠间为冲积扇和冲积平原，绿洲多分布于此，为南疆重要的农业区。

位于天山与阿尔泰山之间的准噶尔盆地，西部为一系列低山，统称为准噶尔西部山区，东面有北塔山和延伸到甘肃的北山，大致呈三角形，向西倾斜，属封闭盆地。盆地东西长 700km，南北宽 370km，面积 38 万 km²。其间有中国第二大沙漠——古尔班通古特沙漠，面积 4.88 万 km²。盆地地貌分三个部分：北部平原北至阿尔泰山南麓，南至沙漠北缘，风蚀作用明显，有大片风蚀洼地，南部平原南至天山北麓，为北疆主要农业区；中部沙漠区大部分为固定半固定沙丘，丘间洼地生长牧草。

山区中还有很多较大的山间盆地和宽广谷地。天山山区有哈拉峻、拜城、尤尔都斯、焉耆、吐鲁番、哈密等盆地与伊犁、乌什等宽广谷地；帕米尔高原有塔什库尔干盆地；昆仑山中有阿克塞钦盆地、玉龙喀什河上游谷地及民丰县南部的山间盆地；阿尔金山中有阿牙克库木山间封闭盆地及喀拉米兰盆地。上述山间盆地和谷地中海拔较低的地区是这一地区最重要农业区，海拔较高的则主要是牧区。

区内的地势相差悬殊，最高的喀喇昆仑山的乔戈里峰，海拔 8611m，是世界第二高峰；最低的吐鲁番盆地艾丁湖面，在海平面下 154m，是中国境内地势最低的地方。

（三）生态脆弱，环境持续恶化

干旱少雨的气候，覆被松散的地表、多而集中的大风等自然原因，加上过度樵采、过度放牧、过度农垦等人为因素的共同影响，西北地区的土地退化严重。

1. 干旱频繁，水资源短缺

西北 4/5 以上的地区属大陆性干旱、半干旱气候区，降水少，蒸发多，且全区降水普遍变率大，保证率低，旱灾频繁而又影响地域广，"十年九旱"便是其真实写照。干旱导致农耕生产低而不稳或需完全依赖灌溉，历来是西北农牧业发展的心腹大患。

由于干旱少雨，西北成为中国水资源最贫乏的区域。全区多年平均水资源总量为 2235 亿 m^3，仅占全国的 7.95%；平均年产水模数为 7.23 万 m^3/km^2，只相当于全国平均值的 1/4。地下水有限并且超量开采，水资源成为制约西部发展的首要因素。水资源逐年减少主要表现为冰川后退、湖泊萎缩和水资源受到污染。西北地区水资源主要储存于高山冰川，但因全球变暖和干旱的影响，冰川后退。随着冰川面积大范围缩小，冰川融水在河水流量中的比重和径流总量均会下降。西北的内陆湖由于受气候与人类活动的影响，湖面不断缩小，如罗布泊原是著名的内陆湖，100 多年前湖面曾达 3000km²，由于塔里木河堤引水，进入湖区的水量逐渐减少，到 20 世纪 50 年代，湖面缩小为 2006km²，1972 年完全干涸。

2. 荒漠化扩张，水土流失严重

西北是中国荒漠分布面积最广的地区，在过去的几十年中，尽管本区防治荒漠化的成就显著，但人为的破坏也在同步进行，治理的速度赶不上荒漠化扩张的速度，风蚀沙化势头未能得到有效控制。由于不合理的开垦、过牧、樵采和缺水，导致沙漠化的速度在加快，20世纪 50～70 年代，西北干旱风沙区沙漠化每年以 1560km² 的速度扩展，进入 80 年代扩展速度发展到 2100km²/a，90 年代初增至 2460km²/a，90 年代末增加更为明显，每年约损失一个中等县的土地面积。荒漠化与风沙曾淹没过大西北不少地方辉煌的历史，如今更直接威胁着这里的农田牧场、城镇村庄、水利设施和交通干线，严重影响了当地群众的生产生活，制约着社会经济的发展。

西北地区也是全国水土流失最严重的地区，尤其以黄土高原最为严重，该区总面积约 54 万 km²，水土流失面积已达 45 万 km²，其中严重流失面积约 28 万 km²，每年通过黄河三门峡向下游输送的泥沙量达 16 亿 t。黄河每年流失土壤相当于 33.33 万 hm² 耕地 30cm 厚耕层土壤，流失土壤的 N、P、K 养分相当于全国 1989 年化肥用量的 177%。区内陕西省的水土流失面积占全省总面积的 48%，宁夏甚至超过一半，甘肃也达 1/3。水土流失使土壤贫瘠，地力下降，

农业生产低而不稳，甚至引发滑坡和泥石流，冲毁耕地和水利设施，成为黄河泥沙的主要来源和下游河床淤积抬高的直接原因，并加剧了黄土高原地区自身频繁的水旱灾害。

3．土地退化，土地盐渍化现象普遍

西北的草地多属干旱和荒漠草地，其植被一旦被破坏就极难恢复。特别是加上超载放牧、滥垦乱挖、采矿和草原建设缓慢的人为因素的影响，西北地区的草地大面积退化、沙化、盐碱化和黑土滩化（由鼠虫害引起），使土地完全丧失生产力，生物群落消失，形成沙漠、戈壁、裸地、裸岩等。

西北的干旱气候也易使土壤盐分积累，加上不合理的灌溉等，土地次生盐渍化发展迅速，全区不同程度盐渍化土地面积已达 132.5 万 hm^2，占全国的 17.4%。以河西走廊民勤绿洲湖区耕地盐渍化面积扩展为例，1958 年该区盐渍化面积 105.3km^2，1963 年达到 122.7km^2，1978 年为 220.7km^2，1981 年为 255.9km^2，20 世纪 90 年代中期已超过 300km^2。另外，绿洲中地下水的不合理利用，也可致使土壤次生盐渍化，造成绿洲耕地土壤肥力下降，地下水质恶化，严重影响到绿洲的生存。

三、自然资源

（一）矿产资源

西北区内矿产资源丰富，煤、石油、天然气、盐类、石棉、石灰岩、石英岩、铅锌、铜、镍、钼、黄金、铬、铍、锂、钴等矿产储量居全国前列，其中能源矿产资源、盐类矿产、铅锌矿等在全国占有重要地位。

西北地区煤炭资源蕴藏极其丰富，开发潜力十分巨大。煤炭资源预测的地质储量超过全国 2/3，探明保有储量超过 3009 亿 t，占全国的 30% 以上。煤炭资源种类齐全，分布广泛而又相对集中，尤以天山南北两侧、鄂尔多斯盆地及其周围地区分布最为集中，新疆煤炭预测资源量达 2.19 万亿 t，占全国的 40%。陕西长城沿线地区和渭北地区、宁夏贺兰山以东地区、甘肃省平凉地区等煤田煤炭探明储量占了全区煤炭保有储量 95% 以上。已开采的神府、宁东、贺兰山煤田、华亭、黄陵、彬长和渭北等大型煤田普遍煤质优良，开采条件良好，多数矿区适合大规模开采。新疆的塔里木盆地、准噶尔盆地、吐鲁番盆地，甘肃的河西走廊，陇东高原，陕西的陕北地区，四川的四川盆地都探有大规模的油田和整装天然气，是中国开发石油、天然气的重要基地，已探明天然气 26 万亿 m^3，占全国总储量的 86%。

虽然西北地区气候干旱，但因处于地形的阶梯过渡处，水能资源丰富。全区可供开发的水能蕴藏量达 3700 多万 kW，尤以黄河干流上游最为富集，仅黄河龙羊峡至青铜峡 918km 长的河段，就可建设 25 座大中型梯级水电站，总装机容量达 1520 多万 kW，年发电量 557 亿 $kW \cdot h$，相当于整个黄河干流可开发水能资源的一半以上（目前已开发利用的不到 1/5），堪称全国水电的"富矿区"，而且淹没损失小，搬迁人口少，工程造价低，经济效益高，可实现西电东送。

西北地区以有色金属、盐湖资源和部分非金属资源为主的矿产资源也十分丰富。镍、铁、铝、铬等金属富矿，稀土和锡等金属资源远景储量居全国之首。金矿储量占全国 14.2%，银矿占 10.9%，铜储量占 13.4%，铅储量占 18.3%，锌储量占 14.8%，钾盐、镁盐和钠盐储量占全国 90% 以上。其中，甘肃河西走廊地区盐湖资源储量巨大，铬、钨、锰、铁等

金属矿产和石棉、石灰石、芒硝等在全国也占有重要地位；金昌镍矿的镍和铂族金属保有储量分别占全国的 70%和 90%以上；东部的陕甘宁地区镍、钴、钼、铼、铅锌、铜、锑、镁、汞、金等有色金属矿产和石棉、石英岩、石灰岩等非金属矿产居全国前列；陕西金堆城的钼、铼产量居全国第二位；东秦岭地区和柴达木盆地的铅锌矿在全国也占有重要地位。

（二）旅游资源

西北地区开发历史悠久，是中华文明发祥地之一。这里文物古迹丰富，有大量不同历史时期遗存下来的各种古建筑、古墓葬、古遗址、石窟等文物古迹和历史名胜，涵盖了包括古人类遗址、周秦汉唐等朝代的帝王都城与陵墓遗址、古要塞和古战场、（佛教、道教、伊斯兰教等）各种宗教建筑及文化遗存（如寺庙、佛塔、石窟）等类型，其历史文化价值之高，知名度之大，空间聚集度之高国内少有。

西北地区民族众多，历史上又曾是汉、藏、回、蒙等多种民族文化交流融合最显著的地区。除汉族外，还居住有维吾尔、哈萨克、回、蒙古、藏、柯尔克孜、锡伯、塔吉克、乌孜别克、塔塔尔、俄罗斯、东乡、保安、裕固、土、撒拉等数十个少数民族，各民族建筑、服饰、食品、集市、手工艺品、传统节日和集会活动等绚丽多姿，风情独特，是最富特色的人文旅游资源之一。

西北地区幅员广阔，从东到西依次有陕甘秦巴山地、陕甘宁黄土高原、毛乌素沙地、贺兰山及宁夏河套平原、阿拉善高原与河西走廊、祁连山、塔里木盆地、天山山脉、准噶尔盆地、阿尔泰山等地貌单元，气候由半湿润、半干旱到干旱，自然地理环境差异明显，类型多样，别具风采。既有千沟万壑、塬墚峁风采各异的黄土景观，又有广袤浩瀚沙漠戈壁和鬼斧神工的雅丹地貌奇观，还有雄伟粗犷、雪域高寒的冰山雪峰。华山、黄河壶口、宁夏沙湖、青海湖鸟岛、天山天池等景色奇特壮观，三江源、太白山、六盘山、天山、阿尔金山等以保护珍稀动植物和独特生态的 48 个国家级自然保护区和上百个省级自然保护区，在保护好珍稀动植物资源和特殊生态系统的前提下，进行旅游开发的潜力很大。

西北地区得天独厚的自然条件、雄浑壮丽的自然景观、高大奇绝的地形地貌、多样的气候类型、完整的生物体系、异彩纷呈的人文景观、色彩缤纷的民俗风情、丰富的特色物产，使西北旅游资源具有大容量、多样性、独特性、垄断性的总体特征，这些旅游资源所蕴含的新奇感、神秘感、粗犷感和原始感是其显著特征。

第二节　经济发展与经济地域

一、经济特征

（一）以灌溉农业和放牧业为主体的第一产业

1. 灌溉农业发达的种植业

西北地区除陕北黄土高原、陇中黄土丘陵、渭河谷地、湟水谷地、汉水谷地以及祁连山地、天山山地、阿尔泰山山地外，其他广大地区的年降水量大部分都在 200mm 以下，干燥度均大于 2，这就决定了西北地区的农业生产难以依赖自然降水，必须进行人工灌溉。

由于降水少，干燥度大，西北地区只有极少数较湿润的地区可以直接利用河水常年灌溉，主要分布在汉水谷地，其耕地中水田和旱地大致相等。在半湿润或半干旱地区的黄土高原或黄土丘陵，因降水变率大，水土流失严重，多采用井灌，耕作粗放，广种薄收。

在有冰川融水自流，地表水和地下水资源较为丰富的平原和盆地，主要发展绿洲农业。由石羊河流域绿洲、黑河流域绿洲、疏勒河流域绿洲组成的河西走廊绿洲，面积约 1.9 万 km^2，占河西走廊总面积的 17.4%；由叶尔羌河、阿克苏河等流域绿洲组成的塔里木盆地绿洲，由玛纳斯河、奎屯河等流域绿洲组成的准噶尔盆地绿洲，以及伊犁河谷绿洲、吐鲁番-哈密盆地绿洲、焉耆盆地绿洲等，绿洲总面积约 7 万 km^2，占新疆总面积的 4%左右。宁夏的银川平原绿洲，虽然面积不大，却是灌溉农业发达的种植地区。

宁夏的银川平原、甘肃的河西走廊、新疆的伊犁谷地，都是西北地区重要的商品粮生产基地。塔里木盆地、吐鲁番盆地、准噶尔盆地南部，都是我国重要的棉花生产基地、甜菜生产基地和水果生产基地。国家已将新疆列为全国最大的棉花生产基地和重要的粮食生产基地。这些农业生产基地的建立，对西北地区今后的食品工业、纺织工业和对外贸易的发展有重要意义。

2. 以天然放牧为主的畜牧业

西北地区是中国畜牧业的主要基地。西北大部分地区，尤其是西部的干旱和半干旱的荒漠地区，水分和气温都适宜牧草生长，适合天然放牧。由于地形复杂和降水、气温的差异，又形成多种类型的草场。①干旱温带半荒漠草场，包括宁夏的大部分和甘肃的陇中，草场辽阔，草质好但产量低；②干旱温带草原草场，包括陕西北部、宁夏南部和甘肃中部，产草量低而不稳定，牧草生长期较长，利于牲畜越冬；③极干旱温带荒漠草场，包括甘肃的河西走廊和新疆哈密地区的北部，是中国最干旱的地区之一，草场面积有限，主要分布在山坡、山前滩地和一些河流阶地；④极干旱暖温带荒漠草场，包括天山以南的塔里木盆地、吐鲁番-哈密盆地，以及北山以南的安西-敦煌盆地，是中国最干旱的地区，草场覆盖率小，产草量低，质量差，载畜能力有限；⑤半干旱、半湿润温带草原和草甸草场，包括阿尔泰山西南坡、准噶尔西部山地、天山山区和伊犁谷地，地形复杂，降水尚可，在冬季于海拔 1500～2000m 上下形成相对逆温层，是冬牧场，饲料不足，大风雪威胁牲畜过冬；⑥高原温带草场，主要包括祁连山，西段大部分是荒漠草场，产草量低，质量差；而中东段较湿润，以草甸、草原草场为主。

西北地区的畜牧业具有较高的经济效益和社会效益，具备了大力发展畜牧业的可行性，今后发展进一步需要改进的是加强基础设施建设，抵御恶劣的灾害性天气，重视产品加工与品牌培育，增强市场的竞争力。应该积极配合做好国家"三北防护林"工程的建设，以及相应退耕还林还草政策，改善畜牧区环境日益恶劣的情况，做好畜牧区的防风防沙和水土保持工作。

（二）能源和资源依赖型的第二产业

中国能源工业的布局与发展重点正由东向西转移，随着西北地区天然气的大规模开发，这一地区正成为中国重要的能源工业中心。依赖巨大的资源优势，西北地区的原材料工业得到了充分发展，已建立起一个以有色金属和化学工业为主体，包括黑色冶金和建材等多种工业部门在内的庞大体系，实力相当雄厚。

1. 能源资源优势突出

西北地区在全国煤炭开发布局和优质煤出口中占有重要地位，是仅次于环渤海地区的全国第二大余煤区和商品煤外调基地。区内煤炭的开发布局和资源赋存与工业化水平基本吻合，已形成渭北、贺兰山两大年产超千万吨的煤炭基地和乌鲁木齐、哈密、靖远、窑街、华亭、大通等年产超百万吨的重点统配矿区。目前中国最大、世界罕见的陕北神府一蒙西东胜煤田，是我国兴建总投资仅次于三峡工程的中国另一个跨世纪工程——神华工程。

西北地区石油工业的发展历史在国内最久，早已形成从原油开采、输送到提炼加工的完整体系。以克拉玛依为中心的准噶尔油田是中国第四大油田和西北地区高产、稳产时间最长的主力油田；塔里木河吐哈油田已成年产超百万吨的大型油田。形成了接近消费区和原料地两种炼油工业布局，主要有兰州、独山子和乌鲁木齐 3 个大型炼油厂，和克拉玛依、玉门、庆阳、银川、延安、泽普等中型炼油厂。

黄河干流上游是中国水电的重点开发区，已建成了龙羊峡、刘家峡、李家峡、盐锅峡、八盘峡和青铜峡等 6 座大中型水电站，构成了中国目前最大的梯级水电站群。

2. 实力雄厚的原材料工业

20 世纪 50 年代以来，依托巨大的资源优势，西北地区的原材料工业得到了充分发展，已建立起一个以有色金属和化学工业为主体，包括黑色冶金和建材等多种工业部门在内的庞大体系，实力相当雄厚。

有色金属工业是使西北地区迅速崛起的首要原材料工业部门。其发展主要取决于两个因素：一是立足区内丰厚的资源基础，进行大规模的开发生产；二是依靠区内廉价的水电和冶炼技术优势，输入区外的资源进行加工冶炼。前者以电解铝生产最典型，后者则以稀土工业为代表。

西北地区的有色金属工业主要集中于"一岸两翼"地区。"一岸"是指黄河上游沿岸。当地及毗邻地区丰富的有色金属矿藏和廉价又相对充足的黄河水电的良好组合，使该地带具备建设强大的全国性有色金属基地的优越条件。现已建成集全国最大多种有色金属基地——白银有色金属公司，以及连城、兰州、青铜峡等大铝厂和若干中型铝厂构成的全国最大的电解铝基地，以及全国最大的氯化稀土基地——甘肃靖远稀土公司，最大的钽铌基地——宁夏石嘴山有色金属冶炼厂等。黄河上游沿岸现已成为中国的"有色金属长廊"。"两翼"是指黄河上游沿岸所辐射的东西两侧地区。这里有依托世界第二大多金属共生铜镍矿发展起来的全国最大的镍钴生产基地和铂族金属提炼中心——金川有色金属公司，全国最大的铅锌精矿基地——陇南厂坝铅锌矿，还有跻身全国三大铝加工基地之列的陇西西北铝加工厂等。

充足的油气和煤炭资源，与日俱增的市场需求，给西北地区以石油化工为主导的化学工业的发展提供了广阔的空间。化学工业正在成为本区最具活力的原材料工业部门之一，主要集中于甘宁黄河沿岸、天山北坡和关中地区。

本区的黑色冶金工业的特点是铁合金和碳素等高耗能工业发展迅速，空间布局主要集中于水电、硅石、石英石和煤炭资源富集的黄河上游沿岸，产品绝大部分东调全国各地并成为西北出口换汇的拳头产品。

（三）以陆路运输和商业贸易为中心的第三产业

1．地位突出的交通运输业

虽然西北地区的铁路与公路的密度并不高，但由于全区与周边 7 个亚洲国家接壤，是中国面对北亚和欧洲腹地的重要通道。

铁路是西北地区综合运输网的主干，它不仅沟通了区际乃至国际的联系，而且连接了西北各大经济核心区、主要中心城市和重点能矿资源开发区。形成了以兰州、西安、呼和浩特和宝鸡、包头、集宁为枢纽，以陇海—兰新铁路为主轴，以包兰—兰青线、宝中—宝成线、阳安—襄渝线、集二线、西延—包神线为骨干的铁路网。不仅成就了通过满洲里、二连浩特和阿拉山口的欧亚陆桥，也由此带动了关中、陇中、河西走廊和天山北坡的崛起发展。但是仍然存在能力不足，线路少，标准低，与东部联系的通道少的现状。

虽然目前公路还存在密度低、等级低的现状，但现已形成以各省会城市为主枢纽，国道、省道、县乡公路和高速公路、国际公路相互结合、四通八达的公路运输网，各级公路正在发挥着越来越大的作用。

今后西北地区交通运输业的发展方向，依然是以铁路和公路运输为主，不断加强机场、天然气管道干线建设，加快打通西部地区与东部地区运输通道，并实现通江达海，联络周边的运输通道，尽快形成全国统一的综合运输体系，促进我国西部地区与东部地区、周边国家的联系和交流。

2．日趋活跃的商贸流通业

改革开放以来，随着经济的不断增长，西北地区的商贸流通业日趋活跃，一个大商贸、大市场、大流通的格局已现雏形，初步形成了以省会城市和交通枢纽城市为中心，遍布全区城乡各地的商业流通网络。

商贸业的空间布局主要沿亚欧大陆桥东西展开，并且一些各具特色的商贸中心正在崛起。兰州依托居中的有利区位，正在建设成为西北的商贸中心；西安借助其地处亚欧大陆桥经济带中心和中国中西部交通要冲的区位，正在向中国北方中心部商贸金融中心的目标迈进；乌鲁木齐则依托地利之便，正在发展成为西北的外贸中心和中亚的旅游购物中心；呼和浩特则利用其毗邻环渤海经济区和资源富集的优势，成为综合开发中心。

3．亟待开拓的旅游业

目前西北地区的旅游业已呈现出旅游资源和线路开发以丝绸之路为主轴，依托亚欧大陆桥，初步形成了东西延伸、辐射南北的发展格局。旅游区建设以西安、兰州、敦煌、乌鲁木齐和喀什为中心，已形成关中、黄河干流上游、河西走廊西部、天山北麓和南疆西南部等 5 个各具特色、功能齐全的重点旅游区。

但是，由于目前西北地区的交通还不是很便利，旅游投入不足，旅游开发各自为政等原因，旅游发展仍处于较低水平，与自身突出的资源优势极不相称，亟待提升与开拓。

二、经济地域

（一）西陇海—兰新经济带

西陇海—兰新经济带是中国西部大开发战略重点区域的重要组成部分，东起陕西的潼关，西到新疆的阿拉山口，是欧亚大陆桥的一部分。西陇海—兰新线贯穿陕西、甘肃、新疆三省（区），是连接中国东西的交通大动脉。西陇海—兰新经济带是西北地区城市相对密集的地带，集中了陕西、甘肃和新疆的大部分城市，城市的分布比较集中，城市化水平也高于西部地区的平均水平。沿线经济带有14座城市，涉及陕西关中地区、甘肃兰州白银经济区、新疆天山北坡经济区等。面积仅为三省（区）的8.9%，但国内生产总值却为三省（区）的53.9%、西北五省（区）的47.6%。

西陇海—兰新经济带的经济发展目标是：以电子信息、机电一体化等高新技术产业为先导，以现代军事工业和现代技术应用领域为主体，形成能源原材料与现代制造工业、畜牧与经济作物种植业、旅游—金融—物流—商贸业等全面发展的产业体系。

1. 以西安为中心的关中—天水经济区

关中即为关中平原，指陕西秦岭北麓渭河冲积平原，又称关中盆地，其北部为陕北黄土高原，向南则是陕南山地、秦巴山脉，是陕西的工农业发达和人口密集地区，号称"八百里秦川"。关中地区总面积5.55万km^2，行政范围包括西安、铜川、渭南、宝鸡、咸阳、商洛等6个城市，集聚了全省约60%的人口。以西安为中心的关中地区，在全国区域经济格局中具有重要战略意义，被国家确定为全国16个重点建设地区之一。

天水市位于甘肃东南部，东临陕西省宝鸡市，西、北、南分别与定西、平凉和陇南相接，有"陇上小江南"之称。总面积1.44万km^2，全市横跨长江、黄河两大流域，新欧亚大陆桥横贯全境。天水经济开发较早。新中国成立后，工业发展较快，特别是国家"三线"建设时期，一批企业相继搬迁天水，天水逐步发展成为西北地区的重要工业城市，是国家老工业基地之一。目前已形成了以加工制造业为主体，电子电器、机械制造、轻工纺织三大行业为主导，食品、建材、化工、冶金、皮革、烟草、塑料等行业竞相发展，门类较多、技术装备较好、具有一定实力和特色的区域工业体系。

关中—天水经济区地处亚欧大陆桥中心，处于承东启西、连接南北的战略要地，是中国西部地区经济基础好、自然条件优越、人文历史深厚、发展潜力较大的地区。其发展的总体目标定位是：建设成为西部及北方内陆地区的开放开发龙头地区，以高科技为先导的先进制造业集中地，以旅游、物流、金融、文化为主的现代服务业集中地，以现代科教为支撑的创新型地区，领先的城镇化和城乡协调发展地区，综合型经济核心区，全国综合改革试验示范区。农业方面，要建成全国重要的在世界上有重要影响的果业、畜牧业基地，建成全国农业示范基地和航天育种基地。

2. 以乌鲁木齐为中心的天山北麓经济带

天山北麓经济带主要是指西陇海—兰新经济带上从乌鲁木齐到石河子的一段，也被称为乌鲁木齐都市经济区，包括了乌鲁木齐市市辖区、乌鲁木齐县、克拉玛依市市辖区、吐鲁番市、鄯善县、托克逊县、哈密市、昌吉市、阜康市、米东区、呼图壁县、玛纳斯县、奎屯市、沙湾县、石河子市、乌苏市、精河县、博乐市等19个县市。

乌鲁木齐都市经济区主要指基于全疆所提供的资源基础与核心经济区的功能，其建设目标是：西陇海—兰新重点经济带向西开放的前沿产业基地；中国石油天然气资源战略储备基地、生产供给基地和加工利用基地；全球旅游网络上的一个重要节点。乌鲁木齐市作为西北边疆的特大城市和西陇海—兰新线经济带西段主中心城市，发展方向是经济繁荣、功能完善、科技发达、具有民族特色的中国西部现代化国际商贸城。

（二）呼包—包兰经济带

呼包—包兰经济带是中国西部一级经济带"呼包—包兰—兰青线经济带"的中、东段，包括了内蒙古、宁夏、甘肃三省，主要是依据呼包线、包兰线、兰青线三条铁路线途经区域划分的。沿线经济带有集宁、呼和浩特、包头、临河、乌海、石嘴山、银川、吴忠、兰州等大城市，涉及了呼包银—集通线和黄河干流上游地区等主要经济带。其经济发展目标是：构筑以可再生能源与稀土精深加工等新技术应用产业为先导，以能源与高耗能工业、畜牧业及其毛纺-奶肉制品工业、商贸服务业等为支柱的产业结构。

1. 呼包银—集通线经济带

呼包银—集通线以京包—包兰铁路为主轴线，以呼和浩特、包头、银川等城市为节点，依托主要交通干线，延伸辐射内蒙古和宁夏大部分地区以及陕北的部分地区，总面积约 130 万 km^2。该经济带的主要经济流向是环渤海经济区，是西部大开发的东向轴线。

呼包银—集通线经济带具有不可替代的地缘优势，是中国向北开放的前沿。无论是从经济方面，还是从政治和国家安全方面来看，中俄关系在中国开放中始终具有举足轻重的地位。内蒙古与俄、蒙两国有着 4200 多公里的边境线，两条亚欧大陆桥及 18 个陆路口岸沟通内外。以天津港为起点，经二连浩特通过蒙古、俄罗斯进入欧洲，是中国运输距离最短的亚欧大陆桥。对内联结大连港的东线亚欧大陆桥，经满洲里长驱直入俄罗斯以至欧洲，其区位优势和运输条件更是国内其他陆路通道所不具备。

经济带上具有巨大的资源优势，蕴藏着丰富的煤炭、天然气、稀土、黑色及有色金属和盐碱化工等多种资源。在这个经济带内，仅内蒙古就有 42 种矿产资源储量列全国前 10 位，22 种列前 3 位，7 种居全国之首。其中，稀土资源储量居世界第一位。银川及其周边地区是西北干旱带上最具水能优势，也是中国水能资源丰富的地区之一。

呼包银—集通线经济带依托京包—包兰铁路、集通铁路和 109、110 干线公路，与环渤海经济区特别是京津首都经济圈紧密联系。该经济带既是环渤海经济区的重要腹地，又是沟通环渤海经济区与大西北的主要经济通道，具有东进西联的特殊区位优势。加快这一地区的开发建设，充分发挥其支撑联动的功能，不仅能够为西部大开发构建良好的发展框架，而且有利于中国北方经济的整体发展。

2. 以兰州为中心的黄河干流上游地区

内蒙古托克托县河口镇以上的黄河河段为黄河上游，在本区境内流经甘、宁两省，是沿黄河干流上游及其支流湟水谷地两岸纵向延伸的狭长地带。上游河段水多沙少，是黄河的清水来源。根据河道特性的不同，又可分为峡谷段和冲积平原两部分。

出青海到宁夏青铜峡部分为峡谷段。该段河道流经山地丘陵，因岩石性质的不同，形成峡谷和宽谷相间的地貌特征：在坚硬的片麻岩、花岗岩及南山系变质岩地段形成峡谷，在疏松的砂页岩、红色岩系地段形成宽谷。该段有龙羊峡、积石峡、刘家峡、八盘峡、青铜峡等20 个峡谷，峡谷两岸均为悬崖峭壁，河床狭窄、河道比降大、水流湍急。该段贵德至兰州间，是黄河三个支流集中区段之一，有洮河、湟水等重要支流汇入，使黄河水量大增。龙羊峡至宁夏下河沿的干流河段是黄河水力资源的"富矿"区，也是中国重点开发建设的水电基地之一。目前，已建成龙羊峡、尼娜、李家峡、直岗拉卡、康杨、公伯峡、苏只、刘家峡、盐锅峡、八盘峡、小峡、大峡、青铜峡等水电站，总装机接近 690 万 kW，仅占可开发容量的 2/5，正在建设和筹建的约 1/5，尚未开发的仍有约 2/5。其中，龙羊峡至青铜峡河段水能资源尤为丰富，开发条件优越，该河段全长 918km，落差 1324m，规划大中型水电站 24～25 座，总装机容量 1701 万 kW，年发电量 602 亿 kW·h。

从宁夏青铜峡至内蒙古托克托县河口镇部分为冲积平原段。黄河出青铜峡后，沿鄂尔多斯高原的西北边界向东北方向流动，然后向东直抵河口镇。沿河所经区域大部为荒漠和荒漠草原，基本无支流注入，干流河床平缓，水流缓慢，两岸有大片冲积平原，即著名的银川平原与河套平原。沿河平原不同程度地存在洪水和凌汛灾害。河套平原西起宁夏下河沿，东至内蒙古河口镇，长达 500km，宽 20～90km，是著名的引黄灌区，灌溉历史悠久，自古有"黄河百害，唯富一套"的说法。

（三）丝绸之路经济带

"丝绸之路经济带"，是在古丝绸之路概念基础上形成的一个新的经济发展区域。2013 年 9 月 7 日上午，中国国家主席习近平在哈萨克斯坦纳扎尔巴耶夫大学作重要演讲，提出共同建设"丝绸之路经济带"的国际经济合作主张。目的是使欧亚各国经济联系更加紧密、相互合作更加深入、发展空间更加广阔。用创新的合作模式，共同建设"丝绸之路经济带"，是一项造福沿途各国人民的大事业。

"丝绸之路经济带"横跨亚欧大陆，绵延 7000 多公里，途经 30 多个国家，总人口近 30 亿。在我国包括西北五省区陕西、甘肃、青海、宁夏、新疆。西南四省区市重庆、四川、云南、广西。"丝绸之路经济带"，东连广阔的亚太经济圈，西接发达的欧洲经济圈，被认为是"世界上最长、最具有发展潜力的经济大走廊"。丝绸之路经济带地域辽阔，有丰富的自然资源、矿产资源、能源资源、土地资源和宝贵的旅游资源，被称为 21 世纪的战略能源和资源基地，但该区域交通不够便利，自然环境较差，经济发展水平与两端的经济圈存在巨大落差，整个区域存在"两边高，中间低"的现象。

丝绸之路经济带的经济带发展模式是以交通运输干线为发展轴，以轴上经济发达的大城市作为核心点，发挥辐射与带动功能，以此来形成点状密集、面状辐射、线状延伸的生产、贸易、流通一体化的带状经济区域。西北地区国土面积广阔，位于"丝绸之路经济带"的中间地带，经济发展潜力巨大。

（四）"四带一环"城市空间格局

西部地区的城市区域的空间体系受自然条件以及交通条件影响较大，沿江布局、随水而居以及沿重要的交通沿线分布的特征比较明显，形成"四带一环"为特征的城市基本格局。四带是指银川—包头—呼和浩特黄河沿岸城市带、兰州—西安沿河沿岸城市带、武威—张掖—酒泉河西走廊城市带和以乌鲁木齐为中心的天山北麓城市带；"一环"是指新疆南部沿塔里木盆地边缘绿洲分布的城市环带。

沿西陇海—兰新线成为西北地区重要的产业、人口聚集区，也是西北地区城市的主要集聚带。例如，在西陇海—兰新经济带这条综合运输通道沿途 150km 宽度的带状范围内，从东到西串接了 32 个规模不等的大中小城市，占陕甘新三省（区）城市数量的 2/3 以上。

参 考 文 献

白慧妹, 米文宝. 2008. 西北地区旅游资源开发研究综述. 农业科学研究, 29 (2): 84-88.

董晓峰, 何新胜. 2004. 西北地区城市化推进的途径研究. 经济地理, 24 (2): 226-230.

段汉明, 周晓慧, 苏敏. 2004. 中国西北干旱地区城市化过程及空间分异规律. 地球科学进展, 19 (增刊): 407-411.

侯学煜. 1985. 中国西北部干旱区的植被地理分布及大农业大发展方针. 西北植物学报, 5 (4): 249-259.

李吉均, 王乃昂. 2001. 论西北干旱区农业的发展问题. 生态经济, (3): 32-34.

李军, 樊廷录. 2000. 西北农业开发的若干战略问题抉择. 农业现代化研究, 21 (2): 65-68.

李善同. 2003. 西部大开发与地区协调发展. 北京: 商务印书馆.

李涛. 1991. 中国地理. 长春: 东北师范大学出版社.

李振泉, 杨万钟, 陆心贤. 2004. 中国经济地理. 4 版. 上海: 华东师范大学出版社.

刘科伟. 2004. 西北地区农村城镇化发展模式研究. 西北农林科技大学博士学位论文.

刘露, 苏睿先, 陈可馨. 2000. 中国西北地区生态环境的演变及治理策略. 天津师范大学学报 (自然科学版), (21): 1: 70-72.

刘卫东. 2003. 中国西部开发重点区域规划前期研究. 北京: 商务印书馆.

陆大道. 2005-8-21. 中国区域发展与天山北麓经济带. http://scitech.people.com.cn/GB/25509/51788/51790/3631601.html.

路紫. 2010. 中国经济地理. 北京: 高等教育出版社.

孙金铸. 1988. 中国地理. 北京: 高等教育出版社.

王静爱. 2007. 中国地理教程. 北京: 高等教育出版社.

王静爱, 徐霞, 刘培芳. 1999. 中国北方农牧交错带土地利用与人口负荷研究. 资源科学, 21 (5): 19-24.

王兮. 2007. 西北地区城市化发展进程研究. 长安大学硕士学位论文.

王雪. 2009-07-16. 西陇海—兰新产业带产业布局研究. http://www.studa.net/Place/090716/1129253.html.

徐树建. 2002. 我国西北地区生态恢复研究. 地理学与国土研究, 18 (2): 80-83.

张小乐. 2008. 内蒙古城镇化现状、问题及其对策研究. 内蒙古师范大学硕士学位论文.

赵济. 1995. 中国自然地理. 3 版. 北京: 高等教育出版社.

赵济, 陈传康. 1999. 中国地理. 北京: 高等教育出版社.

赵雪雁. 2006. 城市化与西北地区经济发展的互动关系分析. 干旱区地理, 29 (1): 150-155.

思 考 题

1. 西北自然环境的基本特征是什么?
2. 分析西北地区农业生产发展的有利和不利条件。
3. 分析西北地区主要经济地域体的发展特点。
4. 讨论西北地区在"一带一路"建设中的作用。

第二十八章 西 南 地 区

第一节 区位、自然资源与自然环境

一、区 位

西南地区位于 $20°54'\sim34°19'N$ 和 $97°21'\sim112°04'E$，包括重庆、四川、云南、贵州三省一市。全区土地面积 113.7 万 km^2，占全国陆地总面积的 11.8%。2020 年年末总人口20150.05 万人，占全国人口总数的 14.28%，少数民族多达 40 余个，是中国少数民族分布最集中的地区。在地势上，本区地跨中国三大阶梯结合部，这决定了其自然景观的垂直分异显著，农牧业生产的立体性强，自然条件复杂多样，矿产资源是中国最丰富的地区之一，尤其是其水力资源是中国最为丰富的地区。加之南北纬度跨度大，气候类型复杂多样，森林资源丰富，物种多样性为全国各大地区之首，自然景观和人文景观交相辉映。

本区位于中国西南边陲，西部和南部与缅甸、老挝和越南等国毗邻，国界线长达 4060km，是中国与南亚、东南亚诸国的最重要的陆路通道，由于邻国经济较落后，在经济发展上边疆区位作用尚不明显，但边境贸易和国际合作前景良好。在国内西靠青藏、北连甘陕，东接鄂湘桂，是联结中国华中、华南、西北和青藏四大地区的重要通道；在全国经济总体布局中，西南区处于长江经济发展轴与西部大开发地带的结合部。长江上游经济带是整个长江经济带的一部分，西南接青藏高原和云贵高原，东连中游的两湖地区城市经济区，与长江三角洲经济区形成龙首龙尾共舞之势；同时本区构成国家在西部重点开发的西陇海兰新线经济带及南（宁）贵（州）昆（明）经济带的主体，在中国西部具有承东启西融合南北的区位优势。全区生产总值 110214.68 亿元，占全国国内生产总值的 11.12%，是西部经济实力最强、增长潜力最大的地区，在全国经济社会发展的宏观格局中具有十分重要的战略地位。

二、自然条件

（一）基底古老，新构造运动活跃的地质基础

西南地区历经活跃而漫长的地壳运动，其地质构造、地层和岩性之复杂为国内罕见。区内地质构造总体上分为三个构造单元：西部中生界褶皱带、上扬子台褶带和华南早古生代褶皱带。西部中生界褶皱带位于龙门山断裂带—金沙江早中生代板块俯冲带—元江板块缝合线以西，是青藏高原多个古生代和中生代褶皱带（松潘—甘孜褶皱带、三江褶皱带）的东延部分，以早中生代印支褶皱为主，但高黎贡山以西的腾冲一带属晚古生代燕山褶皱。这一地区在印支运动前是古特提斯海的边缘海，印支和燕山期发生板块俯冲，才成为褶皱带。喜马拉雅运动中，亚欧板块与印度板块、太平洋板块碰撞，喜马拉雅山及青藏高原强烈的大面积隆起，川西、滇西等地形成一系列高山低谷，川西北参与整体隆升成为青藏高原的组成部分。新构造运动中属强烈上升区，新老断裂活跃，地震既频繁又强烈，常造成灾害。上扬子台褶

带位于龙门山—金沙江—元江一线以东，包括本区四川东部、重庆市、云南和贵州两省大部，属于扬子地块的一部分。上扬子台褶带形成于晚元古代末期，在古生代和中生代大部分时间处于海洋环境，沉积了厚层的碳酸盐岩，成为本区喀斯特地貌发育的物质基础。印支运动造成龙门山强烈褶皱、逆掩；燕山运动中整个地块的盖层普遍褶皱。三叠纪末川中、滇中成为陆相沉积盆地，其侏罗系、白垩系均为红色建造。新生代本区地壳相对稳定，气候湿热，在喜马拉雅运动中，地台西部全面褶皱、隆起，东半部则剧烈沉陷，云贵高原自西向东发生掀斜式抬升。华南早古生代褶皱带位于滇东南、黔南一隅。地槽型建造主要由震旦系—志留系组成，加里东运动后转化为地台并与扬子地块合并，喜马拉雅运动中继续隆起。

（二）地形起伏巨大，地貌类型齐全

西南地区地跨中国三大阶梯，其主体部分属于二级阶梯。全区大致可分为青藏高原东缘、横断山脉、四川盆地和云贵高原五大地貌单元，东部和北部少数地段属秦巴山地。影响本区地貌发育的主要因素有地质构造、岩性以及流水、岩溶、冰川等外力作用。其主要地貌特征可概括为：

（1）地势西高东低、北高南低，起伏极大。川西滇西山地自北而南的走向清晰地反映了山脊线、高原面和谷地海拔沿同一方向递降的特点。以高原面为例，实际情况是雅砻江源区及沙鲁里山原为4500～4700m，向南到德钦、中甸一带降到3400～3700m，到大理降到2100～2500m，到景洪以南就在100m以下了。地势自西向东阶状下降的特点同样显著，横断山脉最高处约4500m，向东到云南高原平均海拔2000m左右，后者比贵州高原又高出约1000m。地势起伏之大也为其他各区所罕见。区内最高峰贡嘎山海拔7556m，而重庆—湖北交界的长江江面、云南河口元江江面均不足100m，两者相差近7500m。局地的岭谷高差也颇悬殊，常常达2000～3000m，有些地方甚至超过4000m。

（2）以山地高原为主的地貌类型。由于褶皱带分布很广，而扬子地块并不十分稳定，构造背景对西南地区地貌格局的决定性作用是导致其多山地高原。区内地貌类型齐全，兼有山地、高原、丘陵、平原和盆地，但以山地高原占绝对优势，丘陵次之。四川省山地、高原、丘陵和平原分别占全省面积的77.1%、4.7%、12.9%和5.3%，其中山地高原共占82.4%；重庆市山地、丘陵和平原（平坝、缓丘）分别占全市面积的60%、30%和10%；云南省山地与高原占全省面积的94%；贵州省山地、高原占87%，丘陵占10%，平原仅占3%。

（3）岭谷相间平行展布，高山峡谷蔚为壮观。地貌发育深受地质构造控制，山脉、谷地走向与构造线走向基本一致。受三江褶皱系的控制，横断山脉山岭自西而东包括伯舒拉岭、高黎贡山、怒山、宁静山、云岭、沙鲁里山、大雪山、邛崃山等；山岭褶皱紧密，断层成束，怒江、澜沧江、金沙江、大渡河、安宁河等许多大河都沿深大断裂发育，呈现南北向山岭近乎东西平行排列的地貌形态；金沙江、澜沧江和怒江形成三江并流的奇观。横断山脉新近纪中期这里地壳缓慢上升，经受了长期剥蚀夷平，形成广阔夷平面；至新近纪末期至第四纪初期构造运动异常活跃，统一的夷平面变形、解体，岭谷高差趋于明显，第四纪又经历多次冰川作用；但区内丘状高原面和山顶面可连接为一个统一的"基面"，"基面"上有山岭，下有河谷和盆地。四川盆地东部以扬子地块内坳陷为其构造背景也形成北北东向平行岭谷的地貌。贵州高原与上扬子台褶带内的小型坳陷同样有成因联系，山岭多呈北北东向或北东向平行排列。

流水的深切割塑造了独特的峡谷地貌。川西、滇西山地岷江、大渡河、雅砻江、金沙江、

澜沧江、怒江等大河及其支流的纵向构造谷地，多列深邃的峡谷与高大山脉相间并列，蔚为壮观，同时成为阻隔川藏、滇藏交通的屏障。金沙江峡谷群总长度超过 1000km，位于石鼓以下的虎跳峡岭谷高差最大可达 5000m，在 16km 距离内落差 170m，而江面最窄处仅有 30m，堪称一绝。四川盆地、云贵高原诸河，包括川江及其支流，把边江、元江等，都有或长或短的峡谷，川江除有华龙峡、明月峡、关刀峡等近 10 个峡谷外，还在重庆市东部切穿巫山形成了著名的三峡。

（4）千姿百态的典型喀斯特地貌。喀斯特地貌在西南地区的分布及其普遍。北自川甘、川陕边界的岷山、米仓山、大巴山，南到西双版纳，西起横断山脉，黔桂边界。但较为集中的仍数滇东地区、贵州、四川盆地南缘。

云南大部、云南东部和川渝两省市边缘区沉积了质纯层厚的古生界和中生界碳酸盐岩，在湿热气候条件下侵蚀溶蚀并举，形成大面积的典型喀斯特地貌。本区的喀斯特地貌外表千姿百态，小至溶痕、石芽、落水洞、漏斗、竖井、溶蚀洼地，大至峰丛、峰林、孤峰、残丘、石林，甚至广大的喀斯特高原、平原、盆地等地貌，以及溶洞、地下河、暗湖等地下形态。滇东高原西部的喀斯特以石芽、溶沟、溶蚀洼地、孤立石峰和小面积峰林为主，东部则有地下河、盲谷、漏斗、落水洞、溶蚀湖、石林和峰林等。贵州高原喀斯特分布随碳酸盐岩露头而呈若干条带状，地貌类型齐全。高原面和分水岭部位多为发育峰林的巨大喀斯特盆地，坡地除峰林、峰丛外，还多悬谷与瀑布，谷地内则形成峰丛中低山，溶洞数量极多。四川盆地南缘峰林、石林喀斯特盆地分布很广，其间峰丛、溶洞数量之多和分布之密集为其他地区所罕见。

此外，冰川作用对西南地区西部高原山地地貌影响巨大。川西、滇西是中国现代冰川分布的东界和南界所在，冰川作用对现代地貌的发育产生了深刻的影响。川滇两省冰川面积共有 740km^2，类型以悬冰川、冰斗冰川占优势，兼有山谷冰川。西南地区许多山地的崩塌、滑坡、泥石流等灾害地貌十分发育，金沙江、安宁河、小江、怒江等河谷断裂带，滑坡、泥石流均十分发育。横断山、龙门山、秦岭、大巴山、云贵高原及四川盆地等，是我国地形地貌、地层、构造、气候等条件最为复杂多变的地区，川西山区的崩塌滑坡，则经常威胁西南与西藏的交通，云贵高原岩溶塌陷地貌发育。特别是地震活动频繁而强烈，诱发滑坡体运动或崩塌，冲毁道路村庄，形成堰塞湖等地貌，如 2008 年四川汶川地震灾区发现了 34 处堰塞湖，并且其中 8 处的水量在 300 万 m^3 以上。

（三）温暖湿润，干湿季明显

青藏高原的强烈隆升大大改变了东亚大气环流系统，南支西风使西南地区近地面层的西南季风环流被强化，西南季风与东南季风共同影响着本区的气候。西南季风为西南地区带来大量降水，西南低涡夏半年活动形成对流性天气和降水，当低涡被阻滞于四川盆地时可形成阻塞性大雨或暴雨，其向东南移动时滇黔两省都会出现降水。秦巴山地阻碍北方冷空气南下，使西南地区少受寒潮影响。西部广布相对高度巨大的高山高原，因而区内气候既有热量条件的纬度变化，也有水分条件从东南沿海向西北的变化，更有垂直方向上水热组合状况的变化。其主要气候特征有：

（1）年太阳总辐射量低，日照时数短。西南地区是全国年太阳总辐射量最低、日照时数最短的一个区。横断山地至云南中南部太阳总辐射量最多，可达 5500～6000mJ/m^2，其他地区以四川盆地为中心，远及滇东北、贵州全境都是一个辐射低值区，太阳总辐射量多在

4000mJ/m² 以下；黔南、重庆东北部约在 4000～4500mJ/m²。西南地区平均日照日数少，也是全国少见。四川盆地多雾，西部至东南的弧形地带年日照时数仅有 1000～1200h，盆地边缘及贵州大部不超过 1400h；川西北山地高原、横断山地及昆明以北地区年日照时数在 2400～2600h，是西南地区唯一的日照较丰富的地区。

（2）气温较高，年较差小，空间分布十分复杂。西南地区气温较高，大部分地区年平均温为 14～24℃，气温年较差小，但南北差异大，空间分布形式复杂。在西南地区，气温总体上随纬度增加而呈递减趋势，但受起伏多变的复杂地形影响，气温局地性变化异常显著。气温高值区主要分布于河谷低地，金沙江、雅砻江交会带谷地、红河下游谷地、怒江下游及德宏州年平均气温高于 20℃，川南—重庆长江谷地在 18～20℃。高山、高原等中高海拔是明显的低值区，横断山地高山带年平均气温仅为 4～8℃，乌蒙山地低于 12℃，云贵高原大部在 12～16℃。≥10℃积温以滇南三大河谷南段为最多，而川西北山地高原和横断山地为最少。云南元江和河口≥10℃积温分别为 8709℃ 和 8246℃；四川盆地普遍在 5000～6000℃，云南北部和贵州绝大部分为 4000～5000℃，而滇东北、滇西山地低值区中心不足 3000℃，但滇北金沙江谷地局部可达 7000℃ 以上。西南地区大部分地区冬温夏凉，气温年较差远小于其他区。云南景洪、元江、昆明和黔西威宁、赫章一带年较差仅 10～12℃，是我国大陆上年较差最小的地区。昆明最冷月均温 7.7℃，最热月 19.8℃，年较差 12.1℃，因而有"四季如春"的美誉。冬季温暖使得西南地区西部、西南部成为众多动植物越冬的优越场所，原始森林、珍稀动植物保存良好，是中国物种资源、生物多样性最丰富的地区。

（3）降水量丰富，局地差异显著，干湿季明显。西南地区降水丰富，降水量的空间分布明显呈自东南向西北和由南向北递减的趋势，但海拔高度和地面坡向变化造成降水量的局部差异。云南南部、贵州大部和四川盆地是区内降水高值区，年平均降水量 1000～2500mm。高黎贡山斋公房达 3020mm，云南西盟 2748mm，是西南地区降水量最多的地方。川西北高原，横断山地北段和澜沧江、金沙江等干旱河谷，为区内降水低值区，年降水量不足 600mm。区内各地降水量的季节分配极不均匀，西南季风降水为主的地区有明显的干湿季之分。12 月到次年 3 月的 4 个月，是气候上降水量的低谷，多年区域平均日降水量不足 1mm；5 月初到 9 月，西南地区季风气流增强，进入湿季，区域平均日降水量大于 4mm；4 月和 10 月是干湿过渡月份。春季降水量约占全年的 9%～35%，以西南季风降水为主而又位置偏北的地区，比例最低，以东南季风降水为主且位置偏东和偏南的贵州高原，比例最高，四川盆地约占 17%～30%，处于中等水平；夏季降水量占全年 38%～66%，西南季风降水为主的地区比例最高；秋冬降水量分别占全年 21%～28% 和 1%～13%。

（四）河流径流丰富，湖泊成因多样

1. 河流众多，年径流量丰富

西南地区河流分属黄河、长江、伊洛瓦底江、怒江、澜沧江、红河和珠江七大水系（表28-1）。主要河流有发源于青藏高原中东部的怒江、澜沧江、金沙江、雅砻江、大渡河、岷江等，发源于云贵高原的元江、南盘江、北盘江、赤水河、乌江、清水河、柳江等，发源于岷山和秦巴山地的嘉陵江及其支流涪江、渠江。四川西北阿坝州约有 1.69 万 km² 土地属黄河水系。伊洛瓦底江（经缅甸入海）、怒江（入缅称萨尔温江）、澜沧江（出境称湄公河）和红河水系（经越南注入北部湾）等河流属跨国性大河。云贵高原喀斯特区河流多盲谷、暗河。

表 28-1　西南地区七大水系主要参数特征值

水系	集水面积 /km²	占西南地区 比例/%	所在省 （市）	入洋海名称	境内来水 /亿 m³	占西南%	单位面积产 水量 /（万 m³/km²）
长江	783758.7	58.54	川、滇、黔、渝	太平洋东海	4201.4	66.76	53.61
黄河	16889	1.26	川	太平洋渤海	47.6	0.76	28.18
珠江	321090.8	23.98	滇、黔	太平洋南海	512.1	8.14	15.95
红河	76276	5.70	滇	太平洋南海	472.00	7.50	61.88
澜沧江	88655	6.62	滇	太平洋南海	517.6	8.21	58.38
怒江	33484	2.50	滇	印度洋安达曼海	280	4.45	83.62
独龙江	18792	1.40	滇	印度洋安达曼海	263	4.18	139.95
总计	1338945.5	100	—	—	6293.7	100	—

资料来源：陈传友，1992，有修改。

年径流量丰富，径流丰枯悬殊，季节分配不均匀，年际变化也较大。西南地区大部年径流量 200～900mm，四川西北部高原区不足 200mm。径流年内分配夏季一般占 40%～60%，秋季 25%～40%，春季 10%～20%，冬季 8%～12%。贵州东部和重庆市受东亚季风影响大的河流，汛期来临早而结束迟，汛期径流比重占年总量的 60%～80%，10 月甚至 11 月还可发生洪水；川西、黔西主要受西南季风影响的河流，汛期较晚，夏汛为主而秋汛较弱。

2．湖泊分布相对集中，成因类型多样

西南地区数量最多的地区之一，主要湖泊集中分布于滇中和滇西，即金沙江与南盘江、元江分水岭地区和横断山地东侧，多为断陷湖，水位季节变化明显。少数湖泊如异龙湖、纳帕湖、清水海、威宁草海等为典型的喀斯特湖，岷江叠溪海是山崩阻塞湖，数量极多而面积甚小的横断山地和川西北山地高原湖泊，则基本上是由冰川作用形成的。

以四川湖泊数量最多，云南湖泊面积最大。依湖泊数排序，四川列西南地区各省市之首，阿坝、甘孜、凉山三州面积大于 400m² 的小湖就有 1043 个，其中大于 1km² 的有 49 个，但是湖泊总面积不大。依湖泊面积排序，云南省应列第一，云南面积大于 1km² 的湖泊 30 多个，但滇池、洱海、抚仙湖等面积较大，湖泊总面积达 1067km²。贵州湖泊稀少，仅草海面积较大；重庆基本没有天然湖泊。由于自然环境的变迁及人类活动的干扰，西南湖泊呈衰减的趋势，水量减少水质不断恶化。

3．冰川与沼泽

西南地区的冰川不多，集中分布在西部横断山区高原面上的几座山峰附近，冰川总面积约 1618km²（少部分不在境内），其中贡嘎山地区冰川面积达 445km²，贡嘎山海螺沟冰川长 14.5km，成为西南最长的冰川。云南玉龙雪山的冰川是中国现代冰川的最南界。横断山区每年冰川融水量约 51 亿 m³。此外高原上沼泽草甸地分布较广，但面积一般不大，只有西北部阿坝、红原和若尔盖地区，地势低洼，河流众多，迂回曲折，排水不畅，形成了中国第二大沼泽地若尔盖沼泽。

（五）地带性植被与垂直带谱交织，植物区系成分古老

西南地区地带性植被主要是亚热带常绿阔叶林和常绿落叶阔叶混交林，植被区系复杂多样，南部河谷盆地有小面积热带雨林季雨林分布，西部山地高原植被的垂直带谱完整。从滇南、黔南到川北、渝陕边界随纬度变化形成亚热带内部的植被变化；而西南地区西部山地高原的植被垂直带谱几乎再现了东部季风区植被类型从热带亚热带到寒温带的全部纬度变化。横断山地从东南到西北，依气候、地势而变可划分为边缘热带季雨林带、亚热带常绿阔叶林带、暖温带、温带针阔叶林带、寒温带亚高山森林草甸带。其中第 2 带带谱结构最完整，具有从亚热带到永久冰雪带的所有分带，如贡嘎山东坡，分为山地亚热带常绿阔叶林带（海拔 1000～2400m）、山地暖温带针阔叶混交林带（2400～2800m）、山地温带、寒温带暗针叶林带（2800～3500m）、亚高山亚寒带灌丛草甸带（3500～4400m）、高山寒带流石滩植被带（4400～4900m）、极高山永久冰雪带（4900m 以上）。

本区主要植被类型包括热带雨林、热带季雨林、亚热带常绿阔叶林、亚热带针叶林、热带亚热带常绿、落叶阔叶灌丛、常绿、落叶阔叶混交林、落叶阔叶林、针阔叶混交林、山地寒温性针叶林、高山、亚高山灌丛、高山、亚高山草甸和竹林。植物区系成分古老，植物之丰富为其他区远远不及。据统计，云南省以 426 科、2597 属和 13278 种，居各省市区第一，被称为植物王国。其中科数占全国 90.3%，属数占全国 62.2%，种数占全国 45.9%。四川及重庆 241 种，1624 属，9324 种；贵州 284 科，1543 属，5593 种。大多数科属种以热带、亚热带区系成分为主。滇黔中部、横断山地和川西北高原也有许多温带与热带亚热带成分相互渗透。古老孑遗植物相当丰富。起源于晚古生代并在中生代一度极为繁荣的裸子植物，全球仅留有 12 科，中国只有 10 科，而西南地区 10 科俱全，且形成了若干新种；许多被子植物古老种属西南地区也有保留。同样起源古老的山毛榉科、樟科、金缕梅科、桑科、桦木科、杜鹃花科、胡桃科、山茶科等，是西南地区植被组成的重要成分，且有许多单种属、寡种属和 1000 个以上的特有种，尤以横断山地最多。

（六）土壤类型多样，岩成土分布广

1. 地带性土壤以热带、亚热带土壤为主，类型多样

西南地区地带性土壤主要为热带亚热带气候环境下发育的砖红壤、红壤、赤红壤、黄壤和黄棕壤等。砖红壤仅分布于滇南河谷低地；红壤、赤红壤、燥红土主要分布于云贵高原；红壤及黄红壤遍布川西南山地河谷，主要在安宁河、金沙江、雅砻江 1100～1800m 处的谷坡阶地以及湖盆台地；黄壤主要分布于贵州高原 1300m 以下的高原面和渝南山地、四川盆地四周的山地、盆地内沿江两岸及川西平原的 1000～1200m 阶地和丘陵上；黄棕壤主要分布于重庆北部低山丘陵区。沿岷江、大渡河、雅砻江、金沙江上游河谷两侧分布有棕壤、暗棕壤、褐土等。

2. 岩成土分布广，类型多

西南地区岩成土分布很广，主要岩成土类有紫色土类、石灰土类，云南腾冲一带有火山灰土类。紫色土类以四川盆地及其边缘 800m 以下的低山丘陵分布最集中，滇中高原及黔北赤水河谷也有小片分布。紫色土分为酸性紫色土、中性紫色土和石灰性紫色土 3 个亚类，其

硅铁铝率与母质相差甚微,颜色与母质相近,盐基淋溶后不断从母质获得补充,有机质含量偏低而矿质营养丰富,肥力较高。石灰土类与碳酸盐岩分布一致,并与铁铝土土纲和淋溶土土纲的土壤成复区分布,依有机质含量高低石灰土类可分为黑色、黄色和红色石灰土三个亚类,此类土壤虽较肥沃,但通常土层较薄,且缺水易旱。

3．土壤垂直分异显著，垂直带谱齐全

起伏巨大的地势造就了西南地区丰富多样的土壤垂直带谱,尤其以横断山地和川西北山地垂直带性表现最充分和完备。横断山地从东南到西北,依地势分布着热带砖红壤红壤带、亚热带红壤黄壤带,暖温带、温带针褐色土、棕壤带,寒温带山地暗棕壤和亚高山草甸土带。川西北高山区,褐土分布在海拔 1000~2500m 处,棕壤分布在海拔 2000~2700m,暗棕壤分布在海拔 2800~3000m 的山原中上部,高山草甸土分布于海拔 3000~4700m,高山寒漠土分布于雪线以下 4700~5000m 高原及高山顶部。

三、自然资源

西南地区自然资源多样化程度和组合状况极为优越,总体丰度高,资源开发程度低,发展潜力巨大。

（一）能源资源种类多样，蕴藏量大

西南地区能源资源以水电、煤炭、天然气为主,分布相对集中,开发利用价值高,成本低,潜力巨大。

（1）水能资源。西南地区水能理论蕴藏量为 26867 万 kW,占全国的 39.8%,可开发利用量约 17 449 万 kW,占全国的 50.1%,均为全国之首,在全国的 13 个大水电基地中有 6 个在西南,主要集中在金沙江—川江、雅砻江、澜沧江、怒江、乌江和大渡河。其中水能开发量以四川最大,占全国的 26.8%,占长江流域的 60%;云南水能可开发量为全国的 20.5%,以金沙江最多。西南地区水能资源广布于四省（市）,又相对集中在几条区内大河,多深切峡谷,坝址良好,淹没损失小,搬迁人口少,河流多年平均含沙量和输沙量均较小,河沙淤积不甚严重,水库库容利用率潜力大。

（2）煤炭资源。西南地区是中国南方煤炭资源最丰富的地区。煤炭累计探明储量 840 亿 t,占全国的 8.8%,主要有炼焦煤、褐煤、烟煤。

（3）天然气资源。主要在四川,估计资源量达 13795 亿 m³,探明储量在 2500 亿 m³ 以上,占全国的 53.3%,探明剩余储量为 1238 亿 m³。四川盆地资源远景储量大约为 75000 亿 m³。本区天然气生产量占全国的一半。

（4）地热及其他能源资源。西南地热资源主要分布于川西和滇西高原地区。云南有 102 个县（市）已发现 106 处温度大于 25℃的地热点,地下热水日总流量 83 万 m³,折合标煤 100 万 t/a;川中已发现并开始生产一定量的石油。本区核能资源如铀等亦有一定储量。

（二）矿产资源储量丰富，组合好

西南已探明矿产资源约 140 多种,具有品种多,储量大,分布广,品位较高,利用价值高等特征。

（1）金属矿产资源。西南区金属矿产资源品种齐全,储量巨大。十大有色金属占全国总

储量的 60%～70%。其中，汞、铅、锌、锑、锡、钒、钛、锰、硫铁矿居全国首位。铜、铝土矿、镍、铂族、岩盐、砷、云母、石棉等居全国第二位。有色金属铝，锶、锂、锆、镓等稀有金属和铂、银、金等贵重金属都在全国占有不同程度的优势。铁矿储量 107 亿 t，是我国三大铁矿基地之一，锰矿量 29217 亿 t，占全国的 60%。

（2）化工矿产资源。盐、磷、硫等化工矿产资源是西南的传统优势。磷储量居全国首位，磷矿储量 58 亿 t，全国三大磷矿基地，西南就占两个。黔滇川的磷矿占全国已探明储量的 43%，其中黔滇两省的富矿占全国富矿的 81%。四川的硫、川滇两省的盐均有相当的开发前景。碘、芒硝、天青石膨润土，砷、宝石等化工资源，已探明储量皆居全国首位。

（3）建材和其他非金属矿产资源。目前已知的石棉、云母、滑石、硅藻土、建筑石料、水泥灰岩等都很丰富并在全国居重要地位。

（三）生物资源丰富多样

1. 农产品资源

西南地区是我国重要农业产区之一，农产品资源丰富。长期以来在粮食、茶叶、烤烟、生丝，油菜籽、生猪、禽蛋、蔬菜等方面在全国占有相当优势；酒类、蔗糖、柑橘、油料、苎麻、中药材等开发潜力大。

2. 森林资源

西南地区有中国"第二林区"和"绿色宝库"之称，现有森林蓄积量占全国的29%左右，宜林荒山荒地占全国的26.9%，是我国重要的林产基地。用材林主要有松、杉、栎类树种及稀有珍贵树种柚木、紫檀木、龙脑香、望天树等，速生优质木材多，同时还是中国重要的速生造纸树种的产地。

经济林木中，药用植物、果树品种繁多。如油桐、油茶、漆树、桑、茶、杜仲、天麻、贝母、当归、柑橘、梨、核桃、苹果、芒果、菠萝、荔枝、香蕉等在国内占有重要地位。林化产品有生漆、乌桕、五倍子、橡胶、紫胶、棕片、烤胶、松香、橄榄、白蜡、八角油等传统生产基地。西南地区竹林面积约占全国的 1/6，竹类资源主要品种有慈竹、龙竹、楠竹、毛竹、斑竹、箭竹等特种名竹，是仅次于华中地区的第二大竹林和竹制品生产地。

3. 其他生物资源

西南是我国野生动植物资源的宝库，物种繁多，区系复杂。据不完全统计，仅脊椎动物和种子植物就分别占全国的 7/10 和 2/3，微生物种数也居全国之首，拥有许多特有或具世界意义的珍稀和孑遗动植物。大量可供开发利用的生物资源，尤以药用动植物、香料、食用菌类、多维果类、珍禽异兽和名贵花卉等闻名中外，极具开发利用价值。

（四）旅游资源享有盛誉

西南地区旅游资源分布广，特色多样，既有旖旎的自然风光，又有浓郁的民族风情和众多的历史文物古迹，世界自然遗产和文化遗产众多，观赏型、探险型、体验型、度假型、知识型等旅游资源品类齐全。四川峨眉山、九寨沟、黄龙洞、都江堰，重庆长江三峡和大足石刻，云南西双版纳、热带雨林、路南石林、苍山洱海、香格里拉和三江并流，贵阳黄果树瀑布、地下溶洞和梵净山等自然景观世界著名。此外，本区有着全国最为丰富多彩的民族文化和少数民族风情。

第二节　经济发展与经济地域

一、经济特征

（一）经济增长速度较快，但经济实力不强

西南地区是中国经济基础相对薄弱，综合实力不强，但社会经济发展潜力巨大的地区。新中国成立初期，西南地区地区生产总值仅占全国的 7.67%，人均地区生产总值仅为全国平均水平的 56.4%。在"三线"建设时期，本区是国家战略投资的重点地区，尤其是四川（包括现重庆市）、贵州两省占当时全国基本建设投资的 16.3%，重型工业有较大的发展。1978 年以后，产业结构发生了很大的变化，区域经济增长速度加快。至 2019 年，全区地区生产总值由 1978 年的 300.03 亿元增长到 110214.68 亿元，增加近 367 倍，经济实力不断增强。从增长过程来看，1978 年以来的经济增长以西部大开发政策实施为界，前后两个时期增速差异显著，前期年均增速为 687.32 亿元，后期增速达 5648 亿元（表 28-2）。

表 28-2　西南地区地区生产总值和人均地区生产总值

地区	地区生产总值/亿元				人均地区生产总值/元			
	1952 年	1978 年	2000 年	2019 年	1952 年	1978 年	2000 年	2019 年
重庆			1589.34	23605.77			5157	75828
四川	31.70	184.60	4010.25	46615.82	69	262	4784	55774
贵州	8.60	46.60	993.53	16769.34	58	175	2662	46433
云南	11.80	69.10	1955.09	23223.75	70	226	4637	47944
全区	52.10	300.30	8548.21	110214.68	67	235	4403	55163
全国	679	3624.1	97209.37	990865.1	119	379	7078	70892

资料来源：国家统计局，1980，2001，2020。

从人均地区生产总值来看，西南地区的经济实力与全国平均水平差距仍然十分明显。2000 年和 2019 年全区人均地区生产总值分别是全国平均水平的 62.21% 和 77.81%，与发达的长江三角洲地区各省（市）相比较，差距更为显著（表 28-2）。富集的资源与薄弱的经济实力形成鲜明的对照，说明西南地区的资源优势远远没有充分发挥，经济增长的潜力仍存有巨大的空间。

（二）产业结构优化明显，二、三产业比重不断提高

西南地区新中国成立初第一产业比重占 65.91%，二、三产业基础及其薄弱。新中国成立以来，在"三线"建设推动下，本区工业有了极大的发展；改革开放以后，二、三产业则有了长足的进步，自主发展能力不断增强。产业结构逐步由原先的"三一二"型或"三二一"型转变，2019 年全区一、二、三产业比例是 46.3：156.4：197.3，接近全国平均水

平（表 28-3）。但本区工业化水平明显低于全国平均水平，资源型工业占有很大比重，深加工水平低，自主创新能力较弱，产品附加值不高；以旅游资源开发为特色的服务业尚有很大的增长空间。

表 28-3　西南地区产业结构演化特征　　　　　　　　　（单位：%）

年份	产业	重庆	四川	贵州	云南	西南区	全国
1952	第一产业		66.8	68.4	61.7	65.91	50.5
	第二产业		14.4	18.6	15.4	15.32	20.9
	第三产业		18.8	13	22.8	18.75	28.6
1978	第一产业		44.5	41.7	42.7	43.65	28.1
	第二产业		35.5	40.2	39.9	37.24	48.2
	第三产业		20	18.2	17.4	19.12	23.7
2000	第一产业	17.81	23.58	27.28	22.31	22.65	15.3
	第二产业	41.37	42.40	39.04	43.13	41.99	47.1
	第三产业	40.82	34.02	33.69	34.56	35.37	37.6
2008	第一产业	11.3	18.9	16.4	17.9	16.93	10.3
	第二产业	47.7	46.3	42.3	43	45.36	51
	第三产业	41.0	34.8	41.3	39.1	37.70	38.7
2019	第一产业	6.6	10.3	13.6	13.1	10.59	7.1
	第二产业	40.2	37.3	36.1	34.3	37.09	39.0
	第三产业	53.2	52.4	50.3	52.6	52.31	53.9

资料来源：国家统计局，1980，2001，2009，2020。

（三）资源型工业比较发达

本区的主要工业有冶金和有色冶金、机械、煤炭、化工、水电和轻纺等部门，以重工业为主。冶金工业是全区重要工业部门，生铁和钢产量分别占全国的 9.3% 和 9.86%，主要分布于四川攀枝花、重庆市、云南昆明。有色金属冶炼中，铅锌冶炼厂主要分布在昆明、会泽、贵阳、兰坪；汞集中产于贵州玉屏、铜仁、务川、丹寨、重庆酉阳和秀山；炼铝厂和铝材加工厂分布在贵阳、重庆、昆明；精铜冶炼分布在昆明、重庆、成都；云南个旧锡矿以锡为主，兼产铜、铅、锌。机械工业包括有矿山机械、动力设备、冶金机械、交通设备、军工设备、仪器仪表、轻工机械、农业机械等，门类齐全，分布较广。西南地区的主要化学工业有盐化工、磷化工、化肥等，主要分布于四川盆地及其周边，磷化工分布广达全区各地。煤炭工业比较发达，主要分布于川南、六盘水、贵阳、安顺等地区。电力工业以水电为主，各大河流的梯级开发正在规划实施中，全部建成后，西南电力工业将遥遥领先于其他区。二滩、乌江渡、龚嘴等大型电站为本区和全国电网供应了大量用电。龙溪河、岷江、猫跳河等较小河流已初步实现梯级开发。西南地区轻纺工业以棉纺业最为发达，毛、麻、丝、化纤纺织也有一定规模，轻工业主要有制糖、食品生产、卷烟、酿酒、皮革等。棉纺业主要分布在重庆、成都、内江、永川、昆明、贵阳、清镇、南宁；生丝产量占全国四分之一以上，多用以出口，产地主要有四川南充、绵阳、成都、乐山，重庆市和贵州遵义等。其中以南充规模最大，是我国缫丝和丝绸工业基地；毛纺集中在重庆、四川乐山、康定，麻纺也以重庆为生产中心；云南纺织业重点发展少数民族特需纺织品。

二、经济地域

（一）辐射型长江上游经济带

长江上游经济带以重庆市和成都市两个大型城市为核心，东起重庆万州市，西抵四川成都，北以绵阳、南充、达州为界，南以宜宾、泸州为界，覆盖重庆全市、四川金沙江—川江沿线、川中丘陵和成都平原及其周围地区。区内经济联系紧密，以成渝高速路、内宜高速公路、成乐高速公路、成绵高速公路、成雅高速公路等为主骨架的公路交通网络已基本形成，成渝铁路、成昆铁路、宝成铁路、成达铁路、襄渝铁路、川黔铁路以及航空线路与长江航运共同构成一体，使长江上游经济带联系成为一个统一整体。在长江上游经济带中，有呈"人"字形的两条主要发展轴线：一条是长江上游干流经济走廊，由沿长江干流的万州—涪陵—重庆市主城区—江津—泸州—宜宾构成；另一条是由渝蓉经济走廊，沿成渝高速、成南渝高速由重庆、内江、资阳、遂宁、南充、成都等城市构成，西端的成都沿成绵、成乐、成灌等高速由德阳、绵阳、眉山、乐山、都江堰、雅安等中等城市形成辐射状的城市密集带。重庆主城区位于长江上游和渝蓉经济走廊的交点位置，是"一水一陆"两个经济走廊的交汇点和水陆空交通枢纽。这两个发展轴，一水一陆，水陆相通，产业互联、功能互补、人文相亲，共同支撑长江上游经济带。长江上游干流经济走廊是长江中下游地区向渝蓉经济走廊辐射的一条通道；渝蓉经济走廊是中国西部富有潜力的经济带，是国家西部大开发战略中重点支持发展的长江上游经济带的核心区域。

长江上游经济带是我国西部地区城市最多、规模最大、人口密集度最高的地区。人口和面积都超过长江三角洲和珠江三角洲；但 GDP 只相当于长江三角洲和珠江三角洲的 34%和68%，面积只有东北三省的 33.5%，人口却与东北三省之和差不多。除重庆、成都外，还有近 20 个大中城市和近百个小城市，蕴藏着巨大的市场潜力，也有着极大的经济发展空间和发展潜力。长江上游经济带腹地范围为成都、重庆之间及两市附近地区，自古即是中国著名农业区，耕地集中，物产丰富，素有"天府之国"的美称，现在仍为全国主要的粮油产区。主要矿产资源有煤、铁、天然气、石油、盐、芒硝等，其中天然气、芒硝和锡矿为中国之冠。

（二）南贵昆经济区和渝黔桂经济区

南贵昆经济区，西起昆明，沿贵昆线和黔桂线经贵阳至广西柳州和南宁，再到广西沿海地区，轴线上的城市包括昆明、曲靖、六盘水、安顺、贵阳、柳州、南宁、钦州、北海、防城港等，其中西段的云南、贵州两省范围属于西南区。这一呈带状分布的经济区沿线水能、矿产、旅游资源富集，水热条件好具有建设特色产业的良好资源优势，将逐步形成亚热带特色农业与生态型日用轻纺工业生产基地、能源-磷化工-有色金属工业生产基地、以旅游开发为龙头的"旅游业-服务业-旅游用品生产"基地三大基地。

渝黔（桂）沿线经济带，北起重庆、经遵义至贵阳，经由渝黔—黔桂—南防铁路，形成西南地区主要的出海通道。西南地区内包括渝黔高速公路、铁路等交通线。渝黔（桂）沿线作为西部开发的二级经济带，对于促进南贵昆经济区与长江上游经济带之间的联络和交流极有利。

南昆铁路、内昆铁路和水柏铁路等铁路和高速公路网络，形成了西南地区贯穿南北的出海大通道，整个西南地区路网结构趋于完善；同时，昆明、贵阳的区位优势得到了极大提升，由过去川、滇、黔、桂结合部的内陆山区变成了联系四省（区）的陆地走廊。

（三）攀西—六盘水资源综合开发区

攀西—六盘水资源综合开发区是国家级资源综合开发区，是全国国土资源重点开发地区和长江上游生态保护的重要地段。攀西—六盘水地区位于云、贵、川三省交界地带，包括云、贵、川的 12 个地、市、州的 68 个县、区、市，面积 17.6 万 km^2。该地区位于成矿带，金沙江、雅砻江、大渡河、岷江等河流奔腾其间，构成了矿产资源和水能资源高度富集的资源优势。

（1）能源资源。攀西—六盘水地区水能资源主要集中在金沙江、雅砻江、大渡河、南盘江、北盘江、以礼河等河流，水能资源量大而集中，为全国所罕见。水能理论蕴藏量 1 亿 kW 以上，可开发利用 6100 万 kW，占全国可开发水能资源的 50.7%。平均每平方公里土地的可开发水能发电量，是全国平均水平的 8.7 倍。水能开发地质条件好，工程投资省，淹没损失小，便于梯级开发。煤炭资源储量在中国南方最丰富、最为集中，煤炭资源保有储量 668 亿 t，占整个长江上游的 60%，其中工业储量为 292 亿 t。煤炭资源煤种齐全，煤质较好。特别是贵州六盘水的优质炼焦煤；云南昭通褐煤已探明工业储量 80 多亿吨，埋深 3～5m，可进行露天开采，煤质属高氧、低硫化学活性好，昭通的褐煤，煤层厚度、硬度，均优于德国的鲁尔区。

（2）金属矿产资源。攀西—六盘水地区铁、锰等黑色金属矿产充沛。全区铁矿预测储量 100 亿 t 以上，保有储量 77 亿 t，其中工业储量 45 亿 t。铁矿主要集中分布在攀西的攀枝花、白马、红格和太和四大矿区，保有储量 68 亿 t，工业储量 42 亿 t，是中国仅次于鞍本铁矿的第二大铁矿。攀西的钒钛磁铁矿属多金属共生矿，其铁矿储量居全国第二位，钛储量居世界第一位，钒资源居世界第三位，矿体厚，综合利用的经济价值高，对发展我国的钢铁工业和有色金属工业具有重要意义。铜、铝、铅、锌等有色金属矿也很丰富，已探明有色金属矿 12 种，预测储量近 2000 万 t，其中铜、锌、铅、锑储量丰富。铜主要分布在云南东川和四川会理，东川铜矿保有储量 230 万 t。铅、锌主要分布在四川的会理、会东；云南的巧家、会泽，在铅、锌等矿藏中，还伴生有大量经济价值高的贵金属和稀有金属，如银、镉、锗、镓等。

（3）硫磷资源。硫铁矿资源预测储量 110 亿 t，保有储量 12.8 亿 t。最大的川南硫铁矿已探明的保有储量 8 亿 t，具有分布稳定，组分单一，可选性好等特点。磷矿预测储量达 76 亿 t，保有储量 32.8 亿 t。硫磷资源加上煤、水等条件的组合，为建设硫磷化工基地，提供了优越的条件。

（4）建材和冶金辅料。建材资源丰富，水泥用石灰岩，不仅质量好，而且储量多，达几百亿吨；玻璃用石英岩，仅宜良县就有可供生产特种玻璃的优质石英矿 1 亿 t；大理石分布广，品种多，储量超过 2 亿 m^3。此外，耐火黏土、白云石、萤石、石棉、高岭土、重晶石、石墨矿等均十分丰富。

攀西—六盘水地区自然资源品种之多样，储量之丰富，分布之集中，组合配套条件之良好，为全国少见。在《全国国土总体规划纲要》中该地区被列为全国 19 个重点开发区之一。

此外，云南西部沿边地区是中国与南亚东南亚国家之间最主要的陆路通道，邻国关系友好，民族风俗习惯相通，边境贸易繁荣。以昆明—瑞丽、景洪构建西南二级经济带，不仅有益于滇西经济稳定发展，而且对于中国与东盟国家、南亚国家的国际经济贸易合作具有重大的战略意义。

（四）成渝城市群

成渝城市群以重庆、成都为中心，是西部大开发的重要平台，是长江经济带的战略支撑，也是国家推进新型城镇化的重要示范区。成渝城市群具体范围包括重庆市的渝中、万州、黔江、涪陵等 27 个区（县）以及开县、云阳的部分地区，四川省的成都、自贡、泸州、德阳、绵阳（除北川县、平武县）、遂宁、内江、乐山、南充、眉山、宜宾、广安、达州（除万源市）、雅安（除天全县、宝兴县）、资阳等 15 个市，总面积 18.5 万 km^2。培育发展成渝城市群，发挥其沟通西南西北、连接国内国外的独特优势，推动"一带一路"和长江经济带契合互动，有利于加快中西部地区发展、拓展全国经济增长新空间。

参 考 文 献

艾强. 1992. 西南地区自然资源优势评价. 西南师范大学学报（自然科学版），17（2）：241-245.

蔡运龙. 1990. 贵州省地域结构与资源开发. 北京：海洋出版社.

陈传友. 1992. 西南地区水资源及其评价. 自然资源学报，7（4）：312-328.

国家统计局. 1980. 中国统计年鉴. 北京：中国统计出版社.

国家统计局. 2001. 中国统计年鉴. 北京：中国统计出版社.

国家统计局. 2009. 中国统计年鉴. 北京：中国统计出版社.

骆玲. 2009-04-16. 震后四川区域经济发展与空间布局的思考. 四川日报，第 10 版.

马智利，万珍秀，吴涛. 2009. 攀西—六盘水地区城镇体系战略研究. 经济论坛，（10）：80-82.

谭海文. 1997. 论我国西南地区自然资源的开发战略及对策. 国土与自然资源研究，（4）：12-16.

杨一光. 1990. 云南省综合自然区划. 北京：高等教育出版社.

杨宗干，赵汝植. 1994. 西南地区自然地理. 重庆：西南师范大学出版社.

张荣祖. 1992. 横断山区干旱河谷. 北京：科学出版社.

中国自然资源丛书编撰委员会. 1995. 中国自然资源丛书（广西卷、贵州卷、四川卷）. 北京：中国环境科学出版社.

思 考 题

1. 西南地区的自然地理环境有何特征？

2. 为什么西南地区的水能资源极其丰富？水能资源在全国的地位如何？

3. 试分析西南地区自然地带性和非地带性的特征及其形成原因。

4. 分析西南地区经济地域的结构特征。

第二十九章 青藏地区

第一节 区位、自然条件与自然资源

一、地理区位

本区位于 26°52′～39°19′N，78°27′～103°04′E，土地面积 195.07 万 km^2，占全国陆地总面积的 20.3%，2019 年人口 959 万，约占全国人口的 0.68%；2019 年 GDP 总量为 4663.77亿元，占全国的 0.47%。

青藏地区位于中国的西南部，包括青海省和西藏自治区。该区南面与西南面与缅甸、印度、不丹和尼泊尔等国接壤，西部与克什米尔地区相邻，国境线近 4000km；北面及东北面与新疆维吾尔自治区和甘肃省毗邻，东连四川省，东南接云南省，自然条件相对严酷，经济比较落后。

青藏地区占有青藏高原的绝大部分，但并非全部。高原的西部和南部边缘有一部分属于克什米尔、印度、尼泊尔、不丹等国，昆仑山大部属于新疆，祁连山北翼和甘南高原属于甘肃省，金沙江以东至四川盆地边缘的广大地区属于四川省，金沙江、澜沧江、怒江三江并流地区部分属于云南省。

二、自然条件

（一）高原的形成

青藏高原有确切证据的地质历史可以追溯到距今 5 亿～4 亿年前的奥陶纪，其后青藏地区各部分曾有过不同程度的地壳升降，或为海水淹没，或为陆地。到 2.8 亿年前（地质年代的早二叠世），现在的青藏高原是波涛汹涌的辽阔海洋。这片海域横贯现在欧亚大陆的南部地区，与北非、南欧、西亚和东南亚的海域沟通，称为"特提斯海"或"古地中海"，当时特提斯海地区的气候温暖，成为海洋动、植物发育繁盛的地域。其南北两侧是已被分裂开的原始古陆（也称泛大陆），南边称冈瓦纳大陆，包括现在的南美洲、非洲、澳大利亚、南极洲和南亚次大陆；北边的大陆称为欧亚大陆，也称劳亚大陆，包括现在的欧洲、亚洲和北美洲。2.4 亿年前，由于板块运动，分离出来的印度板块以较快的速度向北移动、挤压，其北部发生了强烈的褶皱断裂和抬升，促使昆仑山和可可西里地区隆生为陆地，随着印度板块继续向北插入古洋壳下，并推动着洋壳不断发生断裂，约在 2.1 亿年前，特提斯海北部再次进入构造活跃期，北羌塘地区、喀喇昆仑山、唐古拉山、横断山脉脱离了海浸；到了距今 8000 万前，印度板块继续向北漂移，又一次引起了强烈的构造运动。冈底斯山、念青唐古拉山地区急剧上升，藏北地区和部分藏南地区也脱离海洋成为陆地。整个地势宽展舒缓，河流纵横，湖泊密布，其间有广阔的平原，气候湿润，丛林茂盛。高原的地貌格局基本形成。地质学上把这段高原崛起的构造运动称为喜马拉雅运动。青藏高原的抬升过程不是匀速的运动，不是一次性的猛增，而是经历了几个不同的上升阶段。每次抬升都使高原地貌得以演进。

距今 1 万年前，高原抬升速度更快，以平均每年 7cm 速度上升，使之成为当今地球上的"世界屋脊"。青藏高原是世界上最年轻的一个高原，2.4 亿年前，印度板块开始向北向亚洲板块挤压，由此引起昆仑山脉和可可西里地区的隆起。随着印度板块不断向北推进，并不断向亚洲板块下插入，青藏高原在此上升阶段中形成。青藏高原的形成并不是一次就完成的，其上升速度曾几度达到停止，但有时也非常迅速。

今天的青藏高原中部以风化为主，而边缘仍在不断上升。

（二）地貌特征

青藏地区的地势西北高东南低，青藏高原的周围有许多山脉，它们大多数呈西北向东南的走向，相对于高原外的地面它们陡然而起，上升很多，其中南部的喜马拉雅山脉中的许多山峰名列世界上前十位，特别珠穆朗玛峰是世界上最高的山峰。同时高原内部除平原外还有许多山峰，高度悬殊。高原上还有很多冰川、高山湖泊和高山沼泽。青藏高原是亚洲不少大江大河的源头、长江、黄河、澜沧江、怒江、雅鲁藏布江等都发源于这里。

青藏地区的地貌可以分为四个主要的单元。

（1）青海北部山地盆地。由阿尔金山—祁连山地、柴达木盆地和昆仑山地（东段）组成。阿尔金山由三列北东东向雁行状山脉组成，长 720km，最宽处超过 100km，平均海拔 4000m，有小型冰川发育，气候干旱，植被贫乏，无常年有水河流。阿尔金山东接祁连山，两山之间的当金山口为柴达木盆地与河西走廊之间的交通要道。祁连山呈北西西走向，与阿尔金山一起构成一个北凸弧形的山系，由西北-东南走向的平行山脉和宽谷组成，平均海拔 5000m，最高峰为团结峰（海拔 5808m）长近 1000km，最宽处达 350km。柴达木盆地位于阿尔金山—祁连山以南，盆地海拔 2675～3200m，东西长 800km，南北最宽处 350km，地势自西北向东南倾斜，风沙地貌、盐湖和盐沼发育。昆仑山自新疆进入青海后呈北西西向，三列平行山脉间分布着广阔的谷地和盆地，在很大程度上具有山原的特征，余脉向东南直抵青甘、青川边界。

（2）青南山原。包括长江源山原和黄河源山原。可可西里山和祖尔肯乌拉山呈东西向并列于长江源山原西部，内陆封闭小湖盆密集，但地势起伏均较小。江源区中部为广阔的楚玛尔河-沱沱河高原，地势十分平坦，五道梁以南有小片沙地。东部河谷下切渐深，至通天河段成为峡谷。黄河源山原西部多山，中部开阔平坦，曲流、牛轭湖、分汊河道发育，多湖盆、沼泽，玛多附近河谷宽达 20km，东部山势渐高。沙柯河口以下，黄河绕流阿尼玛卿山形成"首曲"。

（3）唐古拉山地与藏北高原。唐古拉山是长江与怒江和藏北内陆区间的分水岭，也是青海与西藏的界山，平均海拔 5500～6000m，主峰各拉丹东雪山海拔 6621m。藏北高原海拔 4500～5000m，地势自西北向东南缓倾，西部为大片内陆区，多湖盆，东部地形切割较强，渐显山高谷深特点。

（4）藏南山地与谷地。包括冈底斯山、藏南谷地和喜马拉雅山地。冈底斯山是西藏南部内外流域的界山。其南侧的藏南谷地由象泉河及雅鲁藏布江谷地组成。这是一条巨大的构造纵谷，主要部分海拔 3000～4000m，宽约 5～10km。喜马拉雅山由多列平行山脉组成，长度接近 2500km，宽 200～300km，平均海拔 6000m，是全球最高大雄伟的山系。

（三）高寒气候

青藏高原的气候独特而复杂多样，总体上具有西北严寒、东南温暖湿润的特点，呈现出由东南向西北的带状分布，即热带—亚热带—温带—亚寒带—寒带、湿润—半湿润—半干旱—干旱。由于地形复杂，还有多种多样的区域气候及明显的垂直气候带。青藏地区气候总的特点是：日照时间长，辐射强烈；气温较低，温差大；干湿分明，多夜雨；冬春干燥，多大风；气压低，氧气含量少。

由于海拔高，空气稀薄，水汽、尘埃含量少，纬度又低，是中国太阳辐射总量最多的地区，日照时数也是全国的高值中心，并呈现出由东南向西北逐渐增多的特点。太阳辐射的年变程，以 12 月最小，5 月或 6 月最大。全区年均日照时数达 1475.8～3554.7h，西部地区则多在 3000h 以上，柴达木盆地西部的冷湖以 3553.9h 居全国之首。

青藏地区是全国年平均气温和各级界线温度最低的地区。年平均气温除柴达木盆地（2～5℃）、河湟谷地（4～8℃）、泽当以东雅鲁藏布江谷地（5～9℃）和山南地区（16～20℃）等略高外，其他地区都很低，藏北高原大部分地方年均温度在 0℃ 以下。

该区年降水量在地区间分布极为不均，由东南向西北递减，西藏山南地区受孟加拉湾暖湿气流影响年降水量超过 2000mm，而柴达木盆地则不足 25mm。总的分布趋势是东多西少，南多北少，迎风坡多于背风坡，东南湿润，西北干燥，雨季分明。雨量集中在 6～9 月，可占全年降水量的 80%～90%。高原降水日变化的一个重要特点是多夜雨。由于海拔高，固态降水所占的比例很大，雪为主要形式，巴颜喀拉山、唐古拉山一带是冰雹最多的地方。

（四）河流域湖泊

作为"高亚洲"的主体，青藏地区是亚洲众多河流的发源地，如长江、黄河、印度河、恒河、萨尔温江、湄公河等大河都发源于青藏地区。青藏地区还孕育了许多内流河，如注入青海湖的布哈河，注入柴达木盆地的巴音河、那棱格勒河、格尔木河和柴达木河，注入色林错的扎加藏布，注入达则错的波仓藏布，注入扎日南木错的措钦藏布等。由于内流区降水量少，这些河流的径流补给多以冰雪融水和地下水为主，年净流量的分配同温度有密切关系。

青藏地区是我国著名的湖区，全区湖泊总面积约为 36610km^2，占全国湖泊总面积的 45.8%。面积≥1km^2 的湖泊有 800 多个，其中青海 266 个，西藏 600 余个。面积超过 1000km^2 的湖泊有 5 个，其中以青海湖最大，湖面海拔 3194m，面积 42km^2，喀顺湖海拔 5558m，是全国最高的湖。青藏地区的湖泊以咸水湖和盐湖为主，湖水化学类型复杂，碳酸盐型、硫酸盐型、氯化物型兼备。湖泊普遍处于退缩状态，内陆湖尤甚。

（五）高原寒漠、草甸、草原景观

青藏地区的主要植被类型山地荒漠、高寒荒漠、高寒草原和高寒灌丛草原几类，矮小稀疏，适应干、寒、风的高寒气候，森林仅分布在喜马拉雅山南麓和高原东南缘，以针叶林为主，是中国最年轻的植物区系。在高原的边缘，由于不同的高度具有不同的水热组合条件，形成了较为丰富的垂直地带。

山地荒漠主要分布于柴达木盆地，以膜果麻黄、红砂、蒿叶猪毛菜、合头草、蒿属等旱生、超旱生灌木、半灌木为主，上界可达 3600～3800m。海拔 3800～4500m 的阿里地区是这一景观的另一分布区，以驼绒藜、灌木亚菊为主。边缘地区有沙生针茅、短花针茅等禾草，从而显示出草原化的荒漠特征。

高寒荒漠主要分布于羌塘高原北部及可可西里一带，以驼绒藜、垫状驼绒为植被优势种。

高寒草原分布于长江源、黄河源及羌塘高原，由耐寒耐旱的多年生草本植物和小灌木组成，以紫花针茅、羽柱针茅、沙生针茅、羊茅、青藏薹草、西藏蒿草等为主。

高寒灌丛草甸分布于青海高原的果洛、玉树、那曲一带，以莎草科蒿草属占优势，有矮蒿草、小蒿草、线叶蒿草、短轴蒿草等，灌木则有变色锦鸡儿、藏北锦鸡、矮生金露梅、匍匐水柏枝等。

东部和东南部边缘山地以亚热带为基带，形成完备的植被垂直带：海拔2000～2500m以栎类为主，东亚热带植物成分丰富；海拔2500～3200m以针阔叶混交林为主，有高山松、丽江云杉、巴郎栎等；海拔320～4300m为山地暗针叶林带，上部为冷杉林，下部为云杉林。

同植被分布一样，青藏地区的土壤分布受到高原水热状况及其组合特征的制约，广泛分布着高原寒漠土、草甸土和草原土。这些土壤生物物质循环独特，生物积累明显但分解缓慢，土层分化程度低，原始形状显著，反映出青藏高原地区土壤发育的年轻性和发生的多元性。

由于青藏地区许多山峰都高于雪线，因此冰川和雪山就成了该区景观中最为显著的特点。青藏地区的冰川面积约占全国的80%，在分布上具有由东南向西北、由外围向内部，随着降水量的递减，雪线高度由低升高、冰川规模由大变小的规律。青藏高原是世界上中、低纬度地带多年冻土面积最大的地区，仅唐古拉山和昆仑山间连续分布的冻土就宽达500km，多年冻土的厚度和下限都随海拔和纬度的增加而增厚和下降。

青藏高原的景观呈现三维地带分异。由于青藏高原所处的中、低纬度特殊的地理位置和巨大的海拔高度，导致高原具有独特的空间布局，导致高原景观具有特殊的空间格局，显示出纬向、干湿和垂直三维地带性分异。这种分异是纬度分异、干湿分异和垂直分异共同作用的结果，同低海拔的水平地带是完全不同的。一般认为青藏高原自然地带包括高寒荒漠、高寒灌丛草甸草原、山地荒漠和山地森林四种类型。

三、自然资源

（一）清洁可再生能源

1. 太阳能资源

青藏高原是地球上离太阳最近的地方，也是太阳能最丰富的地区。由于海拔高，空气稀薄，大气洁净，降水较少，纬度较低，太阳的总辐射量较大。就西藏而言，全区年辐射总量为6000～8000MJ/m^2，开发利用潜力巨大。一般月辐射总量以5月为最大，均在500MJ/m^2以上，最低值一般出现在12月，月辐射总量为320～510MJ/m^2。全年日照时数在1500～3400h。

近年来，西藏自治区大力实施"金太阳科技工程"，在研发新型折叠式太阳灶，示范推广太阳能供暖、太阳能沼气、风光互补发电和光伏并网发电等方面开展技术攻关和示范推广，尤其是在太阳能供暖、太阳能沼气技术和产品开发等方面，取得较大进展，成为中国太阳能利用率最高、用途最广的省（区）之一。

2. 地热资源

青藏高原是我国地热资源最丰富的地区，占中国高温地热资源量的80%，主要分布在雅鲁藏布江及其支流两岸以及西部的狮泉河、象泉河沿岸。随着青藏铁路的建设，2004 年我国启动了对青藏铁路沿线高温地热资源考察工作，从目前考察情况来看，青藏铁路沿线，自拉萨—尼木—羊八井—那曲—错那湖—温泉一带，蕴藏有丰富的高温地热资源，目前已查明的地热显示点有 20 余处，具有一定规模的地热田有 12 处，是西藏地热储量最集中的地带，其中已探明的羊八井是中国目前最大的高温地热湿蒸气田。

3. 风能资源

青藏地区也是中国大风最多的地区之一，大风持续时间长，分布范围广。高原地区的年平均大风日数多达 100～150 天，最多可达 200 天，比同纬度我国东部地区（5～25 天）多 4～30 倍。

青藏地区大风的地理分布和时间变化受西风急流和地形的影响十分明显：冬春季节高空西风急流高度低、风速大，是形成大风的主要原因；青藏地区的山脉多呈东西走向，与高空西风急流风向平行的风口地势从西向东降低，增加了大风的强度和次数。

4. 水能资源

青藏高原地区外流水系河流多、水量丰沛、河道落差大，蕴藏有极丰富的水能资源。据不完全统计，该地区主要河流天然水能理论蕴藏量和可开发量均占全国的 1/3 以上，是中国也是世界上水能资源最集中的地区。该区的水能资源分布在空间上存在较大差异，水能蕴藏量主要分布在高原东南部和东部地势落差较大的地区，而广大的高原中部、西部和北部地区很少在各河流中，金沙江（含雅砻江）水能理论蕴藏量最大，达 11328 万 kW，其次是雅鲁藏布江干流加五大支流的水能理论蕴藏量达 9261 万 kW，大渡河为 3556 万 kW，黄河 1363 万 kW，怒江 2010 万 kW，澜沧江 729 万 kW。

本地区虽然水能资源异常丰富，但地理位置偏西，远离东部经济发达地区，开发难度大，目前只有黄河上游水能资源开始大规模开发，雅鲁藏布江上只有一些支流水能资源得到开发利用。

（二）矿产资源

青藏地区拥有特殊的地质构造，被学界公认地处全球三个重要的成矿带，具有很好的成矿条件，是中国重要的矿产富集区，已发现各类矿产 125 种，探明储量的矿产 84 种，资源潜在价值 18.38 万亿元以上。其中铬、铜、铁、硼、黄金不仅是目前中国短缺的矿产资源，也是今后一个时期此类矿产的重要后备基地。除此之外，金、铅、锌、钼、锑、铁、铂族金属以及石油、天然气等非金属矿产也都具有广阔的勘察前景。

铜、湖盐、锂等位居国际前列；铬铁矿、钾盐、铅锌、金、石棉等名列全国前茅；硅石、宝玉石、建材及非金属矿产等也很丰富。高原的优势矿种恰好是国家的紧缺矿种，如铬、铜、硼、钾、锂、铯等。

高原的盐湖矿产资源极为丰富，储量巨大。高原拥有各类盐湖 350 余个，面积约 2 万 km²，主要分布在柴达木盆地、可可西里盆地、羌塘高原、库木盆地。盐湖中的矿产资源高达十几种，仅日喀则地区的大扎布盐湖，其潜在开发价值就高达数千亿元。

此外柴达木盆地是中国重要的油气远景区。至 2005 年，青海石油基础储量为 0.38 亿 t，居全国第 12 位，天然气储量为 1500 亿 m³，是全国陆上第五大气田。

（三）生物资源

青藏地区拥有大量的平原地区所没有的珍贵、奇特的生物资源：冬虫夏草、雪莲、麝香等均是珍贵的重要药材；牦牛是青藏高原牧区的主要家畜之一，其力可役、其肉可食、其乳可饮、其毛皮可用，牦牛粪既能当肥料又能当燃料；藏雪鸡也称"贝母鸡"，为国际一级濒危物种，国家二级重点保护野生动物，具有较高的经济价值和科研价值；黑颈鹤又称西藏鹤，为国家一类保护动物，仅分布于青藏高原地区；雪豹是国家一级保护动物，毛皮美观大方、御寒力强，骨、筋可入药；白唇鹿、金钱豹、小熊猫、藏羚羊、藏野驴、藏雪鸡、藏马鸡等，也都是青藏高原所特有的动物。

（四）旅游资源

受地理和历史的共同影响，青藏地区的旅游资源十分丰富，且无论是自然风光还是人文胜迹均具有品位高、分布广、类型多、奇特度高、垄断性强、原始神秘的特点。

西藏的自然风光主要有：以喜马拉雅山脉为主的雪域风光，以藏北羌塘高原为主的草原风光，以藏东南森林峡谷为主的自然生态风光，以阿里神山圣湖为主的高原湖光山色风光。人文旅游资源主要有以布达拉宫、大昭寺为代表的藏民族政治、经济、宗教、历史、文化中心人文景观区，以山南雍布拉康、桑耶寺、昌珠寺、藏王墓群为代表的藏文化发祥地人文景观区，以日喀则扎什伦布寺、萨迦寺为代表的后藏宗教文化人文景观区，以藏北"古格王朝古都遗址"为主的文物古迹人文景观区，以昌都康巴区文化为代表的"茶马古道"历史文化人文景观区等。

青海省内可供旅游的景点有 900 多处，知名景点 20 余处，有不少旅游资源属国内独有或稀有。青海湖名列全国最美的五大湖之首，青海湖"鸟岛"名闻天下，规模宏大的黄教圣地塔尔寺及其巧夺天工的堆绣、壁画、酥油花"艺术三绝"享誉中外，还有坎布拉国家级森林公园。青海还是一个多民族聚居的省份，绚丽多姿的藏、回、土、撒拉、蒙古等民族民俗风情情趣各异，极具特色，成为青海旅游资源的独特优势。

第二节　经济发展与经济地域

一、经济发展特征

（一）独特的高原农牧业

青藏地区耕地面积较少，2018 年年底，青、藏两省（区）共有耕地 83.61 万 hm^2，仅占全国的 0.68%、全区的 0.43%；牧草地面积约 10480 万 hm^2，占全区面积的 53.73%。由于青藏地区海拔极高，气候恶劣，大多数地区不宜从事种植业，只适合发展畜牧业，青海和西藏都位列我国的五大牧区之一，并都以草地资源丰富和类型多样而著称。

1. 种植业

青藏地区的农业属于典型的高原农业，其农作物分高原和低地农作物两种。青藏地区大部分农田分布在河流谷地和海拔较低的构造盆地，这些谷地和盆地的热量基本能够满足一熟制喜凉作物生长发育的需要，在藏南一些地方作物种植上限可达 4759m，在青海北部祁连山地可达 3650m。

高原农作物主要有青稞、荞麦、豌豆、马铃薯、油菜、圆根、萝卜、圆白菜等。低地农作物的种类多，农作物品种具有区域性特色，主要有稻谷、鸡爪谷、玉米、辣椒、大蒜、韭菜、冬见、黄瓜、扁豆等，还种植多种水果及经济作物，如香蕉、橘子、桃、梨、黑枣、杏、甘蔗等。种植业中的四大作物青稞、小麦、油菜、豌豆皆属喜冷凉作物，特别是青稞只适宜该地带种植。农作物的耕作制度一般随海拔不同而相应地发生种类更替变化。青稞在西藏地区是普遍种植的作物，随海拔升高，种植面积不断加大，最后成为高寒地区的单一作物。2018 年全区农作物总播种面积 82.76 万 hm^2，全区当年粮食产量 207.46 万 t。

总体来说，青藏地区的农区是西藏综合条件较好的地区，一般地势平坦，海拔较低，水资源丰富，既有利于农作物的种植、生产，也有利于种树种草，这就为农林牧各业相互促进、共同发展奠定了基础，还有利于青藏地区由传统农业向立体、高效农业的转化。

2．畜牧业

西藏自治区各类天然草场面积有 0.83 亿 hm^2，占全区土地面积的 67%，约占中国天然草场面积的 26%，居全国之首。西藏的畜牧业经济无论从经济结构中的比重、出口创汇的份额，还是从轻工业发展及人民生活水平的提高，都有其不可替代的战略地位。青海省有天然草场 3800 万 hm^2，占全国草地总面积的 14.6，生长着天然牧草 940 多种，其中营养价值较高的优良牧草 190 多种，具有含粗蛋白质、粗脂肪、无氮浸出物高，粗纤维低的特点。在青藏地区的各类牧草地中，高寒草原、高寒草甸、高寒荒漠草原、高寒草甸草原、高寒荒漠、温性草原、山地草甸等 7 个草地类分布最广。

饲养的草食性牲畜主要有藏系绵羊、牦牛、马、骆驼、山羊等，普遍耐高寒、耐粗饲。尤其牦牛是青藏高原优势畜种，青藏两省（区）共有牦牛约 880 万头，占世界的 58%。2018 年年末全区牲畜存栏数为 3668.36 万头（只），当年猪牛羊肉总产量 63.25 万 t，产奶 74.37 万 t。

（二）特色经济逐步发展

1．水电、有色冶金工业相结合的高耗能工业产业

青藏地区发展具有能源与矿产资源优势，目前已发现各种矿产 125 种，占全国已发现矿种的 72.3%，已探明有储量的矿产潜在经济价值 17.85 万亿元，约占全国的 1/7。青藏高原地区水能资源丰富，全区水力资源理论蕴藏量为 2.23 亿 kW，占全国的 32.3%。尤其是龙羊峡至寺沟峡河段，属水能资源富集带，具有较强的竞争优势。因此，能源优势和矿产资源优势的结合，能有效培育具有高原特色和市场竞争力的特色产业，形成以铝、镁、铬等为主的有色金属彩练加工基地。

2．盐化工产业

青藏地区盐湖众多，面积广大，盐湖中的矿产资源高达十几种，仅日喀则地区的大扎布盐湖，其潜在开发价值就高达数千亿元。我国已探明储量的锂资源工业储量居全球

第二，其中卤水中的锂占总储量的 79%，主要分布在青海和西藏的盐湖中。仅柴达木盆地盐湖卤水锂的储量就占到全国总储量的 59.92%，基本上处于垄断地位。2000 年由国家批准确定 100 万 t 钾肥项目，被列为国家西部大开发的首批十大工程之一，该工程已于 2003 年 10 月 27 日建成投料试车成功。2010 年青海省钾肥产量达 311 万 t，占全国产量的 90%以上。2017 年，钾肥产量飞速提升至 500 万 t，产能位居世界第四。钾工业发展拥有亚洲最大（50 万 t）氢氧化钾装置、亚洲最大（7.2 万 t）碳酸钾装置和世界第二大（40 万 t）硝酸钾装置。

3．特色农牧业

青藏地区是我国主要的草原畜牧业生产基地，其中牦牛等牧畜在国内外享有较高的声誉。高原特色农牧业的反季节蔬菜、优势杂交春油菜、汉藏药材、优质豆类、牛羊肉及副产品具有极大的竞争优势。2016 年全区生产中成药（藏药）2300t，实现产值约 15 亿元；2018 年猪牛羊肉总产量 63.25 万 t，产奶 74.37 万 t。

4．特色旅游业

旅游业是青藏地区最大的潜在产业，旅游资源丰富，自然景观奇特、人文景观神秘，具有很强的不可替代性。例如，藏民俗、饮食、历史文化旅游，高寒沼泽、草甸湿地观光旅游，雪山、高原湖泊、盐场、盐湖自然观光旅游及高原生态观光旅游等。青藏铁路的开通更为青藏高原旅游业的发展提供了重要的契机。

5．新能源产业

新能源产业是青藏高原区域战略性新产业，也是极为重要的、新的经济增长点。青藏高原有着得天独厚的太阳能、风能、水能、地热能等可再生能源。以太阳能为例，青藏高原是离太阳最近的地方，也是太阳能最丰富的地区，全区年太阳总辐射多在 6000～8000MJ/m^2。目前，西藏已建成了县级独立光伏电站 7 座，乡级光伏电站、风光互补电站 300 多座，户用太阳能光伏电源、风光互补电源约 10 万套，光伏发电的安装发电量已达到 9MWP，约占全国太阳能光伏发电装机 70MWP 的 13%，居全国第一。

（三）世界上最高的铁路

青藏铁路是实施西部大开发战略的标志性工程，是中国 21 世纪四大工程之一。该铁路北起青海省西宁市，南至西藏自治区拉萨市，全长 1956km。其中，西宁至格尔木段 814km 已于 1984 年投入运营。格尔木至拉萨段，从青海省格尔木市，经纳赤台、五道梁、沱沱河、雁石坪，翻越唐古拉山，再经西藏自治区安多、那曲、当雄、羊八井，至拉萨，全长 1142km，于 2006 年 7 月 1 日全线通车。

青藏铁路是世界海拔最高的高原铁路。其中有 960km 的海拔在 4000m 以上；550km 的地段穿越高原常年冻土带。最高点位于海拔 5072m 的唐古拉山垭口，被誉为是"离天最近的铁路"。

青藏铁路还穿越了可可西里、三江源、羌塘等自然保护区。因其独具特色的环保设计和建设，又被称为中国第一条"环保铁路"。

青藏铁路的修建，结束了西藏自治区不通铁路的历史，改善了青藏高原的交通条件和投资环境，促进了西藏资源开发和经济快速发展。对加强内地与西藏的联系，促进藏族与各民族的文化交流，增进民族团结，造福沿线人民，发挥着重要的作用。

二、经济地域

（一）青海东部综合经济区

青海省东部综合经济区是青海省经济社会发展的重心地区，以西宁为中心，包括西宁市四区三县、海东地区六县以及海南藏族自治州贵德县、海北州门源县、黄南藏族自治州同仁县和尖扎县。总面积 3.5 万 km^2，占青海省总面积的 4.86%；总人口约 400 万，占青海省总人口的 70% 多；国内生产总值约占青海全省的 70%。

该区是传统意义上的湟水流域和黄河流经之地，是青海省自然条件最好的地区，是连接内地和青藏高原腹地的门户和通道，已成为青海省工业门类最齐全，二、三产业最发达，社会进步和市场发育程度最高的地区，水、电、交通、通信等基础设施也好于其他地区，特别是省会西宁，是青海省的政治、经济、金融、文化中心。该区耕地面积占青海全省的 73%，粮食总产量占青海全省的 80% 以上，油料产量占青海全省的 70% 以上，也是青海最大的蔬菜、瓜果、肉类等农副产品产区。

（二）柴达木新兴工业经济区

柴达木新兴工业经济区包括除天峻县以外的海西州其他地区，总面积 27 万 km^2，占青海省总面积的 37.40%；总人口 37 万人，占青海省总人口的 6.68%；国内生产总值占青海全省的 23%。

该区是青海省的资源富集区，主要矿产资源潜在价值约 15.7 万亿元，占青海全省矿产资源潜在价值总量的 91.31%。盐湖资源得天独厚，储量达、品位高、类型全，开发前景广阔；石油天然气资源丰富，柴达木盆地已探明油田 16 个、气田 6 个，石油地质储量 2.9 亿 t，天然气地质储量 3500 亿 m^3，是全国四大气田之一；柴达木盆地的有色金属、非金属矿产资源和石棉也很丰富。目前，柴达木矿产资源开发主要集中在盐湖资源、石油天然气及铅锌矿的开发方面。

（三）西藏中部经济区

西藏中部经济区由拉萨、山南、日喀则、那曲和林芝 5 个地市组成，总面积 79.67 万 km^2，占西藏总面积的 64.86%；总人口 193.1 万人，占西藏总人口的 66.66%。该区是西藏开发历史最久的区域，除那曲外，气候较温和、海拔较低、地势较平坦，具有相对优越的地理环境。

该区是西藏经济区域的主体部分，是西藏经济活动的主要空间载体，在西藏区域经济中处于支配地位，是西藏区域经济的"心脏"。尤其是"一江两河"流域，土地资源丰富，是西藏粮油的主要产区。区内矿产资源种类较多，拉萨地区已发现的矿种有铁、铜、锌、大理石和地热等 20 多种；日喀则地区已发现铁、铅、云母、水晶等 14 种矿种；那曲地区拥有丰富的畜牧资源、钾、锂、硼矿、天然碱、盐湖、石油、天然气矿产资源；林芝地区拥有丰富的森林资源。这些资源的开发是区域经济发展的重要支撑。此外，该区的旅游资源得天独厚，这些具有独特优势的自然资源和人文资源为加快西藏中部经济区的发展，形成特色提供了必要条件。

参 考 文 献

陈华，索朗仁青. 2002. 西藏人口、资源、环境与可持续发展. 人口研究，1：22-28.

陈云峰. 1991. 当代中国的青海. 北京：当代中国出版社.

戴贤. 2000. 中国西部概览——西藏. 北京：民族出版社.

傅小锋，郑度. 2007. 论青藏高原人口与可持续发展. 资源科学，7：22-29.

刘同德. 2010. 青藏高原区域可持续发展研究. 北京：中国经济出版社.

王静爱. 2007. 中国地理教程. 北京：高等教育出版社.

严维青. 2003. 青海人口与可持续发展初探. 西北人口，2：14-16.

杨勤业，郑度，刘燕华. 1989. 世界屋脊. 北京：地质出版社.

张晓峰，杜庆，巴思巴. 2005. 走进青藏高原自然·资源·生态. 西安：陕西科学技术出版社.

赵济. 1995. 中国自然地理. 3 版. 北京：高等教育出版社.

赵济，陈传康. 1999. 中国地理. 北京：高等教育出版社.

中国统计年鉴 2009. http://www.stats.gov.cn/tjsj/ndsj/2009/indexch.htm.

2010 年青海省国民经济和社会发展统计公报. http://www.qh.gov.cn/html/663/167164.html.

2010 年西藏自治区国民经济和社会发展统计公报. http://www.xizang.gov.cn/getCommonContent.do?contentId=377389.

思 考 题

1. 青藏地区自然地理的主要特征是什么？
2. 青藏地区经济发展的特征是什么？
3. 试述青藏地区主要经济地域的经济发展特征。